中华译学馆·中世纪与文艺复兴译丛

许钧 主持　郝田虎 主编

# 发明中世纪

## 20世纪中世纪名家评传

[美] 诺曼·F. 坎托 / 著
Norman F. Cantor

袁帅亚　曹君 / 译
张　炼 / 校

浙江大学出版社
ZHEJIANG UNIVERSITY PRESS
·杭州·

图书在版编目（CIP）数据

发明中世纪：20世纪中世纪名家评传 / （美）诺曼·F. 坎托著；袁帅亚，曹君译. -- 杭州：浙江大学出版社，2025. 1. --（中世纪与文艺复兴译丛 / 郝田虎主编）. -- ISBN 978-7-308-25483-0

Ⅰ. K815.81

中国国家版本馆CIP数据核字第20241TB123号

浙江省版权局著作权合同登记图字：11-2024-135号
INVENTING THE MIDDLE AGES,
Copyright 1991 by Norman F. Cantor.
Published by arrangement with Harper Perennial,
an imprint of HarperCollins Publishers.

**发明中世纪：20世纪中世纪名家评传**
[美]诺曼·F. 坎托（Norman F. Cantor） 著
袁帅亚 曹君译 张炼校

| 策　　划 | 包灵灵 |
|---|---|
| 责任编辑 | 仝　林 |
| 责任校对 | 董齐琪 |
| 封面设计 | 周　灵 |
| 出版发行 | 浙江大学出版社 |
| | （杭州市天目山路148号　邮政编码310007） |
| | （网址：http://www.zjupress.com） |
| 排　　版 | 杭州林智广告有限公司 |
| 印　　刷 | 杭州高腾印务有限公司 |
| 开　　本 | 710mm×1000mm　1/16 |
| 印　　张 | 27.25 |
| 字　　数 | 510千 |
| 版 印 次 | 2025年1月第1版　2025年1月第1次印刷 |
| 书　　号 | ISBN 978-7-308-25483-0 |
| 定　　价 | 88.00元 |

版权所有　侵权必究　　印装差错　负责调换

浙江大学出版社市场运营中心联系方式：0571-88925591；http://zjdxcbs.tmall.com

本书由浙江省哲学社会科学重点研究基地"浙江大学中华译学馆"资助

中华译信立信守旨

以中华为根 译与学并重

弘扬优秀文化 促进中外交流

拓展精神疆域 驱动思想创新

丁酉年冬月许钧撰 罗卫东书

# 诺曼·F. 坎托的其他著作

《20世纪文化：从现代主义到解构》
*Twentieth Century Culture: Modernism to Deconstruction*

《中世纪史：一个文明的生与死》
*Medieval History: The Life and Death of a Civilization*

《中世纪的意义》
*The Meaning of the Middle Ages*

《英国人：1760年以前的政治和社会史》
*The English: A History of Politics and Society to 1760*

《史学导论》（与R. I. 施奈德合著）
*How to Study History* (with R. I. Schneider)

《西方文明：起源和命运》
*Western Civilization: Its Genesis and Destiny*

《欧洲历史面面观》
*Perspectives on the European Past*

《英格兰的教会、王权和世俗任职仪式》
*Church, Kingship, and Lay Investiture in England*

献给马克斯（Max）

# "中世纪与文艺复兴译丛"序言

⚜

　　根据广为流传的线性历史观，中世纪孕育了现代性，文艺复兴开启了现代世界，而中世纪和文艺复兴时期是中西文化进行较深层次接触和交流的肇始期。唐代传入我国的景教久已湮灭，我们存而不论；明末清初之际，西方古典和中世纪的一些思想观念，包括宗教、道德、政治学、地理学、数学等，已经借由来华的耶稣会士传播过来，与中国固有的儒家思想发生了发人深省的交汇和碰撞。这些耶稣会士借用中国文献里的"中古"一语来指称欧洲的中世纪。在晚清，西方来华传教士创办了《东西洋考每月统记传》等现代期刊，介绍西方的"文艺复兴"。改革开放以来，我国中世纪研究的最大成绩在于，学界已达成共识，中世纪并非"黑暗时代"，相反，该时期十分丰富、活跃。自20世纪90年代以来，学界逐渐就欧洲中世纪文化、文学、历史、宗教等的丰富性和复杂性达成共识，对欧洲中世纪的重新发现成为新时期的基本学术成就之一。文艺复兴运动是在中世纪基督教文化基础上发展起来的，文艺复兴文学和艺术表现了在基督教文化影响下所形成的人文主义思想，莎士比亚是其中的杰出代表。在20世纪70年代末的改革开放发轫期，我国刚刚走出"文革"，人们热情肯定莎士比亚的价值和欧洲文艺复兴的划时代意义，喊出了弥尔顿式的"读书无禁区"的鲜明口号（文章发表于《读书》创刊号）。1978年，人民文学出版社隆重推出被搁置了十五年之久的《莎士比亚全集》（十一卷，朱生豪等译），大家奔走相告，争相购买；1979年，译制片《王子复仇记》上映后，一时间万人空巷。无论洛阳纸贵还是万人空巷，国人对于莎士比亚的空前热情激烈地释放出来，这代表着民众在久久的压抑后，对新的文艺复兴的恳切召唤。自那以后，经过几十年的努力，我国的中世纪和文艺复兴研究尽管存在不少问题，但在广度、深度、视野、方法、专业化、对外交流等诸多方面都做得越来越好。21世纪以来，相关研究达到了前所未有的水准，表现在研究队伍的扩大、研究领域的拓展、研究方法的多样化、专著数量和质量的提升、学术翻译的持续推进、国内外学术交流的常态化等。今年（2015年）是新文化运动一百周年，新文化运动的旗手之一胡适将这一运动命名为"中国的文艺复兴"（Chinese Renaissance），这一命名具有世界眼光，充满了中国情怀。在中国特色社会主义建设的新时代，近代以来饱经忧患的中华民族有望迎来伟大复兴，这不仅是文艺复兴，而且是伟大的民族复兴。新时代伟大的民族复兴离不开中西文化交流和新文化建设，离不开对西方的文化遗产，包括中世纪和文艺复兴文化遗产的扬弃和汲取。小众的中世纪和文艺复兴研究，包括文学、历史、哲学、政治学、艺术史、科学史等方面，不仅具有重大的学术价值，而且有助于深入理解今天的中国和世界，将有力地促进我国的新文化建设。因此，我们认为，"中世纪与文艺复兴译丛"的适时出版，是中西文化交流的必然需要，是新时代中国特色社会主义建设，尤其是新文化建设的迫切需要。读者朋友需要优秀的精神食粮，来丰富他们的头脑和文化生活。

西学研究离不开翻译，二者相辅相成。以文学领域为例，20世纪外国文学领域的老一辈学者，如吴宓（1894—1978）、冯至（1905—1993）、钱锺书（1910—1998）、卞之琳（1910—2000）、季羡林（1911—2009）、杨周翰（1915—1989）、王佐良（1916—1995）、李赋宁（1917—2004）等的辉煌实践告诉我们，研究和创作都离不开翻译，翻译和研究、翻译和创作，可以水乳交融，相辅相成。浙江大学外语学院从戚叔含、方重、陈嘉、张君川、索天章、鲍屡平等先生开始，即有从事早期英国文学研究的优良传统（这里所谓的"早期"，包括中世纪和文艺复兴两个时期）。杰出的莎剧翻译家朱生豪1933年毕业于浙江大学前身之一之江大学，主修中国文学，以英文为副科。著名但丁研究专家田德望先生曾在浙江大学教授英国文学史和但丁，他也是享誉中外的但丁翻译家。朱生豪、方重、鲍屡平、田德望等先贤，乃至早期欧洲文学专家李耀宗先生和早期英国文学专家沈弘教授等学界中坚的实践同样告诉我们，研究和创作都离不开翻译，翻译和研究、翻译和创作，可以水乳交融，相辅相成。因此，我们可以说，"中世纪与文艺复兴译丛"第一辑的及时出版，继承和发扬了浙江大学乃至新中国优良的外国文学研究传统，将有力地普及和推进我国的中世纪和文艺复兴研究。改革开放以来，我国的外国语言文学研究取得了长足进展，但依然任重而道远，译丛的出版是新时代学术进步和"双一流"学科建设的需要。脚踏实地，仰望星空，我们立足中国大地，瞄准世界一流，"拿来主义"和文化自信相互补充，并行不悖。

西方文艺复兴发端于14世纪意大利的佛罗伦萨，逐步扩展到全欧洲，在艺术、科学、文学、宗教、政治、思想等诸多领域引发了革命性的变革，奠定了现代世界的基础。文艺复兴得以取得诸多成就有多种原因，其中一个重要因素是德国金匠谷登堡在15世纪中期发明了铅活字印刷术，对此，伊丽莎白·爱森斯坦等书籍史学者多有阐发。西方中世纪的教育和传播媒介主要是手稿，在铅活字印刷术发明和推广以后，历史发展加速了，一个美丽的新世界脱颖而出。五百多年过去了，"中世纪与文艺复兴译丛"的出版亦得益于传统的印刷媒介，浙江大学出版社张琛女士和包灵灵女士等人的不懈努力为译丛的顺利面世提供了不可或缺的重要保障。作为译丛主编，我谨向她们及其同事表示诚挚的谢意。

"中世纪与文艺复兴译丛"经过大半年的准备工作，计划分数辑出版，其中第一辑集中在文学领域，既有重要的作品选集，也有重要的批评著作。选题以学术水平和翻译质量为标准，同时兼顾中国图书市场的需要。第一辑的顺利推出，显然离不开各位译者的鼎力支持，尤其是胡家峦教授、李耀宗先生和沈弘教授三位优秀的前辈学者，他们对我的信任是我持续前进的动力。我在此向他们表示感谢和敬意。从第二辑开始，译丛将拓展疆域，涉及文学之外的其他领域，包括历史、哲学、宗教、政治学、艺术史、科学史等诸多方面。"Tomorrow to fresh woods and pastures new"——弥尔顿的名句激励我们将"中世纪与文艺复兴译丛"做成真正跨学科的高水平出版物。每一辑都包括文艺复兴的内容，也包括中世纪的内容，中世纪是这套译丛的特色。译丛的目标读者是专业研究人员和大学文化程度以上的博雅之士。

"中世纪与文艺复兴译丛"是著名翻译家许钧教授主持的"浙江大学中华译学馆"所推进的重要学术与文学译介项目。译丛的出版，尤其是第一本书《斯宾塞诗歌选集》（胡家峦教授译）的面世，直接受益于许钧教授的关怀、指导和帮助。"中世纪与文艺复兴译丛"是许钧教授主持的意义深远的集体事业的一分子，也是光荣的一分子。这是需要向读者诸君说明的。译丛得以出世还有一个契机，即2016年12月30日浙江大学外语学院中世纪与文艺复兴研究中心的成立。中心的成立，得到了学院领导，包括两任院长何莲珍教授和程工教授以及褚超孚书记的直接关怀和大力支持。他们不仅勤勉敬业，堪为我辈楷模，而且是有视野有眼光的好领导。中世纪与文艺复兴研究中心是中国高校第一家同类的研究机构，学院领导做出决策是需要学术眼光和破冰的勇气的。正是在中心成立以后，在诸位同仁的持续努力下，才有了与浙江大学出版社的洽谈和合作，才有了"中世纪与文艺复兴译丛"这个可爱的孩子。他，是长子。

是为序。欢迎各位读者批评指正。

郝田虎
2015年11月8日夜于求是村

# 前言和致谢

⚜

本书通过介绍伟大的中世纪学家的生平、著作和思想,讲述从1895年到大约1965年中世纪研究创立时代的故事。书中这些中世纪学家曾给欧洲中世纪的阐释带来深远的影响,其作用一直持续到20世纪80年代,该书也是对他们的影响的评价。

本书主要关注二十位大师级中世纪学家。笔者与他们中的七位相识。笔者根据现有的各种传记和自传材料,以及自己获得的各种描述,努力建构这些中世纪学家的生活叙事,评价他们的思想,分析他们的阐释所产生的持续影响。

我谨向以下人和机构致谢:

杰弗里·埃尔顿爵士(Sir Geoffrey Elton)、罗伯特·汉宁(Robert Hanning)、凯特·路德维希·詹森(Kate Ludwig Jansen)、琳达·利维(Linda Levy)、玛格丽特·詹宁斯(Margret Jennings)、安·拉比诺维茨(Ann Rabinowitz)和理查德·施奈德(Richard Schneider)为我提供了重要的信息。他们没有阅读过本书书稿。我对这些信息的处理,他们不负任何责任。

哈佛大学霍顿图书馆(The Houghton Library of Harvard University)允许我引用查尔斯·霍默·哈斯金斯(Charles Homer Haskins)未发表的信函。

纽约大学艺术与科学学院院长办公室(The Office of the Dean of the Faculty of Arts and Science of New York University),特别是安·伯顿(Ann Burton)院长为我提供了秘书协助。

我的秘书内莉·方塔内斯(Nelly Fontanez)细心处理了一份很难阅读的手稿,她对多份手稿进行的文字处理表现出高度的技巧。

瑞士伯尔尼的彼得·朗出版社(Peter Lang Publishing of Bern)和《牛津杂志》(*Oxford Magazine*)允许我改编此前我分别发表在《多元中的统一:彼得·朗六十周年纪念文集》(*Einheit in der Vielfalt: Festschrift für Peter Lang zum 60. Geburtstag*,1988)以及《牛津杂志》1987年11月刊的共约6页内容。

1964年在哥伦比亚大学(Columbia University),1966年在布兰迪斯大学

（Brandeis University），1973 年在纽约州立大学宾汉姆顿分校（State University of New York at Binghamton），1982 年、1987 年和 1990 年在纽约大学（New York University），1988 年在特拉维夫大学（Tel Aviv University），我的学生同我在课堂上讨论过书中的一些思想和材料。他们的意见和建议让我受益匪浅。

西德尼·伯勒尔（Sidney Burrell）和查尔斯·德尔海姆（Charles Dellheim）阅读过本书的早期草稿，并提出了许多有价值的建议。

琼·雷恩斯（Joan Raines）曾给我鼓励和建议。

伊莉莎·彼得里尼（Elisa Petrini）和兰迪·拉登海姆-吉尔（Randy Ladenheim-Gil）编辑本书稿，使其更具可读性。

明迪·坎托（Mindy Cantor）多年来与我分享她对我们共同认识的伟大中世纪学家的深刻见解。明迪还就现代主义和中世纪主义之间的一些重要关系向我提供建议。

纽约市格林尼治村（Greenwich Village, New York City）

# 目 录

## 第一章 寻找中世纪

一、从古罗马到文艺复兴 / 1
二、发现和学问 / 10
三、中世纪心灵 / 20
四、认知与建构 / 23

## 第二章 法律和社会：弗雷德里克·威廉·梅特兰

一、死于加那利群岛 / 28
二、中世纪主义和现代主义 / 32
三、在创造现场 / 38
四、普通法的影响 / 44

## 第三章 纳粹双子：珀西·恩斯特·施拉姆和恩斯特·哈特维希·坎托洛维奇

一、古老的海德堡 / 54
二、在希特勒的阴影下 / 60
三、帝国的命运 / 75
四、失去了的德国唯心主义世界 / 83

**第四章　法国犹太人：路易·阿尔方和马克·布洛赫**

一、逃离与归来 / 88
二、学术官僚 / 94
三、领主与农民 / 103
四、长期持续 / 113

**第五章　形式主义者：欧文·潘诺夫斯基和恩斯特·罗伯特·库尔提乌斯**

一、形式主义作为阐释和意识形态 / 124
二、图像学的兴起 / 130
三、命运的孩子 / 135
四、保存西方文明 / 147

**第六章　牛津幻想家：克莱夫·斯特普尔斯·路易斯、约翰·罗纳德·瑞尔·托尔金、弗雷德里克·莫里斯·波威克**

一、拯救爱土 / 161
二、中世纪的想象 / 168
三、漫长旅程 / 177
四、普鲁斯特式梦幻世界 / 186

**第七章　美国派：查尔斯·霍默·哈斯金斯和
　　　　　约瑟夫·里斯·斯特雷耶**

一、威尔逊主义者　/ 197
二、中世纪政府的轮廓　/ 212
三、北方超人　/ 216
四、冷战自由主义与中世纪国家　/ 223

**第八章　堕落之后：迈克尔·戴维·诺尔斯和
　　　　　艾蒂安·亨利·吉尔森**

一、绝对化中世纪　/ 231
二、叛逆的修士　/ 238
三、神圣的报应　/ 256
四、基督教哲学家　/ 262

**第九章　曾经和未来之王：理查德·威廉·萨瑟恩**

一、理想的主张　/ 272
二、寻找卡米洛特　/ 276
三、"因为他是英国人"　/ 284
四、萨瑟恩的圆桌骑士　/ 290

第十章 外围者：约翰·赫伊津哈、艾琳·埃德娜·鲍尔、迈克尔·穆瓦塞·波斯坦、卡尔·埃德曼和特奥多尔·恩斯特·蒙森

一、跳峡谷自杀 / 300
二、后印象主义 / 305
三、合作伙伴 / 309
四、否定与相信 / 320

**注　释** / 339

**中世纪研究核心书目** / 365

**索　引** / 373

**译后记** / 415

# 信 条

⚜

我们像站在巨人肩膀上的侏儒，看得比巨人更远。

——沙特尔的贝尔纳（Bernard of Chartres），法国北部，约 1130 年

我不会一声不响地略过这些……有的人无意超越那些令人尊敬的先驱。他们以此掩盖自己的懒惰，懒散地延宕，对别人探寻和发现真理时孜孜不倦的努力报以取笑、讽刺，甚至嘲弄。但是，天国里的人将取笑他们，主将嘲弄他们。

——圣维克多的里夏尔（Richard of St. Victor），法国北部，约 1160 年（M. D. 舍尼 [M. D. Chenu]、J. 泰勒 [J. Taylor] 和 L. K. 利特尔 [L. K. Little] 英译）

那博学的人（圣·哲罗姆 [St. Jerome]）知道……真理是多么隐蔽，埋藏得有多深，而深藏起来的真理离凡夫俗子的视线有多远，真理是怎样地只接纳少数人，要经多少努力才能找到真理，为什么几乎没有人成功找到过，而发掘真理工作的过程有多么艰难，又要怎样地点滴积累。

——圣维克多的安德鲁（Andrew of St. Victor），法国北部，约 1170 年（M. D. 舍尼、J. 泰勒和 L. K. 利特尔英译）

# 第一章

# 寻找中世纪

⚜

## 一、从古罗马到文艺复兴

在法国、德国和意大利，人们提到中世纪仍用单数形式（the Middle Age）。在英语国家，从大约1840年起，人们提起中世纪则用复数形式（the Middle Ages），以此来表示那一漫长的时期中几个明显不同的时段。不管是用单数还是复数，西方文明中的中世纪都是指从欧洲罗马帝国灭亡（约450年）一直延续到15世纪晚期意大利文艺复兴的一个千年（millennium）。对于当今成千上万的历史学家、文学批评家、艺术史家、哲学家、神学家和考古学家而言，他们毕生关注并为此探索的是这样一个问题：从古罗马到文艺复兴这段时期发生了什么？欧洲中世纪世界的本质是什么？它与我们的当今世界又有什么联系？

对中世纪的意义和相关内容感兴趣的远远不止学术界。有关亚瑟王和圆桌骑士的图书，不管是小说类还是非小说类，业已形成一个蓬勃发展的产业。1978年，芭芭拉·塔奇曼①出版了一部关于中世纪的畅销书——《遥远的镜鉴》（A Distant Mirror）。这位没有学院派背景的杰出历史学家，在书中展示了欧洲纷争不断的14世纪与20世纪更令人丧气的一些时刻之间的相似之处，几乎说服了所有的读者。1990年，至少有三家好莱坞电影公司几乎同时宣布，他们将制作一部有关罗宾汉的新电影，以取代1938年由埃罗尔·弗林（Errol Flynn）和奥利维亚·德·哈维兰（Olivia de Havilland）主演的那部欢快的影片。而另一部讲述这位中世纪神秘英雄的新大片也正在制作中。在一个或许更高的话语层面上，1987年罗马教廷禁止了华盛顿特区美国天主教大学的一位神学教授的

---

① 芭芭拉·塔奇曼（Barbara Tuchman，1912—1989）：美国历史学家、作家，以文学的方式书写历史，主张把历史看作可读的故事，自称是"以历史为题材的作家"。——译者注（本书所有脚注均为中文版译者所加，后文不再一一说明）

教学活动，（**p.17**①）因为这位教授对性行为的讲授方式明显背离了据称是权威的中世纪天主教传统。讲述一个桀骜不驯的维京人的连环漫画《恐怖的夏甲》（*Hagar the Horrible*）很受欢迎。每个夏季都有数以万计的美国中产阶级乘坐伦敦、巴黎、法兰克福、罗马和维也纳的观光巴士，花上一两个星期参观中世纪的大教堂和城堡的遗迹，由此也引发了人们对创造这些城堡和大教堂世界的人的兴趣。

1984年，意大利中世纪文学教授翁贝托·埃科②的小说《玫瑰之名》（*The Name of the Rose*）的英译版出版，成为超级畅销书，让纽约的出版界始料未及。埃科高度烧脑的小说得以畅销是因为采用了侦探故事的形式。小说的背景是14世纪，故事被置于中世纪教会内部的一场异常尖锐的冲突之中——罗马教廷和方济各会修士（Franciscan）的极端派或精神派之间围绕教会的性质及其社会角色展开的冲突。

当被问及如何解释这部小说取得的巨大成功时，埃科谦虚地将其归因于"不管是在欧洲还是在美国……对中世纪重新燃起兴趣的那一段时期"。埃科的另一评论措辞更为尖锐："事实上，每个人对中世纪都有自己的看法，而这些看法通常情况下都是错误的。"埃科和塔奇曼有关中世纪的著作广受欢迎，这让人们对20世纪主要中世纪学家们所持的有关中世纪的观点给予了新的关注，这两位畅销书作家曾大量地借鉴他们的研究和观点。无论是把14世纪和20世纪的痛苦相提并论，还是把教廷和精神派方济各会之间的冲突设置为一个精彩的侦探故事的背景，都只是罗马帝国灭亡后仍延续了一千年的欧洲中世纪经历的一小部分。自1900年以来的三代中世纪学家的著作中，还有哪些额外阐释或有趣数据突显出来？中世纪学家揭示了哪些巨大的个性特点和显著的危机？在中世纪和我们自己的文化和社会之间，还可以得出哪些相似之处或反差？中世纪的情感、想象和信仰怎样和我们自己的假定和认识相关？这些是那些老练的文学经纪人和编辑在二星级饭店与学院派的中世纪学家们坐下来共进午餐时提出的课题，（**p.18**）他们在寻找至少一位像塔奇曼（但当然不是埃科）那样，创作平淡的中产阶级散文的人。

经过这一番人才发掘，一位学院派中世纪学家1987年出版的书的确吸引

---

① 全书类似的加粗括注为原书页码。

② 翁贝托·埃科（Umberto Eco，1932—2016）：意大利哲学家、文学批评家和小说家。《玫瑰之名》是其创作的一部长篇小说，讲述意大利境内一座修道院七天内发生的六宗命案及其调查。

了广泛的读者：斯坦福大学（Stanford University）文学教授唐纳德·R. 霍华德（Donald R. Howard）创作的有关14世纪晚期英国诗人杰弗里·乔叟[①]的传记。这本传记写得颇具说服力，文风干净利落。评论员在《芝加哥论坛报》（*Chicago Tribune*）上兴奋地写道："让芭芭拉·塔奇曼的《遥远的镜鉴》成为畅销书的读者们又可以期待一次新的阅读盛宴。"

芭芭拉·塔奇曼仅拥有拉德克里夫学院（Radcliffe College）的学士学位，她为自己成为自学成才的非学院派历史学家而感到自豪。埃科和霍华德则是重点大学的文学教授。以上三个例子中的作者的畅销书不仅建立在作者自己的阅读和研究之上，还建立在20世纪关于欧洲中世纪的那些汗牛充栋的主流学术著作之上。这些主流学术著作大部分都过于专业化，即使是受过大学教育的普通读者也很难理解。但正是在它们的基础上，才有了后来可读性强的有关中世纪的著作。

对主要的学院派中世纪学家们的著作进行一番细读后，如本书所尝试的，我们能够发现大学人文学科中一种普遍存在的状况。显然，中世纪学家的著作可以分为截然不同的阐释群体或学派，并且在中世纪文明的本质和精确发展方面，它们有时甚至意见强烈相左。对于局外人，这些学术论争看起来似乎是与世隔绝的教授们吹毛求疵的喋喋不休。但是仔细审视就会发现，这些辩论涉及很多利害攸关的问题，因为在辩论过程中，检验了假设，精练了观点，最终达成了共识。学院派中世纪学家构成一个阐释群体，他们的研究在中世纪畅销书作家如塔奇曼、埃科和霍华德等极富想象力的写作中得到尊重。

尽管存在明显的多样性和争论，但有关中世纪的一些基本事实还是可以肯定的。中世纪学术界虽然无法达成完全一致的意见，却也存在广泛共识。4世纪中叶以后，西欧宏伟的罗马帝国陷入不可挽回的经济、政治和军事衰落。罗马人几个世纪以来的有效领导变得越来越少见，最好的管理者可能被抽离出来统治教会了。但是主要的问题是人口数量锐减，（**p.19**）腺鼠疫和性病传播即使不是其全部的原因，至少也加剧了这一状况。人口减少意味着农业和工业生产下降，政府税基缩减，以及罗马帝国军事能力削弱。5世纪时，罗马已不能防御日耳曼人入侵其莱茵河和多瑙河上漫长的东部边界，或是阻止日耳曼的斯堪的纳维亚亲属从丹麦和今日的德国西北部袭击不列颠岛。吸引日耳曼人的是罗马帝国的巨大财富和肥沃耕地。这财富如今已被盗窃，这耕地如今已被日耳

---

[①] 杰弗里·乔叟（Geoffrey Chaucer, 1340？—1400）：英国诗人，用伦敦方言创作，并使其成为英国的文学语言，代表作有《坎特伯雷故事集》。

曼吞并。日耳曼被进一步推入罗马帝国，还因为他们背后的中亚勇士部落，如种族上与蒙古人相近的匈奴人已经渗透到了多瑙河盆地。

曾经伟大的罗马帝国，那漂亮的城池、高效的政府和法院、作为学问渊薮的学校和图书馆都没入了6世纪和7世纪黑暗时代的暮色中。那些精神文明只保存在少数几个教会中心，多数是深墙高院的本笃会修道院。7世纪晚期，由于穆斯林阿拉伯完全出乎预料的爆发性的扩张，旺盛的经济和学术生活仍然活跃于地中海东部，并以君士坦丁堡（今天土耳其的伊斯坦布尔）和亚历山大里亚等大城市为中心，而西欧则与之进一步隔离。8世纪中叶，在地中海沿岸刚从旧的宗教团体皈依为穆斯林的群体的帮助下，阿拉伯人征服了北非、西西里和大部分基督教化背景下的西班牙。

此时，在日耳曼法兰西北部出现了一些新情况。一个英雄的勇士家族开始领导其他的日耳曼首领。这个家族的土地位于塞纳河谷底，那里高产的燕麦正好饲养其装甲骑兵队的马匹。穆斯林入侵法兰西在8世纪30年代被阻止，阿拉伯人被赶回西班牙。从这个勇士家族走出了768年至814年在位的查理大帝。在他位于莱茵河谷的亚琛（Aachen）宫廷里，查理大帝汇聚了最博学的教士，他们分别来自法兰西、英格兰和意大利北部，从而促进了古典拉丁学问的大量复苏及各门艺术的显著进步。

西欧这个新的加洛林文明[①]政治上过于分散，抵制不住9世纪斯堪的纳维亚人持续的入侵。（**p.20**）查理大帝死后，他的帝国逐渐分裂为大量封建公国。但是在10世纪的莱茵河以西和以东，一个贵族家族说服了教会指定它持有神圣王权的头衔和特权。因此，对雄心勃勃的加洛林王朝式统一政治制度实验的记忆被保留了下来，带来一个新时代的人口增长、经济扩张、文教进步，以及10世纪晚期标志性的政治和社会秩序的稳定。就在这个时间和空间中——1000年左右的法兰西北部、英格兰南部、莱茵河和罗纳河谷地、意大利北部——存在着中世纪欧洲的熔炉。

到了1000年，欧洲社会相对稳定和成功——至少相对于600年时的混乱和解体而言。西欧在经济和学术上都在发展；技术资源日益与社会结构相融合，土地贵族精英阶层自信而且相当有效率。人口仍然稀少，但开始出现自大约公元400年以来的首次迅速增长。没人能够充分解释人口增长为什么停滞了六百

---

① 加洛林文明（Carolingian civilization）：加洛林王朝的文明，加洛林王朝是8世纪中叶至10世纪统治法兰克王国的封建王朝，由其家族惯用名字加洛尔（拉丁文为Carolus，即查理）而得名。

年，但历史学家将其归因于疾病、食物供应匮乏，以及欧洲社会的长期暴乱。人口统计学中总有一些未知因素，但通常情况是，人口在经济繁荣时期增长，比如10世纪晚期。1000年时，西欧的人口估计有1000万人，接近罗马帝国的人口。

环境仍然原始和欠发达，西欧近一半土地都不能耕种。德国大部分地区、法国北部及英格兰中部都覆盖着巨大的无人居住的森林，而低地国家、德国北部、英格兰东部一些面临北海的地区则是些无用的沼泽地。自17世纪以来，这些沿海地区才开始产出硕果；但是10世纪晚期的欧洲还没有人懂得排水技术，而1000年时的海岸线，很多地方都比现在深入内陆得多。自4世纪至8世纪，欧洲没有人知道怎样建造良好的道路，除了一些罗马时代的遗迹之外，11世纪的欧洲没有真正的道路可言。然而，幸运的是，欧洲有发达的河流系统，莱茵河流域尤其如此，这才使远途旅行和经商成为可能。多瑙河太靠东了，除了维京人、斯拉夫人及一些勇敢的商人外很少有人去，但是莱茵河、塞纳河、罗纳河和泰晤士河河口，交通繁忙。(**p.21**) 人口中心就沿河发展起来，而法兰西中部的大片空地尽可归因于缺乏可利用的河流。

1000年时，西欧仍然技术落后，但是由于普遍使用重型轮式犁，其农业状况在800年左右得到改善。由于采用了深耕技术，农民终于开始从坚硬的土壤中获得相当好的产量。罗马人的轻型犁，仅能犁动地中海地区土壤的表皮，在北欧是不起作用的，这也在一定程度上解释了为什么罗马人的定居地始终没有远离北方的几个文明中心。北欧人花了几个世纪开发出自己的设备和技术，但是随着900年之后生活的逐渐稳定，食物供应开始增加——这是社会和文明进步的重要因素。随着农作物产出的多样和丰盛，包括葡萄、谷物和高蛋白食物（如豆类），欧洲文明在公元900年后开始大幅发展。

尽管有皇帝、教皇、国王，10世纪的欧洲社会仍是世袭制和集结型社会，建立在一些大贵族家族对自己领土范围内一切事务（包括教会）的统治之上。当地领主的庶子和弟弟则成为地方教堂主教或修道院住持。宗教及政府、经济和法律，都由大家族统治。一切都属于贵族，然而随着岁月流逝，贵族们变得越来越贪婪和富有侵略性——在他们自己的土地上更是如此。到1000年，他们甚至剥夺了农民养猪和在森林狩猎的权利，这些和其他东西一样都属于贵族。据我们所知，没有发生过农民抗议，也没有叛乱。农民要么太满足现状，要么被有效地压制了，10世纪没有发生过农民反抗；农业社会的下层阶级在政治上是有惰性的（这持续了很长一段时间）。

1000年时稳定的社会发生了变革，但是这种变革不是源自社会金字塔的底层。相反，变革始于大贵族的顶层。欧洲社会历史的主要特点就是稳定，贵族的、高度家族式的社会统治一直延续到工业革命之后。这是一个有效的制度，其持久性不足为奇。贵族中不但产生军阀，还产生学者、诗人、艺术家和宗教领袖。

1000年的罗马式教会建筑，比此前五百年欧洲的所有建筑都气势雄伟。（**p.22**）这些城堡式的石头结构，还有精美绝伦的雕塑，迄今仍然屹立不倒，尤其在莱茵兰和法兰西南部更多。这些建筑造价昂贵，因为1000年时人们追求虔诚；欧洲的贵族喜欢牧师和僧侣，并且愿意赞助教会建筑和宗教事业。

10世纪的教士高度受人尊重且所获报酬优厚，但是宗教热情仅是10世纪晚期和11世纪教士数量增加的一种解释。社会对教会文职服务的需求迅速增长，因为教士仍然几乎是欧洲唯一的文化阶层，在任何写作任务中都非常有用。他们草拟遗嘱、宪章、税收文件和信件，没有这些东西，贵族家庭和王室就没法运转。"礼拜堂"（chapel）和"法庭"（chancery）是可以互换的术语，将宗教阶级与知识阶级（包括受过教育的官僚）相互关联，构成中世纪文明的独有特征。

到了1000年，受过教育的教士精英阶层不断增长，他们发展出极度复杂的神学体系，许多方面都与普通百姓的宗教信仰不同。10世纪时，大众的基督教信仰中普遍存在着迷信和异教因素，很多没受过教育的人的信仰也都被教会默然接受。6世纪末，在教皇大格列高利[①]的领导下，教会决定容纳和接受当时流行的宗教，包括其魔法、魔鬼、生育崇拜等。当时的领袖意识到，转化异教的日耳曼人将会是循序渐进的，彻底消灭他们古老的异教信仰，这既不可能也不可取。19世纪的新教学者往往指责中世纪教会纪律松弛、宽容迷信；但是格列高利做出的很可能是一个明智决定，若是采用不同的、更严厉的态度，教会就可能不会存活下来。

然而，异教迷信并不是官方神学的组成部分，官方神学是一个丰富而复杂的、由许多来源不同的传统构成的网络。《新约》《旧约》以及教父的著作（圣奥古斯丁是教父中最有影响力的）是中世纪基督教的核心内容，其他组成部分则主要来自希腊和罗马古典文化，以及3世纪在亚历山大里亚产生的神秘的新柏拉图主义。（**p.23**）

---

① 格列高利一世（Gregory the Great, 540—604）：意大利籍教皇，集中教廷权力，建立教皇领地，整顿神职纪律，改革礼拜仪式，主持编订《格列高利圣咏》，为中世纪罗马教皇制奠定了基础。

10世纪正统的基督徒信仰的是神的三位一体：圣父、圣子和圣灵。没人能够确切解释神怎样存在于三个位格之中（毕竟，信仰是超越理性的），但人们坚信神就是这样的。圣父是罗马帝国皇帝和以色列部落神的混合体，是此世和来世的奖励者和惩罚者。在10世纪神的形象构成中，强调神的权力和庄严的《旧约》比用语温情的《新约》发挥了更重要的作用。圣子被认为是救赎的媒介或工具，他的人格并没有得到太多考虑。中世纪的艺术家甚至直到11世纪还未开始把耶稣描绘为婴儿，法兰西南部和西班牙北部的艺术家在雕塑中刻画耶稣的童年——但其形象是个微型的成人，而不是婴儿。此前，基督徒根本无法从任何情感或个人的角度，将耶稣想象为一个孩子；在1000年，耶稣主要被认为是人类救赎的机制及最高的法官和皇帝。

中世纪的基督徒相信上帝不得不创造耶稣，让他以人的形象来受难，因为人已经堕落到不能靠自身的德行救赎的地步。有些男人和女人比其他一些人好，但是没有耶稣的干预，所有人都会受到谴责。10世纪的神学家遵循着奥古斯丁[①]关于人类意志的败坏和堕落学说。当婴儿吮吸母亲的乳房时，欲念（肉体的贪婪）就产生了。贪婪、情欲和自私是与生俱来的，除非上帝的化身承受对人类的罪的惩罚，否则人类将遭受永恒的诅咒。耶稣基督自己选择承担人类的苦难；救赎是一种"恩典"，是人不应得到的，是无偿赐给他们的。人们可以通过弥撒的圣餐，加入献祭之中，分享耶稣的德行，每个参与者分得耶稣荣光的份额尽管无限小，但却切实有效。圣餐中的薄饼和葡萄酒，在性质上神奇地转化为神坛上耶稣的身体和血液。

中世纪的天主教建立在一个复杂、难懂的神学体系的基础上，但非常适合隆重的礼仪及高度的智力论辩。隆重的圣餐礼往往在中世纪教堂里举行，那些不识字的农民和骑士，尽管不能理解奥古斯丁主义的教条，但是能欣赏教堂里弥撒仪式上的香火、音乐及礼服。（**p.24**）10世纪的基督教是一个神秘的、祭司神权的、受圣礼约束的宗教，能够深深地吸引人的情感和心灵。与犹太教不同，它适于产生艺术、诗歌和音乐，而这并不妨碍它接受思辨、布道和阐释等智力上的完善。

三位一体的第三副面孔是圣灵——神在这个世界上的影子，教会是其制度化的形式，也是天国理念的俗世体现。这个观念来自柏拉图式的纯粹理念的观念，即纯粹理念由不那么纯粹的东西体现。然而，对当时的人来讲，10世纪的

---

[①] 奥古斯丁（Augustine of Hippo，354—430）：基督教哲学家，拉丁教父的主要代表，罗马帝国北非领地希波（今阿尔及利亚的安纳巴）教区主教。

教会已是世俗制度中纯粹得不能再纯粹的了;它代表着神,让感动人们心灵的精神有了形体且能被看见。否认教会的权威就是否认神,而最大的罪人就是挑战它教条的异端。教会运用一切文化和传播工具传播它无可争议的信息。艺术和理性为中世纪天主教贡献了一种多样化的体验,每次做弥撒都是一个奇迹,男女信徒们期待着神的影子投在他们心上。1000年时的西欧,一些人想象着在这个千年的尽头世界的结束和耶稣的再临。然而,他们仍然只能继续推进他们的经济和文化发展。

地中海世界以及那里的几个古罗马的后继文明,在1095年至1099年的第一次十字军东征时开始注意到这个新的欧洲意识、财富和权力。那个时候,穿着锁子甲、骑着高头大马的法兰西贵族十字军战士,带领暴民循着他们绯红色的尾流,在修道院狡猾的主教煽动性的布道的蛊惑下,纷纷冲向莱茵河谷寂静的山顶城市。十字军的队伍盲目而固执地朝向博斯普鲁斯海峡上像明珠一样的君士坦丁堡进发,挺进传说中的安纳托利亚①,再穿过奢华的黎巴嫩,将基督的圣地耶路撒冷从土耳其人手中解放出来。据称,中东的穆斯林领袖击退了拉丁人的朝圣,阻止了基督教前往圣地的传教旅行,不等他们载着圣徒和妓女的"爱之船"在雅法(Jaffa)和阿卡(Acre)登陆就击溃了他们。十字军的目标是惩罚穆罕默德的军团。

到了1096年,在莱茵河峡谷上方犹太人聚居的崎岖的居住区里,法兰西的十字军殴打穿着长袍、手无寸铁的犹太市民。(**p.25**)这些拉丁贵族和骑士正沿着喧嚣的道路,迈向灿烂而无力的东方。法兰西的十字军认为犹太人与穆斯林同是基督的敌人。

在过去几个世纪中,那些全副武装、无知愚昧的罗马天主教和日耳曼欧洲的贵族和骑士蜷缩在沼泽遍地、林莽密布、高山陡峭的堡垒里面,缩头缩脚、战战兢兢,躲避着那盖世雄伟、不可思议的哈里发②和盛气凌人的毛拉③以及南方训练有素的穆斯林军队。法兰克人在他们自己烟熏火燎、腐臭逼人的北方大厅里,念叨着南方的财富,渴望为掠夺的资本积累再增加一些阿拉伯的战利品。他们热切地想象着地中海明媚的阳光和迷人的奇观。现在,这些狂野的、粗通文墨的法兰克勇士终于被几位伟大的国王和公爵组织和引导起来,走出北方大河谷地中的城堡区。那些口吐拉丁语、热情洋溢的牧师滔滔不绝地蛊惑他

---

① 安纳托利亚(Anatolia):亚洲西部半岛小亚细亚(Asia Minor)的旧称。
② 哈里发(Caliph):伊斯兰教国家政教合一的领袖的称号。
③ 毛拉(Mullah):某些伊斯兰教国家对伊斯兰教学者的尊称。

们复兴光荣的罗马帝国，赋予他们一个简单而高尚的自我形象。法兰克贵族妇女——贵族和骑士们日日与她们在高顶的木制宴会厅里交媾，成群的狗和无数次红肉烧烤晚餐吃剩下的成堆的肉骨头围在她们四周——即使仅仅为了避免频繁怀孕及在险如孤注一掷的分娩经历中早逝，也开始劝说她们的主人和儿子到充满异域风情的远方去，演绎传说中的英雄事迹和英勇的浪漫史。

如今，在第一次十字军东征中，法兰西贵族呐喊道："上帝意志如此！"他们醉醺醺地沿着莱茵河-多瑙河谷地上恺撒①在很多世纪以前建造的斜道邋里邋遢地下行，朝向文明的母亲，那广阔而温暖的内陆海进发。现在法兰克人要向穆罕默德那些神秘、富裕而又有文化的追随者展开他们延迟了太久的复仇行动了。

第一次十字军东征时，中世纪文明已经成熟。这是一个突破性的时刻。法兰克人从金属兜鍪和羊毛外罩中，露出他们刮过胡须的面孔，现在开始吸入地中海温暖的、弥漫着咸咸的海风的气息。他们回家了，在北方的恶龙洞穴里躲藏了很久之后，又回到了古典民族和古代城市的心脏地带。1099年，法兰西十字军攻破了耶路撒冷的城墙。贫瘠的巴勒斯坦平原的上方是肥沃高地，大卫王的金色城就建在那高地上。在大卫王的城里，上帝的意志让法兰克人战胜暂时混乱和分裂的穆斯林人。现在，阿拉伯人和犹太人混合的血液——那时他们都是平和、包容的公民——像暴洪泛滥一样涌向那些欧洲封建袭击者的交接地点。（**p.26**）

基督城，这个无可争议的世界中心，现在属于他们，属于这些西方拉丁语世界的十字军。他们对自己简单的历史理论感觉良好，并陶醉在胜利之中。他们相信神圣的天命沿着时间顺序直线前进，即从创世开始，经过"道成肉身"，直到末日审判，这天命大都在来自诺曼底、卢瓦河谷地和图卢兹的贵族这一边。这以欧洲为中心的历史命运，现在将要迅速而稳妥地加速基督再临。基督是一个有法兰西长相的贵族，胡子刮得干干净净、身材高大、头发金黄、安详温柔，穿着镶金边的白色丝绸衬衫。法兰西十字军脑海中的耶稣形象，与他们文雅的儿孙们所持的兰斯洛特②的光辉形象相吻合，就是与格温娜维尔③王后通

---

① 恺撒（Julius Caesar，前100—前44）：罗马统帅，政治家，与庞培、克拉苏结成"前三头同盟"，后击败庞培，成为罗马独裁者，被共和派贵族刺杀，订定儒略历，著有《高卢战记》等。

② 兰斯洛特（Lancelot）：英国亚瑟王传奇中最勇武的圆桌骑士，是王后格温娜维尔的情人。

③ 格温娜维尔（Guinevere）：传说中的英国亚瑟王的王后，圆桌骑士兰斯洛特的情妇。

奸的那位。

1095 年至 1099 年的第一次十字军东征开启了 12 世纪、13 世纪和 14 世纪初的中世纪全盛时期。这是西欧在文学、视觉艺术上展示出空前创造力，在神学、哲学、大众信仰、政府、法律等方面取得显著进步的时期，同时伴随着人口的增长、商业和城市的扩张。中世纪全盛时期的这些成就的确切特征、取得进步的原因，以及随之而来的各种副作用，一直是 20 世纪的中世纪学家们广泛讨论和争论不休的课题。

一方面，中世纪学家试图揭示和赞美中世纪全盛时期的观念和制度。另一方面，他们又试图平心静气地、批判性地评价创造力、精神性、管理和繁荣等种种表现的长期意义。所有人一致赞同这样一个结论，即中世纪全盛时期的文化、社会、政府、法律、经济和宗教等极为复杂。12 世纪和 13 世纪生活的每一个方面都和许多其他方面交织在一起。每一次前进都产生新的问题，并伴随着相反的趋势。能够辨认出的每个伟大人物，总是一个高度复杂且神秘的男人或女人。

在维多利亚时代，人们十分肯定中世纪世界是相对简单的，并满怀信心地对其做出各种武断的评价。部分因为我们学问的深入，部分因为我们对人类行为进行种种不同的智力假设，我们更加看重中世纪世界的多义性和不确定性。（**p.27**）复杂性和矛盾性让中世纪世界更加接近我们自己的世界，而在一个世纪以前的维多利亚时代，中世纪还只是一种模糊的想象。这种复杂性和矛盾性还让中世纪学家在中世纪找到了自己的镜像或 20 世纪的各种趋势和事件的相似表现。我们对中世纪全盛时期的深入了解，为形成符合我们目前的情感和公共需求的、发人深省的中世纪历史形象提供了契机。

人们更为一致的共识是，14 世纪中叶到 15 世纪中叶是一段灾难时期，以疾病、战争、气候恶化、政治衰落、欧洲多个地区经济萧条为具体表现。但中世纪学家关于 15 世纪后期，尤其是意大利北方的争论仍在继续。意大利的文艺复兴文化是中世纪思想和学术的结晶，还是对它的背离？是始自 1450 年前后佛罗伦萨的新时代曙光，还是旧时代最后的辉煌时刻表现了出来？在这些问题上，没有达成任何共识。

## 二、发现和学问

我们现在对古典世界和其他古代世界的了解至少一半都是拜 19 世纪的遗产所赐。不管是特洛伊和法老时代的埃及的发掘，还是对尤利乌斯·恺撒功业的解释，维多利亚时代人对理解古代社会的贡献都是巨大而卓越的，至今仍有极度重要的意义。但是，中世纪研究很大程度上则是一个20世纪的现象。维多利亚时代的文化通过建立研究机构、创建图书馆、整理档案和出版中世纪的记录，为探索中世纪做出了贡献。这是一项很重要的工作，但它还只是中世纪历史建构这项实际工作的前提。它不具备感知、想象和叙述本身等所需要的创造性。

我们要归功于19世纪初期浪漫主义时代的那些历史学家、诗人和艺术家，是他们改变了中世纪野蛮、无知和迷信的"中间世纪"的形象，据称那个"中间世纪"是古典罗马和15世纪末意大利文艺复兴两个巅峰之间持续衰退的时代。这个对中世纪文化的否定看法是15世纪意大利的人文主义者们自己"发明"的，(**p.28**)以此作为一种历史理论来辅助他们自己的主张并让其有叙述的深度，即他们自己参与的是一种有益的古代学问和古典拉丁语言文化的后中世纪复兴。19世纪初的浪漫主义者摒弃了这种否定中世纪的观点，代之以一种充满理想主义、精神主义、英雄主义和女性崇拜的哥特文化的光辉形象。

但是浪漫主义者缺乏学术素养、精深学问和研究手段，无法超越对中世纪历史最肤浅的探索。不管是文艺复兴对中世纪的诋毁，还是浪漫主义对中世纪文化的颂扬，无一例外都建立在意识形态投射之上。浪漫主义者喜欢中世纪，因为他们认为他们在那个世界里看到的信仰和行为与启蒙运动的理性主义、工业革命的机械主义以及民族国家日益集权的官僚体制形成鲜明的对比，他们认为后者是让人反感和导致人异化的东西。19世纪40年代之后，维多利亚时代的文化以民族主义、决定性机体论、种族的社会达尔文主义取代浪漫的理想主义，并将这些先决性的感知强加在对中世纪的进一步的阐释上。这并没有增进对中世纪生活和思想现实的理解。维护这些教条式的维多利亚时代的解释范式，加速了中世纪学术从初期浪漫主义者提倡的尽管朴素却偶有启发性的哥特形象的衰落。

19世纪的历史学误解中世纪。这是因为他们是早期的先驱，在极度有限的数据下开展工作？还是由于维多利亚时代的心灵中有一些东西——热爱庞大的实体、粗俗简单的模型、仓促概括和武断决定的进化方案——让其不适合在解释中世纪时有持久的成绩？可以说，维多利亚时代的人对中世纪的错误建构，以上两种情况都是诱因。

19世纪所有中世纪学家关于人类关系的写作，都在20世纪初现代主义文化中社会学、行为科学、心理分析学等科学兴起带来的革命性文化结果之前。因此，不但他们的著作过时了，而且还违反我们有关人类行为、心理结构以及机制功能的种种假设。涂尔干①、博厄斯②和弗洛伊德③之后，历史学家必须以根本不同的方式来思考人类和社会行为。

20世纪的中世纪研究不仅受益于对人性和社会的新颖见解，而且还开发了丰富的信息资料。（**p.29**）20世纪的人们对中世纪世界的了解，比对古典文明和其他古代文明的了解要多得多。这主要是因为幸存的中世纪文字记录更多。总体而言，中世纪的文字资料比希腊-罗马世界的文字资料多出十倍到二十倍。在400年至800年这一段时期，原始资料的保存率极低。到1100年，保存率就非常可观了。到1200年，已远非任何古代世界可供利用的记录可比，即使是罗马共和国和罗马帝国也无法望其项背。1300年时，从事法律、政府或大学学术研究的中世纪学家，面对欧洲档案馆和图书馆中幸存的卷帙浩繁、尚未出版的资料疲惫不堪、手足无措。

中世纪的文字遗留之所以比古典世界的量大有两个主要原因，其一是最初书写得多，其二是时间和社会动荡对中世纪手稿造成的伤害较轻。中世纪文化大量幸存还有一个特别原因：书写材料的性质。公元300年以前，古典世界半数以上的著作是写在纸上的，在西欧大部分地区的潮湿气候中，这些纸很容易缓慢分解。然而，从大约700年到1400年这段时期，中世纪人大多在羊皮纸上写作，羊皮纸是由羔羊皮和小牛皮拉伸和漂白制成的，可以无限期地保存。

中世纪世界直至大约1250年的几乎任何有文献和文学价值的遗产都有现代版本。中世纪历史作为一个研究领域，直到1250年的资料都有出版，可供学者研究。这意味着在哈佛或普林斯顿的中世纪初期的研究，可以和在牛津或慕尼黑一样有效地开展，只要那里有大量的中世纪收藏。中世纪文学的所有主要著作都有现代定本。普林斯顿大学（Princeton University）的"基督教艺术索引"（The Index of Christian Art）是中世纪艺术所有现代照片的汇录，很方便研究者使用。

1250年之后那个时期的大量未出版资料收藏在欧洲的档案馆里，如伦敦、巴黎、巴塞罗那、慕尼黑、图卢兹、佛罗伦萨、罗马和巴勒莫等地。我们对中

---

① 涂尔干（Émile Durkheim，1858—1917）：法国实证主义社会学家、法国社会学派的奠基人，主要著作有《论社会分工》《论自杀》等。

② 博厄斯（Franz Boas，1858—1942）：美国人类学创始人，著作宏富，对统计体质人类学、描述与理论语言学、美洲印第安人种学等均有极大贡献。

③ 弗洛伊德（Sigmund Freud，1856—1939）：奥地利精神病学家、精神分析学派心理学创始人，提出潜意识理论，认为性本能冲动是行为的基本原因，主要著作有《释梦》《精神分析引论》等。

世纪晚期的许多哲学家或神学家还知之甚少，因为他们的论文过于冗长，或者完全是无法阅读的手稿，很少被研究。

伦敦的公共档案馆（Public Record Office）里逐项、逐案地保存着 14 世纪和 15 世纪英格兰主要的中央法院的速记记录。（**p.30**）档案馆恰好坐落在法庭巷（Chancery Lane）的法院附近。只有少数诉讼案卷得到出版。大部分卷宗自法庭书记员提交之后都没有被阅读过。每一宗都厚达四百多页，书记员的潦草记录里遍布法律术语。毫不奇怪，即使具备必要技术背景的学者，也很少有人选择花费数十年的时间致力于搞清楚这些审判的来龙去脉。

意大利的图书馆和档案馆充斥着中世纪的手稿。经过多个国家的学者数十年的仔细审读，佛罗伦萨档案馆的档案才开始展示出丰富的信息，其中不仅涉及中世纪国家的公共财政和政治，还涉及城市大家族的内部历史。罗马梵蒂冈档案馆中庞大的中世纪记录，从未有人系统分类过。没有人确切知道里面记载的到底是什么东西，谨慎的枢机主教又总是将一系列的记录封存起来，或者只允许少数获得特许的牧师研究者访问。得益于哥伦布骑士会[①]的慷慨，密苏里州的圣路易斯市获得了梵蒂冈中世纪藏品约三分之一的缩微胶片。明尼苏达州科利奇维尔（Collegeville）的希尔修道院手稿图书馆（Hill Monastic Manuscript Library）收藏了 73000 份中世纪图书的缩微胶片，其中包括 76 家奥地利图书馆和 30 家西班牙图书馆的藏书。

欧洲图书馆和档案馆充斥着中世纪晚期的著作，如果这些著作在某处被提及，它们要么被擅自装订在其他论著背面，要么被切成段用来装订另一卷，武断地说找不到它们是要冒险的。古典世界所有尚存记录都已出版，但是中世纪晚期欧洲记录的大量出版将是一项昂贵、漫长而艰巨的任务，很有可能永远无法系统展开。

第二次世界大战之前，美国的中世纪学家几乎得不到什么研究资助能让他们在欧洲丰富的档案馆中工作。中世纪学家们要像哈佛大学的学者查尔斯·霍默·哈斯金斯（Charles Homer Haskins）那样花费家庭资本。在 20 世纪最初的十年里，哈斯金斯像亨利·詹姆斯[②]小说里的一个角色，成年累月地游走在欧洲的一个又一个档案馆之间，悠闲地追寻诺曼法兰西贵族的道路，重构他们的政治和行政体制。或许这些中世纪学家要做出可怕的个人牺牲。（**p.31**）我最

---

[①] 哥伦布骑士会（Knights of Columbus）：美国天主教的一个慈善组织。
[②] 亨利·詹姆斯（Henry James，1843—1916）：美国小说家，评论家，晚年入英国国籍；主要作品有长篇小说《一位女士的画像》《鸽翼》及文学评论《小说的艺术》等。

喜欢的美国早期中世纪研究的英雄是科罗拉多大学博尔德分校（University of Colorado in Boulder）中世纪历史教授詹姆斯·威拉德（James Willard）。威拉德教授在三十多年从教和热切支持大学橄榄球队的生涯之后，于1935年辞世（在观看大学橄榄球比赛时心脏病突发，三日后去世）。博尔德的一栋教学楼就以威拉德命名，他是与哈斯金斯同辈的先驱。威拉德1902年获得宾夕法尼亚大学博士学位，曾在银行家、学者亨利·C. 李（Henry C. Lea）收藏、后捐赠给大学的精美图书馆里攻读。在哈定、柯立芝和胡佛时代[1]，几乎每个夏天，威拉德都要坐火车和轮船前往伦敦。威拉德还耗尽学术休假，并从新成立的美国学术团体协会（American Council of Learned Societies）获得了一笔小额资助，在英国公共档案馆研究13世纪晚期英格兰议会税收的兴起，这是中世纪政府历史中的一个至关重要的课题。威拉德去世前两年出版了关于这个课题的宏伟著作。这本著作清晰、全面、可信，最近经由牛津大学（Oxford University）的一位教授修订，但修订后的内容并没有比原著好很多。

1931年，随着大萧条的到来以及沙尘暴的威胁，威拉德离开了深爱的科罗拉多山区（后来还为其写过一本书），他在车船发动机的咔嚓声中向东穿越美国大陆，再跨越大西洋，去肯辛顿（Kensington）忍受卧室兼作起居室之苦，每天早晨穿着风衣和浆洗得硬硬的衬衣匆忙来到那里的档案室，研究国库财政和其他行政卷宗及议会的传票。可以想象这是怎样一种景象！在中世纪研究的英雄时代，威拉德的动机也许可以在科罗拉多文化史、美国新教徒的职业使命传统，以及一种受虐性行为的病理现象的某个交汇之处得到解释。从1950年起，美国的中世纪学家开始获得私人基金会和公共捐赠的大量资助，以进行欧洲之旅的研究。

致力于出版中世纪记录的团体和机构多种多样，从17世纪严肃的比利时僧侣到维多利亚时代错误百出的英国国教乡村牧师，后者就像特罗洛普[2]小说里的角色那样。做得好的要数德国人。德国的中世纪研究所"德意志文献集成研究所"成立于19世纪初期，因为其出版物的名称而得名。得益于德国古典学家发展出的文本校订方法，到19世纪70年代，这个研究所已成为一个高水准的专业机构。（**p.32**）文献集成研究所位于柏林，曾受到普鲁士的慷慨支持，1871年后又获德国帝国政府的支持。该研究所的学术行为具有顶级权威，它的

---

[1] 哈定、柯立芝和胡佛时代：美国第29任总统哈定（Harding）、第30任总统柯立芝（Coolidge）和31任总统胡佛（Hoover）统治时期，即从大约1921年到1933年这段时期。

[2] 特罗洛普（Anthony Trollope，1815—1882）：英国小说家，以虚构的巴塞特郡系列小说著称，包括《养老院院长》《巴塞特寺院》等。

中世纪记录和文本的版本堪称艺术典范。

文献集成研究所除提供其他服务之外，还为从事中世纪历史研究的年轻的德国博士提供就业机会，并为他们提供卓越的博士后训练。文献集成研究所的另一个积极特征是它阐释视野的地理范围广泛。鉴于中世纪的德国皇帝花了大量时间与教皇抗争，因此直到1250年的罗马教廷的文档历史是其优先考虑的研究领域。又鉴于德国皇帝与意大利关系密切，因此直到但丁①时代的意大利城市历史也受到文献集成研究所学者的密切关注，他们的研究还得到了位于罗马的附属研究所的指导。在很长的一段历史时期——从1945年起，文献集成研究所一直都在慕尼黑——这个德国研究所出版了二百五十多卷完美无瑕的中世纪资料集。

通过收集记录和文本，从事中世纪学习的大学生大大受益于19世纪的现代国家实体时代。所有西欧国家纷纷仿效德国，出版中世纪的记录，以证明其国家的源起，即使这种演进的机体论有时很牵强。例如，比利时国王聘请杰出学者亨利·皮朗（Henri Pirenne）撰写一部五卷本中世纪比利时历史。比利时是在1830年一次外交会议上成立的，要把比利时的国家意识追溯到中世纪佛兰德斯的贵族或资本家及邻近的封建公国并不那么容易。

在英国，王室不惜重金仿效德国出版中世纪文献的做法，结果是收获了一系列良莠不齐的卷帙（即"卷册系列"[Rolls Series]）。威廉·斯塔布斯（William Stubbs），当时一个默默无闻的乡村助理牧师，做出了最好的工作，并以获得丰厚的回报而扬名，他得到的报酬即使按20世纪奖励人文学科学术的标准来看也是非常丰厚的。斯塔布斯的中世纪编年史版本最终使他得到牛津大学高级历史教授的讲席。而还有一些无名的牧师和校长为"卷册系列"编写的个别卷册则拙劣得令人震惊。

由法国政府支持出版的中世纪记录在19世纪达到的水准，介于德国一贯的专业水准和英国个人色彩浓厚的业余水准之间。（**p.33**）法国人从国家项目中获得的最大收获是在巴黎建的一所大学级别的历史档案学校和研究所——法国国立文献学院（L'École Nationale des Chartes）。这所学校在20世纪初由伟大的中世纪学家费迪南·洛特（Ferdinand Lot）负责，接下来的四十年一直受他指导。由于培养了几代娴熟的研究人员，法国的中世纪研究质量得到迅速提升。

编校中世纪文本时出现的一些问题，令维多利亚时代轻松地利用古典拉丁语言文化知识的校长、牧师和神父们始料未及。首先，中世纪的拉丁语与其古

---

① 但丁（Dante Alighieri，1265—1321）：意大利诗人、文艺复兴运动的先驱人物，作品具有人文主义思想萌芽，代表作有抒情诗集《新生》、史诗《神曲》。

罗马形式有一些微妙的差别，风格上的差别比语法上的更大些，而且1150年之后，大量新技术词语（不管是战争还是哲学领域的）都进入了词汇表。流利地阅读西塞罗（Cicero）并不保证也能阅读13世纪晚期牛津的方济各派哲学家邓斯·司各脱[1]，后者的思想已经包含了很多后来的维特根斯坦[2]语言哲学的内容。

其次，还有古文字学的问题——也就是阅读中世纪手稿的笔迹。使印刷成为可能的活字印刷术是中世纪的发明，但直到1470年后才出现。在那之前，书都是由个人辛苦地写在羊皮纸或（1350年之后）碎布做的纸上的。除了正式的书籍（手抄本），还有数不清卷册的政府和商业文件也要继续手写，直到19世纪末普遍使用打字机为止。

大部分中世纪图书都是由教堂和政府机构支持的书记局和誊抄局完成的，或者是中世纪晚期从事书籍生产的公司（行会）生产的产品。考虑到这种手工生产的缓慢和困难，中世纪书籍的生产量超过了任何合理的预期。当然，在这种情况下，按照我们的标准，书籍的价格是很昂贵的。一个人必须很有钱，才能留给他的后人五十卷藏书。

在中世纪的一段漫长时期里（从800年到1250年），拉丁语文档中的笔迹与罗马字体或现代书籍印刷体极为相似，并不难阅读。在这一段中世纪的中间时代，标准的中世纪字体是"加洛林小写体"。之所以这样称呼是因为它是由大约800年时的加洛林帝国的僧侣文士开创的，并且因为模仿古罗马字体时，它兼用小写字母（minuscule）和大写字母（公元350年前罗马人只使用大写字母）。（**p.34**）加洛林小写体是一种清楚明了的字体，15世纪末早期的印刷业业主发现很容易将其转换为活字。加洛林小写体大约在1470年复兴，现代书籍印刷就是从其发展而来的，任何人只要掌握了一些常用词的缩写，拿起一本12世纪的拉丁语手稿都可以轻松阅读。1250年之后，特别是在疲劳过度的政府和教会文员的速记中，出现大量不再使用加洛林小写体的现象（对速记和快速生产文件来说，加洛林小写体太慢了）。阅读中世纪晚期的这些手写的拉丁语文件，需要专门的训练和丰富的经验。1150年之后，通俗语[3]（非拉丁语）文本大量

---

[1] 邓斯·司各脱（John Duns Scotus，1265/1266—1308）：苏格兰经院哲学家和神学家，唯名论者，认为意志高于理性，行动高于思维。

[2] 维特根斯坦（Ludwig Wittgenstein，1889—1951）：生于奥地利的英国哲学家、数理逻辑学家，著有《逻辑哲学论》和《哲学研究》，对逻辑实证主义和语言哲学有很大影响。

[3] 通俗语（vernacular）：在中世纪的欧洲，拉丁语是宗教、政治和学术的通用语，并由教会和宫廷对其使用进行规范和统一，而英语、法语、德语等，则被称为通俗语。

出现，其文本中独特的笔迹也带来新的问题。

研究中世纪的手稿还有另一个问题，即许多重要的文本——如哲学、教会法律、富有想象力的文学——都有多种甚或数十种抄本存在。由于抄写行为的不稳定，同一文本的不同抄本之间存在细微差异在所难免。但有时会存在重大差异——作品被整部分地改动，或者添加或者删除。要如何确定哪个是原本（Urtext），即作者本人认可的标准文本呢？做出这样的决定有时让作者也犯难，因为他或她也会随着时间改动那些作品。如果要确定詹姆斯·乔伊斯[①]的《尤利西斯》的标准文本都能在两大洲引起激烈争论，那么，可以想象，要确定一部中世纪著作的经典版本将会有多难，因为可能存在着来自三个不同国家的十五份手稿，经作者本人、助手或后来的学者随着时间改动过。

不管阅读和理解中世纪的著作和记录存在多少问题，中世纪学家仍可以拥有古典学者无法获得的即时触觉体验。除了很少数的意外发现的碎片，欧洲罗马世界没有任何真正意义上的手稿幸存。罗马幸存下来的只有石刻铭文。西塞罗或维吉尔（Vergil）或贺拉斯（Horace）的文本仅经过中世纪抄本才流传下来。卡图卢斯（Catullus）的作品仅有一部手稿，因一位不知何处的喜欢色情诗歌的僧侣的制作而幸存下来。但是任何人只要能够阅读拉丁文，都可以去欧洲一个主要档案馆，实实在在地翻阅12世纪或13世纪著作的书页，呼吸一下她的气息，（**p.35**）有时候这些著作就是作者的"亲笔"，或者至少是作者生前或是过世不久的一部抄本。考察1300年左右英格兰、法兰西王国的法律、财政和其他行政记录时，我们可以细查法官、税吏、王室议员或其秘书写在羊皮纸上实际的日常记录。这不是历史学家的报告，而是事件发生时生动鲜活的记录。古代世界几乎不存在任何这样的现场手稿记录。

因此，中世纪世界以一种非常直接和实存的方式在磨光的羔羊皮卷上又回到我们身边。一些手稿又装饰有精美的微型画作，不知花费了多少年月的时光，花费了多少的人工和材料才能完成，这时我们知道这些手稿对中世纪的人们和对我们来说都是多么宝贵。

要理解为什么中世纪是20世纪而不是19世纪的"发明"，我们还要留意自1900年以来大学里中世纪研究职位数量的千倍增长。无论出身如何，中世纪学家都展现出其他学院派人文主义者的特征。出于某种心理或社会环境方面的原因，他们从儿时或青春期早期就开始对语言和过往历史产生了浓厚的兴趣。他

---

[①] 詹姆斯·乔伊斯（James Joyce，1882—1941）：爱尔兰小说家，作品多揭露西方现代社会腐朽的一面，多用"意识流"手法，代表作为《尤利西斯》。

们放弃了对人们普遍向往的财富和权力的追求，转而致力于获取学习和教学的机会。有一小部分学院派人文主义者有一些私人财产，或是通过接受大学表彰他们的杰出声誉而提供的特殊待遇而变得富裕。但大多数人实际上只靠微薄的教授薪水生活，通常是以牺牲家人为代价的。学院派的人文主义者最具生产力和创造力的几年通常是四十几岁和五十岁左右的时候。大多数人五十多岁之后就耗尽了精力，不再从事重要的学术工作，尽管他们仍可能是教室里的明星。通常情况下，学院派的中世纪学家和其他的大学人文主义者一样，不太擅长写作或者至少是写作内容不能吸引广大读者。

即使研究重点很狭窄，中世纪学家们也会继续他们在博士训练中形成的模式，通常情况下感兴趣的总是中世纪和现代文化之间的关系和互动。例如，1974 年翁贝托·埃科大胆地宣称"重返中世纪"。他将中世纪的边缘文化和弱势群体，（**p.36**）与 20 世纪 60 年代美国的反主流文化运动和学生激进主义进行了详细的比较。

只有在我们自己思想世界主导的概念框架下，我们才能解释中世纪文化或任何历史文化。当我们日后回顾时，其中一些阐释性概念已经陈旧，我们为自己反躬自省的喜好感到尴尬；但确有一个时期这些概念是富有成效和令人振奋的，而且在运用过程中也很受喜爱。

但是，数据积累、文本阅读和档案研究、学术进步等都带来很大的不同。维多利亚时代对中世纪的看法存在的问题，不仅在于它强加给我们已经不再令人信服的 19 世纪的概念，如演进的机体论，而且还在于维多利亚时代人对中世纪的了解根本就不多。他们还没有进行研究工作。今天，任何一个聪明的大二学生只要认真修过一门中世纪历史课程，就比 1895 年以前任何人对中世纪世界的组成都会有更好的理解。这出色的见识并不是什么美国大学生形成的先锋观念所致，而是因为他们受益于 20 世纪的学术界和研究工作所积累的学问，以及 20 世纪三代或四代学院派人文主义者深入的阐释性见解。

然而，20 世纪的思想及其在哲学、文学、艺术批评以及社会学和行为科学中的概念形成并不令人尴尬。尽管它们很时髦，可能很快就会过时，但是它们确实对中世纪或任何过去或当代文化提供了深刻的见解，因此应该充分利用而不应该浪费。

学术化确实会付出代价。以现代 20 世纪的思想观念回溯性地进行中世纪阐释，一些有挑战性的问题以及容易招致批评的主张也表现出来。可以合理地说，20 世纪 20 年代那一代德国的伟大中世纪学家们太容易穿上哲学唯心主义的外衣，这让他们看不到社会和物质性质的调节因素，也让他们对个人人格给艺术和文学造成的影响不甚敏感。不难为下述论断辩护，即曾经占主导地位的哈佛-普林斯顿制度派的美国中世纪历史学家们过于轻易地应用了严峻的实用工具主义假设，并把美国例外论的霸权思维定式安放到他们的盎格鲁-诺曼和法兰西中世纪国家建筑的形象之上。（**p.37**）20世纪80年代，法国官僚社会史学派不止一次地炫耀学术化行为，视其为一种自我推广的娱乐性武器，并屈从于在左岸咖啡馆的桌子上跳后马克思主义的七面纱舞①，以吸引巴黎的年轻一代。

运用强大的现代观念解释中世纪并没错，错误的是缺乏用自我批评的气度来认识其局限性并定期重新检验各种假设。中世纪研究中的学术化不是太多而是太少。几乎不可避免的是，一旦一批学者凭借一套学术化的假设取得成功，然后随着这些观念不断被采用，他们挺进了学术机构中的舒适位置并获得权力，然后自我批评逐渐消失，而曾经一度新颖的灵感，当初持有时是何等的小心翼翼，现在却变成正统的学术教条，等着下一代学舌。

然而，与学院派人文学科中的任何领域一样，中世纪研究中的这种坐享其成的周期律将会被两种系统的情形纠正和取代。适当的观念会随着时间流逝而变得陈旧过时，并失去其在这种文化中的可信度。德国唯心主义和美国工具主义及例外论的情形就是如此。新一代人才将会出现，其中一些更优秀、更有抱负的，也想留下自己的印记，他们将起而叛逆，自觉运用新颖的20世纪观念解释过往的中世纪。

我们认识的中世纪是文化互动的产物，在这个过程中学问积累、学术行业的资源和结构、中世纪和现代世界之间的思辨性比较，以及借用现代社会学、人格、语言及艺术理论进行的学术化等，都在中世纪学家的生平、著作、思想及他们创立的学派和传统中熔于一炉。

自1960年起，中世纪研究中最具原创性和启发性的著作不是历史学家而是文学系的学者完成的，而且这种趋势一直存在。这些批评家和文学阐释者不是把眼光盯在中世纪世界柔软的边缘性问题上，而是瞄准中世纪文化中令人难以置信的、充满活力而深刻复杂的中心问题，这些问题跨越数个世纪，直接和20世纪的哲学、艺术、心理学、文学联系起来。它涉及语系归属、原型结构以及对传统意义的解构性、启示性阅读。（**p.38**）这里有一些东西散发出创造和发现的光辉，超越了传统的历史关切。

---

① 七面纱舞（Dance of the Seven Veils）：东方的一种舞蹈，起源于巴比伦神话中伊斯塔尔（Ishtar）下到地狱的故事。

20世纪对中世纪的探索，就像中世纪对圣杯的追寻一样，充满危险且永无止境。它经过了许多曲折的小径，并受到众多冒险和意外事件的影响。正如中世纪的传奇故事一样，对中世纪的危险追寻经常会返回其自身，变成对内心体验的心理探索，然后重启一个可规划的路径。也像圣杯传奇中一样，目标并不那么清晰，费尽心思追求的对象也并不是那么明确。然而，人们有一种渐近的、从未完全确定的感觉，那就是终点是辉煌的，并且极其令人满意。

这种追寻有时进行在对人类的局限和最终缺憾的认识中：

神圣意志把我引向天堂
我已听到看到更多奥秘；
但人总是要占有和聚敛
想获取更多；得寸进尺。
我被流放，被烦恼困扰，
被从永恒之地驱逐出来。

（《珍珠》[Pearl]；第二十章，英格兰中部，14 世纪晚期；玛丽·博洛夫 [Marie Borroff] 英译）

因为期望什么并不明确，在享受更大的喜悦时，人们不时会对简单的、无限制的胜利抱有乐观的信念，就像第一次十字军所享受的胜利那样：

黎明征服了凌晨的时刻，
暗夜遁逃无踪，在远处
我认出闪闪发光的大海。

（但丁，《炼狱》[Purgatory]，第一章，115—117，意大利北部，14 世纪早期；乔治·霍姆斯 [George Homles] 英译）

## 三、中世纪心灵

中世纪特别引起我们关注，并能给我们带来启发，因为中世纪的人们不得不在他们的文学和理论上处理人类生活的基本事实：精神与物质、智力和形体之间的关系和张力。（**p.39**）让人着迷的是，至少在 13 世纪之前的法兰西和英格兰，他们就不得不解决这个问题，那时还不像我们今天这样的情形，还没有法律体系和公共行政来制定行为准则，引导和预调大部分行为，程序化地建立生活的精神方面和物质方面、人格的智力方面和形体方面的交互作用。

中世纪的人们不得不自行解决人类的生存状况问题。直到进入中世纪很久，间或发生并限定在一些特定地区，他们才开始被套进由技术上异常强大的法律和政府制定的常规化行为模式，这些行为模式预先决定人类经验精神和物质两个领域的行为关系。因此，中世纪的人们有着一种天真的自主，且能够不间断地选择，这让我们感到新鲜和兴奋。中世纪伟大的教士思想家对那个巨大的裂隙，对精神与物质、观念和力量之间的冲突有清晰的认识，这一点是毫无疑问的："天上的城……在其地上的朝圣状态中利用地上的和平，在不损害信仰和虔敬的前提下，天上的群体在获取生活必需品方面渴望并保持一种普遍的一致，并让地上的和平影响天上的和平。"（圣奥古斯丁，《上帝之城》[The City of God]，第十九卷，突尼斯，约 425 年，马库斯·多兹 [Marcus Dods] 英译）①

希波的奥古斯丁主教（Bishop Augustine of Hippo），是个好罗马人，他寄希望于国家来掩盖精神和肉欲之间的冲突，保持一定程度的社会稳定，以使教会的传教工作继续进行。在更晚的时代，介于罗马帝国瓦解和中世纪国家兴起之间，克莱尔沃的圣贝尔纳（St. Bernard of Clairvaux）比奥古斯丁更清晰和悲观地展示出人格的内在冲突："仅靠自己精神的纯粹，你不可能驱逐，不可能完全摆脱，大量丛集的物质形象和意念汹涌而至。"（克莱尔沃的圣贝尔纳，《布道》[Sermons]，法国，约 1145 年，S. J. 伊尔斯 [S. J. Eales] 英译）

但是，圣贝尔纳支持下面这种解决人性分裂的方案，即少数幸运的人在一种神秘的体验中（所谓"圣爱的甜蜜浇灌"）可以超越精神和物质之间的冲突。对于如何获得这种崇高的神秘体验，圣贝尔纳语焉不详。（**p.40**）在《神曲》里，但丁赞同圣贝尔纳神秘的方案。但在其另一著作《君主论》（Monarchy）中，但丁简单地描绘出这种自我分裂——"哲学教学"管理"此生的至福"，而"精神教学"指导"永生的至福"。分化仍将持续。

中世纪的人们没有简单的方案，我们同样也没有。早期弗洛伊德的深度心理学赞同圣贝尔纳的见解，认为即使假想的生命纯粹也不能让我们阻止物质（亦即性欲的）形象的涌入。不管是圣徒还是罪人，我们都要经历压抑的反弹。但在弗洛伊德晚期的一本枯燥的著作《文明及其不满》（Civilization and Its Discontents，1930）中，弗洛伊德试图在爱欲与社会稳定之间寻找一个中介位

---

① 此处括号里的"第十九卷"（XVI）原文作"第十四卷"（XIV），原文有误。

置，而走向一个类似奥古斯丁的立场。我们这个时代的现象学和解构主义理论家、耶鲁大学的保罗·德·曼（Paul de Man）主张的自我分裂观点与中世纪的人格观不谋而合："诗性的行为（普遍意义上这包括所有人文学科）是精华的历史行为，通过这种行为，我们意识到生存自身的分裂，进而认识到在当下实施和完成这种分裂的必要，而不是在来世遭受它带来的痛苦。"

那两个13世纪天生的乐观派，阿西西的圣方济各（St. Francis of Assisi）和圣托马斯·阿奎那（St. Thomas Aquinas），认为他们对人类冲突的状况有明确而彻底的解决方案。圣方济各是典型的反主流文化的圣徒，努力在他的修士群体中创造一个爱的团体。如果精神和物质在行动中彻底融为一体，就不再有冲突。"那些自愿奉行这种生活的人，会把自己的一切分给穷人。我们喜欢生活在贫穷和废弃的教堂中，任何人都不知道我们，我们对所有人顺服。当我们辛苦的劳作没有得到报偿，让我们向主的桌旁求助，让我逐门逐户地乞讨我们的面包"（《圣方济各的遗嘱》[The Will of St. Francis]，意大利北部，约1220年，保罗·萨巴蒂埃[Paul Sabatier]和L. S. 霍顿[L. S. Houghton]英译）。这也是20世纪60年代新左派公社①和伍德斯托克②一代的精神气质。这是解决自我分裂问题的一种方案，但它只是少数人的，且是特定时期的。这种方案不能持久。圣托马斯·阿奎那，这个出身那不勒斯贵族的多明我会修士和巴黎大学教授，尝试了亚里士多德提出的那种自由化解决方案，即"法律必须正当地关注面向普遍幸福的秩序"（托马斯·阿奎那，《神学大全》[Summa Theologica]，法国，约1256年，A. C. 佩吉斯[A. C. Pegis]英译）。

美国"新政"③回到了托马斯主义的原题，(**p.41**) 在这个新政传统中，美国公民自由协会（American Civil Liberties Union）和华盛顿那些优秀的自由派律师告诉我们，除了恐惧本身，我们别无所惧。但是，如果法律关注权力和特权而不是普遍幸福，该怎么办？对于如何改善这种情况，圣托马斯·阿奎那没有实际的回应。我们也没有。

甚至还有些人，例如青年彼得·阿伯拉④尝试过高度情欲这种激进新弗洛

---

① 新左派公社：20世纪60年代至70年代初美国政治舞台上的一支青年政治力量。
② 伍德斯托克（Woodstock）：指1969年8月在纽约州东南部伍德斯托克举行的摇滚音乐节。
③ "新政"：1933年美国总统罗斯福执政后为挽救当时严重的经济危机而采取的施政纲领。
④ 彼得·阿伯拉（Peter Abélard, 1079—1142）：法兰西经院哲学家、逻辑学家和神学家，所著《神学》被指为异端而遭焚毁。

伊德主义方案（交媾让你自由），按照威廉·赖希（Wilhelm Reich）、诺曼·O. 布朗（Norman O. Brown）和赫伯特·马尔库塞（Herbert Marcuse）的表述："我们的激情尝试了爱的任何阶段，没留任何余地，爱要是自己能够想象出任何未知的奇迹，我们就会发现它。"（彼得·阿伯拉，《我的灾难史》[History of My Calamities]，法国，约 1135 年，H. A. 贝洛斯 [H. A. Bellows] 英译）

阿伯拉被他女朋友的叔叔阉割了之后，就不再那样想了。中世纪或是 20 世纪，这些解决人生张力和矛盾——那巨大的分裂——的方案，没有一个使问题得到很好的解决。因此，我们可以说，我们同情中世纪，因为我们与中世纪相遇，认识到那时的人们和我们有着一样的情感和焦虑。然而，中世纪的人们并没有被类似我们要承担的重负压垮，我们承担着一个"官僚—司法—技术"国家的重负，这一重负朝我们压过来，为我们设置条件，让我们循着一条在常青藤法学院里为我们优雅地描绘出来的预定路线行进，并在这条路线上管制我们；尽管公元 1200 年以后，也有很多博洛尼亚①和蒙彼利埃②法学院毕业生向困惑的国王请愿，恳请国王也让他们尝试同样严酷的理性化。

## 四、认知与建构

由于中世纪人们的见解和焦虑与我们当代人的非常接近，因此中世纪的发现是一个广泛而持续的过程。关于如何确定中世纪在 20 世纪中的意义和相关性，中世纪学家们一直在探索和设计。本书就讲述这些中世纪学家的故事。20 世纪凭借其精密的研究工具、无限的学术资源以及进行持久而有组织的分析的能力，产生了对中世纪完全不同的见解，发现了中世纪经验的个体片段。这些片段不仅照亮了中世纪的往事，而且也激发了中世纪文化和现代文化的互动。

本书重点关注的伟大中世纪学家，(**p.42**) 也像所有富有创造力的思想家和艺术家一样，从他们生活的情感源泉中塑造对中世纪的解释，而这些生活又受 20 世纪社会和政治的巨大动荡制约，尤其是在 1914 年至 1945 年那段黑暗时期。20 世纪为它自己发明了一个中世纪棱镜，深深折射了自己的痛苦经历，这经历始于 1914 年 8 月的枪声，直到 1945 年那个恶臭、致命的春天里的大屠杀中最后刺耳的叫喊。创造一个中世纪图像并把自己投射到上面，这是一种疗治手法，20 世纪敏感而善良的人们凭借这种手法试图在屠杀和疯狂的邪恶时期

---

① 博洛尼亚（Bologna）：意大利城市，有欧洲最古老大学博洛尼亚大学，建于 11 世纪。
② 蒙彼利埃（Montpellier）：法国南部城市，位于地中海沿岸。

恢复理智，并控制自己的感情。

想象中世纪有着巨大的疗愈价值，自1945年以来，在相对和平的时期，我们继续像1914年以前那样，利用中世纪的资源为我们提供慰藉和灵感，为我们指明生活的方向。在这一方面，20世纪的中世纪研究类似于19世纪初浪漫主义者对中世纪的利用。那些浪漫主义者把中世纪当成反对工业主义和军国主义恶魔的避难所。区别在于，20世纪具有无与伦比的学术能力来发现和表现查理大帝、圣方济各和乔叟的真实世界。

当我们接近20世纪尾声时，塑造20世纪的许多文化目标和学术假设将逐渐衰退至一种无秩序的虚无，一整套新的理想必将纳入21世纪的生存和幸福准则中去。随着转型期的到来，20世纪那些熟悉的意识形态灯塔逐渐消失到往事的谜一样的沉默中去，那久经时间考验的、从中世纪直接向我们讲话的精神和社会理想，将日益走向文化和思想视野的更加中心的位置。

我们离全面发现和理解中世纪世界及其与我们的希望和期冀之间的共生关系还有很长的路要走。随着这场巨变的发展，20世纪伟大的中世纪学家塑造的中世纪的棱镜将受到更仔细的审查，并为新时代投射更加鲜明的标志性信息。

我同意翁贝托·埃科的观点，即每个人都有自己关于中世纪的见解，但是我不赞同他说这些见解"通常是错误的"。我要说的是：每个人对中世纪都有高度个人化的见解。(**p.43**)对大多数人来说，这些见解极其模糊或是过分简单且教条式的粗俗，但也不能因此就被轻视。大多数人对中世纪的见解，来自他们对学校所学知识或看《艾凡赫》①之类电影的模糊记忆。然而，对他们每个人有意义并构成他们日常生活中偶尔作为行为依据的那一套假定的东西，多是些学术水准很低的货色。有些人受益于大学课程，他们读了标准教科书，如美国约瑟夫·里斯·斯特雷耶（Joseph Reese Strayer）的一些较旧的教材，或比较新的如法国大师雅克·勒高夫（Jacques Le Goff）的中世纪文明概观等。那些修过大学课程的人阅读过（通常是翻译的）中世纪文学作品，或者修过中世纪艺术史课程，这为他们打下了坚实的基础，让他们较有说服力地表达一种中世纪的见解，阐明中世纪对他们个人及一般文化的意义。

本书所写的中世纪学家探索的远远超出前面提到的那些，无论从他们在研究中获得的深厚知识的角度来讲，还是从他们把中世纪视为其职业关注的焦点而进行的思考来讲，都是如此。他们的著作取代了此前一些较有建树的思想家，例

---

① 《艾凡赫》（*Ivanhoe*）：英国作家沃尔特·司各特（Walter Scott）创作的长篇历史小说，旧译名为《撒克逊劫后英雄略》，此处指据小说改编的电影。

如 18 世纪的爱德华·吉本（Edward Gibbon）和 19 世纪的儒勒·米什莱（Jules Michelet）、亨利·C. 李（Henry C. Lea）等对中世纪的解释。要不是为了满足好奇心，没有一本完成于 1895 年之前的关于欧洲中世纪的著作还值得一读，一则因为数据的不足，一则因为已经过时的维多利亚时代各种假设构成的是幻影般的过去的感觉，这些感觉与 20 世纪晚期的理解相去甚远，因此不值得为此费神。

即使是亨利·亚当斯（Henry Adams）完成于 1913 年的《圣米歇尔山和沙特尔大教堂》（*Mont-Saint-Michel and Chartres*）这样的著作，今天读起来也感觉幼稚和个人话语过重，而他关于 19 世纪美国政治的伟大的史学著作则不是这种情况。尽管亚当斯 19 世纪 70 年代在哈佛大学讲授中世纪史，似乎表现还不错；不过，综合考虑起来，他没有充分把握 12 世纪教会文化的复杂性，或是在这个领域提出足够棘手的问题，能让他的著作到今天仍有价值，而不成为 20 世纪初期波士顿文化中做作的新浪漫主义的一个标志而已。亚当斯能提供的所有见解都在理查德·威廉·萨瑟恩（Richard William Southern）1953 年关于 12 世纪情感的巨著面前相形失色。尽管 20 世纪中世纪学家有广泛的知识，尽管他们的思维大体上在 20 世纪 90 年代初期我们自己的知识参考框架内进行，(**p.44**)但在中世纪的发展和意义方面，这些杰出的中世纪学家之间仍存在深刻的分歧，特别是对 11 世纪后期至 14 世纪中叶这一段创造力大爆发的时代而言。

最让我感兴趣的是这些中世纪学家的人生经历和文化环境如何融入他们对中世纪世界有意识的思考中。在历史写作和阅读中，我们同时在进行一种可见的心理分析，在这个过程中我们自己的焦虑、希望、爱、恐惧和失望与学问支撑的发现和学术研究扩散的数据发生互动。

任何人都可以唱一段歌剧咏叹调，有些人具有良好的嗓音，若是再加上少许训练，就能表现得更好。但不会有人认为这种自娱自乐是对莫扎特[①]、瓦格纳[②]或者威尔第[③]作品的权威建构或解读。我们花钱去大型歌剧院聆听大师歌唱。他们对某一咏叹调或全部歌剧的解读总会有细微的或是根本的不同。人文学者们试图为我们建构过去的形象时也是如此。他们也做着非常专业的工

---

① 莫扎特（Wolfgang Amadeus Mozart，1756—1791）：奥地利作曲家，维也纳古典乐派主要代表，主要作品有歌剧《费加罗的婚礼》《唐璜》《魔笛》及交响曲、协奏曲室内乐等。

② 瓦格纳（Wilhelm Wagner，1813—1883）：德国作曲家，毕生致力于歌剧改革与创新，主要作品有歌剧《漂泊的荷兰人》《纽伦堡名歌手》及歌剧四联剧《尼伯龙根的指环》等。

③ 威尔第（Giuseppe Verdi，1813—1901）：意大利作曲家，创作歌剧 30 余部，主要作品有《弄臣》《茶花女》《游吟诗人》等，后期歌剧《阿依达》《奥赛罗》在意大利歌剧史上具有革新意义。

作。中世纪大师们的中世纪思想彼此之间存在很大的差异。他们使用的歌词和乐谱——历史事实的数据——则是一样的。因此，最终的真理，不在文本细节中，而在于如何解读。

在当今这个大众化的时代，政府、大学和媒体的当权者强制推行文化的平均主义，我们不能公开说，学院派中世纪学家的中世纪见解，要比那些很快把西方文化和世界历史知识遗忘殆尽的高中生的见解，或那些对斯特雷耶教科书还有一点模糊记忆而又稍微读过塔奇曼或埃科的大学生的见解要高明。我们敢说，中世纪学家的书更加真实、精微、复杂，更值得我们花费时间和金钱，这恰好像我们走出林肯中心或斯卡拉歌剧院时对歌剧女主角表演的评价。我们可以肯定地说，中世纪学家以学问和想象力为基础的中世纪创造，不但为我们提供了可以构成艺术的事实认知，还为我们提供了可以构成科学的范式建构。

对欧洲中世纪的认知和建构不可胜数。但是，某些重大问题在20世纪中世纪学家的著作中突显出来。（**p.45**）罗马和文艺复兴之间的一千年存在巨量的历史数据，当我们试图从这些数据中得出意义时，有些问题占了主导，让我们形成对中世纪政治、社会和文化的理解。

在800年和1100年之间，是什么力量、创造力和成长的因素，让西欧在经历四百年的倒退、分裂和衰弱之后，出现了惊人的崛起，这个崛起在很长一段时间从未被根本扭转或停止过，从而使西方在人类所有的文明中出类拔萃？

在暴力社会中，怎样在不到两个世纪的时间里形成了一个新颖的司法体系，这个体系又是如此完整，以至于在所有基本概念和程序上，该体系仍然占据美国法律的内核？

在很长时间里，在没有任何现代官僚机构人员和技术的情况下，中世纪国王如何利用部落、仪式及英雄的纽带和形象来行使领导权和要求忠诚，然后就突然地勾勒出现代国家的制度基础？

农民群体的劳作和渴望怎样与战士贵族的野心和好战结合起来，而普通人的情感和虔诚又如何在精巧而高傲的贵族文化中获得尊重和认可？

古代及罗马帝国晚期的语言、知识和宗教结构强有力的持续存在如何奠定了中世纪全盛时期的哲学、艺术和文学基础，却又允许个人情感和活跃的创造力发挥用武之地？

教会从关注圣父-皇帝转移为关注慈爱的圣子，这种迅速的范式转换，亦即人的行为榜样的变化，是怎样发生的，而圣子的母亲又是怎样影响信仰和生存的？

一方面是等级森严的权威，另一方面是福音派团体和个人的虔诚，教会怎样在二者之间的紧张关系中发挥作用？

这些是中世纪历史的主要问题，20世纪的中世纪学家们研究、沉思和争论的也是这些问题。为回应欧洲中世纪研究中的这些持续而复杂的问题，中世纪学家们发展出对事实的艺术性认知及对解释范式的科学性建构，这些认知和建构来得既不那么迅速也不那么容易。答案既来自中世纪学家们数十年的个人研究及同别人一起劳作获得的来之不易的深度学问，也来自中世纪学家自己的生活经验和文化背景，这些帮助他们照亮过去的历史。（**p.46**）

从中世纪研究课程的选修数量迅速增加这一点来判断，近年来关于中世纪的这些主要问题对美国大学生来说越来越重要。当前对中世纪兴趣激增是现代美国高等教育文化中的一种周期性现象。20世纪20年代曾存在这种情况，当时曾任命数十位从事中世纪研究的新的大学教师，并迅速培养他们接受博士项目的训练。1955年至1965年的十年间，中世纪研究再度流行，另一次中世纪课程大量招生的时代始于20世纪80年代中期。

中世纪研究在教育和文化上的中心位置和持久的重要性可从两个具有教学意义的方面证明。首先，我们可以说今天的中世纪遗产非常丰富，中世纪为我们留下了一系列重要的机构、思想等，比如天主教会、大学、议会政府、浪漫爱情、英雄主义、正义战争、小人物和精英人士的精神空间、对古典文学和语言的珍爱、英美法系等。人们普遍认为，应该有意识地确定、培育和完善这一遗产。其次，我们还可以不那么传统地说，中世纪文明在我们后现代文化面前表现为一个可以相互连接的他者文化、一个迷人的影子、一个不那么清晰的替身、一个我们的梦想和忧虑的秘密分享者。这种观点意味着中世纪很像今天的文化，但它也表现出足够的变异来提醒我们，迫使我们质疑我们的一些价值观和行为方式，并为我们提出一些替代性方案或至少是修改性方案来。差异相对较小，正因此也更发人深思。

选择本书里的中世纪学家作为讨论的重点，是因为中世纪作为遗产和作为他者，对我们同样重要。这些中世纪学家的著作提供了极具说服力和革命性的知识和概念，让我们从这两个具有挑战性的角度来思考中世纪。（**p.47**）

# 第二章

# 法律和社会：弗雷德里克·威廉·梅特兰

⚜

## 一、死于加那利群岛

1906年，弗雷德里克·威廉·梅特兰（Frederic William Maitland）在加那利群岛的拉斯帕尔马斯①突然去世。梅特兰生于1850年，曾是剑桥大学唐宁英格兰法学讲座教授（Downing Professor of the Laws of England）。因为体弱的缘故，学校允许他每年都可以到那里过冬，这已经有好几个年头了。在这个西班牙海滨村庄令人困倦的温热气候中，梅特兰在妻子（他的妻子和弗吉尼亚·伍尔夫②是表姐妹）和两个幼女的陪伴下仍在写作丰硕的历史著作。除了在剑桥大学教授法律和法律史并用英语撰写出色的法律叙述著作之外，梅特兰还是塞尔登学会（Selden Society）的主要创始人和出版物的总编辑。该学会旨在出版英国法律史记录，尤其是中世纪的法律史记录。

梅特兰坐在加那利群岛的阳光下，利用文件的副本或照片，还常能使用那个温文尔雅的时代里随和的保管员允许他借用的手稿真迹，疯狂而娴熟地编辑和翻译着这些文件或手稿里的记录。梅特兰死时正处于职业生涯的顶峰。他死后被埋葬在去世的海滨小镇。这个陌生而遥远的地方是他的国家迄今为止最优秀的历史学家永远安息的地方。

梅特兰不仅受到律师的赞赏，还受到历史学家的赞赏，后者对他的赞誉甚至更多。在他的后半生，他可能是哈佛法学院最受尊敬的人物。哈佛法学院是当时美国的英美法学术研究中唯一的堡垒，正在改变着美国的法律职业。

---

① 拉斯帕尔马斯（Las Palmas）：西班牙城市，位于大西洋中加那利群岛的大加那利岛。
② 弗吉尼亚·伍尔夫（Virginia Woolf, 1882—1941）：英国小说家、评论家，著有长篇小说《达洛维夫人》《到灯塔去》《幕与幕之间》等和评论集数种。

然而，梅特兰晚年却有一系列重要的设想没有付诸行动。（**p.48**）从表面看，由于身体原因，在剑桥大学钦命教授席位空缺时，他拒绝了这个高级职位。梅特兰在哈佛大学被认为是神灵一样的人物，但他终身没有访问过美国，尽管亚利桑那州或是南加州可以像加那利群岛一样有助于减轻他的肺结核病情，而且在美国他可能得到比在那个西班牙度假区更好的医疗护理。梅特兰在生命最后的十年里，健康状态一直不佳，但是他的传记作者都不清楚他得的到底是什么病，而且很奇怪的是，从他现存的信件中也看不出什么迹象来。他的病很可能是结核病，这是英国知识分子的常见病，也可能还并发有糖尿病。然而，很明显，他在1906年就过早地去世完全是糟糕的医疗条件造成的。他在去南方的船上感染了流感，然后在加那利群岛死于由此引发的肺炎。

梅特兰的逝世在英格兰和马萨诸塞州的剑桥都引起了广泛关注，人们纷纷哀悼一个天才和圣人的离世。没有任何人指责过他这个人或他的工作。他的内弟 H. A. L. 费舍尔（H. A. L. Fisher）当时是牛津大学年轻的历史学家（不久成为一个著名的学院主管），迅速出版了一本他的传记，将他视为圣徒。直到1966 年，牛津大学一位谨慎的法律史学家 C. H. 法富特（C. H. Fifoot）才出版了另一本篇幅更长、内容更详尽，但信息差别不大的传记。另外唯一对梅特兰著作进行实质性研究的是一本出版于 1986 年的简明著作，作者是令人敬畏的剑桥大学钦命教授杰弗里·埃尔顿爵士（Sir Geoffrey Elton）。

将梅特兰誉为中世纪历史学家、人文学家、法律学者和世俗圣徒很容易。从进行大量的解释到编辑记录，再到撰写教科书，梅特兰的每一项工作都无可指责。1971 年，一封被公开的信（此前被收藏在格拉斯哥档案馆中）表明，梅特兰不能与社会反犹主义完全脱离干系，社会反犹主义正是在那时开始席卷整个英美学术界的。但是这一污点与他那接连不断的高产著作中的成就和言论相比就显得微不足道了（他直到大约三十五岁才开始研究历史）。

梅特兰有着过目不忘的记忆。他总是很依赖这种记忆力。如果需要不时停下来记录大量的笔记，他可能就不会取得这样多的成就。像梅特兰这样依靠记忆而不是大量的笔记工作的历史学家很容易产生大量的小错误。令人惊讶的是，梅特兰的作品中几乎没有出现过这样的错误。

他确实是俗世的圣人——一个安静、体面、公正而大方的人。（**p.49**）在与弗雷德里克·波洛克（Frederick Pollock）爵士共同撰写 600 年至 1272 年英国法律史的尴尬合作中，梅特兰遭受了经济和职业方面的双重困境，但他没有抱怨。他甚至将这项有纪念意义的巨著的五分之一版税分给波洛克，尽管就波洛克的实际贡献而言，他最多只能得到百分之一的版税。当塞尔登学会的首任财务员因挪用了学会的所有资金而自杀时，梅特兰考虑得更多的是这个人和其家人，他毫无怨言地投入工作，并为学会寻找新的捐助人。梅特兰大力支持女性在剑桥大学获得学位。他还不遗余力地促进玛丽·贝特森（Mary Bateson），一位年轻的女性中世纪学家的职业进展，不幸的是，玛丽·贝特森在梅特兰去世的几个月前就去世了。

梅特兰的人格类似萧伯纳①剧中的一个人物。梅特兰曾于1894年在剑桥大学的一次教职工会议上发言，事情过去多年后，一个见证人这样记述：

> 他在那时看起来像一个年轻人，尽管已经快五十岁了；但他脸上布满交错的细纹，这些太细小、太轻微的线条，很难称之为皱纹，这也在很大程度上有助于他给人留下智力强大和目标强烈的总体印象。他的面容没有一处看起来是静止不动的。他说话时表达出来的每一种感情都同样清晰地反映在其面容上——激情伴随蔑视；强烈信念取代插科打诨；幽默、甜蜜的理性、怜悯、憎恶，能够听到也同样能够清晰看到。但过了一会儿，那些面貌特征消失了——至少，观察者注意不到了——能看到或者说能觉察到的是他那双不可思议的眼睛。所有能意识到的是他滔滔不绝的妙语、论辩甚至是抨击——还有那眼神。

照片上的梅特兰有着修长、健美、潇洒的身材和一双有神的眼睛。一个典型的爱德华时代②的教授——《烈火战车》③里的人物，一种英国特有的力量和情感的结合体。

阅读梅特兰的著作、演讲和信件，仍然是一种令人怦然心动的经历。他的话总是那么准确，那些准确的话总是说得那么精警。我们可以把这些话叫作弗雷德里克·梅特兰主席语录。梅特兰自成一格——他成为评价别人时需要参照

---

① 萧伯纳（George Bernard Shaw，1856—1950）：爱尔兰剧作家、评论家，费边社会主义者，主要剧作有《恺撒和克娄巴特拉》《人与超人》《巴巴拉少校》《皮格马利翁》《圣女贞德》等，获1925年诺贝尔文学奖。

② 爱德华时代：（Edwardian era）：指1901年至1910年英王爱德华七世（Edward VII）在位时期。

③ 《烈火战车》（A Chariot of Fire）：英国埃尼格玛制片公司发行的一部剧情影片，讲述1924年英国两名奥运健将的故事，1981年上映。

的标准。他是一个有预见力的先知,他的话语引起各方面的回响;他的遗产是复杂而有多义性的:

如果我们要说话,就必须用到语言;如果我们要思考,就必须经由观念。我们是现代人,我们的语言和观念不能不是现代的语言和现代的观念。(1898)(**p.50**)

我们解释(中世纪英国法律)的一种希望……可以说在于努力理解安茹王朝(1154—1272)时代的法律,彻底理解它,就像我们就生活在其中一样。(1891)

法律史的唯一直接效用……在于它教我们认识到每一代人都有塑造自己法律的巨大力量。我认为研究法律史不会使人成为宿命论者。我怀疑它会让人成为保守派。我敢肯定它能让人们摆脱迷信,并教他们自由运用自己的双手。我越来越被卷进中世纪之中,但是唯一功利主义的理由是……如果历史要想有助于解放,它就应该尽可能地忠实于事实,如果一开始就想着能给人什么教训,那它就不会忠实于事实。(1896)

根据我的判断,有关(法律制度)的讨论,如果没有充分讨论法律观念的历史,可能不会有太多益处。

制度的自然史是令人着迷的典范,但我们必须谨慎,否则我们的自然史与真实历史的关系将像自然法与真实法的关系一样。在异域气候里探索,我们通常知道要寻找什么,但从来就不知道能找到什么。(1898)

英国人不喜欢律师,他们认为律师的法律不是他们喜欢的法律。(1892)

所有时代的律师们都写了很多废话,这在中世纪也不例外。(1899)

如果这些话是今天纽约大学法学院盛行的法律史学术报告周会上来访学者的发言,其新颖观点不会让任何人吃惊,人们很容易接受这些。这些话仍然很适合当前的话语体系;它们听起来并不久远或过时。梅特兰在19世纪90年代的言论,在概念和语言上与一个世纪后的文化模式完全融为一体——这是多么令人惊讶的原创性。

现在比较一下 1870 年前后（仅梅特兰过世前的几十年）牛津大学宪法史学家威廉·斯塔布斯（William Stubbs）的言论："日耳曼民族在英国土地上发展的政体是他们原始本能最纯粹的产物。

"英国自由如何能够胜出？……它是非常容易犯错的人类所成就的，是靠着英明的统治者、万王之王的力量，从人类的脆弱中得出的成果……宪法是由没有个人野心和内心充满爱国热情、荣誉感和节制的人撰写的。他们的成就依然存在，而那些内心只想着扩张自我欲望的人建构的大厦都消失了。"（**p.51**）

这是与梅特兰截然不同的思维方式和历史视野。斯塔布斯对中世纪的认识，经过了维多利亚时代的机体论、目的论、虔诚及行业术语形成厚厚的棱镜的折射。斯塔布斯和我们玩的不是同一个游戏。梅特兰则和我们有着同样的游戏规则，因此，梅特兰是最早的中世纪研究大师，他的著作今天读起来仍能给我们愉悦和启发，而不仅仅是满足我们的好奇心而已。

从斯塔布斯学术活跃期结束到梅特兰学术生涯开始的约 25 年中发生了什么事情，让他们作品中的假设和修辞如此大相径庭？我们怎样解释世纪之交在中世纪的现代想象上发生的重大突破？梅特兰具有天才所具有的一切特征，仅仅靠一个有分量的页边注释分析他所处的时代背景和生存环境等解释不了他出人意料的天分，也解释不了爱因斯坦、弗洛伊德或乔伊斯。但是，我们在梅特兰的生活和时代中看到———如在上面几位的生活和时代中一样———存在着某些推动学术革命的灵感和强化力量。

## 二、中世纪主义和现代主义

梅特兰是一个严厉的人，他的私人事情鲜为人知。但还是有足够的传记材料显示他思想发展的历程。1884 年，弗雷德里克·梅特兰在伦敦做律师，专门和土地产权转让也就是土地法打交道。英国的法律界正在就精简和优化旧土地法进行一场严肃的讨论。那些复杂的中世纪程序和过时的形式让这个极其守旧的领域内的实践困难而缓慢，已经不再被需要。美国人在 19 世纪上半叶对同样源自中世纪遗产的土地法进行了现代化改造。现在轮到英国了。

更新和简化英国的土地法需要大量的劳动和微妙的法律推理。改革是在 1890 年至 1920 年进行的，梅特兰作为改革派自由理性主义者，欢迎这一发展。但是，他想知道这些令人困惑和莫名其妙的形式最初是怎样出现的以及为什么出现。现在它们陈腐且不合理，经常只是像一些莫名其妙的拉丁语咒语，当得起狄更斯或边沁的轻蔑了——查尔斯·狄更斯[①]轻蔑地宣布普通法是一头无用的驴子；(**p.52**)杰里米·边沁[②]1870年左右发表言论说，布莱克斯通[③]对旧普通法的辩护简直就是胡扯。但是，这些在今日看来迟钝而多余的司法上的繁文缛节，当时一定有它的目的，梅特兰如此假设。人们并不会故意创建一个法律谜团。只是由于社会关系的改变，如果不加以改革，法律将随着时间流逝而成为神秘化的东西。但是，这些行为在刚开始时是有意义的，也是合理的，并在那个时代的社会中发挥着关键的作用，它们曾经合理地为特定社会团体和政治力量的切身利益服务。

这就是梅特兰的思考。如此一来，他走上了被称为功能主义的20世纪社会学思想之路。此时，波尔多大学一位年轻的教育学教授埃米尔·涂尔干正以更理论化的形式发展这一思想。而且，涂尔干，一位巴黎拉比[④]的儿子，巴黎大学第一位社会学教授，将在20世纪初把这一思想公之于世。19世纪80年代中期，梅特兰沿着这些功能主义思路进行思考，并将其应用于中世纪的法律和社会：旧土地法中所有的内容（旧土地法是最早发展为完备体系的一部分英国法律）都曾经服务于一个合理的社会目的。在哪里？什么时候？为什么？

梅特兰有时间去追寻他这些新的历史兴趣，因为作为律师他并不是很忙。事实上，梅特兰的内弟在他去世后说，梅特兰的客户很少，因此他选择学术和历史研究作为一种替代。

所以，当他生意惨淡的时候，梅特兰就去大英博物馆图书馆和英国国家档案局和其他档案馆，阅读中世纪诉讼案卷里的法律案件，那些案件最早的可以追溯到1190年，当时距亨利二世（Henry II）和他的法官格兰维尔（Glanvill）等发起的那场伟大的法律革命才三十年之久。这些早期案卷是拉丁文的，书写酷似现代书籍印刷体，梅特兰受过良好的英国中等教育，阅读它们毫不费力。然而，他很快意识到，一百年后，许多法庭记录都是用法语行话，而笔迹——通常是案件进行时即时将拉丁语或英语翻译为法语的任务繁重的书记员的速记——往往很难阅读。梅特兰自学了法律法语，并撰写了该主题的第一篇，也是至今唯一一篇论

---

[①] 查尔斯·狄更斯（Charles Dickens，1812—1870）：英国作家，重要作品有《匹克威克外传》《大卫·科波菲尔》《双城记》等。

[②] 杰里米·边沁（Jeremy Bentham，1748—1832）：英国哲学家和法学家，功利主义伦理学的代表，主要著作有《道德与立法原理导论》《义务论和道德科学》等。

[③] 布莱克斯通（William Blackstone，1723—1780）：英国法学家，当过法官和下议院议员，主要著作有《英国法律评论》。

[④] 拉比（Rabbi）：犹太人中的精神领袖、宗教导师阶层，意为"圣者"。

文，而且在从没修过这门晦涩课程的情况下掌握了中世纪书写。(**p.53**)

19 世纪 80 年代中期，布卢姆斯伯里一个阴暗的下午，在华丽的大英博物馆的台阶上和在附近一家饭店进食茶和糕点的时候，梅特兰遇到两位杰出人物，其中一位年龄和他相仿，另一位长他十岁。这两位人物研究英国法律史已经有一段时间，在该学科上非常博学。他们都来自欧洲大陆，比任何当时的英国人都更加了解普通法的渊源。他们是欧洲大陆人，这并没有给梅特兰造成麻烦。从事法律业务之前，梅特兰曾多次在欧洲旅行，尤其是德国，他青年时代曾在那里流浪过好几个月，德语也很流利。（1970 年以前，在所有杰出的 20 世纪中世纪学家中，除梅特兰外，只有戴维·诺尔斯 [David Knowles] 和杰弗里·巴勒克拉夫 [Geoffrey Barraclough] 德语也很流利。）

在布卢姆斯伯里与梅特兰交谈的两位学者中，那位年长者是柏林的犹太人费利克斯·利伯曼（Felix Liebermann）。就在他们谈话的过程中，四轮马车和马拉轨道车在旁边驶过，报童沿街叫卖登载有关戈登（Gordon）将军驻扎喀土穆①、德兰土瓦②发现黄金，或在加拿大处决法国–印度混血的叛军路易斯·瑞尔（Louis Riel）等消息的报纸。利伯曼衣服合体，胡须修剪得整整齐齐，戴一副镶金边的眼镜，举止彬彬有礼，一看就像富有的德国犹太家庭的后裔。他拥有一个博士学位，已经开始出版研究盎格鲁–撒克逊法律所取得的开创性成果。利伯曼的三卷本《盎格鲁–撒克逊法律》(*The Laws of Anglo-Saxon*，1903—1917) 至今仍是我们使用的版本，它无瑕的专业水准代表了最佳的德国模式，是 19 世纪末一项了不起的学术成就。但是，由于当时反犹主义正在德意志帝国兴起，利伯曼没有取得正规大学教席的希望（几十年后，弗洛伊德在维也纳也有一样的遭遇）。历经三十多年艰苦的研究和一丝不苟的奉献，利伯曼的身份一直是"民间学者"。他没有大学职位，全靠自己家庭的可观收入生活。

梅特兰于 1880 年在布卢姆斯伯里初次遇到利伯曼时，这位训练有素、开朗快乐的犹太人对英国法律手稿文本如此深入的掌握让他深感敬畏。利伯曼熟知的英国法律手稿文本中最早的法令，包括从大约 600 年起至 12 世纪初的法典。利伯曼在英格兰各地旅行的时候，就在研究和抄写这些手稿，他向梅特兰展示英国的档案馆和图书馆里收藏的中世纪法典和法院案卷丰富得多么令人难以置信。由于幸运的意外，英国长达数个世纪没有被入侵，也很少发生内乱，(**p.54**)因而英国的书面司法遗产比任何其他欧洲国家都要广泛。高度现

---

① 喀土穆（Khartoum）：苏丹首都。

② 德兰土瓦（Transvaal）：南非省名。

代主义的时代（1890—1920）的特征是，在几乎所有的智力突破（物理学、哲学、心理学、社会学、人类学）的背后都隐隐有着欧洲犹太人的思想。费利克斯·利伯曼是分析中世纪法律文献记录的先驱。他是梅特兰接受的犹太人影响的主要来源。

梅特兰在19世纪80年代遇到的另一位欧洲人——与他同龄的俄罗斯人保罗·维诺格拉多夫（Paul Vinogradoff），对他产生的影响更大。维诺格拉多夫在圣彼得堡大学任教，即使他是立宪自由派，且并不认可沙皇的镇压政策，但他是一位得到俄罗斯帝国政府高度认可和奖励的杰出学者。维诺格拉多夫正在英国进行一项有关11世纪英国农民社群和庄园法的研究。

维诺格拉多夫热情地谈论着伦敦汗牛充栋的中世纪诉讼案卷和司法论文，以及阅读这些文件可以得到的收获。梅特兰认为这是解答当时有关土地法改革讨论在他心中引出的问题的主要途径。梅特兰希望通过阅读这些诉讼案卷（中世纪法院案件），确定普通法是如何出现的，又是如何为应对社会和文化背景而发展出其功能性的行动和结构的。这是梅特兰一生所要完成的任务，其成果就是波洛克和梅特兰合著的作品，他们写的第一部伟大的中世纪史阐释著作。

利伯曼和维诺格拉多夫为梅特兰指明了方向，然而尽管梅特兰对利伯曼爱莫能助——犹太裔文科教授在19世纪末的英国和在德国一样，会使人极为反感——但当维诺格拉多夫不能再忍受沙皇暴政而到英国寻求长久庇护时，梅特兰数倍地回报了他。梅特兰的许多慷慨举动之一就是，在去世前不久为维诺格拉多夫在牛津大学获得一个教席。维诺格拉多夫之后一直在那里任教，直到1925年去世。对于维诺格拉多夫的大多数著作和演讲，英国人都感觉不可理解，除了他出版的最后一本关于中世纪罗马法的著作，此书至今仍是对该主题的最佳介绍。

梅特兰出生在稳固的中产阶级家庭，这种家庭舒适、职业抱负远大，而且日益世俗化。他的祖父是档案学家，同时还是颇有名气的业余历史学家，出版过多部作品。他的父亲是一名律师，在梅特兰小时候就去世了。（**p.55**）梅特兰的家庭有足够的经济基础供他接受出色的中等教育及剑桥大学的教育，希望他将来到伦敦的律师学院（Inns of Court）学习并成为律师。他确实成了律师，但这当然不是他从剑桥毕业后的职业首选。最初，梅特兰想成为我们现在所说的学院派政治科学家。大学里曾有一个竞争研究生奖学金的机会，可能为他打开了学术生涯的大门。他参与了竞争并提交了论文，但结果不是很好，奖励被授予了别人。

剑桥大学对梅特兰产生重大影响的两个杰出人物是政治理论家亨利·西

季威克（Henry Sidgwick）和历史学家兼传记作家莱斯利·斯蒂芬（Leslie Stephen）。他们代表新剑桥的人文面孔，那时的剑桥大学正从数百年的新教神学和清教徒热情的传统转向自然和社会科学、理性主义、数据收集、定量分析和自由改革。

完成本科学业后，梅特兰希望留下来继续成为这个令人兴奋、开阔人视野、极度学术化和具有高度创新精神的学术界的一部分。但梅特兰没有找到自己的位置。因此，他去了伦敦，并于 1888 年胜利归来，获得剑桥大学一个新的法律教席。同时，他与莱斯利·斯蒂芬的外甥女结婚，并开始在剑桥-伦敦轴线的学术和社交圈子中活动，这个圈子在 1900 年左右成为所谓的布卢姆斯伯里团体。布卢姆斯伯里团体中最早的一批名人包括斯蒂芬的一双女儿——小说家弗吉尼亚·伍尔夫和艺术家凡妮莎·贝尔（Vanessa Bell）及她们各自的丈夫——政治评论家伦纳德·伍尔夫（Leonard Woolf）和艺术评论家克莱夫·贝尔（Clive Bell），以及来自另外一个资深剑桥家族的经济学家约翰·梅纳德·凯恩斯[①]。因此，在生命的最后二十年中，梅特兰活动的环境是英国培养现代主义的两大知识分子和艺术家圈子之一（另一个在伦敦的圈子以两名美国侨民 T. S. 艾略特[②]和埃兹拉·庞德[③]为首）。梅特兰在中世纪法律史方面的著作——尤其是 1895 年出版的波洛克和梅特兰合著的第一版，以及 1898 年再版时几乎把波洛克微薄的贡献全部删除的定版——是现代主义文化革命的早期表现形式之一。

梅特兰知道自己要到哪儿去，也知道自己从哪里来。他出版的最后一本书是关于当时去世不久的斯蒂芬的传记。梅特兰在加那利群岛的病床上写了此书的初稿。（**p.56**）如果他能再活十年，他的名字将在弗吉尼亚·伍尔夫和梅纳德·凯恩斯的传记中占据重要位置。但是，即使在他自己的大学里，梅特兰作为现代主义奠基人的角色也被遗忘了。但是，弗吉尼亚·伍尔夫和凡妮莎·贝尔

---

① 约翰·梅纳德·凯恩斯（John Maynard Keynes，1883—1946）：英国经济学家、凯恩斯主义创始人，主张国家干预经济生活并管理通货，主要著作有《就业、利息和货币通论》等。

② T. S. 艾略特（Thomas Stearns Eliot，1888—1965）：英国诗人、剧作家和文学评论家，对 20 世纪英美现代主义文学和新批评派评论起了开拓作用，主要诗作有《荒原》和《四个四重奏》等。

③ 埃兹拉·庞德（Ezra Pound，1885—1972）：美国诗人、翻译家、评论家，意象派诗歌代表人物，代表作为长诗《诗章》，作品多引入神话、历史因素，与当代政治、经济现实相糅合。

应该知道这些。到目前为止，梅特兰是她们父亲的最伟大的信徒。

1910 年，伍尔夫表示，她的姐夫克莱夫·贝尔在伦敦举办的法国后印象派画展是一个新智力时代的开始。1895 年波洛克和梅特兰的合著出版也是如此。

无论是在艺术、文学、哲学，抑或社会科学和自然科学中，现代主义的精髓都是将研究对象从线性的和指称的方案中挣脱出来，并专注于事物本身，从这种深入的、强烈专注的考察中获得最大意义。现代主义的特质被称为自我指称性、文本性、客体化、条分缕析。现代主义在艾略特的诗歌、康定斯基①的绘画、维特根斯坦的哲学、爱因斯坦的物理学中发挥作用。现代主义也是梅特兰的历史研究和中世纪研究的方法特色。现代主义比任何其他一切都更能让梅特兰与他的维多利亚时代先驱及爱德华时代的同时代人区分开来。其结果是引导人们到这些法律程序和行动的背后去，到塑造这些司法制度的社会行为和思维方式中去。梅特兰是中世纪社会的发现者——不是 19 世纪意识形态想要找到的中世纪社会，而是一个在自我指涉的操作中对其进行功能分析的社会。通过这种现代主义的社会学，梅特兰旨在让我们了解中世纪的法律，"就像我们自己生活在其中一样"。梅特兰带到他的中世纪研究中的学术化不是维多利亚时代有着鲜明目的论性质的辉格党原则，也不是他个人对自由党激进派的偏爱，而是一种涂尔干式的结构和功能主义社会学。

梅特兰的杰作，即波洛克和梅特兰的合著，是以惊人的速度撰写的。剑桥大学的休息室里流传着这样一个笑话，据说梅特兰写这么快的目的是阻止着手缓慢的波洛克写出这本书的任何一个重要部分，以免毁了这本书。梅特兰凭借惊人的记忆力写作，他面向的读者对象远远超过学院派的中世纪学家。他的目标对象是大西洋两岸英语国家的整个法律界及受过教育的大众读者。写到 12 世纪末民事（财产）诉讼形式的形成、12 世纪末至 13 世纪初陪审团审判的兴起及所涉及的社会关系的时候，梅特兰的行文充满活力和恣意。（**p.57**）在别处，又能看到作者的温情和幽默；读他的文字让我们有身临其境之感。他是从内部写起的；他的现代主义的功能主义发动起来像一台强大的引擎。这是一个了不起的成就，是有史以来最伟大的历史作品之一，不错，就是波洛克和梅特兰一书中的这些章节。

梅特兰和波洛克参与了一个出版项目的商业冒险。剑桥大学出版社牵头

---

① 康定斯基（Wassily Kandinsky，1866—1944）：俄国画家、抽象派创始人之一，主张以色彩、点、线和面表现主观感情，代表作有《紫的优势》《主曲线》等，重要论著有《从点到线和面》。

这一行为，出版社总监为出版社能赚到白花花的银子而垂涎三尺，因为与梅特兰合作的弗雷德里克·波洛克爵士是更为知名的牛津大学法学教授，同时也是律师界明星。波洛克也确实精通法律，每年都为法律界撰写主要案件的权威评论，他的关于斯宾诺莎和其他哲学家的著作也给人留下深刻印象。但是，当梅特兰看到波洛克有关盎格鲁-撒克逊法律的几页稿子时，他感到有一种严重的搭配错误，因为波洛克的风格具有前现代主义的、线性思维的、有所指称的、典型的爱德华时代的特质。梅特兰并没有掩饰自己的失望。波洛克自然也是绅士，他提议退出。但鉴于可能由此引发财务危机，剑桥大学出版社不愿意修改合同。出版社坚持是与波洛克和梅特兰签订的合同，根本不在乎梅特兰撰写了比这两卷书的百分之九十九还要多的内容。在序言中波洛克也优雅地承认他对该书的贡献微乎其微。出版社为服务它的市场目的，甚至都不愿意让梅特兰当第一作者。

梅特兰和波洛克以及和剑桥大学出版社之间的问题丝毫没有降低他工作的质量。相反，他不仅写作速度惊人，而且合同和合作问题带来的尖锐麻烦推动了他的想象力和写作，进而让他达到对自己来说都是独一无二的水准。

## 三、在创造现场

波洛克和梅特兰的两卷书回溯到1066年诺曼征服之前的时代。但是这两卷书主要涉及征服者威廉[①]的曾孙亨利二世在位期间（1154—1189）发生的那场法律革命，发掘这场一直延续到1272年的法律革命的各种含义。这场法律革命发生的时期就是所谓的普通法的创始时代，普通法是仍在英格兰、威尔士（但苏格兰只有部分地区）、美国、使用英语的加拿大各省，以及曾是昔日大英帝国一部分的许多其他国家盛行的司法体系。（**p.58**）没有人知道"普通法"一词的确切由来。这个术语要么意味着王室法律（整个英格兰王国的共同法律），以与地方习俗区分开来，要么意味着世俗法律，以与教会法律区分开来。亨利二世与本来是他的朋友和重臣的坎特伯雷大主教托马斯·贝克特（Thomas Becket）因教会的财产以及王室法律扩张导致的教会法律（被称为教规 [canon]）边缘化发生了激烈冲突。甚至在1170年国王的四名狂热朝臣刺杀贝克特之前，大主教就在阻止普通法在英国生活的各方面扩张的战斗中接连败退，最后只剩

---

[①] 征服者威廉（William the Conqueror, 1027？—1087）：法国诺曼底公爵，英国国王，在黑斯廷斯打败英王哈罗德二世（Harold II），自立为王。

婚姻、离婚、亵渎和通奸这些方面仍维持原有法律规约。这场法律革命使得英国法律与欧洲大陆法律大相径庭。它是怎样发生的，以及为什么会发生，是波洛克和梅特兰合作著作的主题。

在梅特兰的描述中，出于便利和利益两种考虑，亨利二世的安茹政府于 12 世纪 60 年代做出了改革司法的重大决定。一个不仅成本低而且还能强化王室对领主阶层的权力的司法体系，当然是便利的。启动民事诉讼需要向王室支付一定费用以获取王室令状（今天也如此），王室可以没收重罪犯的所有动产。这两项收入便是王室从改革后的司法体系获得的利益。如果陪审团制度是一个制度的创新，它必定受到绅士阶层的欢迎，因为绅士阶层在充当陪审团成员的过程中发现自己在普通法程序中的角色得到加强；如果因此也巩固了他们对国王的忠心，这又是一个可喜的连带效应。梅特兰强调，所有这些不是为一个充分完成的、预定的结构所作的准备，而是大量发挥着各自功能的偶发事件和各种司法实验共同作用的结果。如果一个或多个成分变化或缺席，司法结果就可能不同。国王的角色至关重要，但还有许多其他因素在起作用，包括解决产权纠纷需要领主参与，以及村民渴望犯罪得到控制等。数十种偶然因素明朗起来并相互影响，于是普通法就水到渠成地表现为它现有的样子。

1160 年到 1270 年之间英国普通法的创立和成型是中世纪最重要的若干件大事之一，因为它创造了西方文明中罗马法的唯一可替代方案。但是，这种新的法律体系的形成，并非像维多利亚时代的人们所相信的那样，建立在明确的意识形态或预定的机体力量之上，（**p.59**）而是基于许多人的选择、抱负和决策，每人都追求着自己的利益。这就是梅特兰所要讲述的故事。讲述这个故事不那么容易，它需要伟大的叙事艺术。

到 13 世纪初，一系列法律机制（称作法令 [assizes]）确保领主家族之间和内部所有的财产纠纷均在王室法院提起诉讼。到 1220 年，英国长达数世纪的财产认定和诉讼已经完全到位。通过取得令状提起民事诉讼和抗辩这些诉讼是领主阶层司法生活的本色。

13 世纪，被派往各郡法庭主持审判的王室巡回大法官得到总巡回法庭的委任资格，这种委任资格赋予了他们各种各样重要的政治、行政和司法职能。由巡回法庭大法官（巡回审判官）主持下的郡级法庭会议成为在郡一级社会中施加王室意志的主要手段。通过普通法的程序，国王和他的大臣们将他们的计划传达给贵族和绅士，并在面对面对抗中向他们提出要求。

梅特兰穷尽所有的叙事艺术，试图让我们形象地看到 13 世纪巡回法庭的直观景象。巡回法庭的法官来到郡里主持事务，这对许多参加郡级法庭的人来说是一次非常可怕的经历。这是一个极度严重的时刻，不但所有的重罪犯，而且凡是对国王负有义务的人都被召集来承担责任。在这种情况下，像康沃尔（Cornwall）那样偏远和暴乱地区的村庄，发生村民们风闻国王的大法官将要降临，整个村子都逃往森林躲起来这样的事是不会让我们大惊小怪的。巡回法庭的法官进入县城的排场与他们工作的严肃性相一致。梅特兰的描述向我们展示了一个清晰而详尽的画面：大法官穿越县城主干道，由郡长和本郡诉讼管理员陪同，全副武装的保镖紧随其后，一路喇叭高奏，王室旗帜招展，街上挤满从该郡各地召集来的乡绅巨头和骑士。在开庭的日子里，土地案件中所有的陪审团和诉讼当事人都被传唤过来，根据起诉大陪审团（indicting grand juries）的宣誓而被逮捕的罪犯也被要求出庭或强制出庭，郡城人口激增到当地居民常住人口的数倍以上。（**p.60**）不管是旅馆还是监狱都人满为患。

　　通常情况下，法官团有四名成员，其中至少有一名教士担任组长。待法官团稍事休整之后，法庭的事务就启动了：首先宣读国王委任的巡回总法庭章程，接着法官审阅一长串涉及王室利益的行政和金融事务，然后才进入严格的司法程序。所有影响王室领地和国王作为封建领主地位的事务都要处理。法官极度繁忙，日程安排得非常紧迫，他们在一个郡里只能待上一两个星期，然后就要再到另一个郡或是返回威斯敏斯特。他们没有时间过多关心每一具体案件中被告的罪犯是否伸张了正义这样的问题，如果被告没有多少财富和社会地位，情形尤为如此。在刑事诉讼中，法官要求"清理监狱"。所有被告都将被从狱中提出来，并以这样或那样的方式处理。同样，在民事诉讼中，法官们希望陪审员确切回答启动诉讼的令状中的问题，询问原告是否在没有判决的情况下被非法剥夺了地产，或原告是否确实是这片土地最近所有者的合法继承人。

　　最初，普通法只是适用于"形式"（严格程序化）诉讼的一些狭窄的程序问题，这部分是因为法官的工作时间安排繁重，部分是因为中世纪早期的传统。法官不想在法庭上展开长时间的讨论。在刑事诉讼中，应有个人原告提出正式上诉（诉状），或是大陪审团提出正式起诉；然后，被告做出正式否认，并立即得到有罪或无罪证明。在民事诉讼中，原告提起诉讼；被告则正式否认诉讼的真实性；陪审团被郡长推到法庭前台，进行确切的事实认定；法官们立即做出判决。

　　通过阅读12世纪90年代和接下来几十年的法庭案卷，我们可以看出法官们并不想让任何审判持续五分钟以上，不管是民事诉讼还是刑事诉讼；而大多数诉讼确实没有超时，总是以极度程序化和古板的方式审理。中世纪法官的脑海里似乎始终装满了下一个郡里要完成的国王的差使，以及客栈里等待着他们的温暖的炉火和丰盛的晚餐。(**p.61**)没有什么比陪审团不能按要求完成起诉或事实认定更能让这些法官恼火的事情了。这减慢了法庭的常规和快速程序，而且不可避免地，法官会通过处罚郡级法庭来惩罚这个团体。有时，为了对付优柔寡断的陪审团，他们将陪审员弄到大车上，拖在巡回法官后面，从一个法庭到另一个法庭，直到他们达成一致决定。

尽管到14世纪，普通法已经因其程序缓慢而臭名昭著，甚至今天也是如此，但与罗马法的程序相比，在12世纪最后二十年里，情况并非如此。罗马法官不得不仔细审读原告和被告提交的书面陈述，并且必须询问每个案件的事实，这必将减慢他们工作的速度。毋庸置疑，对安茹王朝的国王和他的大法官来说，如果无须付出如此辛苦，确是很诱人的。所有诉状都是口头的，普通法的法官在审判之前不必做任何准备。此外，艰苦的调查工作已经由负责起诉和事实认定的陪审团为他们完成了，陪审团是自己负责搜集信息的团体（陪审团无偿进行所有的调查工作）。因此，在午餐和晚餐之间的时间，法官就可以审理数十起民事和刑事诉讼，一两个月后返回威斯敏斯特的路上，他们还会心满意得，因为可以向国王报告他们已经清理了至少五个郡的所有诉讼案件。根据罗马法的程序，相等数量的审判可能要花费五个知识渊博的检察官-法官小组整整一年时间。

普通法在13世纪逐渐形成时就致力于司法程序的对抗制度。逐渐主导欧洲大陆的罗马法中，法官在引导审判的进程中起主导作用，普通法的法官则扮演一个公正的仲裁角色，其任务是执行规则并下达判决，允许对立的两方——在民事诉讼中是原告和被告，在刑事诉讼中是社区和被告——在司法上互相抗争。这种对抗制度让法官处于一个较高的位置，并巩固了人们这样一种看法，即实际的审判是公共和大众的制度发挥的一种功能。巡回法庭的法官在该郡社会中是局外人，是该郡日常社会生活暂时的（尽管是必要的）闯入者，这样一个特殊的角色又使上述看法得到加强。法官的公正性不应当与沉默和不干预相混淆。(**p.62**)法官在审判过程中发出了积极的声音，他们定义法律并为陪审团确定审判的事项。尤其是民事诉讼中，法官为陪审团确定的判决事项对审判结果至关重要。

解决财产纠纷的普通法程序是律师行业诞生的温床。对抗制度和辩护的日益复杂导致对法律顾问的需求不断增加，民事诉讼尤其如此。法律顾问的素质对民事诉讼胜败的决定，在普通法中要比在罗马法中重要得多，因为在罗马法中是法官主导审判。绅士阶层在13世纪中叶之后法律行业的构成和教育方面的变革中扮演着中心角色。最重要的变革是,通常在法兰西和意大利接受教育的教会律师衰落,而在伦敦接受教育的世俗律师兴起。英国历史上最后一位伟大的教会律师是 13 世纪 40 年代的亨利·德·布雷克顿（Henry de Bracton）；在布雷克顿之后,全是来自绅士阶层的世俗律师。一个团体性、完全当地化的法律行业形成了。行业的准入有着严格的规定：律师必须持有证书,必须取得律师资格。到 1300 年,所有这些手续和限制都出自一个不起眼的地方——伦敦的律师学院。律师学院成为控制机构,提供法律教育,并几乎完全从绅士阶层吸纳学生和成员。(也有特例,例如商人的儿子被吸收进来,他们也很快成了绅士。)

法律不再属于教会,而是属于爵士阶层,即英格兰的领主绅士。律师学院是他们的大学。通常,1300 年之后,绅士阶层不将他们的儿子送到牛津大学里面去,除非他们有志于做神职人员——当时这是很少见的,情况和今天一样——或者是牧师。即使不做律师,年轻的绅士也在律师学院待上一年左右；他们学习法律,这是他们生活方式的基础；然后,他们回到郡里,管理他们的家庭财产。绅士阶层越来越学会将他们的生活方式与普通法的运作结合起来。

13 世纪最急剧的变化发生在刑法程序上。1215 年,教会禁止把神职人员参与的神明裁判（ordeal）作为罪名认定的方法,因此依靠上帝来证明有罪还是无罪的做法行不通了。例如,在一种神明裁判中,被告被捆起来扔进冷水池中,如果此人浮起来就说明他有罪,因为水这种神圣物质不会接受罪人。(**p.63**)

梅特兰对接下来六七十年的叙述尤其精彩。在这一段时间里,英国法官在寻找一种取代神明裁判的证明方法。法官与指控罪犯的大陪审团在一起探索。一个切实可行的、提起刑事诉讼的方法已经被找到。现在,要寻找证明的方法了。他们没有忘记大陪审团,最终直接与大陪审团谋划。他们发展出小陪审团,即裁决陪审团。1217 年取消神明裁判的消息传到英格兰之后,法官们最初对最终由人裁决并没有太大信心,尽管他们已经不再迷信神明裁判和这种裁判反复无常的结果。1217 年之后,最早的裁决陪审团往往由四十八人构成——东南西北每一个方位各十二人。召集全部四十八人到县城出席审判并不太现实。部分人可能并不出席,而王室法官不是什么有耐心的人。13 世纪 50 年代至 60 年代之间,召集十二人的第二陪审团来裁决大陪审团所作指控的真实性是很正常的。十二,是耶稣使徒的数目,在中世纪是个幸运数字。

这个新的陪审团程序效率极高。两个陪审团均选自同一社区的居民,大陪审团的指控通常会得到确认。这样法官很满意。法官们有时也援引罗马法的法则，尽管罗马法的法则告诉他们应该在审判中寻求正义，但他们主要忙于解决案件，绞死罪犯，为王室攫取罪犯财产，然后再到下一个郡去。

1230年左右的王室法官不会在夜间躺在床上思索新裁决陪审团是否主持了正义。他们可不是心肠柔弱的人。12世纪，他们在极大程度上依赖地方社会的观点；13世纪亦是如此。王室法官最不喜欢的就是优柔寡断。优柔寡断意味着案件审判时间必须延长，而这会带来一连串的问题。被告本人就是最大的问题。中世纪英格兰的越狱事件似乎每天都在发生；很显然，那些亡命之徒没有什么做不出来。因此，法官们很高兴通过裁决陪审团快速定罪，裁决陪审团取代神明进行裁决成为郡级法庭的证明方法。

引入该陪审团审判存在一个程序上的问题：被告必须首先同意接受裁决陪审团的判决，即"将自己交给陪审团"。这是一项没有法律认可的新程序，一种冒险的、未经尝试的方法。在13世纪40年代，被告名义上可以决定是否接受该程序。（**p.64**）被告往往会担心裁决陪审团会与起诉大陪审团意见一致。为什么他的一群邻居会反对另一群邻居呢？难怪被告并不急于接受裁决陪审团的判决，陪审团的审判远非被认为是神圣的宪法权利。拒绝服从裁决陪审团的罪犯是一个麻烦。如果合理的理由不能说服他，他将被施以"重石压迫处罚"（*peine forte et dure*）。施行者将重物压在他的胸部，直到他接受陪审团审判或者死掉。这是英国普通法最接近使用酷刑的地方，酷刑是大陆罗马法主要的证明方法。如果被告同意接受陪审团审判，上绞刑架的前景就在眼前，但他确实有选择的权利。到14世纪的30或40年代，被告的这种形式上的选择权就被取消了；被告需要接受选民，即陪审团的审判。

因此，在大约八九十年的时间里，法官们实现了普通法史上最大的一次刑法程序的革新。裁决陪审团成了普通法程序的决定性一环。然而，陪审团审判也是一个兴起得快、衰落得快的事物。陪审团审判才刚刚被大规模采用，对它的抵制就出现在诉讼案卷中了。梅特兰发现，13世纪中叶出现了今日我们称之为陪审团否决法律的现象。陪审团不愿对未成年人、妇女、老年人及有好名声的初犯定罪。1980年的一项研究表明，1320年被起诉者的定罪率只有百分之三十五——并不比今天的纽约市高多少。作为回应，当时法官做的也是今天纽约的刑事司法官员所做的工作。他们开始诉诸辩诉交易。如果被告得到了陪审团的"同情表示"，法官可以不经过正式审判就将他们开释，或者承诺在审判和定罪之后，法庭方面将寻求王室的赦免。以前只有神职人员才能享受到的怀柔待遇，现在社会中的其他群体也能享受到了。直到18世纪中叶，妇女和初犯仍然能够"诉请他们的牧师"（请求轻判或有条件释放）。另一项关于中世纪晚期英格兰刑事司法的研究表明，15 世纪初期的某一年，在战争中，绝大多数被起诉的罪犯如果参加国王的军队都能在未经审判的情况下获释。（**p.65**）

很快，有组织的犯罪团伙也利用了脆弱且超负荷的刑事司法制度。他们收买陪审团并且威胁法官，刑事司法制度开始出现大量漏洞。国王采取了新的权宜之计。每个郡的绅士团的绅士被任命为治安法官，听审轻罪，减轻压在工作繁重的郡长肩上的治安负担。治安法官从领主阶层招募，是经过授权的义务警员。法官特别委员会也被召集进陪审团，他们一个个目光坚毅，骑着马，有强有力的保镖护卫，被派去痛打伙罪犯，用他们作为特别检察官的权力打击有组织的犯罪，为担惊受怕的陪审员撑腰。然而，这并没有多大的帮助。这类追捕罪犯的特别委员会仍然没有起到多少持久的效果。

梅特兰描述的 13 世纪晚期英格兰的刑事司法制度也存在于 1990 年的纽约（英国在几十年前放弃了大陪审团制度，在加利福尼亚州则是起诉法官取代了大陪审团）。那时这种制度有缺点。现在这种制度效果也不好，但它依然存在。梅特兰确切地告诉我们陪审团审判是怎样出现和发挥功能的，他的叙述没有幻想。他没有将陪审团审判情感化。对梅特兰来说，陪审团审判是对特定社会和司法状况的一种功能上的回应，而不是公民自由历史上的一个光辉阶段。对中世纪社会背景下陪审团陪审的兴起，梅特兰的叙述冷静而现实，这应该能够帮助我们认识到普通法刑事司法制度的偶然性质，而在七个世纪后修正或最终取代它。

## 四、普通法的影响

梅特兰对普通法诞生的解释使以前的所有叙述都完全过时了，他的解释直到 20 世纪 60 年代才开始受到挑战。从那时起，主要出现两种对梅特兰的司法创造版本的批评，而且争论仍在继续。

第一种批评来自比利时根特大学著名中世纪史教授 R. C. 范·卡内冈（R. C. van Caenegem）。范·卡内冈辩称，有微弱的证据表明 1000 年左右盎格鲁-撒克逊人有大陪审团（"十二大乡绅"），而梅特兰没有对那些证据的意义给予充分的关注。（**p.66**）范·卡内冈争辩说，那时的大陪审团远非临时和失败的实验，像梅特兰认为的那样；诺曼征服之后的一个世纪里大陪审团仍在个别地方社区中持续存在，直到亨利二世和他的法官在国家层面重新确立这个制度。总体上，范·卡内冈主张将普通法归因于地方社区中持续存在的思维模式和行为实践，他认为梅特兰的说法过于重视王室政府的创造性。从本质上讲，这是新维多利亚和新斯塔布斯式的观点，20世纪50年代在剑桥大学和哈佛大学任教的海伦·莫德·卡姆（Helen Maud Cam）也曾提出过此类观点。

梅特兰对普通法的创立中的社群主义观点甚为反感。在他看来，那种想象中的中世纪人们的民主本能是一种前现代主义的、多愁善感的维多利亚时代的浪漫主义。他对新社群主义的回应是，新社群主义没有文献记录支撑。卡姆从13世纪晚期社群性确实很流行的地方的记录向前回溯。但梅特兰会说，这种地方社会的司法社团主义是一百多年来普通法和陪审团制度给人留下的深刻印象的结果，而不是最初构成普通法的力量。梅特兰会指出，卡姆这位20世纪20年代强有力的女权主义者，像刚从多萝西·塞耶斯①小说里走出来的角色一样，混淆了普通法的成因与其社会结果。是普通法创造了司法社区，而不是相反。梅特兰会尊重范·卡内冈对11到12世纪的文献的艰辛研究，但是他会说，证据非常不足，而且所牵涉的文献又错误百出，这个研究没有多少可取之处。

剑桥大学法律学者S. F. C. 米尔索姆（S. F. C. Milsom）在其20世纪70年代和80年代的著作中也认为，梅特兰对王室政府在普通法形成过程中的设计工作赋予了过多的合法性和影响力。像范·卡内冈和卡姆一样，米尔索姆也不希望以任何方式将普通法视为一个专制政权的创造，一开始就自上而下在社会上推行。然而，根据米尔索姆的解释，推动普通法形成的，不是地方民主的社群情感的长期存在，而是封建领主阶层的排他性的利益，以及这些贵族和骑士家族高度自治的司法惯例。

梅特兰和米尔索姆之间的差异也许是强调的重点不同，而不是尖锐的分歧，但米尔索姆的解释是辩证的。梅特兰认为，民事程序中的普通法，即土地法，最初是由王室政府创造的，（**p.67**）既服务于王室的权力和财富，也符合领主阶级（尤其是骑士或绅士阶层）的需要和利益。梅特兰还认为，这个发展是一场非常迅速的法律革命，基本上是由一代人实现的。然后，绅士阶层的排他性利益及法律行业的行会般的独立性质产生影响，进一步构筑了普通法的复杂结构。米尔索姆一开始就指出，包括贵族和绅士的领主家族作为一个团体具有高度自治能力，这让他们几十年来缓慢地制定出适合自己情况的土地法诉讼制度，相形之下，中央政府的作用是微乎其微的。米尔索姆认为，梅特兰仍然没有摆脱维多利亚时代将法律史过度政治化倾向的影响。梅特兰认为，新的普

---

① 多萝西·塞耶斯（Dorothy Sayers，1893—1957）：英国女作家，以写侦探小说著称，主要作品有《谁的尸体》《九个裁缝》等。

通法民事诉讼程序不利于大贵族的保留利益，代表了王室政府和绅士阶层之间一种利益的互相认可，米尔索姆对此持批评态度。

简单地说，梅特兰认为普通法最初是由12世纪国王和绅士阶层结成联盟缔造的。在米尔索姆看来，这是维多利亚式的时代错误的残余。米尔索姆宣称，土地法几乎完全是贵族和绅士家族共同利益的产物。长期的诉讼驱动变革的发生，王室政府即使有参与，也很外围。在大西洋两岸，梅特兰和米尔索姆的支持者之间的争论仍在持续。

梅特兰对法律行业和司法文化的影响在美国要比在英国更大。在美国主要的法学院中，梅特兰至少一直在断断续续地起着非常实在的影响，并通过这些法学院影响着在那里培养出来的律师的思维方式。至少在20世纪70年代之前，梅特兰对英国法律文化的影响都相对较小。梅特兰对大西洋两岸的律师行业的影响存在巨大差异，这主要是由三个原因造成的。首先，20世纪英国的律师从业人员数量相对国家总人口有所下降，并且其社会影响力有所衰退。梅特兰逝世的那一年，他大力支持的自由党上台并开始建设福利国家，20世纪40年代晚期工党政府又将福利国家建设极力扩大。福利国家的建设催生了一大批官僚机构和仲裁委员会来处理工作条件、公共福利、环境治理、健康、交通和教育等问题，这些问题以前通常通过起诉处理，在更加以市场为导向的美国至今仍是如此。（**p.68**）因此，英国对律师的需求及律师在英国国家视野中的活跃度都降低了。与在布莱克斯通和狄更斯时代的地位相比，英国的法律行业受到不少限制，尽管仍然富裕和受尊重，但已经不再占据中心位置和充满活力。衰落的行业对扩大自己的知识领域没有热情。不管是一般的法律史，还是梅特兰的专著，它们在英国迟滞而沉寂的法律界引起的回响都很微弱。

美国的法律行业经历了三个时代的动态扩张：20世纪初的工业和金融资本主义大繁荣；20世纪30年代"新政"引进国家调控，与英国的福利国家不同，大量问题留给诉讼解决，增加了律师业务；最近一波始于20世纪50年代的公司扩张浪潮。

到了20世纪80年代，美国法律行业人员相对美国总人口的比率是英国的三倍多，绝对数是英国的十倍。美国每年取得律师资格的新律师人数约相当于英国整个法律行业的现有规模。20世纪80年代，律师行业至少吸收了四分之三排名前百分之十的人文和社会科学专业的优秀大学毕业生。这个超级巨大而自信的行业像一个庞然大物在美国的社会上滚动，所到之处没有东西不被吞没，包括文化和观念，而且这个行业对梅特兰的著作和他研究法律的社会学方法保持着持久的兴趣。

梅特兰（相对来说在英国影响微弱）在美国产生重大影响的第二个原因是两个国家在法律教育上的巨大差异。直到20世纪70年代，英国的大学和理工学院的法律教育开始出现适度发展迹象时，英国法学院的运作却非常温和，学术活力和学术素质都非常低，而且教职工人数短缺且超负荷工作。美国的法律教育，从20世纪初哈佛大学法学院引领示范开始，也有很大不同。1950年以前，美国一直有六家左右的法学院真正是法律学术、研究和理论的中心，到20世纪80年代，美国至少存在二十家这样的A级法学院。教职工中又有一些教授有足够的闲暇、受过良好训练，并且有能力运用高度学术化和启发式的方法从事法律教学，在这种富裕而博学的氛围中，梅特兰的存在赫然可见。(**p.69**)

梅特兰在美国产生重大影响的第三个原因是，他从事法律研究时所采用的现代主义、社会学和功能主义的方法与实用主义、相对论、反形式主义的态度完全一致。这种态度在20世纪30年代和40年代被称作法律现实主义，从20世纪初就主导美国的顶级法学院，并在1937年至1941年罗斯福[1]总统的法律革命之后主导美国的最高法院。最近在哈佛大学和斯坦福大学等精英法学院出现的新一波马克思主义浪潮，即所谓的批判性法律研究，也与梅特兰的思想密切相关。

在他的祖国和他的时代，梅特兰不得不时常回过头来看看那些形式主义者、机体论者和传统主义者，担心在他们前面走得太远。在美国，这不成问题。在这里，即使是在他自己的时代，梅特兰作品中最激进的、最有解构主义和功能主义特色的核心思想也找到了持续的回响。梅特兰在美国的影响在三个时期、三个地方尤其显著。第一次仍是在哈佛大学法学院，时间在1895年到1917年之间，当时小奥列弗·温德尔·霍姆斯（Oliver Wendell Holmes, Jr.）、罗斯科·庞德（Roscoe Pound）和路易斯·D.布兰迪斯（Louis D. Brandeis）都在哈佛大学法学院。在那里，许多不同要素组成一个结构复杂而充满活力的法律文化：美国内战结束后新英格兰地区的资本主义扩张、波士顿亲英派对普通法跨大西洋连续性的热忱、查尔斯·桑德斯·皮尔士[2]和威廉·詹姆斯[3]的唯意

---

[1] 罗斯福（Franklin Delano Roosevelt，1882—1945）：美国第32任总统，民主党人，就任总统后推行"新政"，太平洋战争爆发后对建立反法西斯同盟做出了重大贡献。

[2] 查尔斯·桑德斯·皮尔士（Charles Sanders Peirce，1839—1914）：美国哲学家、逻辑学家、自然科学家，实用主义创始人。

[3] 威廉·詹姆斯（William James，1842—1910）：美国哲学家和心理学家，实用主义者，机能心理学创始人。

志论实用主义、纽约和德国南部犹太人的智性，还有威尔逊的进步主义。在如此构成的哈佛大学法学院文化中，梅特兰的著作不但能被兼容，而且还成为激励和倡导的手段。梅特兰坚信普通法源于很多世纪以来千百种利益及高度的幸运和巧合之间的相互作用，坚信普通法没有任何有机必然性，它完全有可能以不同的方式产生，将来也可如此。这些正是罗斯科·庞德和法律现实主义者及罗斯福的最高法院革命的拥护者想听到的。

梅特兰对美国法律思想一个特别的影响发生在美国新法律史学院。该学院于20世纪40年代和50年代由中西部进步主义的学术传人J. 威拉德·赫斯特（J. Willard Hurst）在威斯康星大学创办。赫斯特有意识地为美国法律史做一些他认为梅特兰为中世纪英国普通法所做的事情——摆脱目的论、形式主义和机体论，而专注于法律史的社会学动态。（**p.70**）赫斯特的观点在他的《十九世纪美国法律和自由状况》（Law and the Conditions of Freedom in the Nineteenth-Century United States，1956）一书中有明确的表述："企业真正想要的是法律能为机构的日常运作提供便利，企业家可以借此更好地动员和释放经济能量……19世纪的法律对释放能量充满乐观和自信，很自然地在关注既得权利的同时，在保持变革通道开放方面也取得了出色成绩 [ 导致 ]……偏爱动态资产而不是静态资产，或者说偏爱用于创新用途的资产而不是满足于现状的资产。"这和梅特兰的想法并无二致，但受到美国新维多利亚时期对图式化和意识形态的偏好的影响。赫斯特启发并在某些情况下亲自培训了一代多产的美国法律史学家。

梅特兰作品的全部意义现在还在形成之中。我们可以称之为普通法结构主义理论。它把普通法视为一种深层文化结构，不但存在于中世纪——如梅特兰认为的那样——而且仍在英美世界持续存在，无怪乎这个深层结构存在于美国法律中。在普通法结构主义这个大题目下，尽管许多问题仍在解决和辩论之中，但这正在逐渐成形为20世纪90年代的法律理论。

在一群法律学家和社会分析家的共同努力下，法律史研究出现一种后梅特兰结构主义。在维持社会秩序和公民道德的广泛而模糊的范围内，普通法中有一种内在的朝着市场经济倾斜的文化偏向。这正是普通法的对抗制度和财产构成所根本肯定的。普通法的对抗制度、文书程序和诉讼过程构成市场资本主义的结构基础，成为不确定但确实存在的伦理背景下市场资本主义的一个有活力的内核。

不管君主制在诉讼形式的创建中扮演什么角色，到14世纪初，在律师学院建立和本地世俗法律行业形成之后，普通法可以在王室的指令和行政管理之外自主运作。从爱德华一世（Edward I）的土地法立法（1275—1295）——这部土地法不管怎么说都很可能是由法律行业的领导者在领主阶层的敦促下起草的——直到16世纪30年代末和40年代初亨利八世（Henry VIII）关于信托和遗嘱的立法，这么长的时期内只有一部英语法规在司法变革上有着一定的意义。（**p.71**）这部法规是14世纪中期关于治安官的法规，而我们知道这部法规出台几十年前那些治安官都已经在工作，这部法规只是重申性质的，不具有原创性。

我们不能确定为什么法律行业会如此高度自主地发挥作用。这可能与中世纪晚期多元化的行会社团主义有关。这也可能是这段时期大部分时间这个君主国都过度地卷入海外战争导致的结果。不管怎样，普通法不但自行发展出土地法诉讼形式，而且还发展出全新的私法分支，比如侵权法或个人损害赔偿责任等。普通法的这些新领域是在法官和资深大律师的合作下共同开发的，法庭法官团就是从他们的队伍中选拔出来的。他们还发展出一种复杂的对抗诉讼形式，在19世纪和20世纪的后人看来，这种诉讼形式也许因过分形式主义而显得僵化，甚至为司法程序而牺牲法律的实质，但是梅特兰则坚信，如果对案情仔细分析的话，这种形式的确有着内在的功能性和合理性。

这种复杂的法律和结构组合还产生一种思想模式，一种文化心态，这一模式或心态在律师学院和进入律师行业之前多年的学徒生涯中被悉心地交流和传达。且不管普通法还促成了什么，普通法创造了一种持久的文化，一种可识别的看待人类行为的方式，这种方式持续了多个世纪并跨越了大西洋两岸。普通法心态的主要特征是：政府命令和王室政治之外的高度自治；对抗性竞争的倾向性；保护财产且只有那些能够承担高额费用和聘用定金的人才能获得法律补救；不愿意完全结束民事诉讼，总是为从法庭的逆境中恢复过来保留至少微弱的转机；尊崇作为既是财富又是社会地位基础的产权；决心将财富和社会地位在家族里世代相传；认为政府不是一个神圣的权威，而是一个为司法竞争提供公平竞争环境的工具性设施；对牧师和教授普遍的不屑一顾及对穷人的苦难和无力一贯的视而不见，但又没有僵化到把这些弱势群体驱逐出法律程序上的防线而成为敌对的群体。这些特征可以在波洛克和梅特兰的著作中明确地识别出来。

早在发生于国王与贵族（具有浓厚的贵族气质且强烈维护贵族的价值体系）之间的百年战争开始的时候，就已经出现了资本主义和富裕个人主义的文化。（**p.72**）最终，在17世纪30年代，当君主国家和教会开始反对普通法文化时，律师界领袖爱德华·柯克爵士（Sir Edward Coke）的门徒们相信他们别无选择，只能集结其他有不满情绪的团体——福音派新教徒、小农阶层、穷苦绅士和工匠等，这都是些通常与他们并没有什么交往的人群——起来阻挠和反对王室政府。接着出现下议院的骚乱（1640—1642），从中又爆发英国革命。

这个众所周知的故事对美国的法律并不重要，不如17世纪末普通法文化相对平静的复兴及在英属北美地区的传播意义重大。尽管在美国革命之前爆发的激烈辩论中，殖民者及其英国本土的支持者声称自己是爱德华·柯克爵士及普通法的真正继承人，但实际上，美国革命在意识形态上更多受到直接从苏格兰哲学和法国启蒙运动中诞生出来的另一种文化的启发。这种替代性文化与普通法的历史连续性和对抗性竞争传统截然不同。它源于16世纪初期意大利文艺复兴时期兴起的公民人文主义，其重点是共和主义公民美德这个新古典主义思想。这种思想传统与美国革命时期思维模式中的普通法文化构成竞争，从属这一思想传统的历史学家有约翰·G. A. 波考克（John G. A. Pocock）。波考克是一位出色的新西兰人，曾在约翰斯·霍普金斯大学（Johns Hopkins University）任教二十年。波考克第一本关于17世纪初英格兰普通法心态的著作直接受到梅特兰启发。但他颇知名的著作试图揭示近代早期欧洲公民人文主义和共和主义美德的"马基雅维利时刻"的意义。跟随着波考克，我们可以感知到与普通法传统不同的另一种传统——致力于平等主义的精英之间的一种公共话语模式，强调凝聚力、合作和共识，而不是普通法所强调的对抗性竞争、社会等级制度、产权的保护以及对古老的司法诉讼形式的热衷。在18世纪60年代和70年代，共和主义公民美德这个新古典主义理想，经过苏格兰哲学和法国启蒙运动立即传播到美国，并逐渐升温为革命的乌托邦主义。

因此，尽管美国革命的领导人声称他们将为保护古老而美好的普通法免遭暴政而战争，（**p.73**）但实际上，他们激进思想的基础更多地在于最终来源于文艺复兴人文主义的另一种文化中。这种替代性文化促成了他们从英国政治历史主义的暂时退缩。半代人对英国法律和议会的良性、持续的信心被普遍主义的理性主义和末世论改良主义所取代。正是与英国历史主义的短暂决裂才使英属北美地区的革命气质有了存在十年左右的可能。

普通法心态的结构力量在联邦同盟（Federal Union）形成之后迅速恢复了活力，对麦迪逊总统和1787年宪法的制定者施加了一定影响，并对1791年前十项修正案产生了更大影响。普通法对国家集中制这个承袭自英国的传统特别地偏爱，（在一个历史上追求攫取最大土地的国家）对财产嗜好到无法满足的地步，将程序和司法实质微妙无比地结合起来，偏向富裕阶层又不完全剥夺社会的其余部分，赋予法官和律师灵活创新的权力——普通法文化的所有这些特点，在结构上从梅特兰的中世纪延续下来，在早期美利坚合众国的背景下发挥着自己的功能。在任何情况下，普通法无比强大的文化遗产都会对美国革命的理性主义和平等主义遗产造成解构性影响，但是当时的社会状况强化和促进了普通法的复兴。

梅特兰向我们展示了普通法是一个复杂而独特的司法和文化结构。普通法的语言和概念形态还保留着中世纪秩序的公共伦理——有时很明显，有时几乎是潜意识的——和道德约束的残余。同时它是竞争市场资本主义的梦魇，后者不断地扩展和考验传统行为准则的极限。在过去的四分之一个世纪里，美国人已经敏锐地意识到这种矛盾和分化的张力，它占据着由普通法心态塑造的社会的中心位置，这一社会在问题解决、集体稳定和个人安全等方面严重依赖法律行业。

换句话说，梅特兰为我们创造了一个"公民社会"的功能模型，这是西方文明的独特品质，尤其是在英语世界中。其他人在古典或托马斯主义哲学传统中找到了"公民社会"的基础。梅特兰并不完全排除这些源头，但是他主张"公民社会"的根基在普通法的心态和制度里。（**p.74**）所谓"公民社会"意味着一种法律秩序，它允许无数团体、社群以及个人在国家框架之内大体上自由运行。国家对这些次政治机构和民众的权威很大程度上受正当法律程序及法官和律师力量的极大限制，团体、社群和个人的正常生命安全、自由和财产需要向法官和律师力量寻求。因此，英国，特别是美国的社会和经济状况，主要取决于法律的而不是政治的秩序。中欧和东欧的一些国家，长期背负着连续的中央集权和过度政府特权的历史重担，它们就正在朝着这个"公民社会"的西方观念摸索前进。

梅特兰能做的是从中世纪中提取一种关于法律秩序、司法和法律职业角色的观点，这一观点一直被视为普通法司法职能理论，更为广泛地说也是"公民社会"理论的基础。20世纪的中世纪学家还没有谁能成功地将他对中世纪世界的某一部分的"发明"运用到更为实际和持续的社会实践中。回过头来看，梅特兰实现了自己还是剑桥大学本科生时就有的抱负——为政治科学做出持久的贡献。

作为社会学、法学大师和政治学的功能主义阐释者，梅特兰如果今天还活着的话，他会赞同流行电视喜剧节目《是，首相》（*Yes, Prime Minster*）对英国政府高层运作的深入观察。此剧主要由资深政治电视节目制作人兼记者安东尼·杰伊（Antony Jay）创作。梅特兰对1306年议会运作方式的研究与《是，首相》对现在的议会的看法完全一致。梅特兰认为，议会是大臣们的工具，是使中央集权的法律和行政更好地运转的工具，而不是任何意义上的自治机构和人民的立法喉舌。

梅特兰是第一位仔细研究中世纪议会会议记录并分析会议实际事务的历史学家。先前研究早期议会的作家，如威廉·斯塔布斯，仅仅使用了召集郡级法院和自治会议代表的令状以及国王对贵族成员的个人邀请。斯塔布斯从这些文书里假定、想象议会的实际工作，（**p.75**）并强调议会的立法功能及其在批准新的王室税收（包括收入税和个人财产税）上所应扮演的必要宪法角色。然而，梅特兰对1306年的议会记录的考察表明，郡和镇的代表没有批准过征税，也没有重要的立法行为。此外，"议会"会议在绅士和市民议员到达之前已经开始，而且在他们回家两三个星期后还没有结束。梅特兰总结说，议会会议仅仅是御前会议（King's Council）的一次特别会议，由国王的主要大臣和法官组成，其事务通常是司法和行政性质的。绅士和市民议员大约在1350年之后被整合到议会下院，他们被允许在回家之前向国务大臣提出反映其选民利益的议案。这些提案是议会立法的起源，但是它们所处理的问题几乎总是本地和日常事务，如给予赦免、修缮桥梁等。

梅特兰描述的议会形象和他对普通法创立的描述一样，他假设自己是御前会议中重要的律师们的一员，也抱有这些事务繁忙的律师的心态。他们正利用御前会议的一个特别的扩大会议来为王室做一些不寻常的事情。在1306年的议会中，根本没有政治性的、共识性的内容，甚至重大一点的内容也没有。斯塔布斯将1295年的议会（召集这种议会的传唤文书得以大量保存）设想为一个"模型议会"，它作为一种雏形预示了格拉斯通[①]和迪斯累里[②]时代伟大的议会下院。梅特兰在司法和社会学方面的洞见摧毁了这种时代谬误神话。

斯塔布斯和梅特兰对议会历史看法的差异反映出他们各自背景的不同。斯塔布斯是虔诚的英国国教牧师（后来成为主教），对在英国国教文化中有中心位置的长期传统有着敏锐感觉。将这种话语转移到政治领域，斯塔布斯不得不认为，中世纪的议会和维多利亚时期的议会是一样的：一个主要关注意识形态宣言和政党冲突的国家立法和辩论团体。斯塔布斯对中世纪晚期议会所持的观点带着强烈的民族主义和道德说教的味道。梅特兰看待议会的方法和任何优秀的律师看待任何机构的运作一样。梅特兰仔细阅读记录，试图揭示这个机构

---

① 格拉斯通（William Ewart Gladstone, 1809—1898）：英国自由党首领，曾四次任首相，实行议会改革，对外推行殖民扩张政策，出兵侵占埃及，著有《荷马和荷马时代研究》等。

② 迪斯累里（Benjamin Disraeli, 1804—1881）：英国首相、保守党领袖、作家，写过小说和政论作品，任上推行殖民主义扩张政策。

及其主要参与者某一特定时间的运作，带着怀疑抛弃了长期传统、民族主义情绪、各种道德和意识形态假设。（**p.76**）梅特兰有细读文献和详细分析这种顽强的现代主义倾向，这进一步加强了他对斯塔布斯式议会神话所进行的律师式的解构。

自梅特兰的时代以来，尤其是自20世纪30年代以来，关于英国议会历史的两种观点之间一直存在着嘈杂的冲突：像斯塔布斯这样的人将议会视为一个大众的国家集会，而追随梅特兰的人则主要将其视为法律和王室行政官员用来迅速而高效地完成某项事务的工具。《是，首相》肯定了多数历史学家发出的信号：梅特兰的观点有着决定性优势。梅特兰的议会理论赢得了人数庞大的政治历史学家的支持，包括两位天才的英国政治历史学家，路易斯·纳米尔爵士（Sir Lewis Namier）和杰弗里·埃尔顿爵士，二者分别是维尔纽斯[①]和布拉格最伟大拉比的传人。纳米尔和埃尔顿两人具有犹太教法典式的气质，自发地认可梅特兰对议会宪政主义民主构想的怀疑态度。

但是，议会是王室的行政和司法工具，而不是国家民意的表达，梅特兰这种议会理论的胜利还有更进一步的意义。它预示了20世纪最后十年从华盛顿经伦敦、巴黎、柏林直到莫斯科达成的一种政治共识。我们现在知道，政府的宝贵职能不是成为两极无法和解的意识形态斗争的舞台，也不是为激烈的辩论提供发泄渠道。国家的使命是让平民百姓的生活安全舒适，通过法治维护一种"公民社会"，为圣奥古斯丁说的人类和平，或者我们说的个人幸福和创造力提供一种构架。现在，在政治热情消耗殆尽之后，各地的政府都落在那些能为公共福祉节俭地管理国家工具的人的手里，这意味着具有公共意识的、受过良好教育的官僚和律师的必要权力在很大程度上不受政治狂热的影响。这是梅特兰在1306年议会会议中看到的——当时的议会就是国王的大臣和法官手中实现国家秩序和公共效率的功能性工具。我们今天所知的国家是这样，也应该这样。议会和国会中掀起的有关意识形态的狂怒的演讲，政党纷争的错综复杂，这些特别的现象是1642年不幸的英国革命和1789年灾难性的法国大革命的恶劣遗产。（**p.77**）它们引起了斯塔布斯等维多利亚时代人的极大注意，以至于将它们不合时宜地投射到1300年的英格兰。我们知道，这些现象对经济、艺术、科学、家庭以及我们赖以生存的美好事物毫无裨益。而梅特兰，一位不抱幻想的学者，一位分析政治真正运作方式的现代主义分析家，一位冷眼旁观的社会科学家，在20世纪最初的年代里就意识到了这个道理。（**p.78**）

---

① 维尔纽斯（Vilnius）：立陶宛首都和最大城市。

第三章

# 纳粹双子：珀西·恩斯特·施拉姆和恩斯特·哈特维希·坎托洛维奇

⚜

## 一、古老的海德堡

那是 1925 年海德堡一个温暖的夏天。海德堡是德国中部内卡河畔的一个梦幻般的大学城。紧靠 17 世纪城堡的围墙有一个咖啡馆，被遮蔽在与城堡一样古老的大树的浓荫下，高高地坐落在内卡河上游，其下方就是大学城。两位少年老成的中世纪史学家坐在这里喝着摩泽尔葡萄酒，一位是珀西·恩斯特·施拉姆（Percy Ernst Schramm，1894—1970），在学术界一直被称为珀西·恩斯特，另一位是恩斯特·哈特维希·坎托洛维奇（Ernst Hartwig Kantorowicz，1895—1963），总是被密友们称为埃卡（Eka，他的签名是 Ernst H.）。两人都非常英俊，身高中等偏上、体型偏瘦、短发修剪得整整齐齐。两人都穿着精心剪裁的外套，胸前的口袋里小心地放着一条洁白的亚麻手帕，系着领带。施拉姆留着细小的普鲁士胡子，显然经过精心修剪。坎托洛维奇看起来总是好像刚从一家高档理发店出来一样，也可能真是如此。

在过去六个月中，珀西·恩斯特和埃卡对彼此有了深入了解。二人的友谊和合作一直持续到希特勒死后，直到 1963 年坎托洛维奇在新泽西州的普林斯顿去世那一天。那时施拉姆仍在汉堡以南 150 英里的哥廷根，他是在 1929 年加入哥廷根大学的。在那个梦幻的夏日里，他们比较了各自正在完成的著作的笔记，二者都是 20 世纪以德语撰写的、关于中世纪史的开创性著作。施拉姆的著作是对 1002 年去世的撒克逊皇帝奥托三世（Otto III）统治的研究。（**p.79**）坎托洛维奇的著作是关于 1250 年去世的、被称为"世界奇迹"的霍亨斯陶芬（Hohenstaufen）皇帝腓特烈二世（Frederick II）的传记。他们的著作像火箭一样在沉寂的德国学术界上空升起，将两位作家送入正式教授的教席。他们成为教授的年龄在德国是相当年轻的。坎托洛维奇的腓特烈二世研究发表于1928年，施拉姆关于奥托三世的著作出版于1929年。到1931年，二人都已是终身教授——坎托洛维奇供职于法兰克福大学，而施拉姆在哥廷根大学。当然，由于排斥犹太人的纽伦堡法，坎托洛维奇作为犹太人不得不在1935年离开教席。从1939年在伯克利任职起，坎托洛维奇将在美国展开光辉的职业生涯，而施拉姆则成为哥廷根大学人文学院的荣耀和德国中世纪学家的领头人。

珀西·恩斯特和埃卡有很多共同点。他们都来自非常富有的家庭。施拉姆的家族在汉堡及其周边地区经商已经九代。这个家族在19世纪已非常富有——甚至比托马斯·曼①在《布登勃洛克一家》（Buddenbrooks）中记载的那个家族（可能以施拉姆自己的家族为原型）更富裕、更有影响力。（曼的家族位于另一北部大港口吕贝克[Lübeck]，吕贝克和汉堡一样从中世纪的汉萨同盟②继承发展而来。）坎托洛维奇尽管很优雅，但毕竟一副犹太人面孔。从高高的鼻梁和他的斯拉夫名字上不难看出，他是来自德国东部边界、位于普鲁士和波兰之间的犹太后裔。他的家庭来自德国东部布朗夫曼家族，白酒贸易生意做得很大。他们没有信奉自己民族的宗教，但坎托洛维奇自认为是犹太人而讨厌天主教。每年一次的逾越节到来的时候，他都为这个自由节日及其对他的意义而感动。尽管坎托洛维奇是犹太人而施拉姆是新教徒，但那时埃卡的社会地位却比珀西·恩斯特要高一些。施拉姆的家庭成员是大商人和大资产阶级，但坎托洛维奇在普鲁士长大，生活在普鲁士的容克贵族成员中。他青年时代的朋友全是伯爵甲、伯爵乙或侯爵此、侯爵彼这样的贵族。坎托洛维奇在贵族高层社交圈里游刃有余——就像另一个犹太人马塞尔·普鲁斯特③在巴黎的情形一样。

1925年，海德堡约有三千名大学生，百分之九十五是男性。二人不约而同地来到这个美丽却稍显沉闷的大学城，是因为那里有两位让人望而生畏的中世纪学家卡尔·汉佩（Karl Hampe）和弗里德里希·贝特根（Friedrich Baethgen）。他们二人分别是资深和初级中世纪历史教授。汉佩是中世纪德意志帝国史的权威老者。(**p.80**) 汉佩关于11世纪初至13世纪中期萨利安和霍亨

---

① 托马斯·曼（Thomas Mann，1875—1955）：德国小说家，代表作有长篇小说《布登勃洛克一家》《魔山》等，因抨击纳粹政策被迫流亡国外，加入美国国籍，获1929年诺贝尔文学奖。
② 汉萨同盟（Hanseatic League）：中世纪北欧城市结成的商业同盟，以德意志诸城市为主。
③ 马塞尔·普鲁斯特（Marcel Proust，1871—1922）：法国小说家，其创作强调生活的真实和人物的内心，以长篇小说《追忆似水年华》闻名。

斯陶芬王朝（简称斯陶芬）德意志皇帝的教科书是德国大学和中学教育的经典著作。这本权威且可读性强的教科书至少出到第七版，最后一版在二战后由弗里德里希·贝特根在汉佩逝世后出版。贝特根是汉佩从柏林文献集成研究所才华横溢的年轻人中亲手挑选出来的年轻同事和最终的衣钵传人。贝特根从来没有写出所有人都期待他写出的大作，但是他对德国甚至整个欧洲的中世纪晚期政治史渊源的无所不知、对中世纪德意志帝国历史的全面掌握，让20世纪20年代的年轻一代无时无刻不对他感到既敬重又畏惧。如果你在对中世纪德意志君主制的认知理解上出现一个错误，不管大小，贝特根马上就会知道。但是汉佩和贝特根都很友善和随和，他们就像大家长一样，乐于在身边聚集很多年轻的天才并给予他们教育和指导。

因此，汉佩和贝特根在20年代中期像磁铁一样吸引了施拉姆和坎托洛维奇来到海德堡。海德堡是个非常宜人的中世纪大学城，生活花费不高，与柏林的学术和政治活力相去甚远。但是，在中世纪研究上柏林没有一个人能与汉佩和贝特根匹敌。保罗·克尔（Paul Kehr）专注于文献集成研究所的行政职责，几乎没有时间从事教学。柏林大学的中世纪史由埃里希·卡斯帕（Erich Caspar）和阿尔伯特·布拉克曼（Albert Brackmann）执掌教席。卡斯帕是一位伟大的学者（一半犹太血统，教职后来被纳粹剥夺），因为研究中世纪早期历史而显得遥远而孤僻，他正忙于撰写一部里程碑式的止于教皇大格列高利逝世（604）的罗马教廷史。施拉姆和坎托洛维奇希望从事年代更晚一些的研究，即中世纪中期和晚期，以及德意志第一帝国。在柏林，这个领域的教授是阿尔伯特·布拉克曼。同汉佩和贝特根相比，布拉克曼是一个苍白而平庸的人物，爱慕虚荣而难以接近。于是这两个来自上流社会、精力充沛的学者选择去了海德堡。

施拉姆遵循正常的学术路线。他完成了博士论文——这是德国大学的简短而意义不大的文献，更像是美国的硕士论文。博士学位持有者只有做高级中学教师或公务员或档案员的资格。（**p.81**）如果想得到大学职位，还需要创作并发表一篇长篇（四百页以上）的被称作"任职著作"（*Habilitationsschrift*）的第二份论文，而施拉姆的"任职著作"正是对奥托三世统治所做的研究。

坎托洛维奇的学术生涯不太传统。他拥有一个东方经济史方向的博士学位。此时，他不将创作腓特烈二世传记视为学术行为，而将其视为一个大众宣言。他是为普通读者而创作的。他不将这本书当作学术任职资格。事实上，坎托洛维奇1928年出版的这部书没有脚注——即使在当今美国，许多人仍认为那不是学术风格。他并不渴望得到教授席位。他想向所有受过良好教育的德国人（这本书在最初两年的确销售了一万册，按当时德国的标准算超级畅销书）传达一种信息。坎托洛维奇在海德堡的生计全靠自己丰富的家庭资源。他利用图书馆，并不时从年老的汉佩大师和新掌门人贝特根那里得到建议，以解决文本分析中的难题。无论如何，只有海德堡的两位大师，还有柏林的布拉克曼，才有资格对他的腓特烈二世传记做学术评价。坎托洛维奇在完成长达七百页的书稿时与海德堡的汉佩和贝特根进行交流，他预料会引出一些不同意见。布拉克曼的任职有着传统保守政治的背景，他讨厌犹太人；坎托洛维奇留在柏林去见他没有什么意义。

施拉姆和坎托洛维奇相互扶持和鼓励。二人都秉承德国"精神（文化和思想）史"（*Geistesgeschichte*）并借鉴德国人文科学界黑格尔唯心主义的悠久传统。但二人都希望为古老的"精神史"融入新的原创成分。德语 *Geistesgeschichte* 一词在英语中没有对应的术语。它代表着19世纪90年代至1933年德国渊博的人文学科的主流传统。它意味着将过去的思想、理论、文学和视觉艺术置于人们视野的前台，并让这些精神和思想杰作而不是物质的或社会的力量，成为历史学家关注的中心问题。"精神史"体现德国哲学唯心主义，也体现这样一种假设，即认为能让观念永存的思想和学术传统具有持久的实在性和社会任何其他方面都不具有的人类价值。

施拉姆和坎托洛维奇就在这个占主导地位的"精神史"学派中受到学术训练。二人都对王权的礼仪和宫廷意识形态有着莫大的兴趣。二人有志于创造性地利用艺术史作为资料来源。（**p.82**）二人都对历史人物感兴趣，并尝试在思想背后找到有活力的个人，坎托洛维奇尤其如此，施拉姆也试图这样做。二人都偏爱综合性历史，对大的课题采用宏大的处理方式，用雄辩而有力度的新维多利亚式模式写作。他们通过加入战后魏玛德国两个有活力的学术圈子，在历史写作中占据先锋地位——施拉姆的圈子是阿比·瓦尔堡（Aby Warburg）艺术史学派，坎托洛维奇的圈子是诗人和梦想家斯特凡·格奥尔格（Stefan George）学派。

阿比·瓦尔堡是古老的犹太银行家家族的后裔。他与兄弟们进行了现金结算，退出了家族企业，在汉堡建立了第一个"艺术史"（*Kunstgeschichte*）的伟大研究所和图书馆。如今，英国和美国所有主要艺术史学系都在学术上和职业上双重继承了瓦尔堡的研究所和他的图像学方法，习惯于在中世纪的图像中寻找象征性和主题性含义，并将这些艺术图像尽可能准确地与文学来源联系起来，尤其是《圣经》、教会神父和拉丁语经典作品。施拉姆还是一名高中生和大学新生的时候就在瓦尔堡的研究所钻研过，利用过他的宏伟的图书馆，在那种氛围中养成对中世纪艺术图像的历史价值的高度敏感。

施拉姆还受莱比锡的中世纪史学家瓦尔特·格茨（Walter Goetz）的影响，那时，格茨是卡尔·兰普雷希特（Karl Lamprecht）尚在人世的少数门徒之一。兰普雷希特在第一次世界大战之前呼吁一种更加唯物的、对环境敏感的、面向社会科学的历史，与人文主义的成就形成对抗。在兰普雷希特看来，不仅思想和政治制度，衣着、饮食及其他日常生活状况都值得历史学家的考虑。因受到柏林重要的学术保守派弗雷德里希·梅尼科（Friedrich Meinecke）的强烈反对，兰普雷希特和他的弟子们被排挤到德国学术的边缘地带。格茨是兰普雷希特几个为数不多的取得教职的弟子。兰普雷希特的唯物主义和行为主义与"精神史"唯心主义冲突，梅尼科正是如此猛烈地抨击兰普雷希特。但施拉姆通过格茨看到兰普雷希特传统中有些东西值得保留。这让他关注权力的动态符号，这是一种经由仔细阅读加冕祈祷书、研究图片和王室文物而进行的中世纪统治人类学。施拉姆希望超越政治史和行政史平淡无奇的琐事，进入那种培养和塑造了对中世纪统治者忠诚的情感结构。（**p.83**）他想传达中世纪心灵中君主的真实形象。坎托洛维奇也有同样的兴趣，但更偏重情感，更富有争辩性。他试图重现一位伟大的中世纪国王在民众中间引起的兴奋。

借助瓦尔堡和格茨的新见解及汉佩和贝特根渊博的学识，施拉姆为人文主义的"精神史"赋予了新的生命。他关于奥托三世的著作是中世纪研究中的一次学术革命，即使今天读来也与刚出版那天一样令人兴奋，让人感到新颖和有原创性（这本书还没有译成英文）。在接下来的四十年中，施拉姆出版的一系列著作再也没有达到过这个高峰。这也许是20世纪20年代中期坎托洛维奇的友情及对他的直接影响给了施拉姆一种再也找不回的情感优势导致的。

坎托洛维奇和他的一些贵族朋友参与的斯特凡·格奥尔格圈子比施拉姆的人际网络要紧密得多，不仅仅局限于先锋学问的范围。格奥尔格是一个爱炫耀的抒情诗人和梦想家，他周围聚集了一批富有而受过良好教育的年轻人（他们毫不隐瞒自己的同性恋倾向，不管这种倾向是潜在的还是明显的），以培育德意志的民族传统，通过强有力的领导探索文化和政治复兴的高远前景。领导原则在格奥尔格及其门徒中深入人心。这是纳粹主义的思想基础之一，尽管格奥尔格团体（成员中有几位是犹太人）最终对那个维也纳庸俗的下士[①]并不满意。格奥尔格团体想要的是中世纪德国伟大的斯陶芬皇帝那样最具世界末日色彩的人物。除诗歌之外，格奥尔格团体还热衷于创作浪漫传记，把有超凡魅力的领

---

① "维也纳庸俗的下士"指希特勒。

导模范摆在战后颓丧、混乱和贫穷的德国人面前，这样民众（*Volk*）就会在尼采[①]式和瓦格纳式的英雄领导下再次站起来。

这就是坎托洛维奇在海德堡时的状况。格奥尔格指派他创作中世纪德国最具启示色彩的人物腓特烈二世的传记。坎托洛维奇这样做是为了满足他的主人格奥尔格的要求，并在某个世界新奇迹的带领下激发德国人民的民族复兴。这个课题可谓感性而新潮，甚至有点个人化，但是在德国20世纪20年代的氛围中并不荒谬或无用。

格奥尔格传达的信息是希腊古典主义和原始德意志英雄主义的结合体：（**p.84**）"一个民族的神死了，这个民族就死了。"格奥尔格宣称，从魏玛时代的物质主义、腐败和混乱中，一个由文明的超人组成的"秘密德国"将崛起，并从蒙昧而顽劣的大众中将权力接管过来。很难将晚期浪漫主义的德国诗歌翻译成英文，而格奥尔格的诗尤其难以捉摸（或曰激情燃烧），但以下这个版本与原作非常接近：

> 是谁，你们兄弟们中是谁，
> 听到警告无动于衷，怀疑
> 你们今天最叫好那些东西，
> 那些你们认为最有价值的
> 都像秋风中的树叶在腐朽。
> 注定要毁灭，注定要死亡！
> 只有神圣的土地摇篮中的
> 那仍在睡眠庇荫中的东西
> 远远地在最深处的丛林里，
> 在攫取的手触不到的地方，
> 那些今日捉摸不透的奇迹，
> 才充盈明日的生机和命运。

（O. 马克思 [O. Marx] 和 E. 马维茨 [E. Marwitz] 英译，1949）

不管我们怎么想，这首诗都蒙上了一层发生在20世纪30年代的事情的色彩。纳粹主义的胜利到底是格奥尔格理想的实现，还是这种理想怪诞的变形或

---

① 尼采（Friedrich Wilhelm Nietzsche，1844—1900）：德国哲学家、诗人，唯意志论的主要代表，主要著作有《悲剧的诞生》《查拉图斯特拉如是说》《权力意志》等。

者说背叛，自 30 年代以来一直存在着争议，这个问题没有解决的方案。在年轻的坎托洛维奇看来，格奥尔格是一位看到了真理并预言了未来的大师。如果格奥尔格要把腓特烈二世的传记当作他梦想中的德国复兴计划的一部分的话，坎托洛维奇会听命行事，按照格奥尔格的领导原则和后期的浪漫主义激情来撰写。

对中世纪研究而言，重要的是坎托洛维奇阅读了关于腓特烈二世的所有已发表的巨量文献，掌握了关于斯陶芬王朝所有的现代文献，并将现代学术方法运用到了研究中世纪帝国和罗马教廷之上。他那令人难以置信的语言能力以及对中东和东方的深入了解，为古老的斯陶芬王朝的故事平添了许多新鲜的视角。然后，他创作出 20 世纪最激动人心的一部中世纪君主的传记。这部传记经得起时间考验。至今，阅读它仍能让人心潮澎湃和热血沸腾。它渊博的学问和深刻的见解都是极度罕见的。（**p.85**）如果坎托洛维奇今天还能将此书修订再版（美国还从没有发行过平装本），如果他坚持 1925 年自己心中的种种前提和目标，他可能根本找不出什么可以修订的地方——七百页的书可能至多修改大约七十五页。

施拉姆和坎托洛维奇作为中世纪学家，其渊博的学识让人无法超越。但他们不是博古家。他们非常关注当下。他们试图传达一些与当时德国高度相关的信息。他们做得优雅而自信，这得益于他们的财富，得益于他们所在的学术圈子的智力支持，得益于他们有幸同汉佩和贝特根进行的学术联合，尤其得益于他们在古老的海德堡夜以继日地工作时、在宁静的夏日里古老的城墙根下畅饮白葡萄酒时彼此给予对方的鼓励和力量。

## 二、在希特勒的阴影下

德国的教授一直对他们拥有的学术自由以及他们与庸俗的政治世界的分离而感到自豪。这种学术自由意识中总是有一些错误假设。德国的大学是完全由国家资助的机构，当学术委员会为每一个教职推荐三名候选人时，每个州的教育官员有最终决定权。这种学术体制意味着，在 20 世纪 20 年代的魏玛德国这个后帝国时代的自由共和国之前，即使是最温和的左派实际上也会被排斥在大学的学术委员会之外。这种学术体制也意味着对犹太人的严厉歧视，在人文学科领域尤其如此，尽管 20 世纪 20 年代又出现一些明显变化。即使在 20 世纪 20 年代，德国的教授绝大多数还是信仰基督教（是新教或天主教，据各州的多数宗教而定，德国的二十多所大学就分布在这些州中间），在政治上是右派或中间派。尽管没有完全脱离政治的自由，拥有终身教职的教授的薪水和社会地位与内阁大臣的相当（他们的妻子往往会摆些架子，趾高气扬地以教授的夫人自居），他们通常不参与政治或对政治不感兴趣。20世纪20年代，在德国学术自由传统中占有核心位置的政治自由变得岌岌可危，(**p.86**) 一种新的政治浪潮正在逐渐席卷大学校园。

首先，自由民主但不稳定的魏玛共和国本身就是问题。魏玛共和国是在德国皇帝逊位逃走及柏林和慕尼黑发生的共产主义革命被镇压之后匆匆创立的。（首都仍是学术活动活跃的柏林。称作魏玛共和国是因为新的自由宪法是于1919年在歌德[①]的故乡魏玛起草的。）大多数德国教授对这个共和国都怀有敌意。弗雷德里希·梅尼科，这位兰普雷希特的反对者，作为学者是保守派人文主义者，但他是魏玛政权为数不多的公开支持者之一。梅尼科自称是"一位理性的共和主义者"，也就是说，支持魏玛共和国是理所当然的选择。但多数德国教授对这个新的共和国都不屑一顾。他们认为这个共和国廉价、贫穷、不稳固，是背叛和战败的产物；共和国的官员腐败而庸俗。这与历史悠久的德国精神格格不入。教授们渴望再现19世纪70年代至80年代俾斯麦[②]帝国岁月的辉煌（事实上，20世纪20年代接二连三地出版了一系列赞美俾斯麦的传记）。学术界感到他们被英国人羞辱，被法国人破坏，被苏联人威胁。他们渴望英雄领导的再现，或者至少有一个强有力的领袖来恢复德意志"注定"的伟大。20世纪应该是德国的世纪。1914年，德国的科学、人文学术、医学和技术都是世界一流的。而现在，情况却不容乐观。人们对昔日帝国辉煌的渴望在所难免。

因此，这是20世纪20年代存在于德国教授中的主要情绪。当1931年纳粹党成为国会中最大的政党时，学术界既存在担忧，也存在希望。也许，强大的领导就要到来。即使希特勒不是他们确切想要的那种领导，但他也要比组成魏玛政府的那一班杂乱无章的自由派、社会主义者、犹太人和所谓的冒险家要好得多。1933年，老总统保罗·冯·兴登堡（Paul von Hindenburg）任命希特勒做总理，这一任命带来了灾难性的后果。纳粹在通过控制司法部和秘密警察夺权后，就开始消灭对手并宣传建立一个新千年帝国，对此，大多数德国教授不是喝彩就是沉默地观望事态的发展。(**p.87**)

---

[①] 歌德（Johann Wolfgang von Goethe，1749—1832）：德国诗人、作家，青年时代为狂飙运动代表人物，代表作有诗剧《浮士德》、小说《少年维特之烦恼》等。

[②] 俾斯麦（Otto Eduard Leopold von Bismarck，1815—1898）：普鲁士王国首相、德意志帝国宰相，通过王朝战争击败法、奥，统一德意志，有"铁血宰相"之称。

有些人感到高兴，有一些人则为犹太人很快被罢免教席而感到尴尬，大批犹太裔教授和博士生逃亡到法国、英国、巴勒斯坦，特别是 1936 年之后流亡到美国。希特勒的"新秩序"在大学里与在德国生活的其他领域一样畅行无阻。作为民族精神捍卫者的教授们没有一点特别的反应。即使在纳粹政府内部也存在忧虑，竟然有这么多犹太人物理学家和数学家突然离去。尽管有关于爱因斯坦"堕落的"犹太物理学的喋喋不休的胡言乱语，失去爱因斯坦和排斥其他犹太科学家显然给德国的技术和军事潜力造成了危害。但是大家有信心能迅速克服这一点。至于犹太人文学者——历史学家、哲学家、艺术史家、文学批评家——当初就不应该给他们提供职位，这一点得到广泛认可。犹太人不可能从内心深处真正领悟到德国精神；毕竟，他们是无根的世界公民。没有人对德国的学术界做过民意测验，但在 1935 年至少有 85% 的人赞同这种观点，尽管有人内心存疑。在整个德国学术界中，只有一个获得诺贝尔奖的非犹太人物理学家埃尔温·薛定谔（Erwin Schrödinger）自愿离开，去了都柏林。但他不久也回到奥地利。没有犹太血统或犹太配偶的历史学家中，只有年轻的特奥多尔·蒙森（Theodor Mommsen）选择离开，以表示对希特勒的抗议。蒙森是坎托洛维奇的朋友，有很大的名声。蒙森和他的爷爷同名，蒙森的爷爷是德国最伟大的罗马历史学家。年轻的蒙森还是社会学家马克斯·韦伯①的外甥。他选择了去美国。

1933 年至 1938 年之间，所有其他因为种族法而非自愿流亡的德国历史学家包括：坎托洛维奇、威廉·莱维松（Wilhelm Levison）、豪约·霍博恩（Hajo Holborn）、费利克斯·吉尔伯特（Felix Gilbert）、汉斯·罗森贝格（Hans Rosenberg）、汉斯·巴龙（Hans Baron）——可谓一个众星璀璨的团体。是反犹主义，而不是他们的政治立场，让多数德国的犹太教授反对纳粹。当然，他们到达英国和美国之后是不会这样说的。1945 年，美国的情报官员执行消除德国大学的纳粹任务时，他们中的大多数又返回了德国！难怪 1945 年至 1947 年之间没有德国教授被美军清洗。

德国的教授整体上陷入了纳粹主义的漩涡之中，有意识形态上的部分原因，但主要原因是这个群体的成员不谙世故、天真幼稚、胆小怕事、懒惰自私，抵制不了纳粹。即使是可以在世界上任何国家获得教授职位的梅尼科也不愿意离开柏林。（**p.88**）1945 年末，梅尼科出版了一本关于纳粹主义的书《德

---

① 马克斯·韦伯（Max Weber, 1864—1920）：德国社会学家、政治经济学家、现代社会学奠基人之一，对社会理论有很大影响，著有《新教伦理和资本主义》《经济与社会》等。

国灾难》（*The German Catastrophe*）。这并非难事，当时英军和美军已经占领联邦德国。在希特勒帝国的十二年中，梅尼科没在公开场合发表过任何言论，连大屠杀也没有反对过。

20世纪20年代，政治浪潮吞没德国大学的第二种方式是通过学生。20世纪60年代德国和美国的大学与20世纪20年代魏玛时代的大学有强烈的相似之处。两个时代高度组织起来的政治活跃的学生团体——20世纪60年代是左派，20世纪20年代是极右派——对教育领域施加严重影响。魏玛时代的大学里，资金充裕、组织良好的学生团体实施宣传，制造恐慌，使得少数自由派犹太教授生活非常凄惨。历史学家仍在争论有多少学生真正参加了纳粹的校园组织，估计占学生整体比例的15%到40%不等。（20世纪60年代，美国和联邦德国大学校园的左派组织到底有多少成员同样也是一个谜。）不管怎样，纳粹学生对大学环境产生了巨大影响，正如左派学生组织在60年代的情形一样。教授害怕他们；校长试图用妥协安抚他们——这种场景我们太熟悉了。学生武装分子为右翼和种族主义团体在校园里给纳粹组织招兵买马创造了条件。然后，纳粹式政治化逐渐渗透到学术研究和教学活动中。正如20世纪60年代一样，一部分教授出于意识形态信仰、私利或恐惧而支持学生武装分子。

纳粹一旦掌权，知名学者——如著名哲学家、弗莱堡（Freiburg）的马丁·海德格尔（Martin Heidegger），历史学家、柏林的阿尔伯特·布拉克曼，以及汉堡的阿道夫·赖因（Adolf Rein）——就急于就这场斗争，发表亲纳粹演说，开设受纳粹影响的课程。海德格尔可能很快就后悔他的所作所为，但赖因和布拉克曼仍然坚持纳粹化历史课程。赖因的课程赞美和期许德国帝国主义，布拉克曼眉飞色舞地谈论中世纪德国的"东方政策"（*Ostpolitik*），为先后入侵波兰和俄国辩护。

关于德国教授群体在学术和社交上的纳粹化，在任何语言中都没有实质性的研究（但关于纳粹学生运动有很多很好的德语和英语著作）。（**p.89**）后来人们感觉到，最好不要用详细和具体的方式触碰这个敏感话题，最好不要指名道姓。如果现在去汉堡杰出的历史博物馆参观，我们会发现关于从11世纪直到1933年德国历史各个时段的精彩陈列，而后突然跳到了20世纪50年代及汉堡在1943年和1944年被英军炮弹炸毁一半之后的重建。整个纳粹时代都被放在角落里的一个小展柜中，展示着……皇家空军燃烧弹下的汉堡。这就是汉堡历史博物馆对整个纳粹时代的纪念！纳粹时期德国大学的历史也没有得到很好的研究。即使是20世纪80年代，大学校长或资深教授在公开讲座中指出德国大学历史上有一段纳粹时期，也需要勇气。人们对德国大学纳粹化的详细历史三缄其口。

1925 年，施拉姆和坎托洛维奇这两位年轻的德国中世纪学家正在准备出版自己的杰作，二人都有极右的世界观，尽管坎托洛维奇在外表上是典型的犹太人。希特勒的阴影在意识形态和政治上笼罩着他们。他们和许多其他人一样被卷入了这场恶魔般的动荡。这是德国人心灵中黑暗的、莫可名状的时刻。这两位博学、敏感的人文主义者被深深地卷入到希特勒的故事之中。最终，坎托洛维奇幸运地保住了性命。他和施拉姆的声誉和事业都没有受到损害，尽管施拉姆在 1945 年英军占领哥廷根时有过几个月的恐慌时刻。

1933 年的哥廷根大学可能拥有德国最出色的物理学和数学系。由于近一半教职员是犹太人，之后的三年里学术质量急剧下降。施拉姆一言不发，甚至当阿比·瓦尔堡在艺术史上最重要的弟子欧文·潘诺夫斯基（Erwin Panofsky）被驱逐出新成立的汉堡大学（University of Hamburg）而不得不到纽约大学寻求庇护时，施拉姆也没有抗议。纽约大学著名的艺术研究所就是如今的潘诺夫斯基纪念馆。瓦尔堡的伟大的研究所和图书馆在 1931 年被迁往伦敦，我们不知道施拉姆看到这一幕会有多么遗憾。没有迹象表明施拉姆对希特勒给德国科学和人文学术带来的灾难感到悲痛。相反，他全身心地撰写一部关于中世纪英国加冕历史的著作，并于 1937 年英国新王乔治六世（George VI）加冕之时，匆匆安排人用英语翻译出来，谄媚地将其献给英国王室和贵族。（**p.90**）这是施拉姆质量最差的一部作品，草率而舛讹百出。后来，当两位美国中世纪学家指出这些错误的时候，施拉姆一如既往，礼貌而诚实地承认他们做出的贡献。

德国学界和上层社会有许多人希望新的欧洲秩序不再继续两个民族（雅利安和诺曼）之间的灾难性的对抗，而是以牺牲其他国家为代价，由德国和英国和平瓜分世界权力。《英国加冕史》(*The History of the English Coronation*) 显示，施拉姆正是这些人之一。这也正是希特勒在 1940 年 7 月让惨败的英军放下武器从敦刻尔克逃掉时向丘吉尔[①]提出的建议。和平的荣誉和法兰西帝国的大片领土是希特勒向这位新的英国首相提供的好处。尽管丘吉尔的财政顾问告诉这位贵族首相，继续对德国战争将意味着耗尽英国的财政储备，而且即使在打败希特勒的情况下也有可能给英国带来二等国家的地位，但是丘吉尔坚持作战。这是丘吉尔永恒的荣誉。这是英国最光彩的时刻，也是现代史上一个民族

---

① 温斯顿·丘吉尔（Winston Churchill, 1874—1965）：英国保守党政治家、演讲家、作家，以在二战中的领导才能著名。著作有《第二次世界大战回忆录》《英语民族史》等。

做出的最高的道德牺牲。

像上流社会许多亲英派德国人一样，施拉姆为丘吉尔的不屈服感到失望。也许他还希望写作另一本书，指出亨利二世等中世纪英格兰金雀花王朝（Plantagenet）统治者和萨克森①的韦尔夫（Welf 又作 Guelph）公爵之间亲密的家族关系。但他没有太多时间为这个历史性的希望落空而悲伤。1939 年战争爆发，施拉姆并不拒绝被招募入伍，成为隶属总参谋部的一名军官，总参谋部是德国国防军的执行指挥小组。施拉姆对 1940 年春德军在法国和其他地方的胜利该是何等欣喜若狂！现在又重新创造了中世纪帝国最高的辉煌。施拉姆少校在柏林担任过一系列高层职务，这让他与焕发胜利神采的将军们以及希特勒本人多有接触。他有大量的机会展开对这位元首（Führer）的观察和判断。

1943 年 1 月 1 日，珀西·恩斯特·施拉姆少校着手德国战争中最重要的一个学术任务。他被任命为德国国防军总参谋部官方史学家，负责记录指挥决策和事务监督的日志。不幸的是他的任命恰逢东线战场上的失败和德国军事运气的衰退。结果他成了记录第三帝国衰亡的官方历史学家，但是施拉姆一如既往兢兢业业地从事这项工作。（**p.91**）自从希特勒接任陆军总司令并实行个人指挥以来，施拉姆在东普鲁士希特勒的陆军司令部的地堡里度过几个月时间。施拉姆几乎每天都在希特勒面前，因而能够记录下来这位领袖的日常谈话，就像 16 世纪马丁·路德②的狂热信徒们记录下这位伟大牧师的宗教性和猥亵性的日常言语一样。

回过头来看，我们不能谴责施拉姆没有参加与 1943 年慕尼黑悲惨的"白玫瑰"学生反叛同时进行的抵抗运动。神学家迪特里希·朋谔斐尔（Dietrich Bonhöffer）1940 年放弃纽约协和神学院的职位回到德国，1945 年死在盖世太保③手中；冯·施陶芬伯格伯爵（Count von Stauffenberg）和十几位贵族军官于 1944 年 7 月 20 日试图刺杀希特勒而没有成功，最后都死在盖世太保的拳头之下；甚至施拉姆自己的妻妹也因是反抗运动的成员而牺牲。然而，历史记录显示，施拉姆却在反抗烈士们的另一个极端。不管施拉姆对纳粹行为有多少秘密的保留意见，都没有妨碍他为希特勒和他的将军们提供关键的服务，也没有阻止他为元首效劳。这让他成为纳粹的重要同谋，实际上就是战犯。他与希特勒

---

① 萨克森（Saxony）：德国一地区。

② 马丁·路德（Martin Luther，1483—1546）：德国人，16 世纪欧洲宗教改革运动发起者，基督教新教路德宗创始人，抨击教廷发售赎罪券，否定教皇权威，将《圣经》译成德文。

③ 盖世太保（Gestapo）：纳粹德国的秘密警察。

的建筑师兼军备部长阿尔布雷希特·施培尔（Albrecht Speer）基本上没有什么区别，后者在纽伦堡被定罪并被监禁了一些年。

如此，1945年夏天，当施拉姆少校回到哥廷根再次成为教授时，他很担心英国占领军会把他从职位上清洗出去，也就不足为奇了。的确，英国情报机构对他的战时活动和纳粹联系进行调查时，施拉姆被停止教学一个学期。施拉姆匆忙给伯克利的坎托洛维奇写信，请求他的老朋友从中干预并向英军说几句有利于自己的好话。坎托洛维奇同意了，但是这并没有必要。首先是苏联，其次是法国和美国让所有的纳粹教授重新回到了职位。而真想对德国教授进行认真政治审查的英国军官感到失望，让施拉姆和其他本应该被清除，甚或是被监禁的人回到了他们的学术岗位。到1946年，施拉姆已经完全恢复他的德国中世纪学家泰斗角色。

但是，施拉姆仍然不能忘记希特勒。珀西·恩斯特，这位中世纪统治的研究权威，曾在现代德国最特别的政治领袖，也是20世纪最富活力和恶魔性的领袖面前，坐过不知多少时刻。（p.92）他感到有义务写出自己对希特勒的印象，并于1963年出版一本回忆录。由于态度的模棱两可，这本回忆录在联邦德国引起了轩然大波。它根本不是如今德国教授口中常见的对纳粹例行公事一般的谴责。有人会说，明知会在德国引起不小的骚动，施拉姆仍发表他的记述（1971年由唐纳德·S. 德特韦勒 [Donald S. Detweiler] 翻译成英文，书名是《希特勒：伟人和军事领袖》[*Hitler: The Man and the Military Leader*]），这需要很大的勇气。施拉姆将他的回忆录公之于众是忠实于自己的历史使命，还是他仍在忠于纳粹而不愿接受眼下他的同事们反思中的那些虚假的虔诚和通常情况下并不真诚的谴责？施拉姆是受强烈的负罪感驱使才故意将自己置于危险境地而惩罚自己吗？这些对他那轰动一时的著作的解释并不是相互排斥的；它们都可能在他心灵中发生作用。而且，毫不奇怪的是，1987年哥廷根大学校长诺伯特·坎普（Norbert Kamp）关于施拉姆的一次公开讲座仅用一句话带过施拉姆战争中的经历，只在一个脚注里提到那本关于希特勒的著作。

施拉姆的确在书的开始部分提供了两页篇幅的德国战争罪行的清单，包括万湖会议上"开始将犹太人驱逐到东方并启动对他们系统的歼灭"。他写到，希特勒对所有这些罪行负有最终责任。但施拉姆对大屠杀和其他罪行的细节并不感兴趣。他想给我们呈现一个领袖的特写，其令人钦佩的特征随处可见。施拉姆写的希特勒根本不是精神变态。希特勒有着非常人性化的形象：

> 希特勒保持个人整洁。他经常洗手……他天天洗澡……希特勒只需要最少的睡眠……凭惊人的记忆力，希特勒有识记人的超常能力……希特勒对重要的决定总是反复思量，在他脑海里理性地思来想去。然而，最后的分析，他无一例外依靠他所谓的"直觉"——这个词在他脑海里是政治敏锐性的同义词……希特勒意识到自己有将复杂的问题简单化和连续思索的特殊能力……希特勒从不讲下流的故事，更别说是猥亵的笑话……他不想自己比前线上的德国士兵优越。因为他不抽烟，不饮咖啡和含酒精饮品，全靠素食维持生命，在饮食方面他能面对任何一个士兵而无愧于心。(**p.93**)……希特勒不仅面向内陆；他深深地根植于罗马帝国的文化疆界之中。他忠于地中海世界的文明，根本不参与追随者们对条顿人怪诞的美化……希特勒讨厌律师……希特勒倾向于将财政专家看成无赖和恶人。

这个形象根本不是疯狂的杀人恶魔，而是一个有令人钦佩特征和聪明性情的人。那么，哪里出错了呢？对此施拉姆没有做出解释。他告诉我们希特勒作为军事领袖最后失败的原因——过于古板，不愿意充分听取他的将军们的建议——但没有解释希特勒的罪行，仅仅指出这个元首的行为以20世纪早期文化中伪达尔文主义幻想为依据。施拉姆在他这本坦率的书的末尾说："阿道夫·希特勒可能成为德国历史上最具灾难性的致命人物，因为这个人物模糊的面具之下有着那么多的层次……希特勒的历史存在这个事实仍将是一个令人不安的人类个体的极端案例。这个可怕的人物决定了德国十二年的命运，让整个世界为之颤抖了五个年头，未来的几代人将会不断反思这段严峻的历史。"

施拉姆没有讨论他自己和他这一代数百万人在这个恶魔人物可怕的历史中的勾结。他也没有给出那段灾难性历史的细节。这是对希特勒完全净化的和乐观的评价。施拉姆本可能在写关于中世纪的德国皇帝。事实上，施拉姆写的希特勒回忆录不时怪异地让人想到查理大帝的僧侣秘书艾因哈德（Einhard）记录的这位中世纪皇帝的生活。施拉姆对希特勒的处理方式和艾因哈德刻画查理大帝的方式形成微妙的对照——同样冷静的视角点缀一些亲密细节，同样态度模棱两可，同样是一种神秘的画面。施拉姆肯定知道他在做什么，他在遵循什么模型。他也许从写作艾因哈德类型的希特勒传记中得到极大的快感。也许整个事件可以看作一个精心的学术玩笑，一个中世纪的滑稽模仿，只是在20世纪60年代没有人领悟到这一点。

1938年夏天，内维尔·张伯伦①正准备飞往慕尼黑，背叛捷克（英国对这个遥远的国家知之不多），绅士珀西·恩斯特教授正在等待一旦战争爆发后军队里的委任状，而恩斯特·哈特维希·坎托洛维奇则平静地生活在柏林中部一个小而舒适的公寓里，（**p.94**）进行着他关于中世纪王权的研究和写作。三年之前，坎托洛维奇不得不离开法兰克福的教席。他在1928年出版的腓特烈二世传记极度畅销，引起一时轰动和猛烈的后续反应，此后他获得法兰克福的教席。1930年，阿尔伯特·布拉克曼在主要的官方历史学期刊上指控坎托洛维奇是一个神话制造者、一个毫无学术水平的谎言编造者、一个不进行"详细研究"（honest *Kleinarbeit*）的浪漫派。汉佩，尤其是贝特根，都尽最大可能为坎托洛维奇辩护。他们不一定完全赞同坎托洛维奇的言论，但二人都认为格奥尔格的这个爱炫耀的信徒、这个不墨守成规的犹太贵族不是一个赝品，而是一个学识渊博的人，具有很深的洞察力。1931年，坎托洛维奇对布拉克曼进行了猛烈回击。他发表了一个"补遗本"（*Erganzungsband*）作为他那本传记的附录，用300页的篇幅以令人难以置信而又时而晦涩的学问为他那本没有脚注的流行传记做支撑。不管坎托洛维奇能否支撑《腓特烈二世》中的每一句陈述，作为学者，他展示出的学问的广度和深度令人惊讶。他被授予法兰克福大学的终身教职；这与杜兰特（Durant）和芭芭拉·塔奇曼在哈佛大学被授予全职教席一样。不像胆怯而保守的美国人，德国的学术界不害怕时不时地做一些破例的事情。当然，坎托洛维奇的极右政治团体帮助了他，学术委员会曾将包含他的名字的简短名单呈给教育部长。

即使坎托洛维奇没有在1935年离开法兰克福，纳粹政府也会确保他能继续领取教授薪水。他平静地生活在柏林，不受盖世太保的干扰。这是因为除了"不幸"生为犹太人之外（必须指出，我后来和坎托洛维奇本人相熟之后，从没听说过他抱怨过自己的出身），坎托洛维奇是理想的纳粹学者和知识分子。他的许多贵族朋友，伯爵甲和子爵乙，都在德国政府高层任职，甚至纳粹的二号人物赫尔曼·戈林（Hermann Göring）也是他的著作的仰慕者和友好相识。纳粹大人物对他的保护一直持续到1938年夏天。

坎托洛维奇的纳粹身份除了种族之外任何一处都无懈可击。他于1919年从一战中归来，一战中他在土耳其是非常年轻的上校，在加里波利战役中曾给土耳其人当参谋，成功抵抗了英国入侵。（**p.95**）他在柏林和慕尼黑发现了企

---

① 张伯伦（Arthur Neville Chamberlain，1869—1940）：英国首相、保守党领袖，1938年与希特勒签订出卖捷克斯洛伐克的《慕尼黑协定》，执行纵容法西斯侵略的绥靖政策。

图革命的共产主义者。他立即加入自由军团（Free Corps），一个由巷战和暗杀赤化分子的极右翼军官组成的亲纳粹恐怖组织。此后，他是著名的亲纳粹学术团体格奥尔格派的关键成员，他出版的传记《腓特烈二世》是畅销书，其封面上印有纳粹符号。不错，这个深受格奥尔格派及希特勒和民族社会党喜爱的符号，在东方有着古老的象征和平的传统，而后来，20世纪50年代，坎托洛维奇也急切地用那些说辞为这个符号出现在他的书的封面上做辩护。但在1928年，德国所有人都知道这个符号已经成为纳粹特有的象征。

然后有了那本精彩著作，这是希特勒愚笨和暴力的追随者能够想象到的最精彩最优秀的宣传，因为坎托洛维奇着力阐述"德国的世界统治和伟业完全建立在一个人的品质而不是一个民族之上"的观点。在1928年分裂而动荡的魏玛德国，谁不知道发表这样的言论其实就是在助长领导原则并美化希特勒呢？然后，在这部长篇著作的结尾部分，浪漫、抒情成分超过了理性分析，即使是1931年坎托洛维奇的熟练的英语译者几乎也不能翻译出其万一：

> 那个疲惫不堪的末日救世主什么也没有对这个激情燃烧的新世界的主人讲，新主人是个诱惑者、欺骗者、容光焕发者、喜气洋洋者、永远年轻者、严厉而强大的法官、带领他的武装勇士跳起缪斯歌舞的圣人，他永不打盹也不睡觉，总在沉思怎样才能延续这个"帝国"。如果没有巴巴罗萨（Barbarossa）的儿子的儿子（腓特烈二世），今天的高山将会寸草不生。伟大的腓特烈还没有被救赎，他的人民不了解他，也不足以了解他。"生存过但没生活过"，西比尔女巫这句话说的不是皇帝，而是德国人民。

（E. O. 洛里默 [E. O. Lorimer] 英译）

这是对格奥尔格富有远见的诗歌的完美补充。《腓特烈二世》成为军事民族主义和伟大领袖信仰的警钟。尽管坎托洛维奇个人反感希特勒，认为他当不起再生领袖的角色，但他怎能不知道他是在为希特勒的追随者提供疯狂的盛宴，在为纳粹屠杀中产阶级自由主义和魏玛德国而摇旗呐喊？（**p.96**）也许他与许多犹太教授和商人一样在1928年还抱有希望，认为激进的反犹主义也许只是纳粹粗俗的过渡性工具，并且可能很快消除。然后他能得到希特勒政权给他的合适报酬和杰出地位。也许他太陶醉于斯特凡·格奥尔格的极右人文主义精神，以至于草率得什么都顾不上了。

十年后，他明白了更多。纳粹政权不会消除种族主义。情况越来越糟糕。但是他仍留在柏林，直到 1938 年一个英国朋友到访。这个朋友是牛津大学的诗人、古典学者莫里斯·鲍勒（Maurice Bowra），他告诉坎托洛维奇这种高危的冒失行为不会持久。战争一触即发，反犹主义可能导致大屠杀。即使是戈林也保护不了他了。坎托洛维奇收拾好两包行李，丢下他出色的私人图书馆和艺术收藏，和鲍勒一起悄然坐上了离开柏林的列车，持有的英国护照也是鲍勒匆忙为他准备的。

鲍勒还为坎托洛维奇获得在牛津大学访问一年的职位。这一年并不顺利。牛津大学的教授们被这位德国学者的贵族式的傲慢所冒犯，对他高度理想化的历史学方法感到愤怒，还因为他将不同的分支学科（如德国、拜占庭和英国历史）相结合而感到不安。布拉克曼声称的那种学术赝品和潜在而微妙的反犹主义爆发为敌意和轻蔑。领导牛津大学批评界的是贝利奥尔学院（Balliol College）的年轻教授理查德·W. 萨瑟恩。他是中世纪史资深教授和牛津大学历史系主任弗雷德里克·莫里斯·波威克（Frederick Maurice Powicke）的门徒。让牛津的教授感到麻烦的种种情形之一，就是这个德国人一贯过度的打扮，就像他总是要去参加公爵夫人的茶会，而牛津教授的制服就是邋遢的苏格兰呢夹克和松弛的法兰绒外衣。每次他张口讲话总会引起哄堂大笑。他平直的声调听起来很滑稽。这是德国贵族的做派——模仿中国官员讲话的声调——就像结巴是英国贵族讲话做作的特权一样。

随着白天变短，雨下个不停，漫长的英国冬季来到了。牛津大学的房间没有供暖系统，鲍勒不得不向这个让他如此敬佩的德国朋友承认，牛津大学或者很可能整个英国都没了他的位置。坎托洛维奇一生中第一次遇到金钱问题。逃离柏林的时候，他的教授薪水已经停发了，他家庭庞大的生意也被纳粹充公。（**p.97**）坎托洛维奇开始阅读伦敦的《泰晤士报》（Times）上的招聘信息。一天，他在上面发现一篇小幅广告，广告说加利福尼亚大学伯克利分校正在招聘一名中世纪英国宪政历史副教授。坎托洛维奇是中世纪德国历史专家。中世纪的英格兰这个领域他几乎一无所知。但是他还是回应了这则广告，声称他正从事英国宪法这个课题的研究，能够胜任教学工作。幸运的是，这个职位的任命权力几乎都在伯克利的一个资深教授手中，此人是哈佛大学查尔斯·哈斯金斯在 20 世纪 20 年代众多的博士生之一。这位伯克利的哈佛人没有什么发表记录，但在旧金山湾区（San Francisco Bay Area）拥有最丰富的经典留声机唱片的私人收藏。他很高兴收到坎托洛维奇的工作申请。将这位才华横溢但饱受争议的德国中世纪学家延请到伯克利是一大幸事——可遇不可求，这位很会经营的系主任同意接纳他时曾这样表示。

提交申请五周之后,坎托洛维奇收到一个电报,通知他已经被任命,并要求他九月初报到,准备教学。这时候已经是七月末。他在开往纽约的冠达邮轮上预订一个位置之后,直接奔向牛津大学宽街(Broad Street)上的布莱克韦尔书店(Blackwell's)。他对营业员说:"我要一本最好的英国宪政史著作。"营业员本来很可能给他斯塔布斯写的《宪法的历史》(Constitutional History),这本书仍然是牛津和剑桥备受欢迎的教科书。但那是位聪明的年轻人,他递给了坎托洛维奇两卷本的、波洛克和梅特兰合著的《英国法律史》。这个德国人带着这部书上了船。他坐在甲板上天天阅读,惊叹于梅特兰的精妙学识和宏伟的思想。梅特兰这个人非常非常出色,为什么在德国不受赏识呢?冠达邮轮驶过自由女神像时,坎托洛维奇知道他讲授英国宪政史没有任何困难。他于1939年9月的第一个星期抵达伯克利,正赶上二战爆发,第二周就投入了教学。坎托洛维奇立即获得巨大的成功。加利福尼亚的学生喜欢他讲话时平直的语调、浪漫的姿势、优雅的大陆服饰,以及令人惊讶的对十多种语言的渊博知识。他也爱伯克利。这简直是天作之合。

战争年代的伯克利是一个宜人且物价低廉的地方。坎托洛维奇找到一处面朝海湾的房子,用当地出产的藤制门厅家具装饰了一番。这些家具他一直保留到他生命的最后一刻,尽管它们与他20世纪50年代在普林斯顿的房子(房子位于爱因斯坦的房子所在街区的下方)很不协调。(**p.98**)他发现一种坛子装的加州白葡萄酒,价格便宜到荒谬的地步,但味道几乎和他在古老的海德堡城墙下同施拉姆经常一起饮用的摩泽尔葡萄酒一样可口。伯克利的图书馆很棒。哈斯金斯的学生,那位收藏了巨量留声机唱片的资深中世纪学家,没有什么发表记录,但除此之外他做得都很好,包括收藏图书馆的中世纪图书等。这里的学生,女子有金色的头发、古铜色的皮肤,英俊的年轻男子光着膀子在校园里穿梭。德国现在远在天边。当施拉姆与希特勒一起坐在东普鲁士的军事掩体里的时候,坎托洛维奇已经成为伯克利的王子。

20世纪40年代晚期,坎托洛维奇四周聚集了一大批优秀的研究生,在他眼中这些学生不仅仅是博士生研讨班的成员,而且还仿佛是一个新的斯特凡·格奥尔格学术团体的成员。他们晚上在他家中围坐好几个小时,喝着葡萄酒,聆听这位大师逐字逐句地解读中世纪的拉丁语文本。他将每一个短语都视为一把包含象征的钥匙,他能用这把钥匙打开一个异常复杂的传统。这个传统可以追溯到13世纪的欧洲、6世纪的君士坦丁堡、罗马帝国、古代亚细亚及在欧亚两大洲流传两千多年的整个国际话语。这个大陆上还没有哪个中世纪学家能够做出如此光华耀眼的精彩演出。他就以这种方式滔滔不绝地讲下去（不排除其中有很多炫耀成分），花了整整一年时间才讲解完但丁的《君主论》（*Monarchy*）这篇仅有120页的专著。

第二次世界大战结束之后的前五年中，美国学术界恢复了正常秩序和节奏。坎托洛维奇努力使自己在美国的中世纪史学家队伍中显得合法正统，那些史学家多半仍是哈斯金斯在20世纪20年代的学生，偶尔有几个是20世纪30年代来自德国的犹太流亡者。坎托洛维奇知道，哈斯金斯的学术正统不赞同《腓特烈二世》那种华丽的作品，这种类型的作品曾在1928年让布拉克曼大发雷霆，在1939年又引起牛津教授的怒火。坎托洛维奇将他伟大的著作收藏起来，以后的学术生涯中再不提起。而且，谈话中提到的时候，即使在学生面前，他也会荒唐地假装那仅仅是他正式做学术研究之前写的一部过时的作品而已。他从没想引起美国出版商对出版《腓特烈二世》平装新版的兴趣。这本书最后在1957年由一家学术复印机构重印了一个限量版本。

即使坎托洛维奇已经在伯克利取得终身全职教授的资格，不需要任何人的赞美，他也相信美国的学术正统之路对他来说将会非常枯燥乏味，就像对这个行业中所有其他人一样。（**p.99**）如果他在这方面没有成功，除非是因为他根本不曾尝试。他没有放弃优雅的着装方式，他仍然保持贵族的平直腔调，那种仿中国式的讲话方式。但他已经开始准备针对王权仪式的某些方面出版一部枯燥的标准专著。这种学问方式，他在1931年曾经毫不费力地运用在《腓特烈二世》附录卷的两三页里，如今却要痛苦地将其运用到一部两百页的学术专著上，同样要有大量隐晦含糊的脚注。他奔赴马萨诸塞的剑桥（Cambridge）和威斯康星的麦迪逊，参加美国中世纪学会的那些文雅的会议，阅读长篇的论文，密集谈论罗马法和教会法。他希望得到学会的最高荣誉——哈斯金斯奖章，最终他也得到了。

而后，奇怪的事情发生了。坎托洛维奇突然失去伯克利的工作，一夜之间成了美国自由左派的英雄（斯特凡·格奥尔格和赫尔曼·戈林知道之后会作何感想？），并在普林斯顿高等研究院获得一个更好的职位——完全是1950年到1951年几个月之内发生的事情。这是加利福尼亚大学著名的效忠宣誓风波造成的后果。1950年是战后红色恐怖的年代，所谓的约瑟夫·麦卡锡[①]年代。加利

---

[①] 约瑟夫·麦卡锡（Joseph McCarthy，1908—1957）：美国共和党参议员，20世纪50年代初煽起全国性反共运动，指控有大批共产党人渗入国务院和军队，其卑劣行为受到参议院谴责。

福尼亚州的立法人员半个世纪以来大力赞助这所州立大学的几个分校，那段时期这几个分校从位于橘子树林和荒野十字路口的蛮荒之地的大学发展成这个国家最优秀的公立大学系统。伯克利分校的情况是，到1950年该机构中获得诺贝尔奖的员工数量比整个英国高等教育系统中的数目都多。在1950年冷战的环境中，加利福尼亚州的立法人员天真地决定，他们要确保学生不受赤化教师的腐蚀，于是强行要求教职工做出反共的效忠宣言。伯克利有六七位教师（很可能是因为害怕因伪证罪被起诉，阿尔杰·希斯[①]就是一个例子）因拒绝签字而被解雇。坎托洛维奇是最著名的一位，他说他不是共产党。事实上，他很真诚地坚持自己在1919年曾经枪击过共产党人，但他表示签署效忠宣言是对学术自由的侵犯，将会导致大学质量的滑坡，德国的情况就是前车之鉴。干练的伯克利校长会施展巧妙的手腕处理这种非常情况，但是伯克利那时的校长非常笨拙，坎托洛维奇丢失了终身教职；然而悖论的事情发生了，作为前自由军团时期刺杀过赤化分子且是亲纳粹意识形态支持者的坎托洛维奇发现，（**p.100**）自己成了从大洋东岸到大洋西岸所有左派教工俱乐部的宠儿。

事实上，他从没有失业的危险。根据新联邦德国的法律，坎托洛维奇可以随时恢复在法兰克福的席位，而且他如果回来的话德国政府欠他自1938年以来所有的工资。但他不想回到德国。在德国他是一个极具争议的人物，而且人们将清楚地记起他在纳粹主义兴起时的矛盾角色。他在昔日那个美好的美国有更好的前景。从1939年到1941年，坎托洛维奇在伯克利的前两年，罗伯特·奥本海默（Robert Oppenheimer）在那里做物理学教授。奥本海默这个美国人于20世纪20年代在德国接受过教育，还是个审美家、业余哲学家。坎托洛维奇在他欢快的性情中发现了他们精神上的相通。二人是在伯克利的教工俱乐部相识的，那是一个有足球场那么大的日式茶馆。1951年，奥本海默在领导了著名的原子弹项目之后，任普林斯顿高等研究院主任。奥本海默在欧文·潘诺夫斯基的请求下将坎托洛维奇调入了普林斯顿，潘诺夫斯基是阿比·瓦尔堡的弟子，纳粹时期被从汉堡的职位上驱逐出来，如今也在普林斯顿高等研究院。坎托洛维奇是珀西·恩斯特·施拉姆的亲密朋友，而潘诺夫斯基和施拉姆都是阿比·瓦尔堡的弟子，这一点加强了潘诺夫斯基和坎托洛维奇之间的情感联系。效忠宣誓危机爆发时，他们已经举行过秘密会谈，协商将坎托洛维奇调往普林斯顿的条件。坎托洛维奇不管怎样都可能在1952年或1953年最终来到

---

[①] 阿尔杰·希斯（Alger Hiss，1904—1996）：美国国务院官员，1948年曾被控为华盛顿特区共产党间谍网成员，后因伪证罪被判刑五年。

这个研究院。突然之间他的调动计划加速了，他来了，身上带着并不习惯的学术自由的光环，他曾出版一本封面上印有纳粹符号的极右著作的日子被悄然忘记了。

有一位没有忘记——他就是中世纪史教授、位于普林斯顿高等研究院所在的老虎镇① 另一端的普林斯顿大学历史系主任约瑟夫·R. 斯特雷耶，一位哈斯金斯的主要弟子。斯特雷耶讨厌坎托洛维奇的一切——他的纳粹历史、他的风格、他的做派，甚至他当时在罗马-教会法典方面的学术造诣，斯特雷耶最初也认为是一个骗局。但斯特雷耶如往常一样抽着雪茄，一言不发。他试图避免与坎托洛维奇碰面，如果他们偶尔出现在同一个场合，在形式的客套和冰冷的微笑之后，斯特雷耶就走到房间另一头。坎托洛维奇发现了这一点，这曾使他受到伤害。但，这又能如何呢？（**p.101**）自 1939 年被理查德·W. 萨瑟恩和牛津教授完全遗忘之后，他再也不会因为任何人而沮丧。

普林斯顿高等研究院总是被媒体和大众误认为是普林斯顿大学的一部分，其实它是一个完全不同的机构。西方世界可以与之媲美的机构唯有巴黎的法兰西学院（Collège de France）和牛津的万灵学院（All Souls College）——都是非常富有、完全自治的机构。这些机构有教师，但通常没有学生。它们都是致力于支持所谓的学术天才的研究机构，得到支持的学者多数都已经成果丰硕，但也有一些正在崛起的年轻人。普林斯顿高等研究院成立于 1932 年，曾为爱因斯坦和其他著名的德国犹太科学家提供避难所，其资金来源于梅西百货公司（Macy's）背后的家族。

就在大约第二次世界大战在欧洲爆发的时候，这个研究所在自然科学学科之外又加入人文科学分支——主要是古典学、中世纪史和艺术史。"历史"系员工中的名人最初有潘诺夫斯基，后来又有坎托洛维奇。坎托洛维奇在普林斯顿安置下之后已经五十五岁，到他生命结束还有十多个年头，大约 1960 年他的健康状况完全恶化。坎托洛维奇在爱因斯坦所在的那条街上购买了房子，用在伯克利时的藤制家具装饰起来，风格显得非常怪异。他在这里过着平静的日子，似乎与世隔绝。然而，他的生活高度学术化，他正在努力完成一项在伯克利时启动的关于"中世纪王权的神学"的大规模研究。

大多数在伯克利时围在他周围的那批英俊的年轻人一度以这样或那样的借口出现在普林斯顿，待上一到两年。但是坎托洛维奇已无心在普林斯顿创造一个新的弟子圈子。他在普林斯顿大学历史系有一个老朋友，特奥多尔·蒙森。

---

① 老虎镇（Tigertown）：美国东海岸新泽西州的普林斯顿市普林斯大学校址所在地。

战争中，蒙森在格罗顿（Groton）中学教授拉丁语，1946年被历史系主席约瑟夫·斯特雷耶延揽进历史系，这主要是因为蒙森和斯特雷耶二人关于中世纪的观点没有一点共同之处。蒙森崇拜坎托洛维奇已有三十多年。对蒙森来说，时间还停留在1928年《腓特烈二世》在魏玛德国将旧的正统人物打击得东奔西逃的时候。蒙森敬仰的实际上是过去的坎托洛维奇，不是现在这个。蒙森偶尔邀请埃卡和大学的博士生到他的公寓，而坎托洛维奇还像过去在加利福尼亚的日子里那样，在解释但丁《君主论》时进行他个人精彩的表演。但这种情况已经不多了，坎托洛维奇主要是为了回报蒙森的怀旧之情。坎托洛维奇不再寻找年轻的门徒了。(**p.102**)

## 三、帝国的命运

施拉姆和坎托洛维奇的著作主要关注中世纪王权意识形态，除此之外，还着眼于在中世纪王权理论结构中发挥功能的一些伟大国王的人格。他们各自的第一本也是各自最好的一本书——施拉姆研究奥托三世统治时期王权的《皇帝、罗马和复兴》(*Kaiser, Rom, und Renovatio*)和坎托洛维奇的《腓特烈二世》——就是探讨这个课题。他们以后的著作——施拉姆的著作十几卷，坎托洛维奇的著作三卷——是对中世纪王权的进一步探索。

为什么他们集中关注王权意识形态的含义，而不是中世纪史中其他一些宏大而长久的主题？有几个原因：首先，作为社会的政治精英，他们想要对中世纪文明进行一种自上而下的研究；其次，他们生活于其中的20世纪20年代，君主制突然消失，社会失去稳定，似乎处在混沌的边缘，而王权的历史同时满足了他们怀旧的渴望和疗治社会的冲动；最后，仅仅因为自20世纪初以来王权和教皇君主制之间的关系，国王和教皇之间为秩序和主导权展开的斗争成为德国中世纪史学家的头号话题。弗利茨·克恩（Fritz Kern）对中世纪初期王权意识形态的经典和开拓性研究（英文翻译为 *Kingship and Law in the Middle Ages* [《中世纪的王权和法律》]）发表于1914年，卡尔·汉佩和弗雷德里希·贝特根继续了这些研究；施拉姆和坎托洛维奇分别发表于1928年和1929年的杰作以高度的人文艺术水准让这种路线的研究有了全新的意义。

1871年，俾斯麦建立普鲁士的霍亨索伦（Hohenzollern）王室，其统治下的德意志第二帝国的情况可能为德国传统的中世纪阐释规定了路线。在这个帝国中，新教、罗马天主教的人口几乎相当。在帝国建立之后的紧张状态中，19

世纪 80 年代围绕帝国内的教会和国家，尤其是二者谁应该控制教育系统，发生了巨大的文化冲突（*Kulturkampf*）。将其投射到中世纪，这种争议启发了人们研究王权在社会中的情感影响力、王室领导在社会中的理论正当性以及中世纪王权（尤其是在德意志第一帝国，从 10 世纪晚期到 13 世纪中期）（**p.103**）如何利用宗教观念维护其对神职人员和教会的思想和文化资源的主权。

　　施拉姆和坎托洛维奇就是在这种思想和政治环境中接受教育。他们深入探索这个传统并引入新的见解，但他们并没有从根本上改变这个传统。他们发现没有必要改变。对他们来说，王权问题是中世纪史的核心问题。它还为 1919 年到 1933 年之间他们生活在其中的自由民主共和国提供了一个极诱人的替代性方案，同时也能取代共产主义。他们对这个共和国没有好感，对共产主义更是深恶痛绝。就 20 世纪的政治意识形态而言，施拉姆和坎托洛维奇认为，苏维埃共产主义对西方文明构成了巨大威胁，它代表野蛮和唯物主义，还代表异族入侵，他们认为，西方必须找出一种政治原则来对抗共产主义的威胁。如果他们是在 1948 年后的联邦德国这个成功的自由共和国成长的话，他们可能就会有不同的看法了。有证据表明，1950 年时坎托洛维奇确实有了不同的看法，或者至少表示过他从美国的生活经历中得出了不同的看法。没有证据表明施拉姆的政治见解有什么实质性的改变。回到 20 世纪 20 年代和 30 年代，施拉姆和坎托洛维奇相信，中世纪的君主制及德意志帝国的理念是一种传统，这种传统若经过现代统治方式的培育，可以用来战胜苏联的威胁。

　　二人研究的中世纪王权和德意志帝国都处于危急的时刻——奥托三世大约在 1000 年前后，腓特烈二世处在 1220 年至 1250 年之间。从这里可以得到灵感，从这些危机时期中可以吸取一些历史教训并应用于魏玛共和国时代。

　　在施拉姆和坎托洛维奇看来，中世纪王权的特殊传统是罗马、基督教和日耳曼的传统。罗马帝国拥有发展成熟的君主制意识形态和制度，这在罗马帝国晚期是绝对君主制。皇帝当然不能总是为所欲为，但是从这个体制的运作上看，帝王意志似乎是万能的，不存在阻挠或修正帝王意志的宪法机制。在任何前现代的绝对君主制中，有效的限制总是由原始的通信网络和小型的公职队伍创造的，通常情况下王室的意志即使被当作法律也因为这两种因素而不能执行。绝对君主制意识形态从罗马法中发展出来，（**p.104**）建立在希腊和东方传统的基础之上，该法认为人民将他们的自然权力上交给了君主，这种上交永远不能撤回。

　　罗马对政治思想最大的贡献是"公职"概念。罗马人相信服从公职，不管在公职位置上的人是谁，相信皇帝拥有国家主权，不管他是好人还是坏人（是有作为还是无能的领导人）。到 312 年第一位基督教皇帝君士坦丁（Constantine）时，皇帝成为上帝的世俗影像或形象，是人类中最接近上帝的。质疑或抵抗基督教皇帝，不仅触犯世俗罪，而且也触犯宗教罪。

王权的基督教传统有很大的模糊性。它倾向于支持国王的权力和威权，但是在《圣经》中也有否认或限制王权的陈述或概念。这种王权传统建立在神圣历史的基础上，尤其是《旧约》中撒母耳把圣油涂在扫罗头上，立扫罗为王这段历史。此后，扫罗受膏成了一个极有影响力的形象。大约公元 750 年以后，在拉丁欧洲，受膏是一个关键的宪政仪式。扫罗有恶劣行为以后，大卫拒绝反抗扫罗，其理由就是扫罗是受膏的主，大卫拒绝反抗扫罗是中世纪人的一个强有力的榜样。受膏君王的神圣权威像万有引力一样，是不言而喻的，对君王的抵抗是不自然的。

《新约》中圣彼得说"服从上帝，而不是服从人"，这一文本有时被用来抵抗反对上帝的国王。当然，应该抵制无神论的国王——但是哪里能找到无神论的中世纪国王！可以抵制虐待教会或神职人员的国王，不过事实上，对中世纪国王的抵制几乎不会不得到某些神职人员的批准。除了彼得的宣言可以被引用来为抵制国王辩护，中世纪的基督教王权还保留了圣保罗的遗产。圣保罗认为，"权力是上帝的授予"（这句话不太可能是普遍的政治宣言，但通常被这样解读：保罗是在警告罗马的基督徒不要太显眼，以免遭到迫害）。总的来说，在这些矛盾性的使徒文本中，基督教教义批准王权，除非国王明目张胆地违反上帝的意志。暴力的或领导战争的国王不一定就是不可救药的罪人，除非他的暴力是针对教会本身。

在罗马和基督教的统治权观念之外，还有早期日耳曼王权的英雄传统。(p.105) 日耳曼国王等同于部落首领、战争领袖、部落中最好的战士。史诗《贝奥武甫》（Beowulf，约 800 年）描绘了日耳曼国王的完整形象。贝奥武甫是强大的战士，每次战斗之后都由他分发战利品。他是部落的最高统治者或战利品分发者。人们的生存取决于他的力量。英雄贝奥武甫被杀害之后，人们的生活前景一片黯淡。

中世纪的人们综合了这三种王权传统以符合他们的需求和理解能力。中世纪人从没有远离这个观念，即王权的核心是个人化的，好国王就是人们中间最好的战士；军事技能是有作为或受尊敬的国王的最重要特征。即使是 768 年到 814 年之间在位的著名的查理大帝，他能赢得广泛忠诚的首要原因也是他是一个勇士，能给追随者们带来战利品。查理大帝年老之后（也不再那么可怕），他的统治也就松弛了。

8世纪中期以后，中世纪的国王还遵循着基督教的受膏传统。那时的社会正在基督教化，基督教观念被认真对待。受膏仪式给在位君主带来了稳定性，受膏君主被看作神父，因此相对安全，不易遭到暗杀。国王努力向人民展示其职位的神圣和祭司性质。在王权从一个朝代转移到另一个朝代的过程中，基督教传统也非常有用。当一个大贵族的从属家族财富增长以后，可以通过受膏仪式获得道德上的批准，取得王权。教会支持国王的受膏仪式，这给神职人员一定的选择君主的权力，让王室离不开教会。然而，从反面看，国王一旦受膏，几乎不可能再遭到反对。教会在国王去世或失去贵族支持的时候施加最大的控制力，可以威胁将效忠新的家族，以此强迫国王遵从它的意志。

王权的罗马传统，由于自身的复杂性，直到11世纪才产生影响，主要是因为罗马政府所依赖的一整套法律体系和强大官僚系统是中世纪早期的国王所不具备的。中世纪早期的人们简直不能想象除个人领导权之外的公共权力和国家权力是何物。在罗马人看来，皇帝的意志具有法律效力，因为其背后有国家的力量，但这在中世纪早期是无法理解的。

在早期中世纪王权中，罗马传统在一定程度上得到了延续，这一传统是通过僧侣们对王室主人的指导延续下来的。（**p.106**）僧侣们接受过古典历史和修辞学教育，他们知道罗马帝国皇帝的目标是伟大业绩而不仅是简单的征服。僧侣们向国王展示基督教皇帝君士坦丁或狄奥多西大帝①的形象，这些基督教皇帝不仅仅是战争领袖。考虑到这个时期的观念水平和社会生活条件，这是中世纪早期所能延续的全部的罗马传统。在10世纪晚期由欧洲贵族主导的社会制度中，变革的潜力来自精英阶层本身，尤其是某些带有王冠的大贵族。到10世纪结束时，王权在贵族阶级成员中间开始成为一个重要特质，甚至也表现在某些大贵族和他们的堂表兄弟之间。950年，王权涉及的不外乎是罗马仪式的残余，但是国王和皇帝很快变得更加野心勃勃。在他们的神职顾问讲述的罗马王权故事的启发下，他们发现古代的统治者曾领导军队，征收赋税，过着比普通人伟大的生活。拜占庭的"罗马"皇帝仍然生活在皇宫里，期待臣民的礼敬。在欧洲，使王权概念有意义的事情还很少发生过。现在，雄心勃勃的念头和自命不凡的主张（通常在实际成就之前）开始出现。

最自命不凡的欧洲君主是名号最花哨的统治者，那就是德国的"罗马皇帝"。德国的统治者挑战君士坦丁堡的皇帝，宣称自己的名号继承自古代的罗

---

① 狄奥多西大帝（Theodosius，346?—395）：东罗马帝国皇帝和西罗马帝国皇帝，在位时镇压人民起义，立基督教为罗马帝国国教，迫害异教徒，毁坏异教神庙。

马皇帝。公元1000年,德国皇帝刚好是一个年轻人,他来自拜占庭的母亲用自己对帝王的理解将他抚养长大。这个皇帝不满足于仅比周围的贵族邻居享受更多的锦衣玉食和酒池肉林,帝王的尊贵要求他寻求更重要的东西。

因此,这一点在施拉姆的《皇帝、罗马和复兴》中是奥托三世(983—1002)统治的第一要务。这位撒克逊儿童国王奥托三世,其母亲来自拜占庭,他统治的大部分时间都在罗马。奥托三世得到法国神父欧里亚克的热尔贝(Gerbert of Aurillac)的指导。热尔贝之前研究过刚复兴的希腊哲学和穆斯林西班牙的科学,奥托三世和他的母亲泰奥法诺(Theophano)将他立为教皇西尔维斯特二世(Pope Sylvester II,取自4世纪君士坦丁大帝的教皇伴侣)。在热尔贝的指导下,一个活跃的君主国建立起来了。奥托三世的这个帝国有改革理想,它希望改变一些事情。(**p.107**)这就引向奥托三世帝国理想的第二要务:教皇和皇帝之间和谐的合作,将教会和国家融为一体,从而建立普遍的基督教国家。帝国复兴计划的第三部分是借鉴伊斯兰世界的学术,促进基督教欧洲哲学和科学的兴起。

奥托三世帝国还象征欧洲的统一与和平。奥托-热尔贝计划的第四个方面是阻止德国人一方与另一方匈牙利人和斯拉夫人之间的冲突。这种冲突已经在奥托三世的祖父奥托一世大帝统治时期发生,当时德国开始了历史性的"东进运动"(Drang nach Osten)。奥托三世、泰奥法诺和西尔维斯特二世不仅想要在君士坦丁堡与希腊人和平共处(为促成这种和平,奥托一世设计了奥托二世与拜占庭公主的联姻),还想要东部前线的和平。应该有一个普遍的联合帝国,以罗马为中心,匈牙利人和斯拉夫人应该和德国人和平共处,他们应该承认德国的统治者奥托三世是最高君主,并向他致敬。施拉姆成功运用从阿比·瓦尔堡学来的图像学方法,解释一本帝国宫廷版本福音书上的插画。这些插画是一些色彩鲜明的拜占庭风格的小画像,内容是匈牙利和波兰的国王向这位皇帝进献礼物并宣誓效忠。图片中头戴皇冠、身穿长袍的皇帝按拜占庭的方式高坐在御座上,一侧是德国的勇士,另一侧是德国和意大利的神职人员,这也象征皇帝-神父统治之下教会和国家之间的合作。

啊,宏图大志化为了乌有。奥托三世英年早逝,被恶臭的罗马沼泽地区的疟疾夺去了生命。几年之后,教皇西尔维斯特也撒手人寰。奥托三世的继任者是其德国的表兄,一个典型的北方勇士首领。他放弃了罗马,也放弃了整个复兴和世界和平计划。热尔贝(他在中世纪被认为是个魔术师,因为在公元1000年时,只要懂得一点代数知识的人都可能被认为是魔术师)预见的所有悲剧即刻发生了:1054年,拉丁和希腊教会正式分裂(迄今也没有修复);德国皇帝和罗马教廷之间伟大的"任职仪式冲突"和战争自1075年开始，持续半个世纪，并在后世一再爆发；（**p.108**）欧洲中东部条顿人与斯拉夫人之间的生存决斗长达多个世纪，1945年的终止也许只是暂时的。

因此，施拉姆的杰作可以说是基于伟大理想及其破灭的研究，研究的是被过早提出而又迅速被毁灭的希望和期待，以及没有来得及走的好路。1940年秋天，珀西·恩斯特·施拉姆少校推测，当纳粹旗帜从巴黎到华沙胜利飘扬的时刻，奥托三世和欧里亚克的热尔贝想象的欧洲统一新秩序和合作就要在这个出乎意料、神奇伟大、有启示意义的时刻到来了。希特勒确实不是理想的统治者，但是那个时候的奥托三世因为其他一些原因也不是理想的统治者。正像历史上奥托三世依赖教皇西尔维斯特二世一样，现在有赖于施拉姆少校和穿着国防军及盖世太保制服的其他知识分子和学者来调节这个统治者的简单和暴力冲动，并给社会施加崇高的人文理想。在一位君主的领导下，欧洲秩序的伟大中世纪复兴终于就要完成了。希特勒不是欧洲历史的终结者。他只是一个临时的统治者，他在统一了从英吉利海峡到俄罗斯腹地的领土之后，将从历史舞台上退出，将帝国的权力转交到一双更仁慈的手中。这就是施拉姆的希望。啊，东方战线的消息糟糕透顶。伟大的希望再次成为泡影。此时，欧洲的复兴和统一葬送于斯大林格勒（现被称为伏尔加格勒）的冰雪和鲜血中。

1197年，腓特烈二世继承了比奥托三世的更无限复杂的领土。腓特烈二世三岁时成为西西里和德意志（中世纪文明的两个帝国瑰宝）的潜在继承人。最终，于1218年，在他自封的监护人教皇英诺森三世（Pope Innocent III）的协助下，腓特烈二世继承了西西里和德意志。此时罗马的枢机主教很快改变了主意，陷入恐慌，担心皇帝会变得过于强大，对教皇权威构成威胁。从他的父亲（严厉的政治狂热者亨利六世 [Henry VI]）和他的祖父（威严的腓特烈一世巴巴罗萨）那里，腓特烈二世继承了德意志帝国的王冠及斯陶芬王朝广阔的领土（位于今天德国中西部、瑞士，甚至还有法国东部几片地区）。腓特烈二世的母亲是诺曼-西西里的女继承人康斯坦斯（Constance）。她所属的法国欧特维尔（Hauetvilles）家族从1016年就开始统治巴勒莫。腓特烈二世从她那里获得西西里和意大利南部（当时称作阿普利亚 [Apulia]）。在这些地方，基督徒、穆斯林和犹太教信徒混杂居住在富足的贸易城市里，罗马人曾经耕作过的西西里的肥沃良田此时还出产有富余的谷物。腓特烈二世逝世后的三个世纪中，接二连三的法国和西班牙统治者对富饶的西西里王国的错误处置和剥削压榨，（**p.109**）才逐渐将这个地中海的瑰宝变得干涸贫困，使它成为黑手党犯罪的渊薮（历史学家还在争议的一个传统说法是，黑手党起源于一个忠于腓特烈二世记忆的自由战士组成的地下组织,他们成功领导了一次反对法国政府的起义,正是这个令人生恨的法国政府取代了斯陶芬王朝)。

腓特烈二世在大约1220年顺利继承遗产时,四面都有敌人。罗马教廷怀有自己贪婪的政治野心,想自己统治意大利,因而需要阻止这个皇帝的行为。意大利北方伦巴第的城市害怕被这位皇帝征服,在一次与腓特烈的作战中,向他们的教皇同盟提供资金和雇佣军。(教皇有多少军团?伦巴第资本家提供多少就有多少。)国内,德国亲王们想要削弱这个帝国,取消其行政和司法权,甚至如果可能的话,斯陶芬王朝的皇冠也要剥夺过来。所以,三十年中,腓特烈在三个战线上作战。这四个方面——帝国宫廷、伦巴第公社、罗马教廷及德国亲王——发动了宣传战,穷尽所有神学、政治、法律及道德上的观点支持各自的立场。每一方都需要罗马法和教会法的专家。最近罗马法和教会法史学家热切关注的正是这场宣传大动乱,这就像根据民主党和共和党的电视广告写作美国历史一样。

让腓特烈二世时代的冲突和争论丰富多彩和浓得化不开的因素还包括:意大利南部的修道院院长菲奥雷的约阿希姆(Joachim of Fiore)的末世论和千禧年幻象,意大利中部的宗师阿西西的圣方济各的反主流文化沉思,以及他们心醉神迷的追随者们。争夺意大利和德国的斗争的高度紧张的气氛激发了末世论和千禧年幻象,反过来,各个方面的宣传家们又都利用了约阿希姆派和方济各派的流行思想和宗教幻想。

救世主猜想和腓特烈二世本人联系了起来。腓特烈二世本人是个英俊、富有、强大且有争议的角色。但是坎托洛维奇却以另一种方式来看:末世论千禧年和救世主的猜想在腓特烈二世出生和孩提时代已经在意大利流传,那时已经聚焦在他身上,并深深地影响了他的自我形象和成年后的行为。(**p.110**)救世主猜想激发和塑造了年轻的腓特烈,一如他和他的大臣利用这些神秘的雷电造就了13世纪欧洲高度饱和的猜想氛围。一个新生儿降生在恺撒家族里的救世主预言,维吉尔曾写在他的《第四牧歌》(*Fourth Eclogue*)里,基督徒一直将其视为耶稣在提比略·恺撒[①]统治时期诞生的预言,这个预言现在又变成了预示腓特烈降生的西比尔[②]预言。罗马教廷认为,对这种维吉尔牧歌中一个皇族

---

[①] 提比略·恺撒(Tiberius Caesar,前42—37):古罗马皇帝,长期从事征战,军功显赫,56岁继承岳父奥古斯都(Augustus)的帝位,因逐渐暴虐,引起普遍不满,在卡普里岛被近卫军长官杀害。

[②] 西比尔(Sybil):古希腊和罗马传说中能预言未来的女巫。

婴儿降生带来伟大复兴的幻象重新解读，不但是一种亵渎，而且在政治上是危险的。腓特烈出生时，康斯坦斯皇后已经四十多岁，他降生到世上的种种奇迹含义就不再让人惊讶了。因为那时人的平均寿命只有三十五岁，女子三十岁就停经。四十岁的女人，尤其是上层社会的女人，怀孕生产，在中世纪世界是非常惊人的，就像今日超市小报上描述的那些千奇百怪的事件一样。

腓特烈的救世主角色不但表现在政治活动中，而且也表现在辉煌的宫廷里。在宫廷里穆斯林和犹太学者参与并帮助他发展科学兴趣。他撰写的一篇猎鹰学论文至今都不过时。坎托洛维奇笔下的腓特烈肖像令人难忘。作者本人也卷入了进去，他的时代所有动态的文化力量都得到展现。这不仅引起他自己的帝国，而且引起整个欧洲——甚至包括在伦敦东北五十英里的修道院里撰写当代历史的僧侣马修·帕里斯（Matthew Paris）——疯狂地期待救世主式的人物和世界末日的来临。

到最后，情况和奥托三世一样，腓特烈二世的故事也是一个伟大梦想没有完成的故事。正当眼看就要战胜伦巴第的城市这个最持久的敌人的时候，腓特烈因为痢疾去世了。他的儿子们，不管是嫡子还是庶子，都在斯陶芬家族的敌人面前倒下了。腓特烈去世后二十年，帝国分裂了，他的家族传承也几乎灭绝了。

但是坎托洛维奇不愿意到此为止。他预想一个新的救世主人物将担起伟大复兴的使命，让世界末日再次到来。莱尼·里芬斯塔尔（Leni Riefenstahl）记录希特勒在纽伦堡政党集会的电影《意志的胜利》（*Triumph of the Will*，1936）是坎托洛维奇呼唤政治救世主的乐章的尾声。这不是他需要的救世主，但是当你呼唤救世主的时候，你不可能开出详细的处方。（**p.111**）事情的不确定性意味着你要忍受自己召唤出的一切。尽管13世纪中期的教皇自私自利，但他们却清楚地看到了这种危险。而坎托洛维奇意识到这一点的时候已经太晚了。

因此，施拉姆的《奥托三世》和坎托洛维奇的《腓特烈二世》是两部同类型的著作，研究的都是政治复兴的理想，这些复兴将会各自创造一个新的欧洲秩序。在20世纪20年代晚期，他们强烈渴望这个复兴能够取代魏玛共和国的唯物主义、堕落、民主及一战后的整体局面。他们渴望在当下重现中世纪帝国时代。1940年确实出现了一个新的欧洲秩序，尽管不完全是他们所期望的样子，但是无论如何这个秩序新奇、异样，末世就要来临，救世主似已出现，胜利就在眼前。施拉姆搭乘上了这个恶魔般的飞行器，尝试了一把。坎托洛维奇本来也要尝试，只可惜他出生在犹太家庭，而纳粹又顽固地坚持强化它的反犹主义，妨碍了他尝试的可能。一切都结束了，救世主运动消失在瓦砾废墟中，末世启示变成了汉堡、柏林、德累斯顿（Dresden）上空袭击的炮火。他们从这一切中悄然地走开，回到更为沉静的中世纪君主制学术研究。但是他们关于奥托三世和腓特烈二世发人深省的著作仍然是一个特殊的极端地点和极端时间的产物。它们是独特的著作。还没有人能写出如此高水准的中世纪研究著作。写作这样伟大的历史，不但要求渊博的知识作为基础，还要求动荡的氛围给予灵感。

## 四、失去了的德国唯心主义世界

珀西·恩斯特·施拉姆和恩斯特·坎托洛维奇最后重要的著作和他们早期开创性的著作一样，几乎同时问世：施拉姆的三卷本《统治符号和国家象征》（*Herrschaftszeichen und Staatssymbolik*，1954—1956），坎托洛维奇的《国王的两个身体》（*The King's Two Bodies*，1957）。这些著作是在中世纪研究中德国唯心主义文化的最后成果，可以被看作中欧人文主义传统的一个时代的终结。

德国唯心主义传统从歌德和席勒、康德和黑格尔一直延续到施拉姆和坎托洛维奇这一代人。谴责和嘲笑这个传统非常容易，（**p.112**）你可以认为这种世界观和气质非常抽象，不切实际，搞阶级特权化，极端保守，迷恋过去，自我陶醉，不关心穷人、被压迫者和没有学识的人。当然，对德国唯心主义文化的这种指控不无可取之处，但这是单方面的和很不精确的评价。德国唯心主义现在是一个失去的世界，一种过时的文化，即使对20世纪70年代和80年代的联邦德国的影响也微乎其微，联邦德国有的尽是严酷唯物主义和竞争性个体，以及对技术、民主、交易艺术的崇拜。但是，我们还必须看看德国唯心主义在一定时间和地点中的实际优势和成就及其社会学功能再评价它。施拉姆和坎托洛维奇的著作代表中世纪和现代德国唯心主义的合流。

施拉姆的三卷有关统治象征的著作分析范畴非常广泛，包括君主制的物质实体，君主制在仪式、文学和艺术上的表现，以及这些实体和表现背后的理论。这不是一项能够重来的任务，似乎也没有人愿意再尝试这样做。它得出的历史教训是，中世纪的王权是非常厚重的文化——复杂、综合，借鉴广泛和多样的学问，不但表现在抽象的术语里，也表现在具体的、有触感的、实体化的艺术品上。施拉姆给我们提供一个中世纪君主制的描写性人类学研究。他显然很欣赏这个成就，但他留给我们做出自己的评价。我们不能不说中世纪王权是建立在异常独特而精心的学问、艺术和理论基础之上的。它是无用、堕落或贫瘠的对立面。它是一个活生生的有机体，有着永恒蓬勃的创造力。它利用罗马、德意志、基督教和拜占庭的资源，并且不断地探索、重组、扩充这些遗产。我们所能想到的其他任何文化，都没有它这样复杂、有活力、有客观的触感、被特别地界定、有原创性，并且在边缘位置体现自发创造力的同时坚守一个高度功能性的内核。

坎托洛维奇的创作开始于20世纪40年代的伯克利，完成于50年代中期的普林斯顿高等研究院。尽管该著作在特定目的上与施拉姆的"王权百科全书"有所不同，但传递的文化信息是类似的。坎托洛维奇的研究始自梅特兰认为英国的宪法与16世纪时经过复杂的语言表述的一个观念有密切联系，这个观念认为国王有两个身体，一个是自然身体（即单独的一个人，伊丽莎白·都铎 [Elizabeth Tudor]）（**p.113**），一个是政治身体（议会中的伊丽莎白女王）。这个观念在什么地方，又是怎样出现和发展起来的？从根本上讲，坎托洛维奇的观点是这个观念来自对教会的形式的理论化。在国王拥有两个身体之前，主教就有两个身体：他本人和他的公职。但这不是这本著作的主要任务和价值所在。坎托洛维奇想要展示，美国和英国同样依赖的普通法宪政主义，不是来自那个单薄的、主体上缺少学问的司法体系（这个司法体系是律师学院和英国的法律行业发展出来的），而是来自大陆文化庞大的全副装备，来自罗马、拜占庭、经院派和人文主义的传统。可以说，无限的学问加上教会和人文主义想象所构成的厚重文化造就了大陆的王权，而普通法的一个显著特点就建立在这个文化之上，并在这种文化中得到表现。

英国的律师和政治家，只要是教会人员，都直接受拉丁教会的文化的影响。即使英国法律与欧洲罗马法分立，他们在对司法行为的理解方面仍在很大程度上借鉴了欧洲大陆文化的思维方式。1300年之后，伦敦建立国家世俗法律学校（即律师学院）之后，英国几乎所有的律师和法官都是世俗人员，王室大臣中教会人员的人数显著减少。拉丁基督教的中等教育、一般文化中的语言和观念的构成，这两个因素决定了有高度社会认可的大陆文化仍是英国思维的不可或缺的组成部分。坎托洛维奇的观点很有价值。他认为，君权神圣与其非常表象的对立面，即英国普通法将国王的政治身体和自然身体分开的观念，来自同一个语言和文化背景。这是中世纪唯心主义延伸的影响——不是模糊的，而是具体的、对象化的、特定的、触手可及的，它源自地中海世界几千年的学问遗产。

现代德国唯心主义有同样的特质。唯心主义文化是普遍的和客观的。它一定程度上允许有控制的个人创造力，但必须限制在严格界定的范围内。它讲的是一个全面话语。它不允许相对主义和自主个人主义。相对个人和个人主义，它更为公共化和以集体为取向。唯心主义有深厚的学问和高度的文化。它强调"教养"和"教育"（德语是 Bildung 和 Erziehung）。它强调长远眼光，（**p.114**）用巨大的努力支持不同地域中延续了许多世纪的、在思想上有持久性的文化。

唯心主义反对任何形式的激进变革，尤其敌视政治动荡，因为这会导致文化和教育的政治化和腐败。唯心主义虽然保守，但并不僵化。唯心主义不是自我放纵和赚钱的幌子，绝对不是。艺术、教育、旅行、研究、个人修养以及机构的有效运作都离不开金钱。金钱的目的是促进学术和精神的焕发。唯心主义并不认为富人更好，也不认为有权势的人必然明智。与个人满足相比，习俗的要求和对社会的义务更加重要。传统是合法的，它具有规范权并延续社会智慧。

如今，唯心主义在德国的技术官僚主义和唯物主义世界中被极大地削弱了，在欧洲其他地方也在持续没落。调解文化和社会决策的任务留给了左派或右派的支持团体或具有领袖魅力的人。在一定程度上，施拉姆的"魔术师教皇"热尔贝和坎托洛维奇的世界奇迹腓特烈实践了这个魅力领袖选项。但是他们受到自身生存文化环境的束缚，这个文化环境无所不包，从他们必须为之服务的家庭和责任，到他们在其中工作的国家和教会机构。

德国的唯心主义和中世纪的唯心主义一样，将文明保持在既定轨道上和明确范围内，以保护它不受政治冲突和个人崇拜的破坏。这种文化保守主义没能阻挡纳粹将恐怖和个人崇拜相结合，这可以归因于一战之后德国面临的独特危机。事实上，在13世纪30年代和40年代，罗马教廷曾将霍亨斯陶芬的腓特烈二世视为类似的邪恶个人魅力和不可预测的恐怖力量的结合，并利用所有物质和道德资源，阻止他追求在意大利的霸权。教皇胜利了，但付出的代价是罗马教廷的危机和没落，从此再也没有恢复过来。1930年的德国，没有任何相当的机构和团体有决心和资源对抗希特勒的崛起。德国的教授群体有可能成为一个这样的团体，但是它缺少有领导力的联络、集中的机构，甚至也缺少进行这场斗争的强烈共识。（**p.115**）即使是像施拉姆和坎托洛维奇这样优秀的学者，对纳粹主义的态度也模棱两可，迷醉于它的影响，而不能将注意力集中到这个问题上。

付出的文化代价太高了。20世纪50年代和60年代，联邦德国在物质上从纳粹的十二年中恢复过来，但还没有从道德和心理上恢复。从根本上讲，德国唯心主义文化是希特勒时代的受害者。1945年之后，它的存在像游丝一样微弱。中世纪研究及其在德国人文学术中的核心位置再也没能从希特勒的插曲中恢复过来也不足为奇。德国今日的中世纪研究不再拥有 1930 年时在德国大学中的骄人位置。这个位置被当代研究取代。今日德国的学者长于政治科学、文学理论、经济学，但是他们自二战以来对中世纪研究的贡献远远低于 20 年代晚期坎托洛维奇和施拉姆的开创性著作所体现的质量水准。以王权为中心并在珀西·恩斯特和埃卡的著作中达到顶峰的德国中世纪研究，其自信心和凝聚力一去不返了。

德国的中世纪学术是德国唯心主义文化传统不可或缺的组成部分。这个传统在 1933 年发生了断裂，失去的领地再也没有被重新夺回，也没有迹象表明人们对收复失地抱有极大的兴趣。最优秀的人文主义学术是个脆弱而独特的产儿，关联着特定的地点和时间。海德堡如故，这个古城幸免于战争炮弹，看上去还是 1925 年施拉姆和坎托洛维奇在古堡下喝着摩泽尔葡萄酒畅谈他们将要出版著作的时候的样子，但德国其他所有的一切都不是原来的样子了。

要说德国唯心主义找到了一个移植的家园，那么这个家园在美国。尽管 1968 年到 1988 年之间，这些人文主义前哨受到各色各样（通常有法国渊源）的左派教义的攻击而不断削减。德国唯心主义文化传统在卡尔·F. 莫里森（Karl F. Morrison，现担任新泽西州罗格斯大学的一个研究职位）的作品中得到了最好的保留。莫里森是密西西比州乡绅的后裔，恰好来自福克纳①的乡村，莫里森曾在康奈尔大学念书，接受过坎托洛维奇的朋友泰德·蒙森②的教导。

在与他同时代的美国主要中世纪学家中，莫里森最接近 20 世纪 20 年代"精神史"代表的德国唯心主义学派的伟大传统。这体现在他一系列关于中世纪神学和社会思想的大部头著作中。（**p.116**）1982 年，莫里森仍在热情地谈论"精神史"，而在联邦德国，纳粹灾难之后的现实、战后的唯物主义、约 1965 年之后德国人文主义者的左派倾向早就将其丢到九霄云外。莫里森说："'精神史'原则的教训是，历史学家完成这个任务 [ 复活过去文化的生命符号 ] 要经过重新体验他所研究的美学反应，也就是说，要对过去有一种共情的发现和身临其境的参与。在这种重新把握中，他得到一种历史的综合——一个视野……'一整套解释某一历史运动的饱含情感的观念体系'。"

我坦白地承认，我不认为施拉姆、坎托洛维奇和其他德国大师们的"精神

---

① 福克纳（William Faulkner, 1897—1962）：美国小说家和短篇小说作家，意识流文学在美国的代表人物。代表性小说有《喧哗与骚动》《八月之光》等，获 1949 年诺贝尔文学奖。
② 泰德·蒙森（Ted Mommsen），即特奥多尔·恩斯特·蒙森（Theodor Ernst Mommsen），后文这两种称呼都有出现。

史"如此温和、积极。我的观察更多是基于社会学的视角,基于哲学的视角不多。在中世纪研究中,与在别的领域一样,我对德国文化遗产的态度是模糊的。但是,我真心高兴地看到,德国唯心主义信仰能够在莫里森的著作中保存,伟大的中世纪研究的德国传统经由他传授给新一代美国学生。一些美好的事情很可能由此发生。(**p.117**)

# 第四章

# 法国犹太人：路易·阿尔方和马克·布洛赫

❦

## 一、逃离与归来

1940年6月14日是现代法国历史上最糟糕的一天。这一天，希特勒的军队成功攻入巴黎，年迈的保守派将军、法国政府新首脑亨利·贝当[①]屈辱地投降了。法国军队仅损失九万名士兵，就完全失败了。无论是在正式占领区的北部和东部，还是在贝当的维希政府统治下所谓非占领区的西部和南部，希特勒都成了法国的主人。一千万法国人民在纳粹军队面前逃亡到非占领区，尽管贝当政府和纳粹密切合作，但他们还是希望非占领区会更安全一些。仅有二十万人口的波尔多市，在几周内人口激增至八十万。在道路上、城市甚至村庄里，本地人带着不同程度的抱怨和敌意接纳了这些难民。

逃离到南部和西部的人群中有大量的犹太人。1940年，法国约有30万犹太人，不到总人口的1%。这些犹太人中，三分之二是法国大革命期间获得公民身份的法国公民。多数情况下，他们的家人已经在那里生活了几个世纪，并且已经完全融入了法国文化。他们经常与天主教和新教家庭通婚，并在商业、银行业、工业、艺术和包括自然科学和人文学科在内的学术职业中扮演重要的角色。另外三分之一的法国犹太人是第一次世界大战以来的新移民，包括来自希特勒德国的难民，这些人大多数都没有国籍。(**p.118**) 不管是在占领区还是在维希政府的领土上，这些没有公民身份的犹太人很快就被法国警方围捕，他们中的大多数人都被关进了奥斯威辛集中营。到1943年，纳粹直接控制了整

---

[①] 亨利·贝当（Henri Pétain，1856—1951）：法国元帅，第一次世界大战时曾指挥凡尔登战役，第二次世界大战时任维希亲纳粹政府元首，战后因通敌罪被法国法庭判处死刑，后改判无期徒刑。

个国家，维希政权只是占领国的傀儡，来自古老犹太家庭的法国公民也成了受害者，被装进牛车驱逐到东部的死亡集中营。确切数字不确定，但近三分之一的法国犹太人在德国占领期间死亡。

1940年6月，纳粹坦克开进巴黎，两名巴黎犹太人没有立即逃跑。他们是巴黎索邦大学最杰出的两位中世纪历史学家路易·阿尔方（Louis Halphen，1880—1950）和马克·布洛赫（Marc Bloch，1886—1944）。阿尔方是研究查理大帝和500年至1000年法国历史的主要权威。布洛赫是经济史教授，讲授世界经济发展的多门课程，包括一门美国经济史，但他主要作为法国专家而闻名，主要研究法国中世纪农村经济和900年至1250年的封建社会。

法国当局和德国占领国同意阿尔方和布洛赫暂时继续他们的教学活动，以表彰他们为法国人民做出的杰出的"科学"服务。但是，他们也开始向南转移。布洛赫先在1941年底动身，不久阿尔方也加入进来。他们搬到南方的大学，转移期间难免困难重重。这些地方性大学大都不很发达，缺少资助，且人员已经充足，缺乏灵活资源安置来自巴黎的学术大咖。布洛赫是到蒙彼利埃任教，又多了一重困难，因为蒙彼利埃大学的院长对他个人充满敌意。这位院长奥古斯丁·弗利什（Augustin Fliche）是保守的天主教中世纪史学家。布洛赫以其一贯直言不讳的风格，严厉批评过他的一部著作。而阿尔方搬到了法国阿尔卑斯山脉边缘的格勒诺布尔（Grenoble）。

到1943年，德国人接管了整个法国，并开始用越来越暴力的镇压手段为不可避免的盟军的反攻做出准备，阿尔方和布洛赫已经离开他们的学术避难地，实际上他们在那两个地方也过得不怎么舒坦。阿尔方逃到法国阿尔卑斯山的偏远山间，躲在一个小村庄里逃避法国警察。那些警察以搜捕犹太人并把他们送到奥斯威辛为乐趣。直到1944年11月，盟军解放巴黎三个月后，阿尔方才返回到这个大都市。布洛赫的行迹则更难追踪。（**p.119**）他思考了移民美国的可能性，巴黎人类学家克洛德·列维-斯特劳斯[①]已经通过西印度群岛（法属）逃往纽约新社会研究学院（New School for Social Research）。布洛赫最后决定不离开他的国家。他与其他两位有犹太背景的学者一起发表了一份宣言，宣布所有法国犹太人有义务维护"我们热情依附的文明的价值……法国人民是我们的人民。我们不重视任何其他人民"。在1942年发表这一声明之前或之后不久，布

---

[①] 克洛德·列维-斯特劳斯（Claude Lévi-Strauss，1908—2009）：法国作家、哲学家、人类学家，结构主义人类学创始人和法兰西科学院院士，代表作有《忧郁的热带》《结构人类学》等。

洛赫与抵抗运动取得了联系。他成为一家重要的地下杂志的编辑。到 1943 年下半年，他已经积极地投身于抵抗运动中去了。1944 年后，许多法国知识分子和学者声称自己是抵抗运动的英雄，但实际加入较晚，几乎没做什么工作。例如，小说家和艺术评论家安德烈·马尔罗①，即后来夏尔·戴高乐②总统的文化部长，直到 1944 年都待在他情妇的地中海别墅里，在那里，他悠闲自在地喝光了酒窖中的所有美酒。德国占领期间，存在主义哲学家、女权主义者、战后法国左派典范西蒙娜·德·波伏娃③在纳粹控制的巴黎广播电台从事一份高薪的工作。后来，她坚持自己只进行与中世纪有关的节目，为这种合作辩护。布洛赫参与了非常危险的抵抗运动。他参加了最活跃的非共产主义抵抗组织"法国游击队"（Franc-Tireur）的工作，该组织因被盖世太保的线人渗透而经常遭受残酷损失。直到 20 世纪 80 年代，这些背叛在法国仍然是一个令人不快的问题。

　　布洛赫和家人搬到里昂，目前家庭成员包括妻子和四个孩子（两个大儿子已经参加戴高乐的自由法兰西部队，在国外作战），他的妻子于 1944 年春天在里昂去世。里昂是法国第二大城市，很可能是抵抗运动组织最活跃的中心。至少在今天里昂享有这样的名声，尽管地下组织的很多历史如今都存在争议或受到怀疑。大约在他妻子去世的时候，布洛赫用化名秘密地生活在巴黎，在那里被盖世太保逮捕。战后的故事多不可靠，据称布洛赫被自己的女房东出卖了，因为女房东在他房间里发现了一台无线电发射机。1944 年 6 月 16 日，诺曼底登陆 10 天后，布洛赫被盖世太保折磨，并与另外 25 人在巴黎郊外田野里一起被处决。第二十七名受害者奇迹般地幸存下来。据他在法国解放后讲，在转运这些死刑囚犯去处决的卡车上，布洛赫直到最后一刻都非常平静，非常英勇，并安慰他的同伴。（**p.120**）

　　马克·布洛赫是唯一一个在抵抗运动中牺牲的法国著名学者。这一事实对法国的学术生活以及战后法国中世纪历史研究的制度背景产生了深远影响。他的英雄主义和殉难不仅在法国影响深远，而且在其他地方，尤其是美国，也受

---

① 安德烈·马尔罗（André Malraux, 1901—1976）：法国作家、政治活动家，曾参加国际反法西斯斗争和法国抵抗运动，著有长篇小说《征服者》《人类的命运》《希望》等。

② 夏尔·戴高乐（Charles de Gaulle, 1890—1970）：法国总统，第二次世界大战时，领导"自由法兰西"运动，抗击德国法西斯，法国解放后曾任临时政府首脑、总理，后出任法兰西第五共和国首任总统。

③ 西蒙娜·德·波伏娃（Simone de Beauvoir, 1908—1986）：法国作家、女权运动者、存在主义的信徒，代表作有《女宾》《第二性》《名士风流》等。

到了极大关注。布洛赫死于他学术生涯的巅峰,但他的死给中世纪想象性的塑造蒙上了一层阴影,这可能比他重返巴黎大学的教席还要意义深远。就像一位伟大的中世纪教士死后被封为基督的圣人一样,布洛赫死后的影响比他在世时更大。也许,他早已意识到这些。布洛赫是一个非正统的、前卫的思想家。

直到悲剧性的1940年,阿尔方和布洛赫的个人传记都有很多的相似之处。他们都来自古老的法国犹太中产阶级。就布洛赫而言,他有阿尔萨斯犹太人血统。阿尔萨斯(Alsace)是法国和德国之间有争议的边境地区,至少从12世纪起就一直是重要的犹太人聚居区。阿尔萨斯从1870年归属德国之后,直到1919年才再次归属法国。阿尔萨斯血统可能是布洛赫如此憎恨德国人,并在没有外在需要的情况下,冒着生命危险与他们战斗的原因之一,但这并不是唯一原因。阿尔方来自巴黎的家庭。二人都毕业于巴黎高等师范学院(École Normale Supérieure),这是一所具有高度声望的精英学院。不管过去还是现在,政府、商业、法律和学界的领袖很多都是这里毕业的,就像牛津、剑桥或常春藤联盟一样,或许这个学院更加精英化。

像大多数法国教授一样,阿尔方和布洛赫在自己家中做了大量工作,建立了大型私人图书馆(后来被纳粹没收,运过莱茵河)。布洛赫尤其不愿涉足巴黎的主要图书馆——国家图书馆(Bibliothèque Nationale),他认为该图书馆效率低下、管理不善,事实也确实如此。国家图书馆现任主任、历史学家埃玛尼埃尔·勒华拉杜里(Emmanuel Le Roy Ladurie)是布洛赫思想谱系的直系后裔。1985年勒华拉杜里接管时,国家图书馆的状态比布洛赫时代也好不了多少。

布洛赫和阿尔方都来自学术世家:阿尔方的父亲是一位著名的数学家,布洛赫的父亲古斯塔夫·布洛赫(Gustav Bloch)是巴黎声名显赫的古代史教授和很大的学术权威。阿尔方和布洛赫都是身材瘦小而纤细——约五英尺六英寸高。(**p.121**)但布洛赫身体特别强壮。他在第一次世界大战中作战整整四年,曾经负伤,赢得包括"荣誉军团"勋章在内的多枚奖章。1940年,布洛赫已是战败的法国军队的高龄上校,他撰写了一本关于他苦涩经历的书,严厉而不失公正地批评他的上司无能和意志消沉。阿尔方则从未参军。

除了这一点不同之外,将这两位学界著名的犹太中世纪学家区分开来的还有这样两件事情。布洛赫最初通过他父亲的影响力在学术界一直享有特权。不友好的同事称他为大主教的儿子。布洛赫娶了一位富有的工程师的女儿,拥有相当的个人资产,借此他经常外出旅行,尤其是去英国、丹麦和挪威,他钦佩这些国家的政治文明。直到灾难性的1940年6月之前,布洛赫一直住在巴黎时尚区的顶层公寓。纳粹分子到来时,后来折磨并处决他的盖世太保就将其总部之一设在他的公寓隔壁的一家旅馆里。阿尔方则没有私人资产，靠着微薄的学术薪水生活。

除了生活方式不同之外，阿尔方和布洛赫的性情也不同。阿尔方可能很固执，野心勃勃并且内心很有主见，但从表面上看，他是个墨守成规的人，不制造任何波澜。他毕业于法国国立文献学院，那里培养了他这一代多数的法国中世纪学家。为早日成名和获得学界领袖的欢心，阿尔方默默无闻而脚踏实地地工作。从1910年到1928年，阿尔方在波尔多大学任中世纪历史教授，直到在巴黎得到一个职位，最后获得巴黎大学中世纪历史研究教席，此前他的老师费迪南·洛特也担任同一职位。

布洛赫是个反叛者，一个不墨守成规的人，在思想上与大多数同事格格不入。他尖刻地批评老一辈中世纪学者，并把自己看作中世纪研究的救世主。他在自己周围建立一个由才华横溢的研究生组成的小圈子，并不抵制他们转向以他为核心的英雄崇拜和围绕他建立信仰团体。1919年，斯特拉斯堡大学（University of Strasbourg）重新归属法国，教职工中满是年轻一代的明星。从那时开始，布洛赫就一直在那里任教，直到1931年转移到巴黎。他的目标很高，他曾两次尝试获取极负盛誉的法兰西学院的职位。（**p.122**）同牛津大学万灵学院和普林斯顿高等研究院一样，法兰西学院只有教授没有学生，且其职位仅提供给据称是从所有学科中选拔出来的最好的四十位法国学者。主管法兰西学院教授职位选拔工作的负责人是研究中世纪哲学史的自由派天主教学者艾蒂安·亨利·吉尔森（Étienne Henry Gilson，1884—1978），他是布洛赫在斯特拉斯堡的相识。布洛赫被法兰西学院拒绝了两次，并且第二次是带有羞辱性的。布洛赫不得不安于巴黎大学经济史教授的席位，但他的沮丧、难过以及怨恨的情绪是难以掩饰的。

奇怪的是，布洛赫这位法国学界名流、法国一代人中最具影响力的人文学者、抵抗运动英雄，他的一部重要传记直到1989年才由美国学者卡罗尔·芬克（Carole Fink）出版。即使之前发表的关于布洛赫最好的传记短文（1982）也不是出自他众多的明星一样的法国弟子，而是出自另一位美国人现代法国史学家欧根·韦伯（Eugen Weber）。为什么布洛赫的传记在40年代末或50年代初没有在巴黎出版，人们只能揣测。一种可能的解释是，布洛赫被出卖给盖世太保的故事，远比他的女房东所谓的背信弃义要复杂得多，争议也大得多。此外，在抵抗运动中也发生了许多黑暗、丑恶的背叛和交易。如果一位勤奋的传记作家在战后不久就开始撰写布洛赫的传记，那么布洛赫的死可能追溯到一个或多个战后法国的知名人物。依据另一种解释，战后巴黎缺少一部重要的传记可能是他的家人不希望有人写这本书,或者更确切地说,不希望以某种方式来写这本书,因为这种方式会对战后关于布洛赫殉难和成圣神话的形成产生不利影响,对布洛赫的某些同事和门徒来说,这种崇拜是非常有利的。

1960年12月,我遇到了布洛赫的一个儿子。他是一位电视制片人,在纽约待了几个月,在一家美国电视网接受培训。在他口中,布洛赫不是英雄或烈士,而是自私地忽视了孩子,让他们陷入贫困和无助的父亲。他的语气一点也不恭敬,而是充满怨恨和敌意。布洛赫的另一个儿子1987年出版的回忆录虽有所节制,但怨恨是显而易见的。在艾蒂安·布洛赫(Étienne Bloch)眼中,马克·布洛赫作为父亲是不成功的。艾蒂安·布洛赫曾是法国的一名律师,如今是一名法官:(**p.123**)

> 我有一个父亲。失去他的时候,我还没有成年……我非常爱我的父亲,但是,因为他对这种感情的吝啬,我当时不知道他是否真的爱我……在个人生活中,他遇到了许多同时代人遇到的问题。他是一位典型的家长,是一个专制的,有时甚至是暴虐的一家之主。和他那个时代的所有资产阶级一样,他习惯于别人为他服务;虽然他从不做任何家务,但即使在这方面,他也总是干涉和指挥一切。他对自己的家庭期望过高,希望他们能分担他强烈的责任感,并把这种对他们的要求推到了极点。他一直为孩子们所困扰,尤其是四个较大的孩子。他对他们每一个人都怀有深厚的感情,但在表达这些感情时,他表现出某种笨拙和过分的羞怯。他尤其严厉,有时甚至不公平,他的道德观念非常传统,非常狭隘……他的孩子们……害怕他;虽然他们知道父亲爱着他们,但他的反应经常让他们震惊。我们必须说:我们和他很少有愉快的经历。

布洛赫事件中这种公共英雄主义的消极面并不是巴黎学术界领导者想要人们探索的,因为这不亚于写作中世纪圣徒生活的僧侣作家详述圣徒日常的和世俗化的事情。战争结束后不久,巴黎出版了两卷圣徒传记式的颂赞和回忆录,以纪念布洛赫。但详细的传记则留到20世纪80年代末由美国的卡罗尔·芬克来完成。不幸的是,那时传记的踪迹已经很冷寂了。无论如何,芬克对布洛赫的描绘,透出了这位抵抗运动烈士死难后其信徒有策略地制造出的一层谄媚和奉承迷雾。

## 二、学术官僚

在每个国家，顶尖大学的一小群资深教授（二到十人之间）在特定学科中都拥有不成比例的权力，无论是物理学、心理学、文学批评、艺术史，还是中世纪研究都是如此。他们的声望无可指摘，通常也不可挑战；他们的著作在官方学术期刊上受到普遍称赞，他们是这些期刊编委会成员。他们通常会吸引那些最聪明、最有准备、最雄心勃勃、最勤奋的研究生，（**p.124**）因此也在培养年轻一代的学术明星时，让他们遵循自己的思想和诠释。除非出现俄狄浦斯式的反叛、文化革命或社会大地震的介入（例如 20 世纪 30 年代的大萧条），情况才会有所改变。这一个小团体建立一个工作安排的分封网，由资深教授安插他们的学生，而他们的学生又是如此出类拔萃、如此聪明和勤奋，很可能无论如何都完全可以基于德能胜任那些工作。

最重要的是，这些特定学科的资深教授掌握着资助权。他们直接或间接地从学术基金会或政府机构获得研究支持，没有这些支持，几乎不可能承担和完成一个重大的研究项目。资助通过所谓的"同行评议"全部流向他们或他们的学生手中。这个资深团体还影响主要的大学出版社，一本学术专著要是没有他们之中两三位的赞许就不会打上声望的印记。

这种分封体系是每个西方国家学术界权力社会学的基础。在法国，学术上的权力掮客被称为"学术官僚"（这个词也被用来指左岸咖啡馆里让-保罗·萨特[①]及其伴侣西蒙娜·德·波伏娃等具有统治地位的非学院派知识分子小圈子）或"大赞助人"。在法国，这个群体对学术界的控制比其他任何国家（除了像比利时或荷兰这样的小国，它们都是自觉效仿法国模式）都更专有、更正式，也更少被质疑。一个原因是，巴黎的大学、学院和高等研究院的声望比全国任何其他地方的都要高得多。不管那些外省的教授在出版和教学方面做得有多好，大都市的教授们作为权力的掮客都能够立即把他们划入轻量级小团体。法国是文化上最都市化和过度集中的欧洲国家。事实上，这种情况从 13 世纪开始，已经持续了好多世纪。文化过度集中本身就是中世纪的遗产。巴黎的学术官僚（这些官僚绝大部分是男性）除了有不可抗拒的声望之外，还同政府官员，较为学术的报纸编辑，同样集中的法律、医疗和企业界的领袖及支持他的学生

---

[①] 让-保罗·萨特（Jean-Paul Sartre，1905—1980）：法国哲学家、作家、存在主义代表人物，著有哲学著作《存在与虚无》，小说《恶心》和《自由之路》，剧作《群蝇》和《魔鬼与上帝》等。

和左岸咖啡馆里自由流动的知识分子之间保持密切联系。他们赋予他的态度、他喜欢的理论和他的著作合法的光环以及不可抗拒、几乎从不受怀疑的权威。（**p.125**）一位资深巴黎教授在他的学科范围内就是皇帝，只对自己负责，控制着决定下一代学者未来的学术、就业和研究经费，这种情况一定程度上在美国并不多见。

如果这位学术官僚比大多数学者显得更多产、更前卫一点的话，那么这位巴黎的大主顾将被视为天才。他的演讲和研讨会不仅会座无虚席，而且这位大师口中流出的任何一点智慧和知识都被学生记录下来，当作福音出版。学术期刊将会出版特刊专门介绍他的思想。出版商将会给他开出诱人的条件让他写作自己思想的大众化的"高度普及版"，如果这个普及版本写得井井有条、活泼可喜的话，这又将为他赢得丰厚的文学奖项。法国的严肃、高端报纸《世界报》（*Le Monde*）的头版将刊登密集的长文阐释他的思想。

如今，巴黎学术官僚正在成为"电视明星"，法国所有的电视频道（三个）都是国有的，再加上教育部长认为，巴黎学术官僚的演讲远比配音的美国情景喜剧对法国文明的影响要好得多。在这种情况下，出名就容易得多了。大师的名声横跨整个大西洋。美国大学的三四个学院开始致力于传播他的思想（而美国教授因为从"光明之都"带来光明，也因此获得院长的提拔或绩效加薪）。美国巡回演讲迅速而大张旗鼓地安排起来。法国学术官僚通常英语都讲得很糟糕，美国校园的狂热听众们几乎完全无法理解，但这对他并无大碍。在随后的招待宴会上，他仍将被院长夫人当作偶像来崇拜，而女研究生们将会同时奉献自己的思想和肉体。最终（或可能更快一些），福特或洛克菲勒等致力于充实这种潮流的重量级美国基金会，为这个巴黎的大师资助一个新的研究所，为其在美国校园里设立一个特权附属机构。

20世纪初以来，学术官僚主义一直是法国学术生活的核心事实，尤其是在人文学科中。法国的学术界一直以这种方式运作，在哲学家和文学评论家雅克·德里达（Jacques Derrida）、人类学家克洛德·列维-斯特劳斯以及中世纪历史学家埃玛尼埃尔·勒华拉杜里、乔治·杜比（Georges Duby）和雅克·勒高夫身上亦然如此。然而，考验任何学术体系的不是其政治喜好，也不是其行为方式，而是其学术成果。按照这个标准，法国人在遵循这一制度方面做得很好，以致虽然1968年的革命者谴责这一制度，（**p.126**）并且法国政府承诺改进这一制度，但变化主要是表面上的，大赞助制度依然保留着。若要从根本上改变它，不仅需要教育的规划和改革，也需要彻底的社会和文化革命，这在20世纪90年代是不可能的。

有五大学术官僚或曰大主顾对阿尔方和布洛赫领导的20世纪30年代和40年代的法国中世纪历史学家产生了深远的影响。他们是社会学家埃米尔·涂尔干、中世纪学家亨利·皮朗和费迪南·洛特、学术普及专家和大众教育家亨利·贝尔（Henri Berr），以及历史社会学家和地理学家吕西安·费弗尔（Lucien Febvre）。布洛赫在思想上和专业上可能都深受除洛特之外所有这些人的影响，而费弗尔是他的特别导师。阿尔方受先锋思想家涂尔干和费弗尔的影响很小，但他的职业生涯和思想却受到其他几位赞助人的深刻影响。

　　埃米尔·涂尔干在各个方面都是法国学术官僚的典型。他是20世纪最具原创性的现代主义思想家（他于1916年去世），而且作为权力经纪人，他的老到和冷酷是无与伦比的。涂尔干是一个拉比的儿子。他起初以教育学教授的先驱人物身份而享有盛誉，对法国中学教师的影响甚至超过约翰·杜威[①]对美国中学教师的影响。涂尔干创造了模范的公立中学的教师形象：薪水优厚、自信满满、左翼立场、世俗主义者、反教权主义者、超级爱国者、文化沙文主义者，而且，最重要的是，学识渊博（通常持有很高的学历文凭，而且攻读的博士学位不是教育学，而是一个"实际"学科）。在波尔多担任法国第一位社会学教授的涂尔干到法兰西学院任职时，赋予自己的头衔是社会学和教育学教授。他继续培养中学老师，但现在更致力于建立现代社会学学科（而他同时代伟大的社会学理论家、柏林的前任罗马历史和法律教授马克斯·韦伯（Max Weber）则没有这样做）。

　　涂尔干在社会学上有两个基本观念。首先，社会学是一门定量学科，微小的数学差额（例如瑞典的自杀率与法国的自杀率相比）会造成至关重要的社会差异。其次，每个社会都是封闭的体系。这个封闭的盒式系统的每一面都是另一面的功能（即受另一面制约并与之互动）。（**p.127**）因此，经济学与政治相关，政治与艺术相关，艺术与社会结构相关，等等。一旦发生社会混乱，思想与权力机构之间出现裂隙，这一体系就可能变得不稳定，例如越战时期的美国。但是，因为功能性社会体系的保守性和吸收性特点如此强大，以致很少发生革命。然而，该系统能同化和调和不和谐的元素（例如：越共女王简·方达[Jane Fonda]成了影视业亿万富翁；革命家汤姆·海登[Tom Hayden]成了温和的左派加州立法员）。涂尔干社会学对布洛赫和费弗尔影响最深的不是其量化

---

[①] 约翰·杜威（John Dewey，1859—1952）：美国哲学家、教育家和心理学家，实用主义哲学学派创立者之一，实用主义哲学教育的倡导者，主要著作有《经验和自然》《学校与社会》等。

原则（这种影响要等到 50 年代后期才在法国史学中表现出来），而是其整体性原则，即社会的各部分与其他部分之间都相互影响，必须从其功能性整体上去理解这个系统。涂尔干的弟子费弗尔和布洛赫认为，要了解促进整体发展的动力，需要尽可能多地利用社会科学和行为科学。

亨利·皮朗是位讲法语的比利时公民和爱国者。20 世纪 90 年代，他被比利时王室和皇家学院选中，撰写一部五卷的比利时历史，重点关注中世纪时代。当时比利时不存在，但可以宣称其史前史能够追溯到佛兰德斯郡和其他几个封建公国。皮朗根据需要创造了比利时的民族历史。皮朗在根特大学担任中世纪历史教授长达 40 年之久，于 1935 年去世。他是一个亲法派，强烈反德国。他在第一次世界大战期间曾被德国人拘禁。20 世纪 20 年代末和 30 年代初，皮朗是法语国家最著名的中世纪历史学家，曾获得多项荣誉学位和其他学术殊荣。他因为自己的两个"命题"而著名。20 世纪 50 年代，研究中世纪历史的博士生，如果没有掌握这两个皮朗命题及由此而产生的争论，谁也不敢参加博士资格考试。耶鲁大学著名的意大利经济史学家罗伯特·洛佩兹（Robert Lopez）最初就是作为皮朗的批评家而成名的。

皮朗的第一个论点是关于中世纪城市的起源。他声称，城市是 10 世纪到 11 世纪从事国际贸易的商人的产物。国王、公爵或主教统治的城堡的城墙下（burg [堡]，派生出 burgher [市民] 和 bourgeoisie [资产阶级]，指那些住在城堡墙下的人）就是他们的庇护所。最终，随着其他商人的聚集，他们当中的一些人使当地行业和工匠也卷入进来支持这些资产阶级家庭，城市中产阶级就在自己周围筑起一道围墙。（**p.128**）然后出现了其他城镇居民，他们居住在墙外面，住在郊区。随着居民越聚越多，五十年或一百年后，这些人也在自己周围筑起围墙，于是出现了新的郊区。因此，中世纪的城市围绕城堡或大教堂呈同心圆形式向外扩展，从 10 世纪开始直到 14 世纪初人口停止增长，经历 1346 年至 1348 年的黑死病之后，人口急剧下降。皮朗对城市化的漂亮解释发表在几本清楚明白的著作里，而后见于他为新《美国社会科学百科全书》（*Encyclopedia of the Social Sciences*）撰写的一篇颇有启发性的长文中，这篇文章后来发行了单行本。唯一的问题在于，即使是在 20 世纪 30 年代也有明显证据表明，皮朗的中世纪城市命题并不十分适用于意大利。原因是罗马时代以来的许多城市尽管大多萎缩了，但事实上还是有延续的。皮朗的资产阶级命题最适合像根特和伊普尔（Ypres）这样的佛兰芒城镇，如果读者有心看一看皮朗那些少得可怜的脚注的话，就会发现他的大部分材料都来自那些城市。最近有学者认为，皮朗的理论不仅不适合德国莱茵地区的许多城市，而且即使在他的家乡佛兰德斯和法国北部也存在问题，在那里可以发现有些城市的基础可以追溯到6世纪。

考古发现也不大支持皮朗：它往往显示罗马或后罗马时代早期城址具有惊人的连续性。也很可能考古学家误读了他们零星的数据。至于皮朗认为城市的诞生是受国际贸易启发，这从一开始就站不住脚。显然，严格的地方贸易往往是关键因素，城市是作为手工艺人和地方市场交易的地点出现的，服务领主及其家庭、主教的勇士及其牧师和仆人的需求，英格兰南部和德国东部莱茵河谷的城市尤其是如此。我的猜测是，在11世纪教皇镇压牧师情妇之前，大教堂城市三分之一的居民实际上是当地牧师的私生子，或者这些私生子的后代。皮朗的中世纪城市命题为我们提供了一个清晰的范式，但从经验上讲却很难被我们很好地接受。许多中世纪城市的中心完全是罗马时代的延续。市民在经济方面通常对本地贸易有兴趣，而不是国际贸易。市民的起源是多种多样的。

皮朗的第二个命题是"穆罕默德与查理大帝"，这个名称来自他有关这一主题的一本重要著作。这个命题更具争议性，（**p.129**）而且至今仍然存在争论。皮朗认为，从经济和文化上开启了中世纪进程的，不是5世纪后期西罗马帝国的衰落，而是穆斯林在7世纪和8世纪的扩张。到8世纪初，西欧已经脱离了地中海，地中海变成了"穆斯林湖"。欧洲生活的中心第一次转移到内陆不发达的北部国家，在"被迫依靠自己的资源"的情况下，欧洲不得不创造出一个独特的文明，尽管当时其财富和文化水平不如地中海世界，但已经为未来伟大的发展打下基础。因此，是穆罕默德成就了查理大帝。

这种范式引发半个世纪的争论。罗马文明在6世纪的法国幸存了吗？地中海贸易真的因阿拉伯征服而终止了吗？宗教团体之间是否存在国际贸易的延续？历史的真相被反反复复争论了半个世纪。如果必须就我们现在的立场发表共识的话，那就是：公元8世纪时，从地中海到欧洲北部，发生了改变欧洲文明态势的重要事件，但穆斯林扩张的后果仅是次要原因。尽管罗马文化在6世纪仍然存在，但到那时已经饱经摧残，对社会或文化的影响像游丝一样微弱。

对于皮朗而言，最重要的不是他具体说了什么，也不是他的两个著名命题是否正确，而是他是怎么说的。他的方法和风格才是重点所在。他积累的材料很少，仅有一点尚可算得上体面的脚注，他就在这些脚注上大胆推测。皮朗传达的信息是：高度概括的中世纪历史存在一批受众，这一受众要比寥寥无几的专业中世纪学家要大得多。如果你能对中世纪的经济和社会作出强势的、看似合理的解释，那么整个知识界，甚至某种程度上，大学之外受过教育的世界都会倾听，你将成为名人，受人尊敬，富有起来。大胆思考，大胆写作。包括阿尔方和布洛赫在内的同时代人都时刻谨记这一教训。皮朗教会了中世纪学者大胆地推测。的确，他高谈阔论比较文明史和世界历史，就像阿诺德·汤因比① 在英格兰开始写作的历史，就像奥斯瓦尔德·斯宾格勒②20世纪20年代中期在德国以极富想象力的诗意而非学术方式写作《西方的没落》(Decline of the West)那样。(**p.130**) 皮朗本人从未尝试写作这种比较世界历史，但他的儿子雅克·皮朗（Jacques Pirenne）接手了这项任务，不过成绩不佳。

皮朗方法论的合法性在费迪南·洛特典范的著作中得到强化，洛特几十年来一直任法国国立文献学院院长，同时还是索邦大学中世纪历史教授。洛特是一位技术大师，在处理和编辑中世纪文献方面，也许是莱茵河以西唯一能够与伟大的文献集成研究所的德国人媲美的学者。但他也完成一部综合性著作——《古代世界的终结与中世纪的开始》(The End of Ancient World and the Beginnings of the Middle Ages)。这部著作很长时期都是学术畅销书。很难相信，此人还花几年时间为三十个6世纪宪章编写了一个精美而详尽的版本。最后，他真正放手了，写出自吉本③以来关于罗马帝国灭亡的最具可读性的著作。书中有些章节关于"公共精神败坏"（啊，第三共和国！）、东方思想入侵（法兰西帝国万岁！）、蛮族入侵、教会的影响，还有令人难忘的比喻：他比较450年和200年的文化，将其比作梦游者在天空中看到了一组不一样的星星——瑞普·凡·温克尔④的晚期罗马帝国版本。这本书写得如此精彩和受欢迎，以至三十年后的1950年，出版商请求他发行新版时，那些文字已成为经典，他一字也不屑改动，只添加一个附录，热情地回顾了1920年以来其他人的言论。

洛特的《古代世界的终结与中世纪的开始》出现在亨利·贝尔主编的名为"人性的演进"（The Evolution of Humanity）系列中。五十年来，在法国学术界贝尔一直是边缘化的不入流人物。他一次又一次地谋求大学职位都失败了，只能偶尔在大学里讲授成人教育课程。但是，贝尔成了出版巨头。创办《历史综

---

① 阿诺德·汤因比（Arnold J. Toynbee, 1889—1975）：英国历史学家，主要著作《历史研究》发展了德国历史学家斯宾格勒的文化形态史观。

② 奥斯瓦尔德·斯宾格勒（Oswald Spengler, 1880—1936）：德国哲学家，认为任何文化都要经历成长和衰亡的生命周期，著有《西方的没落》《世界历史的远景》等。

③ 吉本（Gibbon, 1737—1794）：英国历史学家，著有史学巨著《罗马帝国衰亡史》，记述从2世纪到1453年君士坦丁堡陷落为止的历史。

④ 瑞普·凡·温克尔（Rip Van Winkle）：美国作家华盛顿·欧文创作的同名短篇小说的主人公。小说中瑞普·凡·温克尔喝了仙酒后一觉醒来发现时间已过了整整二十年，一切都十分陌生。

合评论》(*Review of Synthesis*)期刊仅获微小成功之后，他想出一个绝妙主意，邀请著名教授、各领域的大师，从档案馆和研讨会中走出来，撰写适合学生和普通读者的、被法国人视为高度庸俗化的作品。从1910年到1950年，在大西洋两岸世界中，贝尔是综合和普及工作的大王，在将大学的学术带入中学教室和中产阶级起居室的工作中，发挥了举足轻重的作用。亨利·贝尔就是法国的威尔·杜兰特（Will Durant）和克利夫顿·费迪曼（Clifton Fadiman）。他非常善于识别那些在一点点说服和金钱激励下就能大有作为的隐居学者。(**p.131**) 他不仅邀请费迪南·洛特写作关于罗马帝国灭亡的著作，还邀请路易·阿尔方写作关于加洛林帝国的著作、马克·布洛赫写作封建社会的简史。

到1930年，贝尔不再是一个令人尴尬的夜校笑柄。他已经成为法国学术界和出版界的一股重要力量，甚至在英语世界也不可忽视，因为"人性的演进"系列中的大部分著作都被译成英文，并且在（1945年之前）很少竞争的情况下，表现相当不错。如今，贝尔系列中的许多书看起来都很可笑：开始的时候张口闭口科学、文献、档案、考古材料和高深学问等，不经意间就开始泛泛而谈；接着又开始一番肆无忌惮的异想天开。

在学术研究的光谱上，吕西安·费弗尔处在与贝尔相反的另一个极端。费弗尔是深刻的思想家、勇敢的先锋历史学家，至少撰写了三本重要著作，在多个学科领域内都具有超强能力，从标准的专业角度看可谓非常成功。费弗尔最终进入法兰西学院。但是费弗尔和贝尔两者之间也有一些相似之处。两人都致力于跨学科研究，为此目的不惧参加论辩。他们都是学术帝国的建设者和野心家，不会让任何一次能利用的机会白白溜走。

费弗尔是第一次世界大战前的历史系研究生，受社会地理学家维达尔·白兰士（Paul Vidal de la Blanche）的影响。白兰士的工作因为对法国殖民政府具有利用价值得到了法国政府的支持（出于同样的原因，20世纪前五十年里英国的人类学得到英国政府殖民地事务部门的资助）。由于这个原因，费弗尔出版了他的第一部著作，对16世纪法国的一个小地方进行了深入研究，全面考察了环境对社会、政治和文化的影响。费弗尔还是使用定量数据研究前现代欧洲历史的先驱。1920年，在斯特拉斯堡立足之后（后来到巴黎），费弗尔将目光转向宗教改革，从社会学的角度考察路德教派，评价新教主义怎样与新兴资产阶级心态相适应。研究的学术取向，部分是涂尔干的，部分是马克思的，部分是韦伯的。1942 年到 1944 年的流放期间，费弗尔在乡间别墅完成一项对拉伯雷[①]的研究，这也是他的第三本伟大著作。这一研究唤起了对一种仍占主导地位的口述文化的记忆，并在某种程度上预示了沃尔特·翁（Walter Ong）和马歇尔·麦克卢汉（Marshall McLuhan）后来的传播理论。

在撰写开创性著作的同时，费弗尔也培养出一代思想上和政治上激进的研究生，(**p.132**)包括费尔南·布罗代尔（Fernand Braudel）。他还不断地与他心目中学术上的保守主义和狭隘思想进行辩论。费弗尔本质上是反现代主义的新维多利亚主义者。他谴责"事实崇拜"和"像其他人收集邮票和火柴盒一样收集历史事件"。历史是对大范围问题的考虑，这些问题可以借助社会科学和行为科学来回答。"没有问题就没有历史。"好的历史具有思辨性和高度解释性。历史不能呆板。

费弗尔在学术界引起激烈的反对、恐惧和仇恨，但他的书非常出色。人们简直无法抗拒他。费弗尔的学术之路青云直上。这也不能让这个躁动不安的思想巨人满足。他寻求制度上的革新，以传播自己的思想并获取赞助的权力，以消灭反对派并发动学术革命。1929 年，费弗尔与他在斯特拉斯堡（后来在巴黎）的同事马克·布洛赫共同创立了《经济与社会史年鉴》（*Annales d'Histoire Économique et Sociale*，后来给予人类学和文学批评应有地位，名称改为《年鉴：经济、社会、文化》[*Annales: Économies, Sociétés, Civilisations*]）作为新的行为主义历史的宣传喉舌。尽管在 20 世纪 30 年代被认为不入主流和粗劣笨拙（早期期刊上的许多文章确实很幼稚和愚蠢），但《年鉴》的地位稳步上升至前列。到 1970 年，已经如布罗代尔自豪地指出的那样，历史学家如果没有在《年鉴》上发表文章就无法在法国开创职业生涯（或获得较好的工作）。尽管一些文章仍然很幼稚和愚蠢，但很少文章让人觉得枯燥。在布洛赫的协助下，费弗尔有了一份期刊作为跨学科社会历史的年鉴学派的中心阵地，以支持行为主义的、问题导向的年鉴派历史学家。

然而，作为学术帝国的建造者和野心家，费弗尔想要这一切有实物化的体现——一个独立自治、资金优裕、国家支持的新先锋社会历史研究所及随之而来的学术官僚赞助。他希望新的社会科学高等研究院拥有实在的物质和机构形式。费弗尔不仅想要同事和门生，还希望拥有权力并掌控赞助。战后，费弗尔得到了他想要的一切，这很大程度上要归功于布洛赫的牺牲。卡罗尔·芬克

---

① 拉伯雷（Rabelais,1494—1553）：法国作家、人文主义者，代表作为长篇小说《巨人传》，反映文艺复兴时期资产阶级的思想要求。

（Carole Fink）表示，布洛赫和费弗尔的关系有时很紧张。1940 年到 1942 年，他们对是否在纳粹占领的巴黎继续出版《年鉴》发生了争执。费弗尔坚持出版，并最终获胜。

战后的巴黎政府同意了费弗尔的要求，将布洛赫追认为抵抗运动的烈士。(**p.133**) 凭着残酷无情的效率和高强度的意识形态打压，费弗尔快刀斩杀了所有的反对派。1956 年，77 岁的费弗尔去世的时候，已成为法国史学的恺撒大帝，并且是整个巴黎社会和行为科学首要的权力经纪人。布洛赫的死亡比他活着时对费弗尔的价值更大。

结构主义人类学家克洛德·列维-斯特劳斯构成费弗尔晚年时的一股反击力量。列维-斯特劳斯是比利时拉比的儿子，马塞尔·莫斯（Marcel Mauss）的学生，又是涂尔干的外甥。他于 1940 年逃离巴黎，战争期间生活条件不甚舒适，在新社会研究学院讲授成人课程，同时也在纽约市巴纳德学院（Barnard College）给新生上课。列维-斯特劳斯（在美国他自称斯特劳斯先生，以免与蓝色牛仔裤制造商混淆）于 1947 年回到巴黎，担任巴黎索邦大学新创建的社会人类学教授一席，很快成为新的学术官僚。列维-斯特劳斯凭借思想的出众和大胆、著作的先锋品质以及对掌握权力和赞助的雄心的不遗余力，完全可以成为往日的大师吕西安·费弗尔旗鼓相当的对手。但是，列维-斯特劳斯韬光养晦，顺服了令人尊敬的费弗尔。直到费弗尔去世的那一年，列维-斯特劳斯开始行动，出版了文学和理论杰作《忧郁的热带》（*Tristes Tropiques*）。费弗尔的指定继承人费尔南·布罗代尔很快为他让路，在接下来的二十年里，他们二人几乎完全控制了巴黎的"人文科学"。

到 1960 年，布洛赫在战前所梦想的、费弗尔所计划的法国学术界大变革和整个社会历史的合法化已经完全实现。布洛赫，这个叛逆者和局外人，没能在法兰西学院获得一席之地，并且曾在争取这一最高奖项的过程中遭到公开羞辱。现在，他变成了一个知识分子的神明，他的神坛需要战后巴黎所有的学术官僚顶礼膜拜。

学术界在某个时候，一个特定的名字会成为象征性的护身符，并被赋予大量的含义。因此，今天马克·布洛赫拥有最高的积极评价。布洛赫拥有吸引美国学术界的所有美德。他是法国人、犹太人、左派、抵抗运动的英雄和烈士。他倡导并实践跨学科的方法。他将社会学和人类学的概念应用于解释中世纪社会。布洛赫的作品很容易理解，有些可以安排进大学课程中，芝加哥大学出版社出版有两卷本的平装译本《封建社会》（*Feudal Society*，1961），收录于亨利·贝尔的丛书中并于第二次世界大战开始时出版。(**p.134**) 难怪今天"马克·布洛赫"是所有学术美德的护身符。讨论中世纪社会时引用布洛赫能产生一种神秘效果，就如在 13 世纪经院哲学辩论中引证圣奥古斯丁一样，或者换一个类比可能更接近一些，就如诉求神圣仲裁时向圣母玛利亚呼唤一样。

## 三、领主与农民

不管法国的中世纪历史学家学术官僚做什么，他们总要阐明一段法国历史。阿尔方和布洛赫也是如此。依据当时统治家族的名字，8 世纪 30 年代至 9 世纪末的法国历史被称作加洛林时代。主要人物是 760 年至 814 年期间在位的查理大帝（Charles the Great 或 Karl der Grosse 或 Charlemagne）。查理大帝至少在名义上统治的地区不仅包括今天的法国，还包括德国西部以及包括罗马在内的意大利北部大片地区，偶尔还包括西班牙北部部分地区。他的传奇形象出现在法国文学第一部伟大作品《罗兰之歌》（*Song of Roland*）之中，这是一首从 11 世纪末流传下来的史诗作品。这部作品及其主人公罗兰伯爵（Count Roland）背后的历史故事是，查理大帝没能征服穆斯林西班牙北部而付出了徒劳努力。那个年老体衰、白发苍苍的帝王是这部史诗中的重要人物，他是主持正义者、法国骑士的领袖、人民的救世主和守护人。

历史上真实的查理大帝到底是怎样的？他是怎样统治帝国的，又有怎样的成就？查理大帝死后，由于子孙之间的自相残杀，以及后来加洛林统治者无法阻止维京人和匈牙利人的入侵和破坏，加洛林帝国逐渐解体，那时加洛林帝国的现实又是怎样的？后来的加洛林统治者不得不逐渐让位于当地的封建公爵和伯爵，由他们为帝国提供一点点和平和保护。果真查理大帝年轻时仅仅是伟大的战士，年老时仅仅是教会扶植的象征，从来不是积极从事日常政府事务的有作为的统治者吗？自 1950 年以来，维也纳的海因里希·菲希特瑙（Heinrich Fichtenau）和牛津的 J. M. 华莱士-哈德里尔（J. M. Wallace-Hadrill）对查理大帝提出这种怀疑。(**p.135**) 持异见者反对的是路易·阿尔方出版于 1947 年的那本经典著作《查理大帝和加洛林帝国》（*Charlemagne and the Carolingian Empire*），此书是 1944 年阿尔方在山里躲避纳粹时开始写作的。

阿尔方毕生都在为撰写这本书做准备。早在 1907 年，他就开始发表有关加洛林王朝历史各个方面的文章和详尽的技术研究。阿尔方走访了法国和意大利北部所有的档案馆，对漫长而充满矛盾的加洛林时代，尤其是对查理大帝统治时期的渊源，他的精通无人能比。

作为法国犹太人，阿尔方应该对加洛林时代具有很大兴趣，因为这是法国中世纪时期犹太人最欢乐的时代。这一时代始于 8 世纪 30 年代加洛林王朝统治开始（尽管他们直到 751 年才正式加冕），终于 9 世纪 40 年代里昂大主教攻击犹太人的特权地位。即使那个时候法国的犹太人仍在持续蓬勃发展，直到 11 世纪初基督教尚武精神兴起和经济环境变化让他们的状况迅速恶化。在不发达的经济中犹太人对统治者是有用的，这几乎是所有早期中世纪社会的特点（如 1080 年前后征服者威廉统治下的英国、1170 年前后的德国、16 世纪早期的波兰）。犹太人是当时的银行家、放高利贷者、国际商人。随着能够从事这些工作的基督教商人的出现，犹太人的价值急剧下降。但直到此时，犹太人在为基督教君主提供流动资金方面仍是不可或缺的。加洛林时代法国的犹太人在促进地中海与穆斯林之间贸易方面起着重要作用。开罗或摩洛哥的非斯（Fez）有一个犹太家庭分支，法国有另一个犹太家庭分支，借此他们有了人际联系和信用工具，能在地中海地区和宗教集团之间从事贸易往来。

20 世纪 20 年代和 30 年代，研究加洛林时代的著名德国历史学家威廉·莱维松（30 年代末他不得不到英国避难）和阿尔方一样是犹太人，这不仅仅是巧合。因此，在那样长一段时期对犹太人友好的加洛林王朝，在两次世界大战期间法国和德国的犹太人中世纪学家中，找到了能为之立言的最杰出的历史学家。

加洛林时代的犹太人在法国南部拥有土地，尤其是在纳博讷（Narbonne）地区。远在马尼舍维茨时代之前，他们就在开发葡萄酒方面成就卓著，而且这种古老的犹太葡萄酒不是很甜。[①] 甚至还流传着这样一个真实性有争议的故事，（**p.136**）两代犹太历史学家已经初步涉足这个话题。故事讲述纳博讷地区一个犹太领主娶了一位加洛林王朝的公主。由于教会的敌意和贵族的嫉恨，犹太人拥有领土的事情在 11 世纪是不可想象的。在那个时候，除非你宣誓忠于基督教，否则无论如何是无法拥有土地的。

但阿尔方并不是犹太沙文主义者。他的问题不是：这对犹太人好吗？查理大帝时期犹太人的繁荣是阿尔方设想的全面的正义与和平的一部分。在他看来，这种以全面的正义与和平为特点的温和氛围是查理大帝政策的标志。加洛林时代人的理想主义让阿尔方着迷，超过其他一切。在阿尔方看来，经过几个世纪的动荡和疯狂恣肆的暴力之后，野蛮的社会中出现这样一个世界，理智和公德得以推行到乡村地区。阿尔方将最高价值归功于学问和理智自身在社会中的推行，这在他这一代中产阶级犹太自由主义中占有核心位置。

---

① 马尼舍维茨酒（Manischewitz）：犹太人逾越节的仪式用酒，也是一种极甜的葡萄酒。

## 发明中世纪
### 20世纪中世纪名家评传

20世纪20年代以前，很大程度上直到20世纪60年代的时期，受过西方教育的犹太中产阶级将其后代培养成列宁主义者和毛泽东思想者，支持各地维护秩序、和平、正当法律程序和精英制度原则的政治力量。当然，这种态度对犹太资产阶级而言有自私自利的成分，他们激进的、热爱无产阶级的后代在20世纪60年代就喜欢这样指责他们。但这里面不仅仅有自身利益。对于大西洋两岸受过教育的犹太中产阶级而言，他们最看重的是家庭生活和子女的安全与进步，对子女教育不惜重金。然而，只有在和平与稳定的法律秩序、对人才的尊重、对吃苦在前享受在后和辛勤工作的奖励中，家庭命运才有好的结果。20世纪初的犹太气质（在沙皇统治的恶臭漩涡以外，因为在那个大漩涡中，迫害和革命的大熔炉正在促成根本变化，并产生像勃朗斯坦/托洛茨基 [Bronstein/Trotsky] 和格林/本-古里安 [Grün/Ben-Gurion] 这样的变种）热烈地支持自由理性，支持在社会中推行人文主义文化。这就是为什么各地的犹太人都如此亲近英国。他们认为，他们在英国看到了这种温和的、人文主义的政治，不管是自由党还是保守党执政都是如此。这就是他们支持法兰西第三共和国那些自我宣称是1789年革命继承人的中间派"激进分子"的原因。这就是他们崇拜伍德罗·威尔逊[①]（威尔逊投桃报李，任命路易斯·D.布兰迪斯为最高法院第一个犹太人法官，此人曾是他的亲密顾问）的原因。回头看，这也是路易·阿尔方（**p.137**）喜欢加洛林时代的人，对他们，尤其是对查理大帝持肯定态度的原因之一。

阿尔方并不天真。他说，将查理大帝视为一位深谙政治的人物，"纯属幻觉"。但查理大帝确实拥有"强烈的个性和一种非常准确的直觉"，知道在各种情况下什么是可能的。他的继任者就缺乏这些个人品质。总的来说，加洛林王朝是"皇帝一人掌控一切，并将其意志作为国家最高法律的政权"。这种权力行使富含理想主义色彩并且是无私的，因为皇帝听从了如英国僧侣阿尔琴（Alcuin）这样的教会顾问的建议。加洛林王朝的官员构想了一个基督教秩序，但没有后来几个世纪的好战和狂热。因此，犹太人可以在这种基督教国家舒适地生活，就像他们在1100年前的穆斯林西班牙生活一样。

因此，根据阿尔方的解读，加洛林王朝是一个高效而理想的君主政体："受教会的影响，加洛林王朝的统治者作为臣服于政府的人民团体的领袖，意识到

---

[①] 伍德罗·威尔逊（Woodrow Wilson，1856—1924）：美国第28任总统、民主党人，领导美国参加第一次世界大战，倡议建立国际联盟并提出"十四点"和平纲领，获1919年诺贝尔和平奖。

自己的责任……法兰克人对国王的义务，远没有对遵循天主教教义生活的要求更感到迫切。"这些教义虽然借鉴了奥古斯丁和其他神父的传统，但仍然是软性要求，而不是硬性的。加洛林王朝的贵族和牧师们要求的是法律、和平、正义和繁荣，而不是基督再临。加洛林时代的精神是让人类在一个舒适的绿洲中逗留，而不是为即将到来的上帝的愤怒做准备。这是一种平民的宗教，而不是一种末日到来的、千禧年般的狂热。这对犹太人是有利的。它类似于资产阶级主导的第三共和国的人文主义和自由主义精神。这就是阿尔方的加洛林帝国。

其实，这并不是幻觉。查理大帝统治下曾出现一种秩序，至少在这位大帝年老体弱之前是这样的。在帝国辽阔疆土允许的范围内，政府的相关设施得到改进，寺院和教区神职人员有高度严格的纪律，边境得到稳固的保护，出现著名的加洛林文艺复兴。这意味着来自欧洲各地，特别是英国和意大利的学者们，聚集在亚琛（Aachen）皇宫里，直接在皇帝的赞助下工作。图书生产非常活跃。如果不是加洛林时代抄写员的劳动和智慧，我们现在几乎没有多少拉丁语经典留存。（**p.138**）根据阿尔方的描述，加洛林文艺复兴产出了非凡的图画装饰手稿。加洛林文艺复兴意味着诗歌和历史写作以及大量教会法律的汇集。阿尔方对这个帝国的看法非常积极。他在其中深感自在。阿尔方认为，这是一个进步、改革和文化水平大幅提高的重要时代，为中世纪文明崛起打下了基础。虽然很容易说查理大帝只是一个半文盲的战士（显然他能读，但不会写），他的助手都是些狭隘、枯燥的书呆子，但这种判断最终看起来并不正确。根据路易·阿尔方的描述，查理大帝的帝国确实发生了一些非常重要且有高度创意的事情。

经过20世纪40年代末和50年代关于查理大帝和加洛林文明性质的辩论，40年后，阿尔方的判断才看起来是合理的，而不是幻灭的后纳粹时代海因里希·菲希特瑙的反智主义（希特勒是个骗子，所以查理大帝也是个骗子）或华莱士-哈德里尔尖酸的英国庸俗主义（他们都是野蛮人，无论如何理智从没有在历史上胜出）。1983年，皮埃尔·里谢（Pierre Riché）总结了自1945年以来对加洛林世界的大规模研究。从更专业的层面上说，皮埃尔·里谢是马克·布洛赫和年鉴集团的，而不是阿尔方的信徒，但他描绘的加洛林时代人的图景与阿尔方的更为接近。里谢总结说，反对阿尔方的持异见者对加洛林时代人的工作"判断糟糕"。里谢说道，将一切都考虑在内，正如阿尔方相信的那样，加洛林世界为欧洲各国奠定了基础。

作为中世纪学家，马克·布洛赫接受的教育和训练与阿尔方的一样严厉而传统。1914年参军之前，布洛赫在对中世纪文献的传统细读和对考古材料的研究方面接受了极其良好的训练。他如果想要成为一名出色的技术人员，随时可以胜任。1933年，布洛赫发表一篇长达二十五页的论文，研究"中世纪黄金问题"。这篇论文是随后所有中世纪货币学（numismatic）研究的基础，从未被取代。他关于法兰西岛上王室庄园上的农奴的博士论文是一种传统的、高度技术化的制度史研究。经历四年的战斗和屠杀，布洛赫退出军队。他对这种枯燥、狭隘的历史探究方式感到不满。他经历了巨大的集体努力和前所未有的暴力，军队的经验让这位巴黎大资产阶级犹太人第一次认识到法国农民真正的样子。（**p.139**）可以这样说，布洛赫在军队遇到了具有持久性的农民心态，决心展示它是怎样在漫长的世纪中出现的。

这样说有一定道理，但是布洛赫实际的学术发展要复杂得多。20世纪20年代上半叶布洛赫在斯特拉斯堡任教之后，研究的不是农村社会，而是中世纪文明的另一个极端——王权仪式。布洛赫写过一部长篇著作研究国王神迹，即英国和法国国王被赋予的通过抚摸为民众治疗疾病的能力。有时布洛赫看着这项工作，似乎要把自己置身于中世纪君主制的德国学术史中。事实上，布洛赫关于国王神迹的作品与施拉姆和坎托洛维奇及其他伟大德国史学家的神圣王权的著作相比，表现非常平庸。他没有做的是应用涂尔干的社会学。布洛赫没有探索中世纪心态中是什么东西需要国王有这种神奇能力这个问题。从英国人对技术要求的角度来看，这本书异常草率凌乱，正如理查德·W. 萨瑟恩在对该书一个非常负面的评价中指出的那样。

20世纪20年代末，布洛赫的学术生涯和思想发展面临危机。他解决的办法是接受他在斯特拉斯堡聪明的朋友兼同事费弗尔的影响，举起整体史、地理和人类学历史的旗帜和涂尔干功能主义社会学的旗帜。然而，纳粹主义崛起和大萧条爆发，并于20世纪30年代开始影响法国，对自由主义传统和犹太人构成巨大威胁，使布洛赫陷入了新的思考，这一点和费弗尔的影响同样重要。费弗尔为他指明学术之路，但纳粹主义的威胁和经济大萧条中资本主义的明显衰落将布洛赫强有力地推向左派。这种创伤对多数中产阶级自由主义者，尤其是他这一代的犹太人，造成巨大影响。正是在那时他与费弗尔共同参与后来影响深远的《年鉴》期刊的出版项目。对他来说更重要的是，这促成他于1931年出版《法国农村历史的原始特征》（*The Original Character of French Rural History*）一书。这本书标志着他的新历史取向和左派政治观点，一些评论家视其为布洛赫最好的著作（尽管直到1966年，这本书才被翻译成英文，以《法国农村史》[*French Rural History*] 这个平淡的题目为书名出版）。布洛赫，这个"大主教的儿子"，这个享有特权、个人资产丰厚的学者，（**p.140**）在20年代后期经历了一场学术危机，成为后人所熟知的激进的马克·布洛赫。

1941年至1942年，布洛赫被流放到蒙彼利埃期间，与抵抗运动开始建立联系的时候，在《历史学家的技艺》(The Historian's Craft) 一书中总结了他的史学原理。这本书没有完成，直到战后才出版，随后被翻译成英文。此书一经发表，就引起了巨大反响。布洛赫有关中世纪史的两部主要著作《法国农村史》和《封建社会》(Feudal Society, 1940) 背后的假设都在这本书中得到阐述。极大的争辩勇气和清晰的思路是该书的特点。

马克·布洛赫未完成的史学著作《历史学家的技艺》影响了一代历史学家的思想。布洛赫试图用此书取代20世纪早期由夏尔-维克多·朗格诺瓦（Charles-Victor Langlois）和夏尔·塞尼奥博斯（Charles Seignobos）撰写的法国历史方法手册以及其他现代主义的或"科学的"历史。1945年后，岁月的动荡促使布洛赫实现了这一目标。布洛赫战胜了朗格诺瓦和塞尼奥博斯代表的一切主张：他们认为可以采用一种普遍接受的方式对原始资料进行仔细考查和严格分析；他们坚信是可以证实的细节，而非高度概括，促进历史知识的发展；他们热衷历史叙事；他们相信社会历史存在于从大量文学作品中得出的花边文字中，正如朗格诺瓦对14世纪法国社会描述中所展示的。朗格诺瓦在1914年之前曾是布洛赫的老师。

《历史学家的技艺》一书为一代跨大西洋历史学者吹响号角，让他们可以驰骋想象，利用社会和行为科学概念作为探索工具，放弃历史叙事而转向结构分析，根据数据——有些人从定量的角度——写作社会历史，揭示人类行为的结构。布洛赫也在美国产生了和在法国同样大的影响。

《历史学家的技艺》有三个鲜明的思想。

第一，历史学家面对的仅仅是人们过往的"踪迹"，而不是现实，他必须根据这些痕迹在意识中重构当时的模样。在这种想象重建的过程中，行为科学和社会科学的观念至关重要。第二，自然环境虽然塑造了社会方向，但不是唯一的因素。在制度、仪式、穿着、饮食上体现出来的人类学因素也在起作用。**(p.141)** 各种物质和社会因素积极融为一个"总体"，构成起决定作用的环境。布洛赫提倡的社会历史是一种被人类学弱化的马克思主义。第三，重要的不是时间性或叙事，或社会的产生和发展过程，这些问题是次要的，也许不值得付出努力。重要的是一个社会的基本结构或"原始性格"，这种结构或性格在长时间内是持久的。换句话说，结构历史将取代叙事历史。重要的是布洛赫所说的共时性整体，而非历时性叙事。（这些术语来自法国人类学。）

布洛赫的《历史学家的技艺》中的这些思想成了年鉴学派的核心，并且对大西洋两岸战后一代的历史学产生了深远影响。显然，在这些思想的指导下，许多极具创造性和价值的学术工作得以完成。但是，"过去的踪迹"这种概念的局限性在于，它仅对于相对不能表达自己的群体而言是正确的，因为这个群体的行为只能从经济和法律记录中获取。对于中世纪社会的精英，我们拥有的不仅仅是他们的踪迹。他们就在我们面前。在许多情况下，我们能知道他们思想的最细微差别。我们可以在羊皮纸上看到他们的实际笔迹。我们与他们面对面。我们能够探索出严格的方法来分析他们的思想和行为。许多个体不仅存在于统计数据的模糊分类中，我们还了解他们的个性。

关于环境决定论，布洛赫不断超越自我。他试图在涂尔干和马克思之间寻找一条道路。他试图避免简单的地理决定论，并提倡人类地理学，因为人类学地理学确实认为社会受到自然环境的制约，但是他提醒人们，完整的分析必须考虑"其他角度"。布洛赫欣喜地发现，经济历史以及对社会发展中物质和环境因素的认识正在得到人们的认可。布洛赫的环境决定论可以表达为一种整体社会状况的理论，其中有自然环境与社会之间的相互作用。他将人类学和地理因素引入环境制约之中，这对于年鉴学派至关重要。以社会和自然环境互动性质为形式的环境决定作用，以及对人类学背景和地理环境的考虑，是布洛赫最具影响的思想。

从20世纪30年代至40年代初期的思想史的角度考虑，(**p.142**)以意识形态的尺度来衡量，布洛赫在那些焦灼的时代提出的历史理论，是对马克思主义决定论的更新、扩展和弱化。历史中的物质力量，体现在经济因素和自然环境中，在社会形成过程中有主导性的前因后果上的意义。但是布洛赫认为，人类学家非常重视的社会制度也同样重要。

因此，地理学、经济学和人类学告诉我们的社会运作的功能背景构成整体社会状况，应该在这个整体状况中理解中世纪欧洲的其他一切——政治、宗教、艺术。布洛赫的理论与法兰克福批判理论学派的理论非常接近，后者是由西奥多·阿多诺（Theodor Adorno）在20世纪30年代领导的一个新马克思主义团体，瓦尔特·本雅明（Walter Benjamin）和赫伯特·马尔库塞（Herbert Marcuse）都是其成员。法兰克福学派认为，物质基础决定制度和文化上层建筑的创建，但是后者在其特定运作中获得一定程度的独立于物质基础的自治。

布洛赫和阿多诺之间没有明显的相互影响。他们都是欧洲历史上某个特定可怕时刻的产物，二者的历史理论尽管不完全一样，但非常相似。这一点在布洛赫生前的影响并不大。20世纪60年代和70年代，由于年鉴学派的整体社会史理论与法兰克福学派的批判理论之间存在思想上的兼容性，阿多诺热切的美国新左派门徒惊喜地发现布洛赫的著作非常容易接受和得到认可。直到那个时候，他们理论上的相似性才产生重大影响。

布洛赫整体社会历史的局限性在于，它的分析常常过于笼统，无法解释中世纪文化的特定方面。例如，哥特式大教堂是特定物质和制度环境下的产物，这是正确的。但话虽如此，我们对哥特式大教堂及其设计和建造仍然不甚了了。再举一个例子，布洛赫的《封建社会》中最有见地的部分是讨论中世纪时间观念这一问题。然而，指出时间观念是自然和社会环境的产物，对我们帮助不大。中世纪时间观念的形成涉及一系列因素，包括教会传统、神学假设、罗马的遗留、贵族的社会习俗以及政治和法律现象等。

因此，将人类地理学或整体社会状况视为哥特式大教堂或中世纪时间观念的控制手段，存在严重限制。（**p.143**）布洛赫的这种因果解释无异于陈述一个公认的真理，但这在解释中世纪文化的特定方面没有多大帮助。用来解释一种特定文化表现因何出现时，布洛赫经过修改的环境决定论比同义反复好不了多少。布洛赫想避免完全的唯物主义决定论。但是他的人类地理学、整体社会状况环境决定论过于笼统和含糊，无法解释具体的文化实例。整体性是一个由多元因素决定的概念。它以一种单薄的、全局的方式解释一切，实际上什么也解释不了。布洛赫的著作没能避免社会学倾向于表面概括的弊端。

布洛赫强调结构、长期延续的"原始特征"和共时方法，其最严重的局限是无法解释1050年至1325年极富创造力的时代中政治上急剧而复杂的变化。这是《封建社会》最大的缺陷。它采用结构主义的方法解释封建制度，但是不能由此解释12世纪和13世纪封建君主制的历史，在这段时期国王和个别贵族的个性和自由决定的选择起着非常重要的作用。

布洛赫的结构历史的另一个问题是，在远离叙事历史的同时，它也远离了使历史职业在19世纪流行并在社会上产生影响的因素。结构主义思维模式和写作的流行与历史职业的社会知名度下降同时发生。阿尔方不仅是一位伟大的学者和学识渊博的大师，而且还是两部叙事历史作品的作者，这两部叙事历史曾引起广泛的关注和喜爱。布洛赫大胆的结构主义牺牲了叙事历史的社会作用和历史学家借助叙事历史产生的影响。

布洛赫的《历史学家的技艺》是一部具有革命性意义的作品，象征着一代历史学家的视野和方法。它释放了创造力，激发了许多有价值的写作。它启发了年鉴学派最好的中世纪著作，乔治·杜比的《欧洲经济的早期增长》（*Early Growth of the European Economy*，1974）。这是一部简明的杰作，比布洛赫本人的历史著作还要优秀。布洛赫的思想成为相关领域主要期刊之一——《年鉴》

的圣旨,并对另外两种重要期刊《过去和现在》(Past and Present,英国)和《跨学科历史杂志》(Journal of Interdisciplinary History,美国)产生巨大影响。布洛赫的思想吸引了许多有行为和社会科学取向的新锐思想家从事中世纪研究。(**p.144**)

布洛赫《历史学家的技艺》是受行为和社会科学影响的一代历史学家的丰碑。这些历史学家还受20世纪的政治动荡和20世纪30年代大西洋两岸的左派文化革命的激荡,而1960年代这种左派革命再次发生。在这一背景下,20世纪早期继承下来的人文主义历史,连同它的文学联系、一系列精确的批判性原则、对以叙事形式讲故事的热忱,似乎远远不够了。布洛赫提出的观念影响了新历史的发展。毫无疑问,在布洛赫的时代和整个20世纪70年代,《历史学家的技艺》都深受人们的重视和欢迎。布洛赫的思想在历史写作实践中的应用并没有产生预期的巨大突破,这也是事实。问题可能出在左派意识形态阻碍社会和行为科学的学术发展。如果已经知道寻找的结果,那么新概念对学问和研究产生的影响就会很有限。

广泛接受的意识形态与新方法之间的冲突体现在布洛赫的中世纪社会的著作中。布洛赫在《法国农村史》中提出农民民粹主义:"让我们无视领主和自由民,控制他们的财产并从他们的城市或小镇的住处收取租金。严格来说,这些人不属于农民社会,这个农民社会由直接靠耕种土地为生的农夫构成。"(珍妮特·桑德海姆 [Janet Sondenheimer] 英译)

布洛赫关于农民的主要观点与中世纪的现实并不完全符合。他大胆的民众言论引发了反驳。领主在农村经济中的作用与农民一样重要,甚至更重要。他们投资土地,为农民提供土壤和资源,尽可能地保护农民免受自然和土匪的侵害。他们为农民提供牧师和乡村学校。农民经济依靠领主的管理。直到17世纪末,大多数领主都生活在农村。农民社会与贵族不可分开。但是,很容易看出,布洛赫关于农民社会自治的论辩,如何吸引了1968年后二十年中的新的激进一代。到那时,他的作品已经很容易吸引受到阿多诺和马尔库塞鼓舞的马克思主义学者们。

在《法国农村史》中民粹主义又涂上一层浪漫主义色彩。布洛赫唤起法国的民族情绪:"所以,过去继续统治着当下。如果我们试图解释现代法国的农村面貌,就会发现几乎所有特征的前例都退回到时间的迷雾中。"如果这在感伤主义之外还有其他意味的话,(**p.145**)那就是说,20世纪30年代法国的经济非常落后,当时三分之一的人口仍然居住在农村,这是法国大革命期间将土地移交给农民的灾难性后果,直到20世纪50年代法国才走出这种落后的乡村主义。从一个角度看,《法国农村史》是很奇怪的反动著作,它在 1931 年赞美相对落后的法国社会。中世纪农民社会的长期存在,对法国来说实际上是一场悲剧,而不是胜利。但在社会主义左派中,人们常常对前现代世界怀有一种倒退的渴望。布洛赫迎合了这一渴望。

《封建社会》发表在德国人突破阿登森林中微弱的法国防线,向大海进发,后又占领巴黎的时候,整体上是一种更好的努力,具有平衡感,常对复杂的社会状况保持敏感:

> 两个封建时代的人（1100 年之前和之后）都接近自然,比我们要接近得多……社会生活的背景极度原始,屈从于不可控制的力量,构成单调的反差。
>
> 在暴风雨的天空中,人们仍然能看到幻影军队经过:民众说那是亡魂的军队;学识渊博的人宣称那是骗人的恶魔大军,他们不愿意否认这些幻影,总要为它们寻找一个看似学问渊博的解释……
>
> 在第二个封建时代的进程中,政治权威此时已经被大大地细分,到处都开始集中在较大的组织上……人们的心态发生了相应的变化。始于 11 世纪末的文化"复兴"让他们更容易理解社会纽带——总是有点抽象的概念——隐含在个人对政府的服从中。它还唤醒人们对过去伟大而有序的君主制国家的记忆。
>
> （L. A. 马尼翁 [L. A. Manyon] 英译）

布洛赫对封建社会的描述有两个普遍的缺陷。首先,他笔下的封建世界过于原始、无知、暴力和贫穷。我们是从农民阶层的上层或骑士阶层的底层看这个封建世界的。布洛赫的书从未充分关注过修道院、宫廷、大教堂和大学的奇妙学问、财富和想象力。(**p.146**)因此,我们看到的是一个奇怪的、欠发达的、衰落的中世纪世界。中世纪贵族生活中耀眼的艺术和富有想象力的一面只是被一带而过。

布洛赫杰作的第二个缺陷是不能表达变化,这一点是他特有的。这也并不奇怪,因为布洛赫本来就对中世纪权力中不可或缺的教会、城市、贵族宫廷和王室政府之间形成的动态变化兴趣不大。请注意布洛赫对封建社会中世纪君主制崛起的看法。他不理解那个发展过程中最重要的是什么——不是规模或"服从",因为规模是脆弱的,"服从"在许多情况下不平衡而且非常短暂,并且总是有问题的；也不是对君主制的记忆，这在大多数情况下都是人为的宣传。重要的是政府和法律的日常管理技巧，它来源于行政人员和律师的个性和野心，以及办公室和司法机关的日常事务，务实出现的官僚习性和行政想象力的出现才是导致变革的原因。谈论"人们的心态……的变化"对于相当具体的、实实在在的东西来说太模糊，太抽象了。

然而，马克·布洛赫有着富有成效的深刻见解。1941 年他发表在《剑桥经济史》(Cambridge Economic History)第一卷上的杰出的权威文章《领主制度的兴起》("The Rise of Seigneurial Institution")比《封建社会》有更深刻的见解。他将封建诸侯设想为一个模拟的大家庭。贵族就是骑士的代理父亲。这种行为主义的感知预见了 20 世纪 60 年代和 70 年代盛行的思辨性人文主义想象。布洛赫毫不犹豫地用先锋派知识分子的话语描述中世纪。这确实是中世纪研究的一个转折点。他创立了极其广泛的概念组合，发明了更多富有启发性的语言，人们直接可以拿来合法地界定中世纪。

《领主制度的兴起》可能是布洛赫有关中世纪社会的最后一篇文章。这篇文章比《封建社会》中几乎所有的内容都更精妙。布洛赫今天的声誉很大程度上都建立在《封建社会》上，但专业的、学院派的中世纪学家对这部作品并不看重。布洛赫加入法国军队与纳粹作战时，他关于中世纪社会最好的著作可能仍待完成。回想一下，到 1940 年，布洛赫成为中世纪社会历史学家才只有十年之久。他先前的工作主要是在中世纪世界的其他方面。(**p.147**)随着时间的流逝，布洛赫很有可能超越法国左派社会学传统，他关于中世纪世界的思想也会更复杂、更微妙。

## 四、长期持续

有名望的中世纪圣徒，尤其是男圣徒（女圣徒的市场价值大打折扣）去世以后，信徒对其身后的灵魂具有的向基督或圣母玛利亚代祷的神奇力量有极大的热情。圣徒一旦生病或年老，教区的主教、圣徒平时所属的宗教团体负责人，有时甚至是他们居住地的国王或公爵就开始计划如何利用信徒的热情牟利。精心策划、在罗马巧妙地斡旋以迅速获得圣徒身份的官方认可，以及对圣徒弟子的密切谋划和操纵，可以带来高额的财政回报、文化声望，甚至政治价值。

马克·布洛赫的情况也是如此。许多杰出的中世纪学家都有这种光环效应，身后的名声被有效利用，与他们有联系的弟子或机构从中受益。这是人文学界的正常现象。但马克·布洛赫的去世方式使其留下的"神圣遗产"很特殊。年鉴学派的同事和弟子利用这一遗产建立了权力基础。在接下来的四十年中，这个基础在坚定不移的管理下不断扩展，控制了法国的中世纪研究以及更大范围的近代历史，并将其影响范围扩展到海外，尤其是美国。

战争结束后的两年里，吕西安·费弗尔与纽约的洛克菲勒基金会和福特基金会以及巴黎的教育部进行谈判，争取资金——就教育部而言，是争取一个持续的国家预算项目——以建立一个研究所。直到1975年，年鉴学派研究所的正式名称一直都是高等研究应用学院第六部，是巴黎大学内部一个有博士学位授予权的庞大的研究生院。第六部有自己的大厦——用玻璃和钢建造的人类科学博物馆，拥有大量资源支持其资深成员进行研究或支持年轻同事攻读博士学位。（**p.148**）1975年，法国高等教育经过重组，年鉴学派布洛赫纪念研究所改称社会科学高等研究学院，该学院现已能够独立授予博士学位。到1970年，如果不是毕业于这个学院，就不可能在法国的中世纪历史研究领域获得大学职位，而且历史学其他领域的职位至少半数也都被授予这个团体的成员。于是，一个旨在推动一场学术革命的教育垄断体制建立了。

除了利用人们对布洛赫的记忆之外，年鉴学派研究所能获得福特基金会和洛克菲勒基金会的创建补助金以及教育部的持续资助还有其他原因。20世纪40年代后期，美国的基金会试图抵抗共产主义入侵西欧的威胁，而一种受欢迎的文化反击手段就是支持那些本来可能是中间偏左但又不是共产主义的学术和知识团体。这被称为争取文化自由的斗争。就英国的高端刊物《文汇》（*Encounter*）月刊而言，其最终的资金来源被证明是中央情报局（CIA），实际上该局也是在做其分内的工作，也许中央情报局也是第六部变相的美国拨款的来源。

费弗尔希望建立一个研究所和培训中心来发展并传播布洛赫和他本人提出的想法，这很能吸引美国冷战时期的决策者。这里有巴黎大学知名的教授和博士生，他们（多数情况下，包括费弗尔）都不是共产主义者，即使他们并不回避马克思主义。就教育部一直以来的大力支持而言，其动机是多种多样的：支持法国学术界中一个激进左派，这个左派20世纪30年代在大学中的表现不够出色；赢得左岸咖啡馆中狂热的左派学生和林荫大道[①]上各色各样的社会主

---

[①] 林荫大道（Boulevard）：巴黎市区内几条著名的大道之一，以其宽阔的路面、优美的景观和独特的建筑而闻名，同时也是法国时尚、商业和文化的聚集地。

学术期刊（换句话说，激进的时尚）的喝彩；加强法国大学中社会和行为科学的地位，到 1940 年这种地位已经远不如涂尔干时代崇高。社会和行为科学与一流的历史学家的结合促进了前者的发展，但其长期影响是巴黎的社会和行为科学在历史学方向上负载过重。迄今无法国人获得诺贝尔经济学奖，法国的社会学家在分析中使用计算机数据库的过程非常迟缓，起步也很晚。这是将社会科学吸收到年鉴学派历史中的不利结果。（**p.149**）

也许，在 20 世纪 40 年代后期的混乱和绝望中，教育部的一些高官由于曾与维希政府和纳粹合作，正在偿还良心上的债务。通过纪念布洛赫，他们可能会减轻自己的罪恶感，甚至因为曾经做过双面间谍从而直接或间接地造成布洛赫的罹难而被敲诈勒索。无论如何，年鉴学派的第六部中，神圣和爱国主义的布洛赫崇拜直接沐浴在荣耀和金钱之中。

20 世纪 50 年代，费弗尔的继任者费尔南·布罗代尔接任该研究所所长。战争中，布罗代尔在阿尔及利亚撰写他宏大的博士论文，这篇在费弗尔指导下完成的论文是关于菲利普二世（Philip II）统治下的地中海世界——一幅 16 世纪晚期基督教和穆斯林地中海世界的环境、商业、文化空间和社会群体的全景图，长达一千一百页。这在当时被视为年鉴学派的杰作，体现出 20 世纪 30 年代大师们所说的整体历史，包括历史学和人类学的结合、地理学和环境研究的统治地位以及许多世纪以来欧洲农村社会结构的延续。布罗代尔，这个擅长创造让人过目不忘的短语的老手，称之为长期延续的结构心态。战后的十年中，教育部任命布罗代尔担任国家教师资格认证计划历史学部主席，他按涂尔干参与中学教师的活动方式利用这种便利：将他自己的历史观作为中等教育学校课程的核心部分。因此，布洛赫和年鉴学派，在巴黎的大学和研究所层面取得胜利的同时，也在法国的中学取得基层的胜利。法国国立中学毕业生进入大学后不必接受年鉴学派历史的灌输。他们不熟悉任何其他历史思想。

在 1950 年之后的二十五年中，费尔南·布罗代尔和克洛德·列维-斯特劳斯成为法国学术界两位最具影响力的权威和学术经费的掌控者。尽管列维-斯特劳斯在《忧郁的热带》中明确表达了他对历史作为无意义的细节的厌恶，但布罗代尔努力适应了这位大师的立场，并使年鉴学派比以往任何时候都更加结构化、持久化、长远化、轻视历史的特定事件。现在，"事件的历史"成了法国学术界的诅咒之词。"结构历史""持久系统""跨学科心态"（**p.150**）是所有新兴一代历史学家都必须歌唱的颂歌，除非他们不介意在边远的省份（充其量）做助理教授的职业生涯或在不起眼的天主教学院任教。

除了以解释特定事件和描述大规模变化为代价而容纳列维-斯特劳斯的结构主义之外，布罗代尔还做出另一让步。他越来越多地将核心的马克思主义意识形态引入自己的和他的学生在 50 年代末和 60 年代的研究中，以赢得左岸咖啡馆里的红色学生①以及期刊和出版社中的左派知识分子的青睐。1968 年，他甚至宣称革命的胜利："1968 年 5 月和 6 月的风暴改变了一切。"尽管实际上，它们几乎什么都没改变。布罗代尔随后出版的有关地中海世界的杰作的新版，为博取左派学者和左岸咖啡馆知识分子的喝彩，接受了更多马克思主义辩证法。

布罗代尔对菲利普二世统治时期地中海世界研究的第一版（1953）的奇迹，在于其人类学可塑性，在于对引人入胜的复杂社会生活的敏感性，在于对交流、语言、食物、服饰的重要性的感知。到 1967 年，在《资本主义与物质生活》（*Capitalism and Material Life*）一书中，布罗代尔倾向于采用更精确的标准式来满足左岸意识形态家："马克思是正确的：谁拥有生产资料、土地、船舶、业务、原材料、制成品，以及同样重要的领导地位？……这就是回到马克思的语言上来，并与他步伐一致，即使立即拒绝他的原话。……是不平等、不公正、矛盾，不管大小，使世界运转不停，并不断改变其上层结构，那些唯有的真正可移动的结构。"（马里亚姆·科汉 [Miriam Kochan] 英译）

布罗代尔早期著作里无与伦比的精湛和人性精神，那种有关人类的信息的纯粹乐趣，在这里逐渐消失。我们已在马克·布洛赫身上看到同样的倾向。布洛赫在某种程度上受到他所在的大学乃至整个国家的政治局势的限制。布罗代尔则毫无顾忌地将年鉴学派的历史观与马克思主义糅合起来。因为他知道，从左岸咖啡馆和各种大众期刊到《纽约书评》（*The New York Review of Books*），他都会受到人们的喝彩。20 世纪 60 年代初期，布罗代尔的巴黎读者以及更激进的海外读者都要求他的著作继续保持马克思主义的倾斜，他顺应了这一市场需求。（**p.151**）他正确地预料到，公开承认马克思主义的模式不会妨碍来自美国基金会和法国教育部的慷慨赠与，而得来的这些赞助可以进一步推进他永不满足的帝国建设。

布罗代尔的最后一部主要著作，三卷本《日常生活的结构》（*The Structures of Everyday Life*），完成于 70 年代末和 80 年代初。该书调整了《资本主义与物质生活》中的马克思主义思想，后者曾于 1967 年出版法语版和 1973 年出版

---

① 红色学生（Red students）：1968 年法国各种社会矛盾尖锐，以青年学生为先导掀起了"五月风暴"。"红色学生"即这场风暴中有左派思想的青年学生。

英语版。70年代中期以后，巴黎知识分子对马克思主义的热情急剧下降，或者至少出现了一个年轻而喧闹的反马克思主义辩论家和理论家团体。到1980年，布罗代尔在巴黎学术官僚圈子中第一次遇到意识形态的抵制力量。当时，研究法国大革命的反马克思主义历史学家弗朗索瓦·傅勒（François Furet）抨击马克思主义的年鉴学派传统，傅勒本人就是在这个传统中接受的教育。布罗代尔见风使舵，淡化马克思主义理论，部分地回到他的《地中海世界》（Mediterranean World）中的那种人类学细节。他最后的三部曲提供的更多是日常生活的数据，而不是解释性的结构。但与此同时，年轻一代的年鉴学者则遵循了布罗代尔的马克思主义纲领。

年鉴学派两位最优秀的新一代中世纪学家乔治·杜比和埃玛尼埃尔·勒华拉杜里在各自关于中世纪农村社会的著作中充分利用马克思关于原始资本积累的概念。马克思主义学说引起的问题是：生产力低下的农村经济如何积累足够的资本，为下一阶段社会的辩证发展，即商业资本主义时代提供基础？杜比在《欧洲经济的早期增长》（Early Growth of the European Economy，1974）一书中指出，从中世纪初期野蛮人入侵和封建战争中获得的战利品是资本积累的基础。勒华拉杜里（曾经是共产党员，他还是维希政府合作者和政府部长的享有特权的儿子）在《朗格多克的农民》（Peasants of Languedoc，1966）中提供了一个总体性的解释，并以定量历史的开创性努力为支撑：黑死病导致中世纪晚期人口急剧下降，但到1450年，百年战争结束后，农业生产率已恢复到两个世纪前的水平，形成具有稳定资本积累能力的富裕农民阶层。杜比和勒华拉杜里英俊潇洒、口齿伶俐、风度翩翩，20世纪70年代末和80年代，二人都成为大都市的电视明星。巴黎没有人质疑他们的中世纪看法。没有人敢质疑。（**p.152**）

杜比和勒华拉杜里培育的熟悉的民粹主义风格可以追溯到布洛赫和亨利·皮朗。让布洛赫印象深刻的是，他和皮朗到达北部城市参加学术会议，入住酒店后，讨论应首先做什么：参观博物馆还是参观当代生活和建筑场所。皮朗坚持后者：从现在开始，向后追溯。布洛赫的《法国农村史》也是如此，这种态度成为年鉴团体的标志，后来又传到杜比和勒华拉杜里，二人又为之增添了强烈个人魅力的光泽。

杜比于1962年首次访问哥伦比亚大学（Columbia University）时，坚持不去访问修道院，而去访问格林尼治村的一个爵士乐俱乐部。他不想被发现在一座二流的西班牙修道院进行仪式性访问。1980年，勒华拉杜里成功地访问了美国东部。他高大、瘦削、英俊，头发是金色的，宛如一个高卢明星。他首先在布林莫尔学院①的校园里给许多人带来了快乐，还不时提到纽约大学的院长为他安排的仪式性午餐会，他要到那里举行公开演讲。在演讲中，400人挤在一个可容纳250人的房间里。勒华拉杜里用让人费解的法语口音念着准备好的英文稿。演讲三十分钟后，公共广播系统发生故障，二十分钟未修复。尽管只有前两三排的人能听到他的声音，但勒华拉杜里从未停止阅读讲稿。听众中没有出现骚动。他们所感动的不是他对中世纪社会的具体评论，而是他的超凡魅力。他是中世纪学家的摇滚明星。确实，他看起来像中年的戴维·鲍伊②。勒华拉杜里后来经弗朗索瓦·密特朗③总统钦点，成为国家图书馆的负责人。这一职位在法国文化生活中，比领导美国国会图书馆都更为重要。

20世纪80年代，最终接替费尔南·布罗代尔担任布洛赫-费弗尔研究所负责人的是中世纪学家雅克·勒高夫。勒高夫也是民粹主义风格的大师。他最喜欢的作品是一篇呼吁人类学历史的冗长宣言。勒高夫以《中世纪的时间、工作和文化》（*Time, Work, and Culture in the Middle Ages*，1980）这个醒目的题目将这些纲领性的宣言汇集起来出版时，这本书引起狂热赞扬，尤其是在美国。《纽约书评》简直成为十足的年鉴学派的内部刊物，率先赞扬勒高夫的书是中世纪研究的金科玉律。（**p.153**）

年轻一代的法国中世纪学家通过布罗代尔从布洛赫那里学到的是交流的重要性。重要的不仅是你说了什么，你是怎样说的，你交流的方式，发表见解的风格——简言之，就是营销——更重要，更有说服力。因此，他们自己的中世纪研究易于被更多受过教育的公众理解。布洛赫的《封建社会》的译本取得巨大成功之后，芝加哥大学出版社最早抓住了这一点。芝加哥大学出版社开始专注于以吸引人的装帧方式翻译出版年鉴学派的著作。杜比的《三种秩序》（*The Three Orders*，1980，法文原版1978年）取得了巨大的成功。杜比在这里提出了一个有趣但也传统的论点，即11世纪的封建制度在很大程度上是由教会意识形态塑造的，封建制度就是在社会推行教会等级制度的理想。在美国卡拉马祖（Kalamazoo）的中世纪研究年度会议上，南方卫理公会大学（Southern Methodist University）的杰里米·杜克斯奈·亚当斯（Jeremy duQuesnay Adams）赞美这种传统的解释是"第二次世界大战以来任何语言中出版的最重

---

① 布林莫尔学院（Bryn Mawr College）：美国的一所女子学院，1885年建校。

② 戴维·鲍伊（David Bowie，1947—2016）：英国著名摇滚歌手、演员。

③ 弗朗索瓦·密特朗（François Mitterrand，1916—1996）：法国前总统，1981年至1995年在任。

要的创造性中世纪研究学术著作之一"。

封建制度植根于教会意识形态是一个古老的观念。可能不是这个观点，而是杜比提出它的方式，在卡拉马祖赢得了赞誉。同样，包装也是战后年鉴学派中世纪研究的头号畅销书成功的原因。勒华拉杜里写于20世纪70年代初期的《蒙塔尤》（*Montaillou*）在法国的出版和在美国的英译都大获成功。这本书的平装本在美国至今仍在畅销。20世纪20年代以来，广泛流传一个说法，罗马梵蒂冈图书馆保存着14世纪初期一位主教（后来成为教皇；这就是为什么最终到了罗马）在法国西南部一个山区城镇做出的一份冗长的询问记录。询问记录颇具吸引力，因为它不仅提供了偏远地区清洁派异端[①]的忏悔，而且还提供了一系列有关性行为不端的自白。这些山区农民为避免遭受严厉的惩罚（包括火刑）而面临巨大的忏悔压力，他们不断地胡言乱语，说出自己在宗教和性行为方面的不当行为，向主教讲述他想听到的内容，以便获得宽恕。这份记录学者们已经看过多次，但是由于来源不清，没有人就此做出任何研究。（**p.154**）这并没有阻止勒华拉杜里。勒华拉杜里把它当作人类学田野调查记录，就像当地的受访者提供给来访的社会科学家自己的亲属关系信息一样。其结果是这本引人入胜的著作。虽然该书在方法上有缺陷，但是谁在乎呢？只有少数守旧的非年鉴学派的中世纪学家在乎。勒华拉杜里巧妙地叙述这个故事，以传达给人们自14世纪以来农民生活没有改变的印象。所有农民一直关注的都是餐桌和床笫上的乐趣。

雅克·勒高夫同样精于包装和交流。他写了一本关于中世纪高利贷的小书，1988年出版英文版，有个活泼的书名《要钱还是要命》（*Your Money or Your Life*）。该书对那个经过精心研究的课题进行切实而直接的描述，很有趣，但是没有任何新东西。为了给这本关于中世纪高利贷的小书增添趣味，勒高夫引用（两次！）埃兹拉·庞德关于高利贷的一首诗。有关系吗？没有，但是它可以使包装更具吸引力。像路易·阿尔方那样的年鉴学派之前的老派历史学家，是永远不会想到引用埃兹拉·庞德来为描述中世纪的高利贷增添光彩的。

这就是使布洛赫的门徒如此让人兴奋的原因。他们知道如何获得关注、如何交流、如何营销他们的想法。他们使中世纪研究更容易理解。他们扩大了中世纪的受众。任何能将中世纪兜售给受过教育的人的形式、技巧、噱头，他们都将其合法化。从现在起二十年以后，当年鉴学派著作中核心的马克思主义诠

---

① 清洁派异端（Catharist heretic）：中世纪流传于欧洲地中海沿岸各国的基督教异端教派之一，起源于巴尔干半岛一带，其前身本来是罗马帝国晚期中的摩尼教。

释变得多余而乏味时,布洛赫门徒们的交流技巧和营销技术仍将具有启发意义而令人敬佩。

在短期内,在20世纪90年代初期,我们处在这样的境地:年鉴学派及其附属机构在大西洋两岸的胜利表明,左派学问,从根本上讲是中世纪研究中的马克思主义阐释,占据了优越地位。1952年,美国中世纪历史学泰斗、普林斯顿的约瑟夫·斯特雷耶在布洛赫的《历史学家的技艺》英文译本的引言中,将中世纪历史学家布洛赫的位置冷静地安置在法国中世纪学家路易·阿尔方和费迪南·洛特的最高位置之下。到20世纪60年代中期,这种评价已经过时且微不足道,因为布洛赫的形象已被他所向披靡的年鉴学派门徒们推上顶峰。布洛赫的环境和物质决定的、阶级取向的视角,以及对20世纪80年代所谓的另一种农民人口的热情,(**p.155**)被广泛认为是中世纪研究的解放运动和中世纪诠释中一个(同时在学术和政治上)更好的新时代的开始。

随着妇女历史和女权主义学说的兴起,年鉴学派的胜利在20世纪70年代进一步得到巩固。与农民一样,中世纪妇女被视为与贵族社会的精英男性主干形成对照的另一种人口。中世纪贵族妇女,实际上并不高兴被认为是与她们的父亲和兄弟们构成竞争的反对派。她们本来会讨厌将自己和农民、犹太人、异教徒和男同性恋者归在一个阵营中反对男性贵族。但是,在20世纪70年代和80年代的意识形态范畴内,这种争论性的中世纪妇女历史很流行且很有说服力。年鉴学派迅速确认了中世纪妇女历史,进而获得了一批新的拥护者。正如美国著名的女权主义中世纪学家苏珊·莫舍·斯图尔特(Susan Mosher Stuard)于1987年指出的那样,年鉴学派的大师们自己对中世纪妇女关注不多,让人感到失望。但是,年鉴学派和女权主义历史学家之间的意识形态联系是非常令人信服的,并为人们初步提供一个关于性别的创新焦点的期待。

考虑到20世纪30年代中期至80年代西方世界的政治史和思想史,一种以阶级为导向的方法来审视中世纪社会,对农民和其他无权群体报以无限的同情,并以一种假设的农村劳动阶层的世界观和利益的视角观察中世纪世界,很可能会成为主流。事实上,20世纪40年代末和50年代,莫斯科国立大学历史系主任E. A. 考斯明斯基(E. A. Kosminsky)提出过一个关于13世纪末英国社会的直截了当的马克思-列宁主义模式。但这个模式缺乏精细的表达,更重要的是,缺乏年鉴学派提供的学术合法性。大西洋两岸的1968年革命失败后,其支持者在人文科学学术界和社会科学领域寻求庇护和谋求职业。现在,这些人成为法国和美国年鉴学派最积极、最坚定的拥护者。他们从布洛赫和布罗代尔的遗产中看到自己立场的合法性。

如果预期能在60年代和70年代崛起的校园一代中建立一支地位稳固的左派中世纪学家和其他人文学者的队伍，布洛赫不会放弃这个难得的机会。毫无疑问，布洛赫的自我形象，首先是学术界的革命人物，(**p.156**)其次才是中世纪的综合发现之伟大传统的推广者。布洛赫肯定会支持1968年以来人文主义阐释毫不妥协的左派政治化进程。路易·阿尔方则会抵制。

阿尔方和马克·布洛赫的年龄相差仅六岁。他们基本上属于同一代人。他们具有相同的文化和社会背景，均来自巴黎中上层犹太学术家庭。他们受过相同的教育，从事共同的中世纪学术的职业，均取得了巨大的成功。他们又都是纳粹迫害的受害者，但也都有机会逃脱——直到布洛赫以猛烈的勇气积极地反对纳粹，从流放地归来，作为抵抗运动的真正英雄公然不惧殉难的危险。尽管阿尔方和布洛赫具有相同的文化、社会、族裔和宗教背景，他们却在20世纪30年代分道扬镳。阿尔方坚定不移地忠于西欧古老的理性主义和人文主义文化，经过西方同化的犹太人在19世纪曾如此地热衷于这种文化。阿尔方认为，历史上发生过的好的事情，主要是知识和学问对政治和社会影响的结果。布洛赫则开始尊重农民大众，并致力于建立一种激进的、本质上是马克思主义的历史和社会典范。这是自由中间派与激进左派之间的巨大裂痕，这一裂痕贯穿20世纪30年代和40年代自由世界中所有受过教育的中产阶级犹太人的生活。这种裂痕的深刻痕迹仍然清晰可见，并且直到今天在巴黎和纽约等城市，无论对思想还是政治生活，仍然具有重要意义。这是20世纪思想和社会历史上最重要的发展之一。我们远没有走出它带来的负面影响，这也是一个关口，拷问着新解放的东欧知识分子将何去何从。

马克·布洛赫的思想中发生了什么，使他与阿尔方、与他作为巴黎古典主义者的父亲所认同的犹太人文主义文化决裂呢？我们不确定。也许是第一次世界大战中长期服役的惨淡经历。也许是从大萧条和法西斯主义兴起中产生的对自由资本主义未来的悲观。当然，浮士德魔鬼吕西安·费弗尔的权威性影响也起了一定作用。但是我们确知一件事：布洛赫沿着马克思主义路线重新诠释中世纪历史，这不仅对理解中世纪，而且对整个学术文化都具有至关重要的意义，(**p.157**)其政治上两极化和思想上启发性的结果，我们才刚刚开始全面理解。

过去的半个世纪中，两本最有影响力且被广泛阅读的中世纪历史著作是布洛赫的《封建社会》和牛津教授理查德·W.萨瑟恩的《中世纪的形成》(*The Making of the Middle Ages*)。二者都是与19世纪末以来一直享有很高声誉的现代主义的中世纪历史研究（详细的政治、法律和行政分析）背道而驰的作品。

因此，它们都属于思想上反动的作品，向年轻一代吹响了打破旧格局和尝试新事物的号角。此外，这两本书又非常不同。它们实在是思想和情感都相互冲突的作品。布洛赫的书传达的是按照行为科学的语言理解的社会集体性和阶级冲突。这也是一部庞杂而凌乱的作品，展示出法国学术官僚的侵略性自信。萨瑟恩的书简洁明了，构思精巧，它传达一种精致的新浪漫主义情感和对个性化人格的欣赏，表现出牛津剑桥的节制和谨严。

布洛赫和萨瑟恩的盛名对制度的影响也有很大不同。萨瑟恩独自工作，从事传统的牛津剑桥的事业，不主张建立门派，也没有组织任何机构。费弗尔及布洛赫的其他同伴和弟子所做的事情当然是布洛赫本人希望做的，那就是创建一个研究机构，以巩固他的工作成果，并对后代继承人进行观念和方法上的培训。创建这样持久性的学术大厦是法国学术文化的传统。由于布洛赫罹难的事实和其他意外事件，1945年以来，在法国人所谓的人文科学的全部领域中，这个机构已成为法国学术生活中最大的力量中心。其对中世纪阐释的独特影响还将长期持续。布洛赫的遗产永久性地影响了中世纪研究的语言、范围和质地。

1987年，著名的左翼（"新历史主义者"是当前的委婉说法）中世纪文学批评家和杜克大学中世纪研究中心负责人李·帕特森（Lee Patterson）写道："有左派和右派的中世纪，它们所要求的效忠支配着当下大多数甚至所有的批评工作。"这句话远比我想要的概括，但其中有一个核心事实。马克·布洛赫和年鉴学派贡献出左派能提供的最好的中世纪研究。（**p.158**）他们的思想相对复杂和周密，如果没有他们的工作，我们就不得不忍受斯大林-列宁主义传统中粗糙的苏联辩证法学家代表左派来表达中世纪。

作为东欧文化解放的一个组成部分，布洛赫和年鉴学派学者的思想在共产主义国家中也获得迟来的接受，或者至少已经可以自由地表达。1986年，波兰团结工会议会领袖布罗尼斯拉夫·格雷梅克（Bronislaw Geremek）在布洛赫的《年鉴》杂志上表达了对大师的敬意。尽管没有提供对布洛赫著作的新见解，并且确实也很粗略而简单，但是该文由精明、干练的巴黎的编辑们出版，据称是为显示布洛赫的思想对于东方社会民主新潮流的政治意义。1988年，剑桥大学出版社出版了苏联主要的中世纪历史学家阿隆·古列维奇（Aron Gurevich）的《中世纪大众文化》（*Medieval Popular Culture*）。古列维奇的这本书获得了西方自动给予较为自由的苏联知识分子的惯例性的表彰，该书很大程度上源于雅克·勒高夫本人及其同事和学生的著作，古列维奇对勒高夫也表达了他的"高度敬意"。

如果布洛赫看到他的思想和假设在苏联和波兰取得胜利，以及他的门徒的工作成果被吸收进新兴的东欧自由左派文化中，也许没有什么比这个更能让他感到高兴的事情了。与国际欧洲左派更学术化、更具有人文主义倾向的一派加强团结，并将他对中世纪社会的解释纳入这种左翼文化，这是布洛赫的核心愿景，如今这一愿景正在成为现实。

马克·布洛赫的遗产（通过费弗尔、布罗代尔和年鉴派学者的阐述和巩固）构成20世纪大西洋两岸和欧洲世界思想史的核心章节。奇怪的是，这一遗产在脱离苏维埃世界的东欧国家和美国尤其具有影响力，而20世纪80年代在法国却经历某种程度的衰落，雅克·勒高夫在1989年《泰晤士报文学副刊》（*Times Literary Supplement*）一篇伤感的文章中正如此哀叹。

关于美国，我们最后可以看一看巴黎大学教授、布洛赫虔诚的门徒米歇尔·莫拉（Michel Mollat）的《中世纪穷人》（*The Poor in the Middle Ages*）一书特殊的出版经历。从1962年到1976年，莫拉在巴黎就这个经典的左派主题开办了一个研讨班，并于1978年出版了《中世纪穷人》这本相对简短的法语著作，以总结那些长期调查和访谈的成果。该书奉行了20纪60年代和70年代常见的左派教条，它告诉我们，犯罪分子和反社会分子是"超前的叛逆者"，正如那个时代时髦的自由左派社会学滥调所宣称的那样。莫拉将列宁主义关于无产阶级没能认识到自身苦难的成因和本质的著名论点——"他们和他们的代言人似乎对自己的命运或团结没有清晰的认识，因为他们不了解自己"——奉为研究中世纪穷人的指导性假设。我们本可以怀旧地将这些假设置于过时的20世纪60年代和70年代的左派文化中，与争取民主社会的学生占领大学校长办公室一起看待，然而还是有这样的怪事：1986年耶鲁大学出版社决定对莫拉这本传统性的著作不加修订、直接翻译成英语，而且英文版还附有研究中世纪同性恋和虐童者的专家约翰·博斯韦尔（John Boswell）的推荐，称赞莫拉对中世纪穷人的研究具有"权威性"。什么方面的权威性？无疑是60年代和70年代的自由左派文化方面的权威性，以及马克·布洛赫及其追随者极为活跃且看似永无休止的思想传统方面的权威性（**p.160**）

## 第五章

# 形式主义者：欧文·潘诺夫斯基和恩斯特·罗伯特·库尔提乌斯

⚜

## 一、形式主义作为阐释和意识形态

20世纪对中世纪的理解和认识，在政治和社会发展的基本历史背景确立后，很大程度上依赖于艺术史与批评、文学史与批评等学科所取得的进步。这一转变的发生不仅因为人类文化中想象性主题的内在重要性，也因为现存大量的视觉和书面材料。通过研究中世纪文学、艺术和哲学，我们才能在21世纪更好地展开对中世纪心灵的进一步破译。传统的历史研究不太可能改变目前人们对中世纪政府、社会和经济认识的轮廓。

在中世纪研究中，艺术和文学史的研究进展不仅是一堆学术报告，其中还蕴含着强大的思想凝聚力。一系列主导性的假设和一种被称为形式主义的解释模式影响着艺术和文学史的研究进展。形式主义阐释运动史上最有影响力的两位人物是欧文·潘诺夫斯基和恩斯特·罗伯特·库尔提乌斯（Ernst Robert Curtius，1886—1956）。两人都是德国人，但潘诺夫斯基由于种族原因被纳粹流放，其职业生涯的大部分时间都是在美国度过的。潘诺夫斯基和库尔提乌斯——两位形式主义大师对理解中世纪文学和艺术的深刻影响至今依然存在。（**p.161**）

自20世纪初以来，关于中世纪艺术史的著作中至少有85%可被视为形式主义作品。第二次世界大战后的二十年中，在文学系对中世纪的研究中，形式主义也有类似的统治地位。60年代中期以来，关于中世纪想象力的文学研究中的形式主义观点受到挑战。这一挑战也在一定程度上表明，中世纪研究在文学轨道上有着持续的活力和创新，与艺术史的轨道形成鲜明对比。但是，当今发表的有关中世纪文学的著作中，70%仍属于形式主义的传统。

在艺术史上，形式主义被称为图像志（iconography）或图像学（iconology）（在 20 世纪 30 年代时，人们还认为这两个术语之间存在细微的区别，但自 20 世纪 60 年代末以来，它们的含义实际上已大致相同，而且可以互换）。iconology 这个词源于 icon（图像），因此在中世纪艺术中意味着一种象征形式。在文学史和文学批评中，形式主义被认为是一种关注或阐释，它有几个意思相同的称谓：主题学（topology）、类型学（typology）、象征学（figural studies）、程式学（formularies）等。形式主义观点认为，中世纪文学和艺术展示的不是个人化的原创，而是一系列标准化的母题、主题、修辞和表现程式。"传统主题"（topos）或"类型"（type）是中世纪想象文学的中心，正如图像是艺术的中心。

中世纪研究中的形式主义可以被视为一种解释文学或艺术的方式，这种方式强调传统的标准图像或母题、永久编码的表达和描述公式具有绝对的或排他性的主导地位。在这种看待中世纪文学和艺术的观点中，传统和标准化的图像和母题处在特权和中心位置，而个人的创造力和原创性的发现则被边缘化或完全排除在外。形式主义者认为，在中世纪文学和艺术中起着主导作用的是传统的图像或主题系列，而个人的创造力在文学和艺术中则极为罕见。

形式主义图像学和主题学认为，中世纪的画家、雕塑家（从长时段看也包括建筑师）、诗人以及散文作家的目标不是创意，而是延续既定的传统，这个传统告诉他（99% 的情况下是男性的"他"）应该采用的确切母题或形象。视觉或文学艺术家的水准，取决于他运用继承的母题或形象的技巧，而不是别出心裁。中世纪文学和艺术的风格和体裁确实发生了变化，（**p.162**）但其主题内容并未发生变化。思想、主题、母题都遵循传统的程式。

图像学和主题学也是针对中世纪高等文化的保守连续性和持久统一性而言的。绝大多数的图像和母题都是从希腊和罗马古典艺术和文学或是教父的思想世界（4 世纪到 6 世纪的教父文化）继承而来的，而教父文化又是圣经思想与古典传统相互作用的产物。因此，在实践中，支持中世纪文化形式主义阐释的艺术或文学史家和批评家，总是从 9 世纪、12 世纪或 14 世纪向后回顾，追溯那些图像或母题在古典时代或教父时代的艺术或文学中是怎样发生的。

在高度传统的背景下，母题或思想表现方式上的微小变化很可能有重大意义。艺术史家或文学史家在他们当前研究的作品中寻求形式上任何细微的变化，并试图解释这些边缘上的适度修改。这些细微改动有时是故意的和有意义的，有时则只是偶然的。形式主义艺术史家和文学史家必须精通古典和教父文化，他们身边应该有一个图书馆，这个图书馆收藏了古代作品、各种词典和工具书以及可视的纪念碑的照片，以供他们随时使用。

形式主义者对古典和教父传统的阐释，并不局限于中世纪早期的结构中，还包括中世纪全盛时期和晚期（1000—1500）的结构。中世纪研究中的形式主义者致力于证明古典主义、人文主义和基督教思想在欧洲文明中的连续性。从这个方面看，形式主义有明显的意识形态含义。它是 20 世纪文化保守主义的一个侧面，是一种传统的人文主义，这种人文主义反对政治文化中的左派和极右派中产生的激进主义。在意识形态上与形式主义相反的是相对主义，相对主义声称思想和图像缺乏内在的价值和稳定性，只是团体意志、国家权力以及个人心理的反映。形式主义在经验上证明概念的、意象的或语言的结构代代相传的纵向延续的同时，还论证了这种思想和学问上的传统品质有益于社会福祉和个人满足。

形式主义呼应着博学的精英主义以及欧洲高度文明的统一和连续。（**p.163**）形式主义拒绝和害怕马克思主义的、资本主义的，以及法西斯主义的大众文化和流行创新。社会决定论的阐释将艺术和文学视为阶级利益和物质力量的产物，因此受到意识形态形式主义的深恶痛绝。意识形态形式主义认为，艺术和文学是最基础的人性的产物，不受时间和空间的相对条件限制。流行的商业音乐和艺术、广告宣传以及市场和国家对思想和风格的决定——这些被认为是庸俗简单化和国家恐怖主义的表现，因此受到形式主义的谴责。形式主义聆听的是独立于流行刺激和权威操控之外的那种精致人文主义的愿景。

形式主义视艺术及其所表现的文学主题、崇尚的人文主义遗产为学识渊博、有历史感、富有的精英阶层几百年世代积累的产物。这个精英阶层通常是统治阶级的一部分。艺术和文学作品的生产资源来自这个有权力的阶级及其所控制的国家。诗人和画家通常受到统治阶级家庭和国家机构的支持。西欧的文学、艺术和哲学是贵族的产物，或者是在贵族的赞助和指导下工作的作家和艺术家的产物，或者是吸收了贵族文化和语言能力的某个特别的中产阶级后裔的产物。这是形式主义的历史教条。据称，这种很容易辨识的社会处境，并没有从根本上损害传统所具有的精神性和创造性品质、思想自治以及排斥他者的连续性，形式主义者就是把这些传统当作西方文明的同义语来学习和欣赏的。这种信仰对形式主义至关重要。这是一种文化保守主义的意识形态。

中世纪研究的形式主义者喜欢这种小姿态，喜欢欧洲文化中持久性母题的边缘线、精确的推导、微妙到几乎无法察觉的回声。形式主义者认为，古典文物和早期教堂，经过几个世纪的改进和精心阐述，是西方文明的光辉中心。起决定作用的是一种自主的心态和编码的行为模式，而不是物质力量的污垢和社

会变迁带来的喧嚣和混乱。后者仅仅是生长出欧洲文化的娇艳玫瑰的肥沃渣滓，而肥料不是玫瑰。（**p.164**）

形式主义的核心重镇位于20世纪20年代的德国大学、牛津、剑桥和巴黎，尤其自20世纪40年代以来，还包括常春藤盟校（及其仿效者，如伯克利、安娜堡和教堂山[①]）和普林斯顿高等研究院。形式主义作为一种文化，尤其得到魏玛时代德国（通常是犹太人）的学术和知识团体定义，然后受到希特勒的驱逐而向西推进，与美国、英国和法国已经存在的形式主义合流，并大大巩固了那里的形式主义的堡垒。事实上，美国大众文化的意义，尤其摇滚时代来临之后的大众文化的意义，完全被形式主义忽略了。

伟大的形式主义者绝不会忘记他们所生活的世界。20世纪50年代和60年代，艺术和文学史上的形式主义在美国大学的人文学科中达到自信和影响力的顶峰。因此，这种形式主义的顶峰与美国的政治和经济霸权及冷战自由主义的时代是同步的。那是一个信仰美国例外论的时代，即只有美国才能代表开放社会并保存世界上最好的思想和言论。形式主义者并不为他们批评阐释的繁荣发生在美国权力的鼎盛时期而感到尴尬。他们不同意马克思主义的说法，即这种巧合意味着形式主义是美国帝国主义的文化表现。形式主义者回应说，美国的强大和繁荣只是为欧洲文化遗产的集中养护提供了思想的自由和安全的保障。

形式主义在意识形态上意味着一种协调一致的、持久的努力，以对抗政治绝望、精神悲观主义和道德相对主义的文化，以保存西方文明中人文价值的坚固残余，抵御纳粹主义的野蛮威胁。在其倡导者的心目中，形式主义代表理性、学问、稳定、意识、伦理和思想自由，与玩世不恭、简单化、庸俗化和暴政形成鲜明对比。

形式主义的这种意识形态意义中存在分析实践的层次变化。中世纪艺术和文学的形式主义阐释者当然知道，古书上的图案装饰和文本是特定社会和文化中特定时间和地点的产物，在进行图像学和主题学研究时应该考虑这一点。形式主义的最终解释中反映出的社会和文化氛围有程度上的差别。（**p.165**）在假定的解释中，通过粗略的量化把问题简化，形式主义者在对产生图案装饰或文本的社会环境重要性的认识中，对社会氛围因素承认的比例幅度在5%至25%之间；但对社会决定论者和马克思主义者而言，这个幅度在75%至100%之间。这是意识形态假设冲突带来的实际解释结果的差异。

---

[①] 伯克利、安娜堡和教堂山：分别是加利福尼亚大学、密歇根大学和北卡罗来纳大学的主要校区所在地。

形式主义涉及历史和意识形态，也涉及心理学。形式主义认为，视觉和文学艺术（至少 19 世纪中叶之前）中的创造力是艺术家和作家将其个人洞察力服从于文化传统权威的结果。伟大的视觉和文学艺术是在心理约束的边缘发展起来的。它源于将个人技巧和个体情感服务于全局传统和文化权威。因此，形式主义认为，中世纪文化中的创造力源于对记忆的探索。但在荣格①的心理分析学中，这些记忆更多的是集体的，而不是个人的。

个人记忆受到集体记忆的类型和结构的限制和制约。这一教条是形式主义分析的核心。因此，形式主义与个人主义的、叛逆的波希米亚艺术家的理想截然相反，后者只对自己的感受负责，那种波希米亚理想曾是过去两个世纪的文化神话。

20 世纪 60 年代以来，中世纪研究中对形式主义的反对主要来自文学史家和批评家，他们在 1100 年后的文本中看到了集体记忆，也看到了富于自我意识的个人记忆。他们认为集体压抑和象征性的集体记忆的追踪系统并不能阻止新颖的个人见解、有个性特质的自我意识和个人心理的表达。在意识形态层面上，一般学术文化的斗争发生在形式主义者（保守人文主义者）和社会决定论者（马克思主义者）之间。在中世纪的研究中，有成效的争论主要发生在坚持集体记忆（传统）的压倒性力量的形式主义者和那些承认个人情感（个人表达）力量的人之间。为了做出创新的论述，像哥伦比亚大学的罗伯特·W. 汉宁（Robert W. Hanning）和剑桥大学的彼得·德龙克（Peter Dronke）这样的个人主义阐释者必须掌握前半个世纪形式主义学派的大量知识，（**p.166**）而他们在中世纪文学中所感知到的个性化和个人主义仍然是在形式传统和集体记忆的基本语境中辨识出来的。对个人记忆和个人意识的修正表达，很少能从图像性和象征性集体的连续和整体中分割超出 25% 的比例。

伟大的形式主义者把中世纪源自古典时代和早期教会的集体性类型记忆的微妙应用和培养作为他们的主题素材。这仍然是研究中世纪艺术和文学不可或缺的学科基础。近年来的任何其他阐释都是对形式主义核心立场的修正，如果不承认古典形式主义在中世纪艺术和文学阐释中的中心地位，这种阐释就无法获得意义或可信度。

形式主义与 20 世纪上半叶的另外两个学术运动（德国"精神史"②和大西洋两岸的现代主义）有着很大的相似性，但并不完全一致。形式主义与"精神

---

① 荣格（Carl Gustav Jung, 1875—1961）：瑞士心理学家、精神病学家，首创分析心理学。
② "精神史"：见本书第三章第一节（原书第 82 页中）对这一概念的解释。

史"的相似之处在于历史主义（即假定对艺术或文学作品的理解不能离开其发展背景，其解读也不能离开纵向的传统）、精英主义、对学问的热爱以及在外在形状中看到内在精神的倾向。形式主义与现代主义的相似之处在于对具体的艺术和文学作品的热情和执着，不做笼统抽象的泛泛之谈，而是对这些作品进行尽可能集中而具体的审视（现代主义术语中的"细读"），批评家们长年甚或一生大部分时间都在从事这种彻底审视，穷尽所有能想到的博学的分析资源。这里有一个明显的矛盾，"精神史"倾向于长远的历史观点，现代主义专注于视觉或文学艺术的直接而具体的作品（文本性），二者构成冲突——大尺度的象征与小尺度的详尽分析。事实上，这种冲突在艺术史系中并不重要，因为这些系的规模很小而且很边缘化，伟大的德国流亡者来到美国和英国时，美国和英国就按他们喜欢的方式做了。但是，20世纪30年代和40年代，文学系偶尔出现紧张的局面。思想史的德国支持者与有攻击性的、源自英国的现代主义变体发生了冲突，这个英国现代主义变体以一个占主导地位的残留群体为代表。（**p.167**）

可以找到的一个交汇点是，这两种人文运动和学术团体都致力于高深学问，本质上都是精英主义者并反对大众化的冲动，都是文化上的保守派。这两种运动也都喜欢古典文本，双方的成员经常对教父神学理论有兴趣。1935年至1960年，"精神史"的历时性（历史化）倾向与现代主义的共时性（反历史的、分析的）态度之间的对立，确实给美国大学带来一些问题，因为它们在情感和观念上都与双方联合。但是，形式主义的最伟大的提倡者们都能接受这种令人兴奋的矛盾，也许还能从形式主义同"精神史"和现代主义的密切联系中获益。最终，这使得形式主义在20世纪60年代和70年代被指责为"前后不一、自相矛盾和思想松弛"。但在那时，形式主义巨擘们已经完成对图像性意象和类型性母题的开创性的探索。同时，教工俱乐部里怡人的午餐会和下午酣畅淋漓的酒会，以及对1945年至1965年美国学术界平静时期幸福状态的共享，这一切都可能阻止并缓和许多理论上的争论。

今天，形式主义的批评者可能会勇敢地指出，从长远来看，对思想矛盾的回避形成了形式主义阐释的动态品质中的稳定；60年代和70年代发生的形式主义阐释的程序化，是一开始就将本来存在的基本概念问题排除在外的结果。但每一种人文主义学术流派的产品都比其理论要好。形式主义的中世纪艺术和文学史与批评研究是结构与偶然、一般与个别、历时与共时的独特结合。还有一些未解决的纲领性问题：社会氛围应该得到一些最低限度的考虑，还是几乎可以完全忽略？文本或图片应该从其即时框架内去理解，还是应该从一个更广泛、更长期的角度去理解？在图像与主题持续存在的背后，是什么样的个体意识影响了文学或视觉艺术家？这些问题并没有阻止 1920 年后的半个世纪的伟大的形式主义者从事他们里程碑性的工作。它们是中世纪研究中骄傲的狮子和大熊①。（**p.168**）

## 二、图像学的兴起

中世纪艺术史的历史始于 20 世纪 20 年代和 30 年代德国的图像学。在这一时期，还有另外两种中世纪艺术阐释流派：英美鉴赏学和法国图像志学。我们今天读他们的书可能主要出于好奇或便利，而不是为得到启发，但他们的确是些有意思的人物。

去美国的任何一所大学，你都会发现艺术史可能是在一个叫作艺术史系或美术系的系里开设的。后一个名称是艺术史上鉴赏家时代的遗留，这在当时是一些自学成才的绅士，偶尔也会有高雅的女士，追求的一门学问。鉴赏家（connoisseur）是指没有受过系统的学术训练或没有艺术史方法论的人。他（或她，但女性不太常见）是一个自学者，到处游历，观看过很多图片和纪念碑，进而获得对中世纪或文艺复兴时期艺术的实用知识、锐利的眼光和个人化的判断。通常情况下，他还是一个贩子，要么是公开的，要么是暗中进行的，或者受雇于一些贩子。今天这种物种几乎消失了，因为即使是博物馆馆长和私人画廊的专家，现在也在学术训练方面有足够多的准备，尽管不一定达到博士级别。但在 20 世纪上半叶，自学成才的鉴赏家，见多识广、善于交易的业余人士，在大西洋两岸都很常见，影响很大。他们的鼻祖是 19 世纪 80 年代意大利文艺复兴的绘画专家乔瓦尼·莫雷利（Giovanni Morelli）。最后一位伟大的鉴赏家是肯尼斯·克拉克（Kenneth Clark）。克拉克是牛津大学人文学科的毕业生，出生于一个资产达亿万之巨的纺织世家，后来升任伦敦泰特美术馆（Tate Gallery）总监，他也是 20 世纪 60 年代在英国广播公司（BBC）和美国公共广播公司（PBS）电视台为我们讲授文明史的克拉克勋爵。

最著名、经济上最成功（靠专业知识赚得 800 万美元，相当于 1990 年的 1.5 亿美元）而且最有影响力的伟大鉴赏家是伯纳德·贝伦森（Bernard Berenson）。贝伦森是一个来自波士顿贫民窟的犹太移民，身材矮小瘦削，曾获

---

① 骄傲的狮子和大熊：这里指貌似可怕的东西，源出以色列君主大卫王做牧羊人时打死狮子和熊的故事。见《圣经·撒母耳记上》第 17 章第 36 节："（大卫对扫罗说）你仆人曾打死狮子和熊，这未受割礼的非利士人向永生神的军队骂阵，也必像狮子和熊一般。"

哈佛大学的奖学金，并在早期与伊莎贝拉·斯图尔特·加德纳（Isabella Stewart Gardner）建立了主雇关系。加德纳女士是一位富有活力的波士顿富豪，她送贝伦森去欧洲学习专业知识，培养其敏锐的眼光，为她收藏一批文艺复兴时期大师的作品，这些收藏至今仍挂在她在波士顿芬威（Fenway）的房子里（现为博物馆）。（**p.169**）贝伦森在佛罗伦萨的精致别墅现在是哈佛大学文艺复兴研究所的所在地。

在经历几次冒险（并不是每次都遵守严格的道德规范）之后，贝伦森于1910年左右和约瑟夫·杜维恩（Joseph Duveen）开始合作。杜维恩是在伦敦和纽约与美国亿万富翁进行艺术品和古董交易的商人（杜维恩家族是移民到英国的荷兰犹太人）。在接下来的三十年里，贝伦森和杜维恩勋爵（杜维恩后来成了勋爵）共同主导了大西洋两岸关于中世纪晚期和现代早期大师艺术品的私人交易。在佛罗伦萨、罗马、威尼斯和锡耶纳的小街和破败别墅里，杜维恩和他的经纪人发现超低价名画。贝伦森对它们进行鉴定、标注日期、判定作者。大量研究表明，在大部分情况下，贝伦森的判定都是诚实的，尽管有时的确会看走了眼。偶尔，在杜维恩施压下，贝伦森也会做他不应该做的判断。

贝伦森在20世纪初因著有研究文艺复兴时期意大利艺术的几本凌乱著作而闻名，这些著作后来产生了重要影响。之后的研究表明，这些著作中的一些最好的作品是贝伦森与他才华横溢的妻子玛丽·皮尔索尔·史密斯（Mary Pearsall Smith）共同撰写的，有些甚至主要是由他妻子写的。玛丽·皮尔索尔·史密斯是宾夕法尼亚第一代主流女权主义时代布林莫尔学院的毕业生，她也是伯兰特·罗素①的妻妹。肯尼斯·克拉克是贝伦森的弟子。在20世纪60年代和贝伦森去世之前，克拉克都在为保护他老师的名誉不受传记作家的调查而努力着。科林·辛普森（Colin Simpson）关于贝伦森和杜维恩的著作《伙伴》（*Partnership*，1987）首次披露了杜维恩公司的机密文件，揭露一些真相。辛普森提到一件有意思的事是，贝伦森和杜维恩有时在他们狡猾的艺术品交易谈话中使用意第绪语作为暗号。因此，*chodesh*（"新的"）一词就是"假货"的暗号。

19世纪末的巴黎也有一些鉴赏家，但是相比于中世纪和文艺复兴时期的艺术，他们更擅长法国现代早期巴洛克风格的不朽作品的鉴赏。如果还要比较一下不同的话，法国人不像贝伦森和杜维恩那样犀利和不讲原则。中世纪艺术史

---

① 伯兰特·罗素（Bertrand Russell，1872—1970）：英国哲学家、数学家、逻辑学家，分析哲学主要创始人，世界和平运动倡导者，获1950年诺贝尔文学奖，主要著作有《数理哲学导论》等。

上一个重要的图像学派也在 19 世纪后期的法国发展起来。这项法国研究的启动和中世纪宗教图像精心制作的照片的出版，源于国家资助的一个考古和修复工程（通常难以完成）。这项努力可以追溯到 19 世纪 40 年代，其部分灵感来自维克多·雨果[①]轰动一时的浪漫小说《巴黎圣母院》(The Hunchback of Notre Dame)。法国图像学最伟大的、至今仍有读者的倡导者是埃米尔·马勒（Émile Mâle）。(**p.170**) 马勒于 1892 年出版了《十三世纪法国的宗教艺术》(Religious Art in Thirteen Century France，美国出版的平装本《哥特式图像》[The Gothic Image] 是此书的缩减版，翻译质量很差）一书。马勒的作品最终发展成三卷本的关于 1100 年至 1500 年法国图像学的简史（完成于 1922 年）。马勒是高中语文教师，在开始这项工作时，几乎没有接受过艺术史方面的训练。他瞄准并赢得了非常广泛的读者，这就是为什么他的哥特艺术研究著作仍然被美国大学课程广泛采用的原因。但马勒的知识，除了他对大教堂正面和雕塑的详细观察及对能接触到的有装饰的手稿偶尔稍加研究之外，都是浅薄的。他缺乏对材料的系统控制，缺乏对文学和神学的深刻了解，而这些正是德国图像学出众的原因所在。马勒完成他的作品时，德国图像学恰好开始风生水起。

马勒本质上是勤奋的鉴赏家和公众教育者，他知道自己喜欢什么。他的作品是描述性的而不是分析性的，是法国学术普及化的光辉典范。20 世纪 70 年代末，纽约大学艺术史学家哈里·博贝尔（Harry Bober）和普林斯顿大学出版社出于好奇，试图用一个宏大的新版本和准确的翻译赋予马勒的三部曲新的生命。但马勒的作品本质上属于图像学的史前时代，可以看作 19 世纪的良好意愿和肤浅思考的后记。（研究法国中世纪艺术史的另一个伟大人物是活跃在 30 年代末到 50 年代中期的亨利·福西永 [Henri Focillon]。福西永是一个真正的知识分子和教会历史学家，大量地运用了图像学的例子。）法国的图像学热情而浪漫，是一种后雨果效应，缺乏有说服力的分析和完备的理论依据。在中世纪艺术史研究上，是伟大的德国形式主义者（主要是欧文·潘诺夫斯基和他的同事们，他们的成就建立在阿比·瓦尔堡奠定的方法论原则基础之上）以及他们在美英两国的弟子及模仿者，促成了图像学在中世纪诠释中的重要地位。

巴塞尔大学（University of Basel）海因里希·沃尔夫林（Heinrich Wölfflin）的《艺术史原理》(Principles of Art History, 1915) 为德国形式主义图像学做了初步准备，该书至今仍很重要且极具争议。沃尔夫林的兴趣在于解释绘画风格

---

[①] 维克多·雨果（Victor Hugo，1802—1885）：法国作家、法国浪漫主义文学运动领袖，主要作品有剧本《爱尔那尼》、小说《巴黎圣母院》《悲惨世界》、诗歌《惩罚集》等。

的变化：绘画是如何从文艺复兴时期的风格发展到巴洛克风格的？为了回答这个问题，他把绘画从文化世界和自然世界中抽离出来，赋予它一种内在的、生动的历史，一种"自己的生命"。每一幅画都有一个形式结构，（**p.171**）而"每一种形式都生生不息，孕育着……一幅画对另一幅画的影响，作为风格的一种要素"。这里就出现了形式主义。沃尔夫林著作中的许多内容与耶鲁大学泰斗哈罗德·布鲁姆（Harold Bloom）在20世纪60年代提出的文学批评理论不谋而合。但是将形式主义发展到图像学主要是阿比·瓦尔堡的成就，而我们今天所知的艺术史正是从他20世纪20年代初的作品中直接派生出来的。

瓦尔堡把自己分得的家族银行业的财富投资于在汉堡新创建的图书馆和研究所。北方的大都市汉堡是德国的威尼斯，它的目光一直关注着北海、斯堪的纳维亚半岛和英国。汉堡与英国港口的经济关系可以追溯到14世纪汉萨同盟[①]的神奇时代。汉堡总是有一些自由主义和世界性的东西。这个城市拥有充满活力的文化，它的对外关系和漂浮在一系列水湾、运河和河流之上的地理条件，刺激着这种文化。这里是致力于古典传统历史，尤其是古典意象在绘画、雕塑、钱币、徽章以及所有形式的视觉艺术中传承的先锋研究机构的理想场所。

瓦尔堡本人是杰出的学者，神经高度紧张（神经衰弱困扰他很长一段时间，偶尔中断了他的研究）。他对中世纪既不了解，也不感兴趣；他自己的研究是在16世纪和17世纪。事实上，他认同一种过时的19世纪观点，即中世纪是文化停滞不前的时期。但他有意让其他人尝试追溯中世纪艺术中的古典遗产，展示中世纪图像学的多种特性。因此，他吸引了一批才华横溢的年轻中世纪学家，其中弗里茨·萨克斯尔（Fritz Saxl）和瓦尔堡的忠实助手格特鲁德·宾（Gertrud Bing）察觉到纳粹主义的威胁。1929年，瓦尔堡去世两年后，他们将瓦尔堡图书馆搬到了伦敦。在那里，他们从纺织业巨头考陶尔德家族（Cortauld family）获得新的资助。如今，瓦尔堡-考陶尔德学院是伦敦大学的艺术史研究部门，能授予博士学位，同时也拥有英国唯一主要的艺术史专业。20世纪40年代，瓦尔堡的弟子恩斯特·贡布里希（Ernst Gombrich）出任瓦尔堡-考陶尔德学院院长，任职长达30年之久。贡布里希是心理学家（代表作《艺术与幻觉》[*Art and Illusion*]），也是艺术史学家。20世纪60年代，瓦尔堡机构最杰出的人物是弗朗西斯·耶茨（Frances Yates），她从事文艺复兴晚期和巴洛克艺术研究（代表作《记忆的艺术》[*The Art of Memory*]）。今天，这个机构的教员中有著名小说家安妮塔·布鲁克纳（Anita Brookner），（**p.172**）她的专业兴趣是现代法

---

[①] 汉萨同盟：见本书第三章第一节（原书第80页）该词条的注释。

国艺术与文学的关系。

阿比·瓦尔堡在第一次世界大战后的六年间阐述了德国图像学学派的大纲。图像学类似于现代主义文学批评家所提倡的对文本的"细读"。瓦尔堡说："上帝在细节中。"除此之外，图像学有三重关注点：图像的连续性（图像学本身）、与系统研究的文学文本的密切关系（这一点绝对必要，从而将德国图像学与随心所欲的法国印象派的艺术史区分开来），以及雅各布·布克哈特（Jacob Burckhardt）影响下的艺术图像与文化语境的互动。布克哈特是研究意大利文艺复兴的19世纪历史学家，十分受人尊敬，也是古典学家和哲学家尼采的朋友。在瓦尔堡和他的弟子们的作品中，第三个关注点远不如前两个发展得充分。在以瓦尔堡为基础的德国图像学的旗帜下，绝大多数的研究都是图像的连续性与文学文本的结合。

瓦尔堡擅长纲领性的陈述和定义。他说，艺术建立在"冷静和超然的宁静之上，是对事物范畴化的思考"，而图像学传统涉及"对充满心灵的图像的全面认识"。这一说法带有黑格尔主义色彩，并与卡尔·古斯塔夫·荣格的原型集体心理学在苏黎世的当代发展相呼应。在瓦尔堡（和荣格）的观念中，这种类型学是积极的和创造性的。在瓦尔堡看来，艺术史上的图像学，意味着通过活跃的记忆保存图像，而这种记忆反过来又成为编码的情感："我们寻找一种铸币厂，这种铸币厂能将情感极度激动之表现性运动印在记忆里，只要这些运动能被翻译成姿势语言，其强度足够使痛苦情感体验的印记作为遗产留存在记忆中。它们成为典范，并且在表现性运动的最大价值渴望呈现在艺术家的创造性手工作品上时，决定艺术家手中探索的轮廓。"（1929年出版，可能写于几年前，E. H. 贡布里希英译，1970）

瓦尔堡要说的是，图像学的形象是储存的、编码的激情，这种激情在某种决定性的集体记忆中永存，并且非常强烈地制约（或完全支配）艺术家对某一特定主题的描绘。瓦尔堡再次指出，（**p.173**）图像学的形象是"最具人类表达价值的功能在铸造动态符号的传统中传承下来的"（1927年出版，E. H. 贡布里希英译，1970）。

瓦尔堡反复将图像学传统等同于铸造工艺，这是有深意的。类型存在于记忆中，就像铸币厂里钱币模子一样，图像从记忆中冲印出来，并在特定的主旨描绘中重现。去银行订一批二十五美分的硬币，每枚硬币上都有从同一个模子里印出来的相同的图案。因此，在后古典艺术的连续性中，同样的图像一次又一次地从传统中出现。虽然瓦尔堡的概念存在认识论、心理学和历史学方面的问题，但我们知道他在说什么，而且在发展艺术理论方面没有人做得比他更好。

## 三、命运的孩子

与贡布里希一起，潘诺夫斯基是瓦尔堡最杰出的弟子，也是将瓦尔堡的图像学理论应用于中世纪艺术的人。实际上，潘诺夫斯基（1892—1968）不是瓦尔堡的正式弟子。1920 年，潘诺夫斯基发现瓦尔堡令人难以置信的图书馆和先锋学院时，已经在新汉堡大学获得博士学位并留在艺术史系任教。潘诺夫斯基受到瓦尔堡图书馆和先锋学院的欢迎，并作为瓦尔堡新发现的主要门徒和代言人参与其中。到 1930 年，潘诺夫斯基已经是纽约大学新成立的美术学院的客座教授。

1933 年，受到纳粹的反犹排斥驱逐之后，潘诺夫斯基获得位于普林斯顿高等研究院历史研究学院的第一个人文学科的任命，爱因斯坦就在高等研究院任职。与普林斯顿高等研究院几乎所有的同事不同，潘诺夫斯基 20 世纪 30 年代继续在纽约大学和普林斯顿大学任教，并在这两所大学从事学术领导和课程开发。因此，二战后，这两所大学都拥有美国迄今为止最杰出的艺术系。

直到 40 年代中期，精神狂躁的潘诺夫斯基才停止定期的教学，开始利用他在高等研究院研究职位的便利，但他在整个 20 世纪 50 年代仍在全美国各地的大学里发表数量惊人的公开演讲。他成为美国艺术史上无可争议的学术权力掮客，(**p.174**) 获得无数荣誉。大约到 1955 年，任何一个毫不相干的学院院长，如果想要改善自己作为人文学科支持者的形象的话，都试图给潘诺夫斯基颁发一个荣誉学位。"潘"（他书信上的签字 [Pan]，是一个双关语，将自己与希腊神话的半神联系起来）也不拒绝这么多的邀请。因其在中世纪和文艺复兴研究方面的杰出成就，潘诺夫斯基一生至少获得十五个荣誉博士学位、九个勋章或类似奖励。

对于一个在汉堡崭露头角的文艺的、波希米亚式的人来说，这是一种权威主义的角色，正如 1922 年他的第一个博士生，后来成为史密斯学院（Smith College）和牛津大学教授的埃德加·温德（Edgar Wind）所描述的那样："潘诺夫斯基在那些日子里有着明显的浪漫面容，上唇留着浓密的小胡子（几乎是尼采式的），长长的络腮胡子垂在耳前，越发衬出明亮的眼睛和高高的额头，额头上的黑发很长，尽管已经开始脱发。"我在 20 世纪 50 年代遇到潘诺夫斯基的时候，他穿着考究，胡子刮得很干净，整洁得像刚打理过一样，一副欧洲中部人的相貌，眼睛炯炯有神，嘴角常带微笑，很容易被人当作一个成功的曼哈顿出版商或戏剧制作人。潘诺夫斯基是才华横溢的演讲者，是我听过的最麻利和最熟练的演说家之一。他喜欢使用拉丁语标签、德语诗句、希腊哲学术语、好几种语言中的双关语。他似乎对自己很有信心，对自己很满意。他逗引别人的奉承，喜欢别人的奉承。从所有外在标准来看，他有非常幸福的家庭生活。陪伴他半个世纪的妻子、备受宠爱的朵拉（Dora），也是一位训练有素的艺术史学家，能在工作上给他帮助。他的两个儿子都是优秀的学生，后来成了学院派的科学家。

潘诺夫斯基还是研究生时，他的一位老师说，命运对他微笑了两次，一次给了他私人财富，一次给了他能够找到与艺术形象有关的文学文本的超常能力。潘诺夫斯基出生于富裕的德国犹太家庭。他原本打算一辈子做"民间学者"（像盎格鲁-撒克逊法律历史学家费利克斯·利伯曼一样），而不去寻求学术职位来对抗反犹潮流。但是，他的家族在魏玛时代早期破产了，那个时候这个自由民主的共和国暂时扩大了犹太人进入德国大学人文系的机会，潘诺夫斯基利用了这个机会。即使在那时，幸运女神仍然对潘诺夫斯基微笑。他很快成为瓦尔堡的门生，1925 年，年仅 33 岁就获得全职教授资格。纳粹掌权时，（**p.175**）他在美国的学术成功和权力之路已经铺开，因为他已经在美国做过访问教授。他不需要拼命地寻找工作，便立即成为美国艺术史上的主导力量。

潘诺夫斯基接触到的一切最终都会成功。一所不知名的美国天主教学院邀请他做一场以哥特式建筑为主题的演讲。这次演讲的文稿出版后，十年内印刷了十次。他从来都很享受电影，尤其是默片。20 世纪 40 年代，他发表一篇关于电影图像学的文章，这篇文章极具开拓性，获得广泛的赞誉。今天，人们通常将潘诺夫斯基的文章看成是美国校园中电影研究的开端。因此，他几乎单枪匹马地开创了这一门新学科。20 世纪 40 年代末期，他经常会去新泽西州的城镇做演讲，展示巴斯特·基顿（Buster Keaton）的默片，并对影片表达的意象进行详细的阐释。潘诺夫斯基就是那种非常引人注目，并且可以给人带来快乐的教授的典范。

对于德国形式主义者来说，从事电影研究看起来似乎彻底背离了意识形态上的精英人文主义，但事实恰恰相反。潘诺夫斯基并没有屈服于流行文化，他是在将电影融入形式主义的图像学传统中去。

在潘诺夫斯基 20 世纪 20 年代和 30 年代的早期纲领性和理论性陈述中，他关注的是将自己的艺术史作为瓦尔堡的余脉，与埃米尔·马勒及其法国和德国的模仿者实践的图像志区分开来。潘诺夫斯基认为他们的图像学极其机械和程式化，相对不够学术化。潘诺夫斯基说，他迫切地感到艺术史应该尽可能地全面化和以文化为导向。1920 年，他写道："对艺术的系统性研究……要求全面把握研究对象，而不能只看到历史层面。"这就是说，对艺术史的探讨应该是思想性的，而不仅仅是通过机械化的图像学，将一个图像与另一个图像进行简单的比较。艺术史需要"一个超越其自身的阿基米德支点"，这个支点就是一个广阔的文化视角。为了强调这一理论，潘诺夫斯基将"图像学"（基于思想与文化的艺术史）和"图像志"区分开来。但是实际上，潘诺夫斯基表达的仍是瓦尔堡的意思，即必须将"视角类型"与文学文本结合起来，发挥"小号印刷体的力量"，从而使其真正置于文化背景中。这是一种越过程式化的图像去寻找艺术家想要传达的意义的方式：（**p.176**）

> 艺术作品的"形式"与"内容"是分不开的。色彩和线条、光亮和阴影、分量和层次的分配，作为视角的效果不管多么令人愉悦，我们都必须理解其所包含的视觉层面之外的意义。
> 再创造性合成为考古学研究提供前提。考古学研究也同样为再创造的过程奠定基础。
> 画家们越是沉浸于视觉世界的发现和再创造，越能强烈感受到赋予这些视觉元素以深层意义的必要。

这听起来像是一个大胆的艺术的历史社会学计划。确实有证据显示，20世纪20年代和30年代，潘诺夫斯基偶然思索过这种思辨性的先锋方法。但是最终，尤其在移居到美国后，潘诺夫斯基放弃了这种雄心壮志，转而将精力集中在形式主义的基于文本的图像学上。他称这是一种常识性的方法："我们需要问问自己，某个特定母题的象征意义是否属于一种既定的表达传统；象征性的解释是否可以通过明确的文本加以证明，或者是否与那个时期明显存在的、可能为那时的艺术家所熟悉的思想相一致；以及象征性的解释在何种程度上能够与特定艺术大师的历史立场和个人倾向相符合。"

对潘诺夫斯基进行的研究有三种很有价值。一种是潘诺夫斯基的学生威廉·赫克斯赫（William Heckscher）在潘诺夫斯基去世后不久完成的，另外两种分别是迈克尔·波德罗（Michael Podro）和迈克尔·安·霍利（Michael Ann Holly）发表于20世纪80年代的研究。这些研究给我们留下了类似的思想传记：从模糊的、未实现的雄心壮志，到理论和实践上的主流形式主义这样一个稳定的发展过程。潘诺夫斯基在其去世的前一年，曾在一封私人信件中说到他对"图像志"和"图像学"所做的区分（这个著名的观点曾是一代艺术史研究生铭记在心的经典信条）不再具有重要意义：实际上，两个术语是可以互换的。

落实到实践中，就是将图片置于文学文本的基础之上。

潘诺夫斯基最早的作品研究 16 世纪早期路德派艺术家阿尔布雷希特·丢勒①，有人认为这也是他最好的作品。潘诺夫斯基在研究生涯中，曾多次将研究对象转到丢勒身上。潘诺夫斯基对中世纪艺术史做出四项具体贡献：关于圣丹尼（St. Denis）修道院院长叙热（Suger）的研究（1946），叙热是圣丹尼修道院教堂的建造者和监督建筑师，（**p.177**）圣丹尼大教堂通常被认为是第一座新哥特式风格的教堂；关于中世纪艺术和文化复兴的比较研究（1952—1960），描绘中世纪文化史；他的演讲杰作《哥特式建筑和经院哲学》（*Gothic Architecture and Scholasticism*，1957）；还有关于 15 世纪末的《早期尼德兰绘画》（*Early Netherlandish Painting*，1953），这部作品同关于丢勒的研究一起被认为是他的代表作。

圣丹尼修道院是法国的王室修道院，地位就像英国的威斯敏斯特教堂一样。法国国王不在那里加冕（加冕礼和施膏礼在兰斯大教堂 [Cathedral of the Rheims] 举行，兰斯大教堂也与王权有着特殊的历史联系）。但就文化政治和政治文化方面而言（或者，也可以说，就公共关系和宣传而言），这座位于巴黎边缘的修道院与统治王族有着密不可分的联系。12 世纪初期尤为如此，彼时圣丹尼修道院院长叙热（逝世于 1151 年）是路易六世（Louis VI，胖子路易）的首席大臣，也是卡佩王朝（Capetian dynasty）一位非常得力的大臣。12 世纪 40 年代，叙热对修道院中的教堂进行了一次昂贵而精心的重建。重建完成时，虽然教堂的外观并不雅致，但它具备的两个元素使其成为后来所谓的法国风格，或 15 世纪开始的所谓哥特式风格的鼻祖。如今，圣丹尼大教堂的墙壁上有一扇高侧窗，使祭坛可以沐浴在自然光下，正门之上还有一扇巨大的玫瑰花窗。此后的一个世纪中，由于人口激增，教堂需要比以前更为开阔的结构，高侧窗和玫瑰花窗成为法国北部新型大教堂不可或缺的建筑特征。

潘诺夫斯基告诉我们，叙热密切地监督并在很大程度上规划了圣丹尼大教堂的重建，"为西方建筑在接下来的一个多世纪的发展定下了方向"。潘诺夫斯基想要寻找这种新风格的起源：是什么赋予了叙热灵感？潘诺夫斯基也不必舍近求远地去探索这个问题，因为叙热在回忆录中已经讲述了他重建教堂的原因和过程。潘诺夫斯基也为这篇文章提供了出色的译文，将其附在自己的分析之后。这座建于 7 世纪的教堂以圣丹尼的名字命名，据说圣丹尼是圣保罗的

---

① 阿尔布雷希特·丢勒（Albrecht Dürer，1471—1528）：德国画家、版画家和理论家，主要作品有油画《四圣图》、铜版画《骑士、死神和魔鬼》等。

门徒和派往异教徒高卢人中的使徒，后来高卢人在巴黎的殉道山上（蒙马特[Montmartre]）处死了他和他的同伴。8世纪，一篇新柏拉图主义神学论文被翻译成拉丁文，这篇论文被误认为系圣丹尼所作（实际上是由一位讲希腊语的叙利亚僧侣在500年左右写成的）。潘诺夫斯基根据叙热自己给出的提示指出，（**p.178**）正是这个"新柏拉图主义的光的形而上学"文本激发了这种新建筑的灵感。叙热想让神圣的光（上帝之灵）照进教堂，这正是他那样做的原因。

这是潘诺夫斯基基于文本的艺术史形式主义的一个光辉范例。这个例子完美得无可置疑。再也找不到比这个更明确的例子，这篇关于叙热的文章写得非常细致，神气十足。然而，潘诺夫斯基在研究接近尾声时提到两个建议，但没有进行深入探讨。他提到叙热的自负："叙热……将一生全部的精力、精明和志向都投入这个修道院中。"这些哥特式大教堂也许是体现建造它们的法国贵族主教和修道院院长们的雄心和财富的最有力的纪念碑。克莱尔沃的圣贝尔纳从这个伟大的哥特式建筑计划一开始就看到了这一点，并因此对其进行了严厉的批评，自相矛盾的是圣贝尔纳本人就是一个可怕的自我主义者。

潘诺夫斯基提出的另一更为重要的建议也没有得到深入探讨："对于叙热来说，圣丹尼大教堂代表着法国，于是他产生一种强烈的、近乎神秘的民族主义，这和他的虚荣心一样不合时宜。"但我不太明白"不合时宜"这个词究竟想表达什么。中世纪主教或著名修道院院长的虚荣心并没有什么不合时宜的，这种虚荣心反倒是他们思维中的核心部分。民族主义是中世纪文化的重要成分，由于缺乏可以吸收民族主义的中间机制，它有时会变得更加强烈和粗暴。新的圣丹尼大教堂映射出的君主制民族主义的影响与新柏拉图主义的影响同样重要。新的圣丹尼大教堂与卡佩王室有着密切的联系，它不仅代表着金钱与权力，也成为法国人对王室效忠的焦点，至少对领主阶级来说是如此——这一目标在叙热死后一个世纪，即圣路易九世（St. Louis IX）统治时期完全实现了。

确实可以这样认为，叙热作为新哥特式教堂的鼻祖，更多是以王室首席大臣，而不是以大修道院院长的身份行事。他想要为卡佩王朝的新自信、新野心、新效率找到一个高度可见的符号。政治意识形态作为圣丹尼大教堂的思想基础，其作用比神秘的基督教神学更为重要。就因为叙热以伪丹尼作品作为辩解理由，我们就应该相信这就是真正激发叙热进行这项造价昂贵且在技术上存在风险的项目的原因吗？这证明了潘诺夫斯基的图像加文本的形式主义的弱点。（**p.179**）有了图像和文本完美的匹配（如本案中的哥特式风格和新柏拉图主义的光的神学），你就可以轻描淡写地看待其他一切，尽管潘诺夫斯基具备所有的学识和洞察力，知道还有其他的解释也在发挥作用，那些解释也许不那么准确，但却更具说服力。

潘诺夫斯基对12世纪的建筑史持有的非常传统的看法可能会受到质疑。没错，高侧窗和玫瑰花窗是新法式风格的核心。但是，新法式风格强调垂直面，就如罗马风格强调水平面一样。这种转变已经出现在所谓的诺曼垂直式中，这是一种介于罗马式和哥特式之间的高耸的教堂风格，11世纪70年代，征服者威廉带到英国来的法国主教们开始建造这种风格的建筑。在这方面，具有突破性的并非圣丹尼大教堂，而是达勒姆大教堂（Durham Cathedral）。达勒姆主教——圣加来的威廉（William of St. Calais）——是位冷酷无情的政治人物。他于11世纪80年代开始在那个北部边境城市建造这所教堂。在这位封建家臣的思想中，我们找不到任何新柏拉图式的神秘主义。然而，他正在建造一个比任何盎格鲁-撒克逊教堂都要宏伟得多的建筑，一个将人们的视线引向上方的建筑。在叙热重建圣丹尼大教堂之前的几十年里，这座荒凉的北方城镇（达勒姆）发生了一场建筑革命。如果潘诺夫斯基将建筑革命的开端追溯到达勒姆的威廉主教，他就不得不审视这位边疆主教的政治野心。唯一与威廉主教有关的文学文本是一个长篇的审判记录，讲述他因在贵族叛乱中背叛国王（征服者威廉的儿子和继承人）的罪名而进行的审判。可以通过多种方式将这个文本与达勒姆大教堂联系起来，但并不能像潘诺夫斯基那样将叙热的圣丹尼大教堂直接置于新柏拉图主义神学的基础之上。

潘诺夫斯基的《哥特式建筑和经院哲学》宛若一块脆弱的宝石，如此精致、如此微妙，以至于如果仔细观察，就会瓦解。但也正因为如此，它才更值得欣赏。这也是一个非常出色的思辨性阐释的例子。潘诺夫斯基巧妙地描述了13世纪的哥特式教堂在结构上是如何与托马斯哲学"三段论"（圣托马斯·阿奎那① 提出论点的一种复杂的逻辑方式）的构造形式相呼应的。这就是潘诺夫斯基所说的"旨在澄清的假设"和"对矛盾的可能性的接受和最终和解"。

那么，另一个问题来了：如果这是真的，其因果关系又是如何呢？（**p.180**）这些教堂的设计师们是因为受过经院哲学研究和论证模式的训练而（有意识地？还是无意识地？）将其体现在他们的设计图纸上的吗？还是存在一种"时代精神"或文化联系，一种时代文化中共有的心态渗透到所有方面——哲学、建筑、绘画、法律和富有想象力的文学？潘诺夫斯基并没有回答这些问题。但从他精辟的叙述来看，两种解释似乎都是可能的。我们无须对他

---

① 圣托马斯·阿奎那（St. Thomas Aquinas，1225—1274）：中世纪意大利神学家和经院哲学家，其哲学和神学思想体系被称为托马斯主义。

苛责太多。有一点可以指出,潘诺夫斯基作为为数不多的研究哥特式建筑的学者,其作品既不枯燥也不晦涩难懂。只有看到这本书如何在大学课堂上激发兴奋的讨论,才能充分认识到它的价值。

《西方艺术中的文艺复兴和历次复兴》(Renaissance and Renascences in Western Art)内容丰富、注脚较多,其目标读者群与《哥特式建筑和经院哲学》的目标读者群截然不同。潘诺夫斯基的这本书面向艺术史家和所有专业的中世纪学家,假定他们都经历过关于意大利文艺复兴和早期中世纪文艺复兴的性质的争论。

瑞士历史学家雅各布·布克哈特是尼采的朋友,也曾是尼采在巴塞尔大学的同事。布克哈特最早将文艺复兴形容为一个独特历史时期中文化和政治统一的体现。在1860年出版的《意大利文艺复兴时期的文化》(The Civilization of the Renaissance in Italy)一书中,布克哈特从有机论的角度描述了文艺复兴,有机论也是19世纪德国史学的一大特色。布克哈特认为,现代欧洲文化在意大利发展两个世纪之后才开始在欧洲其他地区发展开来。对布克哈特来说,意大利文艺复兴的基本观点,或曰世界观(Weltanschauung),是1350年至1550年意大利政治和思想潮流的诞生物。布克哈特强调一种美化个人的新观点的兴起,他也很注重社会和心理因素。这样一来,布克哈特偏离了15世纪意大利人文主义者对他们自己时代的较为局限的观念,那种观念强调将古典的复兴作为文艺复兴内涵的核心——重生——的本质。

布克哈特要描述一些基本的特征,也就是塑造了文艺复兴时期的世界观,使欧洲摆脱中世纪社会假定的"信仰、幻想和幼稚偏见",并迎来现代世界的那些基本特征。对布克哈特来说,意大利城市的政治气候为个体人格意识打破"种族、人群、党派、家庭或团体"的束缚提供了便利环境。(**p.181**)布克哈特将文艺复兴时期的人文主义者视为一种尼采式的超人。富有创造力的个体摆脱了中世纪世界所谓的政治和思想局限,在辉煌的古典文化中找到进一步发展的必要向导。意大利文艺复兴时期的男人和女人同他们古代的先驱一样,探索人类的心灵和心灵以外的自然世界,进而不断开发个人创造力。文艺复兴时期的意大利人在政治、社会关系以及艺术方面奠定了现代文明的基础。

布克哈特对文艺复兴的有力诠释很快成为所有其他关于该主题的作品都必须效仿或抨击的对象。在将意大利文艺复兴文明的模式应用于整个欧洲的过程中,布克哈特表现得十分谨慎。但后来文艺复兴研究的流行趋势增强了他的论文的影响力,并将他的模式扩展到欧洲其他地区。爱德华时代的文学家和同性恋活动家约翰·阿丁顿·西蒙兹(John Addington Symonds)是个学术普及能手,在他看来,文艺复兴是一段有严格定义的时期,标志着整个西欧中世纪的结束,并迎来了一个新世界。文艺复兴的概念得到扩大,可以涵盖一切现代事物的源头,它的具体内容依据历史学家对现代性本质的认识差异而有所不同。

20世纪初,随着天主教大学参与现代历史科学的发展,教会学者试图挑战布克哈特的文艺复兴理论。他们认为布克哈特的理论是对教会的隐晦攻击。后来,世俗中世纪学者也把注意力转向布克哈特的范式,因为它似乎是对中世纪所达到的知识和文化水平的污蔑。由于20世纪20年代中期几乎所有著名的大学都任命了中世纪历史、文学和艺术教授,那些支持布克哈特将文艺复兴和中世纪分开的人和中世纪学者之间的争论声此起彼伏。中世纪学者认为,15世纪意大利的思想和文化发展只是中世纪文化自身繁荣的滞后成果,文艺复兴时期人文主义思想中极具价值和独特性的文化早在中世纪早期就已经有了前兆。哈佛大学的查尔斯·霍默·哈斯金斯是美国当代主要的中世纪历史学家,1928年他在《十二世纪文艺复兴》(*The Renaissance of the Twelfth Century*)一书中有力地总结了中世纪学者对布克哈特的回应。哈斯金斯的《十二世纪文艺复兴》最初是作为一系列的公开演讲在哈佛大学校园里进行的,受到一些高雅的女性观众的热烈响应。(**p.182**)后来,一代又一代的美国大学生学习这本书的平装本,尽管他们并不是十分乐意。哈斯金斯反复强调的一点是,同15世纪意大利的文艺复兴一样,中世纪也发生了若干次以古典学术和人文主义理想的复兴为中心的文化运动。哈斯金斯认为,公元1100年之后的一个世纪左右,拉丁语言文化和希腊哲学与科学的大范围复兴是一个关键的转折点。这是最具创造性的一次复兴运动,几乎预见了布克哈特在意大利文艺复兴中看到的一切有价值的东西。于是,哈斯金斯为我们提供了一个带有注解的12世纪作家和思想家的目录。

哈斯金斯的大作出版之后,中世纪和意大利文艺复兴的支持者之间的争论开始升温。纽约大学历史学家华莱士·K.弗格森(Wallace K. Ferguson)在《历史思想中的文艺复兴》(*The Renaissance in Historical Thought*,1948)中干练地总结了这场辩论的发展过程,但并没有提供解决方案。接下来的反布克哈特运动由哈佛大学的道格拉斯·布什(Douglas Bushes)、伦敦大学的R. W. 钱伯斯(R. W. Chambers)和剑桥大学的E. M. 蒂利亚德(E. M. Tillyard)领导。

潘诺夫斯基的《西方艺术中的文艺复兴和历次复兴》权威地参与了这场喧嚣的辩论。这本书始于1952年在瑞典举行的一系列资助讲座,于1960年出版,书中当然存在一些炫耀权力的因素。潘诺夫斯基的一个目的是证明没有人比他更精通中世纪和文艺复兴时期的文化,这个目的完全实现了。这是一部很有启发性的作品，也是有史以来对伟大的文艺复兴的最微妙的分析。潘诺夫斯基用微妙的洞察力和复杂的区分来代替笨拙的辩证法、刺耳的论战和乏味的列举。

潘诺夫斯基认为确实存在所谓的文化时代。然而，14 世纪和 15 世纪的文艺复兴究竟是一个新时代，还是中世纪的延伸，尚可讨论。但潘诺夫斯基表示，意大利文艺复兴从文学扩展到绘画，再到其他艺术，再从艺术扩展到自然科学，无论如何都是一场意义重大的文化运动。因此，精神重生或再生的观念成为中世纪晚期意大利的核心文化理论。潘诺夫斯基的观点并无惊人之处：它是一种中庸之道，合情合理，并且得到广泛认可。这种观点尤其适用于艺术史，并有大量可靠的数据支撑：

> 艺术史学家……必须接受这样一些基本事实，即第一次打破中世纪用线条和颜色表现可见世界的原则，发生在 13 世纪初的意大利；（**p.183**）第二次根本性的变革，从建筑和雕塑而不是绘画开始，伴随着对古典主义的狂热关注，始于 15 世纪初；第三次变革，也是整个发展的高潮阶段，最终使三门艺术同步进行并暂时消除了自然主义和古典主义观点之间的分歧，始于 16 世纪初。

这是一个合理的结论。但是，将其应用于文化的其他领域时——虚构文学、哲学、法律——这一清晰模式却很难成立。就连阿尔卑斯山以北的视觉艺术的发展也没有遵循如此整齐的模式。

潘诺夫斯基清晰地阐明了历次早期复兴的意义。他对早期中世纪文艺复兴的处理，实际上比他的 15 世纪意大利文艺复兴的范式更具独创性。潘诺夫斯基对加洛林文艺复兴（780—860）的阐释微妙而细致。他表示，加洛林艺术中有一种强烈的新古典主义元素，但后来又汇入两种文化支流：凯尔特-日耳曼和拜占庭。他和施拉姆一样，认为拜占庭对 970—1000 年的奥托文艺复兴的影响很大。他总结说，公元 1000 年的艺术"在形式和内容上的活力，都可以说是来自对中世纪鼎盛未来的预言性展望，而不是对旧古典主义的热情追溯"。新古典主义和千禧年主义在奥托文化中融为一体。奥托三世统治时期，复兴罗马帝国的想法不仅是一个文化母题，也是预言性展望的一部分。

潘诺夫斯基对"12 世纪早期文艺复兴"的长篇讨论主要以艺术和建筑为对象，但也对拉丁语文学有所关注。这是他最杰出的成就之一。它的方法和结论既不激进也不保守，这也解释了为什么他如此受人钦佩。这一学问渊博和精心构筑的阐述丝毫不缺乏独创性，也不枯燥无聊，同时，也没有任何突兀奇异之感。这样的思想水准和得体表述是很难得的。

潘诺夫斯基认为，首先，12世纪文艺复兴时期视觉艺术的独特品质是其以三维艺术（即雕塑和建筑）的古典化为核心。其次，"刻意古典化的风格出现在教会而非世俗领域"——教堂而不是王室和贵族住宅。（**p.184**）再次，哥特文化在13世纪中期达到顶峰时，虽然大量地借鉴古典哲学和文学，但也形成一种独特的"高度中世纪的思想、想象和表达体系……拉丁语写作的语言形式完全从古典模式中解放出来"。的确，13世纪中后期的地中海文化存在种种反古典的迹象和东方化的趋势。与加洛林文艺复兴相比，12世纪文艺复兴确实"渗透社会的许多层面"，虽然它以一种比加洛林文艺复兴更实用、更积极、更深入的形式挪用古典文化，但"艺术和文学中的古典形式已经与古典内容脱节"。到1300年，"无论是艺术还是文学，都与古典主义的美学传统有了相对或（在一些北方国家）绝对的疏远"。

因此，布克哈特的看法可以说无懈可击，再正确不过。在潘诺夫斯基看来，意大利文艺复兴确是独一无二的："中世纪没有埋葬古典，而是对其尸体交替地进行激活和驱魔。意大利文艺复兴站在它的坟墓前哭泣，试图复活它的灵魂。"然而，中世纪文化的巅峰，并不是意大利文艺复兴时期的古典主义，而是哥特式艺术与文化："中世纪古典主义的顶峰是在哥特式风格的总体框架内达到的。"潘诺夫斯基关于文艺复兴的辩论的独特之处在于，他的冷静和明智赋予了中世纪和意大利文艺复兴文化各自应有的地位。这仍是目前这个问题的立足之处。

潘诺夫斯基对历次文艺复兴研究的局限源于他的形式主义观点及对社会学观点的回避。如果从社会决定论的角度审视15世纪意大利文艺复兴及其在北欧的成果，他就会得到完全不同的理解。其重点将不再是文艺复兴图像学，而是教育理论和课程改革。文艺复兴时期的人文主义者不重视大学，而是把重点放在七至十六岁男童的学校课程上。他们构想了一个全欧范围的古典拉丁语培训计划，培育新一代领导政治、经济和思想等各领域的少数精英。用古典拉丁语阅读、写作、传播和思考的能力将使人文主义者所设想的欧洲精英阶层脱颖而出。这些精英将献身于国家、艺术、家庭和传统道德。（**p.185**）经过英国、法国和德国的公立中等学校的持久推行，文艺复兴时期人文主义者的人才培养计划表现出长期的延续性，直到今天——在教学内容上有所改进，尤其是考虑到自然科学的因素——仍在培养欧洲的精英阶层。因为潘诺夫斯基本人就曾就读于德国古典中学，完全接受其宗旨和成果，因此他无法置身局外看到其社会学意义。

潘诺夫斯基晚期的另一重要作品《早期尼德兰绘画》是一部巨著，代表着他最初兴趣的回归，即对阿尔布雷希特·丢勒和16世纪德国艺术的兴趣的回归。在研究扬·凡·艾克（Jan van Eyck）、弗莱马尔大师（Flémalle Master）、罗吉尔·凡·德·威登（Roger van der Weyden）以及15世纪其他佛兰芒艺术领袖时，潘诺夫斯基探讨的是丢勒以及德国晚期文艺复兴和巴洛克的背景。《早期尼德兰绘画》关注的是新自然主义的技法，如透视、色彩、风景以及对人的面部和身体的描绘。潘诺夫斯基强调，这种自然主义代表革命性的风格变化的发展，始于意大利，后来向北转移，并在那里得到进一步改进，然而潘诺夫斯基并没有解释绘画风格大变动的原因。相反，他仔细研究个中的技法。他完全忽略了约翰·赫伊津哈（Johan Huizinga）四十年前出版的《中世纪的衰落》（*The Waning of the Middle Ages*）一书（这本书将佛兰芒艺术的新自然主义视为晚期中世纪文明无力维持一种共同象征身份的表现）做出的文化社会学的努力。

在他的书的结尾，潘诺夫斯基提到一个非常重要的问题：15世纪末佛兰德斯的自然主义绘画出现一个新的世俗中产阶级市场："我们可以看到扬·凡·艾克和弗莱马尔大师作品的变体的复制品产量大增，这表明大众的这种需求在之前的半个世纪中似乎并不存在。……就购买的大众而言，这一现象可以用北方人文主义的兴起来解释。正如在意大利发生的那样，这一新人文主义与一种新颖的历史感同时出现，伴随这种历史感的还有民族和地区的自我意识。"但他对这种新风格的社会学意义的探讨到此为止。如果更进一步，潘诺夫斯基就会脱离形式主义传统而进入一片未知的危险水域，进入一个完全不同的艺术史世界。马克思主义者或任何社会决定论者都会认为，(**p.186**) 潘诺夫斯基本应该从这里开始他的尼德兰绘画研究，但他却在这个时候结束了。潘诺夫斯基确实有权选择不进入那片阴暗的灌木丛，但他未能直面赫伊津哈那难以捉摸但令人振奋的文化史，这更令人失望。

20世纪20年代，阿比·瓦尔堡是潘诺夫斯基的导师，并在汉堡建立了形式主义学派，这一学派后来成为美国和英国推崇的标准。与此同时，维也纳的一群艺术史学家也在探索一种截然不同的方法，将艺术视为一种社会现象，探究艺术的社会决定因素。20世纪30年代末，维也纳艺术史学派在被纳粹解散之前，其观念被阿诺尔德·豪泽尔（Arnold Hauser）记录在四卷本的《艺术社会史》（*The Social History of Art*）中，很多人将这本书的美国平装本当作艺史导论学习。豪泽尔在英国寻求庇护，但他在那里从未获得过主流地位。豪泽尔的中世纪著作充其量只能算是业余的；无论是在艺术还是在一般文化方面，他拥有的资料都很少。

在所有能与中世纪艺术史形式主义相媲美的著作中，我们发现在哥伦比亚大学任职的迈耶·夏皮罗（Meyer Schapiro）1945 年至 1970 年的作品最为有趣。夏皮罗是与美国现代主义关系密切的艺术评论家、20 世纪 30 年代社会主义知识分子《党派评论》(*Partisan Review*) 团体的成员，哥伦比亚大学艺术史学博士，曾在哥伦比亚大学任教四十多年。夏皮罗试图明确区分瓦尔堡-潘诺夫斯基的形式主义学派和一定程度上以豪泽尔的通俗作品（豪泽尔的作品得到夏皮罗的高度赞扬）为代表的维也纳学派的社会阐释学。在我看来，其结果既不在此，也不在彼。20 世纪 60 年代初，我在哥伦比亚大学任教时参与过他的只有站位的课堂研讨，也读过他的论文集。夏皮罗似乎总是要表达一些近乎重要的内容，但不知何故，却从来没有把这些事情表达清楚过。夏皮罗对潘诺夫斯基形式主义的局限性和其他问题的认识是很清楚的，但我认为夏皮罗并未提出一种能够取而代之的理论框架或方法论。就像其他 20 世纪 30 年代来自同一《党派评论》团体的著名的曼哈顿知识分子（纽约大学哲学家西德尼·胡克 [Sidney Hook] 和哥伦比亚文学评论家莱昂内尔·特里林 [Lionel Trilling]）一样，夏皮罗作为一个人，比作为一个理论家更有趣，至少就中世纪研究而言是这样，而且其潜力大于其成就。

20 世纪 80 年代，大西洋两岸出现一个充满活力的马克思主义艺术史流派，由英国人 T. J. 克拉克（T. J. Clark）和美国人罗莎琳德·克劳斯（Rosalind Krauss）领导。然而，他们的著作是关于现代艺术的。（**p.187**）伟大的反形式主义的、反潘诺夫斯基的马克思主义中世纪艺术史学家尚未出现。批评潘诺夫斯基确实比取代他要容易得多。

用潘诺夫斯基的话来说，他应用于中世纪艺术史的形式主义是一种常识性的方法。他说，很容易设想一种社会决定论的阐释，根据这种阐释，绘画、雕塑或建筑表现着艺术家或建筑师的生活环境中所包含的社会学和意识形态因素。潘诺夫斯基并不否认社会和意识形态因素有时会对特定的艺术品产生一些微弱的影响。但是，他论述道，当你着手仔细研究它们时，你就会发现，赐予艺术家灵感的主题和思想主要存在于过去，并可以在早期的神学或文学文本中找到。在做这番论述时，潘诺夫斯基的眼睛里闪烁着他特有的光芒，嘴角上挂着一丝微笑。1880 年以前的艺术史是与过去的对话，而不是对当下的探索（1700 年以前肯定如此）。中世纪艺术史的任务是文化传承，而不是社会互动。

研究成果从经验层面支撑了传统主义者的形式主义。的确，社会决定论者是幻想家，而形式主义者是清醒的现实主义者。或许，今天潘诺夫斯基会用这种方式捍卫他的著作。

潘诺夫斯基属于那一代德国犹太人文主义者，他们认为自己关联着一系列绵延上千年的教养和学问，可以从俾斯麦和魏玛德国一直回溯到公元 4 世纪时在教父文化中融合在一起的古典世界和圣经世界。当然，中世纪的基督教人文主义存在着一定程度的狭隘、好战和反犹主义，但对潘诺夫斯基来说，这些主流传统中缺乏吸引力的部分已经在过去的几个世纪中逐渐消失了。从但丁到歌德，这一伟大传统在欧洲贵族文化的苍穹上熠熠生辉，至今仍有丰富的意义和启发性，没有什么能取代这种古典和哥特式文化的融合。

20 世纪 20 年代和 30 年代发生的事情足以引起潘诺夫斯基警惕一种新大众势力的背叛：社会决定论这一无法控制的麻醉剂，连同它剂量不断升级的极端主义谴责和令人焦虑的命令。遵循形式主义主流则能带给我们安全与稳定、和平与持续，并引导我们走向复兴，就像它对中世纪的人那样。在我看来，如果在今天，潘诺夫斯基会站在文化新保守主义立场上。（**p.188**）

## 四、保存西方文明

潘诺夫斯基非常坦率，但从性格上来看，他并不是善辩者或好斗者。没有一部关于中世纪文学的作品能像恩斯特·罗伯特·库尔提乌斯的《欧洲文学和拉丁中世纪》(*European Literature and the Latin Middle Ages*) 那样产生立竿见影的影响，并引发如此广泛的争议（至今仍在继续）。该书德语第一版于 1948 年在瑞士伯尔尼出版。作者是德国公民、波恩大学（University of Bonn）罗曼语语言文学教授。库尔提乌斯确实很喜欢辩论和论争。潘诺夫斯基的性格特征是贵族的庄严，而库尔提乌斯的则是资产阶级的好战。

《欧洲文学和拉丁中世纪》的杰出英译本于 1953 年在纽约出版，收录在博林根基金会（Bollingen Foundation）资助的一套丛书中，该基金会主要出版卡尔·古斯塔夫·荣格的作品全集。捐赠者是匹兹堡亿万富翁梅隆（Mellon）家族的一个成员，他对荣格这位瑞士精神科医生及其人类心理方面的集体原型理论极为钦佩。该基金会还翻译出版一些很容易被理解为具有相似观点的作品，库尔提乌斯的书就是其中之一。（另一部是关于比较宗教神话的开创性著作，这也是荣格的另一兴趣所在，作者米尔恰·伊利亚德 [Mircea Eliade] 曾是罗马尼亚的纳粹分子，战后成为芝加哥大学 [University of Chicago] 教授。）

《欧洲文学和拉丁中世纪》英译本出版后的四年内，其西班牙语、法语和葡萄牙语译本也相继出版。在德语原版出版后（以及英译本出现后）的三年里，各种主要文学史和批评杂志上都刊载了大量的长篇评论。《泰晤士报文学副刊》赞扬库尔提乌斯"极度博学"。康奈尔大学的马克斯·莱斯特纳（Max Laistner）是一位德国流亡者，也是中世纪拉丁语文学的权威，他称这本书为杰作。《现代语言评论》（*Modern Language Review*）称库尔提乌斯的著作为"我们这个时代最重要的图书之一"。埃里希·奥尔巴赫（Erich Auerbach）也是一位德国流亡者，在土耳其度过战争时期，来到美国后于20世纪50年代初期成为耶鲁大学比较文学领域的领军教授。奥尔巴赫针对库尔提乌斯的《欧洲文学和拉丁中世纪》分别用英语和德语撰写了两篇评论。与其他许多评论家一样，奥尔巴赫强调这本书在意识形态层面上的意义。（**p.189**）

奥尔巴赫评论说，这本书代表"对欧洲文明中一切因国家或年代造成的孤立的彻底拒绝"。但是，奥尔巴赫对库尔提乌斯的中世纪文学观点，尤其是他对形式主义类型学的处理，并不热心。保罗·奥斯卡·克里斯特勒（Paul Oskar Kristeller）也是一位著名的德国流亡者，在哥伦比亚大学讲授中世纪和文艺复兴哲学，并在20世纪50年代的美国校园中几乎与奥尔巴赫齐名。克里斯特勒对库尔提乌斯的著作总体上非常赞扬，但这本书在意识形态上同荣格以及英国保守主义历史学家阿诺德·汤因比的密切关系让他感到失望。自德国流亡而来的约翰斯·霍普金斯大学保守派理论家利奥·斯皮策（Leo Spitzer）在库尔提乌斯的书中看到"……对一切现代主义倾向的抛弃"。类似地，著名的现代主义诗人和评论家查尔斯·奥尔森（Charles Olson）在1953年的文章中认为，库尔提乌斯的作品是对前现代主义的普遍主义思想的危险回归："我们被一个巨大的宣传机构控制着。不仅仅因为这本书的内容，它还是博林根丛书的第36种。"另一方面，加里·达文波特（Gary Davenport）在同样以现代主义为导向的杂志《塞沃尼评论》（*Sewanee Review*，1974）中，将T. S. 艾略特和库尔提乌斯的学说相提并论："库尔提乌斯的持续努力，不是要建立而是要消除腐败的当下与辉煌的过去之间的种种障碍，并将古代和现代合成为一种动态的充满活力的文化，为活着的人们服务。"

任何有深远影响的人文主义学术经典著作，都不仅会引起强烈的意见分歧，而且随着时间流逝，人们还能从中看到他们想要看到的东西。经典作品有一个不错的定义——那些强烈触动读者神经，进而加强或阐明他们原有感受的作品。同样的读者，即使是渊博的学者和著名的评论家，不同时期对同一部经典也会有不同看法。因此，剑桥大学的彼得·德龙克1970年发表一篇长篇评论，批评库尔提乌斯对中世纪文学类型的处理，但在1980年他却持另一种更为温和的观点："通过一系列复杂的互动……整体的丰富和密度大于部分的总和。"

人们很有理由持这样一种观点，即一部人文主义的阐释作品的重要性在该学者同一代人的批评中，或当代学术期刊的评论中是没有办法得到阐明的。这部作品可能太具革命性，构成对波澜不惊的当代作品的挑战，让当代人无法认识或坦诚地接受。（**p.190**）对历史或批评著作质量的真正考验是看它对下一代的影响。通过这个考验，库尔提乌斯的《欧洲文学和拉丁中世纪》的确是一部不朽的作品。到20世纪50年代末，任何关于中世纪文学的优秀论著，没有一部不受库尔提乌斯著作的影响，没有一部不是同它展开的有效对话。

非常自相矛盾的是，一部对中世纪研究有如此影响的书是由这样一位学者写的：尽管他在四十年前就已经完成中世纪领域的博士论文，但自那以后他所有的学术著作都是关于现代法国和英国文学的。这个作者还被许多同事贬称为"记者"，因为他在报纸和通俗期刊上发表了大量的评论，还出版过一本关于现代法国文明的畅销书。对这本畅销书许多学者难免嗤之以鼻，认为它轻浮、缺乏学术价值。库尔提乌斯是克服了还是得益于其主要的非中世纪学术背景，才写出这本20世纪最重要的关于中世纪文学的著作呢？我想答案是克服和得益同在。

许多伟大的中世纪学家的生活都仅仅记录在陈腐的颂词里，但库尔提乌斯很幸运，他的生活是海因里希·劳斯伯格（Heinrich Lausberg）和厄尔·杰弗里·理查兹（Earl Jeffrey Richards）所写的两本简明而细致的传记研究（分别出版于1970年和1983年）的主题；后者还对库尔提乌斯所有著作的接受史提供了非常有用的书目摘要。

与马克·布洛赫一样，库尔提乌斯的家族也来自阿尔萨斯。阿尔萨斯是法德两国争夺的边境地区。库尔提乌斯出生在阿尔萨斯的德国统治区。他的祖父也叫恩斯特，是杰出的考古学家和古典学家。他的父亲是公务员，但母亲是女伯爵。库尔提乌斯的家庭信奉新教，他一直是路德会教徒，但后来对天主教产生强烈的同情。库尔提乌斯的早期生涯平淡无奇。他在波恩大学罗曼语语文学专业获得博士学位，并在那里教授中世纪和现代法国文学课程。像许多伟大的中世纪学家一样，库尔提乌斯参加了第一次世界大战，并受过重伤。1920年，库尔提乌斯获得马尔堡（Marburg）的终身职位。此时的他很快在德国学术界成为高度知名的另类。库尔提乌斯讲的是法语，支持魏玛共和国，并以其左派和强烈的反纳粹立场而闻名。他发表了大量的现当代文学和文化主题的文章和言论，(**p.191**)引起他大多数同事的憎恨和蔑视，这既因为他的政治观点，也因为他的写作面向非常广大的非学术的读者群体。

除了对现代法国作家的研究及那本极具争议的亲巴黎的关于法国文明的畅销书之外，1929年库尔提乌斯还用德语发表了第一篇对詹姆斯·乔伊斯的严肃批评。他成为泛欧洲的知识分子，他认识法国小说家和评论家安德烈·纪德（André Gide），纪德在1927年的日记中提到他对库尔提乌斯的极大的精神上的亲近感；他还认识法国左派哲学家让-保罗·萨特（Jean-Paul Sartre）、英国诗人、左派批评家斯蒂芬·斯彭德（Stephen Spender），德国自由主义小说家托马斯·曼（Thomas Mann）。

库尔提乌斯身材矮壮，其貌不扬，脸上带着坚定的表情，是一个完全自主和勇敢的人。到20世纪20年代末，他已是国际知名的优秀的欧洲人，信奉一种共同的西方文化，憎恨极端民族主义。这些观点虽使他在同事中不受欢迎，却碰巧帮助了他的事业。当他的母校波恩大学罗曼语语文学职位空缺时，库尔提乌斯成为三位最终候选人之一，但遭到波恩文学系教师们的强烈反对，主要是意识形态上的原因，尽管——鉴于他后来作为中世纪学家享有的盛誉而很有讽刺意味——也有表面上的原因，认为他没有能力教授中世纪文学。根据德国教育法，决定权归普鲁士的教育部部长，当时的教育部部长是坚定的自由主义者（也是杰出的中世纪伊斯兰研究学者）卡尔·贝克（Carl Becker）；贝克很乐意有机会选择一个魏玛共和国的自由派支持者，因此提名库尔提乌斯任此职位。此后直到1951年退休，库尔提乌斯一直担任此职。

1933年纳粹掌权时，库尔提乌斯的处境很艰难。他能否在另一个国家找到工作还不确定。尽管他有泛欧洲倾向，但在别的国家，他从未感到自在。他为自己辩解说，德国教授中不是犹太人或共产党（这两类人被立即剥夺职位）的优秀欧洲人和反纳粹分子应该留下，从内部对纳粹主义进行微妙的抵抗。但他被盯上了。直到1944年，波恩教工中的纳粹政治特工仍在向柏林提交关于他的机密报告，称他是顽固的反纳粹分子和"自由主义者"。为了减轻压力，库尔提乌斯在1937年大大减少了他的现代法国文学（纳粹时期德国大学里的一门容易引起事端的学科）的教学工作，(**p.192**)转而专注中世纪拉丁语文学。阴差阳错的是，纳粹主义的威胁将他逼回中世纪，那是他早已放弃的领域，也是他建立自己全部长远声誉的领域。

虽然库尔提乌斯在公开场合试图避免麻烦，但他却在进行一项可能会让他丢掉工作，甚至丢掉性命的秘密行动：他和一名同事将一名前犹太秘书藏了起来，直到战争结束。

战争一结束，库尔提乌斯就变得痛苦和沮丧。他对欧洲左派失去了信心，对西方文明的未来，特别是对日耳曼人文主义传统的未来深感忧虑。欧洲能否在战争灾难及战后混乱和贫穷的萎靡状态中幸存下来？以歌德和康德为代表的德国启蒙古典传统能否复苏？逐渐地，随着正常教学的恢复（也得到一些好的食物和休息），他振作精神，重拾自信和决心，决定利用自己在纳粹的逼迫下对中世纪拉丁语文本进行的十年研究，完成一部著作，作为号角召集他所珍爱的事物：人文主义传统以及具有广泛基础的欧洲文明的持续。

我们不必从书中推测出这些意图，他在序言中以一贯直言不讳和让他的德国同行非常恼火的"记者式"风格说明了这些问题："我的书……源于对保存西方文化的关注。它旨在服务于对西方文化传统的理解，特别是其在文学中的表现。通过应用新方法，它试图揭示这一传统在时空中的统一性。在当前思想混乱的状况下，证明这种统一是必要的，而且令人高兴的是，这并非不可能。但是这种证明只能从一个普遍的立场上进行。拉丁语提供了这样一个立场（威拉德·特拉斯克 [Willard Trask] 英译）。"只有德国右翼民族主义者，甚至是纳粹主义者，才会质疑对《欧洲文学和拉丁中世纪》的目的和主题的这种声明背后的情绪。然而，除此之外，库尔提乌斯这篇纲领性的序言中所说的一切都有争议：中世纪是否真的存在欧洲的统一？如果有，它是否与20世纪有关？它是否表现在拉丁语中？中世纪文学到底表现了什么？最重要的是，这种研究文学的"新方法"，也就是他所说的形式主义对主题学的关注，是什么样的方法？但这并没有困扰库尔提乌斯，（**p.193**）他习惯了激烈的反对和敌意的批评，习惯了当局外人。在他的书出版时，他写信给一个朋友说："这肯定会激怒同行。"

库尔提乌斯只获得过两个荣誉学位：一个来自格拉斯哥大学，另一个来自巴黎索邦大学。后者代表对他在德国为法国文化奋斗几十年的一种洗冤。尽管他有争议的工作立即得到大量的奉承，但没有一所德国大学授予他荣誉学位。库尔提乌斯死后，笼罩着他整个职业生涯的讽刺和矛盾还在继续。二十年后，他在德国学术界高层被尊为理想的文学学者，但那时他被德国新一代马克思主义批评家妖魔化为保守人文主义者、冷战的右翼反动思想家。

尽管库尔提乌斯在其书的序言中提到他的"新方法"，但是他还慷慨指出其他人的影响。他钦佩阿比·瓦尔堡。他承认自己的阐释与"荣格的心理学所探索的领域"有相似之处。库尔提乌斯处理的是中世纪文学中的主题、公式、类型系列，而这种中世纪心灵中想象、建构和表达世界的类型学，以荣格的方式"根植于灵魂深处。它属于集体无意识中古老的原始意象的储存"。库尔提乌斯还很欣赏地引用奥地利诗人和戏剧家胡戈·冯·霍夫曼斯塔尔（Hugo von Hofmannsthal，在今天的英语世界中尤其因为为理查德·施特劳斯 [Richard Strauss] 创作剧本而为人们所熟知）的观点："欧洲存在某种永恒的神话：名称、概念、人物，它们与更高的意义密切联系，这是种种道德或神话秩序的拟人化力量。因此，神话的天空横跨整个古老的欧洲。"

库尔提乌斯关于欧洲文化，尤其是中世纪文化本质的基本论点就在这里。从古典时期和早期教会中衍生出非常复杂和充满活力的文学主题、标准化意象和短语，这种文化结构在中世纪得到强化和培育。中世纪的拉丁语作家（他还表示通俗语作家也是如此，但除了但丁之外，他对此没有深入解释）完全理解这个系统里的自然、人类经验、社会关系、理智和情感的方方面面。这就是中世纪文学：一个长时段文化中持续传达的复杂主题在心理屏幕上的投射。（**p.194**）12 世纪的作家"仍然生活在可以追溯到……在 150 年到 400 年出现的思想体系中"。这是一个基本论点，库尔提乌斯五百页的书中几乎全是支持这一论点的详细证据，展示着证实他的阐释的中世纪表达的细节。他认为存在一种"中世纪风格"，这是一个借自 16 世纪艺术史的术语，指一种高度程序化，但非常复杂，甚至是让人着迷的标准意象的表达。库尔提乌斯不认同中世纪文化重视个人的创造性表现、表达原创性或个人创新的观点。

中世纪拉丁语文学中当然有很深的情感表达，但在库尔提乌斯看来，这种感情是通过继承的类型学修辞的标准规范来表达的。在其他一些批评家眼中，12 世纪是个性表现的关键时代，关于"12 世纪人文主义"，库尔提乌斯总结道："世界和生命的丰富性已为其反映在文学传统的宝库和力量源泉之上，包括这个传统的同化、延续及转化。"转化只是加深原有意象的线条："来自书籍和著作的比喻，现在越来越多，越来越大胆。"

但丁的例子似乎对库尔提乌斯的论点至关重要。但丁难道不是有独创性的思想家和最有创新精神与创造力的诗人吗？在库尔提乌斯看来，但丁作品中有最深厚的情感和最丰富的想象力，但这总是在传统文化的延续之内——有传统文化的闪光，传统文化像钻石一样被加固。在这里，晚年的库尔提乌斯转向了一种狂热的风格，让人联想起早期的坎托洛维奇：

> 但丁将一种发酵剂融入中世纪西方的传统。……但丁的思想和灵魂，他的体系性思维和他的光和热，他的意志的张力，这本身需要付出巨大的努力……这些是将十个沉默的世纪幻化成形式的力量。……需要最庞大的参照系。但丁神秘的和预言性的扩大经验中

没有一点不连接固有的事物。它们被锻造和钉牢在硬如钻石的材料中……拉丁中世纪的世界戏剧最后一次在《神曲》中上演，但被转换为一种现代语言。

所以，对库尔提乌斯来说，但丁代表中世纪的结束，但但丁仍在中世纪类型文化的结构中写作。(**p.195**) 但丁让它发光，把它硬化成钻石，但结构仍然存在，库尔提乌斯这样强调。

这一切对 20 世纪中期意味着什么？库尔提乌斯从不沉默，他在《欧洲文学和拉丁中世纪》一书的结尾向我们强调了这个意义。他谴责 20 世纪 20 年代和 30 年代"精神史"的"颓废"。乍看上去，这让我们吃惊——天真地看，库尔提乌斯的书本身可以被归类为"精神史"的实践——但从库尔提乌斯的角度来看，这是肤浅的，不得要领。"精神史"的伟大倡导者，如施拉姆和坎托洛维奇，虽然在中世纪看到了大量的文化连续性，但他们试图强调这一广泛传统中的思想冲突和创新。他们寻找微妙的姿态、能揭示新思想的经过改造的短语、正在促成的反抗和变革。库尔提乌斯谴责德国学派的意图即在此。库尔提乌斯想要在中世纪和整个欧洲文化中肯定思想的连续性和同质性，因为如果没有对这种长期性结构一致性的肯定，左派和右派的激进分子就会用诡谲的思想腐败并摧毁西方文明。库尔提乌斯毫不留情，他直言不讳：

即使是在教育萎缩和无政府状态时期，也能培育这种与语言和文学结合在一起的中世纪心灵的遗产，中世纪早期在野蛮人和撒拉逊人攻击下的修道院中就是如此。……只有在词语中，心灵才说出自己的语言。只有在创造性词语中，心灵才能得到完美的自由：高于概念，高于学说，高于戒律。……个人的身份意识建立在记忆的基础上，高于一切变化。文学传统是欧洲心灵在数千年中保持其自身身份的媒介。

现在我们可以全面理解库尔提乌斯的意图所在。他担心 20 世纪 20 年代困扰德国并导致希特勒出现的那种变化和不稳定。他热爱文化稳定和绝对的思想连续。文化是脆弱且难以保存的。库尔提乌斯一生中最大的威胁就是意识形态："学说……概念。"这种对意识形态的迷恋，以一种极具诱惑力的方式，最终引发了希特勒的致命性崛起。魏玛时代的过分聪明和背信弃义的"精神史"

学者，通过使学说合法化、使意识形态正当化和强调新思想，为希特勒打开了文化之门。现在必须关闭进入地狱的通道。(**p.196**)这样做的方法是（所谓的）中世纪方式：延续一个本质上不变的文学传统。地狱之路是用思想创新铺就的，因为这种方式证明意识形态的真实可靠，而这又在思想原创性这种华而不实的旗帜下导致反文明。我们必须放弃思想创新的诱惑。库尔提乌斯主张保存一种持续的文学文化，以保护人类免受 20 世纪 30 年代德国发生的事情的影响。通往奥斯威辛的铁轨始于形式主义结束的地方。

库尔提乌斯向当代人传达的信息类似于阿兰·布鲁姆（Allan Bloom）的《美国思想的封闭》(*The Closing of the American Mind*, 1987)一书的主题。布鲁姆是芝加哥大学的哲学家和古典学者，他惧怕左派意识形态带来的混乱和腐败，惧怕脱离传统文化。这也是库尔提乌斯的恐惧，20 世纪 40 年代末，他实际上看到左派和希特勒右派一样危险。库尔提乌斯和布鲁姆都在说：让我们远离思想创新、思辨意识形态和新话[①]的似是而非的幸福。让我们坚持以古典遗产为基础的文学人文主义的伟大传统和语言，继续维持它们在教育课程中主导的核心地位，否则就难免出现希特勒这样的怪物。意味深长的是，库尔提乌斯和布鲁姆在他们各自的时代获得了大量积极的回应，同时也在学术界引起了很多激烈的反对。当然，他们都被认为想让大多数人文主义者和社会科学家破产，而这一结论并不是多疑的妄想。

库尔提乌斯提出的当代论点可以称为原教旨主义的人文主义，这种论点仍然存在并在 20 世纪 80 年代后期再次被强调。库尔提乌斯在当前关于西方文明核心课程的争论中，显然会站在布鲁姆一边，维护人文主义的传统正典。但是库尔提乌斯是更激进的保守主义者：他不仅想限制正典，而且想让阅读经典文本的传统方式永久化。布鲁姆会朝这个方向走多远值得怀疑。利奥·斯皮策是布鲁姆在文化保守主义观点方面的先导，他对库尔提乌斯的态度是复杂的。他认为库尔提乌斯是反智的。

近年来，库尔提乌斯的方法论和类型学也通过结构主义人类学家克洛德·列维-斯特劳斯、其文学批评代言人罗兰·巴特（Roland Barthes）以及他们在耶鲁大学和美国其他文学系里的弟子们对文学批评的影响而得到重新定位。(**p.197**)这种文学结构主义与库尔提乌斯类型学形式主义并不完全相同，但存在可识别的重合部分。库尔提乌斯类型学形式主义和巴特的文学结构

---

① 新话（newspeak）：以模棱两可和自相矛盾为特点的宣传语言，源出英国作家乔治·奥威尔所著小说《一九八四》。

主义中都有一种信念，即自我延续的语言代码是有待探索的主要课题。这种相似并不是偶然的，列维-斯特劳斯的结构主义人类学和荣格的原型理论之间本来存在密切关系，只是法国的学术官僚到20世纪70年代才姗姗来迟地承认这一点。

因此，库尔提乌斯的观点近年来在意识形态方面（布鲁姆）和方法论方面（巴特）都得到部分复兴。库尔提乌斯对中世纪文学和文化的解释与以往一样充满争议。德国德高望重的中世纪文学研究权威保罗·莱曼（Paul Lehmann）在对库尔提乌斯1948年出版的著作的评论中道出了根本问题。莱曼说，库尔提乌斯总结了中世纪文学的连续性和同质性，但人们也可以很容易写出一卷相同长度的书，总结其不连续性和不一致性，尤其是如果关注公元1000年后的通俗语文学，会更容易做到。库尔提乌斯本人没有对通俗语文学做过多少论述。此外，即使是关于"拉丁中世纪"，也可以说，形式的连续性和标准化印记可能没有像库尔提乌斯的阐述试图证明的那样具有压倒性。12世纪晚期女修道院院长宾根的希尔德加德（Hildegard of Bingen）的大量拉丁语著作尚未被人破译，尽管她的大部分作品自17世纪以来就已经出版，歌德曾提到过她。希尔德加德可能是12世纪最有趣的拉丁语散文作家，但却与库尔提乌斯的论点格格不入。奇怪的是，库尔提乌斯的书中只提到她一次，还是在脚注里。希尔德加德的同时代人、意大利修道院院长菲奥雷的约阿希姆撰写的启示性著作也超出了传统形式的范围。

一般来说，除了在其阐释中排除通俗语文学之外，库尔提乌斯可能还没有充分研究更有预见性的拉丁教会著作。解释中世纪高级文化的个人主义学派开始兴起，并在20世纪50年代得到理查德·W.萨瑟恩的大力推动，今天以罗伯特·汉宁、彼得·德龙克和科林·莫里斯（Colin Morris）为代表。这个学派挑战了库尔提乌斯将主导权归因于类型学的过分做法和片面性。这在埃里希·奥尔巴赫的《摹仿论》（*Mimesis*）中几个简短的、有洞察力的章节中已经有了预示。奥尔巴赫的德语版《摹仿论》比库尔提乌斯的书早两年出版。（**p.198**）1949年，库尔提乌斯和奥尔巴赫在普林斯顿的一个会议上相遇，彼此很冷漠，这很可以理解。

在1150年之前和之后，绝大部分的传记和叙事历史写作都是高度类型化的，因此，形式主义的观点是有根据的。就此而言，库尔提乌斯绝对正确。他对这种高度理想化和衍生性写作（这种写作描写的国王和僧侣是在做原型意义上的国王和僧侣应该做的事情，而不是他们个人实际做的事情）一往情深，但我对此并不感兴趣。即使在1150年之后，这种类型学仍在继续。例如，有的传记作家描写道，坎特伯雷大主教、殉道者托马斯·贝克特（逝世于1170年）每天凌晨两点起床，为十三个乞丐洗脚。这确实可能发生，但这并不比乔治·布什①或玛格丽特·撒切尔②每天晚上到教堂给无家可归的人分发汤和肥皂更可信。在贝克特殉难之后，他的传记作者感到不能不讲述他的故事，让他成为彻底的圣徒，这种形式化在中世纪写作中仍然很常见。事实上，在经历大约一个世纪的高度现实主义的趋势之后，13世纪后期出现了一种回归类型学的倾向。

到目前为止，库尔提乌斯的路线是正确的，尽管我们没有必要当真认为这种类型学是保存西方文明的唯一方法。涉及文学批评的问题是，12世纪末和13世纪初许多最好的文学作品，特别是法语和德语作品，并不能与库尔提乌斯的形式主义对号入座。克雷蒂安·德·特罗亚（Chrétien de Troyes）的传奇就是明显的例子。当然，寻找圣杯和对其他此类危险的探索适合古代英雄冒险原型，如《奥德赛》（*Odyssey*）和《埃涅阿斯纪》（*Aeneid*），但这样并不能使你深入克雷蒂安·德·特罗亚的精神世界，甚至也进入不了他的主题。例如，他的《兰斯洛特》（*Lancelot*，1180）对英雄冒险主题采取了近乎嘲讽的矛盾态度。这首诗实际上是关于性别之间复杂的、倾向于虐恋的关系。相比于古老的类型学，它更接近现代的现实主义，以至于克雷蒂安在香槟③宫廷中朗诵它的初稿时，很可能被告知不要继续写下去，因为这首诗过于深入地涉及了心理困扰。这不是类型学。至于沃尔弗拉姆·冯·埃申巴赫（Wolfram von Eschenbach，1200）创作的伟大的德语传奇《帕西法尔》（*Parzifal*），我们可以从中找到大量的类型学因素，但这不是使它成为富有想象力的伟大文学作品的原因。（**p.199**）这些类型被幻想怪异地扭曲成一种超越传统的情感。对库尔提乌斯的中世纪文学观点，人们可能做出的矛盾性判断是，他大部分都是正确的，但那是无聊的部分，而不是有趣的部分。

库尔提乌斯对中世纪文学进行的形式主义阐释，其最终问题也是弗洛伊德在荣格原型理论中立即发现的弱点之一：所有这些神话的东西如何帮助治疗师应对个体生活的独特性和复杂性？即使多数中世纪文学都笼罩着一层类型学的

---

① 乔治·布什（George Bush，1924—2018）：美国第41任总统、共和党人，曾任美国驻联合国大使、中央情报局局长、副总统等职。

② 玛格丽特·撒切尔（Margaret Thatcher，1925—2013）：英国前首相、保守党领袖，曾任教育和科学大臣，英国历史上第一位女首相。

③ 香槟（Champagne）：法国中世纪的一个贵族封国，其地理位置大致在当今的香槟-阿登大区。

阴云，但这对于深刻理解一部蕴含丰富情感和高度想象力的具体作品又有什么帮助呢？

库尔提乌斯为使但丁进入主流类型学传统而进行的高度扭曲表明了这个问题。作为中世纪最博学的人之一，但丁当然可以通过按下精神按钮来召唤任何主题，他确实做到了。但所有那些传统的杂烩并不能使但丁成为伟大的诗人和有深远影响的思想家，但丁同时代的更有知识和文化的人和我们一样清楚地明白这一点。

20世纪50年代后期以来，美国大学中最受推崇和效仿的中世纪文学批评家可能是耶鲁大学的 E. 塔尔博特·唐纳森（E. Talbot Donaldson）、加利福尼亚大学伯克利分校的查尔斯·马斯卡廷（Charles Muscatine）和哥伦比亚大学的罗伯特·汉宁，他们赋予公元1100年之后中世纪文学的创造性自主权比库尔提乌斯允许的要多得多。他们确实在中世纪文学中发现了大量的惯例，但这种使用标准化惯例的倾向，在这杰出的批评三巨头的眼中，并不仅仅是古代的历史化延续，而是复杂的、独特的、在很多方面创新的混合体。它是由12世纪以来派生出来的许多事物构成的，在14世纪末乔叟的作品中达到顶峰。甚至文学惯例的使用也常常高度自觉，并作为一种重要手段。作者知道他在使用一种文学传统，并根据自己的目的巧妙地修改它。

一般说来，唐纳森是在遵循二战前"新批评"（其大本营在耶鲁大学）的原则，认为一个特定诗学文本具有不受历史传统约束的、有高度特权的完整性——也就是说，意义存在于文本本身，而不在它的历史渊源。（**p.200**）马斯卡廷很欣赏埃里希·奥尔巴赫的观点，即中世纪作家通过一种准现实主义能力来操纵和部分地超越类型学。论及乔叟时，马斯卡廷在1957年总结道，"他看到贵族模式和资产阶级模式、理想主义和实用主义之间讽刺性的并列"。汉宁专注于12世纪的英国和法国文学，接近唐纳森和马斯卡廷的后库尔提乌斯阐释计划，同时强调作家在诗歌和散文中表达个人情感和心理见解的能力。

尽管存在所有这些保留和局限，库尔提乌斯对中世纪文学的形式主义阐释至少抓住了它60%的基调和特质，至于拉丁语部分则有80%之多。这是一项了不起的成就。但他的书中还有更难评估的东西。它有一种让读者永远萦绕在脑海中的特质，永远无法置之不理，对任何想了解和思索中世纪文化模式的人来说，都是一种永远的挑战。库尔提乌斯的书本身就是一个主题，一个经久不衰和令人不安的中世纪的意象。库尔提乌斯的形式主义阐释成了一种荣格式的原型，积极地影响着所有后续对中世纪意义的批判性思考。

20世纪50年代中期，联邦德国和其他饱受摧残、士气低落的西欧地区从战争中恢复过来，开始进入 1914 年以来前所未有的繁荣和经济增长时期。库尔提乌斯的《欧洲文学和拉丁中世纪》在美国教育界和知识界比在欧洲更具有意义和启发性。欧洲人仍然保留着他们非凡的中等教育，他们的人文学科课程仍然非常传统，因此带有一种自发的形式主义的味道。在美国，无论是在大学还是高中阶段，把文学学习集中在要么是由中世纪文化创造的、要么是通过中世纪文化传播的西方文明的伟大文本上，完全是一种更大胆、更有争议的做法。20 世纪 80 年代，随着对文学和哲学经典的性质的争论，这一问题再度引起激烈的争议。

20 世纪 50 年代和 60 年代，库尔提乌斯在美国校园里最直言不讳、最有技巧的弟子是普林斯顿大学英语系中世纪文学教授小杜兰特·韦特·罗伯逊（Durant Waite Robertson, Jr.）。罗伯逊是在拥有强大中世纪文学系的北卡罗来纳大学教堂山分校接受的传统训练，"D. W. Robertson, Jr." 是他在自己的很多文章和著作上的署名。罗伯逊受到库尔提乌斯的启发，采用严格的形式主义的中世纪文学阐释。（**p.201**）在罗伯逊的版本中，教父传统，尤其是奥古斯丁传统，在所有种类的中世纪文学中，都是一股主导的思想力量。罗伯逊认为，乔叟的讽刺和性格描绘仅仅是奥古斯丁伦理和宗教教义的寓言。让他的普林斯顿英语系的同事们感到愤怒，甚至偶尔感到恐惧的是，罗伯逊坚持认为乔叟的诗歌和宗教文学全部都要在主题学语境下阅读。

罗伯逊和库尔提乌斯一样，认为自己进行的文化斗争是为了保存西方文明，而不仅仅是为了建立一种阅读中世纪文学的正确方法。罗伯逊鄙视"后浪漫主义思想的主要倾向将人们推向的这种陈腐的唯我论深渊"。于是他说，传统人文主义和学术自由主义对个性和个人特权随意赞赏的倾向威胁到了维系西方文化的黏合剂。罗伯逊和他的释经学弟子坚持认为，要走的路是中世纪文学的路，这条路"旨在建立和维持那些中世纪心灵珍爱的……传统的等级制度"。中世纪的思维方式普遍地、没有歧义地表现为"一种典型的、参照某种抽象等级制度安排的、按照对称模式进行思考的倾向"。我们还应该通过对"中世纪话语模式"的追求寻求文化和谐和社会稳定——"能够用一个单一的术语讨论个人努力、社会努力和宗教努力的目的，并能对那个术语的大概意思达成一致意见"。因此，罗伯逊像是一位在连接库尔提乌斯和阿兰·布鲁姆的一条繁忙的保守思想高速公路上有着积极作为的交通警察。

罗伯逊是能给人灵感而又非常敬业的研究生导师，他在 50 年代和 60 年代培养了一批非常能干的博士。他们宣扬他的奥古斯丁式的形式主义传统，并将其带到美国和加拿大的大学英语系。库尔提乌斯和"罗伯逊派"都认为研究中世纪代表着在论辩中提倡文化保守主义。

在库尔提乌斯和潘诺夫斯基的罗伯逊派信徒的心目中,中世纪的形象与梅特兰、布洛赫及年鉴学派,甚至形式主义者在文化保守主义方面的不坚定支持者、坎托洛维奇、施拉姆以及德国"精神史"的追随者们所构想的不同。(**p.202**)对梅特兰以及崇拜他的现代主义功能主义者来说,中世纪社会生活在永远混乱的边缘,其产生的智力资源很有限。但借用小奥利弗·温德尔·霍姆斯那个绝妙的短语,"时间上的必要",在某种程度上把一个稳定的法律秩序凝固在一种内部焦虑和不确定的语境中。变通一下弗洛伊德的说法,布洛赫和年鉴学派生活在对未来的幻想中,希望消灭等级制度和社会不公。他们咄咄逼人的头脑对中世纪社会的不平等进行智力上的操纵和侵蚀,为消灭等级制度和社会不公做好了充分准备。他们认为,密切了解中世纪主义的民主噩梦,是同时在情感上和理智上为后现代社会的普遍社会正义进行的准备。这种幻觉,1917年以来得到激烈的培育,到1990年已经消失,但并非一去不返。

施拉姆、坎托洛维奇和他们的弟子们设想的中世纪文化,专注于由有魅力的领袖探索拉丁基督教的理想,来实现某种新的普遍秩序。但是,他们的中世纪想象注定是一场悲剧,悲剧的英雄永远不会成功,而且对中世纪历史上的超人行为的效仿,只能发生在某种愤怒的新中世纪主义的当下,一种充满着理想主义、焦虑和恐怖的当下。

潘诺夫斯基和库尔提乌斯是形式主义者当中深刻的思想家,罗伯逊派是他们中更加善辩的倡导者,他们坚决拒绝梅特兰描绘的混乱的中世纪世界图景,这个图景只是偶然地因为各种功能状况和上百万的个体抉择获得静态的平衡;这与他们想要培育的古典主义和基督教教父神学遗产的胜利相去甚远。从形式主义者的观点来看,布洛赫和年鉴学派不过是一些激进的有个人打算的人,他们在似是而非地想象的中世纪景观上赢得了革命,却无法在20世纪的真实世界中有所作为。在形式主义者看来,布洛赫代表独特的巴黎式倒退的幼稚主义。"精神史"的主人公们也不是没有严重的缺陷。施拉姆、坎托洛维奇和其他任何人一样善于掌握和传达古典和教父遗产,以及在中世纪文化中追溯这种遗产。但他们的任性不肯让这种遗产安息。不知何故,他们想把这种无与伦比的中世纪精神变成现代社会危险变革的舞台。

相反,形式主义者想要完全融入中世纪文化中,将现代性淹没在某种消极的中世纪文化回归中,即那种由统一的古典主义和基督教神学构成的中世纪文化。(**p.203**)形式主义者与"精神史"学者的关系,以一种独特的方式类似于意大利文艺复兴时期的人文主义者与14世纪经院哲学家的关系。后者想要从古典主义和教父神学经典中定义新的真理。文艺复兴时期的人文主义者则认为，在对古典主义的回归中，他们拥有自己需要的或可能存在的全部真理。追随库尔提乌斯和潘诺夫斯基的形式主义者也这么认为。只是现在能产生所有具有可行性的假设和垄断所有教育和艺术的，不再是古老的古典主义，而是中世纪主义。（**p.204**）

第六章

# 牛津幻想家：克莱夫·斯特普尔斯·路易斯、约翰·罗纳德·瑞尔·托尔金、弗雷德里克·莫里斯·波威克

⚜

## 一、拯救爱士

20世纪40年代初，在战争胶着的年代里，皎洁的月光洒在牛津大学莫德林学院（Magdalen College）鹿园的地面上。此时，牛津大学的六名教授正同朋友们聚集在莫德林学院，参加导师在周二晚上开设的中世纪文学和政治理论研究会。他们的朋友们也是作家，住在牛津大学或大学附近。这位莫德林的导师是C. S. 路易斯（C. S. Lewis，1898—1963）——朋友们称呼他为杰克[①]。他们一边品茶、饮酒，以英国人的方式不停地抽烟，把烟灰弹在破旧的地毯上，一边互相阅读正在进行中的写作，并不时地彼此挖苦以取乐。这群人自称为淡墨会（Inklings）成员。杰克·路易斯房间里的这群人中，有一位是牛津大学出版社编辑、剧作家、小说家和基督教辩论家查尔斯·威廉姆斯（Charles Williams）。战争期间他被出版社从伦敦调到牛津，并于1945年在那里去世。另一位成员是律师欧文·巴菲尔德（Owen Barfield），也就是后来路易斯的遗嘱执行人，这份工作可不是一件小事。

另一位淡墨会成员是研究盎格鲁-撒克逊文学的隐士教授约翰·罗纳德·瑞尔·托尔金（John Ronald Reuel Tolkien, 1892—1973），人们叫他罗纳德。20世纪20年代末和30年代初，托尔金是古英语和中古英语研究的著名权威。14世纪在离牛津约七十英里的中部地区出现过两篇用该地区方言匿名创作的

---

[①] 杰克（Jack）：路易斯童年时不喜欢父母给他取的名字Clive。大约在四岁时，他走到母亲面前，指着自己，宣布他现在的名字是Jackie（后来缩短为Jack）。Jackie本是他喜欢的一只小狗的名字，这只小狗被车撞死后，路易斯自己就取了这个名字。

珍贵诗歌。在这个主题上，托尔金是首要的学者。（**p.205**）现在，《高文爵士和绿衣骑士》（*Sir Gawain and the Green Knight*）和《珍珠》（*Pearl*）已经与《贝奥武甫》（约800年）和乔叟的作品一起，被视为英语中最伟大的中世纪诗歌。在用中世纪语言写就的所有诗歌中，最美的非《珍珠》莫属，这是关于一个死去的孩子的寓言挽歌。托尔金是1925年出版的《高文爵士和绿衣骑士》定本的完成者。为翻译《珍珠》，托尔金断断续续花了三十年时间。这个译本最终在他死后出版，但很快为耶鲁大学的玛丽·博洛夫的精彩韵文翻译所取代。

尽管托尔金学识渊博，并且很早就有了专业成就，但在40年代初期，他的学术生涯似乎在走下坡路。过去的十年中，托尔金唯一的出版物是一部儿童幻想作品《霍比特人》（*The Hobbit*, 1937）。这本书的销量很好，出版商还要求续写下一部，但续书的计划一直没有完成，尽管托尔金迫切需要这笔钱。托尔金和妻子生有三个孩子，居住在牛津的一个中下阶层郊区。托尔金没有别的经济来源，每年夏天都要花一个月时间批改试卷来挣几磅额外收入。托尔金向淡墨会成员阅读《霍比特人》中的一些杂乱的章节，似乎是一种漫无边际的奇幻故事，相比于儿童更适合成年人阅读。谁想读这个东西？谁敢出版？路易斯对它回应的激情也是时断时续。

在学术界乃至普通民众中，路易斯是战争年代最著名的淡墨会成员。路易斯凭借《爱的寓言》（*The Allegory of Love*, 1936）确立了中世纪文学史家的地位。这是一项对中世纪浪漫文学的开创性和有影响力的研究，是他在莫德林学院繁重的教学任务之外，利用六个暑期长假完成的，每个假期写作一章。如今，路易斯因为他的儿童小说、科幻小说和有基督教意味的寓言，以及一系列实质上是隐晦布道的英国广播公司讲座，迅速受到公众的广泛关注。

到1943年，路易斯已经是英国最著名的基督教辩论家，并开始在美国获得一群狂热的追随者。路易斯和他的兄弟住在牛津城外一座时髦的房子里。他的兄弟是预备役军官，也是历史爱好者，对路易十四时代法国波旁王朝的历史了如指掌。兄弟二人都还单身。这个家庭由一位凶悍的女管家管理，她是路易斯最好的朋友的母亲，这位朋友在第一次世界大战中阵亡。路易斯和这个难以相处的女人维持一种怪诞的、很可能是禁欲和压抑的施虐和受虐关系，长达三十年之久。（**p.206**）路易斯靠版税逐渐富裕起来，但他几乎没有改变自己的生活方式，而是把一部分钱赠给亲戚或是捐给某个慈善机构。

托尔金和路易斯至少表面上是好朋友，他们同是牛津大学中世纪语言和文学系的杰出人物。他们的友谊总是很紧张，因为他们的性格如此的不同：托尔金孤寂、努力、挑剔、不满足，路易斯冷静、友善、外向、爱交际。在友谊的外表之下，二人之间存在着很大的竞争，不仅在学术上，更在创作奇幻文学上。在 20 世纪的所有中世纪学家中，路易斯和托尔金拥有最广泛的受众，尽管 99.9% 的读者从未看过他们的学术著作。他们是最畅销的现代作家，创作成人和儿童幻想小说。路易斯的作品出版了四千万册。托尔金 40 年代向淡墨会成员阅读过一些片段并得到让人喜忧参半的回应的那部小说，最终于 1954 年和 1955 年由艾伦和昂温（Allen & Unwin）公司以三卷本的形式战战兢兢地出版了。如今，该书有多种不同语言的版本，共已售出八百万册，其中约一半销量来自美国的平装版。这就是《魔戒》（The Lord of the Rings）。

40 年代初期，托尔金艰难地创作着他的六十万字的小说，全靠他自己打字。他希望找到出版商，可是希望很小。此时的路易斯已声名鹊起。1949 年，杰克·路易斯的笑脸优雅地出现在《时代》（Time）杂志封面上，在美国引起了巨大反响。尽管路易斯和托尔金在美国享有比在自己祖国大得多的商业成功，但二人都从未跨越过大西洋。这一点说明了很多事情。今天，伊利诺伊州惠顿学院（Wheaton College）有一个专门研究路易斯著作的研究所，而美国研究托尔金的博士学位论文数量也在稳定增长。

战争结束时，路易斯成为一个受欢迎的跨大西洋的基督教宗教团体的核心人物，他的学术声誉也在稳步提高，最终出版了五本学术著作。但托尔金更有可能名垂千古，尽管当时托尔金的许多同事，甚至包括路易斯都认为托尔金已经江郎才尽，是一个令人尴尬的失败者，应该辞去他享有高度声望的职位，给某个高产的年轻人提供一个机会。现在看来，《魔戒》是英国文学不朽的经典之一，而再过一个世纪，(**p.207**) 当路易斯的名声湮没之后，托尔金则会与斯威夫特[①] 和狄更斯一起，成为想象小说的开创者，并且在可以追溯到《珍珠》的作者的幻想作家谱系中有自己的一席之地。正是托尔金本人将《珍珠》从默默无闻和晦涩难懂中拯救了出来。

1954 年，托尔金的出版商雷纳·昂温（Rayner Unwin）为出版《魔戒》做准备时，特邀请路易斯在书的护封上提供一个短评作为宣传。路易斯照做了，他将托尔金的小说比作文艺复兴时期意大利诗人阿里奥斯托[②] 的著作。托尔金认为这种称赞有点过高。实际上，路易斯对托尔金的成就五味杂陈，他没有

---

[①] 斯威夫特（Jonathan Swift，1667—1745）：爱尔兰作家、讽刺文学大师，曾担任都柏林圣帕特里克大教堂主持牧师，主要作品有讽刺散文《一只澡盆的故事》、寓言小说《格列佛游记》等。

[②] 阿里奥斯托（Lodovico Ariosto，1474—1533）：意大利诗人，代表作为长篇传奇叙事诗《疯狂的奥兰多》。

预料到托尔金的神话探索幻想会获得如此受欢迎的巨大成功。他没想到,托尔金那栋简朴的郊区住房的破旧改装车库里,能产生一部享有如此国际盛誉的著作。

就 20 世纪流行文化对中世纪的塑造而言,托尔金和路易斯的影响不可估量,而且这种影响还远未结束。他们的虚构幻想作品和学术著作是不可分割的。他们每个人的作品都应被视为一个整体,其传达的中世纪形象已经深深地、不可磨灭地融入了世界文化之中。

无论路易斯和托尔金之间的友谊如何紧张,他们对彼此而言都很重要,并且都从对方身上受益良多。他们在具体的、可见的方面的相互影响,远不如在各自冒险的创造之旅上的相互鼓励来得重要。二十多年里,他们互相鼓励、互相批评、互相提高。他们全力支持对方从事的独特事业,也就是说在认真履行教学职责的同时,还要花费时间(对托尔金而言几乎是教学以外的全部时间)将他们的中世纪学问转变为神话小说和面向广大读者的幻想文学,借此再现中世纪史诗和浪漫传奇的情感世界。

他们备受同事们的怨恨和嫉妒,路易斯因此未能在牛津大学得到他想要的职位,而被迫去剑桥工作(他还继续每星期在牛津的房子里住三天)。托尔金也在同事们眼中大失信誉。他们彼此坚定对方的决心,坚持下去并超越学术界而成为国际著名人物。

写作幻想小说是一项非常严肃的工作。尽管路易斯和托尔金逝世之前都因此而非常富裕,但当初写作的时候绝不是因为爱好或主要为了赚钱。他们想要把中世纪神话的感觉传达给尽可能多的受众。(**p.208**)他们想向公众表达一种传统伦理的印象,这种印象来自他们对保守基督教的热爱。但是从本质上讲,他们的写作与所有的创造性作家的活动并无二致,都是出于自身某种内在的强迫,受到意识层面之外的某种事物的驱动。1953 年,托尔金对这种痴迷做出了令人难忘的描述:"创作这样一个故事,不像树上长出树叶(树叶长出来还能观察得到),也不是按照植物学和土壤学的方式;而是像在黑暗里成长的种子,从心灵的叶酶里生发;生发自所有那些曾经想过或见过或读过的、那些早已经忘记的、被遗落到心灵的无底深渊的东西。"

路易斯与托尔金在个人品位和生活方式上非常相似。他们不喜欢法国菜,喜欢简单的英国菜。他们也不喜欢出国旅行或开车。尽管路易斯偶尔会看一部电影,也能欣赏声音录制,但是总的来说,二人对现代技术怀有敌意。1940 年,路易斯为托尔金说话,他写道:"我意识到我对一切时髦的东西怀有一种病态的敌意。"像他们那一代几乎所有的牛津大学教授一样,他们不喜欢心理分析,也从未进行过心理治疗。他们不喜欢打扮，几乎总是穿着破旧的粗花呢外套和宽松的裤子。轻松地在乡间散步之后喝上一杯好茶，就是他们一天中最开心的时候。

托尔金和路易斯对美国和美国文化毫无兴趣。他们的书畅销之后，他们认识了很多大西洋彼岸的人，收到来自那里无数的信件，通常是一些女性追随者寄来的。他们礼貌而认真地回复这些信件，但从来不花心思去了解这些信件所来自的社会和文化。对他们来说，美国只是一个人口稠密而富裕的殖民地。

路易斯和托尔金二人都对迅速消失的英格兰怀着深深的眷恋和热爱。中产阶级的、高文华水平的基督教文化使英格兰熠熠生辉，他们就诞生在这种文化中。他们看到这种文化可以追溯到中世纪的连续性，在他们看来，中世纪就是这种文化的源头。对二人来说，充满活力、富有想象而异常复杂的中世纪在很多主要方面仍然活跃在20世纪中期牛津和剑桥的学院世界和英格兰的乡村中，而伦敦则所剩不多。通过他们的创作和教学，路易斯和托尔金不仅想要保存，还想要复兴这种盎格鲁-爱德华时代的中世纪回归。（**p.209**）在哈罗德·麦克米伦①和玛格丽特·撒切尔的机械主义、资本主义、激进主义时代，路易斯和托尔金的文化怀旧计划似乎不会产生长久影响。但在20世纪90年代，则不能确定。

路易斯和托尔金的历史哲学抒情地体现在托尔金《魔戒》中的准英雄佛罗多（Frodo）的一段话里："我试图拯救夏尔（Shire），它得救了，但不是为了我。山姆，情况通常是这样的，当事情陷入危机的时候，必须有人放弃它们、失去它们。这样其他人才可以保存它们。但是，你是我的继承人……你可以从《红皮书》中读到一些东西，保留对过去的记忆，这样大家才能够记住这次巨大的危险，才会更加珍惜他们挚爱的土地。"

路易斯认为他自己、托尔金及他的其他牛津剑桥朋友，是被围困的"旧欧洲或者说旧西方文化"的代言人。在当前有关文学经典的争论中，路易斯和托尔金的立场可想而知。路易斯说，它们是"恐龙"，也许"不会再有更多的恐龙了"。但是他们要打好这最后一战。用路易斯的话说："保存社会，保存物种自身就是目的，并不取决于不牢靠的理性：它们是出于本能……我们天生具有保存自己物种的本能。这就是为什么人类应该为后代而工作。"这种保存人类的本能冲动不是自发进行的，而是通过有高度文化要求的纪律。这种保存要依靠

---

① 哈罗德·麦克米伦（Harold Macmillan，1894—1986）：英国政治家、保守党成员，于1957年至1963年任英国首相。

中世纪的文学和哲学，以及后来从中世纪的人文主义文化衍生和发展出来的遗产。路易斯和托尔金在这场危险的救赎之旅中主要的工具是神话小说。正如路易斯论述 16 世纪诗人埃德蒙·斯宾塞①时写到的那样，他们想要"创作一个故事，比任何真正的中世纪传奇都要更庄严、更怀旧、更可敬……传递给后代一个有关（中世纪）的诗意符号，这个中世纪魅力无穷"。

路易斯和托尔金在生活方面有两点很不同。托尔金十六岁时与同班一个比他大五岁的女孩相恋，并于五年后去法国打仗之前与她结婚。托尔金有三个孩子，过着稳定而幸福的家庭生活。托尔金的妻子并不喜欢牛津，在那里的四十年常感到孤单和寂寞。在退休后的托尔金领到《魔戒》的第一笔版税支票后，妻子让他搬到一家平民海岸度假区的住宅酒店。托尔金的一个儿子也成为牛津大学的文学教授。（**p.210**）

路易斯在性方面极度压抑。他直到 1955 年才结婚，婚后几个月都没有同房。他的妻子是一位前共产主义者，一位来自纽约的犹太人，也是他的粉丝，她有两个年幼的儿子，是自己主动找上路易斯的。她于 1960 年因癌症去世。路易斯还是学生的时候，就受到一种包括施虐和受虐的性倾向的影响，产生了关于鞭打的幻想，"这种事美好而亲密，也很羞耻，"他跟一位朋友这样说。

路易斯和托尔金的另一不同之处是他们的阶级背景。路易斯来自舒适的郊区中产阶级职业家庭，父亲是一位成功的律师。托尔金的家庭则贫寒而虚有排场，四岁时父亲的去世更使他的家境雪上加霜。托尔金在经济拮据的环境中长大，只能靠一系列奖学金完成预科和大学学业。因此，路易斯在金钱上自由而轻松，而且过度慷慨大方。毫不奇怪，托尔金小气又节约。他从未为《魔戒》的手稿雇过打字员，直到排版时都只有一本稿子。在托尔金漫长生命的最后二十年里，他的孩子们享受到了他的畅销书极度成功带来的经济收益。

但是路易斯和托尔金的人生经历在三个方面非常相似。首先，他们俩是外来人，是帝国末日余晖时代的产物。托尔金（他父亲这一支在 17 世纪晚期从德国来到英国）生于南非，在那里长到四岁。路易斯出生于贝尔法斯特的盎格鲁-爱尔兰家庭，并在北爱尔兰长大。因此，对他们而言，英格兰是重回的故乡，值得珍惜。同时，至少在早年，他们都感觉到自己是外来人，是生活在殖民地的宗主国居民。

其次，也是最重要的一点，路易斯十岁丧母，托尔金（已经丧父）则在十二

---

① 埃德蒙·斯宾塞（Edmund Spenser, 1552/1553—1599）：英国诗人，以长篇寓言诗《仙后》著称，另有诗作《牧人月历》《结婚曲》等，在语言和艺术上对后世英国诗人有深远影响。

岁时失去母亲。路易斯的父亲生性孤僻,感情闭塞;托尔金完全是个孤儿,当地的牧师是他的监护人。二人都珍藏着有关母亲的记忆。过早失去父母,尤其对男性,能极大地刺激人的独立性和创造性,还能激发一种对幸福时光和乐土的幻想的追寻,这种追寻实质上是渴望与失去的母亲在一种升华的状态中重聚。

最后,路易斯和托尔金是英国衰落时代的产物,他们一生大部分时间都在经历这个没落。(**p.211**)他们都参加了第一次世界大战,都目睹了难以形容的大屠杀。从这种经历中,他们获得对勇猛体魄的欣赏,对暴力想象的爱好,以及对生活的不稳定和脆弱的认识。"黑暗的力量"是一个不断发生的威胁。所有这些特质都反映在他们的奇幻小说中。路易斯和托尔金属于英国的后霸权时代一代。大英帝国直到第二次世界大战后才消逝,但在20世纪30年代末和40年代之间,即1938年的慕尼黑和十年后的放弃主权之间[1],尽管战争中顽强的基督教英雄主义仍在,但很明显,英国的财富和权力已经一去不复返。那是不列颠尼亚的"黄昏和晚星"[2]时代。

经济衰退和帝国的没落对20世纪40年代的英国产生了一系列的影响:充满绝望和无奈的文学氛围、对先进的技术社会的怀疑和无力维持、一段强烈而短暂的基督教复兴。那个时期英国的主要作家——T. S. 艾略特的诗歌和戏剧、F. R. 利维斯[3]的文学批评和文化评论、J. B. 普利斯特里[4]的小说、阿诺德·汤因比的元历史思辨——都具有这种气质。它甚至还影响了后来乔治·奥威尔作品里的讽刺幻想。这种气质转换成对官僚机构的关注,就成了C. P. 斯诺[5]小说的主题。

20世纪60年代之前,甚至到80年代,英国还未从心理上恢复过来,也许再也恢复不过来。1942年2月的照片里是一些令人伤心的场景,穿着卡其布小

---

[1] 1938年,英国、法国、纳粹德国、意大利四国首脑在慕尼黑会议上签订《慕尼黑协定》。英、法两国为避免战争爆发,牺牲捷克斯洛伐克利益,将苏台德地区割让给纳粹德国。1948年,印度独立和巴以分治。此后,从东南亚到西非的英属殖民地纷纷独立,大英帝国的统治开始解体。

[2] "黄昏和晚星":语出英国维多利亚时代诗人阿尔弗雷德·丁尼生晚年的著名诗作《过沙洲》("Crossing the Bar"),该诗主题是对晚年和死亡的沉思。

[3] F. R. 利维斯(Frank Raymond Leavis,1895—1978):英国文学评论家,长期在剑桥大学教授英国文学,主要评论著作有《英国诗歌的新方向》《伟大的传统》等。

[4] J. B. 普利斯特里(John Boynton Priestley,1894—1984):英国小说家、剧作家、文学批评家,主要作品有流浪汉小说《好伙伴》、喜剧《金链花树丛》、文学评论《英国小说》等。

[5] C. P. 斯诺(Charles Percy Snow,1905—1980):英国小说家、物理学家,主要著作有系列小说《陌生人和兄弟们》、论文《两种文化与科学革命》、文学评论《特罗洛普的生平和艺术》等。

短裤的英国军官显得瘦小、萎靡、窘迫不堪,他们正在将新加坡转交给狂喜而跋扈的日本将军。还有一些照片的场景更令人心碎,照片上年轻的英国轰炸机机组人员微笑着,即将飞往德国执行近乎自杀的夜间任务(1943年至1944年),59000名机组人员丧生。这是一代人中的精英,他们中至少一半是中学和大学毕业生。除了这些不可逆转的创伤之外,1945年以后,还有令人心酸的国家财政紧缩、燃料短缺、食物匮乏、与美国之间令人羞辱的从属关系,以及从热带的帝国领土不光彩的撤退,使几个世纪以来在那里付出的巨大努力和美好理想都化为了泡影。

路易斯和托尔金就是在这个惨淡的气氛中,在这个充满痛苦的、枯竭的世界中写作的。然而,相对他们同时代英国人普遍表现出的后帝国主义禁欲主义、文化绝望和听天由命的基督教悲观主义,路易斯和托尔金对当时的境况和事件的反应则更为积极。他们没有在想象中和智力上准备退出或接受失败。他们从中世纪的北欧、凯尔特和圣杯的传说中,召唤出复仇和复兴的幻想,召唤出一种回归与胜利的精神。(**p.212**)正如乔叟在《特洛伊罗斯与克瑞西达》(*Troilus and Criseyde*)中所说,他们的目标是"使梦想成为真实,使寓言成为历史"。一种中世纪英雄主义的创世神话想象将通过幻想故事传达给大众。路易斯在1947年写道:"受过教育的人从诗歌中得到的东西,可以通过冒险故事传递给大众,而这几乎无法通过其他方式做到。"

## 二、中世纪的想象

关于路易斯的传记研究逐渐出现。最有价值的是以下两本书:一本是汉弗莱·卡彭特(Humphrey Carpenter)的《淡墨会》(*The Inklings*,1979),如书名所示,该书主要关注20世纪40年代牛津大学的情况;另一本是乔治·塞耶(George Sayer)1988年出版的《杰克:C. S. 路易斯和他的时代》(*Jack: C. S. Lewis and His Times*),该书既有回忆录也有传记的性质,虽然整体内容参差不齐,但在某些地方信息丰富且很有见地。在这些高度赞扬路易斯的传记之外,还有一部充满敌意的作品——《C. S. 路易斯传》(*C. S. Lewis: A Biography*,1990),作者是多产的英国小说家和传记作家A. N. 威尔逊(A. N. Wilson)。书中描绘道,路易斯"热衷于争辩,恃强凌弱,尽管有欢快、红润和诚实的面孔,但实则是知识分子拳击手……他有关异性的言论经常充满轻蔑"。

1985年,英国电视台大胆地推出一部影片《影子大地》(*Shadowlands*),

描绘路易斯与乔伊·戴维曼（Joy Davidman）的关系，这个美国女人与路易斯维持了五年婚姻关系。随后，根据这部影片改编的舞台剧也在伦敦和纽约上演。在影片中，克莱尔·布鲁姆（Claire Bloom）饰演乔伊·戴维曼，角色选择非常不恰当。饰演路易斯的乔斯·阿克兰（Joss Ackland）比路易斯高，但长相酷似路易斯。路易斯英俊、魁梧，有典型的英国人特征。在《影子大地》中他这个角色睿智而慷慨，对戴维曼与前夫的两个儿子极为友善（这点符合事实），甚至还出资让他们上一所高档寄宿学校。

《影子大地》准确地表现出一个满怀自信的路易斯。路易斯对一切事物的立场都非常坚定，包括中世纪在内。对路易斯来说，对中世纪的追求是对"一个比现实世界更宏大、更明亮、更苦涩、更危险的世界的强迫性想象"的追求。在他看来，中世纪的想象是三种文化传统之间紧张互动的产物。(**p.213**）一种是在宫廷文学中得到最大发展的传奇传统，是12世纪末和13世纪法国北部、英格兰南部和莱茵河谷贵族的爱情诗歌——"宫廷爱情"[①]的世界。中世纪想象文化的第二个组成部分表现为一套关于宇宙和世界秩序的认知观念，这套观念广泛而复杂，通常以大学为基础，在13世纪晚期和14世纪产出成果，主要表现在学术论文和但丁的《神曲》上面，《神曲》在很大程度上利用了这种系统学问。上述两种文化传统（宫廷爱情和宇宙秩序的认知结构）之外还有第三种文化传统，即勇士社会的原始本能感受，它被有意识地发展的另外两种文化所束缚，并在很大程度上（但没有完全）被掩盖。

这就是路易斯对中世纪文学和艺术的基本看法。20世纪30年代中期，路易斯提出的这种主张简直就是先锋观念。在英语世界中，还不曾有人拥有如此的学问、洞察力和勇气来尝试对中世纪全盛时期的文化进行如此复杂的定义。对具体诗人或哲学、神学论文有价值的讨论是有的，但路易斯试图定义的是12世纪文学想象的本质，而他的定义经受住了半个世纪以来的研究和反思的挑战：12世纪和13世纪早期文学作品中的世界观是浪漫的宫廷传统与对认知结构的探索相互作用的产物，与此同时在一定程度上延续了那种潜在的勇士社会的本能感受。

被如此定义的中世纪文化与我们有何关系？它如何影响我们的意识？路易斯认为，中世纪文化既不同于我们的文化，又与我们的文化有很多的相通之

---

[①] 宫廷爱情（courtly love）：一般指地位较高的贵族女子与地位相对低下的男子之间的婚外情感，男子用英勇表现和高尚品格博取女子芳心。宫廷爱情这一主题11世纪末在法国文学中出现，进而扩展到欧洲各国中世纪文学中。法国学者加斯通·帕里斯（Gaston Paris,1839—1903）最早提出宫廷爱情（*amour courtois*）这一术语。

处。这样，中世纪的文学和艺术遗产与我们自己的思维和观察方式之间就存在着模棱两可、富有张力和创造性的关系。要正确阅读中世纪的文学作品，"你必须暂时收起想当然的反应，忘掉在阅读现代文学中养成的大部分习惯"。可以很容易地感觉到，"无论如何，我们如果没有从《玫瑰传奇》(*The Romance of Rose*) 中长大、成熟，我们也已经偏离了它"。《玫瑰传奇》是 13 世纪晚期法国的传奇杰作。另一方面，"这种观点是肤浅的。人性不像火车经过车站，走过就走过了。人性是活的，它有一种特权，就是永远在移动，永远没有把任何东西丢弃。我们经历过什么，我们仍然是什么。(**p.214**) 这种古老诗歌的形式和情感都没有消失，它们在我们的脑海中留有不可磨灭的痕迹"。因此，这是中世纪文学的第二种品质，仅次于它的传奇、认知结构和原始本能的三重基础：它既与我们分离，又与我们高度关联，与我们自身发生互动。不用路易斯的话，而用弗洛伊德和雅克·拉康[①]的话来说，它就是我们的他者。

在路易斯眼里，中世纪文化的第三个特征，是它的概括性整体视野与对特定细节的高度关注之间的悖论性的统一。中世纪的文学和艺术是倾向于概括，还是聚焦于细节？路易斯说，二者都是它们的特质："中世纪的艺术获得了最高层次的统一，因为它包含了最丰富多样的细节。"

这种观点显示出与当代新托马斯主义原则的兼容性。新托马斯主义是 20 世纪 30 年代和 40 年代兴起的一种关于中世纪的理论，最初受法国天主教自由派中一批神学家和文化评论家的影响。新托马斯主义在法国和美国的影响最大。其代表人物有哲学家雅克·马利丹（Jacques Maritain）和中世纪哲学史家艾蒂安·吉尔森。马利丹在 1941 年到普林斯顿大学之前在巴黎大学任教，而吉尔森在巴黎和多伦多都有职位。在美国，新托马斯主义不仅得到纽约福特汉姆大学等天主教机构的支持，还得到芝加哥大学的支持，其在芝加哥大学的发言人是哲学家理查德·麦基翁（Richard McKeon）和教育理论家莫提默·艾德勒（Mortimer Adler）。新托马斯主义还得到芝加哥大学激进而有争议的校长罗伯特·梅纳德·哈钦斯（Robert Maynard Hutchins）的拥护。新托马斯主义投射的中世纪文化图像总是趋向于综合与统一。相对现代文化的碎片化、分裂化以及现代教育的无序课程设置，中世纪文化则努力将一切融合起来，与之形成一种理想的对照。圣托马斯·阿奎纳曾因试图将天主教神学与当时的先锋学术亚里士多德哲学结合起来而备受赞扬。

---

① 雅克·拉康（Jacques Lacan，1901—1981）：法国著名心理分析学家、作家、后结构主义代表人物。

路易斯也认为中世纪的人是"各种系统的组织者、编码者和建构者"。他谈到"他们的（中世纪人的）文化本质上博学的特征以及他们对系统的强烈热爱"。因此，路易斯很可能得到新托马斯主义者的援引，新托马斯主义者也确实利用路易斯来支持他们的计划，即在现代生活令人不安的多样化和不稳定中维持传统的学问秩序（芝加哥的术语是"伟大的书籍"）。（**p.215**）20世纪40年代和50年代，路易斯在美国大受欢迎，部分原因就在于他对中世纪文化的理解及其与新托马斯主义原则的兼容性。

但是，路易斯比新托马斯主义者更能深入了解中世纪文化。路易斯知道，与系统建设相比，中世纪情感还有完全不同的另一面，也就是热爱特定的事物，倾向于关注琐碎的事实和独特的经验，对个体存在和具体事物津津乐道。在这方面，中世纪文化与20世纪初的现代主义有很多共通之处。路易斯和他这一代人都是在现代主义文化中接受的教育，这种文化与学究风格的牛津和剑桥思维模式密不可分。

路易斯在自己生命的尽头总结说，中世纪的想象力"并不像华兹华斯的想像力那样具备转化的特性，也不像莎士比亚的想像力那样透彻。它是一种能转化为具体表现的想像力"。但丁沉迷于"高度事实性（不管以牺牲何种尊严为代价设计出来的细节、对比）的文字绘画，以确保我们看到他所看到的一切。这时的但丁是典型的中世纪的。中世纪在这一点上是无与伦比的，直到我们到达高度的现代时期（这里有对中世纪文化预示现代主义的一个深刻的见解），懂得了完全的事实凸显，即'特写'"。这一陈述概括了路易斯一生对中世纪文化的考虑。它出现在《被弃的意象》（*The Discarded Images*）一书中，这本书出版于1964年，也就是他去世后的第二年，是他多年来在牛津和剑桥大学有关中世纪想象的演讲的最终版本，具有总结的性质，简短、内省、克制，几乎有点令人沮丧。

路易斯留下许多关于中世纪的问题没有回答，有些问题甚至根本就没有提出来。但是，他所说的话是很有说服力的，并且在很大程度上也是无可争议的。《被弃的意象》有一种完成或大结局的味道。关于中世纪文化的社会学、心理分析学以及人类学方面的开放性问题，这本书都拒绝讨论，更不用说实际的文学和语言问题了。路易斯在这里是中世纪文化真理的立法者。总的来说，这是真理，但也是一个狭义的真理。不幸的是，路易斯没有在耶鲁或伯克利，或慕尼黑的文献集成研究所，或巴黎的年鉴学派研究所度过一两年。那样的话，他就会走出他的牛津和剑桥式的学究癖好（《被弃的意象》尤其能反映这种癖好），他就会邮寄一些关于中世纪世界的明信片或发一些关于中世纪世界的越

洋电报。(**p.216**)

然而，路易斯出版的另外两本主要学术著作《爱的寓言》（1936）和《十六世纪的英国文学史（戏剧除外）》（*English Literature in the Sixteenth Century [Excluding Drama]*，1954）则大开风气。这两本书非常大胆、有原创性，影响深远，震撼了大西洋两岸英语世界的中世纪研究者，确实做出了很大的贡献。如今，没有人会推荐《爱的寓言》作为中世纪传奇这个极度重要的主题的权威性研究。路易斯的书现在已经过时，在学术和观念方面都被较新的作品所取代，例如约翰·史蒂文斯（John Stevens）的《中世纪传奇》（*Medieval Romance*，1973）和琳内特·缪尔（Lynette Muir）的《中世纪法国的文学与社会》（*Literature and Society in Medieval France*，1984）。但是路易斯的《爱的寓言》是"发明"中世纪的分水岭，因为他使"爱的观念"这个主题合法化，赋予探索中世纪文学中的传奇模式以合法的学术地位和学术权威。中世纪研究中，以前仅是瞻前顾后或蜻蜓点水式的考虑过的问题，此后就成为正式的、核心的、关键的主题。

路易斯论述16世纪英国非戏剧文学的著作，即《16世纪英国文学史（戏剧除外）》（该书是为质量极度参差不齐的多卷本"牛津英国文学史"[Oxford History of English Literature] 系列撰写的，其中莎士比亚和戏剧部分却偏偏分配给别人撰写了），至今仍然非常值得一读。路易斯认为，文艺复兴时期的文学仍受中世纪文化的语言和概念结构的影响，埃德蒙·斯宾塞的诗歌就是如此。这番论述细腻而饱含感情。换句话说，与雅各布·布克哈特的追随者的观点相反，路易斯坚定地认为，文艺复兴只是中世纪文化史晚期的一个特殊篇章，并不是新时代的曙光。

路易斯并不是当时唯一强调这一观点的学者。剑桥大学的E. M. W. 蒂利亚德和哈佛大学的道格拉斯·布什也一直在宣扬这一观点。的确，在20世纪50年代，无论在英国还是美国，文艺复兴时期构成一个新的、世俗的后中世纪时代的主张都与保守的基督教情感背道而驰。布克哈特将意大利文艺复兴理解为"对人和自然的发现"，这一观念在学术界引起任何卷入战后基督教短期复兴的批评家和历史学家的普遍关注和反驳。路易斯用详尽的细节证明，从无数方面来看，英国文艺复兴文学的思想和表达形式延续了中世纪的思想世界和话语。他的写作风格具有阐发性和批评性品质。(**p.217**)布克哈特的文艺复兴观点不适合16世纪的英格兰，对此路易斯影响深远的著作中有最具说服力的阐述。当然，这并没有终止辩论。它仅仅将天平倾向了与布克哈特的观点相对的一方大约十年之久。

路易斯著作的最后几章中有一个有趣的提议，即标志着与中世纪文化决裂的是清教运动在伊丽莎白时代晚期英格兰的兴起，是16世纪最后二十年中加尔文主义神学和伦理学的发展大潮，而不是这个世纪早期和中期的文艺复兴文学运动。然而，即使这个分水岭也是有问题的，因为伊丽莎白时代的清教运动本身就是植根于中世纪的信仰态度的复兴，尽管语言和风格有所不同。

路易斯的《16世纪英国文学史（戏剧除外）》的缺点并不在经验层面。我们可以向他承认，亨利八世和伊丽莎白时代早期英格兰的诗歌仍然植根于中世纪古典主义和浪漫主义的思想世界和语言中。仍然可以看出，这个世纪晚期的清教运动反映出道德观念和个人期望方面的某种重大变化。路易斯遇到的问题是历史社会学或大范围文化分析的问题。我们所说的时代是什么意思，表明时代结束的迹象是什么？没有办法对这个问题置之不理。这就是德国人所说的时代转捩点（*Zeitwende*），从一个时代到另一个时代的转变。这就是路易斯《16世纪英国文学史（戏剧除外）》要解决的问题。问题在于他没有足够的自觉意识来直接面对这个问题。我们如何衡量心态的变化、范式的转变？从这个全局的角度来看，16世纪英格兰诗人的言说仍然参照中世纪的话语体系这个事实，并不意味着他们仍在中世纪的文化范围之内。正是由于路易斯的《16世纪英国文学史（戏剧除外）》最好地展示了他的博学多才和雄姿英发，这本书才更好揭示出20世纪中叶牛津和剑桥模式思想的局限之处。

杰克·路易斯从未写过关于中世纪传奇文化和信仰的伟大著作，他凭借自己的学问和洞察力本可以写出这样的作品。相反，他将这些能力用来创作小说，进而为他赢得巨大的读者群体。这些书现在仍然畅销，尤其显著的是它们现在看起来浮夸的爱德华时代的风格与20世纪晚期没有丝毫的联系。但是，对于美国的某些中产阶级读者，特别是中西部和南部的保守基督徒来说，(**p.218**)路易斯不管在他传达的信息还是他低调的风格方面仍然很有说服力。英国的盎格鲁天主教徒中也有一群狂热的路易斯门徒，他们经常在牛津举行崇拜性的聚会。根据A. N. 威尔逊的说法，这个组织坚信路易斯从没失去童贞之身。

路易斯最畅销的小说分为两类，这些书现在仍然具有可读性。首先是两本具有争议性的基督教小说：一本是《地狱来鸿》(*The Screwtape Letters*，1942)，此书最早在报纸上连载；另一本是《梦幻巴士》(*The Great Divorce*，1945)。正是这两本小说在大西洋两岸的巨大影响，再加上时代公司内部的基督教倾向，1949年路易斯才登上《时代》杂志的封面。当时的时代公司正受虔诚的天主教教徒、语言刻薄的女权主义者克莱尔·布思·卢斯（Clare Boothe Luce）的影响，此人是出版商亨利·卢斯（Henry Luce）的妻子。《时代》杂志在这个时期的一个高级编辑是惠特克·钱伯斯（Whittaker Chambers）。惠特克·钱伯斯是苏联间谍，最终成为阿尔杰·希斯的克星。此时钱伯斯是虔诚的贵格会基督教徒，热衷于将英国的保守派基督教引入美国海岸，他最喜欢倚借的"媒介"是路易斯和阿诺德·汤因比。

路易斯其他的畅销书是七卷本儿童幻想小说《纳尼亚传奇》（Chronicles of Narnia, 1950—1956），这套书的质量极为参差不齐，有些内容就好像是在去伦敦的火车上写在信封背面上的，但也有很好的部分。这七卷①幻想小说包含了路易斯的中世纪想象。比起他的学术著作，这些幻想小说更生动、更清晰地阐释出中世纪与我们相关的信息。第一个信息是关于邪恶的现实，魔鬼是其化身，体现为日常生活中的物质主义、自私自利、腐败堕落和自我毁灭。路易斯像中世纪的天主教徒一样，宣扬悲观的、二元论的观点，认为这个世界是善与恶之间斗争的现场。

往远处说，这可能导致异端的摩尼教教义。摩尼教认为存在两种神灵，即光明之神和黑暗之神。魔鬼不是堕落的天使，而是一个反神，永远要与善良之神基督决一雌雄。邪恶不是对上帝美好创造的歪曲，不是堕落或对上帝"有罪"的叛逆（正统天主教教义），而是一种反物质，一种覆盖世界和遮蔽太阳的黑暗污点。这种阴郁但充满活力的摩尼教神学兴起于3世纪的波斯，并在300年渗透到罗马帝国拉丁语地区。奥古斯丁皈依基督教之前，信仰摩尼教达十年之久。（**p.219**）后来，奥古斯丁成为主要的反摩尼教的理论家和辩论家，但在奥古斯丁的神学中始终残留着二元论的影子。

在罗马国家的帮助下，摩尼教被压制了。但是，9世纪和10世纪摩尼教直接从波斯渗入东罗马说希腊语的拜占庭帝国，然后又进入巴尔干半岛。在巴尔干半岛，摩尼教传教士被称为鲍格米勒（Bogomils）。然后，大概沿着地中海的贸易路线，摩尼教渗透到法国南部。在法国南部，摩尼教被称为清洁派（Catharism，意为纯粹的宗教）或阿尔比教（Albigensianism，得名于图卢兹附近要塞城市和据点之一的阿尔比）。13世纪，在罗马教廷的命令下，一支法国王室军队克服巨大的困难，付出巨大的代价，暴力镇压了摩尼教或清洁派异端，动用的手段包括宗教裁判所的审讯和恐吓。

然而，17世纪，在法国阿尔卑斯山晦暗的山谷中，仍然有摩尼教教徒遭

---

① 七卷：原文作"九卷"，原文有误。

到迫害,曾让约翰·弥尔顿[①]为他们哀叹("噢,上帝,为您被杀的圣徒复仇吧……")。摩尼教对弥尔顿这样虔诚的加尔文主义者很有吸引力。就像许多继承了弥尔顿思想的英国知识分子一样,具有天主教倾向的英国国教徒路易斯也时不时相信摩尼教的二元论,尽管他知道二元论在神学上是非基督教的。《地狱来鸿》有令人信服的魔鬼化身,同弥尔顿的《失乐园》(Paradise Lost)一样,带有摩尼教色彩。路易斯为《失乐园》写过一篇冗长的评论,如今已很少有人读。

路易斯对中世纪摩尼教的了解在他的私人通信中不时得到释放和公开表露。他在1946年给一位天主教神父的一封私人信件中写道:"在我看来,敌人手中的王牌(简洁的摩尼教词语)是这个世界的实际进程,而且,还不是战争和革命这样的特定事件。'生物'的'虚无'本质,生命相互掠夺的事实,所有的美丽和幸福只是为了毁灭而产生(一种典型的摩尼教情感),这就是让我感到如鲠在喉的原因。"这些也让13世纪法国南部的清洁派圣徒如鲠在喉。这同时也是英国新教文化的一个显著特征。

路易斯的幻想小说中出现的另一个中世纪主题是与邪恶对抗:对平凡事物中产生的具有创造力的元素保持信念,并为之欢欣鼓舞、开怀大笑。英国的悲观主义就是通过从生活中的小事物和短暂的幸福时刻感受愉悦而得到缓解,(**p.220**)不管是茶和烤饼、香烟、板球、乡间漫步、艺术、雪利酒、学问,还是短暂的异性之爱。这就是中世纪传奇传递的基本信息:在世俗世界中,邪恶现实的乌云无处不在,转化这个平凡的世界,要靠从一些让我们感觉良好的具体的廉价事物带给我们的刺激中投射出的一种想象的信念。这种观点使路易斯在美国中产阶级读者中仍然大受欢迎。微笑着走向救赎。感知美好,保持善良。

路易斯在他的《纳尼亚传奇》中一次又一次地提出这种观念(类似于威廉·詹姆斯的《信仰的意志》[The Will to Believe,约1897]中的心理学理论)。因此,在《银椅》(The Silver Chair, 1953)中,女巫试图通过拒绝让传奇的光芒照进平凡的世界来阻止善良:"瞧,如果你们不从我这个真正的世界偷学些什么的话,你们的幻想世界什么也没有,而我这个现实才是唯一的世界。"但回应是:"如果你是对的,我们只是在做游戏的孩子。但四个玩游戏的孩子(淡墨会

---

[①] 约翰·弥尔顿(John Milton,1608—1674):英国诗人,对18世纪诗人产生深刻的影响,作品除短诗和大量散文外,主要是晚年写作的长诗《失乐园》《复乐园》及诗剧《力士参孙》。

成员?)可以创造一个游戏世界,将你的现实世界打得落花流水。"这听起来完全像小学生的回应,但小学生就是当时路易斯想象中的读者。与几十年前贪婪地阅读 G. A. 亨蒂①和 H. 赖德·哈葛德②的帝国英雄主义小说的同一类型的小学生,如今开始蜂拥而上地阅读路易斯。现在敌人不再是非洲的祖鲁人或旁遮普③的刺客,而是摩尼教类型的女巫和反神。

在《纳尼亚传奇》的好几个地方,路易斯更有力地唤起这种中世纪传奇的观念:"当你聆听它唱歌时,你就听见了他所创造的事物;当你环顾四周,你就能看见这些事物(《魔法师的外甥》[The Magician's Nephew, 1955])";"新的(纳尼亚)是一个更深邃的国度:每一块岩石、每一朵花和每一片草叶,看上去都有更多的意义(《最后一战》[The Last Battle, 1956])。"但这里的信息是一致的,而且是富有深意的。幻灭、沮丧、自我毁灭和邪恶现实,是因为人们放弃了对来自日常生活的平凡现实中的小幻想的信仰。缺乏对小幻想的信念导致了大规模信仰的崩溃,导致了神学上的放弃。当我们心有信仰时,平凡的就会变成超验的。新的纳尼亚从表面上看与旧的纳尼亚并无不同,但是它已经被我们的想象所转化,从而变得崇高。

这就是 20 世纪 50 年代时一个理想化和满怀善意的牛津和剑桥教授的信条,这种信条与今天美国中部的保守文化和新时代④的种种暗示非常吻合。(**p.221**)奥古斯丁、圣贝尔纳、圣托马斯·阿奎那和但丁等这样伟大的中世纪人可能认为这不是神学的终极目标,但它仍不失为一种很好的说教,是普通人的福音。20 世纪 40 年代和 50 年代的英国正处在帝国和经济的衰落之中,这一理论在此时此地盛行也在意料之中。这个时候,路易斯模式中与邪恶斗争、将平凡事物神圣化的倾向是一种现成的移位效应,正好代替帝国的建设和扩张。战争结束时,英国文化中出现的这种普遍趋势并不让人奇怪。戴维·里恩和诺埃尔·考沃德(David Lean-Noel Coward)的热门电影《相见恨晚》(*Brief Encounter*, 1945)展现了小事物的金色光芒(在一个偏僻凄凉的火车站咖啡馆里的浪漫幽会!),与路易斯这个时期在幻想小说中所倡导的异曲同工。在

---

① G. A. 亨蒂(G.A. Henty, 1832—1902):英国儿童冒险故事作家,作品表现英勇、刚毅的男子气概,有《小号手》《印第安人与牛仔》等约 80 部。

② H. 赖德·哈葛德(H. Rider Haggard, 1856—1925):英国小说家,曾在南非居住,主要作品有非洲冒险小说《所罗门王的宝藏》和《她》等。

③ 旁遮普(Punjab):南亚次大陆西北部一地区(分属巴基斯坦和印度)。

④ 新时代(New Age):20 世纪晚期西方社会中出现的一个文化态度上折中主义的群体,崇尚神秘主义等与传统相悖的另类生活方式。

这样的氛围中，甚至连克莱门特·艾德礼[①]（温斯顿·丘吉尔说他"是个谦虚的人"，"有很多要谦虚的地方"）领导的工党政府看起来也不错。

路易斯认为，日常生活中普通行为的善良与美好，是中世纪传奇所传递的信息之一，可以安慰他陷入困境的同胞。最好的生活是追随大冒险的号召。如果战后的英国再也无法做到这一点，那么，通过亲密的想象维持信仰，就可以维系这个群体，并提供一种微观的英雄主义。这种信念也是中世纪传奇的一个组成部分。

## 三、漫长旅程

与路易斯的小说相比，托尔金的《魔戒》更大胆、意义更含混、更难捉摸、更接近中世纪传奇实在的质地。20 世纪 80 年代末，托尔金的作品产生过一波文学批评的热潮，其中大部分批评来自美国中西部和南部的小学院。1983 年前后在英国出版的两本关于托尔金的著作有特别的关注点，值得一读。一本是 T. A. 希比（T. A. Shippey）所著的《中土之路》（*The Road to Middle-Earth*）。希比是学院派学者和有很高声望的中世纪学家。他关于托尔金的书（托尔金读了初稿）是一部标准的文学批评的重要著作，很有启发性，信息丰富，大部分内容都有可读性，对任何杰出小说家都可以进行这种尝试。另一本是罗伯特·吉丁斯（Robert Giddings）主编的《J. R. R. 托尔金：远土》（*J. R. R. Tolkien: This Far Land*），此书与《中土之路》完全不同。（**p.222**）这本书收录了一些个人风格浓郁但通常很有趣的论文，作者是英国的理工学院（社区学院）的一些左派教师。这些论文受英国老一代首要的马克思主义文学批评家雷蒙德·威廉姆斯（Raymond Williams，剑桥大学教授，1987 年去世）和研究大众文化的先驱、文学社会学家理查德·霍加特（Richard Hoggart）的影响。

希比对托尔金抱有深切同情。但吉丁斯和他的同事们对托尔金几乎都是充满敌意的。托尔金受到的欢迎令吉丁斯和他的同事们非常沮丧。《魔戒》的销售数字一次次被提起，就好像是里根[②]或撒切尔夫人所犯的社会罪行一样。罗杰·金（Roger King）指出，托尔金受到的欢迎和托尔金的思想世界迎合了

---

[①] 克莱门特·艾德礼（Clement Attlee，1883—1967）：英国首相、工党领袖，对英国大工业实行国有化并创办国民保健事业。

[②] 里根（Ronald Reagan，1911—2004）：美国第 40 任总统、共和党人，曾任加利福尼亚州州长，总统任内推行减税政策，改革政治经济，提出战略防御计划。

20 世纪 60 年代后期和 70 年代"文化消费私人化"的时代潮流。这种潮流的内容包括：反城市环保主义、只能由录音棚制作因此只能私下收听的摇滚录音（例如，披头士乐队①的专辑《花椒军曹与寂寞芳心俱乐部》[Sergeant Pepper's Lonely Hearts Club Band]）以及电脑游戏。这个郊区的、富裕的私人化幻想被认为与托尔金的世界一拍即合，可以解释他"臭名昭著"的商业成功。奈吉尔·沃姆斯利（Nigel Walmsley）对《魔戒》的爆炸式流行以及《霍比特人》在 20 世纪 60 年代后期的再度畅销和进一步成功做出了类似解释。这些是适应迷幻药和偏远地区公社时代的文学作品。"《魔戒》为那些不想流浪到街区之外的英国人和美国人提供了智力上返祖的替代路径。"

　　金和沃姆斯利所说的话显然有一定的道理，但也有很大的缺陷。他们能帮助解释（但只是部分地解释）托尔金的作品迅速流行、成为超级畅销书的原因，但他们并没有分析或解释托尔金创作这些书时（主要是在 20 世纪 30 年代和 40 年代）心中的想法。当然，托尔金不是摇滚音乐、"花孩儿"②、迷幻药和计算机游戏的一代，也不属于那种文化氛围。托尔金的通信中没有任何内容表明他对新的青年文化产生过兴趣，甚至意识到这种文化的存在。的确，1914 年以前托尔金成长的世界与 20 世纪 60 年代和 70 年代末的青年文化之间存在着一扇联系的窗口。爱德华时代和新乔治时期的英格兰，有一群反主流文化的审美家（当时就是这样称呼他们），他们的同性恋和抽鸦片倾向确实遥遥地预示着披头士时代的文化。沃尔特·佩特③、奥斯卡·王尔德④和奥博利·比亚兹莱⑤是明显的例子。(**p.223**) 但是，没有实证性的传记证据表明托尔金——一个孤儿、虔诚的天主教徒、乡下人、刻苦勤奋的学生、性格内向的奖学金获得者——与爱德华时代这种高阶层社会的反主流文化运动有什么关系。

---

① 披头士乐队（the Beatles）：或译甲壳虫乐队，20 世纪 50 年代至 60 年代英国利物浦一支由 4 人组成的流行歌曲乐队，曾风靡一时。

② "花孩儿"（flower children）：嬉皮士的一个流派，以花朵象征其主张（爱情、和平与美好等），因头戴花或向行人分花而得名。

③ 沃尔特·佩特（Walter Pater，1839—1894）：英国文艺批评家、散文作家，主张"为艺术而艺术"，主要著作有《文艺复兴史研究》和小说《伊壁鸠鲁信徒马里乌斯》等。

④ 奥斯卡·王尔德（Oscar Wilde，1854—1900）：爱尔兰作家、诗人，19 世纪末英国唯美主义的主要代表，主要作品有喜剧《认真的重要》《少奶奶的扇子》和长篇小说《道林·格雷的肖像》等。

⑤ 奥博利·比亚兹莱（Aubrey Beardsley，1872—1898）：英国插图画家，画风受新艺术曲线风格和日本木刻的粗犷特点影响，代表作有王尔德的剧本《莎乐美》的插画。

希比的关注点在于将托尔金的作品置于他的中世纪学术兴趣的基础上：托尔金精通北方语文学和北欧神话。然而，希比没能重建托尔金在《魔戒》中借鉴和转化这种中世纪学问的心理过程。希比的珍贵著作只是部分地揭示了激发和塑造托尔金作品的创造力机制。

托尔金家族指定的传记作者（以及他书信的编辑）汉弗莱·卡彭特则不敢尝试。卡彭特有用的传记（1977）涉及的几乎全是托尔金的日常生活和常规活动，而对于他内在的思想过程、创作心理则几乎没有涉及。有趣的是，在由卡彭特编辑整理的托尔金书信集（1981）中，有一些挑衅性段落，但卡彭特并没有试图在基于这些书信的叙述作品中对此进行解释。显然，这种保守的方式正合托尔金的儿子、牛津大学教授、托尔金的文学遗产执行人克里斯托弗·托尔金（Christopher Tolkien）之意，他是卡彭特整理这些书信的合作者。

在某些方面，托尔金是他自己最好的批评家。很少有像托尔金这样富有想象力的著名作家，在回复那些请求他解释自己作品的意图、意义和来源的私人信件时，如此大方地袒露自己的心迹。由于性情使然，托尔金无法不对善意且智慧的询问作出回应，尽管他常常拟写长达数页的答复却从未寄出过一封回信。但是，这些信件保留在他的文稿中，并被选入于 1981 年出版的通信选集中。在这些自我评论中，有一封用十页篇幅解释《魔戒》讲的到底是什么的信确实邮寄了，这封信是作为出版建议寄给柯林斯出版社的高级编辑米尔顿·瓦尔德曼（Milton Waldman）的。托尔金与瓦尔德曼好几年的令人沮丧的谈判没有达成任何成果，这本书最终被艾伦和昂温公司的雷纳·昂温接受，艾伦和昂温公司是 1937 年《霍比特人》的出版商（当时雷纳·昂温还是个十岁的男孩，他也是该手稿的主要读者）。

如果在谈判的关键时刻，瓦尔德曼没有碰巧因为休长假而离开了公司，并消失在一个人迹罕至的意大利村庄，《魔戒》很可能就由柯林斯出版了。这真是一个具有讽刺意味的出版故事。还有一个广为流传的出版流言。据说，乔治·昂温爵士（Sir George Unwin）和雷纳·昂温对这部作品的商业潜力深表怀疑，（**p.224**）因此他们与托尔金签订了一份抠门的合同，不预付版税，只在出版商收回成本后进行利润分成。最后，当然，托尔金通过这种方式赚了更多的钱。《魔戒》为艾伦和昂温公司带来了自 20 世纪 20 年代以来从未有过的丰厚收益。它也是美国的精装书出版商霍顿·米夫林（Houghton Mifflin）的一个巨大的推动力，对于美国的平装书出版商巴兰坦（Ballantine）更是如此（在大众平装书出版机构 Ace 出版社的一个明目张胆的盗版本被迫退出了市场之后）。

1938 年，在《霍比特人》出版一年后的一次公开演讲中，托尔金——意识到自己的这种出版行为引起了牛津大学英文系一位资深学者的强烈不满——简洁而又隐晦地解释了自己写作一部儿童幻想小说的初衷："即将迈入成年时，语文学唤醒了我的一种对童话故事的真正爱好，此后的战争让这种爱好得到全面发展。"在第一次世界大战的战壕中的惨痛经历影响了托尔金对语文学固有的热爱，即对语言结构的研究，促成了一种仿中世纪的幻想，这就是托尔金说的意思。这里的关键是对语文学的热爱，托尔金在上学时就着迷于语文学。作为牛津大学英语系的一名拿奖学金的学生，他最后没有成为一流的文学评论家，而在当时所谓的语文学，即现在我们所说的比较语言学上，表现出非凡的能力，这也成为他本科期间主修的科目。他对这一领域的精通（几乎没有人指导）使他在离开军事医院时，获得了第一份工作，即参与著名的《按历史原则编订的牛津英语词典》(Oxford Dictionary of English Language on Historical Principles)的编写工作。托尔金致力于从事的这种语言结构研究在20世纪40年代之后就没有人关注了。这种从19世纪德国学术中继承的历史学方法（即所谓的历时性方法）现在已被对语言进行的人类学的和心理学的分析（即共时性方法）所取代。托尔金可以说是历史语文学领域最后一位伟大的代表人物，在英语国家的课程设置中，这种历史语言学已经过时，取而代之的是诺姆·乔姆斯基（Noam Chomsky）的反历史的转换生成语法理论。

托尔金在历史语文学学科领域中，主要对北方的古英语、古斯堪的纳维亚语和凯尔特语感兴趣。他的一项特别技能是，从有年头的少量碎片中创造出一种现在已经消亡的早期北方语言的完整语法和词汇。(**p.225**) 但这种能力在老一代历史语文学家中并非闻所未闻，20世纪初期德国的六七位学者也能做到。托尔金作为语文学家的不同之处在于，他创造出了这种先前灭绝的语言，随后又充满想象力地为之演绎出一部史诗文学，就好像这部史诗曾经存在过，只是后来才在时间的迷雾中灭绝了。

换句话说，托尔金对这些原始的北方语言及其（假定的）文学的消失感到遗憾，于是他想通过重新创作这些文学来弥补这种遗憾。即使一种语言幸存下来，其文学保存下来的也很少。《贝奥武甫》是基督教之前盎格鲁-撒克逊文化的唯一主要著作（在托尔金看来）。因此，托尔金开始从零着手创作一部虚构的史诗，他使用的不是一种幸存下来的早期的北方语言，而是一种几乎完全消失的语言，他首先要重构这种语言，这样做给他带来更大的挑战。

托尔金声称，他要首先想象出这种语言，然后再想象出这种语言里的一段漫长旅程和探索故事（史诗）。接着，他假装自己是在把那部史诗翻译成现代英语，保留其专有名词及少数其他关键词———一种三重想象的作品。显然，他这一代的其他一些历史语文学家也具有做这项工作的能力，但是托尔金创作的不仅仅是这种伪翻译幻想作品的几页样本，而是一部六十万字的长篇叙事小说，也就是分三卷出版的《魔戒》。要想做到这些，他不仅需要科学和文学上的想象力，还需要在二十多年的时间里全身心地投入于个人幻想的世界。托尔金是英国精神病学家 R. D. 莱恩（R. D. Laing）称之为"成功的精神分裂症患者"的一个典型例子。这就是《魔戒》能创作出来的真正原因。它是有史以来旧历史语文学最令人惊讶的纪念碑，也是所有想象出来的含蕴最广、最困难的一部仿中世纪主义作品。

托尔金在 1955 年向诗人 W. H. 奥登（W. H. Auden）解释他创作的出发点："这部作品一直萦绕在我脑海里：对语言模式的敏感就像颜色或音乐一样影响我的情绪……我把对传奇（称之为传奇是由于没有更好的词来表达）的强烈反应称之为西北地区的性情和特质。"1947 年，他这样捍卫自己的幻想作品："从我们的分量、我们作为派生物的模式来看，幻想仍然是一项人的权利，因为我们是被创造出来的；不仅是被创造出来的，而且是按照造物主的形象和模样创造出来的。"因此，托尔金的中世纪幻想具有神性的支持。（**p.226**）在另一个场合，在解释自己在语言学和想象力方面的努力的最终成果时，托尔金说他"阅读一部中世纪作品的典型回应，与其说是对其进行语文学上或批评性的研究，不如说是按照同一传统来写作一部现代作品"。因此，《魔戒》是对中世纪文化片段的现代重建。

按托尔金的理解，该叙述要符合英国文化的传统："我想要创作的是一部多少有点关联的传奇，可以简单地把他献给，比如说，英格兰，或者，我的祖国。这部作品应该……充满我们的'气氛'（西北地区的气候和土壤，即英国和欧洲的这一片地区，而不是意大利或爱琴海，更不用说东方），同时具有（如果我能实现的话）那些令人难以捉摸的被一些人称为凯尔特的美（尽管在[现存]凯尔特人遗迹中已经很少见到）。它应该'有高度'，将大众成分过滤出来，能适合沉浸在美的这片土地上的成年人的心灵。"当有人将托尔金的作品与理查德·瓦格纳的作品相提并论时，托尔金会非常恼火——他说，这两个故事都涉及指环，但仅此而已——然而从这个陈述中可以明显看出，托尔金与瓦格纳二人都信仰北欧日耳曼人崇高的民族精神。这在一定程度上能解释《魔戒》的流行。它是一种表现为新中世纪主义的温文尔雅的北欧日耳曼新种族主义。

北欧日耳曼民族精神的这种有保留的勇气和单方面的奉献精神，是托尔金书中的准英雄佛罗多在其漫长旅程中穿越和抵抗黑暗力量时足以弥补其他缺点的长处。《魔戒》中佛罗多和他的朋友们走过的地方基本上都是中世纪的环境。

那里有日耳曼人的野蛮族群；那里有衰败的城市；那里有一些暂时平静下来的封闭地带，让人感到舒适。此外，那里还有战争，战争的威胁、战争的破坏、对战争的记忆：

  骑士们在草地上疾驰……从天上来的……船只起锚出海；来自东方的人不停地移动着：剑手、矛兵、骑马的弓箭手、首长的战车和装货的马车。黑暗之王的所有力量都在行动。

  火在烟雾中熊熊燃烧，发出微光。末日火山在燃烧，发出一股恶臭的气味……一丝希望都没了……

  都是死去的，都是腐烂的。精灵、人和奥克（半兽人），死亡沼泽。很久以前发生过一场大战，是的，人们是这样告诉他的……在我小的时候……这确实是一场伟大的战役。手握长剑的高大男人、恐怖的精灵还有发出尖叫声的奥克。他们在平原上连续战斗好多天，好多个月……但沼泽就从那个时候开始扩张，逐渐吞没了坟墓，不停地蔓延，蔓延。（**p.227**）

1450 年左右，百年战争之后的法国，或是 480 年左右日耳曼人入侵之后的法国，情况就是这样。"高耸的碎石堆，巨大的被火焰烧焦、被毒物污染的土石，就像一片无边的污秽的坟场，在迟疑不决的光线中慢慢显现。"

此时的中世纪正处于最好战、破坏性最强、最可怕的时刻——5 世纪、6 世纪的蛮族入侵时代以及 14 世纪和 15 世纪的百年战争时代。这个通过想象唤起的、通过形象描述出来的中世纪是传统的中世纪形象，一种精心建构的固有的、陈旧的景象。《魔戒》令人感到惊讶和新颖的地方不是黑暗的力量，而是佛罗多领导的正义的力量。这是一个不同于中世纪英雄的形象。佛罗多不是个身体强壮的人，他的判断有时也飘忽不定。他想要的不是带来黄金时代，而是摆脱魔戒、不让魔戒落到邪恶势力手中；不是改变世界，而是要给夏尔带去和平与安宁、消除威胁、推进稳定和文明：这些就是他漫长旅途的目的。这并不是贵族阶层的浪漫追求，而是这个世界上小人物的愿望。这就是普通人的精神，而不是贵族的精神。这场不可思议的旅程及无休止的斗争带来的不是荣耀，而是疲倦："有一瞬间，沉睡的人若有谁看见他，定会以为自己看见了一个苍老的、疲惫的霍比特人，漫长的岁月带他远离了自己的时代，远离了亲友，远离了年轻时代的田野和溪流，使他萎缩成一个饿坏了的、可怜的老家伙。"

在拯救自己心爱的土地免遭黑暗力量和战争上，佛罗多比其他任何人发挥的作用都大，但他并没有作为曾经的和未来的王，受到欢呼和回报：他受到的待遇更像是世界大战中受伤的退伍军人（包括托尔金在内），被不知感恩的祖国无耻地抛弃。魔多（Modor）被摧毁了，夏尔得到了拯救，但佛罗多的伤口并没有在中土得到治愈。他"在夏尔的一切活动中悄悄地退出了，山姆十分痛心地注意到佛罗多在他自己的国家基本上没有得到任何荣誉"。佛罗多接受"失败"，离开了夏尔。"它（梦想）永远消失了，现在一切全是黑暗和空虚"。

有两种方法可以解释这种漫长旅程和艰苦斗争的悲观结局。托尔金是想说，在现代世界中，英雄是没有回报的。他们没有成为国王；他们成了病残的退伍军人，领着极度糟糕的退休金，在孤独和贫穷中慢慢死去。（**p.228**）如果托尔金的语文学能力没有使他在1918年获得编纂《牛津英语词典》的工作，后来又在利兹大学获得第一份教学工作，那么佛罗多的命运也就是托尔金的命运。或许，托尔金也可能是想说，这就是中世纪的真实情况：不是亚瑟王朝黄金骑士的英雄主义，而是小人物的令人厌倦的、几乎无休无止的斗争，这些小人物要与持续的战争和残暴的黑暗力量斗争，为自己的家庭和群体找寻短暂的和平与安全。因此，《魔戒》是一个有关中世纪的故事，但却是一个反传奇的故事，是按"中世纪原本的样子"讲述的，而不是像宫廷诗人为了奉承他们的主人那样讲述。这两种解释并不互相矛盾，托尔金可能同时在评论20世纪和中世纪世界。

1951年，托尔金在给柯林斯出版社的米尔顿·瓦尔德曼长达十页的引人注目的出版建议中，谈到《魔戒》的意义。长期以来，现代批评一直否认作者对其作品的解释权。的确，赋予"读者反应"和英国文学教授这个"诠释群体"的权威比赋予作者本人的权威更大，这已成为最近的一种趋势。然而，著名的文学评论和文学史的实践者托尔金是如何解释自己的作品的，仍然是令人感兴趣的话题，即使可以认为这样一来意义已经从故事本身危险地转移到了讲故事的人身上。托尔金对瓦尔德曼说，"指环"代表着"彻底的权力意志，力求通过物质力量和机械主义使自己成为客观存在，因此不可避免地也要靠谎言来实现"。世界上的邪恶就是控制，一种机械的控制；敌人就是这个机械的世界，它扼杀生命和正义，即使机械化有时也会试图造福人类（很明显，60年代末接受托尔金的"花孩儿"积极地回应这种态度）："花样层出不穷的敌人'自然地'与完全控制相关联，魔法和机器之王就是如此；但问题在于，这种可怕的邪恶力量的出发点可能或是确实是好的，是希望能造福世界和他人的。"

托尔金的一位仰慕者在写给他的信中评论说，《魔戒》读起来像是反共产主义的寓言，托尔金强烈反对。他回应说，这只是一个故事，没有传递什么现代意义。托尔金可能无意写作反苏联的冷战寓言——这对于 40 年代后期牛津大学的教授来说是一件非常危险的事情——但是读者，包括作者本人，都可以将他的书看作是对犯下恶行的机械主义国家和社会的批判，哪怕它们的出发点也可能是好的。（**p.229**）

与之相关的是反英雄主义主题，或者说英雄主义存在于普通人身上的主题。托尔金告诉瓦尔德曼，他的书告诉人们从敌人处得到救赎的方式："如果没有高大的和高尚的，简单的和庸俗的就会完全流于卑劣；但如果没有简单的和普通的，贵族的和英雄的也就毫无意义。"这就是《魔戒》与贵族式的亚瑟王传奇的不同之处。托尔金赞同路易斯对普通人情感的赞扬。托尔金在 1956 年的一封信中肯定："中土只是……人类的居住世界。"因此，尽管托尔金自称讨厌寓言，《魔戒》仍然是一部伟大的寓言，是同时关于中世纪和 20 世纪的寓言。

《魔戒》出版一年后，托尔金再次尝试解释该书的意义。这次他用抽象的方式解释："我认为即使'权利'和'控制'也不是我真正想要表达的重点……对我而言，真正的主题是更具永久性和困难性的东西——'死亡和永生'：一个'注定要'离开和看起来要失去这个世界的民族心中对这个世界的爱的秘密；一个直到这个世界全部邪恶引起的故事完全结束之前'注定要'留下来的民族的心中的痛苦。"这种阐释版本的主题极具中世纪特色。奥古斯丁、贝尔纳和但丁会立即辨认出来：人生的困境、爱与痛苦、离开与返回。这一谜团在中世纪的焦虑和激情中占据核心位置，正如中世纪的知识分子想象的那样，它是第二次来临（the Second Coming）之前永无休止的人类故事。在这种解释中，《魔戒》投射出失去了神的恩典的人类悲剧，伟大却没有成就，探索却没有结果。1953 年 12 月，托尔金刚完成此书的写作时，向一位耶稣会牧师这样描述这本书："《魔戒》本质上当然是一部宗教的和天主教的作品；一开始可能没有这种意识，但在修订中却有意向宗教和天主教靠拢。"

托尔金在那个时代是牛津大学英语系的资深教授，他用不同的方式诠释自己的作品，这成为如今那些用流行的方式剥夺作者知识产权的人的依据，他们要剥夺作者解释自己作品的能力。《魔戒》的存在是独立、自足的，托尔金本人在不同场合对其意义进行这样和那样的解释是多余的。它在很大程度上是无意识的幻想世界的产物，那是它的最终来源。（**p.230**）因此，托尔金后来对其进行有意识的思考是有趣的，但对作品本身的意义的解读则不具有权威。我必须承认，我不是《魔戒》的狂热爱好者。在战争结束后的十年或更长时间里，托尔金带着其作品的抄本往返于牛津和伦敦的火车上，去寻找一位出版商。他不敢将这唯一的抄本用邮件寄给出版商是很有道理的。如果在当时，我无法预测这部作品将会取得巨大的成功。伟大的书籍是因为读者大众才伟大，他们在那里找到了与其情感紧密相关的东西，《魔戒》就是最典型的例子之一。这是任何评论家或出版商都无法预料的难以解释的现象。

《魔戒》描绘了中世纪文明的三个重要方面，给人留下了不可磨灭的印象。第一，它传达了地方性战争的经验及对武装团伙的恐惧，这是从 400 年到 11 世纪中叶，再从大约 1290 年到 15 世纪后期频繁出现的情况。武装入侵形式的初期恐怖主义这股黑暗力量一直以来都是一个威胁，尤其威胁着村庄社会和普通村民。《魔戒》传达这一信息的方式如此引人注目，没有任何传统的历史阐释能够望其项背。

第二，《魔戒》让我们感受到这一漫长旅程的状况和条件，完成这个旅程的不是拥有强大随从的了不起的贵族，而是仅有两三个伙伴的普通士兵。我们可以从零星的参考文献中得知，由于这样或那样的原因，普通人跨越漫长旅程的事迹在中世纪任何时候都更为普遍，尤其是 1100 年以后，远远超过我们根据中世纪人能够利用的原始的交通系统进行的理所当然的预测。平民百姓长途旅行的方式主要是步行，而且人数惊人。这是中世纪一个十分奇怪的事实，《魔戒》就是以这个事件为中心展开的。托尔金让我们相信，之所以会出现这种情况，是因为一些地方村子的领袖意识到自己必须做些事情，帮助或挽救他的人民，某种东西必须被带到遥远的地方，某种模糊地想象出来的联系必须建立，于是此人就带上三两个伙伴出发了，从此踏上遥遥无期的漫长旅程，一路风餐露宿。中世纪很少为我们记录这些旅程，几乎没有任何细节。托尔金通过想象这样的旅程，形象地重现了中世纪社会生活中一个重要但鲜为人知的方面。

第三，托尔金向我们强调了路易斯也相信的一个信条：(**p.231**) 中世纪的英雄主义不是贵族文化的一种特殊表现，而是社会地位相对低下的人们之间存在的一种东西。中世纪的小人物是英雄，这一信条很具有英国特色。然而，这不仅是爱德华时代多愁善感的中世纪怀旧想象的产物，而且在中世纪英国历史的可知事实中也有一些文献记载。正如梅特兰率先展示的那样，从 1194 年开始，我们可以在县级法院获得越来越详细的诉讼记录，而且大多数所谓的"诉讼者"，严格地说都是当地的小土地所有者，而不是巨头或大贵族。到了 14 世纪，县级法院的这些诉讼记录已经详细到能够让我们研究乡下小人物——小绅士和自耕农阶层——的生活和感情。他们极其善于表达、自我意识强烈、雄心勃勃、机智聪明，是资本主义理性精神的煽动者。在 15 世纪的佛罗伦萨之前，没有其他有关中世纪欧洲的记录可以使我们如此深入地了解普通农村或城市社会的心态。社会上存在佛罗多式的人物。因此，托尔金对这类人心态的重构刚好与普通法记录中的证据相吻合。在这方面，托尔金作为中世纪社会的考古学家，成了梅特兰的接班人。他也赞同布洛赫对中世纪农民的赞美。

和路易斯一样，托尔金也为中世纪学术研究做出了实际的贡献。路易斯是使宫廷爱情文学研究合法地成为中世纪文化核心的先驱，并且在文艺复兴文学与中世纪之间的关系方面也有重要的观点。与路易斯一样，托尔金则使一些遭受忽视的中世纪文学杰作重新得到了学术界的注意。然而作为中世纪学家，他们工作的重要性主要不在于做出了这些贡献，而在于产生了更加广泛的影响，而这很难定义。托尔金和路易斯使20世纪的读者沉浸在中世纪的世界中，并使他们成为高度活跃的想象领域中的一员。这种想象在传达出中世纪人们看待自己的方式的同时，也为我们提供了想象自己是中世纪世界一员的机会。这种成就非同寻常。

看待托尔金和路易斯的贡献的另一种方式是，他们所做的贡献远远超过了普及工作，他们让我们相信中世纪世界不仅是由英雄人物构成的，还是由一些有血有肉的小人物构成的，那些小人物的焦虑、抱负以及对小成就的渴望，我们完全能够感同身受。（**p.232**）路易斯和托尔金本质上是保守主义者、浪漫主义者、幻想家，是20世纪大部分文化的反对者。他们的气质和意识形态与梅特兰和布洛赫截然不同。但他们和这两位都是中世纪社会的"发明者"，他们"发明"的是那种我们能够信赖、能将我们自己投射在其中并享受在其中的中世纪社会。

## 四、普鲁斯特式梦幻世界

1946年，莫德林学院的研究员兼导师——杰克·路易斯正在出版他畅销的摩尼教小说，默顿学院英语教授罗纳德·托尔金正躲在车库里没完没了地写佛罗多的旅程，而研究现代历史的敕命教授弗雷德里克·莫里斯·波威克（1879—1963）——三十岁之前一直叫弗雷德里克，后来叫莫里斯——正在经历一场危机。他作为敕命教授的任期即将结束，工党政府正在艰难地多方寻找一位同时是社会主义者的中世纪学家来接替他。牛津剑桥的"现代历史"在当时仍指476年罗马衰亡之后的时间。由于敕命（皇家）讲席是在乔治三世（George III）统治时期建立的，因此任命权一直掌握在首相手中。克莱门特·艾德礼首相不得不选定了在伦敦大学教书的维维安·H.加尔布雷思（Vivian

H. Galbraith）。加尔布雷思不论相貌还是说话方式都像约克郡（Yorkshire）的农民，支持 20 世纪 20 年代共产主义者的民粹激进主义。波威克对自己的指定继任者不感兴趣。

  1946 年，波威克 67 岁，被迫从他不愿放弃的职位上退休。波威克坐在奥里尔学院（Oriel College）分配给他这位敕命历史教授的昏暗房间里，完成关于亨利三世（Henry III）统治时期的巨著手稿时，想到自己即将被逐出奥里尔的房间，深感焦虑。自 1929 年以来，他一直是敕命教授，当时虔诚、博览群书的保守党首相斯坦利·鲍德温（Stanley Baldwin）偶然读到波威克刚发表的关于"中世纪基督徒的生活"（Christian Life in the Middle Ages）的演讲稿，其渊博的学问、清晰的思路以及在对中世纪天主教的钦佩和对英国国教的坚定忠诚之间保持的巧妙平衡，给他留下良好的印象。鲍德温重新任命了波威克的职位。波威克来自兰开夏郡（Lancashire）北部，在牛津上学时成绩并不出色。(**p.233**) 经历在牛津大学做学生的失望之后，波威克重新回到曼彻斯特大学（University of Manchester），他就是从这里获得奖学金到牛津大学短期学习一段时间。鲍德温从曼彻斯特大学的教授职位上挖走了波威克，让他担任牛津大学的敕命教授。曼彻斯特大学曾经在英国学术界处于领先地位，但当时正在迅速滑向平庸行列。

  波威克作为教授在牛津大学的第二段漫长生涯，从某种意义上说，并不比他做学生时在该校的第一次短期停留更为成功多少。他曾想在牛津大学创建德国式的研究生院和中世纪历史研究图书馆。尽管他确实招募了一些非常优秀的研究生，但他的计划没有任何进展，遭到了牛津大学教授的嘲笑。鲍德温冒险把波威克选为牛津大学敕命教授并没有取得理想的效果，因为波威克并非牛津大学教授的类型（他在慕尼黑或哥廷根、哈佛或普林斯顿会很出色，也更快乐）。波威克看起来也像托尔金笔下的霍比特人或矮人。他只有五英尺高，并且随着年龄增长，他巨大的头部和萎缩的身体之间的比例看起来更加不协调了。波威克是个意志坚定的北方人，性格暴躁、易怒，有清教徒和神秘主义风格，对牛津大学懒散、颓废的贵族传统没有任何好感，甚至觉得无法忍耐。搜遍整个英国，你再也找不到哪个杰出的中世纪学者像他这样在气质上与《旧地重游》[①] 中的牛津大学格格不入的了。

  因此，波威克在牛津大学创建一个真正的中世纪历史研究所的伟大计划给自己带来的只是挫折和嘲弄（甚至连他提出适度改进本科历史专业的建议也

---

[①] 《旧地重游》（*Brideshead Revisited*）：英国作家伊夫林·沃（Evelyn Waugh）的小说，描写伦敦近郊布赖兹赫德庄园一个天主教家庭的生活和命运的故事，后来被改编成电影。

多次被学院否决了），他退回到自己破旧的奥里尔学院的房间里，退回到他的宗教省自，退回到 13 世纪的历史研究中去。在痛苦、沮丧和失落中，波威克完成了一部自波洛克和梅特兰以来由英国人撰写的关于中世纪历史的最具雄心壮志的伟大著作：《亨利三世国王和爱德华殿下》（*King Henry III and the Lord Edward*）。该书于 1947 年由非常考究的牛津大学出版社克拉伦登（Clarendon）分社出版，采用了大号字体和精美的印刷纸质。该书还配有详尽的索引，全书共八百五十八页。

1946 年，波威克这本巨著的手稿被送到牛津大学出版社。出版社以为会收到另一个不同版本，因此感到十分惊讶。该出版社与波威克签订的合同是一卷关于 13 世纪（1216—1307）的简史，即对亨利三世和爱德华一世统治的介绍，要求六百页左右，列入出版社正在出版中的"牛津英国史"（Oxford History of England）系列，用作英国大学生和高中生的教科书。（**p.234**）但波威克在八百页中只写到亨利三世统治时期（1272），而且他写的也不是教科书。这是一部对 13 世纪上流贵族的政治和文化展开普鲁斯特式幻想的作品，本科生阅读起来非常困难，而且篇幅也太长，其高度的想象力和前卫性也不是战后英国平庸的中世纪历史学家所能忍受的。这位救命教授有着凶狠的目光、竖起的小胡子、洪亮的声音、一副专横跋扈的愤怒姿态。没有人会告诉他，他在长期亏损的牛津大学出版社的门口埋下了一枚炸弹。牛津大学出版社一如既往，郑重地出版了这部作品，并礼貌地邀请他再次尝试写作那本急需的教科书。他尝试了，该书于 1953 年适时出版。但它太糟糕了。因为这本教科书用数十页讲述发生在威尔士偏远峡谷的无名战争，而且全书几乎没有提到议会的诞生，作为教科书，议会才应该是重点——这是本科生们在每周的课程辅导班中最应该提取关键信息的主题。

1954 年 11 月，我曾与波威克交谈了大约九十分钟。我的导师理查德·W. 萨瑟恩曾是波威克的学生，他和贝丽尔·斯莫利（Beryl Smalley）一起，是波威克的主要门生。有一天，萨瑟恩跟我说——口气中带着恶作剧成分，这在萨瑟恩也是很常见的——我可以礼貌地拜访一下这位老先生，与他谈谈我对 12 世纪早期英格兰教会与国家关系的研究计划。我在奥里尔学院对面街上一套学院的公寓中找到了他，他在新的救命教授 V. H. 加尔布雷思到达牛津后就被迫搬到了这里。加尔布雷思是社会主义者克莱门特·艾德礼发现的一个以档案管理员的身份隐藏在档案馆里的狂人。波威克的公寓又小又暗，环境很肮脏，让人不愉快。他衣着得体：灰色的西装、白色的衬衫、灰色的领带，看上去像曼彻斯特兜售按码出售的货物的旅行推销员，而不是不修边幅的牛津大学教授。

我开始向他讲起自己命运多舛的研究项目。他灰色的眼睛紧紧地盯着我。很显然，他对我说的话不感兴趣，突然间他打断了我的话。"看看他们对我做了什么，"尽管我就在他对面三英尺远的地方坐着，他还是对着房间大声地叫喊着。我很困惑，一言不发。然后，他开始滔滔不绝地谈起牛津大学，尤其是奥里尔学院如何卑鄙地对待他，如何迫使他在黄金时期放弃他的职业。用一个从未出版过重要著作、信奉共产主义的笨蛋代替了他。让他不得不靠少得可怜的退休金过活，让他陷入贫困。（**p.235**）"完全不顾我为牛津大学做出了这么多的贡献。总之，这不是一所真正的大学。它不像慕尼黑大学、巴黎大学，连哈佛大学也不如，连过去的曼彻斯特大学也不如。他们这里不尊重学术，根本就不知道什么是学术。这些教授……"强烈的愤怒使他一时语塞。

我从没向萨瑟恩提起过这次会面，他也没有问起过此事。当然，他也知道会发生什么。

我再次见到波威克是在一个公共场合。他主持剑桥大学的海伦·莫德·卡姆（Helen Maud Cam）在牛津大学的演讲。波威克和卡姆坐在教室的前面，形成鲜明的对比。卡姆酷似玛格丽特·卢瑟福（Margaret Rutherford）。现在人们记得卢瑟福，主要因为她在电影中扮演阿加莎·克里斯蒂①的侦探马普尔小姐（Miss Marple）。但在1947年，卢瑟福出演过一部轻喜剧《买路钱》（*Passport to Pimlico*），在里面扮演一个快活的中世纪学家。这个中世纪学家为了鉴定一部最近发现的宪章的真伪而出场，而这部宪章规定伦敦工人阶级聚集的郊区成为独立的国家。卢瑟福扮演的中世纪学家像极了兴奋状态下的海伦·卡姆，这不太可能只是巧合。

波威克对卡姆的介绍绝对不落窠臼。他微妙地传达出这样的信息：尽管他不赞同卡姆将要发表的演说，但尊重她，并认为她的讲座值得聆听。在我看来，波威克的介绍既睿智又诚恳，这在对学术讲座人的介绍中是很少见的。接下来有一个招待会。波威克掌握着局面，他兴高采烈地与教授和同学们交谈。他的精神状态极好，他这时看起来要比在那昏暗简朴的公寓中跟我谈话时高出来半英尺。这是他的世界，这里有对一段快乐时光的残存记忆：在十多年里，牛津大学的中世纪历史唯波威克马首是瞻，而且在很大程度上在全国范围内也是如此。那些时候，他在学术界虽然不被喜爱，但却受到尊重和无比的敬畏。

招待会上有一个时刻特别发人深省。那是波威克走向多萝西·怀特洛克

--------

① 阿加莎·克里斯蒂（Agatha Christie，1890—1976）：英国女侦探小说家、剧作家，主要作品有小说《罗杰·阿克洛埃谋杀案》《尼罗河上的惨案》以及剧本《捕鼠器》等。

（Dorothy Whitelock）的一刻。多萝西·怀特洛克是一位成就卓著的盎格鲁-撒克逊研究学者、研究早期英格兰的杰出社会历史学家。她身材娇小，比波威克还要矮。"小姐，你好吗？"波威克招呼她，声音中透露发自内心的关心和哀怨。那一刻，我多么希望自己能在波威克辉煌的日子里认识他。和我一样，这位资产阶级的、讲究效率的清教徒，只是牛津大学的过客，就像来自另外一个星球似的。我和波威克会在某些地方有共同语言。我还记得之前听人说过，30年代中期的一场车祸使波威克失去了唯一的儿子。我在想，是不是那场悲剧改变了他。(**p.236**)

后来，波威克获得了爵士头衔（在英国，爵士头衔通常被授予已功成名就的演员、赛马骑师和企业家，以及杰出的人文学者），并自称莫里斯爵士。虽然这并没有使他微薄的退休金有所提高或给他提供一个更好的公寓，但借此获得的尊严可能会稍微减轻一些这位老人的伤痛。1938年，波威克在达勒姆大学（University of Durham）泰恩河畔纽卡斯尔（Newcastle-upon-Tyne）校园发表了一系列里德尔演讲[①]。这是年度的公开讲座，一般应有宗教和道德的基调。一年后，波威克的讲稿得到出版，牛津与剑桥不能接受这些讲稿中关于北方清教运动及基督教悲观主义的观点，以至于1964年《英国国家学术院院刊》（*Proceedings of the British Academy*）发表波威克的讣告时，他的首要门生迪克·萨瑟恩[②]认为那些演讲让人感到尴尬。演讲稿确实写得不是很好，但也确实总结了波威克对人生和历史的看法，并预示了他对13世纪文化的观点，十年后出版的《亨利三世国王和爱德华殿下》一书就受这些观点的主导。

波威克承认宿命论，并且认为个体于整体而言微不足道："历史……给我们一种幽远之感，让我们联系到宿命论……我已经看到整个的人类经验……像巨大的冰川一样在不知不觉中、不可挽回地移动着……"所有关于人类历史的宏观层面的含义都超出了历史学家的理解范围，实际上也超出了"人类思维所能做出的判断和理解"。我们所能理解的，历史学家可以叙述和阐释的，是小范围的事情，是有限的、微观层面上的事情。从某种程度上看，他这是在思索他们这一代人的现代主义冲动，一种关注特定的和有限事物的冲动。历史学家对

---

① 里德尔演讲（Riddell Lecture）：是英国纽卡斯尔大学公共讲座项目的一部分，一般每两年举办一次，每次举办两场独立但相互联系的讲座。该讲座项目的命名是为了纪念诺森伯兰家族的杰出成员约翰·沃尔特·布坎南·里德尔爵士（Sir John Walter Buchanan Riddell，1849—1924）。1937年至1938年，波威克进行的里德尔演讲的主题为"历史、自由和宗教"。

② 迪克·萨瑟恩（Dick Southern），即理查德·威廉·萨瑟恩，Dick是Richard一名的绰号。

过去的一个片段的讨论，可以并且应该像马塞尔·普鲁斯特、詹姆斯·乔伊斯和弗吉尼亚·伍尔夫在他们的小说中所做的那样：密切关注特定事物、专注于立即感知到的行为、专注于这些行为背后情感的微妙变化。对于历史学家和小说家而言，真理不在于宏大的意义，而在于详尽的细节，在于个体行为和个人情感的杂合。因此，在《亨利三世国王和爱德华殿下》一书中，我们是在追忆13世纪贵族的似水年华，即1216年到1272年，贵族在政治与社会关系中的一切行为，那些难以计数的贵族阶层的行动、困惑、决定、见解和误解。

贵族在法院、地方议会、议会和战场之外所做的事情，与在上述这些地方中更为明显的政治行为一样重要。（**p.237**）简而言之，社会历史与政治历史同等重要。正如波威克在里德尔演讲中所说的那样，每当伟大的改革思想、主要的政治革新计划出现时，"对此类事件的信仰中总会有些荒谬的、可悲的或牵强附会的东西。方式与最终目标毫无联系。因此，综观人类历史，人类不知懈怠、不知疲倦地寻求那种可以使其自由自在地度过其短暂一生，使其能够思考生命的奥秘、美丽和哀愁的那种大自在"。政治史告诉人们社会史的价值，即个体生命史的价值。虽然人们尝试过政治生活、伟大的思想、广泛的计划，但没有多大成效，或者说，至少思想与行动的不一致令人茫然无措、伤心沮丧。普鲁斯特在他晚年的一部作品中说："这个世界不是一次性为我们个别地创造出来的，而是在我们生活的过程中不断增加一些我们一点也不曾预知的东西。"这非常接近波威克的悲观主义看法。

我们要关注的是私人生活相对于公共生活的重要性。个人姿态、人际关系、个人思想和审美体验成了人类生存中最持久和完善的方面。这就是贵族气质中反映出来的普鲁斯特式的现代主义，也是波威克这个严厉的北方资产阶级清教徒自身没有但最羡慕的地方。普鲁斯特潜入法兰西第三共和国巴黎的政治喧嚣之下，探索富裕阶层的精致情感和言行举止。波威克在对13世纪英国贵族政治和文化的叙述中所做的也是这些事情。

普鲁斯特式的现代主义与20世纪30年代英国的保守主义氛围一拍即合。在一个为左派或右派意识形态而发狂的世界中，英国历史学家喜欢回到统治阶层内的社会关系上，在他们看来，这是真正决定权力和职权分配的东西，他们有意远离关于政党和领袖的粗糙的辩论。20世纪30年代，路易斯·纳米尔用这种方式写作18世纪的英国政治，约翰·尼尔（John Neale）用这种方式写作伊丽莎白女王统治下的下议院，罗纳德·塞姆（Ronald Syme）用这种方式写作罗马共和国后期的西塞罗和恺撒。这就是"英国社会政治学派"，他们认为所有政治事件的关键，是家族关系和个人委任，而不是意识形态或表面上的党派分立。这是一种新伯克①式的保守主义。在希特勒时代，这是一种补救性的理性。(**p.238**) 波威克试图为 13 世纪做一些纳米尔、尼尔和塞姆为他们各自的时代所做的事情。

波威克认为，13 世纪的前 75 年中，英国政治的基本社会事实是贵族世袭、少数大贵族家族及其无数封臣与最大的贵族家族金雀花王室之间的互动。其他一切相对于这个核心的社会事实都是相对的和次要的。变革的力量并不是政治或法律概念，而是 13 世纪时贵族心态发生的缓慢而稳定的变化。波威克的普鲁斯特式梦幻世界的焦点，不是《大宪章》②的遗产或议会的崛起那些维多利亚时代宏大而空洞的实体。当时的情形是，基督教的准则和个人虔诚正在从僧侣的寺院和宗教秩序中慢慢传播开来，塑造着大贵族的心态和行为模式：

> 种种礼仪正从修道院扩散至宫廷，包括餐桌、卫生和服饰、上下级及同级之间相互行为上的礼仪等。（这）有助于解释（大贵族方面的）突然的气质变化、明显的犹豫不决、（13 世纪）英国大人物的行为中经常让我们感到困惑的快速和解，这些可能不是由于贵族的任性，而是由于受到更高法律（基督律法）的约束。在这一时期，普通信徒……成为基督教社会中具有创造性的部分，不再被视为野蛮的外来者，他们有意识地接受了基督教的纪律，并根据世俗的需求做出了改变。

13 世纪英国政治中有两个最突出的人物。一是西蒙·德·蒙特福特（Simon de Montfort），即莱斯特（Leicester）伯爵。西蒙是法国大家族的后裔，后来领导英国贵族叛乱，反对无能而倒霉的亨利三世，经历戏剧性的短暂胜利之后，失败被杀。另一个是他的克星爱德华殿下，也就是王位的继承人和后来的爱德华一世。波威克明确指出，在西蒙和爱德华这两位最高领袖之中他更喜欢谁，并认为 13 世纪的英国人也会那样选择。西蒙是个十足的政治理想主义者。他自认为是这个国家的救星，但当时"大多数英国人已经不再希望得到拯救。那种严厉而傲慢的坚持，他最珍视的美德，开始使人们产生分歧"。

---

① 伯克（Edmund Burke, 1729—1797）：英国辉格党政论家、下议院议员，维护议会政治，主张对北美殖民地实行自由和解放的政策，反对法国大革命。

② 《大宪章》（Magna Carta）：1215 年英国大封建领主迫使英王约翰一世签署的保障部分公民权和政治权的文件。

（**p.239**）（这也可以用来描述戴维·劳合·乔治①或温斯顿·丘吉尔，而且波威克当然清楚这种相似之处。）因此，西蒙伯爵被击败，并在与爱德华王子的战斗中丧生。爱德华王子成为国王后，展示出他自己"是一个伟人，不是因为与生俱来的手腕和非凡气度，而是因为，作为一个普通的基督教绅士，他能够胜任这个非凡的职位"。

爱德华一世代表了波威克眼中中世纪文明的顶峰，这不是指政治理想主义或宪政情怀，而是高贵的出身、良好的教育、持续的工作、基督教的虔诚，并且最重要的是"良好的习惯"和"优雅的行为举止"。这就是中世纪对贵族的定义，它仍然是现代英国所能提供的最好的典范——基督教绅士的品质。波威克认为，无论是在亨利三世统治时期，还是斯坦利·鲍德温时代，政治成功的基础都在于这种优秀的个人品质和良好的私生活。

这是一个可以质疑的观点。有相反的观点认为，13世纪成功的领袖事实上并不都是性情平和的基督教绅士，而是西蒙·德·蒙特福特类型的极端主义者，有着"严厉而傲慢的坚持"。是这些人，包括爱德华一世在内，改变了全盛时期中世纪的状况，他们事实上远非普通人。爱德华一世无论表现出什么优雅的姿态，都不过是掩饰，只是暂时的角色扮演，以掩饰他对权力和财富永无止境的欲望。他入侵、压制和虐待的威尔士人和苏格兰人绝不会对他高雅的贵族习性高谈阔论。他们认为他是一个畸形的怪物，是黑暗的力量。

然而，波威克争论的核心非常重要且无可争议。西欧贵族的生活方式和心态确实发生了根本变化，一种基督教虔诚融入其价值体系，并影响了他们的志向和行为。私人生活不仅变得更加舒适，而且更值得大贵族花费时间关注。人们可以对波威克这种规劝性的结论做一些补充。可以说，贵族社会历史的转折点在12世纪后期就已经出现。更重要的是，也可以说，这一进程并不像波威克所认为的那样完全是一种良性的文明进步。如果说基督教虔诚改变了贵族，那么贵族在吸收这种虔诚的同时，也获得对基督教价值观的塑造和控制，而最终结果则是模棱两可的。（**p.240**）基督教在很大程度上成为一种体制性文化，教会对贵族行为的批评能力大大削弱了。其结果就是，贵族出于自身利益吸收和操纵虔诚和宗教价值，教会中对他们这种行为不满的人成了更激进的反对派。随着波威克所谓的基督教绅士的兴起，中世纪晚期出现了对社会地位尊贵但道德腐化堕落的教会的愤怒的反主流文化反叛。

---

① 戴维·劳合·乔治（David Lloyd George，1863—1945）：英国首相、自由党领袖，任财政大臣时，率先实行社会福利政策，第一次世界大战中组成战时临时内阁，出席巴黎和会。

但是，这一切都不会影响波威克对 13 世纪社会政治的见解的新颖性。我们可以用一种比《追忆似水年华》（Remembrance of Things Past）中的批判语气更为苛刻的方式看待普鲁斯特笔下的夏尔·斯万（Charles Swann）和巴黎的社会精英。这不会减少普鲁斯特创造的情感梦幻世界的说服力。波威克和他的 13 世纪贵族也是如此。

20 世纪 40 年代，波威克在强调政治的相对浅薄性和私人生活作为贵族心态转变的决定因素的重要性时，正朝着马克·布洛赫和法国年鉴学派的方法论靠拢。但是他恰好选择了与之相对的政治立场。马克·布洛赫和法国年鉴学派的立场是巴黎的马克思主义和法国左派社会学。而波威克思索的则是基督教悲观主义和 20 世纪 30 年代新伯克式保守主义的内涵。而且波威克也没有放弃政治史的写作。与布洛赫及其门徒不同，波威克仍然把大部分时间都花在政治史写作上，可能只是因为他已经写了三十年，并且也没有经济学和社会科学方面的学术基础能让他写别的东西。但是，波威克的《亨利三世国王和爱德华殿下》传达的有关封建心态的种种现实的信息，与传统上对政治思想和宪政危机的意义的关注，并无多少不同。毫无疑问，基督教文化被吸收进社会关系之中，是中世纪后期英国和法国发生的一件非常重要的事情。波威克的门生理查德·W.萨瑟恩将担负起阐释这一信息的任务。他不仅才智出众，思维细腻，而且写作水平也高得多。

1946 年，波威克在奥里尔学院敕命教授简陋的公寓中写作时，默顿学院的托尔金就住在拐角处，莫德林学院的杰克·路易斯也住在几百码远的地方。从现存的信件和传记中看不出波威克对这两位伟大幻想家的看法和议论，也看不出这两个幻想家怎样看待波威克，没有办法得出他们之间相互影响的推论。（**p.241**）波威克在 20 世纪 30 年代后期持有的一些观点与他们早就持有的一些观点相同，即只有在想象领域、在对上帝和美的感知中，才能找到真正的中世纪现实。从专业的角度讲，相比于文学专业的学生，这对历史学家来说更难，甚至也更危险。牛津和剑桥及英国其他学校的历史教授对波威克的信息的反应都很冷漠——这也是人们对这个自大而难对付的矮个子老人不满的另一个原因。现在，他要贬低政治史的价值，并破坏本科生中世纪史课程的重点内容，即传统宪法进程。他扬言要让中世纪历史教师失业。1948 年，海伦·莫德·卡姆发表了一个令人震惊的声明，称斯塔布斯 19 世纪 60 年代所著的《宪法的历史》仍应该是核心的本科教材！这种保守的态度使历史教授们松了一口气。他们可以继续教授以所谓的宪政危机为中心的旧课程。波威克在其关于亨利三世时代的普鲁斯特式的大部头著作中所暗示的是一场知识和教育革命。但这种革命，除了修道院历史学家、特立独行的戴维·诺尔斯以及波威克自己的门生理查德·W. 萨瑟恩和贝丽尔·斯莫利能够接受之外，在英美大学的中世纪历史学家中仍然不受待见。路易斯和托尔金则不会遇到这种反想象的抵制。在主流历史学家的行列中，波威克大胆地支持路易斯和托尔金对想象的中世纪世界所做的贡献，认为即使对政治本身来说，这也是非常重要的。莫里斯爵士要求历史学教授放弃他们最喜欢的有关《大宪章》和议会起源的主题，要他们冒险进入贵族情感的普鲁斯特式梦幻世界。

然而，路易斯、托尔金一方和波威克一方存在严重分歧。路易斯和托尔金的作品中都带有强烈的激进主义意识。他们想用这样或那样的方式从中世纪中找到改造现代世界的要素，当人们想到他们作品的总印量多达五千万册以及他们的狂热追随者，就会意识到他们在推动这场文化革命方面确实取得了一定成功，这种影响力不容忽视，而且随着时间的推移还会不断增长。然而，波威克从其内心来说是个悲观主义者和因循守旧者，他对文化的巨变不抱任何信心。他在牛津大学进行温和的教育改革时的痛苦经历更强化了他的悲观主义和消极情绪。（**p.242**）

20 世纪 30 年代，英国社会政治历史学派的纳米尔、尼尔和塞姆等的反智保守主义也加剧了波威克对社会巨大动荡的厌恶。虽然路易斯和托尔金追求的解放计划不够清晰，但他们身上有一种启示性的、乌托邦式的东西。但波威克不相信中世纪可以复兴。我们可以理解和欣赏中世纪发生的一切，但不能使其复活。我们能期待的最好的结果就是继续培养那种被波威克追溯到 13 世纪贵族的基督教绅士传统："如果……一个公正、有修养的真正绅士同时也是一个清教徒，并且会严格要求自己，充满上帝意识，那么他就是世界上最文明、最自由的人。"

1938 年，在波威克写出这些文字时，来自伯明翰的典型基督教绅士内维尔·张伯伦正飞往慕尼黑，会见希特勒并打算背叛捷克，而那位自诩能拯救英国的贵族救世主温斯顿·丘吉尔，因为他傲慢的坚持，仍被排除在政府之外。路易斯和托尔金赞同波威克关于基督教绅士的理想，但并不满足于此。他们还想要更多的东西。阅读 C. S. 路易斯的作品，时不时让人怀疑他想要建立一个新的摩尼教宗派，把像克莱尔·布思·卢斯和惠特克·钱伯斯这样的狂人纳入其中，并试图征服这个世界。托尔金不会把 20 世纪 60 年代的"花孩儿"当成自己的门徒，也可能不会承认80年代的"绿党"①是其传人，但这些具有挑衅性的人物与他们喜爱的《魔戒》之间存在密切的关系这一点却有充分的理由。

但是，波威克，这位来自曼彻斯特的旅行推销员，只想加入伦敦的一个上等俱乐部，那里除了有半熟的烤牛肉和约克郡布丁之外，还有绅士的高贵文雅和温和虔诚。

这个奇怪、笨拙而又刻薄的小个子男人，虽然他的书已经不再有人读，但他却发现了中世纪的一些极其重要的东西。他紧紧抓住了13世纪兴起的贵族文化，构成这种文化的是上流贵族的社会行为和家族利益、一种新的正在影响着所有阶层的个人虔诚、通过令人信服的关于共识性或立宪性政府的观念表达出来的积极进取的政治抱负。波威克由此发现西欧贵族心态的起源，这种心态作为欧洲生活的一个核心方面一直持续到法国大革命，(**p.243**)而在一些国家，如英国和德国北部，则一直延续到20世纪，并成为所有政治的背景。

波威克意识到，除了处在中世纪精神核心位置的古典主义和教父神学的文化结构之外，中世纪还发展出一个更为复杂和微妙的结构，即源自中世纪、一直与欧洲共存的贵族心态和行为模式。贵族形式主义这一文化结构，在大约1500年，经过从文艺复兴人文主义者改进过的中等教育体系中发展出来的文雅的语言和更为严苛的个人行为准则稍微为之增辉添彩，作为一种最持久和最有活力的思想和社会传统，一直延续到19世纪甚至更久。20世纪在学问和知识方面的巨大突破并不能轻易替代西蒙·德·蒙特福特时代形成的贵族传统。的确，在1965年以后再次繁荣和自信的年代中，西欧中上阶层能做的最好的事情，就是效仿这种传统。(**p.244**)

---

① "绿党"(Greens)：由提出保护环境的非政府组织发展而来的政党。绿党提出"生态优先"、非暴力、基层民主、反核原则等政治主张，积极参政议政，开展环境保护活动。

# 第七章

# 美国派：查尔斯·霍默·哈斯金斯和约瑟夫·里斯·斯特雷耶

⚜

## 一、威尔逊主义者

欧洲人对中世纪的看法不可避免地会对美国产生很大的影响，20世纪30年代中期德国流亡学者的到来让这种影响更加明显。在查尔斯·霍默·哈斯金斯（1870—1937）1912年被任命为哈佛大学高级教授之后，一个有着鲜明的美国特色的中世纪历史学派得到了很大的发展。20世纪30年代，德国流亡学者发现自己在这个异域文化海岸具有很大影响力，也发现大多数中世纪历史高级教授职位是由哈斯金斯的学生或他的同代人担任的，这些人完全赞同哈斯金斯的思想和方法。在各种中世纪学家的协会中有一个重要的专业协会，即美国中世纪学会（Medieval Academy of America），主要就是由哈斯金斯于20世纪20年代初创立的。该学会的办公机构设在马萨诸塞州的剑桥，今天亦是如此。此外，20世纪40年代，冉冉升起的中世纪历史研究新星、普林斯顿大学欧洲历史讲席高级教授兼主席约瑟夫·里斯·斯特雷耶（1904—1987），不仅是哈斯金斯的学生，而且自觉遵奉哈斯金斯在美国开创的中世纪研究方法。此外，哈斯金斯和斯特雷耶杰出而宏富的著述紧紧围绕一种美国意识形态，即威尔逊进步主义，这种意识形态自20世纪40年代以来被称为民主自由主义，1968年以后被左派批评家称为冷战自由主义。（**p.245**）

直到20世纪60年代后期，哈斯金斯-斯特雷耶的威尔逊主义中世纪历史研究，其对王室行政、政治理性化及"现代国家的中世纪起源"（斯特雷耶最出名的论著的书名）的关注，都主宰着美国的中世纪历史研究。这种中世纪历史从完全不同于德国"精神史"或形式主义的参照框架看待中世纪，但它也给德国学术的侵入提供了一个相应位置，这个位置在学术思想上有一定尊严，而在学术影响力方面则无关紧要。1968年以后，左派在美国校园取得胜利，与马克思主义在意识形态上相契合的巴黎年鉴学派的法国化社会历史入侵美国学术界，这才使哈斯金斯-斯特雷耶的威尔逊式行政在美国的绝对影响力大幅削弱。

然而，威尔逊主义绝对没有消失。今天，哈佛大学中世纪历史教授是斯特雷耶的学生托马斯·N.比森（Thomas N. Bisson）。1987年夏天，斯特雷耶逝世后，在普林斯顿教堂举行的纪念仪式上致辞的就是这位比森。从学术兴趣和个人气质来看，比森直截了当、坚定不移地继承了哈斯金斯-斯特雷耶的衣钵。哈斯金斯今天若是回到哈佛，听一听比森的演讲，他会感到一切都没有变，与1931年他因中风不得不退出教学的时候没有任何两样。威尔逊主义的意识形态传统，与中世纪的行政和政治历史相结合，并以中世纪行政和社会历史为表现，在查尔斯河[①]岸一直没有减弱。在普林斯顿，斯特雷耶的学生、美国两位黑人中世纪历史学家之一的威廉·C.乔丹（William C. Jordan），在老虎镇延续了同样的传统（另一位黑人历史学家，乔治敦大学[Georgetown University]的贝内特·希尔[Bennett Hill]也是斯特雷耶的学生，这个事实也说明了斯特雷耶的家长式自由主义）。这些人及其威尔逊主义的理性主义文化，就像美国老奶奶做的苹果派一样，既有美国特色又持久不衰，而且同样味道可口。

伍德罗·威尔逊对20世纪美国文化的影响可能超过任何其他人，包括富兰克林·德拉诺·罗斯福。作为美国总统和国际政治家，威尔逊的成就毁誉参半，他可能被视为国内的政治上的失败和国际上的灾难。罗斯福在20世纪30年代的"新政"、林登·约翰逊[②]在60年代中期关于"伟大的社会"的积极立法记录都比威尔逊的要好得多。然而，威尔逊是一种工具性进步主义和理性改良主义的中心人物，永久改变了美国人对政府、国家命运及他们自身的公民角色的看法。（**p.246**）威尔逊进步主义是现代美国的起点，我们仍在摸索着吸收、抗争或执行威尔逊主义的公共服务和国际秩序计划，或者努力建构另一种可使我们生存和获得自尊的文化结构。威尔逊进步主义是哈斯金斯-斯特雷耶的中世纪主义美国派的学术外皮。有关威尔逊进步主义这一主题的文献数量可观，尽管尚未出现一本权威著作。

伍德罗·威尔逊来自弗吉尼亚州一个古老的中产阶级家庭。他的父亲是一

---

① 查尔斯河（Charles River）：马萨诸塞州东部的一条长约192千米的河流，源自霍普金顿，在波士顿注入大西洋，沿岸有哈佛大学、波士顿大学和麻省理工学院等著名院校。

② 林登·约翰逊（Lyndon Johnson，1908—1973）：美国第36任总统、民主党人，提出建立"伟大的社会"的改革纲领，因使越南战争升级而丧失公众支持。

位长老会的牧师，他本人也深受加尔文主义建功立业的个人使命和严格的道德准则的启发。威尔逊从巴尔的摩的约翰斯·霍普金斯大学获得这个国家最早授予的历史和政治学博士学位。当时该大学新成立不久，旨在提供德国式的研究生课程。19 世纪 90 年代后期，威尔逊是普林斯顿大学的著名教师，而普林斯顿大学是南部贵族后代最喜欢的学校。威尔逊也许是美国最著名的政治学家，著有一部关于美国国会运作的开创性著作。升任普林斯顿大学校长之后，威尔逊立即成为当时三四位最为激进和著名的美国大学校长之一。他的目标是将普林斯顿大学从一所富人和绅士大学转变为一所真正的大学，拥有重要的研究生项目和研究方向（在这方面，他的成就微不足道，普林斯顿大学全面转型为一所重点大学发生在 20 世纪 40 年代末和 50 年代）。

威尔逊在普林斯顿的最大成就在本科教育方面。他引进了导师制度，这是牛津和剑桥导师制的变体。在该制度中，不超过七个学生组成一组，每周与导师会面并进行自由讨论。威尔逊从哈佛和耶鲁的新研究生项目中聘请新导师作为小组导师制的补充，这在普林斯顿的教育中发挥的作用比小组导师制本身还大。他们是一个精心挑选的教师团队，年富力强而有献身精神，能成功地平衡教学和研究职责，而教学和研究的融合让普林斯顿的教师们至今依然出类拔萃。

1912 年，威尔逊是美国民主党的总统候选人，后因共和党的内部分裂而当选。1916 年，威尔逊在承诺美国不参加战争之后，以微弱的优势获得连任。（**p.247**）不到一年后，他说服国会对德国宣战，这表面上是由于德国击沉中立国船只的残酷政策，真正的原因是为了保护美国的银行，这些银行因向盟国提供太多的贷款而负担过重，再加上威尔逊本人也是典型的亲英派，这意味着在德国看上去会赢得战争时，美国就不应继续保持中立。

威尔逊在巴黎和会上的活动众所周知。他将政治民族国家的原则运用到从奥地利和俄罗斯帝国的废墟中产生的中欧和东欧民族群体（如波兰、捷克斯洛伐克、南斯拉夫）上，并以此为基础重绘欧洲的版图；在这一方面，他发挥了领导作用。但是威尔逊无法阻止英法两国领导人向德国索取赔款，这导致德国产生怨恨和经济危机，严重削弱了新的自由主义魏玛共和国，并为其暴力反扑埋下了隐患。威尔逊设计的国际联盟（League of Nations）也不是一个能承担集体维和任务的有效国际机构，尤其是在美国参议院拒绝美国加入国际联盟后，情况更是如此。

今天，人们对威尔逊的评价和对他性格的评估与他生前一样存在分歧。他是一堆矛盾的集合体。从意识形态上讲，威尔逊是自由主义民主派，但是他自己总是独断专行、反复无常,从不理会别人的感受和建议。这部分归因于他苛刻的加尔文主义信仰,这让他相信自己与上帝有直接联系;部分归因于他得不到解决的俄狄浦斯情节①和对性欲的压抑而产生的高度紧张的性情。一个权威性不亚于西格蒙德·弗洛伊德本人的心理分析学家对威尔逊持这种观点。一方面,威尔逊容忍适当同化了的犹太人,并且不顾国会内外的激烈反对,勇敢地使路易斯·D．布兰迪斯这位波士顿律师和哈佛法学院宗师成为最高法院第一位犹太人法官。布兰迪斯曾是他最亲密的顾问。另一方面,威尔逊怀有弗吉尼亚州白人对非裔美国人的仇恨和蔑视。他担任总统期间,联邦政府办公室中的种族隔离实际上有增无减,而且他对得克萨斯州一个被隔离的黑人军团的残酷虐待极为可耻。威尔逊张口闭口世界和平与国际礼让,但他对墨西哥的行为则表现出帝国主义者的粗暴。一方面,他想要规范19世纪末期发展起来的肆意横行的强盗资本主义做派;另一方面,只要有机会,他就避免去履行这一承诺。(**p.248**)

　　威尔逊极度亲英,这让他无法对美国与其他大国的关系做出理性的判断。这种倾向也使他无法熟练处理中欧和东欧问题。凡尔赛会议的决议几乎不可能使欧洲实现稳定和长期和平。它将苏联完全排除在外,这让苏联充满敌意并意图伺机寻衅。它在中欧制造了众多弱小和不稳定的政权,引发了各种层出不穷的危机。从他自己的时代直到现在,人们都可以这样描述、事实上也确实是这样描述威尔逊的形象的:他傲慢、固执、草率、狂热、缺乏理性判断和行动效率,对他领导的任何对象都是一个灾难,不管这个对象是一所大学、整个美国,还是一个国际和平会议。

　　然而,威尔逊这个人(至少在1917年美国参战之前)赢得了美国学术界、专业界和知识界大多数精英的坚定的忠诚和深厚的敬意。他们将威尔逊视为美国历史上最称职的两三位总统之一,他们认为威尔逊还是他的国家和人类新时代的奠基人。他们可能只看到了他们自己想要看到的东西。他们将自己的希望投射在了威尔逊身上,希望美国走向成熟。19世纪晚期大规模工业扩张造成的经济混乱、公共混沌和社会病态,从东欧和中欧涌入的没有得到妥善安置的移民,对学术进展和专业管理的需求,对美国在国际上扮演一个重要的良性角色的期待,这些方面的问题他们都希望能在威尔逊总统的任期内得到解决。

　　威尔逊进步主义意味着受过良好教育的中产阶级试图获得权力,并将他们

---

① 俄狄浦斯情节(Oedipal feelings):弗洛伊德心理学用语,指儿子亲母仇父的情结,源出古希腊俄狄浦斯王的故事。

的学问、理性准则和效率扩展到各行各业。威尔逊主义的基本信条是，权力集中在受过教育的专业精英手中是对国家的救赎。它从不疑虑权力的腐败趋势或实际上的无能为力。科学和人文学术可以为从贫民窟、公共健康、环境卫生、城市犯罪到战争和国际帝国控制的一切问题提供答案——前提是权力掌握在合适的人手中。

进步主义中当然有 WASP[①] 的味道，或至少是北欧的味道。进步主义相信一种历史观点，认为智慧和道义属于西欧的新教国家，对巴黎人和佛罗伦萨人有一定的宽容。天主教和地中海文化、斯拉夫民族、有色人种和犹太人，几乎没有或根本没有可取之处。(**p.249**) 但是，进步主义者致力于向上的社会流动，至少所有的高加索人（关于非裔美国人则存在争议），如果他们通过教育和改变行为而接受北欧新教徒的，尤其是英国的（当然，不包括爱尔兰的）思想、外表和生活方式，可以进入精英阶层。

批评和嘲笑威尔逊进步主义者很容易，但是考虑到美国面临的巨大问题，对秩序和强有力的领导、良好的政府的需求，以及公民道德标准的推行，他们的这些偏见是不可避免的。更好的方案尚不明确。而且，也许可以说，他们的文化模式，他们有关正确与不正确的理想直到今天依然盛行，只是棱角之处稍有软化而已。威尔逊主义的标记仍然印在我们身上。

查尔斯·哈斯金斯和约瑟夫·斯特雷耶继承和发扬威尔逊主义的传统，不仅仅是因为他们的学术地位和对民主党自由派的支持。作为威尔逊主义者，他们的个性远比这些重要，这是他们的生平和性情的影响。他们是伍德罗·威尔逊的复制品和投胎转世。哈斯金斯和斯特雷耶不是碰巧成为中世纪学家的威尔逊主义者。他们对中世纪的兴趣以及对中世纪政府和行政的建构，是威尔逊主义理想向中世纪欧洲历史的投射，同时也是在现代国家从中世纪起源获得的教训中重温威尔逊计划，并为威尔逊计划辩护。按照他们的理解，中世纪的政治经验肯定了20世纪美国威尔逊计划的价值及其独特性。哈斯金斯和斯特雷耶的个人风格和行为模式，以及他们的心理特征都与威尔逊的非常相似。

哈斯金斯来自宾夕法尼亚州的一个富裕家庭。他曾是一个非常早熟的孩子，他的父亲受过良好的教育，在他不到七岁时就开始教他拉丁语和希腊语。哈斯金斯十五岁那年进入了当地的阿勒格尼学院（Allegheny College），计划第二年从那里转到哈佛大学。哈佛大学的院长较为明智，认为他年龄太小了。但

---

① WASP：White Anglo-Saxon Protestant 首字母缩略词，指祖先为英国新教徒的美国人，他们是在美国社会中享有特权的中上层白人。

是巴尔的摩的约翰斯·霍普金斯大学接受了他,在那里他的早熟得到进一步发展。哈斯金斯二十岁时获得美国历史学博士学位,若干年前伍德罗·威尔逊就从同一所大学的同一个学院毕业。随后哈斯金斯在麦迪逊的威斯康星大学任教了一两年。(**p.250**)此后,他决定成为一名中世纪学家,并前往欧洲,在巴黎的国立文献学院接受培训。

19世纪90年代,麦迪逊首要的美国史教授是弗雷德里克·杰克逊·特纳(Frederick Jackson Turner),他开拓了著名的美国史边疆主题:美国文明的特征是由开放的边疆塑造的,这种开放到90年代初即将结束。通过研究中世纪历史,哈斯金斯发现了中世纪欧洲这个同样受边疆影响的社会的发展过程。哈斯金斯特别地关注行政、政府和法律的制度,以及这些制度怎样给流动的、(在他看来)经常处在混乱状态的中世纪社会带来秩序和稳定。中世纪社会和美国一样,长期存在开放的边疆和待开发的廉价土地。哈斯金斯和在他之后的斯特雷耶看到了中世纪历史与美国历史的相似之处,认为可以通过分析中世纪的行政集权化阐明美国的经验。威尔逊进步主义理想,即将知识和学问应用到混乱的社会中的管理上,可以在中世纪的背景下得到研究和确证。受过教育的精英运用文明和法律的准则改造暴力社会的能力得到强调。哈斯金斯利用中世纪历史来解释美国经验,并验证了威尔逊主义的美国改革和进步计划。

哈斯金斯恰好是威尔逊的同代人,两人有很多相同之处:他们自信到近乎傲慢,他们对美国的深厚的爱国主义感情与对英国宪政和政治成就的无限钦佩微妙地交织在一起,他们都有绝对的精英主义与从优等和劣等种族的角度看待人类的倾向,但他们也愿意承认不太幸运的人可以向能力更强、更先进的北方人学习——这可以称为一种开放的等级化种族主义。

哈斯金斯在法国、英国和西西里度过六年时光,首先在巴黎获得中世纪研究的工具,然后前往伦敦、鲁昂和巴勒莫的档案馆,探索11世纪诺曼法国人的踪迹。在这些学习和研究过程中,他耗尽了大量的私人资源。哈斯金斯坚信,英国发生的最好的事情是1066年的诺曼征服,征服者威廉和他特有的集权化诺曼封建制度给那时混乱而落后的英格兰带来高度理性和有效的政治和司法秩序。(**p.251**)他给自己安排了研究各地诺曼制度形成的任务,他还研究英国以及西西里的情况,因为诺曼贵族在1016年征服了西西里这个富裕的国家。哈斯金斯往来于法国、英格兰和西西里的档案馆中,从而形成《诺曼人的制度》(*Norman Institutions*)中的观点,该书是他在这一问题上的权威著作,最终于1918年出版。后来,他在哈佛发表了一系列有关诺曼人兴起的公开演讲,他称诺曼人为11世纪的"超人"。这些文章逐渐被发表(后来还被收录在1918年的书中），而哈斯金斯于 1910 年应邀到哈佛大学任教，并随着哈佛大学中世纪历史教授查尔斯·格罗斯（Charles Gross，哈佛大学历史系的第一位犹太人，直到 1940 年他始终是唯一的犹太人）退休，于 1912 年获得哈佛大学的欧洲历史高级讲席。

像威尔逊一样，哈斯金斯对政府的兴趣不仅仅是历史上的和理论上的。他非常希望参与行政实践，并且乐于行使个人权力。十多年来，他担任哈佛大学研究院院长，取得杰出成绩，将其声望提升至美国的顶级地位，甚至超过了约翰斯·霍普金斯大学、哥伦比亚大学和芝加哥大学。哈斯金斯着手管理哈佛大学的时候，那些大学作为博士训练的中心，都领先于剑桥的这所古老的大学。

伍德罗·威尔逊在哈斯金斯身上的方方面面都看到了另一个自己，他带着哈斯金斯（作为他的三个主要顾问之一）参加 1919 年和 1920 年的巴黎和会。另外两个是他长期的心腹和左膀右臂，爱德华·豪斯（Edward House）上校和哈佛大学教授罗伯特·H. 洛德（Robert H. Lord）。洛德建议威尔逊从俄罗斯帝国和德国东部的几片土地上重建波兰。哈斯金斯的主要任务是研究萨尔河流域的矿区的情况，他积极说服威尔逊支持法国获得萨尔河。

哈斯金斯是洛德之外捷克斯洛伐克和南斯拉夫（这是两个通过合并几个来自奥匈帝国的较小独立领地而创建的新国家）的第二重要的设计师。两位著名的哈佛大学教授对重组后的中欧有一个大胆的设想，他们将美国公共工具主义原则置于中欧民族主义以及种族、语言和宗教特殊性之上。让巴尔干地区的每个少数民族都独立，这将建立一些经济上不可行或政治上无法运作的小国。（**p.252**）哈斯金斯认为，这些小型社会对经济繁荣和政治稳定的需求最终会导致它们压制自己的民族传统，以实现捷克斯洛伐克和南斯拉夫等更大的多民族国家的财政进步和行政统一。美国就是一个多民族社会。为什么这样的国家模式在巴尔干地区行不通？尽管经历许多变故，捷克斯洛伐克和南斯拉夫仍然存在[1]。哈斯金斯有一定的政治远见。

在短期内，直到 1939 年，凡尔赛对中欧的规划都运作不佳，哈斯金斯可以说是该设计的重要权威。捷克斯洛伐克具有巨大的工业潜力，但将 350 万

---

[1] 1993 年 1 月 1 日，捷克斯洛伐克分裂为捷克共和国和斯洛伐克共和国两个独立主权国家。1992 年，南斯拉夫解体，分裂为南斯拉夫联盟、克罗地亚、斯洛文尼亚、北马其顿和波斯尼亚-黑塞哥维那。南斯拉夫联盟在 2003 年重定新宪法，改名为塞尔维亚和黑山。2006 年黑山独立，塞尔维亚失去出海口变成内陆国，2008 年，科索沃宣布独立，但未被塞尔维亚承认。

"苏台德"①德意志人安置在这个新国家有巨大的风险。20世纪30年代末，希特勒就是利用这一优势肢解捷克斯洛伐克的。他轻易地激起了捷克斯洛伐克大批德裔少数民族的不满，然后将其纳入他的第三帝国。1938年，希特勒在慕尼黑让英国和法国承认他的攫取。至于南斯拉夫，这个国家直到第二次世界大战时都很贫穷和落后，它的两个最大的构成部分，塞尔维亚和克罗地亚，彼此没有好感（至今仍然如此）。具有讽刺意味的是，第二次世界大战结束时，共产党的接管才给这两个凡尔赛体系创建的国家带来一定程度的稳定，其影响超过哈斯金斯和威尔逊的计划。作为现代国家的设计师，而不是中世纪国家的历史学家，哈斯金斯取得了多少成功，这很难评估。但是在这两种情况下，哈斯金斯都遵循相同的原则：政治比文化重要。

20世纪20年代初，哈斯金斯回到马萨诸塞州的剑桥，致力于创建中世纪学家的专业协会"美国中世纪学会"及其官方期刊《反射镜》(*Speculum*)。哈斯金斯认为，美国自身已成为世界上首屈一指的强国，现在美国中世纪研究也要证明这一点。中世纪学会举办复杂的、形式极度烦琐的年会，学会的刊物可以和欧洲的任何中世纪学术期刊媲美。为了更好地做出证明，《反射镜》采用高质量的厚纸印刷，文章中脚注的长度和复杂度也在世界上首屈一指。哈斯金斯也聚集了一群来自全国各地，尤其是来自常春藤高校热切的学生。哈斯金斯对他们进行非常严格的培训，类似于法国国立文献学院和德国文献集成研究所那样的做法。(**p.253**)他的研究生到达哈佛校园之前，应该已经学习过中世纪史的基本课程，并能精通拉丁语、法语和德语。哈斯金斯的研讨班在阅读和阐释文件方面有严格的要求。他的学生必须能够即兴阅读拉丁语文件，尤其是行政记录，通常是哈斯金斯在研讨会上分发的手稿的直接影印件。

如果无法做到这一点，或者想要对中世纪采用更具思辨性的方法，那就得走人。哈斯金斯是一位急躁而且要求苛刻的老师，喜欢将他的学生逼到极限，使他们精疲力尽、心灰意冷。但是，如果他们挺过来了，他会为他们在一流的大学找到好工作。在那些大学中他们对自己的学生也实行了完全相同的训练方法。这种做法持续了好几代人，在今天的普林斯顿大学和哈佛大学，哈斯金斯半个世纪前在哈佛大学采用的中世纪历史培训的范围和方法依然如故。

同时，秉承通过演讲向广大公众阐述人文主义理想的威尔逊主义传统，哈斯金斯喜欢发表公开演讲并撰写针对广大读者的作品。在一封私人信件中，他

---

① "苏台德"：或称"苏台德地区"，指1938年至1945年期间，苏台德德意志人的居住地。位于苏台德山脉附近。一战结束后，苏台德成为新建立的捷克斯洛伐克的一部分。

就自己的《欧洲历史上的诺曼人》(Normans in European History)一书写道，出版此书的"作者热爱法国，并有特别的兴趣帮助人们了解法国"。哈斯金斯靠自己的资金在欧洲档案馆中徘徊的岁月中，对12世纪学术产生了兴趣，尤其是中世纪的科学。现在，也应该对这一领域进行制度化了。哈斯金斯认为，作为一个好的威尔逊主义者，不应该让任何东西仅仅成为一种个人爱好，而应该赋予它们永久的制度形式。他在1922年写道："在我看来，总体上说，无论是在科学研究还是在历史研究上，美国都面临着一个契机，此时我们应做出更大的努力推动科学史的发展，将科学史既视为一个研究领域，也视为一个科学的学科分支。"哈斯金斯的学术经纪人的权力也朝着这个方向扩展，他获得了在哈佛大学创立科学史教授席位的资金。首任讲席教授是一位非常多产的法国中世纪学家乔治·萨顿（George Sarton，小说家梅伊·萨顿[May Sarton]的父亲）。像《反射镜》一样，哈斯金斯和萨顿创立的新的科学史杂志《伊希斯》(Isis)，也回避思辨性和高度阐释性的文章，而专注于发表基于档案研究的非常详细的研究报告。

20世纪的前十年，在欧洲的档案馆中徘徊时，哈斯金斯发现了数量惊人的涉及物理学、宇宙学和数学的手稿。(**p.254**)这些手稿不仅仅是从希腊人和阿拉伯人那里衍生出来的简单推导，还经常涉及严密的推理、数学公式和图表。中世纪科学既有技术性方面，也有思辨性方面。哈斯金斯是研究中世纪科学深厚的技术性方面的先驱。在哈斯金斯的反布克哈特著作《十二世纪文艺复兴》中，现在唯一仍值得一读的章节是关于自然科学的那一章。这种科学史的唯一问题是，它倾向于将物理科学与其他文化和思想区分开来。从哈斯金斯开创的对中世纪科学的严密技术分析中，我们很难了解科学在中世纪知识生活中的总体地位。

哈斯金斯性格激烈、不苟言笑、极其刻苦，他为自己制订的计划一定要取得完全成功。他是一个精明的政客，能巧妙地避免对抗，在这方面比伍德罗·威尔逊更为熟练。他对中世纪研究有压倒性的支配，美国中世纪学会的最高奖——哈斯金斯奖章就是以他的名字命名的。在华盛顿特区五月花酒店的学术会议上，或在马萨诸塞州的剑桥或威斯康星州的麦迪逊的类似会议室中，哈斯金斯端坐在前厅中，等待着他的学生和学生的学生们来向这位伟人致敬。他统治着一个由坚定的中产阶级WASP组成的封闭的小世界，他们对罗马天主教欧洲历史的统治（20世纪30年代末德国移民到来之前）不受任何挑战。美国天主教中世纪学家是很边缘化而胆怯的一帮人，不敢挑战他。但是，公正地评价一下查尔斯·霍默·哈斯金斯，他是一个认真的理想主义者，对权力的喜好并不能阻止他平心静气地认可别人做出的出色工作。他也没有利用职位之便为自己争取物质上的好处。他生活简朴，死的时候也没有什么个人资产。威尔逊主义中的加尔文主义倾向在哈斯金斯的性情中表现很强烈。

哈斯金斯是 20 世纪前三十年中某种典型的美国学者——这些学者和管理人员主要负责建立从马萨诸塞州的剑桥，穿过伊利诺伊州的芝加哥和厄巴纳、威斯康星州的麦迪逊，一直延伸到加利福尼亚州的伯克利的一流的文理研究院。1900 年，美国几乎没有什么大学可以与传统的欧洲大学相比。与牛津大学、柏林大学或巴黎索邦大学相比，哈佛大学也算不上什么。（**p.255**）麦迪逊是一所农业学院。伯克利是一所不起眼的培训学院，坐落在一片干燥的橘树林中。美国大学作为学术和研究中心在 1930 年开始获得世界一流地位。这是西方文化史上了不起的一章，但除了劳伦斯·维齐（Laurence Veysey）关于这一时期至 1914 年的精彩著作之外，这个故事尚未被很好地讲述。哈斯金斯在这一发展中起着领导作用，他是一批伟大的学术企业家中的典型代表，他们凭借顽强的意志力、狂躁的精力以及精明的政治判断力在美国进行了这场学术和思想革命。

问题在于，哈斯金斯 1928 年撰写《十二世纪文艺复兴》这本他唯一一部至今仍被广泛阅读的著作时，他对 12 世纪欧洲思想和教育历史的解释过多地依赖于他这一代人的美国经历的背景。这本书很大程度上是关于作家、神学家、哲学家、翻译家和科学家的带注释的目录。就像芝加哥、麦迪逊和伯克利在 1900 年至 1930 年凭空成为主要的思想和学术研究中心，哈佛从一所微不足道的本科大学变为名噪大西洋两岸的知名学府一样，哈斯金斯认为，不断增加作家和思想家的名字可以令人信服地表明 12 世纪思想的不断发展。20 世纪 20 年代的美国大学是由坚强的意志和稳步增加的教职工及资源创立的。哈斯金斯给人这样的印象，即 12 世纪文艺复兴时期的发展是与之类似的累积式和直线增长式的发展。当然，从某种意义上说是这样的，但这是一种肤浅的、外部的历史，它忽略了使 12 世纪文化脱颖而出的内在动力和极其复杂的意识形态和情感冲突。

哈斯金斯采用这种分类方法来处理 12 世纪的文化并非因为迟钝和懒惰。相反，他不想深入 12 世纪思想和情感中内在的紧张、冲突和动荡，这些紧张、冲突和动荡即使在他那个时代也是清晰可见的。批评的方法给他那个时代美国的思想界和社会界带来了太多令人不安的暗示。在美国老一代的学术 WASP 中，查尔斯·霍默·哈斯金斯是最好的代表，他们对建立能与欧洲比肩的学术中心所取得的巨大成就感到满意。他们不想通过考虑美国文化中的意识形态分歧和道德问题而使事情复杂化（大萧条和"新政"的冲击很快将这个强加给他们），(**p.256**)而哈斯金斯则将这种和平主义的、压抑的沉默投射到他中世纪的思想生活之上。

1928年（中风使他丧失能力的三年之前），哈斯金斯很高兴招到一名学生，从许多方面来说，这个学生都是他本人的抄本，并将全面继续他的工作。他就是普林斯顿大学的毕业生约瑟夫·斯特雷耶。斯特雷耶代表的是高尚的人文主义学术和公共服务这种威尔逊主义的普林斯顿遗产，而不是希望大街上喧闹的饮食俱乐部所代表的普林斯顿，俱乐部里有的是每周六晚上的醉酒斗殴以及F.斯科特·菲茨杰拉德的《人间天堂》①（1920）里描绘的光鲜生活。

约瑟夫·斯特雷耶来自宾夕法尼亚州的荷兰裔家庭。他的父亲乔治·斯特雷耶（George Strayer）在哥伦比亚大学师范学院做了三十多年教授。约瑟夫·斯特雷耶长相酷似他的父亲。乔治·斯特雷耶是约翰·杜威的亲密朋友，代表着美国的工具主义哲学学派。工具主义哲学是一种运用于社会问题的程序化和持久性解决方案（就乔治·斯特雷耶而言是学校课程）的社会理性主义。约瑟夫·斯特雷耶在纽约的莫宁赛德高地（Morningside Heights）长大，他讨厌这个地方。他毕业于霍瑞斯曼学校（Horace Mann School），这是大都会最好的私立学校之一，一直是哥伦比亚大学教职工的最爱。这所学校还与约翰·杜威和师范学院有着长期联系。斯特雷耶后来提起纽约总是充满憎恨，提起哥伦比亚总是满怀恶意和蔑视。20世纪20年代，曼哈顿的先锋文化与他的清教徒家庭所要求的正直品行之间的反差，给年轻的斯特雷耶带来极大的压力，最终让他完全走向威尔逊主义的理性主义和精英主义，与爵士乐时代②的新文化分道扬镳。20世纪50年代，斯特雷耶很喜欢告诉他的学生，爵士乐时代就是一个无聊的神话，他说他从未经历过这个时代。就他个人而言，这无疑是正确的。

哈斯金斯对研究生的要求非常适合斯特雷耶在哈佛大学崭露头角：对行政文本的细读，这只需要有限的拉丁语词汇（斯特雷耶的拉丁语很有限，他可能看不懂用华丽的教会拉丁语写作的哲学和神学著作）；耐心的归纳法，这要求从税单和官僚备忘录中阐明政府的运作方式。斯特雷耶不是一个思维敏捷的人，

---

① 《人间天堂》(*This Side of Paradise*)：美国小说家菲茨杰拉德1920年出版的一部小说。小说主人公艾默里·布莱恩是普林斯顿大学的一名大学生。
② 爵士乐时代（Jazz Age）：美国的20世纪20年代。在菲茨杰拉德的小说中，这个时代的特征表现为生活富裕、年轻人精力旺盛、传统的清教道德土崩瓦解、享乐主义大行其道等。

若在以高级别、快速度的思辨主导的团队中,他将表现不佳。(**p.257**)他对艺术、音乐或富有想象力的文学没有兴趣,哈斯金斯对这些东西也没有兴趣。

斯特雷耶在哈佛大学的论文,《圣路易统治下的诺曼底的行政》("The Administration of Normandy Under Saint Louis"),理所当然由哈斯金斯的中世纪学会出版,该书是哈斯金斯《诺曼人的制度》的延续。1204年,法国从英国王室手中夺回诺曼底之后,如何统治诺曼底?更重要的是,诺曼人熟练的行政制度是否教给了13世纪法国王室里那些热心的罗马律师如何发展自己的行政和税收制度?这是斯特雷耶论文的主题。第二个更有趣的问题没有明确的答案。

20世纪30年代初,斯特雷耶开始在普林斯顿任教时,发现自己处在一个更敏锐的思辨性中世纪学家林恩·怀特(Lynn White)的阴影之下。林恩·怀特在意大利修道院生活研究方面做出过一些重要工作,现在又开始对中世纪技术进行具有高度启发性的研究。怀特认为,马镫让骑士能够手持长矛刺杀而不掉下马来,这是有史以来最伟大的发明之一。12世纪投入使用的风车也是类似的革命性突破,如此等等。但对斯特雷耶来说幸运的是,林恩·怀特于1938年突然去了加利福尼亚一所女子大学任校长,这让斯特雷耶成为普林斯顿大学的资深中世纪学家。在教职员缺乏的战时,斯特雷耶接任历史系主任,任职长达二十年之久。

战后的几年中,斯特雷耶迅速建成了全美乃至全世界最好的欧洲史系,这也是一个以出色的本科教学闻名的系。杰出的学者和精湛的老师罕见的结合,实现了威尔逊的学术理想,学生也有相当的回应。20世纪50年代末,普林斯顿大学历史系的重要人物,包括艺术家弗兰克·斯特拉(Frank Stella)在内,比该校其他任何系都要多。课堂明星的讲座——E. 哈里斯·"嬉闹者"哈比森(E. Harris "Jinks" Harbison)讲授宗教改革、戈登·克雷格(Gordon Craig)讲授现代德国和外交史、埃里克·戈德曼(Eric Goldman,《时代》杂志前高级编辑)讲授近代美国历史——都是座无虚席的盛会。

担任历史系主席时,斯特雷耶不仅发挥威尔逊主义的理想,还利用哈斯金斯的恐吓方法:不走我的路就走人。他每年引进三四名新博士,通常是哈佛大学的博士。(**p.258**)除非他们发表大量作品并在课堂上表现出色,否则三年后就要走人。斯特雷耶会根据级别以及他对同事(特别是那些未取得长期教职的同事)的看法来排列系里的信箱。系里没有足够的信箱供所有教师使用。每年秋季,都会有几名助理教授发现他们的邮件被扔在信箱下面的地板上,这时他们就知道该另谋高就了。但是,按照威尔逊式的家长式管理精神,斯特雷耶——如果他们在下一学年的一月之前没有工作的话——会拿起电话,为他们在好的大学另找工作。尤其是安娜堡①被称为普林斯顿的二队。斯特雷耶在整个大学中的影响力隐约可见，他与系主任、经济学家、"新政"民主党人J.道格拉斯·布朗（J. Douglas Brown）关系非常亲近，此人于1935年帮助设计了社会保障体系。斯特雷耶参加所有每月举行的教员会议，但从不在会议上发言，并且如果有历史系的年轻教员在会上发言，他会感到非常恼火。

斯特雷耶高约五英尺十英寸，身材矮胖，肩膀宽阔，脸大而圆，笔直的头发呈沙褐色，有着典型的美国中部人的脸庞。他是一个非常整洁的人，胡子总是刮得干干净净，像刚擦洗过一样。他的手掌大而有力，手指粗壮，但我从未见过他与任何人握手。即使他是一个大系的主席，每周需要在办公桌上处理数十份行政文件（除了他的研究材料以外），他的办公桌还是一尘不染。在他办公室举行研讨会时，如果他想找某一份研究文件，他会打开一个老式的木制文件柜，取出文件夹，然后立即找到他要找的文件。他办公室的墙壁从地板到天花板都排满了书，并按主题精心放置，从来没有一张纸条露出来过。20世纪50年代，我认识他时，斯特雷耶是个雪茄不离手的人，而且在研讨会期间，他偶尔还会向学生索要一根烟抽。他很少说闲话，和他在一起，几分钟时间可以完全在沉默中过去。他以象征性的租金从大学租下来一栋摇摇欲坠的大房子，里面堆满了各种过时的破旧家具，还有各种可以在凯马特②买到的廉价画。

斯特雷耶管理历史系的方法与他最喜欢的中世纪法国国王、美男子菲利普（Philip the Fair，卒于1314年）统治广大疆土的方法相同。每个学期开始时，他都要召开形式上的全系教员会议，**(p.259)** 就像美男子菲利普偶尔举行三级会议③一样，目的不是讨论或批准，而是传递信息。斯特雷耶写过几篇文章，辩称中世纪的代议制会议，甚至英国议会，都不是什么审议机构，而是传播信息的场合。历史系会议上的主要信息是给无长期任职资格的教师布置指导任务，这些任务在开课前一天发出。助理教授们发现要在与他们自己的专业相距甚远的领域从事教学时，总会感到震惊和恐惧。斯特雷耶借此考验他们的适应性和对学院的奉献。

斯特雷耶按照哈斯金斯的方式培养研究生，恐吓他们，让他们专注于狭窄

---

① 安娜堡（Ann Arbor）：美国密歇根州的一所城市，密歇根大学所在地。
② 凯马特（Kmart）：美国最大的打折零售商和全球最大的批发商之一，在美国各州提供方便的购物。
③ 三级会议（Estates-General）：法国中世纪的等级代表会议。参加者有教士（第一等级）、贵族（第二等级）和市民（第三等级）三个等级的代表，故名三级会议。

的行政记录研究而心无旁骛。在1951年至1953年，他在研讨会上除了阅读中世纪的税单之外，什么也不做，先是读英国的，后来又读法国的。当我想要做一份托马斯主义的王权思想的报告时，他告诉我应该考虑转到哲学系。"当然，那是中世纪历史的一部分，"他说，说话时目光从那雷打不动的雪茄烟上怒视着我，"但哲学家永远不会研究税单。如果我们历史学家不做这个，那么没人会做，所以我们必须做这个。"这番话也有一定的逻辑，马马虎虎说得通。

有一次，斯特雷耶异常明确地对我说："坎托，你要在三周内就圣路易如何为他的十字军征集资金做一份报告。"我昼夜工作三个星期，中间复活节假期也没休息，我觉得已经准备好了。"好吧，坎托，"他说，说话时用烟斗擦着脸颊，似乎他的烟斗一直就是用来擦脸的，"你找到了几份关于这个问题的文件？"

"五份，"我回答。

"不够好啊，"他说，"有七份。当然，有一份尚未发表，我在巴黎的档案馆中找到的，但是另一份已经发表。你应该能找到。"事实证明，该文件是于1893年在法国南部一个不起眼的杂志上发表的，该杂志早已停刊，但图书馆里有这本杂志。如果我真是一流的研究者，我是应该能找到这份文件的。

研讨会进行期间，斯特雷耶从未打开过他办公室里的头顶灯。研讨会从下午两点开始，持续大约三个小时。办公室是一间狭长的房间，只有一个窗户。冬日里，下午四点天就黑得让人看不见读书时做的笔记了。有一天，我斗胆问斯特雷耶，为什么他不开灯。"这样你们这些呆子就没办法读你们那啰唆的笔记而让人厌烦，就可以靠你们的记忆简洁地讲出来。"好一次教训。(**p.260**)

斯特雷耶自己的学术方法很独特。研讨会致力于讨论最折磨人的中世纪行政的细枝末节，但他希望我们在掌握了这些内容之后，只给出这些研究材料的重要性和大意。他极度讨厌专有名词。他怒气冲冲地说："究竟是该死的莱斯特伯爵，还是格洛斯特伯爵，这有什么区别？我们问的是那个坏蛋是如何缴税的。"我做他的助教时——在他给本科生做关于中世纪全盛期的讲座之后组织讨论环节——他讲座的精彩绝伦和结构之完美让我震惊。他不像哈比森、克雷格和戈德曼那样善于表演，但每一次演讲都极度清晰，让人记忆深刻。他甚至能让中世纪的政府和法律中最复杂的事情也变得生动起来。在他的演讲中，他对专有名词的讨厌表现到极致。他努力做到在每堂课上最多只用一个专有名词，到了偏执的程度。他会说"那个法国国王""一个英国贵族""13世纪初的一位教皇"，除非他打算在演讲的至少一半时间里都谈论这个人，否则他是不会使用其真实名字的。

让斯特雷耶担任论文指导是一次独特的经历。我四年中都在写论文，我与他讨论了总共三十分钟，我还没讲话，二十九分钟就过去了。十八个月后，我从英国寄给他两章内容。三个星期后，我收到反馈。他在第一章顶部写道："你要做得更好。"这就是全部意见。四年后，我给他带来四百五十页的手稿。"这是什么？"他问。

"我的论文。"

"我以为你去年交了呢。好吧，我今晚带回家阅读。明天早上我还过来，那时告诉你我的想法。"

当我告诉他的秘书我的来意后，她给他打电话。他没有让我去他的办公室，而是来到秘书办公室将论文还给我。"没问题，"他说，"准备答辩吧。"然后他就转身回到办公室，关上了门。他再没对我说过一句关于论文的话。

20 世纪 50 年代，斯特雷耶在中央情报局工作了好几年，履行了他的威尔逊主义的公共服务和国际义务。他是由中情局局长、普林斯顿校友艾伦·杜勒斯（Allen Dulles）本人亲自招募的。至少有五个夏天，斯特雷耶每周有五天都在弗吉尼亚州的兰利（Langley）的中央情报局总部度过。这些年中，只要世界上一发生危机，他都要奔赴那里。（**p.261**）如果黎巴嫩、巴基斯坦或其他任何地方发生动荡，我就要在家里等电话，然后不出所料，斯特雷耶会在晚上十点打来电话说："啊，我明天要去华盛顿。请代我上课和指导学生。"然后，他告诉我讲座的主题。通常这没什么问题；有时候碰到一个不熟悉的话题，我不得不熬通宵写一篇讲稿。斯特雷耶在一两天后回来时，会召我到他办公室，并要求我逐句重复演讲的内容给他。我曾有一次鲁莽地问他为中央情报局做什么，为什么中央情报局觉得一个中世纪学家的服务如此重要。得到的回应是，艾伦·杜勒斯知道中世纪学家经常要从零碎的证据中得出结论，而这恰是中央情报局的工作。有传言称，斯特雷耶是杜勒斯的首席顾问之一。

在斯特雷耶的世界中，好的行政和法律会使其他一切成为可能。好的政治体制是一个权力高度集中在学术精英手中的体制，但这不是一个封闭的系统，它必须适应变化，响应人民的需要和感情，并能允许高度的社会流动。这听起来像是亨利二世统治下的英国，或是美男子菲利普统治下的法国，两个都是他最崇拜的中世纪政府。从本质上讲，这些政府是"新政"及其后继者的一面镜子——一群受过良好教育、有公共意识、自身廉洁但渴望权力的官僚，他们为自己所认同的社会福利而努力。这完全是威尔逊主义的传统。斯特雷耶不是一个通常意义上的政治保守主义者，他总是投票给民主党。即使在艾森豪威尔[①]和艾伦·杜勒斯任职期间，他受雇于共和党政府，但他仍然对共和党评价不高。他对福利国家没有异议，但是他的家长制、精英主义和独断专行有一定的范围和限制，多半是出于自我约束。

斯特雷耶代表美国生活中的伟大一代，(**p.262**)这一代遵循了威尔逊主义的传统，即建立规制和福利国家，将美国大学提升到世界最高水平，并引导美国走向世界霸权。我们不会在这个国家再见到这样的巨人了。在各种障碍中，越战的灾难和新左派的崛起削弱了美国作为历史的或上帝的特殊代理和作为命运的宠儿的自信心。斯特雷耶属于对美国例外论坚信不疑的一代，那在现在看来是很久以前的事了，现在与威尔逊时代的历史已出现一条鸿沟。

## 二、中世纪政府的轮廓

凭借对不同的王室行政比较分析时少有的清晰和高度的技巧，哈斯金斯和斯特雷耶展示了中世纪政府的运作方式。他们探讨了中世纪行政的日常功能，并揭示了在1200年前，作为王室官僚的神职人员和此后通常担任高级官僚的律师是如何将国王的意志强加给贵族家族、农民群体和城市社区的。当然，如果认为哈斯金斯-斯特雷耶的美国中世纪历史行政学派完全独创也是错误的。梅特兰的法律社会学是他们的灵感和榜样，尽管他们缺乏梅特兰的精致和微妙。由于美国学者研究的是莱茵河以西的欧洲，因此他们不得不依靠卡尔·汉佩和弗里德里希·贝特根及其学生的研究报告提供德意志帝国的信息，同时也参考研究中世纪德国的英国历史学家杰弗里·巴勒克拉夫的研究。斯特雷耶认为，这些学者大大高估了中世纪德国政府的先进性，而最近的作家、牛津大学的卡尔·莱泽（Karl Leyser）以矛盾的方式证实了这一观点。莱泽认为，德国君主制不需要公共行政，因为它拥有强大的部落纽带。曼彻斯特大学历史学家托马斯·弗雷德里克·陶特（Thomas Frederick Tout）在20世纪20年代和30年代出版的有关英国王室行政发展的六卷本开创性著作，就王室如何逐渐承担起公共职能方面提供了非常有用的信息。斯特雷耶从巴黎大学教授罗伯特·福捷（Robert Fawtier）给他本人提供的研究帮助和建议中获益良多，(**p.263**)福

---

[①] 艾森豪威尔（Dwight David Eisenhower，1890—1969）：美国第34任总统、共和党人，第二次世界大战时任欧洲盟军最高司令，战后曾任哥伦比亚大学校长、北大西洋公约组织最高统帅。

捷的研究领域是 13 世纪的法国君主制，但未能写出他长期计划的关于美男子菲利普的政府的大作。这本具有里程碑意义的论著最终要由斯特雷耶于 1980 年发表。在阐明、比较、系统化中世纪政府运作以及凸显中世纪王室行政体系轮廓的工作上，哈斯金斯和斯特雷耶可谓筚路蓝缕，以启山林。

哈斯金斯和斯特雷耶认为，12 世纪最重要的成就是政府的理性化和集权化，这在 11 世纪中叶以前基本上是局部的、零碎的现象。大贵族家庭提供了前所未有的高效率的政府或法律，国王通常是没有权力的傀儡角色。中央集权的王室政府首先出现在诺曼国王统治下的英国，大约同一时期在德国出现但是只取得部分成功，最后——在 12 世纪末以非常激进的方式——出现在法国。国王成为欧洲文明中的一个政治因素。而自 5 世纪罗马帝国灭亡至 12 世纪，国王的政治作用是缺失的。

在 12 世纪，当君主试图在古代贵族等级制中推行集权化的社会秩序体制时，政府本身就非常激进。12 世纪政府的激进和进步品质及其作为一种改良性社会力量所具有的动态影响，是威尔逊主义者哈斯金斯和斯特雷耶的基本信仰。在他们看来，对国王的服务相当于反对政权分散的封建传统，而且往往不是国王本人（他们多数只对金钱和个人权力感兴趣），而是教会学校和新兴大学雄心勃勃的毕业生们有意识地创建了中世纪国家并制定了它的基本机制。在大约 1150 年至 1200 年，公务员完成了政府机构化工作，他们将理性原则在贵族社会中推行开来。不再抱有幻想的神职人员、曾经的诗人、学生激进分子以及狂热的律师实现了他们个人的抱负，作为英国亨利二世、德国皇帝腓特烈·巴巴罗萨和法国国王菲利普·奥古斯都的行政人员和法官，他们追求着自己的个人理想。

集权化君主制的主要成就之一是建立了以国王为中心的法律制度。12 世纪的英国和 13 世纪下半叶的法国最先取得这方面的成功，最终即使一些像西班牙的阿拉贡（Aragon）这样的较小国家也取得了成功。中世纪德国人在这方面的成就要少得多。（**p.264**）

新政府还要求臣民纳税以支持王室法庭和官僚机构，并且还建立了基于雇佣军而非封建征兵制度的有效军事体系。长久以来，封建军队都没有在仪式上（或情感上）被废弃，但国王开始使用专业雇佣兵而不是为社会义务而战的封臣，尽管这些封臣仍然由出于古老的原因而战斗的将军率领：因为他们是贵族，而战争是贵族的事。但是，13 世纪军队的普通士兵是雇佣军，这在一定程度上是由人口大量增长导致的。欧洲人口，特别是英国和法国人口，在 13 世纪出现爆炸式增长，其剧烈程度直到 18 世纪才再次出现，大量剩余人口就成为职业军人。

像 19 世纪末之前的所有政府一样，新的君主制关注法律、税收和国防（或侵略）；它们不做任何社会服务、福利或教育方面的事务。个人对教育感兴趣的国王可能捐助中小学校和大学，但是中世纪的国家本身并不参与文化事务。国王偶尔大张旗鼓地向穷人散发慷慨大礼，但这远不是一场消除贫困的战争。在大约 1270 年至 1870 年，政府在欧洲生活中的作用几乎没有怎么改变过；13 世纪王室的官僚和律师们规划了它的基本功能。

到 13 世纪中叶，王室官僚们建立了由公务员和专业律师管理的法律体系，该体系为许多人提供了获得类似于正当法律程序的渠道。当然，贵族能够比农民得到更多的公平，但至少从此开始有了司法秩序，而且普通人也在古老的恩怨自行解决的方式之外有了更多的希望。在英国以外的地方，新的法律以罗马帝国的法律为基础；为了让法律能在社会中运行，王室律师面临着说服或恐吓人们遵守法律的挑战。这些需要智力也需要学问，需要耐心也需要精力，到 12 世纪末王室律师或官僚已成为一种具有创造性的角色，吸引着最优秀、最聪明的年轻人。与教堂里的工作相比，它通常对社会的作用更大，对大学毕业生也更具吸引力。1200 年，最好的工作就是在英国和法国国王的政府当中就职。古老的罗马法律从档案中被挖掘了出来，引入博洛尼亚和蒙彼利埃等地的新法学院的课程中，（**p.265**）并最终成为新的国家法律体系的基础。为了在封建社会的环境中推行法律，律师们设计了一些超越罗马法的技巧。一般说来，当罗马法与传统的封建做法相抵触时，律师会采用罗马法（罗马法通常偏向国王一方）。

大陆国家的罗马法基于公平、理性和绝对原则。实际上，这意味着法官为国家（或国王）工作，并掌握着法庭上完全的控制权。他们的决定是根据一般原则做出的，他们利用的是成文法规，如果这些成文法规在特定情况下与公正抵触，则会对其进行更改。法官接受律师的书面陈述，并试图根据这些陈述裁决案件，但他们可以用任何方式（包括刑讯逼供和拷打证人）获得真相。这种系统一般在普通的民事和刑事案件中能很好地发挥作用，但是如果涉及诸如异端和叛国等意识形态问题，则非常危险。如果法官是一种意识形态的拥护者，而被告是另一种意识形态的拥护者，那么公正的希望就渺茫了。教会的法庭和教廷的宗教裁判所里发生的就是这种情况，这些地方与其他地方的罗马法庭是一样的。我们已经看到，英国发展出了自己独特的普通法体系，这种体系不使用酷刑。

尽管在司法方面存在延误和失败，但新的法律体系还是为许多人提供了关于王室政府和国家的直接经验。公民通过国王的法庭与国王接触，除了最底层的农民之外，几乎所有人都有机会参与王室司法。到13世纪初，王室权力已开始影响普通百姓的生活，国王本人的处置——不管他是否精力充沛、公正，是不是善意的——都产生了真正的影响。这套法律的形式和运行在领主和商人家庭的兴衰中都极为重要，就像战场或市场一样，法庭也决定家族命运。

公民还能通过新的税收制度与国王和他的仆人会面。征税迫使人们将自己的部分财产给他人，这是一种不近人情的情况。王室官僚的伟大成就就是使征税原则得到完全接受。当然，这主要是因为人们迫于来自上面的压力而被动地接受，(**p.266**) 但也还因为政府确实向人们提供了某些东西，并使他们看到自己必须为此付出代价。当然，政府提供的第一个好处是保护。这种保护可以是虚构的，也可以是真实的。英国的爱德华一世在13世纪90年代就曾以假想的法国侵略威胁为由勒索臣民的钱财。

但是，政府还必须为其税收制定某种准许措施，或制度化的手段或理由，以建立某种同意机制，而这可以通过两种方式实现。首先，国王利用其作为最高君主的古老的封建特权。其次，在13世纪，他们开始建立代议机构来代表整个国家，召集不同社会集团的代表同意其提议。在英国，这种制度延续了下来，经过16世纪和17世纪的修改后成为议会；但是在欧洲大陆，早期的代议制在14世纪和15世纪并没有发挥作用。

在12世纪和13世纪，最能干的年轻人在政府和法律中找到了理想、高薪且令人满意的工作。这是年轻人可以迅速进入权力位置的少有时期——有点像20世纪30年代的"新政"通过允许来自常春藤联盟的法学院学生加入政府来安抚这些激进的年轻人。斯特雷耶认为，二者的类似非常重要。1180年以后毕业的一代大学生不再那么具有革命性，他们在建立理性的政府和法律方面取得了令人瞩目的成就。他们建立了迄今仍然存在的法律制度的基本要素，他们组织了从封建军队到雇佣军的过渡，他们建立了长期的税收制度（在法国，这种制度在大革命之前一直存在）。他们希望中央政府强大，因为他们是中央政府的一部分；他们在很大程度上创造了君主制神话，并建立了意义重大的国家认同感。欧洲人开始将个人的理想和命运与国家和国王联系在一起，并指望王室维持公共秩序。斯特雷耶称这个过程为"中世纪社会的世俗化"。术语虽然有争议，但此类过程确实出现了。

在经济组织和社会正义方面本来可以取得更多的成就，但是大约在1230年以后，公共生活中的理想主义大大减少，而专业主义多了起来。政治体制在其主要目标实现以后，通常会变得缺乏创造力，而且更加腐败。

14世纪和15世纪初，西欧王室政府的效力和政治稳定实际上下降了。（**p.267**）斯特雷耶认为，法国和英国行政的新的强大机构，凭借其世俗化和实用的精神，没有意识到王权的运用要有必要的道德约束。他们太为高效的税收和法律手段着迷而走向极端。他们碾压旧的家族，践踏城市自治政府，破坏罗马教廷的自治和尊严；从13世纪90年代开始，英法两国在一场国际冲突中相互残杀，断断续续地持续一百五十多年，带来毁灭性的影响。王室政府的这种极端主义在他们统治的社会中造成了不忠诚、犬儒主义和理想幻灭。复兴的贵族通过干预王室政府和掠夺其资源来报复。王室行政人员不知道如何安置休战期间复员的士兵，这些训练有素的退伍军人变成了寻求独立的贵族雇佣的匪帮或雇佣军，造成了社会和法律混乱。此外，由于经济萧条以及黑死病造成人口减少，14世纪的王室政府面临税收收入的问题。

在1370年至1450年的许多年里，法国和英国的王室政府都处于职能严重失调的状态。但是王室政府的基本制度界定清晰且制度化程度很高，这让它们在战争、萧条、瘟疫、寒冷的气候和考虑不周的政策中幸存下来，并且在1450年之后，王室政府迅速恢复了统治。到1500年，它们又回到1300年左右的地位，但发生了一个重要的变化：1500年的"新君主制"经过14世纪和15世纪动荡的炙烤，比1300年更远离它们统治的人民。它们更加隐秘、完备和专制，不愿与各社会阶层的代表和议会协商，哪怕是出于礼节性和提供信息的目的。

## 三、北方超人

导致现代国家的中世纪起源的政治理性化起于何时？哈斯金斯认为，诺曼人征服盎格鲁-撒克逊人的英格兰，不是外来的独裁者侵略了致力于发展自由制度的和平而快乐的土地，维多利亚时代人持有这样一种多愁善感的观点。（**p.268**）相反，1066年发生的那件大事是伟大的天才政治领袖拯救了一个衰败和瓦解的社会。诺曼征服使英格兰成为欧洲的一部分，并使其免于并入贫瘠的斯堪的纳维亚世界而变成另一个冰岛。这是一个解放性的论点，认为英格兰得到解放，步入了欧洲文明。这种可以被称为诺曼主义的阐释认为，盎格鲁-撒克逊人的政府无比的微弱，被征服之前的文化微不足道。法国高级文化的影响对英国文明的转化被赋予高度的价值。11世纪后期和12世纪英格兰所有重要的政治和法律制度都是盎格鲁-诺曼君主制的功劳，就像18世纪和19世纪的向西扩张过程将北美的英语世界纳入欧洲文化和英国普通法体系之中一样。哈斯金斯和斯特雷耶对盎格鲁-撒克逊人缺少尊重，一如美国的开疆者和土地投机者对美洲印第安人缺少尊重。历史命运要求这些欠发达的民族让位于政治现代化。

在哈斯金斯看来，诺曼人是 11 世纪的"超人"，是政府艺术中的天才，他们把曾经促成权力下放的封建制度改造成强大的中央集权制度。在封建的表象之下，诺曼人首次将理性和组织技巧运用到解决中世纪政府的问题上。因此，现代官僚国家的开端出现在 11 世纪后期的英格兰。诺曼征服者蔑视被征服的人民，毁坏了数百件盎格鲁-撒克逊人的带图案的手稿，这些都是中世纪世界中最珍贵的艺术瑰宝，这件事放在政治进步的背景下来看显得并不重大。

哈斯金斯知道，仅仅将诺曼人神化为超人还不够；实际上，他还必须解释征服者威廉和他的同僚正在努力做什么，他们为什么这样做，以及他们取得多少成功。尤其是他必须解释诺曼底公国从部落和封建基础上发展出独具特色的理性化政府的原因和方式。他花了将近二十年的时间研究这个主题。为什么 1066 年的诺曼底公爵拥有当时西欧最集中和理性的政府？诺曼底公国于 911 年成立，随后的八十年里，看不出会取得这一非凡成就的任何迹象。（**p.269**）诺曼人是斯堪的纳维亚的海盗，他们于 9 世纪晚期来到法兰西的加洛林帝国。他们的人数并不多，大概不超过他们后来统治人口的 20%。这些掠夺者由野蛮的首领罗洛（Rollo）领导，在鲁昂教区建立了霸权，鲁昂并不是法国特别肥沃或富裕的地区。罗洛和他的军阀们接受了基督教，但是这种名义上的皈依并没有减轻他们之间长期的氏族仇杀倾向。罗洛及其继任者在名义上是巴黎的国王的封臣，但在实际上是独立统治的。

直到 10 世纪的最后十年，这些斯堪的纳维亚勇士都以极度血腥和混乱的方式相互残杀。然后，从 990 年理查一世（Richard I）的统治开始，发生了显著变化，公爵政府开始致力于和平与权力集中化。尽管信息来源很少而且很混乱，但诺曼社会历史上这一新阶段看起来是在一群高度聪明和雄心勃勃的教士的影响下拉开序幕的，这些教士通常是在公爵的敦促下从佛兰德斯、莱茵兰和意大利北部进入公国的。特别是在莱茵兰和意大利北部，大主教和修道院院长与德意志的皇帝有着非常紧密的同盟，这使君主和教会互惠互利。公元 990 年后的四十年中，诺曼公国也建立了类似的同盟。在此期间存在一种自觉意识，即要将有学识的知识分子带入诺曼底。在哈斯金斯看来，这些公爵具有进步的视野，至少有一个模糊的想法——善政在某种程度上与学识联系在一起，因此少不了教会的参与。公爵慷慨地向教会机构提供巨额资金供那些在王室政府问题上有丰富经验的教士支配，这足以吸引他们来到公国。公元 1000 年以后，公爵提供的这些好处使几位非常有能力的教士加入公国。这些人建立了学术和信仰的中心，他们还能够就如何保持公国的和平并控制野蛮的贵族向公爵提供建议。此外，教士们还负责政府所有的文字工作。

公元 1000 年后，诺曼底公国发生巨大变化最明显的标志是，建立了几座建筑史学家所说的罗马式风格的宏伟的石制教堂。公元 1000 年前，除了一些不起眼的城堡外，整个公国几乎没有一座像样的石制建筑，（**p.270**）但在 11 世纪的欧洲，一些最伟大的教堂开始在诺曼平原上平地崛起。在 11 世纪初建造一个伟大的石制教堂，需要受过几何学训练的人，也需要高效的劳动组织，在这里指的就是石匠行会。因此，没有完善的计划就不可能完成诺曼教堂的建造，而在建筑领域有效的那种智力组织在政府决策中同样可以取得成功。理性、秩序、控制、资源的有效利用——这些工具现在被用到政治和社会组织的问题上。另外，教会思想家们能领导了不起的事业。公爵是他们的伟大保护者和赞助人。公爵越强大，主教和修道院院长就影响力越大、越富有，因此公爵支配着他们绝对的忠诚。公爵就如何把斯堪的纳维亚军阀主导的混乱的英雄社会转变为集权化的政治和法律单位，征询他的教士顾问，公爵利用教士执行他们敦促他采取的方案。诺曼制度的巨大变革就这样开始了，到 1066 年，诺曼公爵已成为欧洲最令人羡慕和畏惧的人。

在公元 990 年以后的一个世纪中，与普通的中世纪统治者相比，诺曼底公爵们通常非常睿智、雄心勃勃、精力充沛。这是哈斯金斯的基本假设。协助公爵的教士作为一个整体，在学问和对政治生活问题的敏感性方面也非常出色。从莱茵兰和意大利北部来到诺曼底的僧侣，大多在 11 世纪初期出现在这些地区的罗马法和教会法新学校中学习过，并从中受益。

除了诺曼社会中精英群体的优越品质之外，公爵权力的兴起还可以用公国特殊的社会结构来解释。之前加洛林政府的传统在很大程度上已被斯堪的纳维亚的入侵所破坏。诺曼贵族只知道追逐原始的血腥仇杀，从来没有形成任何社区意识。因此，一旦公爵和教士为了实现中央集权而结盟，这个社会中其他形式的忠诚就会因无法抵挡新精英群体的智慧和能量的冲击而败下阵来。教会在诺曼底比在西欧其他任何地方都更有可能将对基督教罗马皇帝仁慈而权威的统治的回忆变成现实。（**p.271**）但是，在一个完全乡村和非城市化的社会中，封建制度的联结在前期的加洛林时代就已经开始形成，公爵权力的兴起显然必须通过操纵和重建这些封建制度来实现。这样，在 11 世纪的前三十年中，公爵和他的教会盟友达成了通过重建封建制度实现中央集权的非凡政策。

11 世纪早期，公爵面临的最艰巨的任务是摧毁大领主（罗洛同伙的后裔）的势力，并将他们从部落首领转变为容易合作的代理人，让他们反过来也要求自己的封臣绝对忠诚和服从。要实现斯堪的纳维亚部落主义向严密控制的封建秩序的转变是困难的；11 世纪的诺曼社会仍处于封建主义早期阶段，社会结构简单，纯粹的武力仍是公爵实现政治集权最有效的工具，所以为了获得权力，公爵必须拥有比领主更加强大的军事力量。在 11 世纪的前三十年里，公爵的大部分军队都是从教会领地征调而来的，从而奠定了实现政治集权的武力基础。公爵派骑士在教会的领地驻扎，主教和修道院院长成为公爵的封臣。到 1035 年，已有三百名装备精良且训练有素的骑士被以这种方式派驻在教会的领地上，而作为公爵附庸的教会调遣这支新军队来镇压独立的世俗贵族。公爵本人可能再从自己的领地中征调六十至一百名骑士，这样他就可以将一支相当规模的全副武装的部队投入战场，按中世纪的标准，这支队伍的规模还是很大的。

到了 11 世纪 20 年代，诺曼封建化的第二阶段已经开始，公爵开始向诺曼底的世俗贵族们要求严格的效忠宣誓，奖励那些愿意忠诚和服务于他的人，并有计划地摧毁抵抗他的旧家族。哈斯金斯的主要论点是，诺曼底的封建化进程促成了政治集中化。通过这一过程，公国开始出现新的贵族，他们严格服从公爵的权威。在僧侣学者兰弗朗克（Lanfranc）等教士的建议下，私生子威廉公爵，使诺曼封建主义变成了一种超越封建制度的原始性质的政治和社会体制，这一原始性质从根本上倾向于权力的下放。兰弗朗克的故乡在意大利北部，他最初的职业是律师；私生子威廉公爵就是后来的征服者威廉国王。（**p.272**）

威廉创建了一个将所有权力都掌握在自己手中的政府结构。封建等级制度变成了一个政治和社会金字塔，公爵位于塔尖。世俗和教会贵族的领袖们通过封建契约从公爵手中得到土地，而他们的下级分封者则必须宣誓效忠公爵，在发生冲突时，这种对公爵的效忠优先于他们对直接领主的义务。正是这种"君主贵族"制度使社会上所有自由成员直接服从公爵的权威，避免了其他封建国家中存在的情况，即封臣仅忠于其直属领主，却不受中央政府的管辖。

此外，每个教士和普通信徒都精确地知道，为了持有自己的封地，需要向公爵提供多少服役骑士。在诺曼底，服役骑士的人数是按照五的倍数分配，大致与所持土地的价值一致。哈斯金斯花很多年时间试图证明这种诺曼封建制度是非常理性化的。（最近，他对诺曼封建制度的量化不可避免地受到了质疑。）公爵的每个大佃户都知道，如果没有提供应尽的服务，他们将会在公爵的法庭上被追究责任，如果被同行认定有罪，他将会被没收土地，并丧失自己及其家人享有的社会地位。同样，没有公爵的许可，任何领主都不能建造城堡或进行私人间的仇杀，违规的代价是没收土地。公爵的地方代表被称为子爵，是中央政权有效的地方代理，监督公爵领地的管理，密切监视地方贵族，并将各种封建税收收入纳入公爵的国库。所有封臣都必须参加宫廷的会议以便了解公爵的政策，并参加对那些违反效忠誓言的大人物的审判。

私生子威廉主持了诺曼教会的会议，其对主教和修道院院长的控制，与对世俗贵族的控制一样严格。主教和修道院院长要就任职位，必须由公爵本人为其授予职位的象征物，这实际上使得威廉能够指定由大教堂牧师选举出的主教候选人，以及由修道院团体选举出的修道院院长候选人。威廉倾向于安排自己的亲戚担任主教，让在他的秘书处供职的修道院助理担任修道院院长。（**p.273**）此外，威廉热情地支持教会的"上帝的和平"计划，通过该计划，一般信徒和教会的高层组成和平组织，以防止和避免地方性暴力，地方性暴力也是封建社会的典型特征。"上帝的和平"运动在诺曼底比在欧洲其他任何地方都更见成效，因为威廉在自己的公国总领这一事务。一旦建立起一个严密组织的政治和社会制度，完全控制了封建等级制度，公爵就可以从宣扬和平、禁止或至少是严格限制私人争斗中获益匪浅。到了11世纪60年代，反抗诺曼底公爵的诺曼领主发现，自己面临的将是公爵军队的压倒性军事优势、下属封臣在公爵法庭上的一致谴责，他的财产会被没收，还会被驱逐出教会。

到1060年，根据哈斯金斯的讲述，威廉掌握着一千名训练有素的封建骑士，控制着一台巨大的军事机器，由于诺曼底封建契约的严格性，他可以号召这一军事机器并将其投入战场。尽管诺曼底绝不是一片非常富裕的土地，但公爵能如此高效地组织资源，这使他至少在莱茵河以西成为11世纪中期最强大的军事人物。但是现在他面临另一个问题：他必须为他的军事贵族们发动战争。那些技能高超的诺曼骑士是不能互相打斗的，但是他们除了拥有军事能力之外并没有其他能力，因此，威廉不得不为其庞大的装甲力量在国外寻找机会。诺曼贵族虽然被击败，但对公爵家族并没有多少真心。不满和暴动总是蠢蠢欲动。诺曼贵族不断增加的人口加剧了公爵政府安抚世俗贵族军事野心的压力，人口的增加意味着多产领主的小儿子们没有足够的土地，这令人沮丧。11世纪初，一直有大量的人口从公国移民到西西里岛和意大利南部；诺曼贵族的年轻儿子们没有土地、躁动不安、闷闷不乐，他们在那里可以为自己开辟新的庄园。对于一个能够进行合理规划的政府来说，欧洲一些最好的士兵的移民似乎是对公爵资源的浪费。动用公爵的军事机器有组织地征服新的领土，既可以满足诺曼贵族的好战能量和贪婪的欲望，又可以增加威廉的财富、权威和声誉，这可以说是非常审慎的举动。(**p.274**)因此，由于私生子威廉和他的前任们创造的勇士社会的本性，1060年以后威廉公爵不再满足于他所取得的成就，他必须成为征服者威廉。

但是他能把军队引向哪里呢？地缘政治的局势使威廉不可避免地转向英格兰。当然，英格兰也是冒险的选择。英国是一个富裕而人口稠密的国家，1066年时的人口至少是诺曼底人口的五倍。因此，威廉大获全胜的黑斯廷斯战役代表一个经典的对抗，一方是古老而孱弱的君主制，无力控制一个庞大而富有的国家的资源，另一方是一个有极度才干的领袖统治下的凶猛的军事贵族团体，迫于社会条件要求扩大自己的领土。

1066年，威廉在黑斯廷斯取得胜利之后，整个英格兰都是 terra regis（"国王的土地"）。征服者威廉拥有整个国家，他可以实施高度系统的政治和社会计划，只有在18世纪和19世纪英国人控制了广阔的海外领土时，才再度出现这种规模的计划。盎格鲁-诺曼政府比任何一个中世纪的欧洲政府都更为理性。我们有充分的理由认为，现代国家就起源于此。尽管现代世界中必不可少的主权概念还不明晰，但是现代社会中央政府的行政方式和典型态度在11世纪后期的英国已经初露端倪，这是自罗马帝国以来第一个有计划的社会。少数积极进取且高度聪明的人，其中大多受过良好的教育，控制着王室行政。他们能做什么受到很多技术上的制衡和限制。来自肆无忌惮的贵族社会的压力总是沉重地压在他们身上，但在这些限制范围内，他们实施着如此高强度的计划，这在人类历史上也是不多见的。

我们能够看出，哈斯金斯对诺曼人在中世纪政府中角色的看法，与他那个时代的威尔逊主义计划有多么相似。一小群受过高等教育、具有奉献精神的人一心想在混乱的后边疆时代社会①中引入秩序和理性。这是威尔逊进步主义的含义，也是哈斯金斯眼中诺曼超人政府所代表的意义。(**p.275**)当然，从哈斯金斯的时代起，他清晰而全面的论题业已遇到来自海峡两岸策略性的挑战②。有人认为，盎格鲁-撒克逊政府既不落后，也不软弱，1066年，英国的封建化进程正在稳步进行之中。威廉在黑斯廷斯战役中的胜利完全是侥幸，不是因为他代表进步和理性的政治力量战胜了落后和非理性。

---

① 后边疆时代社会（post-frontier society）：美国独立之后掀起了长达一个世纪的西进运动，不断地向西部拓展疆土，以1890年官方宣布"边疆消失"为象征性的转折点，美国社会步入了后边疆时代。

② 英吉利海峡两岸的国家，即英国和法国、比利时或荷兰。

1938年，盎格鲁-撒克逊学者 R. R. 达林顿（R. R. Darlington）首次阐明了反对哈斯金斯的立场。自1960年以来，英国就实实在在地存在着一支拥护盎格鲁-撒克逊的大军。盎格鲁-撒克逊的拥护者认为，尽管相对法国人使用最新的武装骑兵作战，英国贵族仍在进行过时的马下作战和徒步作战，但诺曼法国人取得黑斯廷斯战役的胜利并不是必然的。直到英国国王哈罗德·葛温森（Harold Godwinson）为流矢所伤而死为止，这确实是一场胜败难分的战斗。此外，黑斯廷斯战役之前不久，英国人刚在约克附近赢得了一次抗击挪威入侵的伟大胜利，而当威廉即将渡过海峡时，哈罗德不得不率领他精疲力竭的军队跨越整个国家再度迎战。哈罗德无疑会在途中失去一些最好的士兵，因为对于大多数中世纪的战士来说，一年有一次激烈的战斗就很吃不消了。

哈斯金斯-斯特雷耶式的诺曼主义者和再度复兴的盎格鲁-撒克逊主义者之间的争端可能永无解决之时，因为双方都受到意识形态问题和情感执念的刺激。我认为，证据的分量在很大程度上偏向美国威尔逊主义的诺曼主义者，但这绝不会说服大西洋两岸的盎格鲁-撒克逊的拥护者，他们进一步得到加利福尼亚人沃伦·霍利斯特（Warren Hollister）的支持。争论归结于对权力、理性、正义、共同体的感受，这些感受对象表现在有意识表达的态度中，也植根于潜意识里，因此我们面对的是各种心理分析性质的现象和有关人类原始期待的问题。

自20世纪50年代以来，盎格鲁-撒克逊的复兴是对政治现代化和帝国胜利主义的全面反击的一部分。哈斯金斯和斯特雷耶自认为是自由主义的典范，但在盎格鲁-撒克逊拥护者们收复失地主张的背后存在一种对美国权力情感上的厌恶，尽管也有一些英国历史学家，尤其是戴维·C. 道格拉斯（David C. Douglas），强烈支持哈斯金斯的诺曼主义立场。

美国激进女权主义倾向于将受男权损害的女性与所有的失意群体结成同盟，因此，毫不奇怪女权主义中世纪学家走向支持被征服的盎格鲁-撒克逊人的立场，反对征服后的所谓男子气概的心态。（**p.276**）苏珊·莫舍·斯图尔特是两三名主要的女权主义中世纪历史学家之一。1989年，她声称盎格鲁-撒克逊人已经自由地接受了妇女行使权力。她说，征服之后，性别平等有所下降，导致13世纪英国出现一种将"男性气质"作为社会和历史思想组织原则的意识。19世纪初的浪漫主义对这种转变的感受并不陌生，沃尔特·司各特爵士[①]

---

[①] 沃尔特·司各特（Sir Walter Scott，1771—1832）：英国苏格兰小说家、诗人，历史小说首创者，主要作品有长诗《玛密恩》《湖上夫人》和历史小说《威弗利》《艾凡赫》等。

的《艾凡赫》的读者会意识到这一点。我能想象约瑟夫·斯特雷耶对这种女权主义者的盎格鲁-撒克逊热情会做出怎样的反应。他会猛抽雪茄，然后紧咬着牙齿，挤出一丝无情的笑容。

在英吉利海峡的另一边，最近有人争辩说，哈斯金斯对私生子威廉统治下的诺曼制度的看法与时代不符且过分系统化了，认为哈斯金斯将 12 世纪的行政和法律状况回溯到了更早的公国时代。这是专业中世纪学家们的争执，也是思想矮人站在巨人肩膀上攀登的方式。但是，哈斯金斯确实对诺曼人在欧洲历史上的政治角色提出了一个连贯而全面的构想，而且关于 11 世纪末重大的政治转变，还没有人提出另一种替代范式，就像美国的未来掌握在一批受过大学教育的官僚精英手中，这种威尔逊主义的构想尚未被取代一样。罗斯福-杜鲁门和肯尼迪-约翰逊政府的确在很大程度上证实了这一点，而 20 世纪 80 年代里根政府上台后，民粹保守派只是侵蚀了它的边缘，但丝毫没有取代它。

## 四、冷战自由主义与中世纪国家

斯特雷耶扩展了哈斯金斯的诺曼主义命题，将其涵盖中世纪全盛时期的比较政治历史。约瑟夫·斯特雷耶出版了八本著作并发表了一系列文章。这些文章中，关于 13 世纪后期欧洲生活世俗化，特别是政治方面世俗化的文章（1938），仍被视为经典。他的著作中有两部教科书，一部非常详尽，一部则非常简短。前者是斯特雷耶和 D. C. 芒罗（D. C. Munro）合著的《中世纪》（*The Middle Ages*，第 4 版，1959），该书非常重要，是对大约 1050 年至 1350 年欧洲政治历史的精彩总结。D. C. 芒罗是 20 世纪 20 年代斯特雷耶在普林斯顿大学的老师。（**p.277**）该书的后续版本几乎与芒罗旧日的贡献没有任何关系，但出于尊敬或合同上的原因，他的名字仍然得到保留。13 世纪 20 年代和 30 年代，巴黎的君主和北方贵族接管了清洁派（Catharists）对法国南部的控制，其借口是教皇发起的反对另类教会的十字军运动。《阿尔比派十字军运动》（*Albigensian Crusade*，1972）是对这一控制简洁明了的描述。这本书读起来很像一个精明的殖民地行政官的机密报告，讲述 19 世纪晚期欧洲在非洲或东亚的帝国主义征服。

20 世纪 50 年代，斯特雷耶参与了美国中世纪学会赞助的一项庞大计划，这是一项多人合作撰写的三卷本研究著作《英国政府的运作》（*The English Government at Work*），研究 14 世纪 20 年代的英国政府。该著作大部分内容与

T. F. 陶特（T. F. Tout）的作品一样乏味而冗长。但是，斯特雷耶主编了有关税收的第二卷，并撰写了一篇介绍王室税收历史的长篇介绍性文章，从中展示出他的最佳水平：清晰、简洁、微妙，在关于王室政府的功能运作方面有着类似梅特兰的感觉。它的现实主义打扰了英国评论家的平静，他们仍在威廉·斯塔布斯破旧不堪的神殿里膜拜，梦想着据称是从征税许可中诞生的立宪主义。关于王室税收的机制和政治意义，斯特雷耶认为法国和英国几乎没有区别。

斯特雷耶还参与了另一个20世纪50年代和60年代多卷本的美国项目，即由宾夕法尼亚大学编辑的十字军东征史。这套丛书最终成为集美国中世纪学术精华和糟粕为一体的作品。最好的部分是斯特雷耶关于13世纪"政治十字军运动"的论文。在"政治十字军运动"中，罗马教廷讨伐的对象先是腓特烈二世皇帝，然后又是阿拉贡国王。讨伐阿拉贡国王的间接结果是法国君主在14世纪的前十年摧毁了中世纪的罗马教廷。斯特雷耶的反教会主义和对罗马天主教的蔑视，在这一研究中展露无遗。这里面也包含斯特雷耶一些最具讽刺意味的写作，可以做一部电视连续短剧的大纲。

构成斯特雷耶最重要遗产的三本书分别是：《封建主义》（*Feudalism*，1965），该书简要总结了他对这一社会现象三十年的研究和思考；《现代国家的中世纪起源》（*On the Medieval Origins of the Modern State*，1970）；以及《美男子菲利普的统治》（*The Reign of Philip the Fair*，1980）。《现代国家的中世纪起源》和《美男子菲利普的统治》展示了历史学家的技艺的两个极端，首先证明斯特雷耶是个既擅长概念化又擅长阐释的非同寻常的多面手。（**p.278**）《现代国家的中世纪起源》是一篇一百一十一页的关于中世纪政府的概述，这篇政治社会学论文已经重印多次，并被翻译成四种语言。《美男子菲利普的统治》是一部长达四百二十四页的著作，它是斯特雷耶三十年来对档案和已出版的行政记录的研究成果，也是他对这个最锐意进取且成就斐然的中世纪法国政府治世之道的深刻洞察与剖析。斯特雷耶在20世纪50年代初就完成了大部分研究，并且写出了这本书大部分的内容。出版时间之所以漫长，不仅是因为大学行政管理和在中央情报局的服务分散了他的精力，而且还因为他想利用自己在政府中的经验来帮助他理解和解释菲利普的政策和运作。斯特雷耶也许等了太久才将其出版，他退休已经十年，写作最后一稿时，他的健康状况已开始恶化。有人认为他一定在最后一刻删除了一部分内容，例如法国政府发动的针对罗马教皇的宣传战争，因为他仍然无法在这些问题上下定论。尽管如此，《美男子菲利普的统治》仍是一部不朽之作，是法国历史学家凭借他们全部的自我推销技巧，在长达一个世纪里梦寐以求想要做出但并没有做出的作品。

有关封建主义性质的文献浩如烟海，而封建主义并非中世纪的词语，这让研究变得相当复杂。这个术语是在18世纪发明的，法国的激进民主主义者出于辩论目的用它概括他们想要推翻的旧政权。卡尔·马克思在19世纪中叶进一步用"封建主义"指代前资本主义阶段的历史。但是20世纪的历史学家一直坚持使用"封建主义"一词，并提供了关于封建主义的各种定义和解释。斯特雷耶的立场明确而坚定：

> 西欧封建主义的基本特征表现在：政治权威的分散，公共权力掌握在私人手中，通过私人契约获取大部分武装部队的军事体制。封建主义是政府的一种方法，也是获取维持这种政府方法所需力量的一种方式。
>
> 这种定义没有看起来那么狭窄。政治和军事力量的拥有者自然会根据自己的需要塑造他们的社会。他们会操纵经济，以便获得最大的生产份额；作为富裕的消费者，他们会影响作家和艺术家；他们会建立社会必须遵守的准则。（**p.279**）因此，我们只要记住决定社会或时代的封建主义性质的是政治-军事结构，那么，谈及封建社会，或封建时代，就是完全合法的。
>
> 另一方面，如果我们尝试更宽泛的定义，封建主义将变成一个无定形的术语。扩大封建主义的定义最常见的做法是强调社会和经济因素。在最简单的形式中，封建主义的实质表现为统治集团对农业人口的剥削。不错，这种现象发生在西欧的封建社会中是事实；同样地，这种现象也发生在中世纪之前和之后的许多其他社会中。我们也不能说，这种情况是所有前工业化社会的典型情况，因此，封建主义的社会经济定义就可以用来标志经济发展的一个普遍阶段。……一个定义可以包含古代中东、罗马帝国晚期、中世纪欧洲、19世纪美国南部和20世纪30年代苏联等众多毫不相干的社会，这个定义在历史分析中没有多大作用。

在后一段中，斯特雷耶表达出与马克·布洛赫的《封建社会》和年鉴学派的不同意见。斯特雷耶对布洛赫和年鉴学派所赞成的马克思主义的普遍主义理论充满敌意，他认为布洛赫不是一流的中世纪学家，他蔑视布洛赫倾向马克思主义的立场。斯特雷耶的封建主义观点的问题不在社会学上，而在文化方面。

封建主义已成为一种世界观，成为与教会等级制理论结合在一起的（如果不是在很大程度上由其决定的）存在方式。对封建主义在公元1000年至1200年作为一种文化、教会至善主义典范、艺术想象力产物、个人情感表现等，斯特雷耶的分析没有给予充分考虑。

斯特雷耶的精彩论著《现代国家的中世纪起源》也存在类似问题。斯特雷耶的其他著作让他成为中世纪学会会长，这本书则让他成为美国历史学会（American Historical Association）主席。斯特雷耶说，判断现代国家建筑出现的最重要标准是"对家庭、当地社区或宗教团体的忠诚转移到国家之上，国家获得道德权威以支持其制度结构和理论上的最高法律地位"。这个论点是脆弱的，其论述的两个方面并不吻合。（**p.280**）国家确实通过获得一种道德权威（一种不平衡、不稳定、不确定类型的权威，且不去管它）来支持其制度结构和理论上的最高法律地位。同时，这种道德权威并没有成功地实现从家庭、地方社区或宗教信仰到国家的转变。政治经验的两个方面（即国家主义的政治经验以及家庭和社区的政治经验）同时存在，且常常处于紧张状态，有时发生公开的冲突。

确实，可以提出一个合理的论证，即13世纪和14世纪中世纪国家的崛起提高了对家庭、地方社区和宗教团体的忠诚度。国家的新权力及其与国王和王室旧有的联系，使社会的主要群体感到恐惧，它们慑于主权化、集体化国家的威胁，加深了对家庭和地方机构以及宗教团体的依附，以此作为一种寻求安全和救赎的回应性手段。

十年后，在《美男子菲利普的统治》中，斯特雷耶实际上已经非常接近承认《现代国家的中世纪起源》中的观点遇到的挑战。该书的最后一章承认，"菲利普取得很多成就，但这样做意味着臣民对他的忠诚要在高压下实现。……用武力获得的东西，必须用武力保存"。然后，斯特雷耶走回头路，回到他熟悉的主张，即通过君主国新世俗宗教的兴起进行现代化政治革命："罗马教廷的政治领导力瓦解了：统一的西方基督教世界的梦想消失了……尽管政治理论家的论点只有少数人知道，但人们一致同意，国王应对国家的福利和安全负责。"

这里有很多问题呼之欲出。这完全取决于"国家的福利和安全"及"国王应对此负责"意味着什么。存在一个共识，即在战争中国王是人民理所当然的领袖，负责捍卫国家。但即使这种传统观念也并不意味着人们对国王发动的侵略战争也抱有广泛的热情，战争将会影响大多数臣民的生活。中世纪晚期的人们，所有社会阶层的绝大多数人，都希望在自己的家庭、村庄、社区和城堡里过活。几乎没有证据表明他们热衷于国王在日常生活中对自己的福利和安全负责；他们对国王的敬畏程度超过了爱护或信任，大多数中世纪的人更喜欢国王远离他们的生活。若牵涉国王，其代价总是很昂贵，偶尔也很危险。（**p.281**）王权作为一个模糊的想法很受欢迎。但是，对于王室政府对私人、家庭和社区生活的实际干预，几乎所有人都抱有敌意。

斯特雷耶终其一生都无法摆脱威尔逊进步主义的精英国家主义，这种信念在"新政"中得到确认和巩固，并在情感上转化为极具争议的战后冷战自由主义及其美国例外论历史命运的梦想。冷战自由主义认为美国是道德的。斯特雷耶作为一名中世纪学家的局限性在于，他拒绝正视他和他那一代人非常钦佩的官僚国家虽然确实起源于中世纪，但当时却受到欧洲生活中另类文化（大众的、社区的、情感的、个人的、浪漫的、异端的、富有想像力的、仪式的）的强烈抵制。数量众多的另类文化都在抵制王室官僚的理性化行政和法律。

斯特雷耶无时无地不坚信理性化国家主义的合法性、可靠性和获胜能力。像哈斯金斯一样，他从威尔逊主义的公务员和律师的角色回看中世纪法国和英国王室的行政官和律师。当然，他们也是些好人。从1935年"新政"按照其决定性的规划开始实施，直到60年代中期，这是斯特雷耶一代人的教条。这种乐观的政治信念在他这一代人的经验中得到很多支持：福利和规制国家、战争的胜利、战后美国霸权和美国主持下的世界经济复苏、公民权利立法。但是，20世纪60年代的反主流文化、越战失败、新左派，以及后来里根政府的反国家主义的保守主义——所有这些都表明，即使在20世纪，时代潮流也不总是站在国家主义者和理性者这边，代表胜利的棕榈枝也不总是落入这些雄心勃勃的人手中。

威尔逊主义遗产是20世纪美国生活的中心，但它不是唯一的声音，也不是唯一的文化，在威尔逊主义当权者使越南的状况一团糟之后（就像它在凡尔赛的失败一样），反对的声音打开了闸门，首先是左派，后来又是右派。如果反对的声音能够胜出，最终哪种声音会占据上风，或者新威尔逊主义者能否恢复镇静并重获失地，所有这些在1990年看来尚不太明朗。但是在中世纪后期，对国家主义、集中化的君主制、集中化的法律和行政制度、政治帝国主义、司法胜利主义的抵制非常激烈，表现出的形式包括反教会、公社民主、贵族意识形态、神秘情感、艺术创造力等。（**p.282**）官僚主义经常被等同于古典暴政和反基督的统治。

斯特雷耶对中世纪晚期的解释存在缺陷，因为他不愿意承认反对国家理性主义主张的价值，他对思想史的蔑视让他意识不到意识形态上对冷战自由主义和中世纪国家的强烈反对。

斯特雷耶看不到新左派的另类之风已经在他自己的历史系中刮起，直到他担任主席二十年所取得的全部成就变成一片废墟。斯特雷耶辞去了历史系主任一职，但是在 1963 年他允许同事们将高级教授席位提供给牛津社会历史学家劳伦斯·斯通（Lawrence Stone）时，他的影响仍然存在，而且举足轻重。斯通是著名的英国教授，也是一位声誉卓著的学者，他还是英国马克思主义历史学家和工党思想家 R. H. 托尼（R. H. Tawney）的热情门徒。斯通的妻子恰好是巴黎大学教授罗伯特·福捷的女儿，福捷曾非常慷慨地帮助过斯特雷耶进行关于美男子菲利普的档案研究，这削弱了斯特雷耶反对任命斯通的决心。斯通在普林斯顿地位稳固之后，斯特雷耶苦心经营的历史系，曾是运用冷战自由主义阐释历史的典范，迅速成为左翼意识形态的堡垒。娜塔莉·泽蒙·戴维斯（Natalie Zemon Davis）是从伯克利加盟普林斯顿的，她的阐释有斯大林时代苏联理论家米哈伊尔·巴赫金①学说的回响。

1968 年的一代在各种封锁中失败之后转而决心控制大学，开始持续不断地渗透进学术界。在这样的背景下，戴维斯的声望一路将她推向美国历史学会主席的职位。她的 16 世纪法国研究最吸引人眼球的地方是，她极为赞赏反国家主义和社会非理性行为，包括少年犯罪、轻微犯罪和家庭的混乱，这些都是反建制、原初现代革命的结构性代表。戴维斯（和巴赫金一样）认为，新奥尔良狂欢节②上年轻人的狂暴行为是对社会的抗议。

戴维斯与新马克思主义法兰克福学派批判理论的教义不谋而合，同时也受到以克利福德·吉尔茨（Clifford Geertz）为首的象征人类学左派的启发，将马克思主义革命扩大到文化和情感上的动荡。戴维斯成为《激进历史评论》（*Radical History Review*）的编辑，《激进历史评论》是用英语出版的最"左倾"的历史杂志。与她相比，马克·布洛赫温和多了。（**p.283**）此后，又有一批英国人担任重要职位。普林斯顿大学历史系完成左派转型，并成为年鉴学派的美国中心，这一点在 20 世纪 70 年代中期得到费尔南·布罗代尔的热情认可。

在斯特雷耶对中世纪的理解中，理性和秩序是值得认同和赞扬的。在戴维斯对 16 世纪的看法中，非理性、无序和犯罪是关注的焦点和得到支持的行为模式。戴维斯深孚众望。她是有史以来最自觉地将解构主义思想运用到早期欧

---

① 米哈伊尔·巴赫金（Mikhail Bakhtin, 1895—1975）：苏联文艺学家、文艺理论家、批评家、世界知名的符号学家，苏联结构主义符号学的代表人物之一。

② 新奥尔良狂欢节（Mardi Gras）：西方民俗中大斋首日的前一天，即狂欢节的最后一天，直译为"油腻的星期二"。多个城市过这个节日，如美国新奥尔良、比利时班什、法国马赛等。

洲社会研究中的美国思想家，她也是伟大的反威尔逊主义的历史思想家。

斯特雷耶在 1980 年出版《美男子菲利普的统治》的时候，普林斯顿大学历史系在意识形态上已经与他在 50 年代后期苦心经营出来的模样相去甚远。如果话语的风向在斯特雷耶自己的学术社区中都如此瞬息万变不可预测的话，那么对于他而言，没能看到中世纪晚期欧洲的反国家主义文化和非理性意识形态是多么生机勃勃和根深蒂固，这会是何等的天真和盲目。就像 1968 年以后冷战自由主义遭到屈辱的退缩一样，斯特雷耶和哈斯金斯将其与中世纪政治等同起来的理性化国家主义在中世纪后期也经历了迅速的衰落。衰落的原因不仅包括法国和英国王室政府的自我膨胀（斯特雷耶承认这一点，但这还只是故事的一部分），还包括在意识形态上和情感上对理性化和集中化的政治体制存在普遍反抗。威尔逊主义思想的最大缺陷是坚信政治理性在历史上的必然胜利。然而，非理性主义也有其胜利时刻，有其志得意满之时。

斯特雷耶关于中世纪晚期国家发展轨迹的范式，也能用到美国大学威尔逊主义理性主义者的命运之上。正如法国和英国君主制肆无忌惮地放弃道德限制而遭受到严重后果和丧失信誉一样，权力的傲慢也削弱了像约瑟夫·斯特雷耶这样的威尔逊主义者在 20 世纪 60 年代的效力。从 20 世纪 20 年代中期哈斯金斯在学术会议期间主导华盛顿五月花酒店的接待室开始，他们长期以来一直控制着美国的大学，无法设想会被致力于另类的、更激进价值的理论家所取代。斯特雷耶和威尔逊主义理性主义者在 60 年代和 70 年代后期让权力从他们手中溜走了。

斯特雷耶代表美国和英国的一代中世纪学家，（**p.284**）他们着迷于自己认为的西方文明的独特品质，并认为这种品质源于中世纪世界理性主义的兴起。早在 20 世纪 20 年代，哈斯金斯在哈佛大学的同事、伯兰特·罗素在数理哲学上的合作者、如今美国剑桥的科学哲学家先驱阿尔弗雷德·诺斯·怀特海[1]就已经发现，在 12 世纪和 13 世纪拉丁经院哲学家的理性精神中，不但保留了希腊人对自然世界的独特的思考方式，而且还预示了 16 世纪和 17 世纪后期的科学革命。

另一位移民到美国的欧洲人、耶鲁大学的罗伯特·S. 洛佩兹（Robert S. Lopez）从他对中世纪商业的研究中得出这种现代化理论和欧洲胜利主义。洛

---

[1] 阿尔弗雷德·诺斯·怀特海（Alfred North Whitehead，1861—1947）：英国数学家、哲学家，与罗素合著《数学原理》，曾任哈佛大学哲学教授，著有《科学与现代世界》《过程与实在》等。

佩兹是在墨索里尼（Mussolini）时代的意大利被流放的社会主义领袖的儿子，完全靠一己之力实现从危险的激进左派记者到中世纪经济史学家的职业转变，并于1938年获得威斯康星大学麦迪逊分校的职位。50年代中期，他在耶鲁大学担任资深教职。洛佩兹认为，主要是在10世纪后期，意大利发生了经济腾飞，为随后的所有其他社会树立了榜样。林恩·怀特在20世纪30年代中期是斯特雷耶在普林斯顿大学的职业对手，后来出任加州一所女子学院的院长。他于20世纪60年代在加利福尼亚大学洛杉矶分校重新以中世纪历史学家的身份回归学术界，并强调中世纪欧洲技术进步所代表的理性。所有这些作家都只是在科学、经济和技术历史的广泛领域中，应用了哈斯金斯和更为雄辩的斯特雷耶在中世纪的政府、行政和法律中觉察出的理性至上。

　　哈斯金斯-斯特雷耶专注的中世纪全盛时期和晚期的行政史并没有失去其潜在价值。然而，从思想上讲，如果美国的行政历史的传统能再次在中世纪世界开拓出新的前景，就必须接受从社会学理论和文学研究中获得的更多见解。英国学者迈克尔·T. 克兰奇（Michael T. Clanchy）在《从记忆到书面记录》（*From Memory to Written Record*，1979）一书中对行政史有新的诠释，成就辉煌。该书对中世纪英国王室行政发展的描述令人兴奋，展示了从口头社会向文字社会的转变，其关注点是中世纪政府的语言、文字和沟通能力以及写作风格和材料。（**p.285**）1950年，V. H. 加尔布雷思在一本过于谦虚和非常简明的著作《公共档案研究》（*Studies in the Public Records*）中曾暗示过这种方法，斯特雷耶对此非常钦佩。克兰奇的书是一项详尽的研究，以宏伟的方式探讨口头形态向书面形态的转变如何塑造了中世纪政府，以及中世纪政府如何反过来影响了这种转变。因此，它是中世纪政府社会学的一种突破性成就。克兰奇是另一种意义上的创新者。在20世纪80年代中期，他突然放弃了格拉斯哥的终身职位，搬到伦敦，但当时他的工作前景并不乐观，这样做只是为了他的妻子能获得一个非常有吸引力的工作机会——担任一所女子学校的校长。这种平等主义的心态与斯特雷耶那一代人的态度大相径庭，不亚于中世纪相信千年至福的人和神秘主义者的狂热猜想与中世纪研究中威尔逊主义学派的世俗工具主义之间的霄壤之别。（**p.286**）

## 第八章

# 堕落之后：迈克尔·戴维·诺尔斯和艾蒂安·亨利·吉尔森

⚜

## 一、绝对化中世纪

19世纪末的罗马天主教会——上至罗马教廷和枢机主教团，下至西欧和美洲各国的主教和修道院院长，再到天主教学院和大学的教师和学者——都面临着一个异常复杂的难题，即如何以及在多大程度上吸收现代世俗学问和科学并使之合法化。这个棘手的问题是法国大革命的遗产。到了18世纪末的启蒙时代，法国的教士和教廷本身已经形成了一种矛盾但绝非消极的态度。接着，法国大革命爆发，法国教会被世俗化，其财产被没收，罗马教会向发生革命的法国宣战。之后，拿破仑·波拿巴（Napoléon Bonaparte，1769—1821）与罗马达成和解，1815年法国君主制暂时复辟后，法国教会重新夺回大部分的财富并在国家生活中恢复了影响力。然而，19世纪的天主教会对现代自由民主以及与之相关的学问和科学持敌视和反对态度，这一情况持续至这个世纪最后二十年，直到改革派教皇利奥十三世（Leo XIII，教皇约翰二十三世 [John XXIII] 之前最重要的现代教会的改革家）即位后才有所改变。用通俗但总体而言实事求是的话来说，从18世纪90年代到19世纪80年代的近一个世纪里，教皇统治阻碍了现代文化的发展。（**p.287**）偶有天主教学者，特别是在20世纪中叶的德国，试图打破这种否定主义，但遭到罗马的严厉谴责。

这种天主教的否定主义和反智主义当然就意味着教会对有关中世纪的学术研究不感兴趣。事实上，天主教基本上是以怀疑和充满敌意的眼光来看待新近发展起来的历史科学。教廷不愿自视为一个历史性的机构，即一个随着时间推移而发展和变化的机构。它希望把自己看成是随着《马太福音》中基督对西门彼得（据说是罗马第一任主教）的任命而瞬间产生的："……你是彼得（磐石），我要把我的教会建造在这磐石上……凡你在地上所捆绑的，在天上也要捆绑；凡你在地上所释放的，在天上也要释放。"历史研究，特别是对教会早期和中世纪时代的研究，只能对教会是以教皇为中心被瞬间创造出来的、具有永恒不变的特性的信仰提出一些令人尴尬的问题。

因此，在这种天主教教义范畴内撰写的关于中世纪的作品，只是将教义投射到过去，设想了一个基本上不变的中世纪教会和教皇制度。此类作品的典范是由奥地利因斯布鲁克天主教大学（Catholic University of Innsbruck）的德国保守派天主教教授路德维希·帕斯托尔（Ludwig Pastor）撰写的教皇史，他的多卷本中世纪晚期和近代早期的教皇史于1886年开始出版。今天，没有人会读它，包括天主教学者在内，除非是为了了解前现代天主教的奇特思维模式。当时在罗马广受欢迎的作品，如今却在大西洋两岸的天主教学院的书架上积满灰尘。1973年，由杰出的德裔瑞士自由派天主教学者胡贝特·耶丁（Hubert Jedin）主编的后梵二会议①多卷本《教会史》（History of the Church）断言，帕斯托尔的作品在思想上和启发性上都毫无用处。耶丁与他的同事们说，帕斯托尔"对周围一切知识发展无动于衷，也不关心历史理论的变化"。

对天主教历史研究（包括对中世纪的研究）的解放任务，随着改革派教皇利奥十三世在1883年宣布的原则而来："编写历史的第一条法则要求不说假话；此外，不隐瞒真相；最后，要避免任何偏袒或敌视罗马的嫌疑。"然而，利奥赋予天主教历史学家这份"自由宪章"时，心中伴随着一个信念（**p.288**），那就是对中世纪教会和教廷如实地进行描述，如教会使异教野蛮入侵者的信仰改变、对古典遗产的保护，以及教皇对中世纪帝王威胁性主权的反抗斗争，这些描述将使人们对教会产生压倒性的正面观点；而有些教皇的过失无法掩盖，如15世纪末臭名昭著的博尔贾（Borgia）教皇亚历山大六世（Alexander VI），而利奥十三世也允许对此进行如实记述。但利奥教皇非常乐观地认为，对中世纪教会的深入研究将会而且应当会支持这个论点，即教会对文明和宗教的发展起到了促进作用。那些害怕中世纪研究的枢机主教则被他斥为"思想狭隘"。

这位伟大的改革教皇对20世纪天主教文化中的中世纪塑造做出了另一个至关重要的贡献。利奥十三世使教会中的新经院哲学运动合法化。新经院哲学

---

① 梵二会议（Vatican II）：第二次梵蒂冈大公会议（the Council of Vatican II）的简称，1962年10月11日至1965年12月8日举行。它是自公元325年尼西亚大公会议以来基督教历史上的第21次大公会议，是罗马天主教在现代召开的第一次大公会议，也是截至目前最后一次大公会议。

运动是一场始于法国和德国的运动，旨在复兴中世纪的经院哲学和神学，特别是要将圣托马斯·阿奎那的教义奉为天主教高等和中等教育的核心著作。1900年以前的新经院哲学仍然是教义的而不是历史的；也就是说，它最初很少或根本没有努力在中世纪的原始背景下研究圣托马斯和其他经院哲学家的著作，没有把它们当成中世纪思想文化史的一部分，或把它们视为发展中的中世纪思想意识的一部分。但是，只要教皇批准天主教学校重新对圣托马斯派和其他经院哲学著作进行广泛而认真的研究，就为探究中世纪经院哲学的历史创造了条件。这反过来又要求对中世纪大学的课程和组织进行研究，因为阿奎那和其他经院哲学家的活动就发生在中世纪的大学。特别是19世纪和20世纪之交的德国天主教学界，已经开始了这种对中世纪学术生活的研究。

就像20世纪60年代的教皇约翰二十三世一样，利奥十三世敢于冒险，激起更多的期望并促进了更多的实验，而这些超出了教会高层的承受范围，世俗信徒也难以接受。在利奥十三世于1903年去世后，罗马的文化政策变得反动（约翰二十三世1963年去世后也是如此），出现了一种保守化的、准压制性的转变，直到60年代初第二次梵蒂冈大公会议才被完全纠正。在法国、德国、英国和美国（尤其是巴尔的摩），为了响应利奥十三世在教会倡导文化自由化的号召，在一批激进的神职人员和世俗信徒中出现了一个爆炸性的进步，即将天主教与现代思想融合。（**p.289**）这种有争议的趋势——在教会界被称为现代主义——激发了天主教学院和其他研究中心开启对早期教会的批判性研究。这种转变反过来使一些非常古老的争论重新上演，这些争议可以追溯到13世纪，比如关于耶稣教会的性质和组织的争论以及关于耶稣的直接使徒和最初几代基督徒的争论。很明显，将以教皇为中心、主教为主导、奉行必胜主义的教会直线投射到基督教的最初阶段是大有问题的。

这不仅是一个历史或学术问题。与中世纪时一样，无等级或者等级性不明显的使徒式早期教会的形象，引发了对今天教会的组织方式的真实性与合法性的质疑。这种质疑非常令人不安，即它给自由派新教对教皇权威合法性的仇视带来安慰；这种质疑还造成一种恐惧，即重提中世纪晚期对教会民主化的要求，将其从一个等级化的权威（教权）改造为一个平等的信仰群体。14世纪初，受到谴责的方济各会曾阐明了这样一种宗教民主的形象。因此，教皇利奥十三世的继任者庇护十世（Pius X）重重地踩下了刹车，以阻止这场刚刚开始的、被笼统地称为天主教现代主义的知识和精神革命。他在1907年谴责这是一种异端。1912年，研究早期教会的最杰出的天主教历史学家路易·迪歇纳（Louis Duchesne）的作品被毫不客气地列入"禁书目录"（Index of Prohibited Books），尽管迪歇纳神父在1922年去世之前仍继续在罗马的一个教廷机构担任高级职务。天主教历史学术界严寒降临，颁布了压制性的学术指导方针，这一方针直到20世纪60年代才被广泛撤销。20世纪80年代，约翰·保罗二世（John Paul II）又重新在神学和性伦理学的教学方面部分地实施了这些规定。

由于天主教文化的现代化进程时断时续，很快就有了一套严格的规范来规定天主教学者对中世纪的解释方式。他们不得不用一种具有防御性的方式来处理教会的角色，对教皇权力的良性连续性必须持极其正面的观点。天主教徒可以写关于中世纪的文章，但只能写得让现代教会和教皇制度（被认为是中世纪制度的直接延续）显得非常美好。天主教学者在他们对中世纪的"发明"中，(**p.290**)不应该说一些可能使教会和教皇名誉受损的话，也不能对教皇的绝对权威或教规的普遍适用性、宗教教团的功绩或中世纪学者的智慧和学识提出怀疑。简而言之，中世纪的任何坏处都不能说出来，以免天主教会的批评者得到安慰。

利奥十三世坚信，编写中世纪历史或研究中世纪文化和社会的任何方面都对现代教会有益，这一信念如今已演变成一种规范性的指导准则。天主教这种对中世纪世界的带有偏见的说教方式，在1979年由耶丁编辑的后梵二会议天主教自由派的《教会史》中被称为"中世纪的绝对化"。在今天的天主教中世纪学术界还保持对这种绝对化的残留的尊重。

因此，自1907年以来，天主教历史学术界对中世纪历史的研究集中在这些问题上：教会权威在20世纪早期规定的这种绝对化、辩解性的解释是如何被修改的，为什么被修改，以及在何种程度上被修改？当然，只强调中世纪的绝对化是不公平的，类似的绝对化、偏见化、宣传化的解释也是非裔美国研究、女性主义研究和犹太研究的核心，这些研究今天在我们的大学里蓬勃发展，大学校长们引以为荣，国家人文基金会（National Endowment for the Humanities）和一些大的私人基金会也很乐意支持这些研究。如果把所有的天主教学者分成两个极端化的群体，即绝对化的人（强烈维护中世纪教皇和教会并为之感伤的人）和采取更独立、更复杂、更精密的方法的人，也是不公平的，且不够精确并缺乏洞察力。自20世纪60年代末以来，真正教条化的天主教绝对化者一直是一个相对较小的群体，出版作品的数量也不多。近几十年来，唯一对中世纪进行旧式的绝对化并吸引了大量读者的作品是法国教士亨利·丹尼尔-罗普斯（Henry Daniel-Rops）的著作。他这本关于中世纪教会的温和的综述著作于20世纪50年代末在法国畅销，并在美国收获了大量读者和令人惊讶的严肃关注。在后梵二会议后的动荡和困惑中，对天主教教友来说，再次读到在仁慈而坚定的教皇领导下的有序而美好的中世纪教会的有关内容，无疑是一种怀旧的安慰。

我们不应该简单地将天主教中的中世纪解释者划分为绝对主义者和真理追求者两派，而应该明确指出，(**p.291**)天主教对中世纪的所有"发明"都有一个共同点，那就是一种"堕落之后"的意识。天主教历史学家在想象中世纪世界时，对三种堕落做出了回应。第一，人的堕落。这包括亚当的反叛、被逐出伊甸园以及烙在人性上的罪的印记。这意味着若没有上帝的恩典，人就不能获得救赎，而上帝的恩典既可以直接传递给个人的灵魂，也可以通过教会传递，教会扮演着上帝救赎恩典的一个不可或缺（但不是唯一）的分发者的角色。这种神学要如何变成历史呢？当然，自圣奥古斯丁以来，也许自圣保罗以来，基督教的思想家们就一直在思考这个问题。他们得出了各种各样的历史判断，从传统的认为中世纪教会为其成员提供了文化和圣礼救赎的手段，到更为激进的、远没有那么乐观的观点，认为罪的印记，即亚当和该隐的缺陷遗传，毁灭性地败坏了人性，使人类（包括中世纪的男人和女人）无法持久地创造和维持有益的制度。按照这种神学，制度化、改革、做社会公益很可能被人性固有的缺陷所挫败，这种挫败在中世纪已是事实。

第二，罗马帝国的堕落。西罗马帝国的解体以及罗马在五六世纪时失去对拉丁语世界的统治权，为天主教会开展传教和教育工作并成为中世纪文明的熔炉提供了机会。这是标准的天主教观点。但这一观点也有一些不利因素和问题，这体现在三世纪反罗马的北非基督教领袖德尔图良（Tertullian）的论战口号中："雅典和耶路撒冷有什么关系？"通过保存古典文明，拉丁教会使西方延续了罗马等级制度和奴隶制，并倾向于将帝国中央集权（现在越来越多地通过罗马教会实现）视为一个历史目标。为什么早期中世纪教会的社会和政治思想是如此源于罗马帝国的专制和不平等？为什么13世纪的教廷在许多最理想主义的成员的激烈反对下，要重新强调这一罗马法律和政治学说？为什么教会认为在罗马灭亡后维护罗马的专制和不平等是其社会使命的核心？这些都是研究中世纪的天主教学生面临的难题。

第三，中世纪教会的堕落。每一个书写中世纪的天主教徒都被中世纪教会历史的灾难性结果所困扰：(**p.292**)宗教改革，或者德国人用一个更好的词来称呼它——*die Glaubensspaltung*（信仰的分裂）。中世纪教会史和中世纪晚期知识发展史令人沮丧的结果是，欧洲三分之一讲德语的人、约90%讲英语的人、一半以上瑞士人以及几乎所有荷兰人和斯堪的纳维亚人都脱离了天主教会。除了总人数和领土减少之外，欧洲受教育程度最高的、富裕城市的民众也大多退出了罗马的权威,并进一步以他们的路德派、加尔文派和英国国教为基础,形成了与仍然信仰天主教、对抗宗教改革的巴洛克世界截然不同的独特文化。这场大灾难为什么会发生,又是如何发生的?宗教改革在中世纪晚期的宗教和文化中到底有多深的根源?为什么在脱离天主教的国家中,受过教育的富人对罗马天主教的大众文化产生了如此狂热的仇恨?这些都是天主教中世纪学者不得不面对的严峻问题,他们超越了 20 世纪初在天主教知识分子中很流行的"魔鬼路德·加尔文和亨利八世让他们这么做的"这一论点。自 20 世纪 60 年代甚至更早以来,在比较有雄心的天主教大学里,妖魔化已经不是一个可以用来理解中世纪教会没落的可信途径了。

天主教对中世纪的所有解释都必须涉及这三种堕落。坚定的罗马天主教徒在中世纪研究中的所有写作,都要在教会对学术的总体监督下,适应这三种堕落。自 20 世纪 40 年代以来,尤其是自 60 年代初的梵二会议以来,天主教学者在思想上享有很高程度的自由,但这种自由仍然受限于一个完全独裁的体制。无论天主教学者对中世纪的看法如何,仍然可能在教会内部引起教义冲突和纪律惩罚。这并不是说自 20 世纪 60 年代以来,可能会有来自罗马的命令,要求撤回某一解释或对其保持沉默。而是天主教知识界分裂成了观点迥异的意识形态群体,先锋的、非传统的观点很可能会招致比较保守和传统的天主教学者、政论家和官员的负面回应甚至严厉的评判。

自 1929 年起,一个由教会赞助的中世纪研究院(Institute of Medieval Studies)就在多伦多大学校园内存在,(**p.293**)它得到教会和私人资金的支持。在美国,若一所州立大学设立一个有教会背景的中世纪研究和培训中心,很可能被认为是违宪的,但在加拿大,这不仅合法,而且在政治上很受欢迎。宗座研究院(Pontifical Institute,1939 年获得罗马颁发的正式许可后有此称呼)在训练学生阅读教会拉丁文和中世纪手稿方面卓有成效。它出版经过精心编辑的中世纪神学和圣徒传记的文本。但除了经济史这一没有争议的领域之外,该研究院在其他领域的解释工作相比较而言不那么起眼。人们对中世纪文化的重大问题与今天的教会之间的关系非常敏感。与其说有从外部强加给多伦多研究院的教职员工和博士生的审查制度,不如说他们有一种自然而然的敏感,能敏锐觉察他们就中世纪世界重大宗教和文化问题所发表言论之中的挑衅性暗示。

宗座研究院从一开始就以其跨学科方向而闻名。最近,该研究院开始集中研究中世纪欧洲的语言使用和识字水平。这个项目很有前途。但是,一旦超越技术分析的范畴,触及中世纪文化中更普遍和更有争议的问题时,它能走多远还有待观察。20 世纪 70 年代和 80 年代,美国学术萧条,在中世纪研究博士生项目质量下滑的情况下，拥有杰出师资和超一流图书馆的多伦多研究院近年来吸引了优秀的美国学生，其作为中世纪研究的高级培训和研究中心的重要性显著提高。

另一所由北美洲英语区教会赞助的中世纪研究院，自 20 世纪 40 年代末起就设在美国最著名的天主教大学——印第安纳州南本德市（South Bend）的圣母大学（University of Notre Dame）。圣母大学中世纪研究院的历史是灾难性的。该研究院从未成功邀请到一位杰出的天主教学者担任院长。学者们认为，南本德的气氛过于教会化、党派化和封闭。20 世纪 70 年代，圣母大学曾试图让芝加哥大学的伯纳德·麦金（Bernard McGinn）担任中世纪研究院院长。麦金曾是一名牧师，他和妻子去圣母大学试验性地待了一年，然后逃回了芝加哥。虽然两人都是非常虔诚的天主教徒，但他们无法忍受圣母大学的氛围，（**p.294**）麦金也无法在那里愉快地继续他关于中世纪千年宗教运动的重要研究工作。麦金担心的不是实际审查的威胁，尽管这可能发生，而是爱尔兰天主教文化令人窒息的影响，尽管他也是从那种文化中走出来的，而且他年轻时曾在纽约市史坦顿岛（Staten Island）一所教区高中担任过几年教区牧师和教师。

因此，任何天主教学者在解释中世纪时，都会遇到一个问题，即在制度化的天主教及其残存的对中世纪的绝对化的限制下工作。这当然不是罗马天主教独有的问题，在其他宗教团体中也存在着对言论自由的束缚。一个南方大学的教员，甚至是州立大学的教员，议论福音派或五旬节派基督教要非常小心。我们都知道萨尔曼·拉什迪（Salman Rushdie）和毛拉们的问题。1980 年，纽约大学董事会主席、著名的媒体大亨和自由民主党人劳伦斯·蒂什（Laurence Tisch）否决了欧文·格林伯格（Irving Greenberg，是纽约市最激动人心和最具创新精神的犹太神学家）拉比担任纽约大学犹太研究项目主任的任命，其否决的理由可以说是教义方面的。蒂什将格林伯格的神学视为对中上阶层犹太文化和行为的威胁。也许只有在北方新教和英国国教世界里，宗教团体和机构内部才有真正的思想自由。至于为什么会这样，这里有着漫长而复杂的演变，也许至今仍无法完全解释清楚。

但是，教派信仰的紧张、禁锢和冲突以及教团权威所践行的封闭政策等反而在知识创造力方面产生了积极的结果，而完全的思想自由则难以产生近似的效果。镇压所取得的文化胜利不亚于自由。正因为过去的负担是通过今天仍在运行的教会来传承，所以罗马天主教徒关于中世纪的任何论断都具有教义和历史的意义。任何基于中世纪研究和解释的出版物，对天主教教育和精神辅导都具有核心价值。中世纪对教会来说不仅仅是在彼处，它就在此处。对教会来说，中世纪是一个当代问题，也是一个历史形象。因此，天主教对中世纪的"发明"本身具有一种独特的鲜明性、紧迫性和情感性。（**p.295**）这种具有公共意义和个人相关性的状况普遍存在于所有天主教中世纪学家的作品中，但在戴维·诺尔斯（David Knowles，1896—1974）的生活和思想中得到了最好的体现。他是英国本笃会的修士和神父，从44岁起任剑桥大学教授。从20世纪30年代初到50年代末，诺尔斯写出一部四卷本的关于修道院和其他教团的历史，这是20世纪天主教徒在中世纪研究方面的杰出成就。它也是英语历史文学中经久不衰的作品之一，使诺尔斯与吉本、麦考利（Macaulay）和梅特兰同列神殿。

## 二、叛逆的修士

1959年7月第一周的一个炎热的星期三下午，我步履匆匆，从与我的妻子和十个月大的儿子共同居住的一家位于贝斯沃特（Bayswater）的旅馆，穿过伦敦城区，赶到位于伦敦大学布鲁姆斯伯里校区的历史研究所。我与剑桥大学历史系敕命教授戴维·诺尔斯大师（Dom David Knowles，[dom]一词源自拉丁语 *dominus* [主人]，在英国用于称呼天主教僧侣和牧师）约好在研究所的休息室喝茶，但我迟到了二十分钟。他在等我。通过他的牧师衣领，我一进房间就毫不费力地找到了他。

我曾看过诺尔斯的两张照片和一张素描写生图，这些图像并没有充分展现出他的真实体貌。诺尔斯个头不高，面庞清瘦，但体格强健。年轻的时候，他经常打板球，还喜欢在乡间漫步。尽管他身形瘦削，却丝毫不显虚弱，反而如同运动员般精悍，行走时步伐矫健有力。他脸部最引人注目的特征莫过于那双大而有神的眼睛和那迷人的嘴唇。他的外貌反映出了他的复杂性和矛盾性：一方面是隐忍、自律的宗教僧侣形象，另一方面则透露出让他的僧侣和学术同事感到困扰和恐惧的侵略性和坚定决心。戴维·诺尔斯的同事对他既恐惧又敬爱。

诺尔斯不是一个瘦弱、孤僻的修士。他的嗓音洪亮而清晰，（**p.296**）没有耐心与愚蠢的人相处。生气时，他会咄咄逼人而又直言不讳，这种情况并不罕见。在天主教会和牛津剑桥的圈子里已经形成了一个关于他的虚假故事，以掩盖戴维·诺尔斯神父生活中的冲突、激情和动荡的真相，以及他奇怪的家庭生活。1954年至1955年，我在牛津求学时就听过好几次这个故事，内容是这样的：诺尔斯曾是巴斯（Bath）附近唐赛德修道院（Downside Abbey，英国最大、最古老[有两百年历史]、最负盛名的本笃会修道院)的修士。他是唐赛德社区学者和知识分子中的坚定人物,也是该社区杂志《唐赛德评论》(*Downside Review*)的编辑,在他的主持下,该杂志已成为英国最主要的天主教知识分子杂志(故事的这部分内容是真的)。接下来的故事是,1940年,诺尔斯出版了他的杰作《英格兰的修道会》(至1216年),并一跃成为英国中世纪历史学家中的佼佼者(属实)。然后,根据这个似是而非的故事,诺尔斯在1944年收到剑桥大学的教职邀请后慢慢地和唐赛德修道院院长闹翻了。起初,修道院院长允许诺尔斯从唐赛德请假,到剑桥任教。但在1946年,当他被邀请担任剑桥大学中世纪史的教授时,修道院的院长却表示反对,并坚持要诺尔斯拒绝这个邀请并回到修道院。诺尔斯拒绝了院长,一场教士危机由此而生,因为他在修道院许下的誓言要求他必须绝对服从院长。就像故事所说的那样,戴维神父向罗马提出上诉,教皇免除了他对修道院院长的服从;诺尔斯得以执教于剑桥大学。1953年,他被首相温斯顿·丘吉尔任命为敕命教授,并成为历史系主任。这个故事讲得不错,但篡改了诺尔斯和修道院团体之间的分裂及与修道院院长发生激烈争吵的时间和原因(事实上,院长从来没有反对过诺尔斯去剑桥大学任教)。此外,这个虚假故事完全掩盖了诺尔斯生命中最后三十五年里最重要的个人经历:他与旅居伦敦的瑞典精神病学家伊丽莎白·科内鲁普(Elizabeth Kornerup)医生的关系。

关于诺尔斯的生平有四种版本。第一个版本来自牛津大学教授威廉·埃布尔·潘廷(William Abel Pantin)。潘廷是诺尔斯的一本主要著作的研究助理。潘廷的记述发表于1963年,距诺尔斯于1961年从敕命教授的职位上退休已有两年,潘廷为他献上论文集《历史学家和性格》(*The Historian and Character*)。(**p.297**)该书出版前,英国所有重要的中世纪学家,也包括美国的几位,都在书上作了署名,潘廷制作了一份"履历表"作为导语。这个导语以一种失忆的方式来处理那个被掩饰的问题:诺尔斯与唐赛德的决裂被完全忽略了。第二个版本是诺尔斯去世后《英国国家学术院院刊》刊登的一篇模板化的讣告文章。作者是诺尔斯的学生和遗稿管理人——剑桥的克里斯托弗·布鲁克(Christopher Brooke)教授(布鲁克的妻子罗莎琳德[Rosalind]也是诺尔斯的学生)。这是一篇缄默的作品,提及了诺尔斯与唐赛德的决裂,但没有进行解释。伊丽莎白·科内鲁普的名字在文中被一带而过,但她与神父戴维·诺尔斯的关系没有得到解释。所以,牛津、剑桥的两位英国中世纪学界的领军人物审慎地掩盖了诺尔斯动荡起伏的生活。诺尔斯本人留下的一本自传手稿也被布鲁克压下不发,不到2004年不得出版,此前也不允许任何人查阅手稿。我无从得知,在诺尔斯去世后的 16 年间，布鲁克是如何协调这种压制传记材料的做法与他作为剑桥历史教授的学科义务的。

终于，在 1979 年，真相（至少是部分真相）开始浮出水面。第三个版本是这样的：阿德里安·莫里（Adrian Morey）是唐赛德的一名修士和中世纪学者，比诺尔斯小五岁，早年与诺尔斯相识，时隔二十年后，在诺尔斯生命的最后十几年里再次与他相知相交。莫里出版了一本回忆录，但内容远不止是回忆诺尔斯的生平：这是一本简短的评传，大量使用了唐赛德修道院的档案资料，并着重描述 20 世纪 30 年代诺尔斯与他所在的社区之间的决裂。莫里的书中不乏对诺尔斯的同情和钦佩，但主要偏袒修道院，为那些不得不应对诺尔斯的心理和思想反叛的修道院院长们辩护。较之其他已出版的资料，这本书对诺尔斯与伊丽莎白·科内鲁普的关系进行了更为详细的描述，但由于它是建立在假设这种关系是"清白"（innocent，一个奇怪的修道院词语，莫里想表达的意思是独身的、无性的）的基础上的，而且对科内鲁普充满敌意，因此其价值有限。最后一个版本是 1986 年莫里斯·考林（Maurice Cowling）的叙述。考林是诺尔斯的同事，在诺尔斯工作和生活了二十年的剑桥大学彼得豪斯学院（Peterhouse）从事现代史研究，他发表了一篇见解深刻、简明扼要的独立评论文章。这篇文章在某些方面对诺尔斯颇具敌意，但同时又对诺尔斯的思想和学术成就表示钦佩。考林在 1953 年成为剑桥大学教授之前，在伦敦当过几年记者，因而他的文章有一种直率的风格（与布鲁克和潘廷的模板化文章和掩饰形成鲜明对比）。（**p.298**）例如："诺尔斯被伊丽莎白·科内鲁普迷住了。……在他余下的生命里，他与她形影不离。"

戴维·诺尔斯原名迈克尔·克莱夫·诺尔斯（Michael Clive Knowles），是伯明翰一个富裕的中产阶级制造商唯一幸存的孩子。该制造商生产的留声机的所有针头上都带有"主人之声"的商标名，这是 20 世纪 50 年代之前最畅销的英国留声机品牌。他的父母原先是福音派新教徒，后改信罗马天主教，这对诺尔斯的生活和思想产生了非常重要的影响。他并非出生于古老的英国天主教贵族家庭（如伊夫林·沃在《旧地重游》中描述的那样），也不是爱尔兰移民。出于对一种难以明确定义的宗教信仰的真诚探索，他的家人皈依了天主教（这在 19 世纪末并不罕见）。60 年前，约翰·亨利·纽曼（John Henry Newman）出于同样的原因进行了同样的精神朝圣。就纽曼而言，他曾是英国国教低教会派（Low Church Anglicanism）成员。这些皈依天主教的新教徒对天主教会持乐观的看法，他们在天主教会中寻求一些更富戏剧性、更有魅力和个人感召力的东西，而不是英国那些管理略显混乱、领导不力且教育水平较低的天主教教会所能提供的东西。纽曼很失望，但他坚持新的信仰，继续朝圣之旅，最后成为枢机主教。迈克尔·克莱夫·诺尔斯父母的一些同样的紧张和失望可能也给他的一生投下了巨大的阴影。他希望天主教会在灵修和学问方面达到可以想象到的最高水平，但是英国天主教会的人员注定无法达到这种完美的境界，教会甚至也没有物质资源来实现这些至高的期望。这就是诺尔斯生命中第一个主要的冲突来源。这就好比得梅因①的一位药剂师有个非常聪明的儿子，他最后进入了爱荷华州立大学，却因为这所学校不是哈佛、伯克利或阿默斯特而感到不开心。

迈克尔·克莱夫·诺尔斯的母亲非常爱他。她以诺尔斯身体虚弱为借口，把他留在家里直到他十岁，让家庭教师（马虎地）对他进行教育。他没有兄弟姐妹，也没有学校里的朋友，整天与母亲待在一所大房子里，与世隔绝。当他从这种被拘禁的状态中走出来，开始发展社会人格时（就像他年近不惑时发生的那样），产生了剧烈的情绪动荡。这种情绪上的动荡动摇了唐赛德修道院的根基，并引发了一场有可能演变为教会的国际丑闻的危机。在上学之前，年轻的诺尔斯阅读了大量的英国文学和历史作品。（**p.299**）因此，他的早期教育主要靠自学，这培养了他对英国文学及其内在风格的敏锐触觉。在这一点上，他和后来任命他为救命教授的温斯顿·丘吉尔有相似之处。丘吉尔年轻时也是通过自己的努力，深入阅读了英国文学作品，从而培养出了对文风的细微差别体察入微的非凡洞察力。

唐赛德修道院是英国最好的天主教私立学校，诺尔斯13岁时就被送到了这里。他在第一个学期结束后以膝盖受伤为借口在家里待了几个月，这说明他很难适应唐赛德的环境，这并不奇怪。但是，处于青春期的诺尔斯逐渐成长为一个身体上强壮、心理上坚强的人，他坚信自己智力超群（只是被老师们认可得慢一些），并且受到上帝的特殊召唤，这对于一个虔诚家庭的孤独而避世的儿子来说，并不稀奇。1914年，诺尔斯18岁，他首次在唐赛德发愿成为一名修士，这显然得到了他父母的同意，尽管他的传记作者都没有讨论这个重要问题。正如莫里所指出的那样，如此早的宣誓出家在今天是绝不允许的。这反映了当时英国天主教会的幼稚和混乱，也反映了唐赛德在英国罗马天主教会中的特殊地位。它主张以原始的中世纪本笃会方式实现完全自治，只在形式上接受来自罗马的遥远而少量的监督。唐赛德修道院也是中产阶级新教家庭皈依天主教会的温床。在19世纪末和20世纪初，唐赛德修道院先后有三位院长都是从

---

① 得梅因（Des Moines）：艾奥瓦州首府。

新教改信天主教的。因此，唐赛德修道院有一种特权和珍稀的气质，一种特立独行和极度自治的氛围，这也影响了诺尔斯的思想和气质。

如果说作为修士的诺尔斯表现出了独立、自主、野心和争强好胜，那么这些品质也是唐赛德文化的特点，并且很容易以夸张的形式在其最杰出和最受人敬仰的兄弟身上重现。当戴维·诺尔斯神父在 20 世纪 30 年代中期与他的教团发生冲突时，当时的修道院院长是一个新的局外人，这一点非常重要。他既不是皈依者，甚至也不是唐赛德学校的校友，而主要是在法国接受的宗教生活教育。因此，从某个角度来看，这场争执是独立、特立独行的唐赛德传统（**p.300**）与更为有纪律、有序和集权的大陆天主教态度之间的争斗。

按照传统，修士在开始宗教修行时要取一个新名字，象征着他们精神上的重生。于是迈克尔·克莱夫就成了戴维，他的第一批著作的署名就是戴维·诺尔斯，包括 1940 年出版的《英格兰的修道会》。后来，在 20 世纪 50 年代担任剑桥大学教授时，诺尔斯尝试了一个折中的办法，他有好几年都以"M. D. 诺尔斯"署名，直到生命最后十几年才重新使用他那简单的修士名字。人们给自己取的名字体现着对自身的认识，所以诺尔斯的命名历史是很有意义的。

诺尔斯没有在第一次世界大战中服役，而他在唐赛德的许多同班同学都参军并阵亡了。诺尔斯本可以作为非战斗人员服役，例如参加救护部队，但他却以剑桥大学学生的身份度过了这场战争。目前尚不清楚他为何没有服役，毕竟从他在唐赛德积极参加板球和橄榄球比赛的情况来看，他的身体似乎已经足够强壮。他未能在战争中服役，而他的许多朋友都在战争中丧生，这给他带来了一种内疚的压力，同时也使他坚信，作为一名修士和牧师，他必然身负一种服务上帝的、非常特殊和沉重的使命，这样才能解释为何他能如此毫发无损地在战争年代生存下来。

如今，一位修道院院长很可能会从诺尔斯的早期生活中发现许多心理问题的根源以及他的极端主义倾向的原因。今天的任何一位修道院院长都可能会质疑修道生活是否适合诺尔斯，质疑他是否有足够稳定的心理素质来适应无聊的修道生活并遵守清规戒律。但是在 20 世纪 20 年代的英格兰，特别是在思想保守的罗马天主教圈子里，不会有人提出这样的问题。

诺尔斯在剑桥大学表现出色，在哲学和古典文学方面都获得了第一名（最高荣誉），还获得了英国文学方面的一个奖项。古典文学第一名是特别了不起的成就，因为他中学时没有接受过深入的拉丁文和希腊文训练，不得不自己做了很多补习工作。显然，他是一个虔诚、有理想，但又非常机智的年轻人，有着出色的头脑和非凡的写作技巧。如今，教会的官员们可能会再次质疑，早早地、持续地住在隐居的修道院里对这种人是否有好处,(**p.301**)教会是否有能力将这样一位才华横溢的青年才俊与尘世隔开。如今,像诺尔斯这样的人,即使在宗教团体中,也可能会被送往罗马的格里高利大学(Gregorian University)攻读几年神学博士学位。而诺尔斯却从剑桥回到了唐赛德,被任命为牧师。除了在罗马散漫地学习了几个月的神学外,便进入了唐赛德社区的正常生活。他在修道院学校任教,战后学校规模稳步扩大,在富裕的天主教家庭中享有盛誉,声名远播至波兰。诺尔斯成为《唐赛德评论》的编辑,该杂志是由修道院主办的,内容主要关于神学和教会历史。20世纪20年代末和30年代初,诺尔斯不仅发表了自己的散文,还展示了作为编辑的卓越才能,在他的主持下,《唐赛德评论》收复了失去的阵地,成为英格兰主要的天主教严肃意见杂志。虽然诺尔斯更愿意也应该继续留在学校里当教师,但他却被委以重任,担任了见习修士师父,即成为那些最年轻的修士的精神顾问和思想导师。

1926年,诺尔斯出版了他的第一部著作《美国内战》(*The American Civil War*),这本两百页的著作由精英出版商——牛津大学出版社著名的克拉伦登分部出版。对于20世纪20年代中期的英国人来说,能够写出一本连贯的、在当时相对来说比较完善的讲述美国内战的书,无疑是一项成就。后来,在他成名并成为剑桥大学的著名教授之后,诺尔斯解释说,他写这本书是因为他对历史人物感兴趣,美国内战中有一些杰出的人物,而他因此练就了描写人物的本领。这种虚伪的解释并不能使人信服,因为事实上,与诺尔斯后来对中世纪人物的成熟刻画相比,《美国内战》中的人物描写并不出色。那他为什么要写这本书呢?问题的答案昭示着一场即将到来的风暴。一位哈佛大学的著名教授、海军少将塞缪尔·埃利奥特·莫里森(Samuel Eliot Morison)曾在牛津大学做过一年的客座教授,在此期间,他收集了很多图书,并留下了一个关于美国历史的小型图书馆。撰写《美国内战》给了神父戴维·诺尔斯一个离开唐赛德的借口,让他有时间去牛津大学研究莫里森的藏书。这种找借口离开修道院的做法,再加上他暑假和父母一起去欧洲大陆旅行的经历,(**p.302**)都表明诺尔斯对他的修士职业或至少对他的社区并不完全满意。

如果唐赛德有人有兴趣或才智仔细阅读《美国内战》这本书的话,就能发现它的文字也显示出类似的躁动不安。这是一本非常浪漫的书,诺尔斯在书中将他对在本笃会社区中很难找到的对一个文雅和美的时代的向往投射到了旧南方身上:"南方付出了他们的(原文如此)一切,北方就没有这样做。为了保存他们(原文如此)最热爱的东西,他们不顾一切,孤注一掷,没有其他人做过这样的事。他们押上了自己的一切，也失去了一切，失去了他们的迪克西[1]，昔日的迪克西，像薄雾一样从本来可以将她抓住的手中消失了，永远地失去了（强调为另加）。"德高望重而博学多才的修道院院长卡思伯特·巴特勒（Cuthbert Butler）读完这几行字后，应该把诺尔斯神父叫来，告诉他，他显然在宗教生活中焦躁不安，鉴于他在学术上的卓越成就，也许他应该回到牛津、剑桥或欧洲大陆去，去攻读历史或神学的高级学位，然后在得到他所在社区的同意后，到某个天主教学院中从事学术研究。但是修道院院长既没有主动性也缺乏洞察力去做这样的事情。

留在唐赛德的诺尔斯越来越不满。他于1927年出版的下一部著作《本笃会世纪》（The Benedictine Centuries）再次清楚地表明了这一点。这本论战性的著作揭示了诺尔斯在他心目中创造了一个理想的本笃会社区模型，他将这个模型的来历归于圣本笃（St. Benedict）的原始规则。这个社区在教会内部绝对自治（一个貌似合理的主张），教皇的权力被保留但很少行使，同时它也是完全由圣人和知识精英组成的社区（这不是圣本笃的修道院理念）。从这本书中可以清楚地看到，无论是唐赛德还是现在的本笃会修道院，都没有实现这一理想。

1933年，卡思伯特·巴特勒去世，继任的院长出于个人的或信条的原因与诺尔斯交恶，诺尔斯与修道院之间的冲突愈发明显。两年后，他作为一个不服从的麻烦制造者被唐赛德驱逐到伊灵（Ealing）的一个破旧的附属修道院（附属宗教社区），位于中下层阶级居住的伦敦郊区。在那里，他拒绝融入社区的生活，因为该社区成员的知识水平要低于唐赛德主社区，他吃饭时也不和其他人说话（**p.303**）。然而，他几乎每天都前往位于布鲁姆斯伯里的大英博物馆图书馆的阅览室，忙着完成一本关于1216年前中世纪英国修道会的重要著作。诺尔斯向罗马提出上诉，反对院长对他的所作所为，声称他受到了极不道德和不合教规的待遇，甚至亲自到罗马为自己辩护。他从罗马的本笃会教徒那里获得了一些令人惊讶的支持，但正如所能预料到的那样，教廷对唐赛德的这位院长表示支持。待诺尔斯回到英国后，他的长篇手稿已经被剑桥大学出版社接受（编辑要求他删掉一百页，他同意了）。于是在1938年的一个晚上，诺尔斯突然从伊灵修道院消失了，只留下衣服和书。经过几个星期的调查和寻找，修道院发现他就住在伊丽莎白·科内鲁普所住公寓的正对面，她是一位瑞典籍精神病医生，在著名的特拉维斯托克诊所（Travistock Clinic）工作。诺尔斯对科内

---

[1] 迪克西（Dixie）：美国南方诸州的别称，该词曾出现于歌曲《迪克西》（1859）中，这首行军歌在美国内战时传唱于联邦士兵中。

鲁普医生产生了强烈的个人感情，称科内鲁普博士是圣徒。根据教会法规，诺尔斯的修士和牧师身份现在被自动中止，而且他还可能因为反叛被逐出教会。

　　唐赛德社区对其最杰出的前成员的遭遇深表同情。此前驱逐诺尔斯的法国化的修道院院长突然去世了，而新一任院长又是一名唐赛德校友，也是诺尔斯曾经的密友。然后到了1940年6月，剑桥大学出版社出版了《英格兰的修道会》一书，该书被莫里斯·波威克等教授誉为大师级著作，他们将诺尔斯视为学术界的一颗新星，这给本笃会和罗马天主教会又出了一道难题。教会怎么能承认它的新学术巨星此刻是一个变节的修士，还可能是被逐出教会的人呢？在罗马教廷的压力下，修道院院长拼命想掩盖真相，并在丑闻爆发之前与诺尔斯和解。这并不容易，因为唐赛德修道院如果不承认自己的严重错误并承认对他的不公，诺尔斯就不会满意。此外，几年来，所有与诺尔斯的联系都必须通过科内鲁普医生，她自称是他的治疗师，说他患有轻度精神分裂症，不能被打扰。这位修道院院长曾多次前往伦敦寻求与诺尔斯的私人会面（**p.304**），但都被拒之门外。以"神经崩溃"为幌子似乎是一个可行的办法，于是修道院院长继续请求并出人意料地获得了科内鲁普医生的同意，让两位精神科医生对诺尔斯进行了检查。检查结果并无定论。就像对才华横溢、学识渊博的人进行精神病检查时经常遇到的情况一样，短期诊断是非常困难的。

　　与此同时，诺尔斯一直住在伦敦，经历了大空袭和战争，周末和暑假都在科内鲁普医生乡下的房子里度过，在那里他每天都为她做弥撒。一桩令教会极为难堪的丑闻每天都有可能在媒体上曝光。修道院院长和罗马协商决定，应允诺尔斯成为"院外修士"，这是一种罕见但符合教规的身份，有了这种身份，修士可以无限期地离开他的社区，实际上可以不在社区居住并摆脱服从院长的誓言。问题是，诺尔斯拒绝申请这种身份，因为在他看来，如果申请了就是承认自己犯了错，而他坚持认为错都在唐赛德一方。最后，在1944年，当他成为剑桥彼得豪斯学院的教授并开始在该学院任教时，教会单方面将这一特殊的院外身份强加于他，并恢复了他的牧师职务。不过，直到1957年，他才公开做弥撒（有别于他为"布里奇特修女[①]"做的私人弥撒，他现在习惯这样称呼这位"圣洁的"瑞典人）。诺尔斯的《英格兰的修道会》在出版时没有获得教会的许可证明（由主教出具的出版许可公告，用以证明书中没有任何冒犯信仰或道德的内容），他后来出版的书也都没有获得过这种许可证明。具有讽刺意味的是，

---

[①] 布里奇特修女（Sister Bridget）：圣布里奇特（St. Bridget of Sweden，约1303—1373）是瑞典修女，布里奇特修道会创始人，这里用来指伊丽莎白·科内鲁普。

这部四卷本的中世纪英国宗教团体史未经任何官方审查就出版了，尽管它的作者是一位牧师和（严格意义上的）修士。英国学术界和媒体对这一奇怪情况的意义视而不见。

彼得豪斯学院的另一位研究员、近代史教授赫伯特·巴特菲尔德（Herbert Butterfield）推动了诺尔斯担任学院研究员和导师的任命。巴特菲尔德出生于卫理公会家庭，是英国知识分子和受过教育的中产阶级中兴起的基督教复兴运动的领袖之一。这场运动始于痛苦而令人疲惫不堪的战争年代（这一点都不奇怪）并持续了大约十年，随着科技发展、物质主义的盛行和经济的复苏繁荣而停滞。巴特菲尔德意识到诺尔斯虽然身处天主教会内部，但他身上有一种与自己相似的福音派精神。1946年，当彼得豪斯的院长完成二战期间的任务返回学院后，他发现这位本笃会修士被奇怪地安排在他的学院并被授予了终身教职，这让他很不高兴。1946年，当诺尔斯被授予中世纪史教授职位时，（**p.305**）狡猾的彼得豪斯学院院长试图把诺尔斯推举给基督学院（诺尔斯是该学院的校友），但那里的教员不愿意接受他，剑桥的其他学院都不愿意推选他为研究员。于是他留在了彼得豪斯学院，由诺尔斯和巴特菲尔德开创的基督教狂热传统在这里得到了延续，现在最突出的代表就是莫里斯·考林。

彼得豪斯的院长对诺尔斯当选研究员感到不满，而所有其他学院，甚至他的母院都拒绝他，这说明了两件事。一是这位严厉、直言不讳的修士并不是教授们希望在他们的高级公共休息室里见到的那种人（谁会责怪他们呢？）。二是在20世纪40年代的剑桥，人们仍然对天主教学术持深刻的保留态度，认为它带有偏向性和煽动性。

1953年到1961年，诺尔斯担任剑桥大学历史学敕命教授，是仅有的两位获得此职位的天主教徒之一（第一位是19世纪90年代的阿克顿勋爵[Lord Acton]，他是自由派的平信徒、德裔英国贵族，同时也是罗马的严厉批评者），也是第一位且可能是有史以来唯一一位牧师和修士敕命教授。温斯顿·丘吉尔为什么会任命诺尔斯？这是一个精明的政治举动，为保守党赢得或至少巩固了天主教教徒的选票。到1950年，在英国选民中有超过20%的天主教教徒。丘吉尔也可能意识到诺尔斯身上有着与自己类似的特立独行精神，并且认为他是又一位叙事史大师，这位并不隶属于任何学术机构的大师，写出了（至少一开始写得很好的）宏大的历史著作，令那些平庸的学者们感到汗颜。

教会现在沉浸在诺尔斯学术成就的荣耀之中。这是一次公共关系上的胜利，因为它完全出乎教廷和英国高层的预料，也并非他们所计划好的，所以显得更加美好。这是上天的恩赐。这位叛逆的修士险些将他与教会的冲突和暂时的分裂公之于众，而现在他成了现代天主教学者和知识分子的典范。诺尔斯与伊丽莎白·科内鲁普之间非同寻常的关系为他的同事们所熟知。她偶尔会去彼得豪斯学院找他，表现得像是一位体贴的学术伴侣。但媒体尊重诺尔斯的隐私。

诺尔斯在20世纪40年代末和50年代有一个光辉的公众形象。他从20世纪30年代末的失宠弃儿变成了"伟大的天主教中世纪学家"，沉浸在其教团的友好欢乐和罗马教廷的赞美之中。（**p.306**）正如我们前面所提到的，一个几乎完全虚假的故事被编造出来，用来解释他和唐赛德修道院院长之间似乎出现的紧张关系。当时（20世纪40年代）的修道院院长非常乐意让诺尔斯继续担任剑桥大学的教授，并继续给予他不受约束的院外身份。这任院长所关心的只是避免公开丑闻，以免暴露诺尔斯在30年代末至40年代初的实际行为，以及他与伊丽莎白·科内鲁普的关系。在院长看来，尽管诺尔斯的实际行为让人严重怀疑他的行为是否符合他的誓言和身份，但他可以继续做牧师和修士。20世纪40年代，唐赛德修道院的新任院长、英国的天主教高层和罗马教廷都希望将诺尔斯与上级的冲突及其危险后果隐藏在公众视野之外，在诺尔斯的勉强配合下，他们最终成功了。我们可以认为，出于对《英格兰的修道会》一书的深深钦佩，赫伯特·巴特菲尔德在1944年将诺尔斯带到了剑桥，但这也有可能是教会高层中的某位人士向巴特菲尔德提出的请求，希望他帮助教会摆脱一个可能产生毁灭性后果的公共关系问题，于是诺尔斯得到了彼得豪斯的教职。

直到1979年，阿德里安·莫里才从偏向唐赛德的角度讲述了20世纪30年代和40年代诺尔斯事件的真实情况。诺尔斯的学生和遗稿管理人、剑桥教授克里斯托弗·布鲁克对莫里的叙述表示不满，但仍然拒绝出版诺尔斯的自传手稿以提供这个故事的另一版本。

"诺尔斯-唐赛德"事件的基本情况现在已经相当清楚，但仍然存在一些问题：为什么会发生这些事？诺尔斯的动机是什么？是什么原因导致唐赛德最聪明、最博学的修士与他的社区决裂？莫里意图通过巧妙的人格诽谤，说明问题完全出在诺尔斯身上。据称，诺尔斯偏离了宗教轨道，经历了这样或那样的心理崩溃，并以一种无理取闹、难以自制和怪异的方式行事。莫里巧妙地展开控诉，与其说是以修士的慈善之心进行人格探索，不如说是以法律简报的性质进行描绘，告诉我们20世纪20年代的诺尔斯因过度劳累而承受着巨大的压力。莫里指出，1929年诺尔斯遭遇了一起严重的车祸（当时他开车撞上了一辆卡车），（**p.307**）受了重伤并恢复缓慢。这暗示着由此产生的心理影响是解释诺尔斯后来行为的重要原因。言下之意是，他在幸存下来后，认为这是上天为了让他完成某种特殊的使命而拯救了他，这导致他对自己和他人的期望变得更加苛刻，对修士天职的看法也变得极端化。

莫里随后告诉我们，在 1931 年至 1932 年，诺尔斯遭受了一次巨大的失望（莫里承认，诺尔斯的上级本可以更好地处理这件事）。诺尔斯先是被告知他将被任命为剑桥大学学生修士住处贝尼特之家（Benet House）的新一任主任，这对他来说是一份理想的工作，但随后这个提议被撤销了。诺尔斯把他的失望归咎于修道院的新任院长，莫里表示，这是诺尔斯对新院长怀有强烈敌意的根本原因，也是使他们关系破裂的原因之一。莫里坚持认为，诺尔斯是一位精英主义者（莫里甚至从三十年后诺尔斯写的一封私人信件中摘录了一段话，他在信中曾用这样的词汇描述自己，但我认为这份信件不相关），而且诺尔斯对本笃会生活的期望超过了它所能提供或应该能提供的东西。根据莫里的说法，诺尔斯热衷于阅读 16 世纪晚期西班牙神秘主义者圣十字约翰（St. John of the Cross）（他无疑是一个宗教极端分子）以及 20 世纪 20 年代具有类似倾向的法国修士的著作，这刺激了他朝着危险的方向发展。（在莫里斯·考林 1986 年的文章中，这种思想上的影响被赋予了更重要的意义。但是，诺尔斯不断阅读整个天主教传统里的各类著作，我怀疑他阅读清单上的特定书目是否会对他产生如此大的影响。）最后，莫里对诺尔斯与伊丽莎白·科内鲁普之间的关系做了毫无同情心的描述，后者表现得像来自地狱的瑞典婊子，精神失常、极端，而且有强迫症。而对于她隶属于英国一流的精神病诊所这一点，莫里似乎毫不关切，以三个理由轻蔑地否定了她：她是个女人、外国人、精神病医生。（考林的描述也表现出类似的学究式大男子主义和民族沙文主义。）

在莫里的描述中，诺尔斯在 1933 年至 1935 年提出了不可能得到满足的奢侈要求，这些要求完全超出了修道院生活的稳定范围，从而导致了他与修道院院长和社区的关系破裂。院长没有努力迁就诺尔斯，而莫里认为院长的冷淡反应是完全恰当的。诺尔斯提出的要求归根结底是希望与他作为见习修士师父指导的九名年轻修士一起离开，（p.308）和他们一起住在一个新的附属社区里，以期最终从唐赛德独立出来。因此，正如莫里所说，诺尔斯想要和他的弟子们一起创建属于他自己的修道院，而且没有理由否认这正是他在 20 世纪 30 年代初想要实现的目标。

这是中世纪杰出的修士们普遍追求的目标——脱离母院，建立一个由更年轻、更热心或更有学问的成员组成的附属社区，并最终独立。他们通常会遭到拒绝，但有时也能成功。莫里在谈到诺尔斯在 20 世纪 30 年代初建立新社区的计划时，仿佛这是修道院历史上几乎闻所未闻的丑闻，而院长的断然拒绝是唯一合理的回应，但这种解释可能会受到严重质疑。正如每一位重点大学的杰出教授都想建立自己的研究所一样，许多富有魅力的修士也想建立一个新的社区。在宗教团体中提出这样的建议甚至可能比在大学中更令人不快，但这是天主教宗教团体以及中世纪晚期脱胎于宗教团体的学术机构的社会学的一部分。

多年前，唐赛德修道院曾收到一位澳大利亚捐助者的捐赠，用于在澳大利亚建立一个本笃会姐妹社区。若干年后，当捐赠所得的收入积累到足够多时，大家都明白是时候要努力履行这一责任了。诺尔斯率先提议立即建立澳大利亚社区，由他负责，而他的九个弟子为社区的初始成员。院长在未经讨论的情况下直接拒绝了这一提议。耐人寻味的是，如果当初院长允许诺尔斯这样做，他将永远不会成为伟大的中世纪历史学家。20 世纪 30 年代的澳大利亚缺少一座中世纪研究图书馆，他无法在那里写出《英格兰的修道会》这本著作。即使有图书馆，新修道院也很可能离它很远，而且无论如何，作为新社区的负责人，诺尔斯也没有时间从事中世纪研究或撰写大部头著作。当在澳大利亚建立社区的计划被拒绝后，诺尔斯提议唐赛德利用自己的资源在英国为他和他的弟子们建立一个新的附属社区。这不仅遭到了修道院院长的断然拒绝，而且招致唐赛德社区大多数成员的憎恨，因为诺尔斯的提议是在利用修道院资源为他自己的项目谋利。随后，诺尔斯和修道院院长互相往来了一系列饱含愤怒的信件。令人惊讶的是，（**p.309**）他们并没有坐下来一起努力寻找解决办法，但很明显，双方已经形成了激烈的个人对立。最后的结果是，诺尔斯的年轻弟子们完全臣服于院长，重新受到了修道院的欢迎，而诺尔斯则被不光彩地流放到了次一级的伊灵修道院。

在莫里那带有偏向性的、唐赛德官方的故事版本中，诺尔斯对修道院生活的稳定性有着深刻的误解，他傲慢、以自我为中心、有个人野心，很可能已经出现了严重的心理障碍。莫里并没有反思这样一个事实的重要性：20 世纪 30 年代对诺尔斯来说，是紧张和动荡的，但正是在这段时期他完成了自己最伟大的著作——《英格兰的修道会》，并开始创作另一部杰作，也就是我们所熟知的《英格兰的宗教团体》（*The Religious Orders in England*）的第一卷。相反，莫里在其针对诺尔斯的巧妙但过于决断的简报的最后，试图利用这些著作来对付他。莫里认为，这些著作说明了诺尔斯的精英主义、在伦理上的过度挑剔，以及对修道院主流天职的误解。简单地说，莫里声称，诺尔斯喜欢的修士是这样的：他们是夸张的圣徒、才华横溢的哲学家或了不起的学者，即使他们给所在的社区和上层制造了困难。他指出，在这些书中，诺尔斯倾向于给特定的修士划分道德等级，他认为这表明了诺尔斯令人厌烦的傲慢和精英主义倾向。在莫里笔下,诺尔斯认为自己受到上帝召唤来充当过去和现在所有修士的评判者,但无论这样做有什么价值,这都不是修士天职的全部。对此的回应是,从形式主义的角度来看,莫里的论点有一定的分量,但这不仅会让人对戴维·诺尔斯神父产生怀疑,还会让人对圣高隆庞(St. Columban)、克莱尔沃的圣贝尔纳、阿西西的圣方济各、圣多明我(St. Dominic)、圣依纳爵·罗耀拉(St. Ignatius Loyola),以及对天主教修道院制度史上几乎所有伟大的名字产生怀疑,更不用说创始人努西亚的圣本笃(Benealict of Nuttsia)本人了。莫里将天主教宗教生活核心的一个悖论转化成了对诺尔斯的个人批评。

根据莫里的叙述(无论其局限性有多大,这些叙述都是详尽且非常有价值的)、莫里斯·考林富有洞察力的文章、我本人在1959年和1968年与诺尔斯的谈话,以及杰弗里·巴勒克拉夫提供的信息,(**p.310**)我会以一种与莫里对戴维·诺尔斯神父的控诉略有不同的方式来诠释诺尔斯-唐赛德事件的始末。

毫无疑问,诺尔斯对取消他担任剑桥贝尼特之家主任的任命感到失望,这是导致他在20世纪30年代早期生活中的冲突和动荡的一个重要因素。许多年后,他自己也说,如果他在1933年左右得到贝尼特之家主任的任命并回到剑桥,情况将大不一样。对于他的教团来讲,肯定也将是另一番光景。连续两任院长都以一种草率而伤人的方式处理此事,这加剧了他的失望。显然,如果诺尔斯在1933年移居剑桥,他会很高兴在那里指导那些被送到大学攻读学士学位的唐赛德修士,而且他很可能会赢得教授们的钦佩和关注。但如果诺尔斯在1933年去了剑桥,虽然可能会避免或至少会推迟他与修道院院长和社区的决裂,但他最终能否在剑桥大学获得中世纪研究的教席,然后获得敕命教授这一至高荣誉,是存疑的。如果诺尔斯避免了20世纪30年代和40年代早期他生命中标志性的紧张、冲突和动荡,那么他的两部最伟大的作品《英格兰的修道会》和《英格兰的宗教团体》(第一卷)是否会如它们现在这样精彩,也是值得怀疑的,诺尔斯甚至可能根本不会去写它们。

20世纪30年代,诺尔斯经历了巨大的心理压力和宗教磨难,这些经历使他的性情变得暴躁,并激发出一种精神狂热和高度个人化的洞察力。然而,这种精神状态在他后来的作品中很少出现。在绝望、愤怒、复仇的渴望、内在的机智和个人使命感的驱使下,诺尔斯创作了这两本书,因此这些书的章节之间,尤其是在讨论宗教领袖、整体文化和教会氛围的部分,充满了强烈的激情和想象力。这种激情和想象力在那些关于中世纪或天主教会历史的作品中少有能与之媲美的。

我们对文学创作的源泉知之甚少,但可以肯定的是,紧张、冲突、愤怒、恐惧、孤独往往蕴含着创造力的火花。诺尔斯的经历无疑给这两本书带来了炽热的光芒，而这种光芒在他后来的作品中只是偶尔闪现，尽管后来他成为世界上最受尊敬的天主教历史学家和敕命教授（这些身份给他带来了舒适的环境）后，(**p.311**) 仍努力尝试过再造这种光芒。在《英格兰的宗教团体》（第三卷）（1959）中，有相当长的篇幅再次燃烧出火焰，诺尔斯在思考宗教团体的衰落以及亨利八世时期修士们被驱散和处决时所感受到的惋惜和焦虑成为点燃该卷的力量。但即使在这本高潮迭起的书中，诺尔斯的热情也显得有些勉强。20 世纪 30 年代，作为一个籍籍无名的孤独人物，诺尔斯在大英博物馆图书馆巨大的圆形大厅里（就像另一位被排斥的卡尔·马克思一样）被边缘化、遭受谴责、绝望地工作，他身上那种由此而生的不顾一切的自发性和被激发的进取心，在之后的很长一段时间里再也不见踪影。

　　1933 年，诺尔斯因失去贝尼特之家的职位感到失望，与此同时，他通过对唐赛德社区的年轻修士们进行精神上的辅导和教育而与他们产生了密切联系，在这个过程中，他发现了自己的性取向。这是一种潜意识和前意识的心理力量，在 20 世纪 30 年代初驱动他的生活并影响他的行为。20 世纪 20 年代末 30 年代初，诺尔斯第一次意识到自己的性存在。诺尔斯从因未及时克服的恋母情结而形成的极度压抑中解脱出来，这影响了他的潜意识和前意识，在一定程度上也影响了他的意识，并引起了他态度和行为上的强烈反应。三十五岁左右的时候，他几乎不可避免地与这些漂亮文雅的年轻人产生了感情上的联系，因为他是这些年轻人的见习修士师父，为他们提供精神和教育方面的辅导。他生活中的这种引发同性恋欲的骚动，冲破了他过于发达的超我，进入了他的自我人格，表现为他想要和年轻的修士们一起逃走，建立一个新的修士社区。这种结果并没有什么新奇或惊人之处，属于修道院历史上的退隐和浪漫出走母题。例如，在 12 世纪中叶英国西多会（Cistercian）修道院院长里沃克斯的艾尔雷德（Ailred of Rievaulx）的著作中，这种主题就特别明显，带有明确的同性恋色彩，而诺尔斯对此非常熟悉。这在克莱尔沃的圣贝尔纳、彼得·阿伯拉和圣方济各的生平中也是显而易见的。

　　在试图以一种可接受的社交方式展现他新发现的自我形象而受挫的情况下，诺尔斯怒火中烧，向阻挡他去路的唐赛德修道院院长发难。正是这次经历的冲击，使他后来难以接受新任院长为弥合裂痕所做的善意努力，并促使诺尔斯坚持要求修道院以一种不可能的方式自我羞辱，承认对他的不公正待遇。唐赛德阻碍了诺尔斯在精神上（也许是肉体上）完成他对年轻俊美的修士们的爱。(**p.312**) 虽然后来修道院寻求与他和解，但他的怨恨久久挥之不去。这种性欲被剥夺的烙印，一旦植入潜意识，就会成为一种难以克服的创伤。诺尔斯想让修道院为他的心理危机承担所有罪责。

20世纪30年代初，诺尔斯生活发生动荡的另一个原因是，他对唐赛德的宗教文化形貌①，也就是我们今天所说的它的文化和生活方式，越来越反感。莫里指责诺尔斯想从修士的天职中得到比它能够提供的更多的东西，这是否正确并不重要，但他肯定希望从唐赛德获得更多东西，而不是它确实提供的那些。到了1930年，诺尔斯认为唐赛德缺乏文雅和智识。他的父母从公理会改信天主教，就是因为他们认为天主教文化必然优于他们所离开的平民教会，否则为什么要改变信仰呢？他父亲对天主教的诗情画意的期望几乎每年都会在诺尔斯身上得到强化。他每年暑期都会与富有的父母一起去欧洲大陆或英国海边度假，然后因这种私人特权而感到愧疚，觉得自己逾越了修道院苦修的界限。当戴维·诺尔斯神父带着家人的厚望和对美丽、高雅的天主教的抒情想象度假回来后，他又回到了什么地方呢？是回到了唐赛德修道院。在诺尔斯看来，唐赛德的文化和知识水平虽然在战后有所提升，但现在已经停滞不前，令人沮丧地变得小市民化和过度爱尔兰化。

诺尔斯对最近去世的修道院院长卡思伯特·巴特勒（这位修道院院长曾是他的老师、朋友和赞助人，受到爱德华时代英国-爱尔兰天主教文化的深刻影响）感到很失望。这一点在1934年公开表现出来，当时诺尔斯以自己的名义在《唐赛德评论》上发表了一篇关于巴特勒院长的长篇讣告，讣告内容令唐赛德社区感到心寒，也让新任院长感到震惊。巴特勒是一位颇有造诣的学者，也是一位管理者，在他长期任职的大部分时间里，唐赛德修道院在他的管理下蓬勃发展。诺尔斯是他的宠儿之一，据说也是他的衣钵传人。然而，诺尔斯在他那篇长文最后，在用传统的恭敬措辞详细叙述了巴特勒的生活和事业细节之后，突然对老院长发难，对他的行为、个性和生活方式大加挞伐：

> （卡思伯特·巴特勒）无疑是不近人情的，对所有受过教育的人普遍具有的审美和智力方面的各种兴趣，几乎都无动于衷……（**p.313**）他思想成熟之后也未受到托马斯主义复兴运动的影响，仍然保持着令人好奇的折中主义和不可知论，甚至在许多哲学和思辨

---

① 文化形貌：一种认为文化如同个人，具有不同的类型与特征的文化理论，最早由美国文化人类学家鲁思·本尼迪克特（Ruth Benedict）与爱德华·萨丕尔（Edward Sapir）共同提出。

神学最深奥的问题上也是如此。……人们可能会怀疑他是否具有给予（这是深厚友谊的本质）的能力，或者是否具有接受他人个性的影响的能力（不同于诺尔斯的同性恋感情）。……面对坚决的反对，他缺乏魄力、主动性和主见等品质。……巴特勒院长是一个极其无能的公众演说家和布道者。……（在布道时）他会花上几分钟的时间，把简单的拉丁语翻译成错误的英语。……巴特勒院长很不注意外表。……最好的衣服穿在巴特勒院长身上都显得不合身。……

诺尔斯甚至对巴特勒蹩脚的刮脸技术表示蔑视！这位巴特勒院长，20世纪初英国修道院制度中最伟大的人物，在诺尔斯令人震惊的坦率回忆录中，表现为一位虔诚、有高度原则的人，但却有着深深的缺陷：麻木不仁，粗俗，受教育程度低，本质上是一个过时的、老式的爱德华时代的英裔爱尔兰人。这是一幅毁灭性的、残酷的肖像画，尽管很有说服力。它表明，诺尔斯不快乐和不安的一个主要原因是，唐赛德没有跟上文化和知识变革的前沿，甚至都不是欧洲天主教内部的前沿，他感到失望和尴尬。同样令人吃惊的是，在1963年由威廉·埃布尔·潘廷编辑的、几乎所有牛津剑桥中世纪学家都签署了的诺尔斯最佳论文集纪念版中，这一对巴特勒的谴责被重新提起并且不加删减地重新出版，这表明20世纪60年代的牛津教授们和巴特勒一样迟钝落后，或者说他们出于沙文主义而津津乐道于诺尔斯对这位英裔爱尔兰院长的诋毁。诺尔斯看到这段标志着他与唐赛德决裂的回忆被不加评论或删节地重印，也感到很困惑。

因此，莫里谴责诺尔斯是20世纪30年代唐赛德社区中的精英分子，并不能解释真正的问题所在。诺尔斯环顾四周，看到唐赛德学校的规模和影响力都在稳步提升，他意识到唐赛德修道院走上了当时（以及今天）大西洋两岸许多天主教宗教机构的老路，即修道院社区主要沦为支持学校的工具，(**p.314**)这是很危险的。他想朝一个完全不同的方向发展，为此，他把《唐赛德评论》升级为英国天主教严肃意见和交流的主要杂志，为自己铺平道路。他希望唐赛德修道院成为英国和英语世界天主教会的思想和宗教领袖。他设想建立一个由才华横溢、学识渊博的修士组成的社区；社区的成员即使不是圣徒，至少也是堪称楷模、尽职尽责的人。他希望推动唐赛德从卡思伯特·巴特勒在位末期所处的位置，跃升为当前的文化和宗教先锋。

但在诺尔斯看来，这只是第一步。现在，他想要唐赛德超越巴特勒的爱尔兰-天主教-爱德华时代的文化水平，具备欧洲大陆天主教最博学、最热忱的特质。他的社区对这种崇高理想感到不安和恐惧。大多数人不愿意跟随他走这条陡峭的上升之路，或者不相信自己有能力这样做。这是人之常情，诺尔斯可能会被视为考虑不周或不切实际，但不会被看作"精英主义者"。当今美国学术界的情况与此相似。在过去四十年里，美国校园里最常见的故事之一，就是从外面请来的新系主任或院长，踌躇满志地着手提升所在单位的水平，却在"改变游戏规则"的过程中遇到了激烈的冲突和怨恨。这种冲突通常以混乱、失败，甚至悲剧收场。在 20 世纪 30 年代，诺尔斯在唐赛德以及整个英国天主教会中的地位，就类似于这种有远见的系主任或院长，结果可想而知——雨暴风狂。这并不意味着他是错的，甚至也不意味着他是对的。这是一场关于理想、观念和自我形象的可悲冲突。

因失去了梦寐以求的剑桥贝尼特之家的职位而感到痛苦，因新发现的性取向而陷入情感的动荡，因唐赛德缺乏优雅和先锋的知识分子气质而感到苦恼，20 世纪 30 年代的戴维·诺尔斯神父在与不公正、无能的权威和倒退的文化氛围的冲突中，形成了一个难以抗拒的形象，他是一位宗教改革家，一位具有超凡魅力和天命的领袖。他对阿西西的圣方济各（也许是《英格兰的宗教团体》第一卷中写得最仔细、最激动人心的人物）的评价非常接近他自己在 30 年代末以及其后数年的自我形象。他通过思考自己的经历来理解圣方济各：(**p.315**)

> 方济各有基督的思想，基督就住在他里面，而对他来说，分裂、改变或为迁就他人来调整他那统一和完整的愿景，是一种痛苦，是完全不可能的。……（方济各）是这样一个人，虽然他对一切美都有强烈的接受力，对周围人的需求也很敏感，但他却能吃他们不知道的面包，而且由不同于照亮他们的灯所照亮……他觉得有必要宣称……修士个人遵循完美之道的权利是不可剥夺的，不应服从与精神完美相悖的命令，即使随后会受到上级的迫害。（强调为另加）

诺尔斯是这样一位历史学家和传记作家，他通过前人的生活重温自己的经历，并从自己经历的痛苦和激情中理解前人。当他在 1941 年或 1942 年写下这些关于圣方济各的文字时，他知道自己已经在与上级的巨大冲突中胜出了。他们正试图与他达成和解。因此，这些文字中有一种胜利的讽刺意味。

此时，他也得到了科内鲁普医生给他的力量和安慰。她非但不是爱管闲事的人或怪人，也没有对他产生有害的影响，反而是诺尔斯生命中最美好的存在。在诺尔斯遭遇前所未有的危机、深陷无尽的绝望之时，科内鲁普从情感上和行动上拯救了他，并在他的余生中引导和支持着他（她在他去世一年后也去世了）。

科内鲁普是一位皈依天主教的路德教信徒，另一位牧师把她介绍给伦敦的戴维·诺尔斯神父，请他为她进行精神辅导。诺尔斯从一开始就认为她身上有一种特殊的圣洁。她当然是虔诚的，希望每天做忏悔和参加弥撒。据说她会随身携带——以一种中世纪流行的方式——一个被奉献的圣体（弥撒中的圣饼）。但她也是一名精神病医生，她可以帮助诺尔斯解决他的个人问题和中年危机。所有迹象都表明，她是一个充满爱心和关怀的人。他们像夫妻一样亲密地生活在一起，完全分享着他们的生活。这包括性亲密关系吗？我们没有理由怀疑这一点。这是可能的，他们不太可能在没有性关系的情况下，在一个诺尔斯需要彻底释放的时期，维持这样一种完整的感情和家庭关系。作为他眼中的精神病学家和天主教圣徒，科内鲁普在帮助诺尔斯将他的性需求置于其宗教天职范围内这一方面发挥了决定性作用。(**p.316**) 他完全有权利相信，她是基督派来救赎他的。在已出版的四部关于诺尔斯的传记中，科内鲁普都受到了如此负面的对待，这说明英国学术界和教会中存在着令人震惊的男性沙文主义。潘廷完全无视她；布鲁克顺带提到了她，好像她是个管家；莫里谴责她；而考林取笑她。

我们可以从另一个角度，从社会学角度而非传记的角度，在 20 世纪天主教会发展的框架内来审视诺尔斯。诺尔斯是教会过渡一代的典型代表，处于他明确推崇的被谴责的改革派现代主义和梵二会议之间的中间点，而他在 20 世纪 30 年代和 40 年代的意图和行为都预示着梵二会议的风格。诚然，作为 20 世纪 60 年代末的一位老人，诺尔斯对梵二会议的成果，尤其是祈祷文式的变化（从传统的拉丁语祈祷文转向本地语）持保留意见。他也自然而然地感到自己与致力于发扬和延续梵二会议精神的年轻一代神职人员之间的鸿沟，但无论如何，他仍是梵二会议解放精神的伟大先驱。

诺尔斯的职业生涯尤其能说明教会从 20 世纪初至今一直面临的问题：如何在制度纪律和教义凝聚力的范围内容纳其最杰出的思想家和最博学的学者。诺尔斯的案例对教会上层，尤其是罗马教廷来说是一个重要的教训，即简单的压制是不可能给教会带来好处的，必须特别为圣经学者和中世纪学家通融，否则，教会就可能会陷入公开对抗，对外颜面尽失，对内打击士气，造成混乱。面对巨大的困难，诺尔斯以惊人的勇气战胜了绝对权威，因此被视为各地天主教知识分子和学术界的主要解放者。就像圣方济各（诺尔斯将自己比作圣方济各）的胜利一样，这是一次由时代力量和天主教信仰内在进程所决定的胜利。(**p.317**)

## 三、神圣的报应

戴维·诺尔斯的四卷本英国修道会和其他宗教团体史是 20 世纪中世纪研究领域最伟大的一部作品，它覆盖了从大约公元 940 年至约 1540 年这样一个很长的时期，对贯穿中世纪文明的一个重大主题进行了持续的、旁征博引的、细致入微的研究。全书共四卷，约一千八百页，都是文笔优美的叙事散文。第一卷于 1940 年出版，书名为《英格兰的修道会》。第二版于 1965 年出版，但改动极小，甚至连参考书目都没有更新。其他三卷则以《英格兰的宗教团体》为题出版。第一卷于 1948 年出版，涵盖 1216 年至 1340 年这一时期；第二卷于 1955 年出版，涵盖从 1340 年到"中世纪末期"，即 1500 年前后；而第三卷于 1959 年出版，副标题为"都铎时代"，实际上讲述的是直至 16 世纪 40 年代初的修道院解散的情况。

诺尔斯的四卷本著作有几个鲜明的特点。首先，它几乎完全是根据公开发表的资料写成的。这就是《英格兰的宗教团体》的第二卷是三卷书中质量最为薄弱的一卷的原因之一。对于这一时期的英国教会历史（1340—1500）而言，许多重要的资料都是未出版的手稿，光是从已出版的资料中挖掘材料，不足以为书写这一时期的历史提供充分的数据基础。与其他卷相比，本卷质量下降的另一个原因是，诺尔斯无法决定他确切想写什么主题。他最欣赏的三位中世纪晚期作家——神学家约翰·威克里夫[①]、诗人杰弗里·乔叟和诗人传教士威廉·朗格兰（William Langland，或者任何可能是《农夫皮尔斯》[Piers Plowman] 这部有远见作品的作者的人），都憎恨并强烈抨击诺尔斯所要描述的宗教团体，这让他失去了信心。第二卷的另一个问题是，诺尔斯在写这一时期的历史时，严重依赖威廉·埃布尔·潘廷的建议，潘廷是牛津大学研究中世纪晚期修道院制度的古怪权威。潘廷确实是一个非常博学的人，但他的博学缺乏系统性，有点像业余爱好者，而且他还是一个非常虔诚的英国罗马天主教徒，虽然有点老古董。然而，他是一位判断力平庸的历史学家，他对诺尔斯的不幸影响在《英格兰的宗教团体》第二卷中表现为：辩解的语气，（**p.318**）优柔寡断和犹豫不决，不愿正面讨论重大问题。

在《英格兰的宗教团体》的最后一卷中，诺尔斯再次从已出版的资料中获得了完整的数据。在这一卷里，他再次确定了自己想要表达的内容。与第二

---

[①] 约翰·威克里夫（John Wycliffe，1330—1384）：英国神学家、欧洲宗教改革运动先驱，曾把《圣经》译成英语。

卷相比,这一卷的质量和信心都有所回升,几乎但还没有完全恢复到《英格兰的修道会》和《英格兰的宗教团体》第一卷的那种节奏和洞察力。在写修道院的解散时,诺尔斯涉足一场激烈的学术论战。唐赛德修道院前院长弗朗西斯·加斯凯(Francis Gasquet)枢机主教,曾在20世纪初对这场大解散提出了一种病态甜蜜的感伤观点,并阐述了这一所谓的国家罪行导致了怎样的精神悲剧。20世纪30年代中期,一位反天主教论战家杰弗里·巴斯克维尔(Geoffrey Baskerville)在一本精彩的、充满讽刺意味的书中大大弱化了加斯凯的多愁善感。巴斯克维尔是一位优秀的研究者,他指出,修道院院长们对解散几乎没有实际的抵抗。他们中的大多数人都乐于接受王室的安置,从而成为乡村绅士,他们常常把现已经世俗化的修士住所作为自己的庄园。至于那些修士,王室以合理的条件向他们发放抚恤金。后来,由于16世纪的严重通货膨胀,这些抚恤金的数额急剧缩水。除了极少数反抗王室被当作叛徒处死的修士外,真正受苦受难的人是那些修女,她们作为未婚女子被送回不欢迎她们的家庭。

诺尔斯对巴斯克维尔的叙述基本上没有异议,尽管他试图反驳其语气。诺尔斯直言不讳地表示加斯凯报告事实的能力并不强。他承认,16世纪早期的许多修道院在宗教热情方面并不突出。他用嘲讽的语气告诉我们,亨利八世的调查专员寻找淫秽的丑闻,以证明对修道院进行镇压的正当性,结果报告说他们几乎没有发现性滥交行为,但手淫的现象相当普遍。针对巴斯克维尔对修士的蔑视,诺尔斯的回应方式是从教友兄弟姐妹自身的角度来看待这种解散,以唤起他们对解散事件所代表的悲剧性断裂的思考。他还将这种解散置于英国五个世纪宗教生活的长河中,思考这场动荡对文化和社会的意义。(**p.319**)在《英格兰的宗教团体》第三卷中,他为我们呈现的既不是加斯凯的假悲歌,也不是巴斯克维尔的嘲讽蔑视,而是长远的目光和宁静诗意的挽歌。

诺尔斯让我们感受到了修士们及其机构退出英国历史舞台所代表的文化变革。这一点做得非常巧妙,使读者在阅读过程中不会产生误解,认为修道院的解散中断了正处于感情和创造力高峰的英国宗教团体。诺尔斯明确指出,这种将修士绝对化的做法是貌似正确实则不然的。但他仍然唤起了人们对精神和文明的消逝的遗憾。《英格兰的宗教团体》第三卷在感情强烈和艺术水平上都没有达到《英格兰的修道会》和《英格兰的宗教团体》第一卷的水平,无论是诺尔斯还是历史现实都没有达到那种水平,但他仍然让我们对所发生的一切感到悲伤。从某种意义上说,这是他最困难的工作,结果是一部大体上成功的力作。

诺尔斯认为,在他的四卷本著作中,必须用约四分之一的篇幅来阐述教会制度史——教会组织、宗教派别和团体管理、人口统计、财政和经济事务等。

这是他充分确立自己的学术合法性和可信度的方式,这样波威克和其他学术官僚就可以说:"好东西,老伙计,你能行,欢迎加入我们。"诺尔斯在阐述教会制度方面花费的心血之多令人惊叹,这部分内容组织精细,文字清晰,但读起来仍让人觉得枯燥,而且现在已经过时了。书中涉及这些制度的部分有一种特质使它们显得与众不同,特别是在《英格兰的修道会》一书中。20 世纪 20 年代,诺尔斯学会了用德语流利地阅读,这在与他同时代的英国中世纪学家中实属罕见,部分原因是他常和父母一起去欧洲大陆度假。因此,他能够借鉴大量关于中世纪教会制度的德语历史文献,并将英国的故事置于欧洲大陆的背景下。当《英格兰的修道会》首次出版时,它在英国中世纪学家中获得了高度的关注并立即受到了推崇,这正是(部分地)因为它将关于中世纪教会制度的具有普遍性的观点在不能阅读德语的英国教师俱乐部中传播,而这种观点是诺尔斯从阅读恩斯特·萨克尔(Ernst Sackur,一位早慧的犹太人,逝世时年仅 39 岁)和其他 20 世纪早期的德国中世纪教会制度历史学家那里获得的。这并不是今天人们读诺尔斯的原因,也不是构成他作品独特品质的原因,尽管必须强调的是,诺尔斯有着非凡的教科书写作能力,(**p.320**)他能够吸收他人的学术成果(那些通常对他的读者来说遥不可及的学术成果),简明扼要地把它们转化成通俗易懂、简洁的英语散文。

  诺尔斯的作品有两个独特之处,使其具有持久的魅力和永恒的价值。首先是他对他所谓"性格"或我们现在所说的"个性"进行了大量描写。诺尔斯是一位具有非凡洞察力和叙事技巧的传记作家。他塑造了中世纪宗教生活中真实、复杂的人物形象,这些人物形象丰满、栩栩如生,成为烙印在我们脑海中的鲜活个体。他具有小说家的技巧。他所描写的这些人往往是二线或三线人物,不一定是伟大的宗教领袖。到了 20 世纪 50 年代末,诺尔斯的出版商剑桥大学出版社(该出版社最初对诺尔斯著作的持久受欢迎程度估计不足,以至于最初只印了 500 册《英格兰的修道会》,并在印完后立即打散了排列好的铅字)意识到,这些传记研究才是诺尔斯四卷书中最持久受欢迎的内容。因此,剑桥大学出版社在 1962 年与诺尔斯合作,出版了一本关于这些人物研究的选集,书名是《圣人与学者:25 幅中世纪肖像》(*Saints and Scholars: Twenty-Five Medieval Portraits*)。如果是美国出版商这样做,肯定会被《泰晤士报文学副刊》斥责为资本主义贪婪的无耻范例。不管出版的动机是什么,这本收录了诺尔斯"最伟大的传记作品"的文集永远构成了 20 世纪文献的一部分。对于天真的读者来说,在阅读了这些传记小品后,中世纪将成为真实人物的舞台。

  诺尔斯这四卷书的第二个独特之处在于是他对思想史,特别是哲学和神学的阐述（他很少涉及想象文学，尽管有相当数量的想象文学作品是由宗教团体成员撰写的）。诺尔斯有一个非常罕见的才能，他可以用普通人和本科生能够立即理解并觉得有趣且有意义的语言来解释中世纪理论。三十年来，我在几所大学里考察过美国的博士生，无论我向他们推荐多少关于中世纪思想的厚重的专著，当他们进行综合口试时，我发现他们关于中世纪哲学和神学的大部分论述都主要来自诺尔斯，几乎无一例外。诺尔斯在这四卷书中关于理论的精彩篇章促成了另一本书的出版，《中世纪思想的演变》（The Evolution of Medieval Thought）由商业出版社朗文公司（Longmans）于 1962 年出版。（**p.321**）这本书的美国平装版在长达 25 年的时间里，一直是美国大学中世纪历史课程的主要用书。五年前，诺尔斯的学生戈登·莱夫（Gordon Leff）也出版了一本面向普通读者的关于中世纪思想的书，由企鹅出版社（Penguin Press）出版。从技术角度看，莱夫的书更胜一筹。最近，在新的分析方法的衬托下，诺尔斯关于中世纪哲学的研究愈发显得有些过时，剑桥教授约翰·马伦本（John Marenbon）的两本薄薄的书（1983—1987）对这些新方法进行了精彩的总结。不过，尽管诺尔斯的中世纪思想教科书现在有些过时，但由于其令人愉悦的可读性和强烈的说服力，它很可能会继续主导市场。诺尔斯使中世纪思想这一深奥的主题变得通俗易懂，任何具有高中阅读水平的人都能读懂。这一点并非微不足道的成就。

　　四卷本的英国修道院和其他宗教团体历史有一个宏大并贯穿全书的主题，这个主题可以被称为神圣的报应。诺尔斯认为，中世纪宗教生活中存在着深刻的神圣性，这种神圣性时断时续，前后不一，但很大程度上是存在于特定时间和地点里的。这种神圣性总是受到被世俗同化和将其神圣属性滥用于世俗用途的威胁。大众的物质和政治力量试图利用神圣性来达到自己的目的；他们利用它、剥削它、滥用它、腐蚀它。神圣性是它自己报应的开始。人们对圣徒个人的崇敬、对杰出宗教团体的敬仰，几乎立即引发了社会将宗教个人和团体身上体现出的神圣精神用于达成世俗目的的努力，不管是道德目的还是更坏的目的。这就是诺尔斯的宏大主题。

　　这是"堕落之后"的主题。诺尔斯讲述的是一个受神灵启发的故事，这个故事基本上是悲剧性的，早在 16 世纪初修士们最终殉难和流散之前就已经发生了。这是一个循环往复的故事：宗教天职达到人类神圣性的最高水平，随后这个世界，即便是社会中较好的因素，都在包围并扭曲这种神圣性，使之为己所用，有时是出于善意而有时是恶意的。中世纪神圣性的报应意味着神圣性本身就蕴含着自我毁灭的种子。诺尔斯的历史描述了一种超凡精神，这种精神如果不走向下坡路，走向常规的社会化和可悲的腐败，就无法持续存在。他书写了一部中世纪欧洲未能实现精神生活最高境界有效社会化的历史。（**p.322**）这是一种圣杯传说，在这种传说中，圣杯无法落入世俗之手而不自毁。

戴维·诺尔斯神父似乎骨子里是个悲观主义者，他非常怀疑超凡精神能否被社会化，圣人和圣界能否与俗世和谐共处。他所写的本质上是一部关于失败的史诗，一部人性所能达到的最好姿态和最高雅的感情被侵蚀和破坏的人类历史。在诺尔斯的作品中，有与尼采相似之处，也有对米歇尔·福柯①的预想。诺尔斯同意这两位——狂躁的德国哲学家和严肃的法国学术官僚——的观点，即权力甚至对表面上的理想主义和精神性也会产生普遍的影响。

在诺尔斯的四卷书中，神圣性的社会报应这一主题被反复阐释。这是他长达1800页的宗教史诗的主旋律，但他从未完全阐明他所叙述内容的神学意义。他从未明确指出，稳定的最高宗教生活必然是堕落后有缺陷的人性所无法企及的。他反而将此归咎于一些特殊因素：个性的弱点、领导的背信弃义或无能、体制的无效、社会对权力和财富的贪欲。他一次又一次地讲述神圣性与社会相冲突的故事。一个新的修道院或宗教团体是在神圣性的感召下，在追求精神完美的强烈冲动下建立起来的，但它必须作为一个机构去发挥作用，而在这样做的过程中，至少随着时间的推移，它的状况就会恶化，并被引入歧途，偏离其神圣性的基石和最初的精神动力：

> 一旦宗教派别或团体停止引导其成员（诺尔斯对修女几乎只字不提）抛弃一切非上帝的东西，不再向他们展示那条通往效法基督之爱的狭窄道路的严酷性，它就会沦为纯粹的人类机构，无论它的作品是什么，它们都是时间而非永恒的作品。真正的修士，无论身处哪个世纪，他所关注的不是周围不断变化的道路，亦非自己卑微的境况，而是永恒不变的永生上帝，他的信任寄托在那拥抱他的永恒怀抱之中。

1959年，诺尔斯对他的中心主题做了如上的总结。可以说，一方面，这一信念提供了张力和矛盾，推动了他的叙事，赋予其宏大的意义。（**p.323**）另一方面，也可以说，如果诺尔斯教条地坚持这一主题，那就会形成冗长的说教、

---

① 米歇尔·福柯（Michel Foucault, 1926—1984）：法国哲学家、社会思想家，著有《疯癫与文明》《性史》《规训与惩罚》《知识考古学》《词与物》等。

喋喋不休的责骂，使人读起来觉得很沉闷。实际上，阅读诺尔斯的作品之所以能给人带来美好的体验，并不是因为他的主旨，而是因为他能从对这一主旨的专注中跳脱出来，突出了在神圣性与社会之间紧张关系的压力下、生活在矛盾中的个体人格。即使他们处理冲突的方式并不完全符合诺尔斯心中的神圣理想——或者正是因为他们不符合，才使他们的生活和性情有了挑战和复杂的味道——他对人物研究的实质内容也会让人读得津津有味。诺尔斯的假设本质上是阴郁的，但这并不妨碍他以一种通俗易懂、耐人寻味的方式来阐释中世纪的哲学和宗教思想，并让大众持续喜爱他那富有洞察力的长篇著作。正是他的人格研究以及对思想和宗教文化的阐释，而不是他那信仰驱动的中心思想，使诺尔斯成为一位出类拔萃的，甚至可能是无与伦比的中世纪教会史学家——而他自己生活中的动荡和激情，为他对中世纪人们精神危机的研究增添了感同身受的色彩和活力。

要理解中世纪人物的经验性危机，你自己也需要有深刻的灵魂体验，而诺尔斯肯定有这样的体验。他的一生在宗教心理方面的复杂性和冲突性完全不亚于任何一位伟大的中世纪人物，而这一因素赋予了他的四卷书说服力、真实感和深邃的视野，使之成为英语历史文献中屈指可数的几项最伟大的成就之一。正因如此，即使随着时间流逝、研究的层层深入、新数据和新见解的积累，他的四卷历史书中至少有三卷永远不会过时，就像对中世纪晚期英国政治的新研究不会使莎士比亚的《理查二世》（*Richard II*）和《亨利五世》（*Henry V*）过时一样。

作为一部历史论著，诺尔斯的四卷本著作在实证性方面的主要弱点在于，他无法解释 13 世纪末修士声望急剧下降的原因。他兴致勃勃地描述道，在 12 世纪晚期，人们对院内隐士修士（cloistered monks）的尊崇度下降，院内隐士修士失去了在西方思想和文化中长达数百年的领导地位，而托钵修士（friars），这些在世修士的出现，将宗教团体特别是方济各会在英格兰的受欢迎程度提升到了前所未有的水平。（**p.324**）方济各会迅速接管了牛津大学的哲学系和神学系（就像多明我会教徒圣托马斯·阿奎那在巴黎所做的那样），并将牛津大学推向了中世纪抽象思想的前沿。然而到了 1300 年，方济各会士的受欢迎程度已经过了顶峰。到了 14 世纪末，他们受到的指责甚至比那些老的隐士修道院（cloistered monastic orders）更为激烈，而那时牛津大学方济各会的黄金时代也已经逝去，随之而来的是思想的动荡和混乱，随后在 15 世纪又出现了学术上的停滞。诺尔斯作品的最后两卷痛苦地探讨了世俗化的兴起、歇斯底里的反教权主义、宗教改革、王室对修道院的征用以及宗教团体受到的镇压。

诺尔斯不得不承认，这场最后的灾难在宗教团体内外几乎没有遇到任何抵抗。甚至连少数坚持抵抗亨利八世并被残酷处决的加尔都西会（Carthusian）修士的殉难事迹，也无法抚平诺尔斯面对这一持续且令人痛惜的衰退所产生的伤痛。他为 11 世纪的本笃会、12 世纪 60 年代和 70 年代的西多会、13 世纪 60 年代和 70 年代的方济各会的鼎盛时期的逐渐远去而痛心不已。对于宗教团体在中世纪晚期英国社会文化中地位的下降，诺尔斯没有给出明确且令人信服的解释。他指出了内部问题以及社会和政治态度的变化。他详细描述了所发生的事情，但没有从全局上解释产生这种情况的原因。他未能（像其他人一样）发展出一套适用于中世纪教会的衰落的历史社会学理论。

诺尔斯留给我们的是一种浪漫的失落感和怀旧感。他在谈到 16 世纪初达勒姆大教堂的修士时说："无论他们的生活多么安逸和平庸，背景美依然存在，在节日和神圣季节里，几个世纪以来积累下来的艺术家和工匠的珍宝会在这里展示。……荣耀离开了达勒姆（解散后），因为上帝的约柜①已被带走。"至于加尔都西会的殉道者："在教会的编年史上，这些不知名的修士比有信仰的忏悔者经受的考验还要更长久、更多样、更痛苦。……他们殉难时见证了天主教教义，即基督把他的教会建在磐石上。"但那块磐石却无法拯救他们。

最终，天主教发生了意义深远的巨大转折，彻底偏离了中世纪传统的神圣性，只留下破败的唱诗班和对业已消逝的过去的怀恋。（**p.325**）诺尔斯从自己在 20 世纪 30 年代的痛苦经历中认识到，即使在教会的磐石上也无法复活中世纪修道院的神圣性。他自己也尝试过，但他被拒绝了，被驱逐了，失败了。他只能在他的历史中追忆中世纪的宗教。他无法在实体上重新创建一个神圣的团体。他再也没有回过唐赛德修道院，哪怕只是去看一看。

## 四、基督教哲学家

继戴维·诺尔斯之后，20 世纪最有影响力的罗马天主教中世纪学家是法国哲学教授艾蒂安·亨利·吉尔森。1962 年，年事已高的艾蒂安·吉尔森写道："那些在 20 世纪上半叶面对这些（思想上的）难题的天主教徒，从那时起就保留着这样一种感觉，即他们生活在极度混乱之中。"吉尔森能够直言不讳地表达困境的真相，在这里他当然也是这样做的。下一句他评论道："缺少一个关键的

---

① 约柜：又称"法柜"，是古代以色列民族的圣物，"约"是指上帝跟以色列人所订立的契约。

概念，即神学的概念。"这也是这位享誉世界、备受尊崇的中世纪学家的典型特征。人们很难理解他在说什么。

吉尔森出生于一个传统的法国天主教中产阶级家庭。他曾就读于巴黎最好的天主教学校，并在巴黎最有声望的重点国立高中亨利四世中学（Lycée Henri IV）继续接受中学教育。他在哲学方面打下了坚实的基础，随后前往巴黎大学攻读哲学博士学位，慢慢地对圣托马斯·阿奎那的思想产生了兴趣，而这门思想对于当时的世俗大学来说仍是一门被忽视的学科。在吉尔森漫长而辉煌的职业生涯中，最重要的事实或许就是他是一位非常虔诚的天主教徒，是托马斯主义的倡导者和阐释者。事实上，在他那个时代，甚至直到今天，他仍然是托马斯主义方面最负盛名和最有影响力的权威。然而，他在法国的职业生涯完全是在世俗的、国家支持的高等教育和研究领域中进行的，而非在天主教大学和研究所中。这意味着，一旦吉尔森确立了自己在同时代中世纪学家中的领军人物的地位，就如20世纪20年代中期的情况那样，他就脱离罗马的管控了。在这方面，他与诺尔斯的经历惊人地相似。枢机主教和法国神职人员并不为吉尔森的思想和多产的著作感到高兴，（**p.326**）特别是在二战之前，但他在竞争激烈的法国学术界取得成功意味着他为教会及知识界带来了巨大的荣誉。试图打压他是不可想象的。无论是在法国还是在罗马，教会都不得不迁就他。

吉尔森利用自己的名望，通过热情地推介中世纪哲学和神学来回报教会。他使中世纪哲学不仅在法国的世俗大学里受到高度尊重，而且在多伦多、哈佛和北美其他几所大学里都受到推崇，他在这些大学任教或在造访时举办公开讲座。到了20世纪30年代，吉尔森已成为举世闻名的学者，并代表法国天主教登上了文化政治的公共舞台。他是1945年旧金山联合国成立大会法国代表团的重要成员，也是1946年伦敦会议上联合国教科文组织计划的主要起草人之一，尽管他有理由对该计划的结果持较深的保留意见。他一向独立、敢于直言，在20世纪50年代初，他对北约、美国对战后欧洲的统治、冷战外交和文化论战提出过怀疑，因此一度在政治和宗教领域赢得了"左倾"的声誉。

吉尔森于1929年创立了多伦多大学中世纪研究所（该研究所于1939年获得教皇的官方批准），并在20世纪30、40和50年代同时在法兰西学院和多伦多大学担任重要职务。他曾多次担任哈佛大学的客座教授，也促进了那里的中世纪研究，但拒绝了哈佛大学提供的教授职位而选择了多伦多大学，因为后者允许他继续在巴黎任职。因此，在1930年至1960年期间，吉尔森是一位跨大西洋的知识分子，具有举足轻重的地位。他横渡大西洋四十多次，在美国和加拿大期间，他在整个半球进行了精心策划的巡回演讲，从安大略省、印第安纳州、弗吉尼亚州到里约热内卢，一路传播他的福音。

吉尔森非常勇敢，总体上是个思想开明的人。他竭力保护多明我会的杰出中世纪学家 M. D. 舍尼（M. D. Chenu）免受罗马的责难（教皇认为舍尼对教会的权威不够恭敬），尽管没有成功。吉尔森无疑是梵二会议的杰出先驱。在 20 世纪的前四十年里，他与巴黎的犹太裔学者关系特别好，（**p.327**）事实上比与法国天主教学者的关系还要友好。他极力为马克·布洛赫争取法兰西学院的教席，尽管以失败告终。在德国占领期间，吉尔森一直留在法国，并两次拒绝了占领国想与他合作的正式邀请。他也没有阻止他的小儿子和一个女儿表现出对德国人的蔑视的危险行为。

回想起来，吉尔森的名字常常与新托马斯主义哲学家雅克·马利丹的名字联系在一起。在 20 世纪 20 年代和 30 年代，马利丹和吉尔森都认为教会是时候大幅缓和对现代思想和文化的抵制了，这一观点颇具争议性。然而，吉尔森对法国天主教知识界的新托马斯主义运动持矛盾态度。他认为马利丹所阐述的新托马斯主义过于教义化，过于脱离历史，而且过于热衷于为罗马服务。吉尔森对马利丹也有强烈的个人反感，对他的妻子（一位女诗人和皈依天主教的激进的犹太裔俄罗斯人）更为反感。吉尔森认同新托马斯主义者的地方在于，他将圣托马斯·阿奎那视为天主教文化在 20 世纪应该走的进步道路的典范。正如托马斯曾试图将神学与他那个时代最好的科学和哲学——亚里士多德及其阿拉伯和犹太评论家——结合起来一样，天主教现在也应该以一种深思熟虑和谨慎的方式转向与现代科学、哲学和艺术相结合。然而，除了这一基本原则之外，吉尔森认为马利丹和新托马斯主义者过于党派化，尽管在后来的 60 年代和 70 年代，他对他们的态度更温和了些。这可能是吉尔森孤独和衰老的缘故，同时也因为那已是一个不同的天主教时代了。梵二会议之后，吉尔森不必再担心教会在知识上的落后及其与现代文化的尴尬对抗了。

无论是为人还是为师，艾蒂安·吉尔森几乎没有什么缺点，他在各方面都令人钦佩。问题出在他对中世纪思想的解释和对托马斯主义以及其他中世纪理论的理解上。在这方面，"极度混乱"并非不存在，总的来说，盲目性和洞察力是并存的。

在半个多世纪的时间里，吉尔森出版了数十本著作，并在学术期刊和思想性较强的报刊上发表了数百篇文章。他的主要著作经历了数个版本，对每个版本，他都经常做出重大修改。他随着文化世界、中世纪研究、法国和教会的变化而变化，（**p.328**）尽管变化的程度没有那些实体的变化那么大。因此，要确定吉尔森在中世纪思想和文化诸多问题上的确切立场并非易事。他那勤奋的官方传记作家、多伦多研究所的劳伦斯·K. 舒克（Laurence K. Shook），在记述吉尔森参加的无数晚宴、他从各方面获得的大量荣誉以及他通过公开演讲获得的巨额收入方面，要比阐述吉尔森的思想立场做得好得多。但显然吉尔森始终倾向于把中世纪思想看作整体的和综合的。他试图在中世纪思想和文化中找到统一、和谐、共识和内在的一致性，而不是冲突和变化的辩证动态。他持有这种观点并非出于无知——没有人比他更精通中世纪哲学和神学——而是因为他坚信这确实是"中世纪哲学的精神"。他崇尚托马斯主义在中世纪思想中的调和立场。吉尔森对中世纪综合体的信仰也受到他自己特殊角色的影响，（在他职业生涯的大部分时间里）他是仍然保守的天主教和世俗学术界之间的桥梁，而世俗学术界往往对天主教的高等教育持怀疑态度，认为它具有党派性和教条性，至少在20世纪60年代中期之前是这样。

吉尔森对中世纪的看法的核心是一种乌托邦式的愿望，即在欧洲生活中实现文化融合、社会稳定和政治共识，这与恩斯特·罗伯特·库尔提乌斯的愿景有些相似。吉尔森的部分灵感来自他在第一次世界大战期间的经历，他曾在战壕中战斗，还在德国战俘营中度过了两年。让·雷诺阿（Jean Renoir）于1937年拍摄了一部以德国战俘营为背景的宏伟反战电影《大幻影》（*The Grand Illusion*），吉尔森的中世纪文化的融合主义愿景与让·雷诺阿影片中对和平与共识的渴望如出一辙。西欧的和平与团结是一代人的希望和期待，1945年，这些希望和期待被重新唤起，尽管少了乌托邦式的信念。吉尔森在50年代对冷战表现出愤恨，并获得了"第三势力"（当时的说法）中立主义者这一有争议性的名声，这并不奇怪。第三势力的知识分子梦想着建立一个既摆脱苏联，也摆脱美国统治的一体化欧洲。他们终于在90年代初迎来了属于他们的时代。

吉尔森对中世纪思想进行了富有远见的融合主义阐释，这也反映了与他同时代的许多天主教知识分子的希望和期待，他们认为天主教会的普遍性和中央集权构成了领导欧洲文化统一的现成模式。（**p.329**）为了使这一论点令人信服，他们争辩说，教会已经在中世纪发挥了这种促进共识与缔造和平的融合作用，并且可以再次发挥这种作用。1933年，一位改信天主教的英国人克里斯托弗·道森（Christopher Dawson）在他那本广为流传的《欧洲的形成》（*The Making of Europe*）一书中提出过这种中世纪教会的统一、融合的愿景。道森自学成才，曾在埃克塞特大学（Exeter University）教授成人教育课程，并于20世纪50年代在哈佛大学担任了数年的天主教研究教授。在一个更博学、更具体的哲学层面上，吉尔森提出了与道森大致相同的论点。珀西·恩斯特·施拉姆在他的《皇帝、罗马和复兴》（1929）一书中，把同样的统一和融合能力归功于公元 1000 年前后教廷和德意志帝国的合作。其中一个不同之处在于，施拉姆的著作既将功劳归于帝国，也归于教会。另一个不同之处在于，在施拉姆的论述中，文化综合和政治统一的尝试不幸失败了。但吉尔森认为，托马斯主义实际上在 13 世纪就已经实现了这种渴望的文化综合，而且它还有一个漫长而持久的序幕，可以追溯到圣奥古斯丁。

这种对于综合在中世纪占据中心地位的乐观看法，至今仍然拥有一批忠实的拥护者。天主教学院和一些世俗学院也经常例行教授这种观点。"中世纪综合体"是托马斯·阿奎那时代用以表征天主教欧洲的一种令人信服的方式，也是今天应该有力拥抱的一种复古理想。吉尔森对中世纪遗产这一观点阐述得淋漓尽致：

> 14 个世纪的（中世纪）历史……由两种截然不同的影响主导，即希腊哲学和基督教。每当受过教育的基督徒接触到希腊哲学源泉时，就会出现神学和哲学思辨的繁荣……这个传统并非死物；它仍然活着，我们的时代见证了它（在新托马斯主义中）持久的生命力。这种丰饶的生命力没有理由就此终结。……中世纪基督教哲学的宝库中蕴藏着大量尚未被完全开发的思想财富，令人叹为观止。

这是对中世纪文化和 20 世纪的一种高度乐观的看法。《中世纪基督教哲学史》（*History of Christian Philosophy in the Middle Ages*，1955）的这段结语代表了吉尔森中世纪观的精髓。在他的其他一些著作中，（**p.330**）他甚至更是充满了乌托邦式的热情。1956 年，在他的友好对手雅克·马利丹的推动下，吉尔森宣布圣托马斯·阿奎那是一位存在主义者，并紧跟大西洋两岸时髦的思想潮流，以一段颂词总结："托马斯主义展现了自身所有的美丽。它是一种通过纯粹的理念激发兴趣的哲学，这一切都源于其对基于理性的证明和否定（proofs and denials based on reason）的价值的坚定信念……因为圣托马斯如此热爱理性，所以他成了一位诗人，而且……是中世纪最伟大的拉丁语诗人……或许在其他地方，鲜有如此严谨的理性回应如此虔诚的心灵呼唤……（托马斯主义）是一种旨在用理性语言表达基督徒总命运的哲学。"

20 世纪 50 年代和 60 年代初，这种关于托马斯主义和中世纪基督教的观点在美国获得了广泛的拥护。克里斯托弗·道森是一个在英国省级大学教授继续教育课程的默默无闻之辈，被召唤到哈佛大学。在马萨诸塞州剑桥市，在哈佛大学虔诚的新教徒校长内森·普西（Nathan Pusey）为他设立的教职上，他提出了非常类似的解释。1963 年，时代生活公司（Time-Life Inc.）推出了一套十卷本的西方文明史丛书，并向数百万美国家庭进行宣传和推销。中世纪卷的作者是一名未受过良好教育的天主教记者，名叫安妮·弗里曼特尔（Anne Fremantle），她将自己视为吉尔森的弟子，并将吉尔森关于托马斯主义在中世纪文化中的中心地位、托马斯主义与今天的鲜活关系以及整个中世纪历史如何导致 13 世纪中世纪综合体的产生等方面的观点进一步通俗化。因此，时代生活公司的这套书传递给 200 万美国郊区家庭的解释基本上是吉尔森式的。没有哪个中世纪学家能比这更受大众欢迎了。那是吉尔森主义的黄金时代。具有讽刺意味的是，虽然吉尔森在巴黎因对美国冷战政策持保留意见而掀起了相当大的舆论风波，但他对中世纪和托马斯主义的看法似乎与冷战时代的氛围十分契合。后来他及时意识到了这一点。正如苏联集团拥有马克思列宁主义这一共同的意识形态，西方也拥有托马斯主义和中世纪综合体这一共同的思想基础。

在中世纪研究中，吉尔森的融合主义和综合立场集中在三个问题上：中世纪神学与哲学的结合，奥古斯丁主义和托马斯主义的延续关系，以及中世纪晚期的危机。吉尔森认为，"基督教哲学"在中世纪就存在了，直到今天仍然存在。（**p.331**）这一观点很容易为好辩的、以校园为基础的人文主义者以及其他的美国新托马斯主义者所认可，如芝加哥的罗伯特·梅纳德·哈钦斯、理查德·麦基翁、莫提默·艾德勒。这对 20 世纪 40 年代和 50 年代平凡庸俗的媒体来说是现成的素材，可供他们加以利用，大加赞扬。但在专业哲学家中，这一直是极具争议性的论题。无论是 20 世纪 30 年代的法国和比利时天主教哲学家，还是 20 世纪 80 年代的英美分析哲学家，都认为吉尔森对基督教哲学的看法是模糊且令人困惑的。在他们看来，中世纪哲学是一回事，神学是另一回事。在他们的认知中，这就像把油和水放在一个瓶子里用力摇晃。你会得到某种程度的暂时性的表面乳化，但这违背了化学定律，只要你停止摇晃，不一会儿，分离的现象就又很明显了。当时和现在的批评者都认为，这就是吉尔森的中世纪基督教哲学乳液的问题所在。在过去二十年里，随着分析哲学家（路德维希·维特根斯坦的门徒）对中世纪论著的研究，反融合主义论者占据了优势地位。他们用外科手术般的技巧把神学分离开来。在 20 世纪 20 年代和 30 年代，吉尔森正是就这一点与鲁汶大学（University of Louvain）和巴黎天主教研究所的天主教学者们展开了争论。现在，他似乎已在学术界的争论中败下阵来，他的作品对于专业哲学家来说似乎显得奇特而古怪，尽管对于受过教育的公众来说并非如此。

吉尔森一生都在苦苦思索托马斯主义是否代表着与圣奥古斯丁思想的决裂这个问题。他在这个问题上来回摇摆。事实上，吉尔森在不同时期对这个问题有不同的看法。托马斯主义究竟是一场反对奥古斯丁主义的思想革命，还是在新的亚里士多德式的思想氛围和语言中对奥古斯丁主义的重新阐释，这仍然是中世纪研究的一个老大难问题。我认为，托马斯主义几乎与奥古斯丁主义一刀两断，而吉尔森试图在这两个伟大的中世纪知识和宗教体系之间描绘一种连续性，这未免太过了。对于天主教学者来说，这仍然是一个特别难处理的问题，因为罗马希望天主教神学的发展具有连续性，而不是断裂的。如果认为中世纪的思想受到奥古斯丁派和托马斯派之间冲突的影响，这就为今天天主教会内部的思想异见提供了合法性。这就是罗马人的信念。因此，尽管在他的时代，吉尔森是天主教思想家里的先锋自由主义者，但回过头来看，（**p.332**）他似乎是一个偏向罗马的保守派，并不认可 12 世纪和 13 世纪初全面的思想剧变。

最后，吉尔森哀叹 14 世纪唯名论的牛津方济各会士奥卡姆的威廉（William of Occam）及其众多英国和德国门徒对托马斯主义的背离。唯名论将宗教信仰和理性分离，创造了两个独立的知识世界（正如我们今天一样）：宗教世界和科学世界。吉尔森无法否认这一点，但他对奥卡姆主义对中世纪基督教哲学的破坏性影响深表遗憾。除了从未承认过在中世纪晚期奥卡姆主义远比托马斯主义受人拥护，吉尔森论述中的不足之处还在于他没有解释奥卡姆唯名论和真理分离学说的兴起和胜利背后的文化、社会和心理原因。为什么中世纪哲学会出现这种结果？是什么迫使 14 世纪最聪明的神职人员放弃阿奎那的融合体系？由于吉尔森痛恨所发生的事情的后果，他无法专注于事情发生的方式和原因。

这就提出了一个问题，即信仰与理性相容的融合主义信念是不是研究中世纪思想的最有成效的出发点？信奉中世纪文化和理论内部的冲突性和不兼容性的人，会比吉尔森好过得多，也能对公元 1100 年之后的中世纪思想做出更有说服力的阐述。这是对艾蒂安·吉尔森为撰写中世纪思想史所付出的巨大努力的一种忘恩负义但又无可奈何的评价。他多产的著作越来越多地被视为是对 20 世纪上半叶法国和多伦多天主教的洞察，而非对中世纪思想世界的洞见。读着舒克关于吉尔森横渡大西洋进行无休止的巡回演讲、获得无数荣誉的令人窒息的记述，人们希望可以回到过去，告诉 1935 年的吉尔森放慢脚步，后撤一步，重新思考整件事，而不是在接下来的 40 年里为现在看来基本上站不住脚的立场辩护。

然而，我们不得不承认，吉尔森在《中世纪基督教哲学史》中对自己的立场的总结让这本书在对中世纪文化某一重要领域做出全面概述的著作中仍位居前列。该书有许多精妙的见解和引人入胜的文字。它仍然是中世纪研究领域具有重大影响的著作之一。（**p.333**）吉尔森总是条理清晰，他的著作面向广大读者，包括整个学术界和天主教信徒。

在第一次世界大战前十年里，吉尔森在巴黎大学师从一位有天主教倾向的犹太人亨利·柏格森（Henri Bergson）学习哲学。他在那时就把柏格森当作偶像，这种崇敬持续了几十年。柏格森和吉尔森有许多相似之处。他们都勤奋好学，雄心勃勃，是讲坛和课堂上出色的表演家。他们的思想内容隐约透露着理想主义的色彩，并带有恰到好处的进步性。他们两人都启发了许多年轻学者，并努力引导他们推进事业的发展。但是柏格森和吉尔森的思想核心都是模糊的、感伤的、浮躁的、不精确的、一厢情愿且特立独行的。尽管他们在有生之年享有巨大的声誉，拥有诸如法兰西学术院（Académie Française）成员之类的各种头衔，但他们的工作注定要过时。然而，吉尔森的历史著作中所涉及的纯粹的学问赋予了其持久的内涵，使其比柏格森的思想过时得慢些，而柏格森的思想在今天阅读起来显得枯燥乏味甚至荒谬。吉尔森的一些较具争议性的著作也是如此，但《中世纪基督教哲学史》仍保留了大部分不朽的特质。

虽然目前的中世纪哲学权威，如康奈尔大学的诺曼·克雷茨曼（Norman Kretzmann）和剑桥大学文笔简洁而有见地的作家约翰·马伦本，以他们将中世纪理论的哲学内核与其宗教外壳分开的专业技能，使吉尔森看起来像是一个过时的中世纪绝对论者，但吉尔森所主张的一个基本观点是值得思考的。在12世纪末、13世纪和14世纪初的伟大论著中，不仅像克雷茨曼和马伦本这样的分析批评家所认为的那样，宗教信仰和哲学话语的分层分割是普遍存在的，而且神学和哲学之间的协同作用也是明显的。吉尔森所说的"基督教哲学"并没有错。只是还没有形成远远超越吉尔森天真的托马斯融合主义的一种方法和一套历史与文化假设，来分析和阐释这种中世纪的知识结构。

吉尔森有正确的目标，也有足够的学识来实现这个目标。但不知何故，他缺乏有效实现目标的思想装备和分析概念。吉尔森不仅师从柏格森，还师从另一位犹太裔学术官僚埃米尔·涂尔干，（**p.334**）但他一点儿也不喜欢涂尔干。他认为涂尔干冷酷无情、过于系统化、分析过度且缺乏人情味。吉尔森更喜欢吕西安·莱维-布吕尔（Lucien Levy-Bruhl）的浪漫化社会学。吉尔森本应该更仔细地倾听涂尔干的意见。他非常需要一种不那么被带入、不那么执着、非神学、非绝对化、更加保守和更具分析性的方法来研究中世纪哲学史。

当我们比较吉尔森和诺尔斯时，会发现讽刺之处比比皆是。诺尔斯伟大的四卷本中世纪宗教团体史，虽然是由一位修士和牧师撰写的，却没有获得任何认可（教会许可证）。吉尔森虽然是在巴黎的一个世俗机构任教（在加拿大，他是在一所公立大学内的特殊教会机构任教），但他的《中世纪基督教哲学史》获得了许可。诺尔斯和吉尔森有一个共同点：他们是他们那一代最著名的天主教中世纪学家，但在罗马却都不受欢迎。由于他们在世俗世界里获得了巨大的声誉，他们在罗马实际上是令人畏惧的。枢机主教们不得不敷衍地赞扬他们一番，否则教会就会蒙受可怕的尴尬和知识声望的损失。诺尔斯和吉尔森的生活和事业表明，在梵二会议之前，天主教学者拥有高度的自由，只要他们在非教廷机构中担任教席并在教会之外广受尊重。麻木不仁的当局可能会任意摆布像多明我会修士 M. D. 舍尼这样在教士圈子里工作的优秀学者，但不会对吉尔森或诺尔斯这样做。

吉尔森和诺尔斯之间还有一个明显的相似之处，即两人都倾向于我们现在所说的跨学科中世纪研究方法，倾向于把问题、数据和概念结合起来，并汲取不同学科的知识。两人都没有系统的研究方法，也没有一套文化史或社会学的理论。但两人都是跨学科研究的先驱，这也是他们的著作享有盛誉并持续流行的部分原因。

从传记中可以看出，无论是诺尔斯和吉尔森，都从未拒绝过在某地举办系列资助讲座的邀请。在他们职业生涯的巅峰时期，他们都过度投入工作，发表了一些演讲，这些演讲稿后来都出版了，这些演讲也充满了智慧和学识，但并没有完全展开论述，也没有达到他们最佳作品的水平。也许他们接受所有的邀请是为了回应教士圈子对他们的敌意和批评——这些敌意和批评常常是隐蔽的，但他们心知肚明。（**p.335**）他们的目的是向那些牧师和枢机主教亮剑，他们也确实做到了；但由此产生的书籍虽然也是相当好的，但往往是勉强的、不够成熟的。吉尔森还接受在任何地方就任何主题发表演讲的邀请，因为他需要为"女儿们的嫁妆"赚钱，他在给妻子的信中半开玩笑地这样说。目前还没有传记作家谈及诺尔斯的经济收益，但他似乎没有子女需要抚养。

诺尔斯最雄心勃勃的一次努力是举办一系列特邀和资助的讲座。源自牛津大学福特讲座（Ford Lectures）的《托马斯·贝克特的圣公会同僚》（*The Episcopal Colleagues of Archbishop Thomas Becket*）一书是一部令人失望的作品。书中关于伦敦主教吉尔伯特·福利奥特（Gilbert Foliot）的内容很有见地，贵族出身的福利奥特是国王的支持者和坎特伯雷殉道士托马斯·贝克特最坚定的敌人，贝克特则是敢于抵挡（原因不明，可能是受虐狂和有自杀倾向）安茹统治巨大力量的资产阶级新锐。除了诺尔斯对福利奥特的关注之外，这本书平淡无奇——尽管有好想法，但没有充分展开。吉尔森无休止的公开演讲的讲稿如今读起来更令人感到沮丧。很难想象，在 1925 年到 1955 年的这些表演会让大批听众激动不已。也许那是一个更简单的时代，要么就因为一群面颊光滑的耶稣会士的捧场总能使大众兴奋？

从思想和气质上看，吉尔森和诺尔斯属于两个不同的中世纪天主教传统。从气质上讲，诺尔斯是激进的奥古斯丁主义者，也就是说，他认为世界上除了圣洁的灵魂之外没有其他美好的东西。吉尔森在气质和思想上都是一个自由主义的托马斯主义者，也就是说，他相信组织和机构具有良好潜力，并坚持认为可以创造出对个人有益的结构环境。在这方面，吉尔森比诺尔斯更像一个传统的罗马天主教徒。吉尔森的托马斯主义包含了这样一种信念，即教会在道德上有很多善行，而宗座中世纪研究院则在知识上做了很多好事。诺尔斯坚持的观念给中世纪和现代的教会高层制造了无穷无尽的问题，他坚信圣徒才是人类救赎史上最重要的一切。与基督相比，其他的一切都是粪土和渣滓。在 13 世纪的背景下，吉尔森可能会成为一所大学的校长，甚至是枢机主教。如果诺尔斯生活在中世纪，若他英年早逝的话，则可能会被封为圣徒；而若他活得足够久，则很可能会被判为异端而被烧死在火刑柱上。这就是罗马天主教的困境和宏伟所在。(**p.336**)

# 第九章

# 曾经和未来之王：理查德·威廉·萨瑟恩

⚜

## 一、理想的主张

我们现在知道，中世纪文化中最重要的发展并不是对古典的延续，也不是对教会神父神学的保存，而是在大约 1080 年至 1230 年这段时期内在想象力和情感方面出现的创新趋势，这一趋势可以被称为浪漫主义革命和对个体的发现。对于这一文化剧变的一些片段，19 世纪末 20 世纪初的作家们并非没有意识到。他们讨论宫廷爱情和圣母崇拜，但他们无法用一个清晰的视角来统筹这些现象并准确地定义它们。在 C. S. 路易斯的《爱的寓言》（1936）出版之前，对中世纪浪漫主义、情色主义和个人主义等主题的研究也十分缺乏可信度和学术尊严，仿佛人们认为研究这些领域的人本身就是边缘的、笨拙的、放荡不羁的，而非学界正统。

而到 20 世纪 70 年代和 80 年代，情况则大相径庭。12 世纪浪漫主义及浪漫主义文学的主题变成了学术界的主流，而且被认为对中世纪文化总体研究至关重要。剑桥大学教授约翰·史蒂文斯于 1973 年在《中世纪传奇》这本打算用作文学系学生教科书的书中写道："我想我们现在可以看到，传奇故事成为中世纪小说的主要类型和主要体裁是有充分理由的。在一个需要形成世俗理想主义的时代，它是为了表达'理想的主张'而产生的……这样做，是为了补充而不是（起初）挑战传统的宗教理想。"（**p.337**）史蒂文斯的表达清晰、简洁、自信而准确：12 世纪是一个全新的时代，这个时代通过用本地语言编写的传奇故事来表达其独特的理想。这是一个崭新的世俗理想主义时期，也是一场文化革命的时期。同样，1985 年，另一位英国学者琳内特·R. 缪尔在其《中世纪法国的文学与社会》中写道："（在 12 世纪）对个人身份和问题的强调的一个结果是，史诗中的民族和宗教热情、群体情感，被爱和友谊这种更多的以自我为中心的情感所取代……传奇故事对情感和行动的强调反映出它们是为更广泛的观众而创作的,尤其反映出女性读者和女性赞助人的极大重要性。"因此,浪漫主义的文化革命与一场涉及贵族妇女解放的社会变革联系在了一起。那些现今教科书中被视为理所当然的坚定假设,在1950年却被认为是激进和离奇的。这一切的改变主要是因为一本书的出现。

这本书就是由牛津大学贝利奥尔学院教授理查德·威廉·萨瑟恩于1953年出版的《中世纪的形成》。该书为12世纪文化研究开辟了新的视角和更广阔的视野,并深刻论证了对浪漫主义与个人主义进行深入探究的合理性。虽然萨瑟恩出生于1912年,而且这是他的第一部著作——所以说他起步慢(战争使他的职业生涯中断五年,健康状况欠佳也使他的研究进展缓慢)——但《中世纪的形成》仍是一本突破性著作,它正当化了对浪漫主义革命的分析,并开启了对中世纪更深入、更复杂的探索。由耶鲁大学出版社出版的美国平装本《中世纪的形成》现在已经印刷三十多次,翻印次数甚至可能超过了马克·布洛赫的《封建社会》及恩斯特·罗伯特·库尔提乌斯的《欧洲文学和拉丁中世纪》。这是20世纪关于中世纪的著作中,阅读人数最多、影响最大的一本书。即使到了今天,即便它在某些方面已经被萨瑟恩自己后期的多产著作所淘汰,它关于12世纪文化的描绘被基于该书所形成的批评和历史文献所挑战、延伸和修改,《中世纪的形成》仍然是一部强有力的、感人至深的作品,是一位心怀深厚感情的文学巨匠的杰作。

萨瑟恩的这本书最初是为本科生编写的教材,委托伦敦著名的教育出版商哈钦森(Hutchinson)出版。全书只有250页多一点,它的简洁极大地增强了其影响力。该书以直接且令人信服的表述,将12世纪精神领域和世俗领域的情感作为那个变革时代最重要的发展来研究。(**p.338**)它是一部兼具信息量和启发性的作品。萨瑟恩是莫里斯·波威克的学生和衣钵传人。正是在《中世纪的形成》一书中,牛津幻想家们的暗示和期望被浓缩并转化为一种可以被本科生和受过教育的公众所吸收的形式,并被学者们所接受,作为进一步研究和思辨的起点。

这就是人文学术的开创性著作的作用,而这也是为什么这类影响深远的著作如此之少的原因。必备的高雅气质、学识、洞察力、高度的严肃和激情,很少能与清晰、简洁和文学艺术结合起来,并以这样一种方式传达出来:不仅所言令人信服、催人奋进,且能使读者透过当前图景看到背后隐藏的更多信息,即这本书是一份邀请函,或是一份关于人类经验中意义深远而广泛的一部分内容的中期报告。在萨瑟恩的作品中,他证实了12世纪文化中关于理想的主张,并为迅速发展的对中世纪浪漫主义革命的多样性和复杂性的探索开辟了道路。

假如《中世纪的形成》的作者不是莫里斯·波威克爵士的门生、牛津剑桥最顶尖的教授、贝利奥尔学院的教授和导师，那么这本书还会产生如此大的影响吗？如果这本书是由伯克利、哥伦比亚、利物浦或格拉斯哥的某位教授所作，那它很可能不会有现在这般大的影响力。而如果作者在艾奥瓦州或奥伯林（Oberlin）或加的夫（Cardiff）或曼尼托巴（Manitoba）任教，那这本书甚至很可能会被忽视或受到广泛谴责。然而，社会学学术界内部的这些令人沮丧的状况并没有减损萨瑟恩著作的价值和质量。社会学的论点也可以被扭转过来。与学术地位低于他的人相比，萨瑟恩需要更大的勇气来出版一本对12世纪浪漫主义持积极看法的先锋著作。然而，即使是萨瑟恩也不能免于责难。哈佛大学的哈斯金斯创办的美国中世纪学会的官方期刊《反射镜》刊载了关于《中世纪的形成》的书评，这篇书评对该书冷嘲热讽，完全忽略了该书的见解和重要性。

即使萨瑟恩的书可能会受到现有知识的挑战或被指摘，即使它现在看起来过于谨慎和循规蹈矩，但这并不会减损该书所蕴含的深刻的洞察力和巨大的勇气，（**p.339**）也不会影响人们对作者的巧思洞见的欣赏。本来，即便是不具备萨瑟恩的自信、胆识、特权读者和文学技巧的人也能写出这样一本书，但却没有人做到。这本书代表了一代中世纪学家的观点，并掀起了一股出版浪潮，在接下来的三十年里改变了中世纪文化史和思想史。浪漫主义运动作为中世纪文化中最具创造性的运动，此时成为关注的焦点，直到今天仍是如此。

我们把理查德·萨瑟恩爵士视为牛津幻想家们的继承人。在一定程度上，萨瑟恩的中世纪观中对个人情感和自我意识的赞赏，早在诺尔斯的《英格兰的修道会》及《英格兰的宗教团体》第一卷中就有所体现。可以这么理解，诺尔斯对个人化的宗教情感的描绘既启发了萨瑟恩，也为《中世纪的形成》创造了一个合法的语境。这大致上说得过去，但实际上诺尔斯和萨瑟恩之间并没有显著的个人联系，而萨瑟恩也不倾向于向自己的学生推荐诺尔斯的著作。《中世纪的形成》一书的出版，适逢诺尔斯的续作质量显著下滑。当然，当《中世纪的形成》成为畅销教材后，萨瑟恩的知名度和可信度迅速大幅提升，他并不需要依附任何人，甚至不需要十五年来充满耐心、全心全意指导他思想发展和学术事业的恩师波威克。

时隔四十年，当我们回顾12世纪浪漫主义——这一由萨瑟恩的《中世纪的形成》一书引入中世纪研究前沿的议题时，可以看到其中包含许多子课题和复杂方面。其一，如果说12世纪的浪漫主义运动增强了自我意识，那么它在多大程度上阐明了个人主义的概念，即明显的个人自主性？在形式主义文学传统和 12 世纪神学以及宗教实践的框架内，这种个人主义概念是否可能存在？其二，我们能否将 12 世纪文化中的世俗浪漫主义与实践的神秘主义中被高度强化的灵性区分开来？这个问题又引发了另一个问题，即确定克莱尔沃的圣贝尔纳和新西多会教团在 12 世纪浪漫主义文化中的确切作用。另一个与此相关的问题是，浪漫主义是不是 11 世纪晚期新虔诚对西方情感影响的结果？（**p.340**）还是有某些潜在的社会驱动力激发并塑造了 12 世纪浪漫主义在精神上和世俗层面的表现形式？诸如人口激增、城市化、贵族阶层生活的富足与安逸，还有 1150 年后识字率和学术水平的提升，以及地区性语言的发展等因素，都可能是其背后的推手。同时，不可忽视的是，越来越多受过教育的年轻神职人员难以找到合适的工作，加之对教会和国家的中央集权式的官僚权力体系的抵触，共同构成了这一时代浪漫主义兴起的社会土壤。

其三，12 世纪的文化是否背离了我们通常所认同的浪漫主义所具有的高度感性和自我意识，而在感知物质世界时表现出一种新的自然主义，在审视人类两性关系时达到了一种心理现实主义？或者说，这种自然主义和心理现实主义本就是浪漫主义运动的一部分？此外，如何阐释 12 世纪（及 19 世纪早期）浪漫主义文化的独特倾向也是一个值得探讨的问题。这种倾向将奇幻的情境与对个人复杂行为的精确现实分析融为一体，呈现出一种独特的编码结构。这意味着浪漫主义文学作品中的故事背景往往想象力丰富、情感充沛，但人与人之间的关系却被刻画得细腻而现实。

其四，古代情色主义（如柏拉图、奥维德 [Ovid] 等）的哪些具体方面启发了中世纪浪漫主义？这场浪漫主义运动是如何借鉴、诠释和吸收这些古典传统的呢？一个相应的问题是，4 世纪和 5 世纪的教父（尤其是圣奥古斯丁）对身心问题和性相关教条的处理是如何被运用的，产生了何种影响？另一个并行的问题是，地中海文化（包括阿拉伯、拜占庭和犹太文化）对 12 世纪文化产生了何种影响？有人坚持认为欧洲中世纪浪漫主义运动是西班牙-阿拉伯文化对北方影响的结果。最后还有一个问题，即流行的异端和反教会运动的兴起与精神和世俗浪漫主义之间存在何种关联？激进宗教究竟是浪漫主义的对抗性延伸，还是对其的保守性反动呢？

这些都是非常困难和复杂的文化史问题，对于我们理解中世纪的意义和中世纪文明的发展形态至关重要。我们还没有列出诸如圣母崇拜、宫廷爱情、亚瑟王传统、哥特式建筑风格的起源等具体而熟悉的话题。

《中世纪的形成》是一本具有开创性和超越性的书，因为它将上述这些问题合法化了。（**p.341**）1951 年至 1953 年，我在普林斯顿大学攻读研究生课程，与精神史派、美国制度派和形式主义等主流学派的杰出代表人物一起学习,却从未听到关于上述任何问题的严肃讨论。萨瑟恩迫使中世纪学者,特别是年轻一代的学者去解决这些问题,为中世纪研究开创了新的话语体系。

在他漫长的余生和辉煌的职业生涯中,萨瑟恩本人也致力于思考中世纪浪漫主义所产生的许多特殊问题。一群目光炯炯的学者骑士跟随这位大胆的中世纪学界的"亚瑟王",进入了知识和智慧的魔法森林,寻找这些暴躁而又棘手的巨龙。正如亚瑟王的传说一样,这些年轻的新圆桌骑士最终并不总是恭敬地听从萨瑟恩的领导,他很有理由怀疑其中一些人到底是他的追随者还是背叛者。但是,如果没有这个"曾经和未来之王",年轻的学者们可能永远不会开启自己的征程。如果最终亚瑟王辜负了启示录的期望,没有完全兑现他那富有感召力的承诺或充分发挥出他最初展现出的巨大潜力,那么,这就是亚瑟王这一原型的一部分,也可能反映了人性的某种必然。

在艾森豪威尔时代那些阳光明媚的平凡日子里,曾经有一位英俊的国王在牛津建立了(我们这么认为)他的卡米洛特(Camelot)城堡,把我们从遥远的岛屿、葱郁的森林和寒冷的地带召集到他身边。我们想象他在那本大放异彩的书中吹响了号角,向我们发出邀请:来和我一起建立一个思想和知识的卡米洛特,我们将开创一番真正的事业,并接管这个世界。于是我们应召而来。然而,过了好一段时间,我们发现这里没有圆桌,卡米洛特是我们自己的愿望的投射,是我们自己的梦想和噩梦,源自我们经历的挫折和不满足。并不存在一个曾经和未来之王,只有我们的教授理查德·威廉·萨瑟恩爵士。他是牛津大学贝利奥尔学院的研究员和导师,后来担任牛津大学历史学奇切利讲座教授(Chichele Professor)和圣约翰学院(St. John's College)院长,他还拥有牛津、剑桥学术界的其他那些俗不可耐的头衔。然后我们离开了,带着悲伤和孤独,时而还感到痛苦。但我们已经受到了他的影响,再也不是原来的自己了。浪漫主义的强大驱动力留下了深刻的烙印。接受了理想的召唤后,我们再也无法回到从前。(**p.342**)

## 二、寻找卡米洛特

1953 年 12 月 10 日,我回到我在普林斯顿大学研究生院("牛津的莫德林学院,如塞西尔·B. 戴米尔[①]所认为的那样",一位牛津大学的访问学者这样描

---

① 塞西尔·B. 戴米尔(Cecil B. De Mille,1870—1959):美国电影导演,好莱坞影业元老人物,美国电影艺术与科学学院的 36 位创始人之一。

述）的房间，发现一封来自曼尼托巴大学（University of Manitoba）历史系系主任兼曼尼托巴省罗德奖学金委员会主席的电报。他告诉我，我被选为曼尼托巴省 1954 年罗德奖学金获得者。这意味着我要去牛津，那是所有加拿大中产阶级男孩心中的圣殿。最重要的是，我将和理查德·萨瑟恩一起学习，我刚刚读过他的书，并为之激动不已。

到牛津两周后，我还没有习惯大学里糟糕的食物，也没能在博德利图书馆（Bodleian Library）找到厕所（厕所藏在一扇标有"东方语言学院"的门后面）。然后我收到萨瑟恩的卡片，让我到贝利奥尔学院去见他。他优雅的书房给我留下了深刻印象，而他的外表更让我印象深刻。他是我所见过的最漂亮的英国人，蓝灰色的眼睛炯炯有神，沙色的头发略显灰白，声音清脆悦耳。不看他的长鼻子的话，他长得像劳伦斯·奥利弗[①]。他身材高大，动作优雅，穿着得体，符合教授的身份。萨瑟恩住在由贝利奥尔学院提供的一栋非常漂亮的房子里，他会请学生来家里喝茶。他的妻子精心准备了三明治和蛋糕，但一名学生显然不应该在这样慷慨的场合里只顾填饱自己的肚子。通常下午茶将持续整整四十五分钟。

1954 年秋天，我和萨瑟恩的关系并不融洽。我太急切于完成论文，而不是去探索和学习。萨瑟恩不喜欢我的授职争议话题，他认为这个话题太日耳曼化了（我确信，萨瑟恩根本谈不上懂德语）。他说我的取向过于日耳曼化和辩证化，怀疑我是否应该和他一起工作。不知何故，他认为我是恩斯特·坎托洛维奇的狂热信徒，而他却对坎托洛维奇嗤之以鼻。"我指导你一年获得的工资只有十五镑，这根本不值得我花时间。"他说。我深受打击。萨瑟恩看到我脸上的血色渐渐消失，而他是个非常善良的人。"这样吧，"他说，"给我写一篇关于坎特伯雷的圣安瑟伦（St. Anselm）的文章吧。然后我再决定是否要指导你。"回到我在奥利尔学院的单间宿舍后（那是一个很好的房间，是奥利尔能提供给学生的最好的房间），**p.343** 我哭了半个小时，然后在打字机上写了十五个小时。当然，一年来我一直在研究安瑟伦，他的所有作品我都读过。我还有一本施密特神父（Father Schmitt）新版的安瑟伦著作集。第二天下午，我把那篇大约三十页的文章交给了萨瑟恩的秘书。两天后，他再次召见我。"听着，"他带着无可比拟的劳伦斯·奥利弗-亨利五世式的微笑说："你完全弄错了。你真的不懂安瑟伦。但你能这么快地完成所有这些工作，真是了不起，我将接受你做

---

[①] 劳伦斯·奥利弗（Laurence Olivier, 1907—1989）：英国电影演员、导演和制片人，奥斯卡奖得主。

我的学生。"萨瑟恩忘了我之前告诉过他我已经研究安瑟伦整整一年了。而因为一场误会,他收我为徒。

在牛津大学的两个学期里,我大概与萨瑟恩见过六次面。大多数时候,我们会一起在他家附近的大学公园里散步。他会问我一些关于德国学术的问题,一些我读过而他没有读过的书(比如珀西·施拉姆的书)。有一天,他告诉我,他已经同意为《泰晤士报文学副刊》写一篇文章,纪念唯一的英格兰籍教皇阿德里安四世(Adrian IV,原名尼古拉斯·布雷克斯皮尔 [Nicholas Breakspear])逝世七百周年。但是他发现,关于阿德里安四世的那本主要著作是挪威文(在当选教皇之前,布雷克斯皮尔一直担任教皇驻挪威的公使)。我告诉萨瑟恩,这本书的作者奥斯陆教授曾为明尼阿波利斯(Minneapolis)的一本不知名的杂志撰写过一篇英文摘要。当萨瑟恩的文章出现在《泰晤士报文学副刊》时,我注意到其中大量使用了这篇文章,不禁感到好笑。

我和萨瑟恩为中世纪教会争论不休。从本质上说,他对教会的看法比我正面得多,因为他关注的是信仰、礼拜仪式和思想等方面,而不认为政治方面,特别是教皇政治,有多大意义。在斯特雷耶的影响下,我则持相反的观点。现在我可以说,萨瑟恩的观点有 75% 是正确的。事实上,在接下来的十年中,我在很大程度上转向了他的立场。我的《中世纪史:一个文明的生与死》(*Medieval History: The Life and Death of a Civilization*)一书基本上是对萨瑟恩的注解,这本书通过史书俱乐部(History Book Club)以每本 99 美分的价格在美国中产阶级家庭中流传了十九年。

说起来很容易,也不无道理,那就是当时我是在修道院式的普林斯顿大学经历了三年的艰苦岁月之后去的牛津,在那三年里我超负荷工作,没有社交和性生活,作为一个浸淫在殖民地亲英文化中的加拿大人,我对牛津形成了一种荒谬的理想化的看法,(**p.344**)我把对解脱和幸福的所有期望都寄托在萨瑟恩身上。我把牛津浪漫化成了卡米洛特,而在 1954 年的艰难岁月里,牛津肯定没有伪装成卡米洛特。而我把萨瑟恩想象成曾经和未来之王,极具魅力的解放者,但其实他只是一位博学的、比大多数人更有想象力和文学技巧的牛津教授。后来,我与萨瑟恩确实建立了友好的关系,偶尔还会通信。

当然,在《中世纪的形成》出版前,萨瑟恩的职业生涯并不出色。他出生于北方工业重镇泰恩河畔纽卡斯尔一个并不富裕的中产阶级家庭。纽卡斯尔有一所优秀的公立中学,萨瑟恩在那儿上学,学业表现出色。他获得了牛津大学贝利奥尔学院(贝利奥尔当时可能是牛津、剑桥最负盛名的学院)的奖学金,并于 1932 年以历史学专业一等荣誉学位毕业。救命教授莫里斯·波威克将萨瑟恩纳入了自己麾下,在接下来的五年里,萨瑟恩得到了牛津、剑桥开展的一项特殊的、私人的、非项目式的研究的支持,支持对象是那些希望从事学术事业的最有前途的毕业生。他没有攻读博士学位,至今牛津、剑桥的历史学家中很少有争取博士学位的。但他作为自学"研究"人员从事三年研究,然后在巴黎待了一年,随后又在慕尼黑待了几个月,但在那里他没有学会用德语阅读。1937年,在波威克的协助下,萨瑟恩成为贝利奥尔学院的历史系研究员和导师,他一直担任这个职位,直到1961年获得大学教授职位。事实证明,无论是在本科生的辅导课上,还是在牛津、剑桥的讲台上,他都是一位出色的教师——这对牛津、剑桥的教授来说很罕见。1940年,他成了一名军官。在战争的最后两年里,他以少校军衔成为外交部的一名情报官员。后来,他娶了一位英国皇家空军英雄的遗孀,并重新开始了他的牛津生涯。他住的那幢漂亮房子,是贝利奥尔学院租给他的,只象征性地收取了一些租金。他的妻子是著名的牛津巴赫合唱团的中流砥柱,他们有两个儿子,家庭生活很幸福。

在战后的牛津,萨瑟恩在中世纪学家中有两位密友。一位是理查德·亨特(Richard Hunt),这位沉闷的博德利图书馆档案保管员本人很少发表文章,但他向萨瑟恩介绍了错综复杂的12世纪修辞学、哲学和神学。另一位是波威克的另一位得意门生贝丽尔·斯莫利,她出版了一本缺乏条理、研究不足但很精彩的书,(**p.345**)《中世纪的圣经研究》(*The Study of the Bible in the Middle Ages*)。在经历多年的边缘化生活和极度贫困之后,斯莫利在牛津大学的一所女子学院获得了教职,并最终成为副院长。如果是在另一个时代,一个对女性学者更为友好的时代(20世纪20年代或20世纪70、80年代),她可能会发展成为一名举足轻重的中世纪学者。就目前而言,她的地位也是不可忽视的,当然她也是一个有趣的人。

萨瑟恩喜欢作为学者的贝丽尔·斯莫利,也喜欢她这个人,就像他喜欢阴郁的理查德·亨特一样。他在《英国国家学术院院刊》上为他们两人撰写了讣文。无论是否有意为之,他关于亨特的传记文章是骇人的,描述了一个才华横溢的人,但由于某种心理疾病而一事无成。亨特的生平和职业生涯是一堂有益的课程,让我们了解到英国人对心理治疗的反感有多么严重。而萨瑟恩关于贝丽尔·斯莫利的讣告文章是乐观、细腻、令人愉悦的,是他写过的最好的文章之一,描绘了一个无与伦比的英国怪人。这篇文章应该发表在《文汇》(*Encounter*)或《纽约客》(*The New Yorker*)上,而不是埋没在英国国家学术院尘封的卷宗里。他确实高估了斯莫利学术研究的质量,但那又怎样?

1952年,萨瑟恩因肺结核休假一年。在养病期间,他写出了《中世纪的形成》一书，这让牛津大学大吃一惊，因为他之前发表过的有影响的文章只有三篇——即使对于一个40岁、每周授课时间达18小时的牛津大学教授来说，这样的产量也是非常低的。知名教材出版商哈钦森决定邀请两位牛津大学的顶尖教授为本科生编写教科书，一位是默顿学院的J. M. 华莱士-哈德里尔，负责编写中世纪早期部分，而另一位就是萨瑟恩，负责编写中世纪盛期部分。华莱士-哈德里尔的《野蛮的西方》(The Barbarian West)一书就是他受委托编写的教科书。它有其精彩的部分，比如对可怜的查理大帝的攻击，是一本传统的、合格的教材。萨瑟恩的书则截然不同。他汲取了二十年来对中世纪的思考和讲解，从繁重的教学工作中解脱出来使他感到轻松，痨病和短暂的生命前景刺激了他，使他超额完成了分配的编写任务。《中世纪的形成》的确是一本入门性质的书——它仍然作为文化程度较高的美国大学一年级和二年级的学生的读物——但它当然远不止于此：这是一份关于中世纪文化的个人陈述，具有令人叹为观止的敏感性。它实现了萨瑟恩的目标，即"历史学家的首要职责是创作艺术作品"。( **p.346** )

每一本开创性的著作都是由读者和作者共同创作的；到目前为止，我们可以认同"读者反应理论"。重要的书籍是对某种需求的回应，而这种需求常隐于表面之下，正是这些书将许多人想要提升到意识层面的东西表达了出来。伟大的书籍释放情感，表达渴望，回应现有的愿望和希冀。萨瑟恩的书就是如此：他表达了像我这样的新兴一代的中世纪学者以及广大人文主义者思想上的反叛和想象力的延伸。

这就是为什么我不承认我对理查德·萨瑟恩提出了不切实际的要求，或者说我把自己的神经质投射到了他身上。他拥有一位贝利奥尔教授所该拥有的生活、事业、朋友、家庭。但他作为思想家和作家，已经在智识层面远远超越了这种环境。他是极聪明的人和极伟大的历史学家，点燃了学术巨变和文化革命的火炬却不自知。出版一本书，至少是一本面向广大读者的书，就意味着与读者签订了一份社会契约。你不能说"让我们建立卡米洛特吧"，然后又单方面决定："算了吧。"在那些日子里，萨瑟恩像一块百万吨级的磁铁一样吸引着目光熠熠的年轻研究生投奔他，他们把他视为梅特兰之后最伟大的中世纪学家。他们——我们——把他视为一个将改变大西洋两岸的学术和人文世界的新宗教的创始人。《中世纪的形成》不仅仅是一本伟大的历史学术著作，它是一种启示，是圣理查德的福音，是一种解放、一种顿悟。他说出了我们所有人无法用言语或缺乏勇气去表达的感受，这就是启示，在任何时空都是如此。

但在情感和家庭上，萨瑟恩都没有做好成为宗派领袖的准备，没有准备好接纳一群危险的、默默无闻的、笨拙的年轻人，他们是海外的罗德学者（Rhodes scholars）和英国中学的教师。他不想成为另一个 F. R. 利维斯，剑桥著名的文学批评家和一个主要的学术和思想宗派的文化大师。萨瑟恩也没有必要成为这样的人。利维斯在剑桥是个边缘人物，他甚至从未获得过教职。事实上，他被剑桥大学英语系的大多数教师所鄙视，所以他自然而然地倒向了做宗派领袖。可怜的家伙，他没有任何其他东西可以支撑他，而他那聪明的犹太裔妻子则更被人看不起，但她还是怂恿他继续前进。但萨瑟恩的情况却截然不同。他不仅处于一种特殊的地位，即撰写了自梅特兰以来由英国人主笔的最好的中世纪历史著作，(**p.347**)这本书和珀西·施拉姆的《皇帝、罗马和复兴》一书一起成为 20 世纪最优秀的关于中世纪史的单卷著作，而且他也是（多亏了波威克和他在贝利奥尔学院的教授身份）牛津学术界的核心人物。萨瑟恩作为知名教授极受尊敬。他住在贝利奥尔学院提供的一栋优雅的房子里，他的妻子在牛津也是引人注目的人物，而非那种乐于看到自己的丈夫在学术界闹出大分裂的女人（委婉些说，不像奎妮·利维斯夫人 [Mrs. Queenie Leavis] 那样）。因此，萨瑟恩有意避免成为他那个时代的威克里夫（14 世纪牛津的革命者）。他当时的健康状况不佳，这当然也是导致他不愿意成为派系领袖和与学术正统相对抗的因素之一。

我并不是唯一一个被萨瑟恩冷淡疏远的态度所伤害而感到委屈、困惑的人，尽管我那时天真而愚蠢。我记得 1955 年 3 月，我坐在牛津市中心宽街的一家咖啡店里，听了一个年轻的英国人两个小时的倾诉，他说萨瑟恩刚刚把他从博士生项目中开除，并让他回去教书。谈话中，他难抑眼中的泪水和心中的愤怒。而这种情况并非个例。

20 世纪 50 年代中期，萨瑟恩面临着一个非常艰难而微妙的选择。他选择不扮演圣方济各或 F. R. 利维斯。我确信理查德爵士的生活因此变得更加平静和幸福。我也确信，由于他决定不挑战学术界，目前的人文学术研究和中世纪研究变得更加糟糕了。

萨瑟恩的矜持和不露锋芒取悦了他的朋友——博德利大师理查德·亨特以及 20 世纪 50 年代和 60 年代初古怪的救命教授维维安·加尔布雷思。亨特和加尔布雷斯联手创造了一片思想上的荒漠，并美其名曰和平，理查德·萨瑟恩并不打算去打破这种局面。英国学术界喜欢偶尔出现的思想创新者，并且很可能会对那些受青睐的思想创新者给予比在美国更好的精神和物质奖励，至少直到最近仍是这样。但在英国学术界，思想创新者的数量非常有限——每半个世纪每个学科只有一个或最多两个。以这种微妙的方式，学术界的思想保守主义实际上得到了加强,因为大人物们可以将一个独特的创新者视为他们自身的智慧和灵活性的产物加以炫耀,然后他们就可以继续他们平静的生活,在高桌晚宴前享用雪利酒,在晚宴后品尝波尔特葡萄酒。(**p.348**)20世纪30年代剑桥大学的科学教授C. P. 斯诺至少在他的三部小说中阐述了这一主题。牛津、剑桥的克星玛格丽特·撒切尔本人也毕业于牛津大学,她知道那些神圣的殿堂里发生了什么,也知道如果要使英国从长期沉睡中醒来,为什么必须撼动牛津和剑桥,并将其最优秀的人文学者散布到海外。

在牛津和剑桥,被指定和享有特权的创新者必须持有一种正确的态度,这意味着他在自己的工作中处于学科的前沿,但他不会做任何事情去改变公认的和广为接受的组织和权力结构。在他的"斯文加利"[①]——亨特的指导下,萨瑟恩完美地扮演了这种角色。他在中世纪研究的边界处开展工作,作为中世纪盛期文化的分析家,他的推测大胆而有说服力。但是,他冷冷地回绝了任何来自年轻人的建议,如要他建立一个有辨识度的学派,把他的思想制度化为一个程式化的研究机构,将他自己树立为一场早该发生的学术革命的领袖等。那些聚集在他身边的人,那些他接纳并维持联系的学生,除了一两个例外,都是一些普通的、循规蹈矩的、极度刻板的人,他们擅长于将萨瑟恩最激进、最丰富的思想重新整合到中世纪那种平淡无奇的陈旧观点中,并确保研究视野只是被稍加修饰但不会扩大。从1981年献给萨瑟恩七十寿诞的纪念文集(荣誉周年卷)中,我们不难看出这一结果。这是一本沉闷的传统作品集,少数文章在表面上添加了一些萨瑟恩式的感性色彩。如果我们对于萨瑟恩的了解仅限于这本文集,如果我们没有读过他自己的著作,那么谁也看不出他曾是中世纪研究夜空中一枚燃烧的火箭。如果说学生的文章反映老师的水平,那么从这本乏善可陈的书来看,萨瑟恩的想象力和洞察力只是略高于平均水平。那将是一个严重的误判,但这正是亨特和加尔布雷斯想要塑造的萨瑟恩的形象,而萨瑟恩自己也心满意足,甚至热衷于配合这种做戏。

萨瑟恩一直把自己看作一名个体学者,而非机构的创建者。不仅如此,他还是一个与众不同、难以捉摸的人。1955年我刚认识他时,他坚称,出于政治原因(可能是受他在贝利奥尔的同事克里斯托弗·希尔[Christopher Hill]的影响,希尔现在确实在纽约市担任收入不菲的教职),他永远不会访问美国。但在1962年,萨瑟恩出现在纽约,在美国东北部进行巡回演讲。(**p.349**)他在

---

[①] 斯文加利(Svengali):乔治·杜穆里埃(George du Maurier)的小说《软毡帽》(*Trilby*)中的人物,此处用来指能控制他人思想的人。

巴纳德学院（Barnard）进行了劳伦斯·奥利弗般充满魅力的演讲，与一群本科生轻松交谈，这令我印象深刻。他对这些崇拜他的巴纳德学生是真的很感兴趣。他并不像欧文·潘诺夫斯基那样寻求崇拜。1989年，耳聋的萨瑟恩过着隐居的退休生活，做出了惊人的慷慨举动。他因在人文学科方面的突出贡献被授予六万美元的"全欧奖"（all-European prize）。他将这笔奖金捐给了牛津大学的一所女子学院，以帮助该学院在中世纪研究领域设立一个新的职位。这笔捐款是为了纪念维维安·加尔布雷斯，而她的女儿正是该学院的院长。我不知道萨瑟恩为何会如此慷慨。他的一些著作确实卖得不错，但他绝非富翁，而且他自己还有孩子，孩子们无疑会用到这笔钱。理查德·萨瑟恩完全遵从内心的指引，不可预测地走着自己独特的道路，就像一个特立独行的中世纪圣徒一样，倾听着私人号角的召唤。

在20世纪50年代和60年代，对于萨瑟恩而言，要利用自己的名望在牛津创建一所中世纪学院，在心理上是很难接受的，尽管牛津大学非常需要这样的学院，尤其是对于来自英语世界的研究生和刚毕业的博士来说。萨瑟恩对法国学术官僚的制度野心深恶痛绝。他对自身及其职业发展的设想是传统的牛津、剑桥式的：教职、爵士头衔、牛津某个学院的院长（当然，他想要贝利奥尔学院的院长职位，但最终他对圣约翰学院的院长职位感到满意，这所安静的小学院在萨瑟恩的精心领导下得到了很好的发展）。一想到要领导一所学院，要对成群结队的急切、粗鲁无礼的博士生负责，要与学术机构争吵，而不是在牛津、剑桥的高桌晚宴上与他们说笑，他就充满了恐惧。在50年代中期和60年代初期，萨瑟恩感觉到了自己潜在的巨大权力，但他没有使用这种权力，唯恐自己的行为方式有违英国教授的传统。

萨瑟恩现在自称一点都不为当初的选择感到后悔。但我想知道，他是否有时会在黑夜里有不同的想法。历史告诉我们，伟大的中世纪反对派，如菲奥雷的约阿希姆、圣方济各、约翰·威克里夫（或20世纪30年代的温斯顿·丘吉尔），他们的非凡之处不在于他们说了什么——许多其他人都有相同的看法——而在于他们确实说了，而且最终承担了那些诸如情绪紧张、精神压力大和孤独等可怕的后果。（**p.350**）他们付出了代价，但他们确实改变了世界。萨瑟恩选择不这样做。用但丁的话说，他做出了"伟大的拒绝"。这就是年轻的戴维·诺尔斯和理查德·萨瑟恩所选择的道路的巨大差异。

我为20世纪的中世纪历史研究中这一令人悲伤的反常现象感到心痛，这种现象充满了讽刺性和愚蠢的矛盾，令人心碎。布洛赫的弟子们建立了庞大的权力基础，他们做了一些好事，但也造成了很大的破坏。如果萨瑟恩能以自己最优秀的知识分子形象创建一个学派,并利用它的力量来改变中世纪研究这一领域,他本可以做出巨大的贡献。但他却转身离开,做出了"伟大的拒绝"。施拉姆和坎托洛维奇受希特勒阴影的影响,各自都没有构建学派。如果坎托洛维奇留在伯克利,那里可能会发生一些非常重要的事情(一个伟大学派的雏形正在浮现时,他却在忠诚宣誓上玩起奇怪的把戏,接受了奥本海默具有诱惑性的召唤,去了普林斯顿)。诺尔斯获得权力的时候,情绪已经疲惫不堪,圣灵已经离开了他。吉尔森在多伦多很巧妙地经营,但由于他思想上的局限性以及宗座研究院神职人员头脑的僵化,那里最终成为一个令人尊敬但沉闷乏味的地方。斯特雷耶拥有巨大的权力和影响力,但思想的失明和心理的不平衡使他无法有效运用这些权力和影响力。所以如今只剩下布洛赫的门徒们在欧美统领这个领域,因为他们有资源和组织。其中,最让人痛心的是萨瑟恩的顾忌和拘谨。这堪称是一个亚瑟王式的结局,也是一个莎士比亚式的结局。

## 三、"因为他是英国人"

萨瑟恩从牛津圣约翰学院院长职位退休数年后,于 1986 年出版了自《中世纪的形成》之后最具原创性的书。从行政和教学工作中退休后拥有的闲暇时光,加上健康状况的改善,使他能探索 13 世纪早期这一新的主题和文化时代。他的研究成果是《罗伯特·格罗斯泰特:中世纪欧洲一位英国人的思想成长》(*Robert Grosseteste: The Growth of an English Mind in Medieval Europe*)。格罗斯泰特(卒于 1253 年)是一位哲学家、科学家,(**p.351**)晚年曾担任牛津大学所在的林肯教区的主教。格罗斯泰特不仅以林肯主教身份对牛津大学进行官方监督,而且还深入参与了大学的思想发展。他虽不是方济各会的正式成员,但与英国方济各会关系密切。而在他晚年的时候,英国方济各会开始在牛津大学发挥主导作用。

与之前对格罗斯泰特这位 13 世纪著名思想家和牧师的所有记载相比,萨瑟恩对他的生平和思想研究是一个根本性的突破。以前人们认为格罗斯泰特曾在巴黎学习,受到新兴的经院哲学运动的影响。而萨瑟恩声称格罗斯泰特只在英国接受了教育,并未参与欧洲大陆先锋文化和教育发展。因此,他的书的副标题意义重大。格罗斯泰特是英国思想家。更重要的是,他笔下的格罗斯泰特代表了 13 世纪文化史中与托马斯·阿奎那及 13 世纪末在牛津教书的方济各会士(比如邓斯·司各脱)不同的一个分支。格罗斯泰特所代表的文化是充满人文主义色彩的、更为柔和且个人化的传统与通俗文化,"偏爱洞察力而非形式结构"。在萨瑟恩看来,格罗斯泰特的思想根源在于 12 世纪晚期自由的人文、哲学和科学(包括占星学)的思辨,而不是巴黎托马斯主义那种新的、亚里士多德式的思想,后者高度自律而痴迷结构化。

所有的历史作品在某种意义上都是自传性的,尤其是当作者面对一个令他感到同情的历史人物时。这一点在萨瑟恩身上尤为突出。在早期作品中,他颇与 12 世纪的宗教人物(比如坎特伯雷的圣安瑟伦和克莱尔沃的圣贝尔纳)共情。而现在,萨瑟恩七十多岁了,他在罗伯特·格罗斯泰特身上看到了自己的影子。他意识到了自己的独特性、自己在中世纪研究中的特殊身份,以及自己在欧洲和大西洋两岸的中世纪研究中作为"英国思想家"的角色,于是他走自己的路,遵循自己的想法。

萨瑟恩对与他同时代的伟大中世纪学家评论尖刻,多持有负面看法。他在 1949 年对诺尔斯的《英格兰的宗教团体》第一卷的评论是傲慢且贬低的。萨瑟恩认为,诺尔斯应该严格遵循修道院的历史。他对诺尔斯在广泛的文化和思想史上的努力缺少兴致。(**p.352**)他的评论把诺尔斯当作一个偏离了常规的修士,不太欣赏诺尔斯研究中世纪宗教文化的广阔和宏大视野,对诺尔斯的人物研究也没有什么热情。萨瑟恩在 1939 年听坎托洛维奇在牛津讲课时,就对坎托洛维奇深恶痛绝。在 1959 年对《国王的两个身体》的评论中,萨瑟恩仍然流露出对坎托洛维奇的"神秘化"和无法把握"现实"的敌意和极度蔑视。马克·布洛赫对封建社会的评价都"流于表面"。理查德·萨瑟恩踽踽独行。就连他在另一篇刊于《英国国家学术院院刊》的讣告中,他对自己的老师、赞助人莫里斯·波威克的工作评价也甚少褒扬之词。他更喜欢波威克这个人,而不是作为中世纪学家的波威克。

除了第一本书《中世纪的形成》和最近关于格罗斯泰特的书之外,萨瑟恩的主要作品还包括:对坎特伯雷的圣安瑟伦及其 12 世纪早期英格兰的修道院圈子的研究(1963),他写得质量最差的一本书《中世纪西方眼中的伊斯兰教》(*Western Views of Islam in the Middle Ages*,1962),一本关于 12 世纪思想和文化,特别是人文主义的重要论文集(1970),以及另一项勇敢的尝试,即由企鹅公司委托撰写和出版的对中世纪教会的概述(《中世纪的西方社会和教会》[*Western Society and the Church in the Middle Ages*],1970)。

萨瑟恩学识渊博、有着精妙的洞察力,其写作技巧也达到了文学艺术的高度,因此塑造了一代人对于中世纪文化的看法。在他看来,中世纪文化主要存在于法国北部、英格兰南部,还有很小一部分存在于意大利北部。这就忽略了欧洲的许多其他地区，但已经包括了 1100 年到 1250 年欧洲文化的主要中心，除了德国西部以外。

在《中世纪的形成》一书中，萨瑟恩说他之所以忽略德国，是因为它已经落后于 12 世纪的先锋潮流，德国在思想上落伍了。这个观点当然是值得怀疑的。来自德国莱茵河谷的宾根的女修道院院长希尔德加德（Abbess Hildegard of Bingen）是 12 世纪三位最伟大和有远见的宗教人士之一（其他两位是法国的克莱尔沃的圣贝尔纳和意大利南部的菲奥雷的约阿希姆）。腓特烈二世的叔伯祖父弗里辛主教奥托（Bishop Otto of Freising）是 12 世纪三四位最深刻的历史思想家之一。沃尔弗拉姆·冯·埃申巴赫的《帕西法尔》（约 1200 年）可算是这一时期浪漫主义文学中最优秀的作品，而这是一位莱茵兰贵族的作品。

作为中世纪学家，萨瑟恩的研究工作显然还有其他局限性。他在艺术方面的论述很少，就算有也很平庸。（**p.353**）他对文学文本的解读并不总能体现对 12 世纪文学中复杂的反讽和心理现实主义趋势的欣赏，而这些在克雷蒂安·德·特罗亚的传奇里都有展示。他对中世纪异端邪说的论述是冷漠的、置身事外的，而且对异端运动与更普遍的大众信仰之间不可分割的联系缺乏认可。

理查德爵士笔下的中世纪是温良而和谐的。他与诺尔斯、吉尔森和库尔提乌斯一样，对中世纪抱有极大热情。如果阅读萨瑟恩的书，我们很难理解由罗马律师组成的教皇官僚机构是如何在理想主义的教士以及贪图享乐的、自私的国王和领主中引发沮丧和失望，进而演变成仇恨和愤怒。他的著作很大程度上忽视了激进、不宽容和一个迫害性社会的出现所带来的影响，这种不宽容和迫害性的社会早在 1100 年出现犹太人恐惧症（Judeophobia）时就有迹可循，并于 1250 年左右在宗教裁判所带来的思想恐怖中达到顶峰。萨瑟恩笔下的 12 世纪是一个阳光灿烂的时代，仇恨、好战、权力暴怒和意识形态狂热的危险迹象虽然没有完全被忽视，但却被置于遥远的背景中，没有得到有效的评估。

萨瑟恩是有着明显局限性的中世纪学家，但他的成就也同样显著。他的确是欧洲文化中一个独特的"英国头脑"，有着自学成才的牛津、剑桥人文主义学者所特有的盲点。但当他运用材料分析时，即使在某些情况下他的解释可能受到合理的质疑，但他也是极为出色的。理查德·萨瑟恩写下了一些有史以来关于中世纪的最好的文章。

萨瑟恩花了二十年时间研究坎特伯雷的圣安瑟伦（卒于 1109 年），以及这位意大利修道院贵族在成为坎特伯雷大主教时从诺曼底横渡英吉利海峡所带来的法国修士圈子。萨瑟恩让我们相信，从这个圈子中兴起了两个重要文化现象。首先，安瑟伦的神学代表中世纪上帝观和救赎观的根本转变。圣安瑟伦及其门徒明确阐明了一种范式转变，即从《旧约》到《新约》，从审判的圣父上帝到受苦的圣子上帝。他们传达的是一种大不相同的基督教，一种服务、奉献和爱，而不是胜利、权力和权威的基督教。"道成肉身"的意义被修改了。为什么上帝要变成人？安瑟伦问道。答案是：这不仅是为了拯救人类，还要向人类展示如何做人——有恻隐之心，关心他人，牺牲和慷慨。（**p.354**）十字架传递出教育和教义层面的信息。中世纪基督教方向上的这一重要改变不仅深刻地塑造了中世纪虔诚和神学的后续发展，而且其影响一直持续到现在。

萨瑟恩直接追溯到的关于安瑟伦及其圈子的第二个变化是圣母崇拜的表达。玛利亚不仅成为十字架下哭泣的母亲，而且成为慈爱地把圣子耶稣护在怀中的圣母。出于实际奉献的目的，玛利亚成为中世纪上帝本身的一部分，这种准神学的、讲道的趋势成为欧洲日常生活中宗教实践的核心，现在在地中海国家仍然很突出。圣母崇拜激发了艺术家和诗人的想象。我们认为，它影响了妇女的形象和地位，使之向好的方向发展，并激发了中世纪盛期和晚期文化中情感、大众和社会结构的不断发展。我们对圣母崇拜的心理维度和社会影响还只是部分了解，但萨瑟恩证明，圣母崇拜在安瑟伦的圈子里首次得到了清晰的表达。萨瑟恩的研究还显示，在安瑟伦的修士圈子中，谈话和人际关系具有同性恋的特质，但他将此保持在没有身体上的性接触的层面。约翰·博斯韦尔借鉴了萨瑟恩的研究，并将其作为中世纪同性恋史的一部分——这是否明智尚无定论。

在萨瑟恩对12世纪文化的阐释中，克莱尔沃的圣贝尔纳（卒于1153年）延续了安瑟伦和坎特伯雷修士所设定的奉献和神学道路。西多会的"白衣修士"教团（他们穿白色袍子）向整个西方社会，而不仅仅是教士教团，传达了一种大众神秘主义。这种神秘主义不仅体现在仪式和制度中，也体现在对日常奉献的信仰和体验中。西多会通过广泛建立新的教堂、修道院和礼拜堂，或加强王室和贵族的赞助以扩建旧的教堂，反而强化了教会，这是西多会带来的影响之一。另一个影响是，布道以及极具感召力和存在感的布道坛演讲在教堂礼拜中获得新的重要地位。这种变化对教区和大教堂的牧师提出了附带要求，使得那些更传统、更常规化的神职人员很难满足这些要求，从而为服务俗世的宗教团体开辟了道路，其中包括奥古斯丁派教士，以及后来的多明我会和方济各会的修士。（**p.355**）从植根于圣安瑟伦和圣贝尔纳的宗教感性出发，对情感的欣赏和个人表达的合法化发展出宫廷的、只是部分世俗化的文学，进而启发了12世纪后期的俗语传奇和亚瑟王故事系列。这就是萨瑟恩时代的感性历程。

从亲切的认同感中抽离出来，以长远的眼光看待 12 世纪的文化运动，萨瑟恩认为它是一种人文主义，是对自然世界的发现，并与古典学术、法律和政府联系在一起。其他人在诺尔斯和舍尼于 1957 年出版的一本书中也窥见这一发展，但对中世纪的理解影响最深的还是萨瑟恩对这场文化革命的特殊表述。1968 年，萨瑟恩总结了他对 12 世纪的看法，他说，个人新的宗教虔诚、情感倾向和意识属于一场文化运动，[这场文化运动]

从最广泛的意义上说，代表着人们对自然世界的兴趣日益浓厚——人们试图以科学的眼光看待自然世界，去发现它的构造、规律和主要特征。这个自然世界当然也包括人类。

自 12 世纪初期开始，这一运动就在西欧存在，并逐渐发展壮大。从广义上讲，这是西方历史上一场延续至今的运动。然而，运动的第一阶段于 13 世纪晚期结束，伴随着伟大理论结构的出现，比如阿奎那的《神学大全》，它将几个世纪以来的科学兴趣与启示性宗教的伟大结构结合起来。这一结构与 7 至 11 世纪的生活方式和思想气质形成强烈对比，当时超自然的因果关系和权威是唯一能被完全理解并受到重视的渠道。

为什么会在 12 世纪初发生这种变化？首先，人口数量和复杂性都在迅速增长的新社会需要一种新型的政府，一个由受过训练、能够思考并解决实际问题的人组成的政府。至今，政府是通过诉诸超自然的权威，在法律案件中诉诸超自然的举证模式等方式来运作的。但现在需要制定系统性的法律和执行法律的实际方法，这项工作只能由受过某种学术训练的人来完成。因此，对训练有素的人才的需求与日俱增，(**p.356**)而这导致了学校和大学的迅速发展，它们是所有科学进步的核心。

这种对人和世界的自然理解来源于古代思想和文学。到了 11 世纪末，古典学问已经完全被吸收，并在学校中传播给相当多的学生。我把 12 世纪初的各种作品……视为掌握了过去拉丁文化的表达。五六百年来，西欧人第一次能够继续以新的方式发展古代研究和将世界看作一个自然组织的思想。12 世纪希腊科学文本的发现极大地推动了这一趋势。这些文本，包括亚里士多德、盖伦（Galen）和托勒密等人的科学著作的翻译，向西方世界展示了一种伟大而复杂的科学世界观。13世纪，这被纳入大学课程，并成为学校普通教学的一部分。

同样的事情也发生在修道院的生活中，在那里一种类似的科学探索精神鼓励着人们对人和人的意志产生新的兴趣。到了11世纪末，遵守礼拜仪式和宗教程式令修士们感觉到沉重的压迫感。出现这种情况的原因还不清楚——我猜想，新的、发展中的事物似乎总是令人兴奋的，而当它变成一种陈旧的惯例时，就似乎变成了一种负担。也许就是这些使11世纪末的修士们开始反抗程式的重压，在修道生活中寻求一种新的个人自由。11世纪末和12世纪的修道院运动代表了（至少在其中一个方面）在修道院的日常生活中对更大个人自由的追寻。当条条框框和层层累积被抹去之后，人类开始探究自己的本性。在11世纪和12世纪，整个修道院世界都在发生这种从规范到内在自我的转变。很难说为什么会发生这种转变，但它显然与科学探索的普遍发展有关——从仪式到理性的转变——我已经对此进行了描述。

这是1968年典型的萨瑟恩风格：兼具宽广的发展视野与对特定文化现象的精确定义，自信而睿智地知道自己应在哪里止步，其热情而感性的一面仍然在思想自律的控制之下。在中世纪研究中，萨瑟恩风格以渊博的学识，热情地重现了教会文化及与之密切相关的世俗文化中的情感和思想。（**p.357**）虽然这种重现旨在突出中世纪文化的浪漫主义色彩，但实现方式上却显得非常有节制和克制。萨瑟恩对中世纪文化的描绘蕴含着个人的见解，这种见解有些激进、边缘，但仍属于广泛共识的范畴。考虑到这一切都是他通过非常精细的写作完成的，普通读者和本科生都能理解中世纪思想和文化中比较复杂的方面，可以说萨瑟恩的风格几乎是无与伦比的。人们可以清晰地阐明其风格的成分，但几乎不可能对这种风格进行精确复制。

在思想上，萨瑟恩的作品与施拉姆、坎托洛维奇、潘诺夫斯基、库尔提乌斯、C. S. 路易斯、他的老师波威克，以及吉尔森等人的作品有许多重叠之处，但这些大师的作品与萨瑟恩的作品在神韵和概念上却大相径庭。诺尔斯在《英格兰的修道会》和《英格兰的宗教团体》第一卷中的基本观点是最接近萨瑟恩的。1949年，萨瑟恩在评论《英格兰的宗教团体》（第一卷）时对戴维·诺尔斯神父非常严苛，可能正是因为他当时尚未完全找到自己的声音，也没有创作出自己的杰作，所以他可能担心诺尔斯会将他正在酝酿的作品弄得像是对其作品的模仿或衍生。在诺尔斯充满灵感的两卷书中，有很多内容甚至整个章节都接近萨瑟恩的中世纪研究风格。因此，回到20世纪60年代，我可以合乎情理地把这两位并称为"英国新浪漫主义中世纪学派"。这种说法没有错，但并不完全符合他们关系的实际情况。

虽然诺尔斯是激进的奥古斯丁主义者，但他仍是神职人员。而萨瑟恩则可以在英国浪漫主义的传统中自由驰骋。无论如何，尽管诺尔斯写得最好的篇章里充满了关于他在教会中的个人斗争的内容，近似于萨瑟恩的风格，但萨瑟恩的写作特点——一贯具有的冷静以及激情与自控的完美结合，却是诺尔斯无法维持或完全驾驭的，或者他也不想这样做。不管怎样，在诺尔斯与他的教团和解并在剑桥获得声望之后，他作品中的激情火焰就熄灭了，他的洞察力和情感的余烬就再也没有重燃。中世纪研究领域只有一个理查德·萨瑟恩。(**p.358**)

## 四、萨瑟恩的圆桌骑士

在中世纪最后的350年里，与亚瑟王相关的文学作品浩如烟海，其中一个非常有趣的现象是，亚瑟王本人通常并不是诗歌的中心人物或最英勇的人物。在那些有时被称为圆桌骑士的亚瑟王的随从中，像兰斯洛特、帕西法尔和高文这样的英雄才是最突出的角色。这种文学处境与理查德·萨瑟恩在中世纪研究中的地位有类型学上的相似之处。萨瑟恩做了很多伟大的事情，是开启对中世纪情感和个性追求的探索并赋予这种追求正当性的权威人物，但他的成就有限，在某些领域和体裁上，其他人超越了他，甚至纠正了他。虽然萨瑟恩没有创立任何学派，也不鼓励别人拜他为师，但从其著作的思想冲击力来看，他的影响是巨大的。自20世纪60年代中期以来，他作为榜样的影响一直至关重要。尽管大多数秉承他所引导的传统进行写作的人只是偶尔与他有过个人接触，如参加过一次讲座，有过简短的私人聊天或有限的书信往来，但他们身上都留下了萨瑟恩的印记。他们在多大程度上接受了他的信息，从他的远见卓识中得到了多少启发，并从他个人胜利的榜样中感受到了多少正当性和鼓舞，这些都是显而易见的。萨瑟恩就像是亚瑟王，而他们则是年轻的骑士，带着他的灵感进一步追寻圣杯。在这种情况下，这意味着对中世纪意涵的进一步揭示。

在萨瑟恩自己的学生中，唯一有名望的是莫里斯·基恩（Maurice Keen），他接替萨瑟恩成为贝利奥尔学院的中世纪史研究员和导师。基恩写过一本关于罗宾汉传说的有趣但无定论的书，还写过一篇关于骑士精神的综合文章。文章略显谨慎，但不失为一篇有用的综述。

萨瑟恩圆桌骑士团的第一位重要骑士是哥伦比亚大学的罗伯特·W.汉宁，他是美国人，研究领域是中世纪英语和传奇文学。他先后在牛津大学和哥伦比亚大学学习，对萨瑟恩略有了解。汉宁是1962年萨瑟恩首次美国巡回演讲的主要赞助人，那次巡回演讲取得了巨大成功。汉宁曾师从哥伦比亚大学中世纪文学领域的形式主义研究巨匠W. H. 杰克逊（W. H. Jackson）和罗杰·卢米斯（Roger Loomis），（**p.359**）但萨瑟恩以及耶鲁大学的比较文学家埃里希·奥尔巴赫对他的影响也是显而易见的。

汉宁的第一部著作《早期英国的历史视野》（*The Vision of History in Early Britain*，1966）展示了从8世纪至12世纪早期的英国，个人情感和个人感知是如何慢慢进入标准化的、形式主义的中世纪历史叙述的。在奥尔巴赫的《摹仿论》（1946，英译本1953年出版）中，有几个章节指出，在中世纪事件描述的形式主义类型学结构中，如何出现了个人情感和个性化。汉宁在很大程度上贯彻了这一理念，而萨瑟恩的《中世纪的形成》显然对他有所帮助。汉宁后来的研究成果——《十二世纪传奇中的个人》（*The Individual in Twelfth Century Romance*，1977），不像《早期英国的历史视野》那样紧密地追随萨瑟恩的脚步。该书对中世纪传奇文学中的个人化和人格处理进行了深入探讨，超越了萨瑟恩。汉宁指出，这些作品中人物塑造极为复杂，巧妙地运用了反讽手法对表面的理想主义母题进行解构，且这些传奇作品在审视两性关系时表现出了心理现实主义。汉宁1988年做回顾时，针对萨瑟恩对12世纪想象性文学的处理提出了批评："萨瑟恩在评论克雷蒂安的传奇时，其论点缺乏针对性；如果他能专注于一两部作品，并将其与贝尔纳的作品《罗兰之歌》进行更精确的比较和对比，那么他的论点会更好。他的分析和许多历史学家对文学文本的处理一样，忽略了克雷蒂安在展现文学的生命和激情时运用的大量反讽和游戏。"汉宁的《十二世纪传奇中的个人》为我们解释了这种激情的反讽和游戏。他在这一点上超越了萨瑟恩，但萨瑟恩为汉宁铺平了道路。

萨瑟恩同样影响了20世纪70年代英国两位激进的莫里斯——科林·莫里斯和约翰·莫里斯。前者在《个体的发现》（*The Discovery of the Individual*，1972[①]）一书中针对12世纪文化提出了比萨瑟恩著作中的观点更为极端、更具争议性的看法。科林·莫里斯的著作对本科生来说很有吸引力，但可能会被认

---

[①] 原文为1971年，原文有误。

为是庸俗化和过度图式化的萨瑟恩主义。它把 12 世纪的个人主义说得过于尖锐、简单、意识形态化。这就引出了一个问题：中世纪的神学和哲学虽然允许偏离严格的形式主义，允许表达个人情感，但它们是否能达到科林·莫里斯所理解的现代个体性的程度？（**p.360**）留给他的问题是，如果这种意识形态的个人主义发展起来了，为什么它没有像 18 世纪那样演变成一场自由主义的政治革命？科林没能解决这个问题。

约翰·莫里斯是伦敦大学的一名行政管理人员，数十年来一直致力于研究那些模糊而稀少的片段，这些片断可以表明在 5 世纪末或 6 世纪初真的存在一位亚瑟王。根据文学和考古学的证据，我们足以确认亚瑟（无论其真名如何）是一名不列颠罗马时期的王子，在公元 500 年前后的几年或几十年里，他在不列颠中西部或西南部某处抵挡住了来自东边的日耳曼人的入侵，直到最终被征服。亚瑟的追随者们撤退到威尔士山区后，将对他的记忆保留了下来，并对这位凯尔特英雄的故事加以渲染。直到 1135 年左右，蒙茅斯的杰弗里（Geoffrey of Monmouth），一位在牛津学习，并在林肯主教的资助下写作的威尔士牧师，把这些故事写进了他传奇性的《不列颠诸王史》（History of the Kings of Britain），由此开启了亚瑟王传奇故事的流传。根据这些记录和文物，约翰·莫里斯创造出了一部长达 500 页的杰作，即《亚瑟时代》（The Age of Arthur，1973）。一些评论家抨击可怜的约翰·莫里斯，认为他比蒙茅斯的杰弗里幻想得还厉害。莫里斯这部对历史上的亚瑟进行重构的作品，有人很喜欢，有人很讨厌，而我属于前者。当然，它极富想象力，但并非全是幻想。它以史料为基础，尽管运用了大量想象使这些片断变得丰满起来。约翰·莫里斯多年来一直致力于这本书的写作。如果不是萨瑟恩将想象的历史合法化，并赋予关于中世纪的新浪漫主义观念一定的可信度，莫里斯在去世前就不太可能有勇气出版《亚瑟时代》。如今，《亚瑟时代》只有三卷本，价格极其昂贵，由一家不知名的英国地方出版社出版。就像中世纪早期亚瑟王的故事一样，它正在乡野林间消失，但假以时日，它可能会再次问世。无论如何，我肯定会把这本引人入胜的著作视为对萨瑟恩的追随之作。

与约翰·莫里斯在学术界的地位截然相反的是彼得·德龙克，他是剑桥大学声名显赫的中世纪文学教授。他的两卷本中世纪拉丁语抒情诗研究（1965）极为详尽，也像奥尔巴赫和汉宁的研究一样，在正式而持久的传统中带有些许个人情感和个性表达。在思想上，德龙克的著作可归入萨瑟恩解读中世纪文化的传统。（**p.361**）在《中世纪的诗意个性》（Poetic Individuality in the Middle Ages，1970）中，德龙克更进一步，对库尔提乌斯的主题学形式主义发起攻击。

德龙克认为，通过对传统母题进行修辞处理，类型或传统主题可以具有高度的独创性。这又是一种萨瑟恩式的倾向。

在《中世纪女作家》(Women Writers of the Middle Ages, 1980) 一书中，德龙克和汉宁一样，对萨瑟恩范式进行了超越和修正。他发现了四位技巧娴熟而敏锐的女作家，而这正是中世纪文化中一直被萨瑟恩所忽视的一面。更重要的是，德龙克在书中用一半篇幅撰写了关于宾根的希尔德加德的长篇论文，这是她的作品所获得的唯一一份英文详细解读，也是所有语言的解读中最好的。没有人能在读过德龙克对希尔德加德的评论后仍同意萨瑟恩的观点，即德国处于12世纪先锋文化的范围之外。恰恰相反，希尔德加德的作品中蕴含着一种大胆的精神、一种对教会传统的思想突破，这种精神与沃尔弗拉姆的《帕西法尔》一起，让人觉得真正的先锋派说到底可能不是在12世纪末的法国北部和英格兰南部，而是在德国的莱茵兰。它与英法文化不同，也不是以大学为基础的文化。但它是有远见的、思辨的、奇幻的、原创的，其强度和远见卓识或许超越了香槟区或坎特伯雷。

与汉宁或德龙克相比，英国历史学家彼得·布朗 (Peter Brown) 对萨瑟恩的模仿更加直接，他主要研究300—700年过渡时期的文化。布朗在加州大学伯克利分校和普林斯顿大学度过职业生涯的成熟期。他对古代晚期和中世纪兴起的研究与萨瑟恩对12世纪的研究方法如出一辙。布朗关于希波的圣奥古斯丁这位伟大宗教人物的传记 (1965) 融入了对奥古斯丁时代及其前后一段时期的宗教和文化氛围的连续研究。该书的主题是20世纪初法国学者所说的融合主义 (syncretism)，即罗马帝国晚期文化的融合与宗教思想的交织。布朗的主要论点是，在罗马帝国晚期出现一种独特的综合性文化，其中基督教、异教、古典主义、新柏拉图神秘主义、大量流行的占星术、魔法和信仰疗法不可分割地融合在一起。布朗尤其关注中世纪早期的圣徒崇拜如何根植于古代晚期的萨满崇拜。

在布朗的叙述中，古代晚期的这种文化融合是奥古斯丁神学和基督教教义关于身心问题和性相关问题的教义的基础。(**p.362**) 他的奥古斯丁传并不是关于这位圣人和神学家的最好的人格研究。这一殊荣属于都柏林学者约翰·奥马拉 (John O'Meara) 那本被大大低估的《青年奥古斯丁》(The Young Augustine, 1952)。但布朗将奥古斯丁置于一个跨越当时所有文化和思想层面的思想环境中，就像萨瑟恩对圣安瑟伦所做的那样。

在《纽约书评》和其他左翼文化媒体的炒作下，布朗名声大噪。然而，1986年牛津大学教授罗宾·莱恩·福克斯 (Robin Lane Fox) 出版了一部不朽的著作,《异教徒与基督徒》(Pagans and Christians),直接挑战了布朗关于 4 世纪宗教与文化融合的基本主题。莱恩·福克斯在某种程度上复兴了从约 1920 年至 1960 年的保守基督教学者的论点,特别是查尔斯·诺里斯·科克伦(Charles Norris Cochrane)、诺曼·H. 贝恩斯(Norman H. Baynes)和安德烈亚斯·奥尔弗尔迪(Andreas Alfoldi)所阐述的论点,但对所有文本文献进行了全新解读,把基督徒塑造成与晚期古典文化交战的、坚定英勇的少数派。根据莱恩·福克斯的观点,4 世纪罗马帝国皈依基督教代表了一种反主流文化的政治胜利,而不是布朗式的地中海多元文化的共融。莱恩·福克斯很明确地表示,他在挑战布朗的论点。奇怪的是,布朗在《纽约书评》(普林斯顿大学历史系的内部杂志)上发表的一篇关于《异教徒与基督徒》的评论中,对该书大加赞赏,却并未提及莱恩·福克斯对自己 20 年的研究成果进行毁灭性攻击这一关键问题。在学术辩论中有一种策略,即如果你不加批判地称赞你的对手,你就会把他贬为低能,这种策略很冒险,但有时可行。在这种情况下,布朗似乎就采取了这种方法。不过,与萨瑟恩相关的一个重点是,萨瑟恩对思辨性和想象性文化史的合法化为莱恩·福克斯和布朗提供了良好的学术氛围。

马尔科姆·兰伯特(Malcolm Lambert)是一位值得高度肯定的萨瑟恩圆桌骑士,他在布里斯托大学(University of Bristol)担任教授长达三十年之久。他的《中世纪异端》(Medieval Heresy,1977)是所有语言中关于该主题的最好的综述。为了撰写此书,兰伯特曾在慕尼黑的文献集成研究所待了一段时间。显而易见,他受益于战后德国研究异端教派的历史学家,如赫伯特·格伦德曼(Herbert Grundmann),兰伯特自己也坦然承认这一点。但兰伯特之所以能被归为萨瑟恩圆桌骑士团的一员(20 世纪 50 年代,兰伯特曾在牛津求学,明显受到了萨瑟恩的启发),(**p.363**)是因为他对反教会领袖个人的描绘极具说服力,对异端教派气质和野心的集体刻画也令人印象深刻。这又是一部紧跟《中世纪的形成》步伐的著作。但就像汉宁和德龙克等其他骑士一样,兰伯特远远超越了萨瑟恩对异端的看法。在萨瑟恩看来,12 世纪异端邪说的重要性有限,而且与资产阶级的精神气质有关。兰伯特则表明,异端比这要广泛得多。它是士绅文化和城市社会的一种状况,并不是处于边缘,而是 12 世纪精神信仰的主流。这就提出一个非常复杂的问题,即 12 世纪精神信仰的本质,以及萨瑟恩的乐观观点是否不仅在情感上是片面的,而且在概念上也是局限的。

虽然萨瑟恩本人对中世纪女性及其文化的兴趣不大,但 20 世纪 80 年代杰出的女性主义中世纪学家、哥伦比亚大学的卡罗琳·沃克·拜纳姆(Caroline Walker Bynum)可能会被视为另一位受到《中世纪的形成》的开阔视野启发的后辈学者。拜纳姆也深受她母亲的影响，她母亲是思想强硬的女权主义者，来自旧南方，曾是大学哲学教师，并承认特别受益于彼得·布朗。对于 12 世纪文化中个性的程度和性质这一问题，拜纳姆的解决方案颇具萨瑟恩特色："12 世纪把发现人的内在……视为在自己内心发现按照上帝形象塑造的人性。"在我看来，从抽象或形式主义的意义上讲，这是正确的，但从存在主义角度和经验上来看，对这一至高无上的教条有着种种偏离，例子包括克雷蒂安·德·特罗亚的浪漫主义诗歌和彼得·阿伯拉的伦理理论。

拜纳姆最著名的著作《耶稣为母》（*Jesus as Mother*）深受女性主义研究课程的喜爱。拜纳姆在这本书中指出了 12 世纪宗教写作中的跨性别特质，其观点令人信服："这些作者似乎用母性隐喻来补充他们的上帝形象，因为他们需要用母性所代表的情感和养育来补充他们的权威形象。"这是对萨瑟恩伟大著作的直接而有价值的补充。

所有的历史思维都是辩证的，反对派的著述都是以它们所反对的观点为前提的。弗兰克·巴洛（Frank Barlow）关于坎特伯雷殉道者的传记《托马斯·贝克特》（*Thomas Becket*，1987）就是如此。巴洛是一位经验丰富的作家，他年事已高，以前写过几本枯燥乏味的政治史和行政史著作。(**p.364**)但在这本书中，他的写作质量突然比以前的作品高出好几个档次，为我们带来一本堪称反萨瑟恩的关于 12 世纪的伟大著作。毫无疑问，三十年来，巴洛一直在默默反感萨瑟恩对 12 世纪的热情描绘。一位伟大的人文学者的标志就是他所引起的敌意以及对他的崇拜和模仿。反过来说，巴洛也是在萨瑟恩的阴影和影响下工作。他通过书写伦敦的托马斯大主教（同时代人这样称呼贝克特）的一生，致力于消除萨瑟恩笔下阳光灿烂的 12 世纪的浪漫色彩。

巴洛挖掘并令人信服地证实了贝克特年代每一条关于教会的龌龊流言，这一行为摧毁了对那个充满灵性和感性的时代的憧憬，将那个年代描绘成一个充满欲望和贪婪的时代。巴洛指出，贝克特是巴黎大学的辍学生或退学生。尽管他在担任大法官和后来的大主教期间努力学习，接受成人教育，但他从未掌握过当时华丽的教会拉丁语，他在担任大主教期间的所有公函都是在他（用法语）给学识渊博的书记员下达基本指示后，由他们代写的。贝克特的对手、约克大主教罗杰（Roger）在担任执事长期间，有同性恋倾向且包养了一个男孩。丑闻曝光后，罗杰在教会的袋鼠法庭①上对这个少年提出莫须有的指控，把他

---

① 袋鼠法庭：非正规的法庭，也指私设公堂或不合法律规程和正常规范的审判，其名称来源有多种说法。

弄瞎并处以绞刑。当法国的布卢瓦郡（Blois）突然被英国的一位女修道院院长继承时，国王亨利二世得到了教会的某种批准，立即把这位女修道院院长赶出了修道院，将她嫁给了一位法国贵族。在贝克特担任大法官时，虽然他仍在教会任职，但他还是穿上了盔甲，在法国领导了一场封建运动。在贝克特的任期内，他的医生曾建议他用性交来缓解因过度劳累而产生的压力。巴洛对贝克特的实际操守持不确定态度。有传闻称，贝克特可能与一名被亨利二世抛弃的情妇有染。1166年，国王对喋喋不休的贝克特感到非常失望，以至于一时间精神崩溃，当众脱下所有衣服并大嚼稻草。教皇亚历山大三世（Alexander III）给予贝克特的支持微不足道，因为他还需要亨利二世的支持，否则他将无法确保自己的教皇之位不受敌对教皇势力的威胁。如果亚历山大三世以大主教贝克特所希望的极端方式支持他，亨利二世就会干脆转而支持他的敌对教皇。

索尔兹伯里的约翰（John of Salisbury）是（**p.365**）12世纪最著名的人文主义者，也是贝克特的书记员之一，后来成为这位殉道者的主要传记作者。巴洛认为，他曾背着贝克特与国王秘密谈判了好几年。如果国王再慷慨一点，约翰很可能就会背叛大主教。理想的召唤也就到此为止吧！当四名皇家骑士闯入大教堂准备谋杀贝克特时，索尔兹伯里的约翰逃跑了。当其中一名骑士冲上去袭击贝克特时，贝克特大骂他是皮条客。教皇对四名凶手表面上的惩罚是，让他们加入十字军东征十四年，但其中至少有一人死的时候已是英格兰极富有的领主。由于在法国流亡了六年，贝克特养成了许多法国人的习惯，以至于当他受到致命袭击时，他不仅把自己的灵魂献给了上帝和圣母玛利亚，还把自己的灵魂献给了圣丹尼。

巴洛未能就导致贝克特反复无常和自我毁灭行为的原因给出令人信服的解释。他似乎更倾向于从社会角度来解释。贝克特是商人之子，受教育程度不高，生活在一个无限贪婪、充满野心和欲望的上流贵族世界里，因此，"他具有典型暴发户的所有缺点"。值得注意的是，英国这种毫无吸引力的贵族氛围也是西多会的赞助和亚瑟王文学受众的来源。

从巴洛提供的信息来看，贝克特危机还有另外两种可能的解释。首先，贝克特和亨利二世（比贝克特小14岁）之间似乎存在着很深的性心理紧张关系。值得注意的是，经过两年的谈判，和平解决他们争吵的主要障碍竟是亨利拒绝给贝克特一个和平之吻（吻嘴）。其次，贝克特表现出了严重狂躁抑郁症或病理性情绪波动的所有典型特质。如果他能每天早上服用一定剂量的锂，也许就不会有坎特伯雷殉教事件了。

巴洛有力地展示出贝克特作为大主教的失败，以及他所引发的几乎所有方面的仇恨，包括教会和世俗的仇恨。"他担任大主教的职务对所有相关方来说都可算作一场灾难。"当这位坎特伯雷殉道者的鲜血被证明对所有已知疾病都具有无与伦比的疗效时，他的名声发生了根本性的改变。很快，出售装有所谓他的血液酊剂的小瓶水就形成了一个重要产业。他自己从来不喝水，水让他的胃不舒服，他更喜欢喝的是法国最好的陈酿葡萄酒。（**p.366**）

巴洛对托马斯·贝克特的世界进行了毁灭性的描述，让人很难相信这与圣安瑟伦和他的修道院圈子，以及《中世纪的形成》一书中所描绘的宗教文化和思想是处于同一个国度、同一个世纪。当然，巴洛并没有否定萨瑟恩，但他提醒我们，中世纪有很多侧面，正如中世纪的人们所说的那样，在我父的家里有许多住处①，我们倾向于发现我们想要寻找的过去。这并不是因为我们故意虚构了过去，而是因为过去本身就是复杂而多面的现实。

关于巴洛对萨瑟恩黄金世纪的轻蔑评价有另一种看法。它解释了雅克·德里达和米歇尔·福柯两位当前法国学术官僚的解构主义理论。德里达告诉我们，每一个文本都是自我解构的，每一个陈述背后都潜藏着另一个相互冲突的信息。用现在的后现代主义行话来说，"逻各斯中心主义和单义性被潜意识的否定所破坏，这种否定存在于文本本身，并从语言的不稳定和内在叛逆的本质中激活了它的对立冲突"。福柯给了我们一个尼采式的噩梦：任何政治、社会或文化制度，无论其创造者和领导者所宣称的意图多么合乎道德，都是利己权力的表现。正义的表象崩溃，统治的特权突显，这不仅适用于传统上模棱两可的政治权威，也适用于理想主义的改革运动：17世纪的疯人院、18世纪的监狱以及20世纪的女权主义和妇女解放。它们的核心都被对权力的狂热所玷污。不难看出，巴洛笔下贪婪、恐怖和充满欲望的世界是对萨瑟恩笔下致力于学识、精神和理性的文化范式的必然解构。

按照常理判断，所有的历史都是有选择性的，任何社会都免不了存在个体的恶意、群体和阶级的私利等不光彩表现。在灿烂的12世纪出现这种不道德和丑恶的现象并不奇怪，而巴洛的作品提醒我们注意这些现象的持续存在。但这并不影响萨瑟恩给我们带来的精神性、感性、理想主义和美的现实，当我们将这些积极的表现放在污浊和阴暗的背景下考虑时，它们就会显得更加深刻，更有说服力。（**p.367**）

从另一个角度来看巴洛对萨瑟恩的回应，就是要考虑到，如果历史学家要

---

① 在我父的家里有许多住处：这句话出自《圣经·新约·约翰福音》第14章第2节。

用整个职业生涯去撰写关于一个宏大主题的历史，而不对其所描述的时间、地点、人物和结构投射大量的理想主义和积极价值，这并非不可能实现，但却很困难。浪漫主义促成了现代史学，无论如何巧妙地掩饰，浪漫主义的投射仍然是史学事业的中心。因此，我们可以看到中世纪研究大师们投射出的各种理想主义形象：无论是功能性法律、有魅力的王权、形式主义遗产、大众群体、拯救和救赎的危险之旅，或基督般的圣洁坚定。即使是提出自治农民群体的布洛赫和提出现代国家的中世纪起源的斯特雷耶，也都是中世纪浪漫主义的倡导者。萨瑟恩与20世纪所有富有创造力的中世纪大师们一样，都热衷于对理想的呼唤，热衷于在中世纪生活和文化中扮演光明层面的照亮者的角色。的确，有一些否定者、反对者和先驱者对中世纪世界及其遗产持消极的看法，而且在某些情况下，他们作为思想家和批评家比弗兰克·巴洛这个热衷于收集流言蜚语和丑闻的人更可怕。然而，即使是这些高调反对中世纪的人也无法破坏人们对中世纪的积极信念，而理查德·萨瑟恩爵士以极具说服力的抒情方式，向人们展示了这样的信念。

萨瑟恩对中世纪的创造力高度肯定，发展此观点的另一种方式是，把他对中世纪世界的赞美转换成另一种调子，一种更世俗、更唯物主义的调子。这种观点在20世纪60年代崭露头角，对现在的美国和英国年轻一代的中世纪历史学家产生巨大影响，它毫不掩饰地将20世纪的进步标准应用于对中世纪的评价。它认为中世纪是历史上最活跃的进步时期。这群人借鉴了不少皮朗、哈斯金斯和斯特雷耶的思想，将社会理性和技术理性的概念作为欧洲中世纪赞歌的母题。萨瑟恩在这方面有很多类似的看法，但他对中世纪人们的情感追求和宗教见解赋予了更大意义。即便是在他的巅峰时期，他还是从内部来看待中世纪文化，而不是简单地用一种过时的进步理性主义标准从外部评价它。（**p.368**）

唯物主义进步学派追溯了一股持续上升的理性潮流：这种潮流始于10世纪的封建技术在军事上的进步和城市商业的兴起，12世纪的古典主义复兴和辩证能力进一步强化了这种理性，并在14世纪的科学革命中发展到顶峰，随后因黑死病而止步不前。黑死病对欧洲造成了巨大的灾难，在一段时间内削弱了中世纪文化并使其发展停滞。但是，即使14世纪中叶西欧因瘟疫损失了超过四分之一的人口，在现代人看来也是一件幸事，因为它使这个社会免于被失控的人口增长所压垮。这种人口增长曾使中国的官僚文化丧失活力，而在西欧奠定现代世界基础的过程中，中国是其唯一的竞争对手。美国的林恩·怀特和罗伯特·洛佩兹、英国的杰弗里·巴勒克拉夫（曾在布兰迪斯大学任教，并在联合国教科文组织中担任高级职务）、法国的菲利普·沃尔夫（Philippe Wolfe）在

20 世纪 60 年代都在阐述这种对欧洲中世纪的看法。他们即使不全是萨瑟恩的门徒，至少也可视为他庆祝中世纪主义圆桌上友好的来访伙伴。

我认为，这种直线式理性主义的中世纪发展观点不利于全面理解中世纪文化富有激情的效应（而这标志着它最崇高、最精妙的时刻），它解释中世纪世界的方法过于机械，而且犯了时代错误。中世纪欧洲持续存在的精神焦虑和不稳定的宗教冲突被这种社会和技术理性主义推到了不显眼的位置。怀特、洛佩兹、巴勒克拉夫与理查德爵士一起歌颂中世纪，但由于他们的调子不同，一种认知和审美上的不协调扰乱了歌颂的合唱。怀特、洛佩兹和巴勒克拉夫给我的印象是，他们就像一群穿着细条纹西装的联合国或世界银行观察员，正在访问一个第三世界国家，并根据商业和技术的发展，老练地撰写一份关于赠款或贷款是否值得提供的报告。他们静静坐在该国唯一一家三星级酒店的酒吧里，进行着这种评估。理查德·萨瑟恩爵士是比怀特、洛佩兹、巴勒克拉夫更深刻、更焦虑的思想家。他不是国际官僚或银行家，不给当地人民打分，而是深入乡村、沉浸在中世纪情感的光辉与混乱中的田野人类学家。（**p.369**）萨瑟恩把中世纪的宗教情感置于世人眼前而非将其边缘化。随着后现代时代进入 21 世纪，对布什和戈尔巴乔夫[①]时代的幸存者来说，中世纪的精神，而非理性将变得更有意义。（**p.370**）

---

[①] 戈尔巴乔夫（Gorbachev,1931—2022）：最后一任苏联共产党中央委员会总书记、总统。

## 第十章

# 外围者：约翰·赫伊津哈、艾琳·埃德娜·鲍尔、迈克尔·穆瓦塞·波斯坦、卡尔·埃德曼和特奥多尔·恩斯特·蒙森

⚜

### 一、跳峡谷自杀

1958年7月20日，我收到一封来自康奈尔大学历史系主任的信。这封信从我任教的普林斯顿转到加拿大温尼伯（Winnipeg）我父母家中，当时我和妻儿正在那里探望我的双亲。我站在父母家满是灰尘的后院，在草原的烈日下打开了那封信。康奈尔大学历史系主任很遗憾地告诉我，我的老师兼朋友特奥多尔·恩斯特·蒙森几天前自杀了，享年五十三岁。他还告诉我，蒙森教授在遗嘱中把他那丰富的藏书大部分都留给了我。果不其然，一个月后我回到普林斯顿，便收到伊萨卡偏远地区一位律师的来信，信中证实了这一点。五个星期后，一辆柴油卡车停在我的办公室门前。卡车运来了三千册书，其中有一些相当贵重。

我发现蒙森的遗嘱执行人是他的朋友、另一位德国流亡者费利克斯·吉尔伯特。吉尔伯特在布林莫尔学院教授文艺复兴史，属于宾夕法尼亚州主流圈子的一员。我写信问他，如果蒙森留有遗书的话，是否愿意与我分享遗书内容，或者让我知道蒙森自杀的公开原因，因为我完全没有预料到他会自杀。显然，蒙森似乎正处于事业顶峰。他原计划休假一年，准备先在美国中西部，然后在联邦德国进行一系列受资助的公开演讲。（**p.371**）蒙森是个单身汉，他本打算和他的兄弟们团聚几个月。他的兄弟中有一位是著名的实业家，还有一位是德国海军的退役上将。自1936年因抗议希特勒和反犹主义离开德国后，蒙森似乎收获了此前没有获得的公众认可和个人幸福。我最后一次见他是在普林斯顿大学的校园里，那是1958年4月底的一个雨天，他刚刚和老朋友恩斯

特·坎托洛维奇在高等研究院吃过午饭。泰德·蒙森①似乎心情极好，这可不常见。他语气特别柔和，只有他非常高兴时才会这样。而现在却听到了他自杀的消息。

得知这个坏消息时，我立刻想到康奈尔大学校园里流传的一个说法，"跳峡谷自杀"，指的是康奈尔的本科生从高原般的校园的两侧跳入深峡谷自杀的做法。蒙森自杀的方式不是跳峡谷，而是服用了过量安眠药。他的清洁女工在上午11点发现了他，那时他还活着，她叫了救护车，但为时已晚，他没有被救回来。如果这个清洁工提前一个小时打开公寓门，或者如果这事发生在急救医学更加发达的一二十年之后，那么蒙森是能活下来的。现在，他走了，我的老师和朋友，我爱他胜过爱我自己的父亲。"因为你，我对那已经消失了的伟大和善良的人们产生了信仰。"

在我给费利克斯·吉尔伯特写信的六个星期后，他回复了我的询问，表示自己不能向我透露蒙森的遗书内容。吉尔伯特在1988年出版的回忆录中，说他不知道蒙森为什么自杀。我不相信他的话。蒙森曾于1946年至1954年在普林斯顿大学任教，当时传言说蒙森有一个深爱的女人，她是约翰斯·霍普金斯大学一位德国古典主义学家的妻子。一种说法是她断了与他的情缘，另一种说法是她死了。另一个可能的情况当然是蒙森知道自己得了癌症，不想再面对悲伤和失望的生活以及治疗所要忍受的长期痛苦。在翻阅蒙森留给我的书时，我发现在几本旧书的书页之间夹着几封恩斯特·坎托洛维奇写给蒙森的充满感情的信。我在想，是不是因为一段同性恋关系的结束导致了他自杀。

泰德·蒙森的去世对我来说意味着一代伟大的中世纪学家的终结。他们是我的导师和思想上的神明。结果，这一代人都已慢慢离去了。诺尔斯于1974年去世，斯特雷耶活到1987年，(p.372) 理查德·萨瑟恩爵士现在还在努力工作。蒙森的自尽，让死亡的阴影笼罩在他们周围。这些在20世纪的思想和情感中"发明"了中世纪的巨人们即将离场，只留下坐在他们肩膀上的侏儒。蒙森的死代表着熵②的信号，代表着崩溃，代表着创造并塑造了中世纪研究的伟大文化运动和学术谱系的枯竭。他的自杀对我来说也意味着学术发现和思想创造过程中遇到的挫折和失望，我虽不情愿，但最后终于认识到中世纪的意义

---

① 泰德（Ted）是特奥多尔（Theodor）的别称。
② 熵：英文作entropy，是一个化学及热力学概念，指一种测量在动力学方面不能做功的能量总数，也就是当总体的熵增加，其做功能力也下降，熵的量度正是能量退化的指标。这个概念亦被社会科学用以借喻人类社会某些状态的程度。

最终可能超出我们的心智能力，超出我们的洞察力和想象力。毕竟，中世纪世界是神秘的，我们可以轻易地察觉到它的外在现象，可以追溯它的发展主线，但我们永远无法完全清楚地理解它那蕴含着炽热真理和现实的内核。

蒙森非常深刻地感受到了这种局限性，并多次谈到这一点。他认为自己是一个可悲的失败者，因为他的学术成就和声望永远也无法企及他祖父那样的罗马历史学家。他是以祖父的名字命名的，这是家族草率的选择，给他增加了太大的压力。他还感到来自亲属关系的额外压力，他的舅舅马克斯·韦伯就是一位多产得令人难以置信的社会学理论家。蒙森也感觉到，我们的中世纪研究专业已经失败，已经过了它的巅峰期，正在原地踏步，失去了对不断深入揭示中世纪现实的美好期望。就连埃卡也不再是那个写出《腓特烈二世》，在1928年点亮德国思想界天空的埃卡了。现在，他成了普林斯顿大学的一名教授，发表的文章枯燥乏味，里面加有冗长的、炫耀式的关于教会法的脚注。在蒙森的心目中，斯特雷耶也已经变成了一部恐怖剧，带着他那刺目的美国实用主义和权力崇拜。

蒙森到达伊萨卡那天，来到卡尤加湖（Lake Cayuga）荒凉的悬崖边，为自己来到这里感到后悔。在长达数月的时间里，冰雪切断了他与之前世界的联系，普林斯顿和布林莫尔学院的朋友坎托洛维奇和吉尔伯特、巴尔的摩的其他人等都远在天边。位于伊萨卡的康奈尔大学是个寒冷的地方，这里的教职员工都是WASP。他非常欣赏他的同事、研究奴隶制的美国历史学家戴维·布里翁·戴维斯（David Brion Davis）。蒙森预言他会做出大学问，事实果然如此。但其他人都是穿着常春藤盟校服装的中西部农民。我每年都要去看他三四次。(**p.373**) 我从纽瓦克（Newark）出发，乘坐拉克瓦纳铁路公司（Lackawanna Railroad）的烧煤列车，在"菲比·斯诺线"（the Route of the Phoebe Snow）上进行漫长而乏味的旅行，这是19世纪末广告人无聊的幻想[①]。1957年，我和妻子开车去伊萨卡度蜜月。那时，州级高速公路不经过伊萨卡，从普林斯顿走乡间公路要花11个小时才能到那里。蒙森很慷慨，热情地迎接我们，但神情非常悲伤。身处这个北方圣殿里的他内心已经奄奄一息，就像他认为中世纪研究正在逐渐陷入墨守成规和循规蹈矩一样。

---

[①] *菲比·斯诺（Phoebe Snow）是广告商欧内斯特·埃尔莫·卡尔金斯（Earnest Elmo Calkins）为宣传推广拉克瓦纳铁路公司（Lackawanna Railroad）所创造的一个虚拟人物，在19世纪末和20世纪初的铁路公司广告中以一名年轻女性的形象出现，总是身穿白裙，乘坐拉克瓦纳铁路公司烧无烟煤的火车出行，以显示乘客在长途旅行后，衣服仍是干净的。这是美国广告史上的经典案例。*

于是，他孤独地死去了，像那些自 19 世纪 80 年代就开始出现的跳下悬崖的康奈尔男孩一样，可怜地死去了。我还记得康奈尔大学的创始校长安德鲁·怀特（Andrew White）在 19 世纪 80 年代说过的话。当时橄榄球队的队长提议由大学提供资金，派球队到安娜堡与密歇根队比赛。怀特校长说："我不会派十一个成年人到千里之外去踢一个装满风的口袋。"但是生命和理智的保全就来自踢装风的口袋这样无关紧要的事情，否则你会冻僵，会在纽约州的伊萨卡孤独地死去。

从 1895 年波洛克和梅特兰所著的《英国法律史》第一版问世到 20 世纪 60 年代中期，这是一个融合了知识和学术创造力的时代，勾勒并塑造了 20 世纪人们心目中的中世纪的轮廓和特征。这些伟大奠基者涵盖了具有非凡创造力的三代人，他们的影响将延续到公元 2000 年以后。而这个于 1895 年至 1965 年被"发明"的中世纪，仍将在 21 世纪的最初几十年里被争论、被调整、被修正或被反对。这些是我们思想层面的俄狄浦斯之父[①]。换一种说法，我研究了一种文化结构的形成，这种结构是由博学的研究、人文主义的理论、对人类行为的假设以及始终存在的中世纪学家的个人经历——包括他们生活中的抱负、激情、喜怒哀乐——组成的。中世纪主义奠基人的个人发展不可避免地受到其周围思想和社会环境的深刻影响。

到了 60 年代中期，从这一系列构成要素中形成了一种稳固的文化结构，它包含我们在教科书中读到的，在课堂上教授和学习的，在图书馆、博物馆、文学和视觉艺术中传播的中世纪形象的基本要素。在对中世纪的解释和形象塑造方面，19 世纪没有任何值得传承的、有意义的东西。（**p.374**）发现欧洲中世纪的意义是一个 20 世纪的文化现象。我试图通过那些大师的个案来说明，为什么会出现"发明"欧洲中世纪的现象以及这种现象是如何发生的。

我们没有讨论其他中世纪的形成——主要是阿拉伯、拜占庭和犹太的中世纪。那是另一项研究主题。我个人的看法是，虽然这些其他中世纪文明不仅在本质上，而且在它们对西方的影响方面都十分重要，但由于种种原因，包括纯粹的偶然因素，20 世纪为欧洲中世纪特别创建的权威性的知识结构，不足以用于对其他中世纪社会进行概念化。自 1965 年起才有人开始着手对阿拉伯、拜占庭和犹太文明进行专业的阐释，而直到 20 世纪末才有杰作问世。说得直白

---

[①] 俄狄浦斯（Oedipus）是希腊神话中底比斯的国王，他在不知情的情况下，弑父娶母，酿成悲剧。而"弑父"常被认为象征着对父权的反抗和推翻，本文中借此意指 1895 年至 1965 年"发明"的中世纪，将成为 21 世纪思想界批判的对象。

一些,虽然这肯定会引起某些人的不满和愤怒,我认为,尽管我们已经积累了关于这三种非西方中世纪文化的大量信息,但还没有人就其中任何一种文化写出一本伟大的著作。截至60年代中期,这些领域都没有出过像梅特兰、施拉姆、布洛赫、潘诺夫斯基、斯特雷耶、诺尔斯和萨瑟恩这样的人物,现在判断此后是否有大师出现还为时尚早,尽管我对此非常怀疑。我认为,阿拉伯、拜占庭和犹太中世纪研究的第一部巨著将在21世纪的第一个或第二个十年问世,部分原因是为了应对我们现在正目睹的地中海东部的动荡。

回到对欧洲中世纪的"发明"和解释,我想就自己的理解,通过总结以下这些人的工作来结束这个故事。他们也曾创造出极具洞察力和启发性的作品,只是这些作品只有边缘性的影响和冲击力。他们要说的事情非常重要,按传统的专业标准衡量,他们的研究也为他们赢得认可,带来了学术成功。但在20世纪60年代中期这一充满创造力的时期,总体而言,他们的声誉有某种边缘性,他们对于是否坚持出发时的路线犹豫不决。他们是伟大中世纪学家中的外围者。(**p.375**) 不过这也许不适用于艾琳·鲍尔(Eileen Power),她开创的中世纪妇女史研究领域现在非常活跃,尽管其行动纲领仍有些混乱和冲突。但无论如何,在结束20世纪关于中世纪的思想传奇时,这些提出不同观点、发出不同声音的人,至少值得我们简要考虑一下。

在任何一门人文学科中,比如中世纪研究,对边缘性问题做出有说服力的阐释往往可以衍生出一些特殊用途。首先,这些更为边缘的观念为后来修正的和新颖的观念提供了滋生的土壤,而且在一两代人之后,通常这些被更新和修正的观念将从边缘走向影响力的中心并成为主导思想。一代人关于文化和理论的异见成为后世的正统,这个现象众所周知,不需要解释。其次,通过考察杰出人士那些保留了边缘性特征且影响力并不突出的一流作品,我们可以更深入地了解那些占有主导地位的杰作和占据中心舞台、有社会特权的学者。在读者反应和专业认可方面,处于学术的中心地位还是边缘地位往往只有很小的差异。但是,在所处位置上的这种微小差异表明了受众想要的是什么,以及他们认为什么是大胆的、困难的或者至少目前是有问题的和极端的。

"外围者"[①]是自然和社会科学中用来指代零散数据的术语,这些数据在性质上与通过实验或调查研究收集的其余数据具有相同的来源和合法性。但是,由于某种原因(或者没有明显原因),这些数据上的外围者并不能归入占有主导地位的核心数据所揭示的同一模式,即这些离散数据落在主导范式之外。20

---

① "外围者":英语原文outrider在数据研究中一般译成"异常值"。

世纪的某些中世纪学家也是如此。他们作品的含义，他们对中世纪的不同看法和负面观点，不同于主流中世纪学家，在某一方面超出了认可和肯定中世纪遗产的一般模式。这些人是持异见者、古怪者、不循规蹈矩者。然而，他们的外围者地位并不影响其见解的内在价值，即使这些见解与标准范式相冲突。（**p.376**）

## 二、后印象主义

截至1989年，20世纪著名的中世纪学者中只有两位留下了自传（可以预见，热衷于为其老师和同事写长篇讣告的理查德·萨瑟恩也会这样做）。这两位是戴维·诺尔斯和约翰·赫伊津哈。我们知道，诺尔斯的自传要封存到2004年才能出版。已出版的约翰·赫伊津哈（1872—1945）的自传写于他生命的最后十年，现有一个很好的英译本。这本书相当简短，只有约两百页，运用了一种高度类型化的手法：它非常有意识地试图在读者脑海中留下关于作者及其生活的具体形象。自传将赫伊津哈刻画为局外人的形象，也可以说几乎是小丑、大智若愚的普通荷兰人形象。他似乎完全处在边缘，是一个失败者，但实际上远比那些强大但传统的学者聪明。

赫伊津哈是一位荷兰医学教授的儿子。他自称在第一次世界大战前去了德国攻读语文学博士学位，但退学了。回到祖国荷兰后，他加入了一个由学生和知识分子组成的先锋派团体。赫伊津哈让我们知道，他是在文森特·凡·高[①]的家乡荷兰举办的第一次凡·高画展的主要组织者（凡·高有生之年从未卖出过一幅画）。因此，根据赫伊津哈的说法，他是最早认识到后印象派艺术重要性的人之一。慢慢地，赫伊津哈从语文学转向（他认为）技术含量和要求较低的文化史领域。根据他的说法，在以一篇并不出色的博士论文获得学位后，他开始在莱顿大学（University of Leyden）教授历史。根据赫伊津哈的说法，几年后他只发表了几篇微不足道的学术文章，他的系主任告诉他，如果不尽快写一本书，他就会被大学解雇。于是他带着几本15世纪著作到岳母的农场里隐居了一个夏天，坐在炎热的阁楼里，写出了《中世纪的秋天》（*The Autumn of the Middle Ages*，1919年荷兰语原版和德译版书名）一书。我们是通过它那本极出色的英译本知道这本书的，这个译本是在赫伊津哈的密切监督下完成的，

---

[①] 文森特·凡·高（Vincent von Gogh，1853—1890）：荷兰画家，后印象主义代表人物之一，以风景画和人物画著称，主要作品有《邮递员罗兰》《画架前的自画像》《星夜》等。

并于1924年在伦敦以《中世纪的衰落》(*The Waning of the Middle Ages*)一名出版。改换书名可能是为了将其与战后在德国轰动一时的奥斯瓦尔德·斯宾格勒的《西方的没落》(*Decline of the West*)一书区分开来，(**p.377**)后者的写作采用了一种周期性的季节性范式。

如此，这位前卫的局外人——小丑、聪明的农民或手工艺者——击败了学术机构，以极快的速度、极小的努力，写出了一本关于中世纪历史的经典著作。这就是赫伊津哈想让我们记住的他的形象。后来，他在学术上取得了更大的成功，出版了关于16世纪荷兰历史的著作。他的文集的荷兰语版共七卷，约一半已被翻译。

在赫伊津哈的类型学中，他现在成了学术机构必须承认和奖励的特立独行的知识分子，虽然学术机构对他的所作所为基本上是嗤之以鼻、敬而远之的，因为他走上了一条没有人或者几乎没有人能够追随的道路——采用突破性的方式研究文化的历史社会学。事实上，就学术界的分类构成而言，在两次世界大战之间和1945年后不久，像比利时和荷兰这样的小国中，赫伊津哈是一个相当常见的类型：一个具有高度原创性和自主性的学者，他为广大读者写作，并出版具有启发性的通俗书籍。根特大学的亨利·皮朗就是一个典型的例子。这种现象一直延续到1945年后，出现了有创新精神的历史学家彼得·海尔（Pieter Geyl），他研究荷兰反抗西班牙的历史。现在则由R. C. 范·卡内冈继续下去，他撰写了关于中世纪法律的深奥书籍。卡内冈现在承袭了亨利·皮朗曾经的职位。赫伊津哈在思想上最雄心勃勃的作品是《游戏的人》(*Homo Ludens*, 1938)，这是一部关于游戏的历史社会学著作，至今仍是理论社会学中的异类，不时引起人们的评论和兴趣。赫伊津哈是一位强烈反纳粹的爱国者，曾被德国占领军关进集中营，在获得解放不久后于1945年去世。

美国平装版的《中世纪的衰落》至今仍是有史以来最畅销的中世纪历史图书之一，只是如今大学课程中很少采用了。这本书不是根据档案材料甚至文献材料写成的。它依靠的是赫伊津哈对15世纪低地国家艺术的敏锐眼光，以及那一时期在勃艮第的佛兰德斯（Flanders）写就的三四部宫廷赞助的、人们耳熟能详的历史著作。他所用的资料在任何一所二流大学的图书馆中都很容易找到。显然这是一部高度思辨的作品，是一种想象力的练习，而不是一部学术研究作品。这种体裁总是让专业历史学家和艺术史学家感到非常不安。如果任何一个头脑敏锐的人凭借几本正规图书就能写出一本重要的人文主义阐释作品，(**p.378**)那么，躲在渊博学识和特权行为的防御墙后的学术行会就会受到威胁，失去其赖以生存的核心。我们已经在恩斯特·潘诺夫斯基那学识渊博、颇具洞见的《早期尼德兰绘画》一书中看到了这一点。潘诺夫斯基在书中对《中世纪的衰落》视而不见，这种态度源于蔑视和恐惧——对该书缺乏专业知识和研究的蔑视，以及对其难以捉摸的思辨品质的恐惧。

赫伊津哈的书可以看作凡·高本人（以及塞尚 [Cézanne] 和高更 [Gauguin]）所代表的后印象派、原表现主义艺术在文化史上的实践。赫伊津哈的声音是一种完全自主但仍具有高度自律的个人情感的声音，是一种旨在产生普遍影响的特殊视角。赫伊津哈有理由认为自己是个局外人，是个小丑，是个聪明的傻瓜。他孤零零地站着，没有后继者，也没有找到对他所采用的方法的重要的模仿者。《中世纪的衰落》很可能出现在任何人关于中世纪历史的十大好书榜单上，而且有理由把它与萨瑟恩的《中世纪的形成》和布洛赫的《封建社会》一起放在美国书店的中世纪历史平装本热销书榜首（施拉姆的书从未被翻译过，坎托洛维奇的《腓特烈二世》没有平装本）。但是赫伊津哈自成一派，与中世纪研究中正在进行的对话相距甚远。

赫伊津哈关于中世纪晚期文化的观点论述清晰、容易理解。他声称，中世纪文化的主要特征是一种压倒性的"理想主义"和"形式主义"倾向——在所有体裁和文化表达中都有概括性、象征性表现的倾向。但到 15 世纪，这种理想化、形式主义、概括化的文化失去了活力，变得循规蹈矩和僵化："每一种思想都在寻求一种意象的表达，但同时也在这个意象中变得固化与僵化。通过这种以可视形式来具象化的倾向，所有神圣的概念都不断面临着被表象化的危险。因为当思想被赋予明确的形象时，它就失去了空灵和模糊的特质……"（F. 霍普曼 [F. Hopman] 英译）

赫伊津哈描述了 15 世纪勃艮第（佛兰德斯和法国北部）的文化危机，这种危机在扬·凡·艾克等人新的现实主义和自然主义绘画，以及宫廷仪式极微观的细节中表现得尤为明显。用涂尔干的话来说，我们遇到了一种失范的情况，即文化现在缺乏维持自身的吸收能力和可塑性。（**p.379**）中世纪文化正在消亡，因为它的动态象征能力已经被削弱。概括的、基于宗教的理想，其意义性已经被清空，取而代之的是对特定的、具体的、触觉的强烈关注，无论是在具象绘画、宫廷节日，还是在宗教意象（如死亡之舞的庆祝这个最受欢迎的流行母题）中都是如此。

人们常说赫伊津哈是雅各布·布克哈特的《意大利文艺复兴时期的文化》（1860）的主要反对者。布克哈特在书中颂扬 15 世纪意大利北部城市的后中世纪文化品质。但赫伊津哈根本没有与布克哈特唱反调的意思。他写的是低地国家和法国北部的文化，在那里，他看到一场巨大的动荡稍后即将到来，而且这场动荡并非受到新古典主义人文精神的影响，而是由完全内在的文化力量推动产生：

> 法国和荷兰的 15 世纪在本质上仍然是中世纪的。生活的基调没有改变。具有象征主义和强烈形式主义色彩的经院哲学思想、彻底的二元论人生观和世界观依然占据着主导地位。思想的两极仍然是骑士精神和等级制度。深刻的悲观主义使生活笼罩在一片阴郁之中。哥特式原则在艺术中盛行。但所有这些形式和模式都在衰落。一种高雅而强大的文化正在衰落，但与此同时，在同一个空间里，新的事物正在诞生。潮流正在转向，生活的基调即将改变。

批评赫伊津哈很容易。他的因果关系理论似乎过于熵化。物极必反。一种文化枯竭了，慢慢地被另一种有生命的新文化所取代，而这其中并没有经济和社会力量的原因。贵族文化变得衰弱、僵化，失去了整合和象征的能力。可以说，赫伊津哈的论证是同义反复——循环式的、想当然的。他假设中世纪在 1500 年结束，因此他要寻找此前五十到一百年间发生的文化变革。他宣称这种变化是后中世纪的和原现代的。这很好，但为什么形式主义、象征主义和理想主义就是"中世纪"的，而以特殊主义为代表的自然主义就是后中世纪的呢？可以说这只是在玩弄简单化的定义游戏。此外，这种新的自然主义——实际上是特殊主义——在 12 世纪已强势登场。诚然，它的力量似乎在 13 世纪末和 14 世纪就已经被耗尽了，此时也许出现了理想主义的退化。（**p.380**）但是，也可以说 15 世纪的荷兰文化是对 12 世纪自然主义的一种复兴，在意大利新古典人文主义的帮助下，现在得到了更好的阐述、更有意识的理论表述。这其实更接近于潘诺夫斯基的看法。

但这一切都不影响赫伊津哈在描绘 15 世纪勃艮第宫廷中的贵族文化时运用的后印象派技巧。那是几乎无法再精进的高超艺术。赫伊津哈是正确的，他巧妙地让人们注意到了他和凡·高之间的相似之处。他们原本都是默默无闻的自学成才者，有时笨拙、业余，但他们独一无二、特立独行的艺术却盛行于世，而且令人难忘。他们的作品所表现出来的要比应有的样子好得多。

此外，可以说，赫伊津哈是一个伟大的方法论先驱，他使人们注意到宫廷节日和流行的死亡仪式作为重要社会事件的意义。通过这样做，1919 年的赫伊津哈成为以下这些人和学派的先驱：20 世纪 30 年代的年鉴学派、以维克多·特纳（Victor Turner）和克利福德·吉尔茨为首的1945年后的美国象征人类学学派，以及20世纪30年代的苏联文化理论家米哈伊尔·巴赫金及其70年代在普林斯顿的弟子娜塔莉·泽蒙·戴维斯。然而，要完全支持赫伊津哈这些激动人心的主张并非易事。在语气和风格上，他似乎是19世纪晚期浪漫主义历史写作（布克哈特时代）的部分回归。从本质上说，赫伊津哈是爱德华时代那些独特的幻想家之一，很大程度依赖直觉天赋，更像凡·高或是D. H. 劳伦斯[①]，而不是20世纪30年代及此后学者的先驱者。赫伊津哈没有年鉴学派学者及其后继者在方法论上的严谨和学术上的傲慢。然而，早在20世纪第二个十年，赫伊津哈就肯定地提出了仪式化的大众文化的象征意义，这在当时是大胆的先锋思想。今天，当我们阅读赫伊津哈这本独一无二的著作时，应该更多去阅读他关于结构化仪式主义及其社会意义的富有先见之明的观点，而不是他关于中世纪熵式衰落的毫无前途的论断。

## 三、合作伙伴

赫伊津哈认为晚期中世纪文明已经衰弱，失去了集体象征的能力。（**p.381**）对中世纪世界更具体的负面评价则是一对了不起的夫妇的研究重点。他们是伟大的中世纪学家艾琳·鲍尔（Eileen Power）和迈克尔·波斯坦（Michael Postan），他们在20世纪20年代末和30年代合作了大约十五年的时间。在此之前，艾琳·鲍尔有着辉煌的事业，而当她英年早逝之后，迈克尔·波斯坦继续工作四十年并获得巨大声望。但毫无疑问，他们极大地影响并帮助了对方。在对中世纪经济和社会的研究和探索过程中，这是一种真正的、富有成效的伙伴关系。他们两人都像赫伊津哈一样，热爱有启发和非传统事物的震撼力。

艾琳·鲍尔是20世纪前七十年里关于中世纪普遍想象的奠基者和塑造者之中的唯一一位女性。当我们展望21世纪时，情况将大不相同。事实上，如果目前的趋势得以持续，到2020年，中世纪研究将主要掌握在女性学者手中。有鉴于此，可以恰如其分地说，艾琳·鲍尔不仅是中世纪学家中的佼佼者，也是英国女权主义的先驱。

艾琳·埃德娜·鲍尔（1889—1940）出生于英格兰和爱尔兰混血的中产阶级家庭。她的父母在她小时候就去世了，她和姐姐（后来成为英国广播公司知

---

① D. H. 劳伦斯（David Herbert Lawrence，1885—1930）：英国作家，作品通过描写两性关系，揭示人的本能力量，主要作品有《儿子与情人》《虹》《查特莱夫人的情人》等。

名剧作家和制片人）由牛津的几位年长未嫁的姨母抚养长大。鲍尔在国家资助的牛津高中（Oxford High School）读书时成绩优异，对中世纪文学产生了深深的热爱。她获得了剑桥格顿学院（Girton College）的奖学金。格顿学院可能是20世纪女权运动第一波浪潮中（1900—1925）英国思想界女权主义的主要堡垒。鲍尔以历史专业一等荣誉的成绩毕业，以研究员的身份留在格顿学院，并成为学院导师和剑桥大学中世纪史讲师。一战开始前，鲍尔在巴黎接受了一年的中世纪研究培训，师从 C. V. 朗格卢瓦（C. V. Langlois）。朗格卢瓦是从事中世纪晚期研究的社会历史学家，也是马克·布洛赫非常讨厌的人之一。这促使她开始以个人化、前社会科学的模式来书写中世纪社会史，这也是朗格卢瓦本人追求的模式。结果是鲍尔写出了她最出名的两部作品：《中世纪英国女修道院，约1275—1535 年》(*Medieval English Nunneries c. 1275 to 1535*，1922），这是英国女权主义历史研究的第一部伟大作品，至今仍是该主题上最优秀的著作；《中世纪人》(*Medieval People*，1926），该书从加洛林王朝的农民博多（Bodo）开始，对六个中世纪人物进行了细腻而温情的描绘，尤其是后来的企鹅版平装本，是中世纪研究领域有史以来最畅销的书籍之一，已经重印了二十余次。（**p.382**）

与薇拉·布里顿（Vera Brittain）等同时代的其他英国女权主义者一样，艾琳·鲍尔对战争态度冷淡。她第一次开始积极关注时政，并不可避免地走向左翼立场。这使她与基督教马克思主义者、工党领袖、伦敦政治经济学院的经济史教授理查德·亨利·托尼（Richard Henry Tawney）开始有了交集。

战后，鲍尔可能已经是剑桥校园里最优秀的历史讲师，但她从格顿学院和剑桥转到伦敦政治经济学院，并接受了托尼和另一位资深教授在经济史方面的再教育。她与托尼合作开展了一个宏大的项目。该项目要出版三卷本的都铎王朝（16世纪）经济文献集，旨在支持托尼关于16世纪英国是一个土地资本主义革命时代（"绅士阶层的兴起"）的观点。鲍尔早先从事的是个人的、准浪漫主义式的社会史研究，这为她赢得了国际声誉。此时她转向一种更高度结构化、制度化和以阶级为中心的经济史研究。1926年，鲍尔成为《经济史评论》(*Economic History Review*）杂志的主要创办人。该杂志是一个以客观分析为主要特点的新英国经济史学派的期刊，到1940年已成为英国最好、最有影响力的历史期刊。

鲍尔在伦敦政治经济学院获得了经济史的教席，成为一个一丝不苟、经常旅行的人。她曾多次前往中国，还在美国哈佛和其他地方待过一段时间，并游历了整个西欧。其中一些旅行是由基金会资助的。她曾当过一系列商业旅行图书的联合主编。到20世纪30年代初，她已成为伦敦政治经济学院历史系的主导力量，在整个英国都备受瞩目。她被选为"剑桥经济史"（Cambridge Economic History）丛书的联合主编之一，该系列图书在英语世界具有非常高的知名度和权威性。到1930年，她与一群研究生和年轻同事一起积极思考如何超越经济史，发展以社会和行为科学为基础的历史学，这与马克·布洛赫和吕西安·费弗尔领导的法国年鉴学派有些相似，不过直到她去世，英国在这方面实际上进展甚微。

托尼的传记作者告诉我们，托尼的妻子知道这位社会主义大师和他的伦敦政治经济学院弟子兼同事艾琳·鲍尔之间的私人感情。（**p.383**）但鲍尔很快就和一个比她年轻的中世纪学家产生了感情。她在伦敦政治经济学院的圈子里有一个口齿伶俐、才华横溢的中东欧移民，他的名字叫迈克尔·穆瓦塞·波斯坦（Michael Moissey Postan，1899—1981）。波斯坦先后成为鲍尔的学生、研究生、研究助理、同事，并从1937年起成为她的丈夫。他们的合作非常密切，波斯坦在20世纪30年代开始发表的一系列开创性文章，为他在1938年赢得了剑桥经济史教席，那些文章很可能是他与鲍尔密切合作撰写的，鲍尔当然会想要推动比她小10岁的丈夫的职业发展。1938年，鲍尔和波斯坦搬进剑桥的一所房子，她仍在伦敦政治经济学院教书，但健康状况急剧下滑。1940年，鲍尔在事业如日中天时去世，英国在这一年还失去了另一位剑桥出身的伟大女权主义者弗吉尼亚·伍尔夫。

艾琳·鲍尔是一个迷人的女人，无论走到哪里，她的聪慧、成熟以及外貌都让她成为那里的焦点。她是口才出众的公开演说家，她的公开演讲常常座无虚席，屋子里站满着迷的观众。她还与姐姐合作在英国广播公司给孩子们讲历史。她是一位伟大的女性，也是重要的中世纪学家，遗憾的是，她的传记尚未成书，她的个人文件在战后从伦敦政治经济学院转移到剑桥大学图书馆（Cambridge University Library）后也不见了，可能是被她的丈夫毁掉了。

畅销书《英国社会史》（*English Social History*，1942）的作者、剑桥的乔治·麦考利·特里维廉（George Macaulay Trevelyan）恰如其分地把他的名著题献给艾琳·鲍尔。尽管特里维廉的社会历史是一种高度唤起感情的、印象主义和个人化的历史，现在已被认为过时了，但风尚变化不应让我们低估鲍尔在20世纪20年代出版的两部伟大作品的价值。这两本书，连同她收录在《剑桥中世纪史》（*Cambridge Medieval History*，1932）中的一篇关于中世纪农民的重要文章，以及她于1939年在牛津大学发表的关于英国羊毛贸易的一些演讲（当时她的生命力已经衰退，这些演讲稿在她死后由波斯坦发表），都是她对中世纪研究不朽的贡献。后来，波斯坦接替她成为《剑桥经济史》的联合主编。

作为艾琳·鲍尔的学生、衣钵传人和丈夫，迈克尔·穆瓦塞·波斯坦的学术声誉轨迹有两个奇特的方面。首先，他是中世纪研究领域一个被称为英国经济史的分支的主要倡导者，这门学科方向一直都主要在剑桥大学及其附属机构占据主导位置，在美国也有一些影响力。（**p.384**）这个学派的期刊《经济史评论》主要由艾琳·鲍尔创立，其思想和研究方法也是由鲍尔在 20 世纪 30 年代帮助确定的。该学派在二战后的三十年间繁荣发展并达到影响力的顶峰。之后，英国经济史开始经历内在的停滞和冲突，声望也急剧下降。波斯坦的名望也随着这个学派及其研究方法的起伏而跌宕起落。英国经济史学派后中世纪时代研究领域的领军人物 D. C. 科尔曼（D. C. Coleman）在一本颇为坦率的书中记述了这个跌宕起伏的故事（《历史与经济史：英国经济史兴衰录》[*History and the Economic Past: An Account of the Rise and Decline of Economic History in Britain*]，1987）。波斯坦年迈去世时，他的形象和影响力都不如二十年前，如今关于他所做贡献的持久价值的评价尚无定论。

波斯坦生活和事业的第二个特殊方面是他所引发的个人敌意和蔑视。这与恩斯特·坎托洛维奇 1938 年和 1939 年在牛津大学的危机相似，但波斯坦的危机由于持续时间太长而严重得多。波斯坦在 1938 年至 1966 年担任经济史高级教职，并在剑桥大学工作了 50 年。1980 年，当波斯坦还在世的时候，剑桥的一位著名历史学家评论道，关于波斯坦的一些事情"不能被报道"。关于波斯坦虚伪、阴险、欺骗、欺诈的指控甚嚣尘上，带有潜在的反犹主义色彩——就像 1939 年牛津大学的坎托洛维奇所面对的一样。波斯坦本人也要对这一切负部分责任，因为他讲述了一些关于自己的不真实的故事，对自己成为鲍尔的学生之前的早年生活保密，甚至连出生日期的说法都前后不一致。此前他一直把自己的出生年份列为 1899 年，五十年后却声称自己实际上是 1900 年生人（大概他的出生地已没有他的出生证明）。

据熟悉波斯坦的人说，波斯坦的早年生活有这么一些情况。他出生在比萨拉比亚（Bessarabia），位于俄罗斯和奥地利帝国之间的罗马尼亚边境，是沙皇的臣民。他的父母都是犹太人，尽管有时为了解释他的红头发，他时不时会说自己的父母中有一个是苏格兰人（有时是母亲，有时是父亲）。他有时是贫苦农民的儿子（适于其研究中世纪农民的权威身份），有时是富裕商人的儿子。后者似乎更有可能，因为他肯定接受了早期教育，而在 1914 年之前，这对于农民的儿子来说几乎是不可能的。俄国革命后不久，他从苏联逃亡，最终从一条不为人知的路线来到伦敦。（**p.385**）第二次世界大战期间，他被斯大林政权宣布为"不受欢迎的人"（丘吉尔政府显然曾打算利用他作为与苏联的联系人），这表明他的家庭可能确实属于上层资产阶级。

晚年的波斯坦在他的剑桥同事看来是一个不可救药的幻想狂（当然，他变老了，甚至可能老糊涂了）。在1966年的退休派对上，他突然声称，1916年他（16岁）从彼得格勒（Petrograd）来到英国的著名中学拉格比公学（Rugby School）学习了一年，然后回到彼得格勒参加了"十月革命"。没有人相信他的话。他宣布要开展一些项目，并在某些情况下开始制定详细的项目计划，但这些计划从未完成过。然而，他在谈到这些项目时却好像它们已经完成了一样。不过，他的一位同事说："他有一种非凡的天赋，那就是激发灵感，激发别人的灵感。"

最终，波斯坦在英国获得了常规的高额学术回报，不仅成为剑桥大学的教授，还被授予了爵士头衔。他的第二次婚姻也很美满。辛西娅·波斯坦（Cynthia Postan）女士是年鉴学派一些作品的译者，她让关于迈克尔爵士有争议的记忆有增无减。要做到这一点并不容易，这不仅是因为他个人在许多方面引起了反感，还因为事实上他从未真正完成过一个项目。他曾试图为学生编写一本总结中世纪英国乡村历史的教科书（这是他的主要专业领域），结果也只是产生了一本令人困惑和不尽如人意的书。有效总结波斯坦一生主要研究工作成果的、有用的教科书是由他的两名学生爱德华·米勒（Edward Miller）和约翰·哈彻（John Hatcher）编写的。

然而，波斯坦身上有一些令人耳目一新的地方，尤其是在他年轻的时候。回想起来，他的极端主义、狂放不羁的性格都是可爱的。20世纪30年代中期，伦敦大学学院（University College）历史系主任约翰·尼尔爵士正在寻找一位近现代经济史学家，他从艾琳·鲍尔那里听说了这位才华横溢的年轻人，那时波斯坦正在阁楼里忍饥挨饿地研究中世纪庄园史。尼尔去见波斯坦，并向他提供一份工作。波斯坦虽然极度需要一份稳定的收入，却说很抱歉，他不能接受这份工作。中世纪庄园史是他目前至关重要的项目，因此他无法接受一份研究近现代史的工作。尼尔对这种非同寻常的思想诚实印象深刻，立即新增一份中世纪研究的工作，并把波斯坦安排了进去。（**p.386**）当然，半个世纪后，当波斯坦去世时，他的庄园历史研究仍未完成。像这样关于波斯坦的故事比比皆是。一位熟悉他的同事这样总结道："他主要是一个激发人们思考的人，因此很难被打败，但人们总有一种感觉，那就是他聪明的头脑被肆意浪费了。"

波斯坦有着紧张的心理性格，容易激动，爱幻想，一生都对自己的社会出身耿耿于怀，都在适应难以相处的英国上层社会。事实上，剑桥对他来说并不是一个好环境。如果他不是那么耀眼，如果他是在美国的一所大型州立大学

（如伯克利或安娜堡）的轻松氛围中任职或领导一个小型研究机构，他可能更快乐、成果更多。在这一点上，就像他的第一任妻子一样，波斯坦本可以成为一本引人入胜的传记的主角，但同样这本传记也不太可能被写出来。

艾琳·鲍尔去世后，波斯坦编辑出版了她的最后一本关于英国羊毛贸易的书。然而，她最伟大的作品是20世纪20年代出版的关于中世纪晚期英国女修道院的书和《中世纪人》，这两本书可被称为社会史的准浪漫主义范例。关于中世纪晚期英国女修道院的书早已绝版。它是中世纪史领域最被低估的重要著作，至少在英语中是如此。该书以尖锐的方式展现了中世纪修女所处的痛苦的、边缘化的、焦虑的世界。女修道院有一种一贫如洗的、被忽视的贵族氛围。鲍尔强调，15世纪英格兰的两百多万人口中只有两千名修女。她们都来自富裕的家庭，通常是领主家庭；她们的家人必须为家中的女儿进入修道院而付钱，这是一种嫁妆。然而，三分之二的女修道院都很贫穷，修女们过着人身受限、心理压抑的生活。

鲍尔所做的就是试图为我们生动再现这一特殊的女性群体的生活经历。像养宠物和走出修道院这样的行为，经常被视为小叛逆而受到警告和斥责，这并不奇怪。鲍尔为我们提供了一部女权主义和妇女史的开创性作品——讲述的是领主阶级内部被压抑和被边缘化的女性群体的反抗故事。《中世纪人》则在更大范围内精妙地描绘了个人在复杂社会环境中的平静的生活现实，该书对查理大帝时代至15世纪之间的六个人进行了详细研究。（**p.387**）鲍尔尤为擅长传达日常生活中的紧张、焦虑和精神痛苦，但又不至于使人对此悲伤落泪。

作为妇女史领域的先驱和榜样，艾琳·鲍尔在两个方面有重要影响。首先，她对中世纪文明中的男性沙文主义进行了严厉的控诉。在12世纪末和13世纪初法语世界的贵族宫廷中，无疑存在着一种新的女权意识，在我们的记忆里这种意识主要体现在那个时代的宫廷传奇中。但到了13世纪晚期，贵族中男性对女性的压制又重新抬头。鲍尔描述了中世纪晚期英国修女的苦恼和她们所处的社会边缘地位，她们甚至在教会等级制度中也得不到关心和照顾。这些情况都证明了中世纪晚期欧洲北部贵族领主社会中女性地位的下滑。难怪像戴维·诺尔斯这样的中世纪狂热者在他四卷本的不朽著作中很快地略过宗教女性的历史，几乎没有什么内容可以用来补充鲍尔的权威性论述。也难怪理查德·萨瑟恩从未探讨过这样一个问题，即从长远来看，女性实际上从圣母崇拜和12世纪更人性化的神学中受益甚微。

鲍尔把中世纪和20世纪的男人推到道德审判的台前，指出他们不道德。连中世纪贵族修女都遭受恶劣的待遇，那么中世纪社会千千万万没有特权的妇女的情况又能怎样？直到 20 世纪 70 年代新女权主义意识渗透到中世纪研究中，这一问题才得到深入探讨，但鲍尔早已在 1922 年就已基本上对此做出了明确回应。半个世纪以来，人们几乎很少注意到她的观点。

1926 年，鲍尔受邀为《中世纪的遗产》(*The Legacy of the Middle Ages*) 供稿，撰写了一篇题为《妇女的地位》("The Position of Women") 的文章，牛津克拉伦登出版社随即将该书重印了九次以上。鲍尔按照编辑的要求，尽量以轶事的方式描绘中世纪妇女生活中更舒心、更欢快的一面。但她的结论是尖刻的，带有明显的谴责意味："[中世纪]盛行的妇女受奴役的教条已经根植于普通法和婚姻法中，它留给后世的遗产是一个违背良心的死亡时代。诚然，妇女在法律上并不是一个'自由和合法的人'，(**p.388**) 在当时，甚至是直到 20 世纪，在所谓的公共的、有别于私人的权利和义务的领域中，妇女没有任何立足之地或分享的权利，而且最高级别的教育对她们是不开放的。"这里简明扼要地阐述了 20 世纪 70 年代和 80 年代女权主义史学的大部分范式，包括现在被称为"去权"(disempowerment) 的关键原则。

鲍尔作为女性历史学家的另一个贡献是，为英国一代杰出的女性中世纪学家树立了一个鼓舞人心的榜样。她们是伟大的第一代英国女权运动的成果，在 20 世纪 20 年代和 30 年代初涌现出来。回头来看，最有成就的是牛津或剑桥的教员海伦·莫德·卡姆、贝丽尔·斯莫利、多萝西·怀特洛克和莫德·V. 克拉克 (Maude V. Clarke)。研究 14 世纪的英国议会和王权的克拉克可能是这群人中最有才华的一个，但她因患癌症英年早逝。维维安·H. 加尔布雷思与她很熟，并认为她本可以成为那一代中世纪学家中的领军人物。值得一提的是，这群 20 世纪 20 年代末和 30 年代的中世纪研究女权主义者与鲍尔不同，她们都没有结婚，也没有除了"老处女"之外的名声。对于这一代女性中世纪学家来说，性的自主或许是一种必要的防御手段，因为她们从事的职业对她们有着内在的敌意，勉强地接受了她们，并且基本上要求她们在男性主导的中世纪学术世界中按照主流的价值观工作。不同于鲍尔的是，这四位令人敬畏的女性学者都没有在妇女史领域做出重大贡献。因此，真正接受了艾琳·鲍尔所代表的女性中世纪学家榜样的其实是 20 世纪 70 年代和 80 年代的这一代学者。她们中有许多人都从事妇女史研究，而且大多数都结婚了。

在鲍尔早期的作品中，对社会结构的大胆评估总是带有一种新浪漫主义情怀："正是在 14 世纪，乡绅阶层和富有的市民之间开始了稳定的融合，这种融合在中世纪结束前就已完成，并最终形成了一个坚实而强大的中产阶级。这两个阶层在下议院的政治融合对应着外部世界的社会融合。"事实上，这种对中产阶级团结状况如何形成的看法是错误的。乡村家庭和城市家庭的融合有时会发生，但这只是一种少见的、偶然的发展。事实上，在19世纪中期，整个中产阶级的社会融合仍在继续。鲍尔大幅缩减了英国社会历史。（**p.389**）但这与 R. H. 托尼的马克思主义范式完全吻合：为了将16世纪40年代的大叛乱转变为一场资产阶级革命，托尼不得不把16世纪的绅士阶层和市民塑造成一个革命阶级。因此，鲍尔不可避免地成为他在20世纪20年代的主要合作者。

波斯坦在意识形态上对鲍尔产生了有益的反作用。作为来自苏联的难民，他并不迷恋托尼推崇的简单的列宁主义历史模型。20世纪20年代末和30年代初，在波斯坦的影响下，鲍尔进入了其思想发展的第三个阶段，在经历了准浪漫主义社会史和托尼式辩证法这两个阶段之后，她成了政治上模棱两可的、具有后浪漫主义特征的英国经济史学派的一员。

托尼的历史著作采用一种说教的、高度争辩性的论调来谴责资本主义，并运用了马克思主义的阶级斗争模型。鲍尔和波斯坦在20世纪30年代为英国经济史学派的建立做出了决定性的贡献，无论其成员具有何种政治倾向，该学派在左派和右派之间的斗争中保持中立。它试图采用一种客观的分析方法向人们展示中世纪土地所有制、耕种制度的发展以及随之产生的社会安排，当然还有此后的贸易和工业的发展。唐纳德·科尔曼是英国经济史学派的领军人物，也是其中最出色的历史学家，主要研究现代历史。他是这样定义该学派的："经济史学是一种特殊类型的史学，在英国蓬勃发展，学科地位于1930年至1970年不断提升。通过仔细运用原始的文献和数字资料，构建起对过去某一特定经济活动的论述（部分按时间顺序，部分按功能分类）。这些论述被置于一个从新古典经济学最广泛的假设中衍生出来的框架内。"

这很好地总结了鲍尔生前最后十年的工作，以及波斯坦所形成的关于整个中世纪英国乡村历史的一般范式。问题是大约在1970年之后，英国经济史学派在经历快速过度扩张和自满之后，遭受了两方面的打击。一方面，它没有掌握如罗伯特·福格尔（Robert Fogel）等美国新派计量历史学家所使用的复杂的数学模型和计算机模型，也没有充分适应新的后凯恩斯主义经济理论。事实上，它甚至从未很好地吸收过凯恩斯的理论，（**p.390**）其基本依据是19世纪末剑桥经济学家阿尔弗雷德·马歇尔（Alfred Marshall）提出的边际效用理论和19世纪初理论家托马斯·马尔萨斯（Thomas Malthus）提出的人口/资源模型。另一方面，特别是在英国新兴的年轻一代学者中，20世纪70年代出现了一种后退转向，这种转向偏向左派论战和托尼式马克思主义辩证法。这种新托尼主义不仅寻求与年鉴学派建立联系，还特别关注布罗代尔领导下更为显著的马克思主义模式。

这些激进的、思想上的偏离使得鲍尔的作品在1980年之前显得过时——前现代的、爱德华时代未婚女性的女权主义，以及现在已经过时的经济分析，两者都已跟不上时代。在新一代的许多人眼中，波斯坦的作品看起来是印象派的、不科学的、另类的。年轻的经济学家抱怨说，波斯坦的模式只考虑了供给（农业生产率），但忽略了需求（贵族的消费模式）。

20世纪80年代末，英国经济史学派陷入了努力维持教职和研究所的尴尬境地，与此同时，人们对其思想理论基础的信心也在迅速削弱。剑桥统计学家E. A. 里格利（E. A. Wrigley）提出的解决方案是建立庞大的关于人口和价格变动的计算机数据库，但这种方案也只是让经济史学派恢复了部分元气，远不足以使其恢复到鼎盛时期。

作为一名经济史学家，波斯坦最大的成就是阐明了对整个中世纪英国乡村历史的总体看法，特别是占英格兰陆地面积一半、可以进行密集谷物种植的中南部地区的乡村历史。农奴制（serfdom）被证明主要是一种经济手段，无论其法律表现形式如何。庄园农奴制是领主在长期劳动力短缺的社会中确保自己能得到持续的劳动力供应的一种方式，英国直到12世纪末都是如此。在农奴制下，农民及其所有后代都被束缚在土地上，必须向领主提供劳动和/或与领主分享他们的收成。实施农奴制的成本并不低，因为农民有权要求获得相当大份额的属于领主的土地和牧场。但在1150年之前，由于劳动力短缺，除了农奴制之外，在谷物种植区没有其他财政上可行的替代方案。随着1150年至1280年人口的爆发式增长，农奴制在经济上逐渐变得不可行。比较合算的做法是把庄园里的农民赶出去（法律上的农奴解放意味着经济上的解雇），并通过签订短期或长期合同的方式雇用劳动力。这成为中世纪英国领主的美好时代，也就是"高产农业"（high farming）时代。在这个时代，领主不与农民分享土地，（**p.391**）而是利用管家对有偿劳动力和合同雇工进行严格监督，密集种植自己的土地（私人领地）。到13世纪末，农奴制几乎消失殆尽，粮食产量随着市场的不断扩大而猛增，许多边远的贫瘠土地也得到了耕种。

最终，与所有前现代社会（18世纪的中国、19世纪的印度、今天的拉丁美洲和非洲）一样，到1280年，如马尔萨斯式模型一般，英国的人口增长速度已经超过了食物供给的增速。13世纪异常良好的天气也影响了人口和生产力的平衡。波斯坦认为，到1280年，英格兰的人口在500万到600万之间，此后直到美国独立战争时期才再次达到这一水平。他还认为，甚至在1346年至1348年的黑死病之前，内在的、反周期的力量（如恶劣天气和食物短缺）就已经开始推动人口曲线向下发展。黑死病（腺鼠疫）造成近40%劳动人口死亡，由此带来的严重劳动力短缺催生了中世纪英国（继农奴制和高产农业之后）的第三种农业制度：租赁农业（leasehold farming）。此时劳力既稀少又昂贵，对领主而言，雇用劳力对土地进行精耕细作不再有利可图，中世纪晚期的领主把大部分领地租给（或"佃给"）自治的农民家庭。这是原始资本主义"自耕农"家庭兴起的基础，一些自耕农家庭在15世纪末上升为绅士阶层。这种从富裕农民到绅士家庭的社会流动形式，比早期托尼-鲍尔模式中绅士阶级和资产阶级家庭相融合的现象要更为普遍。

与所有高度概括的研究一样，特别是在社会史方面，我们不难通过仔细研究一些特定的、刚好不同于波斯坦所确定的模式的庄园，来挑战波斯坦的三元论模型：从农奴制到高产农业，再到租赁农业。但重要的一点是，在大约1935年到1965年，波斯坦确实建立了一个基本的模式，后来所有英格兰乡村史学家都不得不对此做出回应。他使一个非常混乱的问题变得清晰有序。毫无疑问，鲍尔也给了他很多好建议。

波斯坦本人并不长于定量分析。他偶尔能获得统计学家威廉·贝弗里奇（William Beveridge）的帮助，贝弗里奇是工党经济学家，也是鲍尔的朋友（1942年的贝弗里奇计划为战后英国福利国家制度奠定了理论基础）。(**p.392**) 波斯坦主要是在前计算机时代工作，那时还没有计算机驱动的、对大量数据进行精心提炼的现代技术。但即使有一种替代的、清晰一致的中世纪英格兰乡村纵向模型，这个模型也可能还需要很长一段时间才能发挥作用。

波斯坦的描述将中世纪经济置于前现代社会灰暗的马尔萨斯范式中，这种范式现在仍然盛行于非洲、东亚和拉丁美洲的部分欠发达的第三世界社会中。由于贫瘠土地的开垦和长期的风调雨顺，农业产量提高，使中世纪英格兰的粮食供应大大增加。但由于没有限制生育的手段，而且教会坚决反对避孕，即使间或有杀婴和遗弃儿童的做法，英国人口还是在某一时间点（约1220年）实现了迅速增长，最终导致先前充足的粮食供应在几十年后开始变得紧张。当恶劣天气、战争、普遍的犯罪和疾病在英国社会肆虐时，它除了飙升的死亡率之外没有任何防御机制。人口到1400年再次下降，达到与粮食供应相平衡的水平，但在此之前，这场冲击已经对政府、宗教、法律和家庭结构等社会其他方面产生了深远的影响。

波斯坦认为，中世纪世界是完全被动的社会，没有规划能力而只能沦为一切物质力量的受害者。现代社会已经超越了这种无能和恐惧。对于那些对中世纪以及中世纪教会和国家的伟大事业、特别是中世纪人的学问和精神性持积极看法的人来说,波斯坦的农村模式遵循从繁荣到萧条这一无休止的宿命论循环是一个令人警醒的教训。

这种悲观的信息令中世纪的狂热爱好者们感到不安。他们希望在中世纪的政府、宗教、文学和艺术中看到西方文明的主流顺畅地进入现代世界。波斯坦是牛津、剑桥中世纪研究贵宾席上的不速之客。他就是那种令人讨厌的来客,在优雅的庆祝活动中总是指着睡在外面人行道上的流浪汉,问一些关于庆祝活动账单到期后该如何支付的无礼问题。正是这种唱反调的做派以及偶尔怪异的个人行为,让波斯坦在高级学术圈中备受敌视。

在波斯坦揭示中世纪欧洲经济的马尔萨斯循环铁律之前,(**p.393**)关于中世纪物质发展的论述毫无疑问是积极向上、欢快乐观的。马克·布洛赫为中世纪农民群体的自治而欢欣鼓舞,他将这种自治投射到现代法国农村的持久民主中。亨利·皮朗同样对中世纪城市社区的创造力和政治力量感到高兴,这些社区由富有开拓精神和开明的资产阶级领导,他们被认为是20世纪比利时坚实的中上阶层的直接前身。由艾琳·鲍尔策划、波斯坦最终编辑的《剑桥经济史》于1941年出版,在该书第一卷中,里查德·克布纳(Richard Koebner)——成为耶路撒冷希伯来大学(Hebrew University)历史系杰出系主任的德国流亡者,纪念了中世纪土地社会中的领主和农民在中世纪欧洲内部定居和土地开垦过程中所表现出的技能和勇气,他们无疑做出了英勇的、具有重要意义的开拓性努力。

但波斯坦的马尔萨斯式悲观主义将中世纪经济中这些令人称道的方面置于一个令人沮丧和悲剧性的视角下。并非所有中世纪社会的劳动、进取、勇气和自由都能逃脱前现代社会的铁律。这些经济体的成功本身就是它们陷入苦难和混乱的开端,因为粮食供应的增加导致人口在两三代人的时间内激增,而由此产生的人口爆炸既无法被控制,也无法通过突破刚性的农业生产技术天花板来消解。最终,当所有的可耕地都被开垦但仍然无法提供足够的粮食时,人们开始饿肚子、变得虚弱,然后遭受大流行病的侵袭,最后人口危机通过生物化学式的大灾难得到解决。

如果我们假设波斯坦为英格兰建立的中世纪经济模式在其他地方也普遍适用,至少阿尔卑斯山和比利牛斯山以北地区也是如此,那么关于中世纪的思想和领导力,还有一些耐人寻味的问题值得深思。为什么中世纪欧洲是在13世纪中叶某个时间点上,恰恰在必须面对人口爆炸的挑战时,丧失了其惯常表现出的发展新技术和激进的新型经济组织的能力?为什么一个在哲学、神学和富于想象力的文学等领域如此发达的社会却未能发展出一种现代类型的经济思想？这是否又像罗马帝国一样，是贵族厌恶物质思想（尽管不是消费）的表现，（**p.394**）而 12 世纪和 13 世纪希腊思想的复兴和对发展罗马法的痴迷又进一步强化了这种厌恶？

那备受赞誉的中世纪国家又是怎样的呢？在形成法律和税收的原初现代技术之后，为什么它在 1290 年到 1500 年表现出的唯一新颖的管理能力是发动战争？为什么它不能将智力和人力资源用于解决经济、社会和公共卫生问题？中世纪晚期的思想中究竟有什么东西使它在某些方面变得如此精深（邓斯·司各脱很大程度上是维特根斯坦哲学的先驱；《珍珠》丝毫不逊色于 20 世纪的诗歌），而在其他方面却如此无能和微不足道？萨瑟恩和诺尔斯所推崇的 11 世纪和 12 世纪的新的宗教虔诚是否会在某个节点之后（也许是 1190 年前后）产生灾难性的副作用，使一种反经验、反社会的思维方式在一场关键的经济变革中被合法化？那些让施拉姆、坎托洛维奇和阿尔方如此推崇的国王，难道就像许多奥兹国的巫师[①]一样，只是穿着花哨的衣服、举行繁复的仪式的狭隘自私的小人物吗？在中世纪的土地社会中，尽管布洛赫充满感情地努力使列宁主义梦想中的农民革命阶级提前到来，但贵族们是否独占了几乎所有的智力，而任由农民成为庞大的理性能力低下的下层阶级？波斯坦提出的中世纪英国经济模型引发了这些令人不安的问题，而与他同辈的中世纪学家及之后的中世纪学家却很少愿意花时间去思考这些问题。

## 四、否定与相信

艾琳·鲍尔的早期作品揭示了一种以前未被言明的耻辱，这种耻辱笼罩着 20 世纪的中世纪文化形象：妇女被边缘化，妇女权利被剥夺，甚至在贵族家庭中也是如此。鲍尔在 1922 年出版的关于中世纪晚期女修道院的著作有力地证明了这一点。直到 20 世纪 60 年代历史女性主义的兴起，这一论点才被接受并得到进一步发展。但是戴维·诺尔斯很精明，读了鲍尔的书之后，在他关于宗教团体的四卷书中对女修道院进行了非常简洁的论述。对他来说，妇女在宗教团体中受到虐待的问题是一个令人不安的话题。精神信仰与政治和军事权力结合催生的狂热影响着中世纪文化，对妇女的压迫是这种文化中更宏大的自由议

---

① 奥兹国的巫师：在美国作家莱曼·弗兰克·鲍姆（Layman Frank Baum）的童话作品《绿野仙踪》（*The Wizard of Oz*）中，奥兹国是一个神奇的国度，但奥兹国王并不是法力无边的魔法师。

题的一部分。(**p.395**)

19世纪末亨利·C.李关于宗教裁判所的长篇巨著就突出强调了中世纪欧洲的思想和宗教自由问题。但由于李对这一主题的处理方式较为散漫且有争议，此书又是在前现代时代写成的，现在看起来已经过时。相比之下，自20世纪20年代起，一些伟大的德国作家的作品取得了显著成就并树立了权威，这些作家对中世纪所持的积极看法也逐渐占了上风。然而，中世纪狂热的问题一直潜伏在20世纪中世纪研究的边缘地带。1938年谢尔盖·艾森斯坦（Sergei Eisenstein）在斯大林授意下拍摄的爱国主义历史影片《亚历山大·涅夫斯基》（*Alexander Nevsky*，1939年9月的希特勒-斯大林条约[①]导致影片暂时被禁，直到1941年夏天德国入侵俄国时才解禁）就是围绕这一主题展开的。影片讲述了一位英勇的沙皇团结俄国人民击退德国十字军并抵制帝国主义性质的条顿骑士团的故事，是关于中世纪的最好的影片之一。影片中，艾森斯坦将恶具象化在条顿骑士团的战斗集结中，那些骑士像是全副甲胄的黑暗势力，从中展示出了条顿骑士团将罗马基督教与帝国主义、军国主义相结合带来的威胁。

狂热无疑是中世纪文化的一个核心成分，它经常以这样的形式出现：赋予国家神圣的品质，而赋予教会军事和政治权力。这种以道德和精神为一方、以政治和军事为另一方的融合激发了中世纪欧洲的重要成就，其中包括异教徒的皈依、将入侵的穆斯林向欧洲南部驱逐、中央集权国家的崛起、跨国教廷官僚机构的发展，以及在意大利中部建立教皇国[②]（"圣彼得的遗产"）。宗教和政治在侵略狂热中的融合也推动了1095年的第一次十字军东征，以对抗穆斯林对东地中海，特别是以耶路撒冷为中心的基督教圣地的控制。然而，中世纪政治和宗教生活领域的交融也激发了对犹太人的大屠杀，加剧了对妇女地位的合法压制，促使教会镇压持异见的宗教团体，并推动了R. I.穆尔（R. I. Moore）称之为"迫害社会"体制的形成。

中世纪教会和国家之所以没有产生更大的压迫性，(**p.396**)原因在于中世纪社会的制度和团体的多元化（上至皇帝，下至市政公社和小型封建贵族，主权在各种权力主体之间划分），尤其是那些执掌权力和狂热追求狭隘理想的人

---

① 希特勒-斯大林条约：指《苏德互不侵犯条约》。
② 教皇国（Papal State）：已经不存在的国家，建立于8世纪，位于亚平宁半岛中部，以罗马为中心，为教皇统治的世俗领地。1861年，教皇国的绝大部分领土并入领导了意大利统一进程的撒丁尼亚王国，即后来的意大利王国。1929年2月11日，教宗庇护十一世的代表与意大利王国的代表在罗马的拉特朗宫签署《拉特朗条约》。延续11世纪的教皇国在1929年2月11日这一天正式灭亡，由梵蒂冈城国取而代之。

所掌握的技术的落后。在1050年后，君主制和教皇制将精神、道德与政治、军事统一起来，本质上具有了消灭"公民社会"和思想自由的极权主义倾向。但他们缺乏广泛实施极权计划的手段，尽管在许多情况下，极权主义本是他们的首选。

纳粹德国这样的现代极权国家是中世纪噩梦在现代的实现。诺曼·科恩（Norman Cohn）在几本书中有说服力地论证了这一主题。一个狂热、狭隘的掌权者集团致力于歪曲定义但歇斯底里、可恨的理想，他们拥有技术手段，可以将所有权威集中在一个政党和领袖身上，有效地将道德和精神与政治和军事相结合，消灭社会上的所有其他体制，毁坏他们不想要的少数群体或遇到的反对力量的物理存在。这在纳粹德国被称为 *Gleichschaltung*（"均质化集权"）和领导原则。其结果是产生奥斯威辛集中营，导致第二次世界大战。

中世纪世界之所以没有发生如此巨大的恐怖，并不是因为缺乏狂热的仇恨，也不是因为克制了消除所有社会弃儿和持不同政见者的想法。实际上，中世纪盛期和晚期的几位教皇和国王都有实施此类大屠杀的想法。中世纪世界之所以能够幸免于种族灭绝的灾难，是因为政治多元化使得群众组织力量难以达成一致，同时技术落后也限制了实施种族灭绝的能力，因而无法产生像希特勒德国那样威胁到人类生存的极权主义。这就是对中世纪的控诉。

20世纪30年代中期，德国两位年轻的中世纪学家以敏锐的洞察力看到了现代与中世纪社会的这些类似处境，并尽其所能抵制中世纪梦魇以现代形式再现。他们在自己的著作中将中世纪历史与20世纪经验联系起来，试图警示人们从历史中吸取教训。这两位学者是柏林的特奥多尔·恩斯特·蒙森（1905—1958）和卡尔·埃德曼（Carl Erdmann，1898—1945）。（**p.397**）他们勇敢地对将生活的精神层面和政治方面联系起来的狂热做法说"不"，这使他们在事业发展和生活的稳定与幸福方面付出了沉重的代价。他们在极权主义势力的魔爪下受尽折磨和摧残。

他们传达的信息也没有真正传递给中世纪学家们。他们在逝世后受到尊重，但不太被人理解。这些勇敢的持异见者值得被铭记，他们所传达的信息也值得人们反思。他们是"公民社会"的自由捍卫者，是中世纪和现代极权主义的大胆反对者。他们也反对那些过分赞美中世纪和教会特权、狂热爱好权力的中世纪学家。蒙森和埃德曼意识到中世纪文化本质上是有问题的，特别是狂热主义和政教合一的危险。

蒙森受洗时从祖父名为特奥多尔。他的祖父是19世纪最伟大的罗马历史学家。后来他又加一个中间名恩斯特，以避免与祖父混淆（在他父母家的一幅巨幅画像中，祖父严峻地俯视着他。1946 年后，这幅令人敬畏的画像被挂在他位于普林斯顿的公寓中）。1931 年，在柏林文献集成研究所的授意下，蒙森在意大利北部各城镇进行档案研究。有一次，他去了一个地方，刚下火车就有一支管乐队迎接了他，市长还向他赠送了城市的钥匙。原来蒙森提前写信给档案管理员告知他的行程。档案管理员兴奋地跑到市长那里报告"伟大的蒙森要来了"，却没有意识到这位伟大的老人已经去世四十年了。从那以后，蒙森就尝试用中间名的首字母将自己与祖父区分开来。

蒙森背负着许多来自家庭的责任和压力。他在祖父的房子里长大，这房子由他的父亲继承，后者是一位杰出的医生。他的母亲是克拉拉·韦伯（Clara Weber），著名社会学家马克斯·韦伯的妹妹（马克斯最初师从老特奥多尔·蒙森学习罗马历史）。泰德·蒙森去海德堡学习期间就住在舅妈玛丽安娜·韦伯（Marianne Weber）的家里，玛丽安娜是韦伯的遗孀。在蒙森生命的前三十年里，他一直试图摆脱家族的宿命。他与德语世界一半的杰出人文学者都有亲戚关系，其中包括基督教神学历史学家阿道夫·冯·哈纳克（Adolf von Harnack）。蒙森的家人决定让他完成由他那出名的姓氏所决定的使命，但这并不是他想要的。（**p.398**）他热爱艺术和音乐，是一个温柔随和的人，有一种温暖的幽默感。他喜欢读报纸、看电影（查理·卓别林[①]是他的最爱）、看戏、听音乐会，和朋友们没完没了地闲聊。他本可以成为一名优秀的记者，或是当一个艺术或音乐评论家。然而，他被迫不情愿地投身于学术生活。他甚至尝试过高中考试不及格，但这只是让他推迟了一个学期毕业而已。于是，他萌生了转向一门深奥的人文学科研究的念头，并在维也纳从事了几年中国和印度文明研究，他的另一位亲戚在那里担任东亚研究的教职。但无法攻克的语言障碍使他最终放弃了，走上了常规道路。

蒙森重拾他生疏的拉丁语，并报名攻读柏林大学的中世纪历史博士学位。他最终于 1931 年在准纳粹分子阿尔伯特·布拉克曼的指导下获得学位。布拉克曼是恩斯特·坎托洛维奇的敌人，而蒙森崇拜坎托洛维奇。为了满足布拉克曼的要求，蒙森按布拉克曼式的"东方政策"（Ostpolitik）范式撰写了一篇论文。Ostpolitik 是指中世纪德意志民族的侵略性东进政策。马克·布洛赫为蒙森晦涩难懂的论文写了一篇评论，并谴责其明显反动的政治论调，对此蒙森感到羞愧难当。实际上，蒙森认同布洛赫对自己论文的政治谴责。令人敬畏的"文

---

[①] 查理·卓别林（Charlie Chaplin, 1889—1977）：英国电影艺术家、喜剧大师，1913 年移居美国，拍有喜剧片《淘金记》《大独裁者》等。

献集成"研究所所长保罗·克尔把蒙森派到意大利档案馆工作，把他从又一场心理危机中解救出来。

1933年，在一次德国之行中，蒙森目睹了纳粹统治下发生的一切，并在一封私信中毫不讳言地表达了自己的惊愕与愤怒："我不需要说出具体的事件。你知道它们是什么，你也会知道我对它们所持的立场。这是你绝不能妥协的事情。反犹主义问题尤其如此，它在最近的事件中发挥了如此巨大的作用。……我们不仅要应对纯净种族德国的谎言，还要应对这个国家在政府、社会以及思想方面的重建问题。……"（费利克斯·吉尔伯特英译）

蒙森逃回墨索里尼统治下的意大利，那里的氛围更加宽容（反犹主义也少得多）。那时他埋首于佛罗伦萨丰富的中世纪晚期档案之中，佛罗伦萨也许是他最喜欢的城市。他到访了伯纳德·贝伦森在这儿郊外的别墅，并与他谈论文艺复兴时期的艺术。他观看了无数的音乐会和歌剧演出。他在等待德国情况好转，（**p.399**）但情况却越来越糟。1935年，克尔给了蒙森沉重一击，他说"文献集成"研究所无法再继续支持蒙森在意大利的研究。虽然表面上是因为财政紧缩，但其中可能牵涉到更深层次的政治因素。在匆匆回到德国与家人道别后，蒙森前往英国。但他在那里受到了冷遇，英国当局拒绝给他签发移民签证。他的犹太朋友、古典主义学家路德维希·埃德尔斯坦（Ludwig Edelstein）是研究古代医学的权威。由于他对医学的卓越贡献，位于巴尔的摩的约翰斯·霍普金斯大学为这位德国最杰出的古代医学史家设立了一个职位。蒙森和埃德尔斯坦的活泼的妻子关系尤为密切，她可能是他私下里的贝雅特丽齐[①]。

1937年，埃德尔斯坦设法为蒙森谋求到约翰斯·霍普金斯大学一个临时研究员职位。之后，蒙森在耶鲁大学教了两年欧洲史。他在语言方面吃尽苦头（直到生命的尽头，他说英语时都带着浓重的外国口音，也难以写出清晰的英语散文）。1940年，美国军队开始征兵，惊慌失措的耶鲁校长预想到会有许多学生流失，于是解雇了所有非终身教职人员，其中包括蒙森。战争期间，蒙森在格罗顿学校（Groton School）教了五年拉丁语，他以一种安静、受虐的方式享受这段时期。他此刻的处境就像阿尔伯特·爱因斯坦教授高中物理一样具有讽刺意味。那时蒙森已发表了一些重要的学术文章。1946年，斯特雷耶拯救了他，并授予他普林斯顿的终身教职。在那里，蒙森与另一位单身汉同住一所房子，那位单身汉是高傲、博学但懒惰的文艺复兴艺术史学家伯特·弗兰德（Bert Friend）。蒙森结识了潘诺夫斯基，他对潘诺夫斯基的奉承恰如其分。他无数次

---

[①] 贝雅特丽齐（Beatrice）：但丁作品《神曲》中理想化了的一位佛罗伦萨女子之名。

去曼哈顿听音乐会，看歌剧，参观艺术画廊，在高档餐厅用餐。他还买了一只达克斯猎狗，取名"小笨蛋"。

泰德·蒙森身高有六英尺，但他看起来并没有那么高，因为他走路时总是弯腰驼背，无精打采。他有一张典型的德国北方人面孔，既带有遗传的严厉神色，又有着独特的温柔与宽和。离了厚厚的眼镜，他就近乎失明，而且因为大量吸烟而气喘吁吁。他穿着高档衣服，却满不在乎，穿衣风格很马虎。他在普林斯顿大学有一间大而怪异的圆形办公室，位于曾是大学图书馆的19世纪末罗马式建筑里。在新泽西州漫长的下午，蒙森常常坐在安乐椅上，抱着"小笨蛋"，抚摸着它，一支接一支地抽烟，和学生们滔滔不绝地交谈。（**p.400**）偶尔，他坐在杂乱的书桌旁，在一盏蒂凡尼灯下研读中世纪文本。他承认自己不喜欢读拉丁文。他对自己的研究生过分干涉，和他们讨论可能遇到的家庭和性方面的亲密问题。他会提着几瓶白葡萄酒、带着鲜花兴高采烈地到研究生居住的破旧公寓里去，提出一些改善公寓装潢的建议，而这些建议通常都很不切实际。他每天两次巡视历史系的研究生自习室，如果发现他的学生不在自习室学习，就会立即打电话询问原因。

蒙森收集了大量密纹唱片，尤其是莫扎特的唱片，他常常一坐就是几个小时，听音乐、看报纸。他是那些流离失所的、被疏远的中欧知识分子中的一员，是穆齐尔、卡内蒂或纳博科夫[①]小说中的人物。他还用一种罕见的自由主义倾向和不同寻常的视角来理解中世纪。

蒙森不缺乏学识或洞察力，也可以说不缺勇气。他缺乏的是一个能引起人注意的有权势的成功人士的形象。他缺乏自我肯定的能力，也没有利用人文学术的造诣来彰显自己权威的冲动。甚至在与学生的研讨会上，其中一位学生精彩、高超的报告似乎也让他在一时的兴奋之后感到沮丧，并使他陷入一种防御和抱歉的姿态。蒙森保留了他的祖父（族长特奥多尔）和舅舅（无法形容的社会学家马克斯·韦伯）所具有的出色的精神品质。他所欠缺的，是将自己视为领袖和先知，以及作为学术界和他们那一代人更为自由的情感的代言人的铁一般的能力。泰德·蒙森说话轻声细语、不自信。在像斯特雷耶、潘诺夫斯基，甚至是他敬重的朋友和偶像坎托洛维奇这样的显赫人物面前，他都表现出了防御性的、不自在的和抱歉的态度。他并不恭顺，但他不敢提出自己的观点来挑

---

① 穆齐尔（Robert Musil，1880—1942）是奥地利作家；卡内蒂（Elias Canetti，1905—1994）是英籍犹太人作家；纳博科夫（Vladimir Vladimirovich Nabokov，1899—1977）是俄裔美籍作家。三位作家都有流亡经历，并在小说人物塑造中有所反映。——译注

战他们。在这些权威面前,他神秘地微笑着,保持沉默,只是发表一些无关痛痒的评论,这些评论既没有透露他内心的抵触情绪,也没有表明他的强烈异议。

看到蒙森在感情上依赖着那些他极为钦佩和爱戴的人,我感到非常难过。他总是不厌其烦地讲述坎托洛维奇的伟大,讲述 1931 年坎托洛维奇在德国如何打败了卑鄙的布拉克曼,而布拉克曼曾是他博士论文的导师。(**p.401**)在蒙森的叙述中,"埃卡的崛起"在魏玛德国晚期的扭曲场景中就像由贝尔托尔特·布莱希特(Bertolt Brecht)和库尔特·威尔(Kurt Weill)讲述的亚瑟王传奇故事。戈登·克雷格是蒙森在普林斯顿的同事,1940 年在耶鲁执教,直到他们两人在征兵开始时因大学裁员而被解雇。他是蒙森极力奉承的另一个对象。蒙森的信任没有错付。克雷格凭借自己在课堂上的精彩表演和罗德学者的光环,在仅仅发表了几篇不起眼的文章后就被晋升为终身教授。"你们等着瞧,"蒙森对我们这些对此持怀疑和嘲笑态度的研究生说,"戈登·克雷格将会成为一名多产的杰出学者。"事实上,在克雷格于 20 世纪 60 年代初明智地前往斯坦福大学赴任后,也就是在蒙森去世几年后,这一点被证明是正确的。但是,如果蒙森把花在捍卫克雷格声誉上的时间和情感用来提升他自己的声誉则要更好。

最后,蒙森掉进《奇普斯先生》/《布朗宁版本》[①]的陷阱里,即把学生理想化然后依赖他们。普林斯顿大学有一个非常英俊的本科生,蒙森把他挑选出来视为天才,并说服他在毕业后勉强留在学校,继续在他的指导下攻读博士学位。蒙森告诉所有愿意听他讲话的人,这位年轻的学生将会做出怎样伟大的成绩,而且实际上已经在做了。事实上,这名学生最后成了受人尊敬的学者,虽然不是现象级的大师,但也在中西部一所大学里有着传统而稳固的职业生涯。但是,当 1954 年蒙森去康奈尔时,在纽约州伊萨卡孤独的冰原上,他恳求这个门生来看望他但遭到拒绝,这深深地伤害了蒙森。

单单从早年生活和事业这些外在条件来看,卡尔·埃德曼不如他的朋友泰德·蒙森。他没有一个有名望、有影响力的家庭可以依靠或保护他。他是一位才华横溢且早熟的学生,致力于研究中世纪思想史和教会史,师从埃里希·卡斯帕。卡斯帕是教廷的半犹太裔历史学家,与布拉克曼并称为柏林的两大中世纪历史学教授。1932 年,埃德曼提交了他的教授资格论文(*Habilitationsschrift*,

---

① 《奇普斯先生》/《布朗宁版本》:《再见,奇普思先生》(*Goodbye, Mr. Chips*)和《布朗宁版本》(*The Browning Version*)分别是两部以教师为主角的电影的名称。此处用来暗示蒙森作为教师的处境。——译注

第二篇扩展性的论文，应聘大学教职所必需的），而当时卡斯帕的前途已经阴云密布（1935年，他在纳粹解除了他的职务之后去世）。很明显，埃德曼是一个自由主义的异见者和纳粹的反对者。德意志文献集成研究所所长保罗·克尔帮助了蒙森，将他派往国外。（**p.402**）埃德曼同样被机敏的克尔派往葡萄牙从事档案工作，然后他留在里斯本（Lisbon）的一个德国商人家庭当家庭教师。1938年回到德国后，由于政治原因，埃德曼没能找到一份教书的工作，只能在文献集成研究所做一名收入微薄的研究员。他的健康状况一直不佳，而且没有参加过第一次世界大战。到1942年，纳粹决心除掉他，征募他入伍，把他派往东线战场。1945年，他身穿德军制服在匈牙利阵亡。

埃德曼的第二篇论文是题为《十字军理想的起源》（*The Origins of the Crusading Ideal*）的一项研究。这部书于1935年出版（英译本于1977年出版），是一部质量上乘的作品。如果不是因为他的政治观点，这本书很快就会为他赢得大学教职。这是一本在政治恐怖主义阴影下的极权社会里写成的书，因此内藏深意。但它的意思是明确的。更确切地说，书名应该是"十字军的理想和狂热的危险"。这是一项关于崇高的精神理想因卷入政治狂热而腐化的研究。它论述的是传教冲动转变成圣战而导致的基督教的堕落。对于20世纪30年代的德国来说，这一教训是显而易见的。尽管埃德曼小心谨慎地使用了编码式的隐晦表达，但他还是没有骗过纳粹。他们阻止了他在大学任教，后来终于把他除掉了。

埃德曼的有益警告不仅对当今德国有现实意义，而且也是中世纪历史给所有允许高尚理想嵌入肮脏政治和军事的知识分子的一个教训。它告诉人们，一种具有破坏性的恐怖主义狂热文化是如何在这种铁一般坚固而紧密的结合中产生的。埃德曼对妥协、野心、雅皮士、自我提升、与魔鬼共进晚餐这些统统说"不"："我们关心'教会与战争'的问题，同样也关心西方战争和兵役伦理的历史基础。"（M. W. 鲍德温 [M. W. Baldwin] 与 W. 戈法特 [W. Goffart] 英译）

在埃德曼的描述中，中世纪最理想主义的教皇格里高利七世（Gregory VII，1073年至1085年为教皇）也是基督教和平伦理的最大背叛者："教皇将战争实践与教会的伦理理想相协调，并赋予战争以十字军东征的精神特征。他对流血感到遗憾，但为了教会的目标和教皇的权利，他认为这在任何时候都是正当的。……他比在他之前的任何人都更能克服那些曾经限制教会在布道和行动上好战的禁忌。……他既是一位牧师，也是一名政治家，更是一名战士。"（**p.403**）1095年教皇乌尔班二世（Urban II）第一次十字军东征的结果是产生了最堕落的混合体，即以教会为中心的帝国主义："乌尔班二世关于十字军东征的想法并非源于对圣墓和朝圣的关注。他最初主要是想发起一场针对异教徒的教会骑士战争。……"如果把这位中世纪学家的隐晦词汇翻译一下,埃德曼的意思是:希特勒的侵略政策并不是他宣称要为东边的德国人民争取"生存空间"的结果。它是纯粹的军事帝国主义,以意识形态为幌子,而一旦不受约束便诉诸武力。任何人都不应该拥有这种凌驾于他人之上的权力。

我们能从这里得到什么?我们从中世纪得到的教训,不仅适用于向纳粹投诚的德国教授,也适用于"最优秀和最聪明"的哈佛大学和麻省理工学院那些制造了越南战争灾难的学者。今天的一些生物医学家把自己的专利卖给工业界以使自己富足并获得权力,同时以科学和健康的进步以及诺贝尔奖为幌子寻求道德掩护。无论何时何地,总有教士的道德叛逆。在讲述中世纪十字军理想的悲剧性结局的掩护下,埃德曼的这本书传递出一条信息,即对所有这些不光彩的行为和道德背叛的否定。

在 1935 年出版的关于十字军理想的这本书里,埃德曼在序言中感谢了包括 T. E. 蒙森在内的一小批人。蒙森强烈赞同书中的观点,并敦促埃德曼出版这本书。1952 年,在普林斯顿大学,蒙森从书架上取下一本有题词的《十字军理想的起源》,并评论道,埃德曼在其中世纪研究著作中预言了德国道德沦丧的过程。蒙森从未原谅他的德国同胞和他自己的亲戚对道德的背叛。从 1945 年到他去世,他只访问过联邦德国一次,而且时间很短。在他的兄弟中,一位是海军上将,一位是企业高管,但他总是不愿提及他们,因为他们曾留在德国为希特勒服务。他的堂兄威利·蒙森(Willi Mommsen)是著名的欧洲现代史教授,曾公然与纳粹勾结,蒙森对这位堂兄只有蔑视,认为威利是仅次于布拉克曼的坏人。

纳粹的垮台似乎让泰德·蒙森回想起他的显赫血统,从而心酸不已。令人惊讶的是,我认识他三年,与他进行过多次非常私密的谈话以及无数次学术讨论,(**p.404**)直到有一天他不经意地提到他是马克斯·韦伯的外甥,我才对他的家世有所了解。考虑到 20 世纪 50 年代韦伯在美国学术界和思想界的巨大声望,也许当时他的声望正处于鼎盛时期,蒙森其实是在放弃自己身上别人求之不得的学术光环。但是,他不能让自己想到那些有名的亲戚,这不仅是因为他不幸的家庭经历,还因为在他眼中,德国已无可救药,应当被谴责。我从未听到他为德国人说过一句道歉的话。在他看来,没有什么话可以减轻德国文化的道德污点。作为过度补偿,他不遗余力地结交和帮助犹太学生。他尖锐地批评 20 世纪 50 年代初美国大学中的反犹主义残余,而这并不是一个受欢迎的立场。当时,普林斯顿大学英语系没有犹太教授,且极力避免招收犹太学生,而允许两个半犹太人进入历史系终身教授之列的乔·斯特雷耶被认为是犹太问题上的先锋自由主义者。

生活在战后拥有世界霸主地位的美国，蒙森热衷于读报并想深入了解美国的政治形势，同时还利用中世纪历史为他的新同胞敲响警钟。在20世纪50年代发表的一系列精彩文章中（在他去世后收录在《中世纪和文艺复兴研究》[Medieval and Renaissance Studies]里）他警告说，骄傲自大会影响美国社会及其统治集团。为此他致力于解释在312年君士坦丁大帝（emperor Constantine）皈依基督教会后，4世纪和5世纪罗马帝国盛行的不同历史观念。

凯撒利亚的欧瑟比（Eusebius of Caesarea）主教是4世纪第二个十年教会主要的社会理论家和皇帝的首席宣传者，他确定并统一了教会和帝国的命运。欧瑟比声称，上帝将对帝国皈依基督教进行奖赏，教会成员将享有不断改善的物质和精神条件。这种必胜信念被蒙森称为"基督教的进步思想"。这是一个得来容易但却有隐患的教义，当帝国在410年左右的野蛮入侵者面前开始分崩离析时，当西哥特（Visigoths）国王阿拉里克（Alaric）一度统治罗马时，基督徒们茫然无措，他们无法回应幸存的异教徒们的嘲弄，那些异教徒声称罗马已经在基督时代沦陷。正是为了回应这些嘲讽，北非希波的主教圣奥古斯丁开始写作《上帝之城》，（**p.405**）并形成了一种基督教历史哲学来否定欧瑟比关于进步的思想。奥古斯丁把教会和国家的命运分开了。他说，如果任其发展，国家只不过是一帮强盗。它本质上没有道德上的约束。即使是最高贵的罗马人，对这些异教徒来说，他们的美德也不过是"华丽的罪恶"。

奥古斯丁说，无论如何，历史上最重要的事件都是内在的、神秘的、隐蔽的。这些事件包括向上帝之城的朝圣之旅及与尘世之城的斗争，以及爱上帝而克制自己的人与爱自己而排斥上帝的人之间的精神较量。这段神秘的历史——直到末日审判——只有神圣心灵知道。蒙森希望他同时代的美国人注意到奥古斯丁所阐述的中心教义："奥古斯丁不像欧瑟比和其他人那样乐观。相反，他把自己所处的时代称为'这邪恶的世界，这邪恶的时代'。"蒙森提醒他的读者，根据基督自己的话，历史的末期将不会是一个有着和平和俗世繁荣的时代，而是恰恰相反。"……因此，在奥古斯丁看来，在人类历史的进程中找不到真正的'进步'。"

泰德·蒙森的这篇中世纪论文给冷战时期的美国上了重要的一课，他意在警告人们不要把善与物质力量等同起来，以免造成令人担忧的后果。他希望美国人不要再相信他们有能力彻底解决自己的社会问题（新政后建立起来的福利和规制国家）和人类的问题（冷战自由主义）。奥古斯丁的谦逊以及对人性的脆弱和人类不完美的判断力的认识，是蒙森在阐释奥古斯丁的历史哲学时想要向美国统治阶级提出的警告，以反对脆弱的、必胜主义的欧瑟比历史哲学。

20世纪50年代的美国人听不进蒙森的警告，就像20世纪30年代的德国人听不进卡尔·埃德曼的话一样。他们不得不吃苦头。1946年，乔·斯特雷耶对蒙森格外开恩，把他救出来使他不用在格罗顿学校里当老师，而到了1954年，他在蒙森眼里似乎变成了邪恶人物。斯特雷耶代表美国的欧瑟比派，是帝国主义和庸俗的代表。蒙森向普林斯顿大学递交辞呈，并在一周内接受了康奈尔大学的教席，这并非偶然，当时斯特雷耶正在弗吉尼亚州的中央情报局总部与艾伦·杜勒斯（**p.406**）筹划应该如何统治世界。蒙森认为，人类不应该有这种能力。这是违背圣灵的罪。

纳粹威胁给他的生活带来的动荡，加上长期的个人挫折和失望，导致泰德·蒙森关于中世纪早期史学的文章成为他留下的主要作品。关于中世纪历史思想的伟大的概论性作品随着蒙森的去世化为泡影，没有完成，也没有其他人写出来。留给我们的只有这些他早期写下的关于欧瑟比和奥古斯丁的美丽而不朽的文章。这种新奥古斯丁主义是蒙森留给他的移居国家的遗产。这似乎是一件小事，但细想起来也许意义不止于此。蒙森的最后一本书（1957）是对他十分钦佩的14世纪人文主义者彼特拉克（Petrarch）的遗愿和遗嘱的编辑版本。彼特拉克对他的继承人所说的话也可以作为蒙森的话："至于这些遗产的微不足道，请上述提到的朋友们不要指责我，而要指责命运——如果真有命运的话。"

有一些持不同意见的批评者不仅将蒙森与卡尔·埃德曼，而且还与中世纪学家中的其他三位"外围者"——赫伊津哈、年轻时的艾琳·鲍尔以及迈克尔·波斯坦——联系了起来。这五个人对中世纪基本上都持否定态度，而不是以这样或那样的方式成为中世纪的热爱者。20世纪所有伟大的中世纪学家都对中世纪文明的某个或某些方面抱有积极的认同。梅特兰推崇中世纪的法律；布洛赫对农民群体充满感情；哈斯金斯和斯特雷耶是中世纪政府的拥趸；施拉姆、坎托洛维奇和阿尔方以一种颂词般的气势聚焦于中世纪王权。我们此前讨论过的其他中世纪学家，包括潘诺夫斯基、库尔提乌斯、C. S. 路易斯、萨瑟恩、诺尔斯和吉尔森，都是中世纪文化的崇拜者，无论是中世纪形式主义的艺术和文学传统、富有想象力的创作，还是它的教会传统。

然而，赫伊津哈认为中世纪文化无法维持其象征意义上的完整性，并认为这对现代文化而言是一个幸运的背景。贵族化的中世纪已经结束，而且必须结束。年轻的艾琳·鲍尔提出，在中世纪世界里，即使是有产阶级的妇女也遭受了可怕的虐待、权力的剥夺和孤独。她对中世纪英国女修道院的描述是对中世纪晚期英国男性沙文主义的无情和自私的尖锐控诉。波斯坦将中世纪的欧洲置于马尔萨斯困境的铁律之中，(**p.407**)从而对中世纪文化的意义提出怀疑。埃德曼清醒地阐述了军国主义和政治狂热与基督教精神交织在一起的堕落后果。他的反复论述给人留下一种堕落的、令人窒息的文化印象。蒙森倾向于同意这种观点，并指出这种观点是建立在一种悲剧性的错误观念之上的，即道德完善可以等同于某些政治纲领，这些政治纲领通过一种具有危险性的方式，使国家对自由、个人自主和道德约束采取不负责任的态度，并因此赋予了国家以宗教的认可。把这些不同的观点放在一起，我们就会看到一幅令人不敢恭维的中世纪文明图景：一个被无能的贵族所统治的文明，既无法维持其象征性的身份，也无法解决其经济危机，但却残暴地对待各个社会阶层的妇女，并催生出军国主义国家和与之勾结的教会，这一切共同预示着现代极权恐怖主义的降临。

这种黯淡的景象和令人焦虑的噩梦与潘诺夫斯基、斯特雷耶、路易斯、萨瑟恩和吉尔森所颂扬的中世纪的方方面面确实相去甚远。戴维·诺尔斯并不像这些学者一样对中世纪文化、政府和教会持乐观态度，只是因为他为反对中世纪的现实而提出一个悲观的理想，即任何社会都无法实现的精神完美。因此，尽管诺尔斯肯定属于中世纪狂热者的阵营，但他的宗教职业促使他对中世纪幸福的描述发出了一个限制的音符，而这在五位外围者——赫伊津哈、鲍尔、波斯坦、埃德曼和蒙森——的作品中成为显著的主旋律。

当我们意识到这五人所追求的目标与那些对中世纪持积极看法的伟大构建者的目的不同时，这种否定中世纪的美好和创造力的意义就显现出来了。赫伊津哈是20世纪早期现代主义最激进的一翼——表现主义的思想反叛的参与者；鲍尔是妇女解放的倡导者和典范；波斯坦是前现代社会的马尔萨斯主义批评者；埃德曼和蒙森是纳粹主义及其在德国主流文化中的根源的反对者。

认识到这些独特动机和特殊目标有助于解释为什么这些外围者的否定没有以决定性的方式影响中世纪遗产的正面形象。中世纪的"发明家"们的作品以及他们对中世纪文明某一方面的普遍赞美经久不衰。(**p.408**)当中世纪研究奠基人的时代于20世纪60年代结束后，人们对中世纪文化和社会的这样或那样的内容进行了更尖锐、更仔细的审读，但1895年至1965年所描绘的主要脉络一直存在。

赫伊津哈没找到接班人。没有人认真研究过他所提出的中世纪晚期象征能力衰退的问题。中世纪妇女史有了重大发展，但最近女权主义者对证明妇女在中世纪受到虐待并不感兴趣，而是强调妇女在中世纪文明中的创造性作用。甚至教会神学也为"耶稣为母"、双性同体以及圣母崇拜留有余地。

埃德曼和蒙森所持有的批判性立场是与特定的失落时空联系在一起的。二战后，德国人对中世纪不再感兴趣，埃德曼和蒙森通过中世纪意识形态上的军国主义来投射现代思想意识形态上的军国主义的交互范式也失去了意义。萨瑟恩认为中世纪是阳光灿烂的这一看法最近特别流行，而萨瑟恩从来没有把目光投向过莱茵河以东。埃德曼和蒙森只是被遗忘时代的孤独幽灵，是神秘飘荡着的德国人（*Deutschers*）。今天，如果有人想重振他们对十字军理想和中世纪进步思想的苛评，那么他连杂牌大学研究员的资格都不太可能获得，更别提什么学术职务了。

1895年至1965年的中世纪研究的伟大奠基人，从梅特兰到萨瑟恩，对中世纪进行了很好的建构，他们的研究富有想象力和深度，写作也具有说服力。他们所建构的中世纪广为盛行，就像一座大教堂的塔楼在12世纪宁静乡村的郁郁葱葱的地平线上闪闪发光。对中世纪的质疑声并不微弱，也不容忽视。按照赫伊津哈的话来说，中世纪包含一种贵族文化，这种文化在某一时期被烧毁殆尽，失去了可塑性、创造力以及进一步象征地表达自己的能力。无论我们现在身处何处，我们进入后中世纪文化已经有好几个世纪的时间了。按照艾琳·鲍尔的话来说，中世纪在道德上是应该受到谴责的，因为他们虐待和忽视了半数人口，并且完全没有充分利用妇女的聪明才智。可以说，中世纪的霸权强加给那些甚至贵族出身的妇女的苦难，使中世纪无可挽救地成为与我们不相容的异类。按照波斯坦的观点，中世纪社会未能摆脱前现代的马尔萨斯循环，（**p.409**）这使得中世纪世界的其他一切都受到质疑。用埃德曼和蒙森的话来说，中世纪的精神、军事和政治层面的结合使中世纪成为原始极权主义和恐怖主义制度的创建者。艾森斯坦镜头下条顿骑士集合（当然，这在1938年代表纳粹主义的威胁）的冷酷场景让人无法忘怀，固定了人们对中世纪的这种认知，这并不是一件温柔或美好的事情。

但这些否定并没有占上风。中世纪研究的伟大奠基者们对中世纪的统治、群体、艺术和情感进行了富有想象力的建构，这些建构过于壮观且极具说服力，不会轻易被这些异议推翻。无论反对中世纪的主张有什么优点，伟大的中世纪学家所描绘的世界——其宗教、政府、群体组织和思想——对我们来说都太过印象深刻、太逼近了，我们除了相信对中世纪的崇拜比对中世纪的否定更有说服力之外，别无他选。在我们阅读了1895年至20世纪60年代末中世纪研究中的重要文献之后，相信"是"似乎比对中世纪遗产说"不"要舒服得多、合理得多。

中世纪似乎是西方文明集体记忆中不可或缺的一部分。中世纪的灵感和正面强化的痕迹存在于潜意识里，也存在于欧洲世界所接受和培育的遗产之中。对任何受过教育的人来说，甚至在原始意象上可能对所有人来说，中世纪对于我们理解人和世界都是不可或缺的，因此，从根本上讲中世纪是无可指摘的。对中世纪的记忆只能被发掘和提炼，但似乎永远不会被摒弃或遗忘。

20世纪80年代末，中世纪研究课程在美国大学中日益受到欢迎。中世纪史是学术历史专业中最早走出20世纪70年代和80年代灾难性萧条的分支学科之一。中世纪文明课程的内在吸引力，以及大学对有能力的中世纪学者参与人文学科核心课程的需求，使得不同水平和规模的学术机构都需要聘请新的中世纪历史博士。中世纪文学和艺术方面的课程在80年代末大受欢迎，经常出现超额报名的情况。

对中世纪研究的持续兴趣反映出中世纪研究内在的思想力量，这是1895年至1965年的奠基者及其后继者的杰出工作的结果，（**p.410**）也反映了西方世界集体记忆里中世纪文化各方面的典型特征。在大西洋两岸，伴随着文化时代的熵化结尾，前四十年的主流制度和文化意识形态已经衰竭，人们渴望建立一种新的制度和文化意识形态。在这个时候，涌向中世纪研究课程的学生们无疑是在寻找一种社会救赎和个人满足的信息。这种现象告诉我们，中世纪研究中蕴含着21世纪新文化的关键要素。

几乎没有人再把资本主义当成信仰的价值体系。我们忍受它作为社会存在的方式，作为物质生存的工具，但我们不再从它那里寻求情感寄托——除了一小撮过时的狂热分子或既得利益的操纵者。因此，我们在其他地方，在文化体系中找到了灵感和神学。由于中世纪主义比古典主义更多地融合了我们祖辈的宗教信仰、我们父辈的艺术和情色方面的感受，而且中世纪世界的丰富性和多样性使得任何人都能在其中找到特殊意义和亲近感，因此中世纪主义作为一种具有令人信服的价值体系的文化结构得以维持和繁荣。在21世纪这个奇怪的时代里，当维多利亚时代和现代主义世界的许多转瞬即逝的事物都被清扫出去成为过时和无用的东西时，中世纪主义在我们生活中的重要性必将大大提高。

21世纪的回归中世纪主义（retromedievalism）之所以兴盛，部分原因在于替代性制度的脆弱性。对受过教育的人来说，单纯的信仰得不到认可，电视上的传教士也会遭到嘲笑。以枢机主教奥康纳（O'Connor）为代表的天主教保守派可能会随着其影响力的减弱而逐渐式微，沦为一支旧礼仪派教派。

在大学的人文和社会科学系内部，当前的混乱与不安也将逐渐深化为危机与冲突。今天，一位大学校长如果是一位具有远见卓识的教育工作者，而不是通常意义上的律师、商人、公关主管或体育倡导者，（**p.411**）那么他就会开始解散那些已经失去其理论基础的学科的院系，那些学科已成为被取代的现代主义的荒废的"唱诗班"，这些学科包括人类学、社会学、大部分文学批评以及传统历史学。明智的大学校长会投资中世纪研究，将其作为 21 世纪开创性的文化复兴和回归启发式运动的重点。在未来满目疮痍的语言学和符号学荒原上，艾森斯坦那喧嚷和令人生畏的条顿骑士们将会摘下他们的黑色面罩，赢得下一次的胜利。在第二个基督教千年即将结束之际，随着资本主义、新维多利亚主义、现代主义文化都已被认为无可挽救地过时和多余，对中世纪遗产的肯定将是 20 世纪 90 年代学术界的一个突出趋势，并将扩大成一场更浩大的思想和文化运动。

只有对中世纪的整体进行研究、欣赏和说明，才能实现中世纪复兴的潜力并发挥从中获得的文化与社会优势。必须抵制以天主教的名义不可避免地将中世纪绝对化，或只产生一种中世纪遗产：牛津和剑桥大学教授们的浪漫绅士主义，或法国学术官僚的社会社群主义。如果我们要从回归中世纪主义中获益，20 世纪 90 年代及之后的中世纪学家就有义务向我们展示一个复杂的中世纪，这个中世纪应具有不同的倾向、不同的意识形态和广泛而精妙的价值观。

被赋予权力的学术团体将乏味地走上他们惯用的压制性道路，试图将中世纪过滤，以便对其进行限定性的描述。权威的恐吓和等级特权的诱人筛选将再次被用来审查、过滤和绝对化中世纪的过去。不仅是为了追求学术真理，也是为了利用学生对中世纪的自发迷恋，并为 21 世纪构建一种以新中世纪为基础的文化，必须展示出中世纪所有的辉煌与恐怖、欢乐与痛苦、和谐与冲突。关于中世纪，我们必须运用西奥多·W. 阿多诺所说的否定辩证法；我们绝不能自以为掌握了所有答案，甚至不能认为我们知道所有的问题。在过去的半个世纪里，美国最有影响力的五位中世纪学家分别是布洛赫、库尔提乌斯、潘诺夫斯基、萨瑟恩和斯特雷耶，他们都是威权利己主义者。我们要能顶住他们条件反射式的称王称霸，顶住他们试图终止辩论并关闭新的思维模式的努力（**p.412**）

鉴于美国目前在中世纪研究方面的高级教育和研究中心寥寥无几，加上 20 世纪 70 年代和 80 年代的反人文主义狂潮在美国校园中所造成的负面影响，预测中世纪研究的结果是一件危险的事。我对教授中世纪文学的老师最有信心。艺术史学家们则似乎已经进入到一个思想停滞、循环论证、头脑封闭的时期。社会和政治史需要思考新的问题。但是，仍然存在着一些支撑条件——少数伟大的教师，十几个一流的图书馆的藏书——以重振中世纪研究奠基者们的创造性工作，在这些研究中，中世纪被视为一种文化结构、道德意指和治疗手段。

在西方人的记忆中，中世纪是漫长的。这段记忆并不是排他性的，它因人而异，因地制宜。显然，欧洲中世纪在美国的实物表征并不多。它们只存在于博物馆或仿造建筑中，如纽约市未完工的（未完工恰好是中世纪的特质）世界上内部空间最大的哥特式大教堂——圣约翰大教堂（Cathedral of St. John the Divine），或重建的迪斯尼式修道院，一座被拆运到美国的 12 世纪西班牙修道院，位于曼哈顿北部特里昂堡公园（Fort Tryon Park）的岬角上。但在欧洲，人们关于中世纪的直接物质记忆相对丰富，远远超出古典时代的分量，如巴黎圣母院、科隆（Cologne）或达勒姆这样的大教堂、密密麻麻的博物馆藏品、考古发掘（如英国约克的 7 世纪遗址），以及图书馆和档案馆收藏的大量中世纪手稿（其中许多带有插图）。有时候，走在欧洲某个类似卡尔卡松（Carcassonne）、牛津或雷根斯堡（Regensburg）的小镇的街上，我们会有一种偶遇中世纪晚期的幸运感。

关于中世纪的记忆就像一个晴朗有风的日子的空气一样，萦绕在西方人的集体意识中。清晨美丽而清新，正午炎热而富足，漫长的午后充满期待而危险，渐渐没入黄昏，夜幕中则充满虔诚和思考，这就是我们眼中的中世纪。

19 世纪早期的浪漫主义者，如约翰·济慈（John Keats）、沃尔特·司各特爵士、儒勒·米什莱和卡斯帕·大卫·弗里德里希（Caspar David Freidrich）等，(**p.413**) 在中世纪被忽视了三个世纪之后重新发现了它。浪漫主义者也有他们的中世纪时代。1810 年至 1840 年是回归中世纪主义的第一个大时代。中世纪被用来支持浪漫主义者那一套特殊的整体观念和充满感情的行为模式，他们创立了这些以与启蒙运动的寒意和工业革命的恐怖形成对比。对于浪漫主义者来说，中世纪文化在追溯中被合法化，它的特点是思想和生活方式中有更多的理想主义、激情、审美和个性化的成分。在浪漫主义视野中，中世纪是兼具个人英雄主义和强烈的集体和民族情感及行动的时代。浪漫主义者都隐约意识到了中世纪的暴力与残酷、混乱与无序，但却把它们淡化或转化为一种特殊的真与美的神奇效果。

然而，我们并不需要关于中世纪的浪漫投射。我们可以直接了解中世纪知识分子对自身文化和社会的认识。在评估自己的世界时，中世纪的知识分子深受一种顽固的理想主义的影响，他们从周围的社会中看到了天上之城在现世化身的种种迹象。12 世纪早期诗人莫瓦尔的贝尔纳（Bernard of Morval）的看法为中世纪社会评价设立了基线："上帝自己的国家，上帝自己的会众。雄伟的塔楼，美丽的花的家园，你生命的国度。"（E. J. 马丁 [E. J. Martin] 英译）

"道成肉身"的核心教条同样支配着中世纪人们的社会观念。他们以"道成肉身"教条及这一教条的"现实主义"哲学基础为前提，在物质中寻找理想，在丑陋中寻找美丽，在暴力和混乱中寻找道德与和平。"道成了肉身，住在我们中间……充充满满地有恩典，有真理。"① 既然一切都是神造的，中世纪的知识分子毫不怀疑地认为所有的碎片最终会形成一个理想主义的、有道德承诺的结构。无论他们看到或经历什么，都是神圣显现的一部分。用13世纪诗人切拉诺的托马斯（Thomas of Celano）为死者做弥撒的话来说：

> 允许我们吧，可怕的主
> 从你自身那里得到庇护，
> 借助你自己的鸽子翅膀
> 飞向那温柔的爱的天堂。
> （R. 克拉肖 [R. Crashaw] 英译）(**p.414**)

大约在1280年以后，中世纪的知识分子痛苦地意识到，他们的世界里存在着很多错误和残酷的事情。他们对社会各阶层、各主要机构中存在的不良现象进行了大量谴责。但他们越是批评和谴责，就越热衷于寻求一种能恢复元气的、整合性的力量或原则来作为上帝的工具，以带给世界和平、正义和爱。一些人想用魅力王权或代议制政府作为解决方案，另一些人则设想一小群圣徒能带来突破性影响，还有一些人则模糊地寄希望于即将到来的主的第二次降临（Second Coming of the Lord Himself）。但是他们并没有放弃自己的信仰，那就是相信一切都是神造的，天意要求统一和融合成一个共同的体系，也相信无论现在这个时代多么糟糕，情况很快就会好起来。

悲观主义越盛，则乐观情绪也随之放大。我特别喜欢在方济各会激进派中流行的约阿希姆的信条，即反基督的时代必须先于基督的统治到来。中世纪的人们越是谈论物质主义、邪恶和腐败，他们就越热衷于通过某种作为上帝工具的理想主义力量来解救自己。这种根深蒂固的理想主义和乐观主义是中世纪的思维方式。"我们晓得万事都互相效力，叫爱神的人得益处。"② 神性的超越将以某种方式克服人类存在的物质与精神层面之间的分裂。

这种思维方式和我们自己的思维方式之间隔着一道薄薄的屏障，尽管五十年后，21世纪新文化所具有的回归中世纪的特质会在很大程度上消解这种屏障。然而，就目前而言，我们仍被教导要重视能引起争议的模糊和矛盾、零碎与不

---

① 这句话出自《圣经·新约·约翰福音》第1章第14节。
② 这句话出自《圣经·新约·罗马书》第8章第28节。

和谐,以及现代主义的麻痹性礼物,而不是像中世纪人们那样,专注于善对恶的超越性胜利以及将物质转化吸收为理想。

然而,我们有能力欣赏和培育中世纪文明的具体方面。中世纪的遗产通常体现在许多观念和行为模式中,其中包括:基督教框架下欧洲文明的统一,圣人和英雄的超凡领导力,宪政与代议制度,信仰与理性的融合,古典传统的延续,对艺术和文学的形式主义态度,贵族生活方式,普通民众的道德情感,(**p.415**)教权主义和宗教等级制度,关于神圣之爱和人类之爱的观点。在我看来,可将20世纪末的中世纪遗产和可预见的回归中世纪主义主要归结为两点:受法治保护的"公民社会"或私有主义和企业,以及严厉的爱或感伤的形式主义。

在"公民社会"模式中,大多数美好而重要的事情发生在国家层面以下,包括家庭、艺术、学问和科学,也包括工商企业和工艺流程。这些都是个人和团体的工作,国家的参与是遥远而松散的。正是法治屏蔽了国家贪得无厌的侵略性和腐败,并给予国家层面以下的"公民社会"以自由。很巧的是,在中世纪世界里,大多数时候,男人和女人都可以自行决定自己的命运,国家很少或根本不参与其中。一个回归中世纪的世界能自觉地扭转福利和规制国家对社会造成的猛烈冲击,避免国家甚至以极权主义的方式将社会吞噬进以自私自利的官僚为代表的苦咸味公共鲸鱼的腐蚀性肚子里。

回归中世纪主义的另一种表现形式是正式的文化和行为模式与个人激情的共生结合,是一种融合了坚硬的形式、持久的传统、私密的爱和特殊的个人依恋的独特气质。中世纪的方式是一种锋芒毕露的感伤性方式,其外表坚韧,但珍珠般的外皮下包裹着柔软的内核。

正如这一范式中的回归中世纪主义反对利维坦[①]式的规制和福利国家并重申"公民社会"的自由一样,就个人而言,它也反对20世纪文化的两个极端:制度、科学和理性(现代主义)对人类的无情要求,以及后现代主义(这种论调在20世纪60年代后盛行,极具破坏性)反主流文化的、不负责任的自我放纵唯我论。回归中世纪主义意味着个人情感被形式传统以及一些制度和结构塑造和控制,这些制度和结构承认私人感情和个体之爱享有特权。这是一个狭隘的目标,但在中世纪最美好的时刻,它得到了保护和重视。

---

① 利维坦(Leviathan):《圣经·旧约·以赛亚书》中象征邪恶的海中怪兽。英国哲学家托马斯·霍布斯1651年发表有关国家组织的论著《利维坦》。利维坦可用来指有庞大官僚机构的极权主义国家。

我们未来的这种回归中世纪的模式可能会受到中世纪重现的另一种表现形式的威胁。中世纪世界在某种程度上因人类存在的精神和物质方面的不和谐而获得了其独特的质地。一方面，中世纪在知识、宗教和艺术方面的成就在西方文明中尤为突出，(**p.416**)至少与任何一个文化时代的成就一样卓越和多产。但另一个极端是，它们在技术和组织方面是有缺陷的、失败的。当我们反思20世纪最后十年潜伏着的生物医学、环境、核能和经济灾难时，在我们今天的科学和艺术取得卓越成就之时，社会思想方面的成就与物质方面的衰退之间的中世纪式反差重新出现，这让我们无法不感到焦虑。我们必须相信，上帝和命运，以及理性和经验教训将使我们避免这些危险，并使一个良性和创造性的中世纪重现并繁荣起来。

　　现代社会就像罗马帝国一样，在多数人的利益和少数特权者想要维持现状的欲望之间存在着极大分裂，而这将使现代社会瓦解。在破败城市的昏暗街道上，在十亿简陋居所的集会场地上，我们的英雄和圣人将向我们展示如何重新开启历史。(**p.417**)

# 注　释

下列注释的目的包括：针对有争议性的问题，提供相应的来源和文献，尤其是传记性质的文献；对某些问题进行扩展，并提供书中未涉及的其他参考书目；在不影响本书论述进程的前提下，为可以进一步探索的相关性或延伸性主题提供简短的补充说明。本书正文中有关特定主题的已提供充足信息和参考书目的，此处将不再赘述。

## 第一章　寻找中世纪

**从古罗马到文艺复兴**　有关中世纪欧洲历史的总体概况，参见约瑟夫·R. 斯特雷耶和达纳·C. 芒罗著《中世纪》（*The Middle Ages*），第四版，（纽约，1959）；诺曼·F. 坎托著《中世纪史：一个文明的生与死》，第二版，（纽约，1968）；雅克·勒高夫著《中世纪文明》（*Medieval Civilization*），修订版，（纽约，1990）。斯特雷耶关注政治史，坎托关注教会和思想发展，而勒高夫则专注于社会和经济。有关中世纪学家翁贝托·埃科著作和影响的评价，参见特蕾莎·克莱蒂(Theresa Coletti)著《玫瑰的命名》（*Naming of Rose*，纽约州，伊萨卡，1989）。

**第一次十字军东征**　尽管有关第一次十字军东征的现代历史文献举不胜举，但没有哪一部著作能代替斯蒂文·朗西曼（Steven Runciman）著《十字军东征史》（*A History of the Crusades*，英格兰，剑桥，1951），第 1 卷。该书的描写极其微妙和动人。朗西曼是剑桥大学教授，出生于非常富有而且政治上显赫的贵族家庭。他是埃及末代国王法鲁克（Farouk）的朋友，他们常结伴乘游艇出行。肯尼思·塞顿（Kenneth Setton）编《十字军东征的历史》（*A History of the Crusades*，费城，1955），第 1 卷，约书亚·普拉沃（Joshua Prawer）著《十字军战士王国》（*The Crusaders' Kingdom*，纽约，1972），提供更多信息和见解，尽管不那么精彩。普拉沃是以色列人，曾在巴黎学习，并担任耶路撒冷希伯来大学历史系主任多年。他的著作借鉴以色列人对法国基督教徒入侵阿拉伯近东地区所做的深入考古工作。关于以色列十字军东征的考古学的最大成就是在海法（Haifa）以北 40 英里的阿卡挖掘出大规模的十字军城堡遗迹，以及 13 世纪圣地的最后一座法国城堡。（**p.418**）直到 1981 年我参观这里之前，我从未认真对待过十字军东征。这个城堡宏伟的面积、高耸的城墙、巨大的地下储藏室让它至今仍是一个强大堡垒，这也象征着十字军曾付出多么巨大的努力，不管你把它看作宗教事业，还是把它看成早期的西方帝国主义行为，抑或两者兼而有之。另可参阅：乔纳森·赖利-史密斯（Jonathan Riley-Smith）著《十字军东征简史》（*The Crusades: A Short History*，纽黑文，1987）。

**发现与学问**　中世纪研究既没有一部通史，甚至也没有一个全面的参考书目。美国和加拿大的中世纪研究中能提供有价值的资料的有：弗朗西斯·G. 金特里（Francis G. Gentry）和克里斯托弗·克莱因亨茨（Christopher Kleinhenz）编《北美的中世纪研究》（*Medieval Studies in North America*，密歇根州，卡拉马祖，1982）；莱斯特·B. 沃克曼（Lester B. Workman）著《中世纪主义研究》（*Studies in Medievalism*，密歇根州，荷兰市，1982—1990），第1-3卷；伯纳德·E. 罗森塔尔（Bernard E. Rosenthal）和保罗·E. 萨玛赫（Paul E. Szarmach）编《美国文化中的中世纪主义》（*Medievalism in American Culture*，纽约州，宾汉姆顿，1989）；杂志《学术年鉴》（*Annals of Scholarships*，纽约，1980—1989，及待出期刊）第1-6卷。我本人的中世纪研究始于1949年，是在曼尼托巴大学与特里格维·J. 奥利森（Tryggiv J. Oleson）一起进行的，后于1951年至1954年在普林斯顿大学继续展开，当时普林斯顿大学和邻近的高等研究院聚集了全美甚至是全世界最了不起的中世纪学家。

特里格维·J. 奥利森因中风而早逝，这对于中世纪研究和加拿大罗马天主教文化研究来讲，无疑是重大损失。他来自曼尼托巴一个庞大的路德教冰岛社区，后皈依特别好战和保守的罗马天主教一派。这让他开始对中世纪进行深入研究，并于20世纪40年代末获得多伦多大学中世纪历史博士学位。他的论文研究诺曼征服之前忏悔者爱德华（Edward the Confessor）统治时期的"国王会议"（witan），是在伯蒂·威尔金森（Bertie Wilkinson）指导下完成的，威尔金森是托马斯·陶特领导的曼彻斯特中世纪行政历史学派的弟子。奥利森的论文后来出版了，虽然他感觉这篇论文受到了威尔金森的新维多利亚的宪政主义观点的束缚，但这篇论文不无可取之处。奥利森真正感兴趣的是中世纪的教会和教会文化，他很幸运地师从多伦多宗座研究院（Pontifical Institute）的两位著名天主教学者：一位是德国移民学者G. B. 拉德纳（G. B. Ladner），拉德纳后在福特汉姆大学（Fordham University）和加利福尼亚大学洛杉矶分校任教，是教会神学和教会法的权威；另一位是G. B. 法拉福（G. B. Flahiff），法拉福升任主教后中断了他在中世纪教会政府方面的重要研究。

20世纪50年代初普林斯顿中世纪学家中的超级巨星包括：特奥多尔·E. 蒙森（中世纪教会）；约瑟夫·斯特雷耶（政府和法律）；E. 哈里斯·"嬉闹者"哈比森（主要是获奖的宗教改革学者，但对中世纪晚期的思想史亦有深刻见解）；恩斯特·H. 坎托洛维奇（思想史和政治理论）；库尔特·韦茨曼（拜占庭艺术与文明）；E. A. 洛（E. A. Lowe，世界上最伟大的中世纪古文字学家）；小D. W. 罗伯逊（文学）；欧文·潘诺夫斯基（艺术与文化）；小阿尔伯特·M. 弗兰德（Albert M. Friend, Jr.，文艺复兴艺术）。在这些人中，只有罗伯逊和韦茨曼仍然健在。韦茨曼作为拜占庭艺术史学家的最大成就是拍摄和分析了西奈沙漠中一座修道院的手稿中的图像，（**p.419**）该修道院距离君士坦丁堡非常远，使它免受8世纪反再现主义的偶像破坏运动的影响。因此，韦茨曼率先重建了早期中世纪拜占庭艺术的模式。他还是 10 世纪马其顿文艺复兴时期的权威，马其顿文艺复兴的特征是在描绘人脸和人体时出现新古典主义趋势。其代表作是《拜占庭艺术中的希腊神话》(Greek Mythology in Byzantine Art, 普林斯顿，1951)。

**浪漫主义和历史** 相关介绍参见诺曼·F. 坎托著《西方文明：起源和命运》(Western Civilization: Its Genesis and Destiny, 伊利诺伊州，格伦维尤，1971)，第 2 卷，第 273-276 页，带彩页。雅克·巴尔赞 (Jacques Barzun) 著《浪漫主义和现代自我》(Romanticism and Modern Ego, 波士顿，1943) 对浪漫主义本质进行微妙而深入的研究，同由巴尔赞编的《柏辽兹和浪漫世纪》(Berlioz and the Romantic Century, 波士顿，1950) 两卷本，探讨范围比其标题所示要广泛得多。19 世纪学者格奥尔格·勃兰兑斯 (Georg Brandes) 著《十九世纪文学主流》(Main Currents in Nineteenth Century Literature, 伦敦，1901—1905)，六卷本，仍不可或缺。最近的讨论是历史学家亚瑟·米茨曼 (Arthur Mitzmann) 著《米什莱，历史学家：19 世纪法国的重生与浪漫主义》(Michelet, Historian: Rebirth and Romanticism in Nineteenth Century, 纽黑文，1990)。

关于维多利亚时代的中世纪主义，最好的研究是查尔斯·德尔海姆 (Charles Dellheim) 著《过去的面容：维多利亚时代英格兰中世纪遗产的保护》(The Face of the Past: The Preservation of the Medieval Inheritance in Victorian England, 英格兰，剑桥，1982)，J. W. 伯罗 (J. W. Burrow) 著《自由主义的后裔：维多利亚时代的历史学家与英国历史》(A Liberal Descent: Victorian Historians and the English Past, 英格兰，剑桥，1981)。另参见诺曼·F. 坎托著《威廉·斯塔布斯论英国宪法》(William Stubbs on the English Constitution, 纽约，1966)，第 1-12 页。

**人文学者** 菲尔·贝塔·卡帕 (Phi Beta Kappa) 出版的《美国学者》(The American Scholar) 季刊偶尔刊出一些杰出人文学者的引人注目的简介。对人文学者思想和行为的支持和反对意见最有见地的描写是查尔斯·斯诺著十一部《陌生人与兄弟》(Strangers and Brothers) 系列小说。这些小说在 20 世纪 50 年代和 60 年代初期广为人知，现在已被人们忽视。20 世纪 30 年代，查尔斯·斯诺是剑桥大学科学教授，后来成为公务员和公司高管。要特别留意这几部：《陌生人与兄弟》;《大师》(The Masters)，这一部最著名;《光与暗》(The Light and the Dark)，这一部对一位杰出的年轻的东方主义者有非常精彩的描述，这位东方主义者同样也可能是一位中世纪学家。事实上，安格斯·威尔逊 (Angus Wilson) 20 世纪 60 年代的小说《盎格鲁-撒克逊态度》(The Anglo-Saxon Attitudes) 确实主要是关于一个无法克服出版障碍的中世纪学家。有关后现代主义的趋势，参阅戴维·洛奇 (David Lodge) 的小说《小世界》(Small World) 和《好工作》(Nice Work); 史蒂芬·G. 尼克尔斯 (Stephen G. Nichols) 编《新语文学》("The New Philology")，载《反射镜》(Speculum)，第 65 卷，1990 年 1 月。

**手稿研究** 任何对中世纪文献感兴趣的人都应该阅读两本精湛的德国著作（不幸的是，还未被翻译为其他语言）：哈里·布雷斯劳 (Harry Bresslau) 著《文献学术教科书》

(*Handbuch der Urkundenlehre*),第三版,(柏林,1958),两卷本;海因里希·菲希特瑙著《中世纪的人和写作》(*Mensch und Schrift im Mittelalters*,维也纳,1946)。幸运的是,德国中世纪手稿大师的第三部著作已被翻译:伯恩哈德·比肖夫(Bernhard Bischoff)的《拉丁文古文字学》(*Latin Palaeography*,英格兰,剑桥,1990)。另外还有两本很重要的英文版书,一本是迈克尔·T. 克兰奇著《从记忆到书面记录》(马萨诸塞州,剑桥,1979),该书从文字普及角度讲述中世纪英国政府的辉煌历史。另一本是多伦多学者布莱恩·斯托克(Brain Stock)的反思性的、非常艰深的《识字的含义》(*The Implications of Literacy*,普林斯顿,1983)。有关詹姆斯·威拉德的生平,我非常感谢科罗拉多大学博尔德分校(University of Colorado at Boulder)信息处寄给我一卷当代新闻剪报。(**p.420**)

## 第二章 法律和社会

**梅特兰传记及其著作总评** 主要资料来源是 C. H. S. 法富特编《F. W. 梅特兰通信》(*The Letters of F. W. Maitland*,伦敦,1965);E. L. G. 斯通斯(E. L. G. Stones)编《F. W. 梅特兰:致乔治·尼尔森通信》(*F. W. Maitland: Letters to George Neilson*,格拉斯哥,1976);H. A. L. 费歇尔(H. A. L. Fisher)著《弗雷德里克·威廉·梅特兰》(*Frederic William Maitland*,英格兰,剑桥,1910);C. H. 法富特著《弗雷德里克·威廉·梅特兰》(*Frederic William Maitland*,伦敦,1971);G. R. 埃尔顿(G. R. Elton)著《F. W. 梅特兰》(*F. W. Maitland*,伦敦,1985);罗伯特·利文斯顿·舒勒(Robert Livingston Schuyler)撰《历史精神的体现:弗雷德里克·威廉·梅特兰》("The Historical Spirit Incarnate: Frederic William Maitland"),载《美国历史评论》(*American Historical Review*),第 57 卷(1952),第 303-322 页;H. E. 贝尔(H. E. Bell)著《梅特兰:批判性审查和评估》(*Maitland: A Critical Examination and Assessment*,伦敦,1965);S. F. C. 米尔索姆撰《F. W. 梅特兰》("F. W. Maitland"),载《英国国家学术院院刊》(*Proceedings of the British Academy*),第 66 卷(1982),第 265-281 页,另 1968 年第一卷波洛克与梅特兰合著再版导言;詹姆斯·R. 卡梅伦(James R. Cameron)著《F. W. 梅特兰与英国法律史》(*F. W. Maitland and the History of English Law*,俄克拉荷马州,诺曼,1961);R. W. 萨瑟恩著《历史和理论》(*History and Theory*,康涅狄格州,米德尔顿,1967),第 111 页。本章第一部分至第三部分的叙述,虽然很大程度上依赖法富特所著传记中的事实材料,但却是基于我对梅特兰著作和信件的阅读及我对英国法律史领域的了解而进行的独立判断。法福特所著传记中有对梅特兰在剑桥大学教员会议上发言的描述。梅特兰的主要著作有:波洛克与梅特兰著《爱德华一世以前的英国法律史》(*The History of English Law Before the Time of Edward I*),第 2 版,(英格兰,剑桥,1898)两卷本;H. A. L. 费歇尔编《弗雷德里克·威廉·梅特兰论文集》(*Collected Papers of Frederic William Maitland*,英格兰,剑桥,1911),三卷本;《末日之书及其他》(*Doomsday Book and Beyond*,英格兰,剑桥,1897);《英国法与文艺复兴》(*English Law and the Renaissance*,英格兰,剑桥,1901);《英国国教中

的罗马教会法律》(*Roman Cannon Law in the Church of England*，英格兰，剑桥，1898）；梅特兰版《布拉克顿的笔记》(*Bracton's Notebook*，伦敦，1987），三卷本，以及《议会备忘录》(*Memorando de Parliamento*，伦敦，1893）。

**英国政治历史学中的梅特兰遗产** 梅特兰开创了一个持久的政治学派。他关于议会的观点最早由在哈佛大学任教三十多年的美国人 C. H. 麦基尔韦恩（C. H. McIlwain）着手研究。麦基尔韦恩阐述梅特兰关于中世纪和早期现代议会的司法和王室议会观的著作是《最高议会法庭》(*The Highest Parliament Court*，纽约，1910）。20 世纪 50 年代和 60 年代，乔治·O. 塞尔斯（George O. Sayles）单独或与 H. G. 理查森（H. G. Richardson）合作在几本书中对此观点进行过非常博学的辩论，如《中世纪英格兰的统治》(*The Governance of Medieval England*, 爱丁堡，1963）。最近继承梅特兰对议会的解释（现在已与保守党政治联系在一起，这可能不会让梅特兰非常高兴）的是康拉德·罗素（Conrad Russel）著《议会与英国政治 1621—1629》(*Parliament and English Politics 1621—1629*，英格兰，牛津，1977）；G. R. 埃尔顿著《1559—1581 年英格兰的议会》(*The Parliament of England 1559—1581*，英格兰，剑桥，1986）；乔纳森·C. D. 克拉克（Jonathan C. D. Clark）著《革命与叛乱》(*Revolution and Rebellion*，英格兰，剑桥，1986），一部非常杰出的论辩性著作。我认为，路易斯·B. 纳米尔影响深远的著作《乔治三世继任时期的政治结构》(*The Structure of Politics at the Accession of George III*，第二版，纽约，1957），也在根本上属于英国政府和法律的梅特兰阐释传统。详见诺曼·F. 坎托著《20 世纪文化：从现代主义到解构》(*Twentieth Century Culture: Modernism to Deconstruction*，纽约，1988），第 114-115 页、第 234-235 页。

**梅特兰在美国的思想遗产** 这主要体现在威斯康星大学麦迪逊分校 J. 威拉德·赫斯特于 40 年代和 50 年代创立的法律史功能主义学派。（**p.421**）哈里·N. 施赖伯（Harry N. Schreiber）撰《美国宪法史和新法律史》("American Constitutional History and the New Legal History")，载《美国历史杂志》(*Journal of American History*)，第 68 卷（1981），第 337-350 页，追溯这一发展过程。赫斯特的主要著作是《美国法律的成长：立法者》(*The Growth of American Law: The Lawmakers*，波士顿，1950）和《十九世纪美国的法律与自由状况》(*Law and the Conditions of Freedom in the Nineteenth Century America*，1956，纽约）。赫斯特的学生劳伦斯·M. 弗里德曼（Lawrence M. Friedman）在其《美国法律史》(*A History of American Law*，纽约，1985）第二版中对美国法律经典的功能主义诠释最接近波洛克和梅特兰对英国普通法创始时代的解释。梅特兰-赫斯特传统中其他的著名著作包括：伦纳德·W. 列维（Leonard W. Levy）著《联邦的法律与首席大法官肖》(*The Law of Commonwealth and Chief Justice Shaw*，马萨诸塞州，剑桥，1957）；斯坦利·I. 库特勒（Stanley I. Kutler）著《特权与创造性破坏：查尔斯河大桥案》(*Privilege and Creative Destruction: The Charles River Bridge Case*，纽约，1971）；威廉·E. 纳尔逊（William E. Nelson）著《普通法的美国化》(*The Americanization of the Common Law*，马萨诸塞州，剑桥，1975）；关于马克思主

义的（批评法律研究）著作，哈佛大学法学院的莫顿·J. 霍维茨（Morton J. Horwitz）著《美国法律的转型 1780—1960》（*The Transformation of American Law 1780—1960*，马萨诸塞州，剑桥，1977），出版后十年间六次重印。该著作植根于梅特兰-赫斯特的功能主义法律史观传统，尽管这一传统在该书里的重建是为适应马克思主义模式的资本主义接管和对普通法的败坏。最近有趣的从梅特兰传统发展出来并趋向法律结构主义的法律史论文有 A. W. 布赖恩·辛普森（A. W. Brian Simpson）撰《普通法和法律理论》（"Common Law and the Legal Theory"），以及戴维·休格曼（David Sugarman）撰《法律理论、普通法心态和普通法传统的形成》（"Legal Theory, the Common Law Mind and the Making of the Common Law Tradition"），载威廉·特文宁（William Twining）编《法律理论与普通法》（*Legal Theory and the Common Law*，英格兰，牛津，1986）。

**约翰·G. A. 波考克** 第四部分提到的波考克的著作是《马基雅维利时刻：佛罗伦萨政治思想与大西洋共和主义传统》（*The Machiavellian Moment: Florentine Political Thought and the Atlantic Republican Tradition*，普林斯顿，1975），该书汇集了 20 世纪 60 年代和 70 年代初发表的几篇著名文章。尽管波考克（一位在剑桥大学接受教育后移居美国的新西兰人）最初的著作遵循梅特兰传统（波考克的第一本，也是至今非常重要的、关于爱德华·柯克爵士和 17 世纪普通法的著作），但这位杂学旁收、躁动不安、富有原创思想的学者在解释英国政治传统方面成为梅特兰最强劲的对手。波考克提出跨大西洋共和主义美德精神以及与传统的普通法的自由观念不同的积极自由观，普通法的自由观认为应通过正当程序约束政府的压迫行为；这对一代探索美国革命和宪法思想渊源的美国学者产生了深远影响，特别是伯纳德·贝林（Bernard Baylin）、戈登·伍德（Gordon Wood）、加里·威尔斯（Garry Wills）和斯坦利·卡茨（Stanley Katz）等。波考克论文的中心思想是世俗主义，也就是说，他将美国共和主义思想建立在文艺复兴和启蒙时代的古典人文主义基础之上，同时弱化了加尔文主义和新教福音派的影响。普通法自然地为古典共和主义传统提供了空间，并在美国大革命后的三四十年内重新确立了自己的地位，正如约翰·马歇尔（John Marshall）和约瑟夫·斯托里（Joseph Story）的司法思想所示；在理解普通法的这种结构性文化可塑性和与时俱进的容量时，我的见解得益于理查德·A. 波斯纳（Richard A. Posner）著《法律与文学》（*Law and Literature*，马萨诸塞州，剑桥，1988）；桑福德·莱文森（Sanford Levinson）和斯蒂芬·马尤（Steven Mailloux）编《解释法律与文学》（*Interpreting Law and Literature*，伊利诺伊州，埃文斯顿，1988）；斯坦利·费什（Stanley Fish）著《顺其自然：文学和法律研究中的变化、修辞以及理论实践》（*Doing What Comes Naturally: Change, Rhetoric, and the Practice of Theory in Literary and Legal Studies*，北卡罗来纳州，达勒姆，1989）；（**p.422**）G. 爱德华·怀特（G. Edward White）著《美国司法传统》（*The American Judicial Tradition*），扩充版（纽约，1988）；罗伯特·H. 博克（Robert H. Bork）著《美国的诱惑：法律的政治诱惑》（*The Tempting of America: The Political Seduction of the Law*，纽约，1990）。另参见伊恩·夏皮罗（Ian Shapiro）撰《J. G. A. 波考克的共和主义和政治理论：批判和重新诠释》（"J. P. A.

Pocock's Republicanism and Political Theory: A Critique and Reinterpretation"），载《批判评论》（*Critical Review*），第 4 卷，1990 年，第 433-471 页。

## 第三章　纳粹双子

**传记材料**　本章有关坎托洛维奇和施拉姆生平的信息主要来自我与特奥多尔·E. 蒙森、恩斯特·H. 坎托洛维奇、迈克尔·切尔尼亚夫斯基（Michael Cherniavsky）的交谈。与拉尔夫·E. 吉西（Ralph E. Giesey）、威廉·M. 鲍斯基（William M. Bowsky）、罗伯特·L. 本森（Robert L. Benson）、玛格丽·塞文科（Margery Sevcenko）、文森特·卡洛索（Vincent Carosso）和艾伦·E. 戈特利布（Allan E. Gotlieb）等的交谈片段也提供部分信息。在关于坎托洛维奇的公开的回忆录或批评性的评价中，目前还没有具有重要价值的。以下书目可供引用：亚瑟·R. 埃文斯（Arthur R. Evans）著《论四个现代人文学者》（*On Four Modern Humanists*，普林斯顿，1970）；埃卡德·格鲁内瓦尔德（Ekard Grunewald）著《恩斯特·坎托洛维奇和斯特凡·格奥尔格》（*Ernest Kantorowicz und Stefan George*，威斯巴登，1982）。坎托洛维奇未发表的论文经过他的文学执行人深入编辑后，现存纽约利奥拜克学院（Leo Baeck Institute），对公众开放。那里有少许往来信件显示，施拉姆在 1945 年以为英国人要剥夺自己的学术职位，为此向他寻求过帮助。1938 年，坎托洛维奇在莫里斯·鲍勒爵士协助下离开柏林去英国，鲍勒的自传中有记载，见《回忆录》（*Memories*，马萨诸塞州，剑桥，1976）。我对坎托洛维奇在牛津的经历的描述部分来自 R. W. 萨瑟恩（当时对坎托洛维奇进行了强烈批评）的回忆。1987 年哥廷根大学校长诺伯特·坎普（Norbert Kamp）发表的有关施拉姆生活和工作的公开演讲对了解施拉姆早期和战前时期的经历有重要意义：《珀西·施拉姆与中世纪研究》（"Percy Schramm und die Mittelalterforschung"），载《哥廷根大学学报》（*Göttinger Universitätsschriften*），A 系列：作品 / 第 2 卷（1987），第 344-363 页。感谢坎普博士寄给我这篇文章。

关于施拉姆参与纳粹及其 1963 年臭名昭著的希特勒回忆录，参看唐纳德·S. 德特韦勒（Donald S. Detweiler）的翻译导言。1971 年，德特韦勒出色地翻译了这本回忆录，题目译作《希特勒：伟人与军事领袖》（*Hitler: The Man and Military Leader*，纽约），并撰写了一篇言辞谨慎的导言。关于施拉姆与纳粹的关系，我从莱斯大学（Rice University）的弗朗西斯·L. 勒文海姆（Francis L. Loewenheim）处获得了更多信息。施拉姆大量私人论文分藏于哥廷根大学和他在汉堡的家中。这些是不公开的，也没有人发表根据它们写作的传记——原因众所周知。

**德国大学、知识分子与纳粹分子**　爱丽丝·加林（Alice Gallin）著《纳粹主义的接生婆》（*Midwives to Nazism*，佐治亚州，梅肯，1986）；杰弗里·赫夫（Jeffrey Herf）著《反动现代主义》（*Reactionary Modernism*，英格兰，剑桥，1984）；艾伦·D. 拜尔琴（Alan D. Beyerchen）著《希特勒领导下的科学家》（*Scientists Under Hitler*，纽黑文，1977）；沃尔

特·斯特鲁夫（Walter Struve）著《反抗民主的精英》（*Elite Against Democracy*，普林斯顿，1973）；弗利茨·K. 林格（Fritz K. Ringer）著《德国学术官僚的衰落》（*The Decline of German Mandarins*，马萨诸塞州，剑桥，1969）。

**纳粹文化** 乔基姆·费斯特（Joachim Fest）著《第三帝国的面孔》（*The Face of the Third Reich*，纽约，1970）；恩斯特·诺尔特（Ernst Nolte）著《法西斯主义的三副面孔》（*Three Faces of Fascism*，纽约，1966）；卡尔·迪特里希·布雷彻（Karl Dietrich Bracher）著《德国专制》（*German Dictatorship*，纽约，1970）；罗伯特·杰伊·利夫顿（Robert Jay Lifton）著《纳粹医生》（*Nazi Doctors*，纽约，1986）；乔治·L. 莫斯（George L. Mosse）著《纳粹文化》（*Nazi Culture*，纽约，1966）；罗伯特·威斯里希（Robert Wistrich）著《希特勒的启示》（*Hitler's Apocalypse*，纽约，1985）。(**p.423**)

**战时德国** 约翰·基根（John Keegan）在《第二次世界大战》（*The Second World War*，纽约，1989）的第一、二部分及第四、五部分对海量关于二战时德国的文献做出很好的总结，二战在1940年至1945年与施拉姆直接相关。

尽管我根据记录认定施拉姆在1943年至1944年与希特勒关系密切，断定他是战犯，但有人可能会觉得我的描述过于同情他。这不仅是因为我尊重施拉姆无与伦比的中世纪学问、欣赏《皇帝、罗马和复兴》（最优秀的中世纪史著作之一），也因为施拉姆对我本人很友善。1958年，我关于盎格鲁-撒克逊教会的论文发表之后，施拉姆给我写过一段赞美之词，这之后我们之间偶尔会通信。当我拒绝为纪念他退休的论文集写文章时，我们之间的通信突然终止。施拉姆在战争期间为德军及其首长希特勒提供了非凡的服务。但据我对此人的了解，他对学术质量的判断并没有受到反犹主义的影响，而英美的一些中世纪学家却难免受到这种影响。

**坎托洛维奇在普林斯顿** 我从与蒙森和坎托洛维奇本人的谈话中得知坎托洛维奇在普林斯顿高等研究院任职的情况。该研究院没有向我开放奥本海默时代以来的研究院主任档案。但我认为，这些档案一旦公开，我的描述就能从中得到证实。约瑟夫·斯特雷耶当然知道坎托洛维奇失去伯克利的职位后绝不会面临失业的危险，所以他对研究院没有咨询他就任命坎托洛维奇感到恼怒，因为他会反对任命他的。

**卡尔·F. 莫里森** 莫里森是蒙森的关门弟子，与蒙森合作撰写过一本书，并以蒙森的门徒自居。我将他简短地附在本节末尾是由于他是如今活跃在一所美国大学里（可能包括任何地方）的德国"精神史"的最纯粹的实践者。他对教父和后来的中世纪思想有深刻了解，并且完全熟稔迄今为止西方所有的思想运动。想简要了解莫里森丰厚著作的人，应该阅读《研究文科的动机》（"Incentives for Studying the Liberal Arts"），载戴维·L. 瓦格纳（David L. Wagner）编《中世纪的七门文科》（*The Seven Liberal Arts in the Middle Ages*，印第安纳州，布卢明顿，1983），第32-54页。莫里森的杰作是《西方教会中的传统与权威，300—1140》（*Tradition and Authority in the Western Church, 300—1140*，普林斯顿，1969）。另一重要著作是《西方改革的模仿传统》（*The Mimetic Tradition of Reform in the West*，普林斯顿，1982）。莫里森在哈佛大学任教五年，是没获得哈佛大学终身职位的教师中最伟大的中世纪学家。哈佛大学的中世纪研究至今没能从这个错误中恢复过来。在担任芝加哥大学的高级教授和系主任之后，莫里森现任新泽西州罗格斯大学一研究领域的主席，同时也在普林斯顿大学教研究生。

## 第四章　法国犹太人

**传记**　路易·阿尔方的讣告发布在 1951 年巴黎主要的学术期刊：F. 韦科特朗（F. Vercauteren）主编的《中世纪》（*Le Moyen Age*，第 57 卷，第 201-204 页）及 E. 佩罗伊（E. Perroy）主编的《历史评论》（*Revue Historique*，第 206 卷，第 189-195 页）。除了对阿尔方的犹太血统（"种族法律的受害者"；"受到烦扰和迫害"）进行高卢人的"巧妙处理"之外，他们做得都很好。（**p.424**）皮埃尔·里谢（Pierre Riché）于 1983 年对四十年来有关加洛林帝国研究的总结（《加洛林王朝》[*Les Carolingiens*]），针对海因里希·菲希特瑙和 J. M. 华莱士-哈德里尔（J. M. Wallace-Hadrill）对阿尔方的批评，充分维护了阿尔方的立场。

马克·布洛赫的标准传记终于在他去世四十五年后出版：卡罗尔·芬克著《马克·布洛赫：历史人生》（*Marc Bloch: A Life in History*，纽约，1989）。另参见芬克更早和更简洁的版本《马克·布洛赫：历史学家、战士、爱国者》（*Marc Bloch: Historian, Soldier, Patriot*，史密森学会，威尔逊中心，西欧计划，临时文件第 8 号）。有关布洛赫与吕西安·费弗尔之间通常的（尤其在 1940—1942 年）紧张关系以及布洛赫在是否逃往美国避难问题上痛苦不堪的抉择，芬克的著作特别有价值。芬克的著作并没有取代著名现代法国历史学家欧根·韦伯所著的关于布洛赫生平和个性的单篇最佳论文，该文刊载于《美国学者》（*American Scholar*），第 51 卷（1982），第 73-82 页。很明显，芬克没有接触韦伯所熟知的法国学术生活的流言网络。纳塔莉·泽蒙·戴维斯对芬克著作的长篇评论（《现代英雄》["A Modern Hero"]，载《纽约书评》[*New York Review of Books*，1990 年 4 月 26 日]，第 27-30 页），即使仅为了了解一下在这个课题上普林斯顿官方的《年鉴》学术倾向，也值得一读。波兰著名作家和团结工会领袖布罗尼斯拉夫·格雷梅克最近在布洛赫自己的《年鉴》（第 41 卷 [1986]，第 1091-1105 页）上发表的关于布洛赫的文章仅仅是一篇揄扬之词。1986 年在瓦萨学院（Vassar College）一次公开演讲中，艾蒂安·布洛赫对其父亲进行了批判性的评价，震惊了当时的听众。这篇演讲由瓦萨学院历史系于 1987 年私下印行，题目是《马克·布洛赫：父亲、爱国者和老师》（*Marc Bloch: Father, Patriot and Teacher*）。演讲稿中表达的以及这里引用的批判观点与布洛赫的另一个儿子在 1960 年 12 月和我本人的一番谈话内容完全吻合。两位著名的美国中世纪学家约瑟夫·斯特雷耶和布鲁斯·里昂（Bruce Lyon）对布洛赫作品的评价极有价值（斯特雷耶将在第七章中论及）。里昂是封建制度方面的权威，精心撰写了亨利·皮朗的传记（根特，1974），在布朗大学任教。斯特雷耶对布洛赫模棱两可的评价见于他为《历史学家的技艺》（1953，纽约）英译本撰写的导言中。斯特雷耶的精妙著作《封建主义》（纽约，1967）很大程度上与布洛赫的《封建社会》持有不同意见，他遵循政治模式，布洛赫则遵循社会经济模式。里昂关于布洛赫的文章也很有洞察力：《法国历史研究》(*French History Studies*，第 15 卷（1987），第 195-207 页及《中世纪史杂志》(*Journal of Medieval History*)，第 11 卷（1985），第 181-191 页。

**法国的学术和思想传统** 芝加哥大学社会学家特里·N. 克拉克（Terry N. Clark）著《先知和赞助人》(*Prophets and Patrons*，马萨诸塞州，剑桥，1973）对此有很好的阐述，尤其突显埃米尔·涂尔干的复杂角色。另参见史蒂文·卢克斯（Steven Lukes）著《埃米尔·涂尔干：生平和著作》(*Émile Durkheim: His Life and Work*，纽约，1972）。关于最近法国的思想氛围，最有趣的著作包括：赫伯特·洛特曼（Herbert Lottman）著《左岸》(*Left Bank*，纽约，1982）；马克·波斯特（Mark Poster）著《战后法国的存在主义马克思主义》(*Existential Marxism in Postwar France*，普林斯顿，1975）；安妮·科恩-索拉尔（Annie Cohen-Solal）著《萨特》(*Sartre*，纽约，1987）；戴德丽·贝尔（Deirdre Bair）著《西蒙娜·德·波伏娃》(*Simone de Beauvoir*，纽约，1990）；戴维·佩斯（David Pace）著《克劳德·列维·斯特劳斯》(*Claude Lévi-Strauss*，波士顿，1983）。关于安德烈·马尔罗和西蒙娜·德·波伏娃在德国占领期间行为的轶事分别来自洛特曼和贝尔的著作。关于纳粹占领和对犹太人的处置，有大量文献。尤其可参见罗伯特·O. 帕克斯顿（Robert O. Paxton）著《维希法国》(*Vichy France*，纽约，1972）；(**p.425**)帕克斯顿和迈克尔·R. 马拉斯（Michael R. Marras）著《维希法国与犹太人》(*Vichy France and the Jews*，纽约，1981）；约翰·F. 斯维茨（John F. Sweets）著《维希法国的选择》(*Choices in Vichy France*，纽约，1986）；F. 马利诺（F. Malino）和 B. 沃瑟斯坦（B. Wasserstein）编《现代法国的犹太人》(*The Jews in Modern France*，伦敦，1985）。

**年鉴学派** 这一主题在该学派除布洛赫之外的主要人物的著作中得到了充分探讨。彼得·伯克（Peter Burke）选译了吕西安·费弗尔的论文和宣言（《一种新历史》[*A New Kind of History*，伦敦，1973]）并撰写了一篇审慎的导言。关于纲领性的陈述，另参见费尔南·布罗代尔著《论历史》(*On History*，芝加哥，1980），埃玛尼埃尔·勒华拉杜里著《历史学家的领域》(*The Territory of the Historian*，芝加哥，1979）。有许多文章对年鉴学派大肆吹捧。冷静的评价包括：弗朗索瓦·傅勒撰《超越年鉴派》("Beyond the Annales")，载《现代历史杂志》(*Journal of Modern History*)，第 55 卷（1983），第 389-410 页；彼得·伯克撰《年鉴派精神史的长处和不足》("Strengths and the Weakness of the History of Mentalities in the Annales")，载《欧洲思想史》(*History of European Ideas*)，第 7 卷（1986），第 439-451 页；罗杰·沙尔捷（Roger Chartier）撰《思想史与精神历史》("Histoire Intellectuelle et Histoire des Mentalités")，载《综合评论》(*Revue de Synthesis*)，第 104 卷（1983），第 227-307 页；安德烈·比尔吉埃（André Burguière）撰《年鉴学派精神史的命运》("The Fate of the History Mentalities in Annales")，载《社会与历史比较研究》(*Comparative Studies in Society and History*)，第 24 卷（1982），第 424-437 页。傅勒最初是在年鉴学派研究所接受

训练，但在 20 世纪 70 年代转而支持反马克思主义的法国大革命观点，加之他在巴黎的学术界和知识界中享有很高的知名度，这对布罗代尔学派和布洛赫-费弗尔传统来说是一个沉重的打击。有关年鉴研究所的早期故事以及二战后的欧洲氛围，包括欧洲非共产主义左派从中央情报局和美国基金会（有时是作为中央情报局的前线机构，有时与之并行）获得物质利益，在彼得·科尔曼（Peter Coleman）的《自由阴谋》（*The Liberal Conspiracy*，纽约，1989）中有很好的描述。关于这一主题，另见爱德华·希尔斯（Edward Shils）撰《为文化自由纪念国会》（"Remembering the Congress for Cultural Freedom"），载《文汇》，第 75 卷，第 2 号（1990），第 53-65 页。冷战开始时，美国的学术界和思想界与中央情报局和国务院合作，抛弃了传统的欧洲右派（部分原因是其在 30 年代与法西斯主义不光彩的联系，部分原因是其当时在政治上软弱无力），并全力支持非共产主义左派。精明的左派人士（如英国的斯蒂芬·斯彭德和梅尔文·拉斯基 [Melvyn Lasky]，意大利的伊格纳齐奥·西隆 [Ignazio Silone]，以及法国的吕西安·费弗尔和费尔南·布罗代尔 [此二人也许是最会投机取巧和操控他人的]）看到了巨大的机会，那就是美国不仅愿意资助非共产主义左派政党，还愿意资助他们的文化机构和附属部门中。这一切产生了影响深远而具有讽刺意味的结果：到 1970 年，巴黎的年鉴研究所变得如此富有和强大，以至于像伊曼纽尔·沃勒斯坦（Immanuel Wallerstein）和娜塔莉·泽蒙·戴维斯这样的美国左派都向巴黎寻求道德和物质支持。战后美国的文化帝国主义因此又被遣返回美国，对美国的历史学和社会学产生了重大影响。关于当今法国集体精神的衰落和个人传记的回归，参见雅克·勒高夫的《年鉴学派之后》（"After Annales"），载《泰晤士报文学副刊》，1989 年 4 月 14 日，第 394 页、第 405 页。

**美国布洛赫和年鉴学派遗产的激进化**　　这里的叙述借鉴 1975 年和 1976 年我与伊曼纽尔·沃勒斯坦和特伦斯·霍普金斯（Terence Hopkins）的谈话，此外还依据我自己作为大学行政人员和老师的经历。沃勒斯坦和霍普金斯是纽约州立大学宾汉姆顿分校布罗代尔中心以及该中心主办的第三世界马克思主义杂志《评论》（*Review*）的联合主任。（**p.426**）20 世纪 80 年代，普林斯顿大学历史系出现左派倾向，布罗代尔非常高兴，戴维斯对芬克传记的评论（见上）也表明了这一点，参阅诺曼·F. 坎托在《新标准》（*New Criterion*，1985 年 12 月）中发表的文章。1988 年，纽约大学历史系主席托马斯·本德（Thomas Bender）制定研究生课程计划，要求中世纪史研究生的入门课程基本上遵循或认可年鉴学派的立场，充分说明激进化的布洛赫-费弗尔遗产在 20 世纪 80 年代末对美国研究生课程的影响。当然，这种趋势是世代性的（1968 年的遗产），并且可能是周期性的。1986 年至 1989 年，剑桥大学出版社斥巨资翻译出版一部三卷本中世纪综合史，原版此前由罗伯特·福西耶（Robert Fossier）领导的年鉴集团在法国出版。该书的英文版装帧精美，配有精致而昂贵的插页。但这部作品并未成功吸引美国市场关注中世纪研究，甚至也没有得到学术界多少关注；这一失败以及其他指标表明，布洛赫的长期影响力正在减弱。年鉴学派在美国学术界的一个致命缺陷在于，难以围绕以农民为中心的历史来组织大学课程。美国大学生希望听关于英雄和圣徒的事迹，而不是农民的故事。通常情况下，大学生们对领袖比对"另类人群"更感兴趣。

关于20世纪80年代历史学与左派社会理论之间存在的紧张关系，参见林恩·亨特（Lynn Hunt）撰《社会理论之后的历史》（"History Beyond Social Theory"），载戴维·卡罗尔（David Caroll）编《"理论"的状态》（The States of "Theory"，纽约，1990），第95-111页。关于法国学术界以傅勒为首的反马克思主义反叛，参见诺埃尔·帕克（Noel Parker）的《革命写照》（Portrayals of Revolution，伊利诺伊州，卡本代尔，1990），第210-215页。有关对亨利·皮朗著作的批评，除布鲁斯·里昂1974年的传记之外，还可参见理查德·霍奇斯（Richard Hodges）著《黑暗时代经济学：城镇与贸易的起源，公元600—1000年》（Dark Age Economics: The Origins of Towns and Trade A.D. 600—1000，纽约，1982）。在主要因批评皮朗成名的中世纪史学家中，霍奇斯是第三位，另外两个是罗伯特·S.洛佩兹和阿奇博尔德·A.路易斯（Archibald A. Lewis）。

## 第五章　形式主义者

**形式主义**　1952年春，我在欧文·潘诺夫斯基的同事和门徒库尔特·韦茨曼（Kurt Weitzmann）的研讨班上做学生时，开始接触形式主义，此后接触到普林斯顿"基督教艺术索引"，这个非凡的索引是按照图像学的方式创建的，严格遵循形式主义原则，我利用这个索引加强了对形式主义的研究。另外，我在普林斯顿大学读大三时，想了解小D. W. 罗伯逊的形式主义文学阐释为何会引起如此大的轰动，这让他在普林斯顿大学英语系的绅士同事感到不安。于是，我悄悄地参加了几次罗伯逊的风暴式研讨会，结果给我留下的印象比预期要好得多。形式主义是一种诠释学崇拜，而且从某种意义上讲是一个私人化的宗派，很难用说明性和综合性的方式进行解释。我在本章中尝试这样做。令我惊讶的是，20世纪80年代末，阿兰·布鲁姆的《美国思想的封闭》引发了长期而激烈的争论，但人们并没有看到布鲁姆如何坚定地属于那个可以追溯到20世纪20年代的德国形式主义传统。（**p.427**）人们总是提到布鲁姆与他在芝加哥大学的老师利奥·斯特劳斯（Leo Strauss）的师徒关系（常常把斯特劳斯说成是披着学术外衣的里根），有时还提到约翰斯·霍普金斯大学的文学理论家利奥·斯皮策的影响。但是，似乎没人能够在欧文·潘诺夫斯基和恩斯特·罗伯特·库尔提乌斯所代表的形式主义传统以及他们背后影响深远的阿比·瓦尔堡那里找到布鲁姆的文化保守主义的根源，甚至连王牌的《美国历史评论》（American Historical Review）也没有（参见1990年4月号一篇关于布鲁姆的特别没有根据的文章）。我希望本章贡献之一就是将布鲁姆置于中欧思想里长期的形式主义传统的视野中。从形式主义的社会学观点来看，形式主义的主要人物来自中欧（Mitteleuropa）的种族和政治熔炉，而且形式主义可以看作在多样性和混乱中寻求团结与稳定的一种努力。

**欧文·潘诺夫斯基**　幸运的是，潘诺夫斯基受到了传记作家和批评家的广泛关注。潘诺夫斯基死后不久，在他的遗孀的敦促下，他的朋友和学生威廉·赫克斯赫出版了一部简短而可靠的传记（普林斯顿，1969）。这部传记中有埃德加·温德在20世纪20年代初对潘诺夫斯基的描述。迈克尔·普罗多（Michael Prodo）在其《批评的艺术史学家》（*Critical Historian of Art*，纽黑文，1982）中，迈克尔·安·霍利在其《潘诺夫斯基与艺术史基础》（*Panofsky and Foundations of Art History*，伊萨卡，1984）中，对潘诺夫斯基有细致的理论研究，他们对从沃尔夫林和瓦尔堡开始的整个德国艺术史运动也颇有研究。我不一定同意他们的所有判断，但要感谢他们提出的发人深省的见解，这种见解是建立在丰富的知识和深思熟虑的基础上的。我必须承认，我几乎是唯一一个从瓦尔堡另一位著名学生恩斯特·H.贡布里希的著作中没有学到任何重要东西的人。在我看来，贡布里希基本上是一个贩卖肤浅心理学和美学滥调的贩子。（参阅《艺术与幻觉》[*Art and Illusion*，伦敦，1962]和《规范与形式》[*Norm and Form*，伦敦，1966]。）我对潘诺夫斯基的性格和事业的看法受到特奥多尔·E.蒙森对他的评论的影响；蒙森对潘诺夫斯基有多年的深入研究，与其立场并不总是一致。蒙森认为，潘诺夫斯基总是大肆炫耀，且还有一点江湖骗子的成分。我参加过潘诺夫斯基的两次公开演讲，他的表演无疑是令人眼花缭乱的。在重读他的历史著作时，我惊讶地发现，他的思想似乎要比我在50年代对他的印象深刻得多，尤其是那部文艺复兴著作，在自命不凡的外表之下展现出了作者卓越的才华。尽管潘诺夫斯基在美国大受欢迎，但我认为美国的环境并不利于他的思想发展。凭借他渊博的学问和出色的辩论能力，潘诺夫斯基几乎可以超越任何人，但是美国的安逸没能让他竭尽全力。要是不曾出现希特勒，他还可以留在汉堡的话，他会走得更远。这尤其体现在《哥特式建筑与经院哲学》（*Gothic Architecture and Scholasticism*，克利夫兰，1957；初版1951）中，这本书在许多方面都很精彩。但如果他再努力一点，关于这个主题他能写得更好。美国学术界非常奇怪。那里95%的人文学者不能做出一流的工作，因为他们没有时间、闲暇、条件或收入。其余的5%则占尽各种便利，却由于没有足够的力压而常常没有发挥出最佳水平。潘诺夫斯基作为高等研究院的高级人文学者，也享有巨大的支配赞助的权力。因此，任何惹怒他的人都会危及自己在该研究所获得让人垂涎的年度任职机会。蒙森对潘诺夫斯基其人及其学术都有尖锐的评论。（**p.428**）我注意到，谈及这些话题时，蒙森总是压低声音。

**恩斯特·罗伯特·库尔提乌斯**　厄尔·杰弗里·理查兹（Earl Jeffrey Richards）所著的《现代主义、中世纪主义和人文主义》（*Modernism, Medievalism and Humanism*，图宾根，1983）一书中出色的传记和书目研究极大地促进了对库尔提乌斯的讨论，该研究部分借鉴海因里希·劳斯伯格（Heinrich Lausberg，1970）的初级传记研究。但是，我对库尔提乌斯著作的批评完全基于自己的判断。在这方面，库尔提乌斯的通信（法兰克福，1980）很有帮助。

**批评三巨头**　E.塔尔博特·唐纳森最有影响力的著作是《乔叟的诗歌》（*Chancer's Poetry*，纽约，1958）。唐纳森的其他成就包括《贝奥武甫》的最佳英语翻译。另见查尔斯·马斯卡廷著《乔叟与法国传统》（*Chaucer and the French Tradition*，伯克利，1957）和罗伯特·汉宁著《早期英国的视野》（*The Vision of History in Early Britain*，纽约，1968）和《十二世纪传奇中的个人》（纽黑文，1974）。

有关罗伯逊和罗伯逊派的信息，参见小 D. W. 罗伯逊（D. W. Robertson, Jr.）著《乔叟绪论》（*A Preface to Chaucer*，普林斯顿，1962）和《中世纪文化论文集》（*Essays in Medieval Culture*，普林斯顿，1980）。

**中世纪文学** 我想强调，对中世纪文学的理解和阐释，我从朋友和同事罗伯特·汉宁和玛格丽特·詹宁斯（Margret Jennings）那里学得很多东西；我们分别于 1982 年和 1985 年在纽约大学比较文学系联合讲授了一门中世纪文学研究生课程。在理解中世纪文学方面，我受益于两本老书：卡尔·杨（Karl Young）著《中世纪教会的戏剧》（*The Drama of the Medieval Church*）（英格兰，牛津，1933）和 R. R. 博尔加尔（R. R. Bolgar）著《古典遗产及其受益者》（*The Classical Heritage and Its Beneficiaries*，英格兰，剑桥，1954）。杨和博尔加尔分别在耶鲁大学和剑桥大学任教。我从杜克大学马克思主义者（"新历史主义者"）评论家李·帕特森的新著《协商过去：中世纪文学的历史理解》（*Negotiating the Past: The Historical Understanding of Medieval Literature*，威斯康星州，麦迪逊，1987），尤其是从第一章"历史批评与乔叟研究的进展"（"Historical Criticism and the Development of Chaucer Studies"）中，获益良多。任何对中世纪文化和文学感兴趣、对中世纪文化和文学的阐释方式感兴趣的人，无论其是否认同帕特森的后新左派（post-New Left）意识形态，都应该阅读此书。我认为帕特森对罗伯逊的讨论特别有价值，这也影响了我的论述。我想说的是，除了汉宁和伯克利的解构主义者霍华德·布洛赫之外，帕特森似乎也代表美国中世纪文学批评中的主导声音。我认为，如果玛格丽特·詹宁斯没有在一所小型天主教大学中承担沉重的教学任务，她也有能力站在中世纪文学批评的最前列。

**中世纪艺术史家** 在年轻一代的中世纪艺术史家中，最有希望继承潘诺夫斯基王座的是伯克利的詹姆斯·H. 马洛（James H. Marrow），他曾在哥伦比亚大学和伦敦的瓦尔堡学院接受过学术训练。他的《中世纪晚期和文艺复兴早期北欧艺术中的受难图像》（*Passion Iconography in Northern European Art of the Late Middle Ages and Early Renaissance*，比利时，科特赖克，1979）使他在文学批评上与汉宁并驾齐驱：适度尊重个人化的缓和的形式主义。但是，马洛的杰作还没出现。应该注意伯克利拥有霍华德·布洛赫和詹姆斯·马洛，哥伦比亚拥有罗伯特·汉宁以及备受推崇的女权主义中世纪历史学家卡罗琳·沃克·拜纳姆。因此，20 世纪 90 年代，哥伦比亚和伯克利是产生中世纪文化新见解最有活力的中心。

（**p.429**）

# 第六章　牛津幻想家

**路易斯和托尔金传记** 他们的文学盛名以及围绕他们的崇拜热潮，再加上他们在牛津大学图书馆留下的大量书信，使关于他们的传记比一般中世纪学家的传记多得多，但质量却没有达到预期高度。能将详细的生活经历、心理学和社会学的解释、对作品的深入批评结合起来的权威传记，不管是关于路易斯还是托尔金的，至今仍没出现。最核心的著作仍是汉弗莱·卡彭特的《淡墨会》（*The Inklings*，伦敦，1979）。该书对路易斯和托尔金及其圈子有巧妙的处理，主要关注战争年代。这部传记具有很强的可读性，卡彭特是一位经验丰富的专业传记作家和居住在牛津的文学史家，但他不是学术界的一员。最近出现了两部路易斯传记：乔治·塞耶著《杰克：C. S. 路易斯和他的时代》（*Jack: C. S. Lewis and His Times*，伦敦，1988）和 N. A. 威尔逊著《C. S. 路易斯传》（*C. S. Lewis: A Biography*，纽约，1990）。塞耶的书完全被美国媒体忽略了，这是一部有个人特色的传记，是基于各种来源的回忆录和传记的混合物，很有吸引力，但也很草率。威尔逊是年轻一代英国知识分子中最杰出的小说家和（非学术性）传记作家之一。伦敦和纽约的出版商为该书进行了大力宣传，此书本该引起一时的轰动，或者至少是部权威著作，然而事实并非如此。尽管威尔逊研究了牛津大学大量有关路易斯的论文，因此倒也提供了一些新的传记片段（例如，他认为路易斯与他长期的悍妇管家发生过性关系；我对此表示怀疑），但是威尔逊并未利用伊利诺伊州惠顿学院大量的路易斯传记材料（《编年志》[*Chronicles*，1990年6月]，第39页），因此他的传记在基础研究方面存在缺陷。威尔逊还尝试对作为中世纪学家的路易斯的著作进行批评性评价，这既显示出威尔逊的草率，又显示出他对中世纪及中世纪的现代阐释知之不多。当然有高端出版机构大力出动为威尔逊的传记造势。《纽约时报书评》（*The New York Times Book Review*）于1989年12月在该书出版之前摘录一长段予以特别赞扬。但是这部传记几个月后最终出版时，纽约和伦敦的评论家虽然总体上很满意，但他们不知道该如何详说，因为他们对路易斯和中世纪研究并不了解，而威尔逊也没有提供太多帮助。对威尔逊的书最有趣的评论出自资深评论家和诗人 C. H. 西森斯（C. H. Sissons，《伦敦书评》[*London Review of Books*，1990年2月22日]，第19-20页），西森斯显然一开始就不喜欢路易斯，威尔逊也没能说服他去喜欢，威尔逊本人对"杰克"的态度也是模棱两可和犹豫不决的。众多评论中真正有趣的地方在于，1990年的世界与40年代末和50年代初在文化上已经出现一个巨大的文化鸿沟，那个年代热情高涨、古怪而短暂的基督教复兴早已成了过去。除西森斯之外，没有其他评论者对路易斯的来龙去脉能有一个清晰的了解，西森斯则不愿涉足其中。同时，克劳德·罗森（Claude Rawson）对塞耶的传记较早的评论（《泰晤士报文学副刊》[8月11日至17日]，1989年，第863-866页）相比威尔逊传记的书评则更为肯定，也更为专注。罗森对路易斯的复杂心理很感兴趣，在评论塞耶的传记时，还评论了路易斯的一些通信（马丁·莫伊尼汉 [Martin Moynihan] 编，伦敦，1989），(**p.430**)他指出这些幻想作品背后的施虐和受虐倾向（当然，任何对弗洛伊德有些基本了解的人都会觉得这一点毫不为奇；但在反对精神分析的英国，说出这番话来需要很大的勇气）。

我耐心地浏览了一整书架关于路易斯思想的书籍（大部分是由美国中西部的路易斯的仰慕者撰写的），没有发现任何有用的东西。如今，关于路易斯晚年婚姻生活的电视影片《虚幻世界》已被改编成伦敦和百老汇的剧本，大概接下来就是电视情景喜剧了（如今！《洛城法网》[*L. A. Law*]之后将是《牛津中世纪研究》[*Oxford Medieval Studies*]！万事俱备：长相英俊而精明的牛津大学教授，可爱且能体贴人的纽约犹太婆娘，她的两个混蛋儿子、健壮的加拿大罗氏奖学金 [Rhodes scholar] 研究生……）。我迫不及待。

**托尔金传记** 汉弗莱·卡彭特在托尔金的家庭密切注视下写出托尔金传记（伦敦，1977）。这部传记勾勒托尔金的生活轮廓，虽说有一定价值，但也肤浅得惊人。卡彭特 1983 年编的托尔金书信选是在托尔金的儿子、牛津大学文学教授克里斯托弗·托尔金的协助下完成的，这是一本绝妙的书，比传记更有趣；这本书极大地提高了我对托尔金的敬意。创作的压力和劳累、为写《魔戒》而进行的巨大精神和身体挣扎、对北方中世纪世界复杂的爱顷刻之间被和盘托出。这些素材确实可以拍一部非常出色的电影或电视剧。有趣的是，一些非常好的回信（对通常是来自美国的仰慕者的询问的答复）完整地写出来后，却并未寄出，这也正符合这位伟大幻想家的性格。同样，托尔金给致力于销售这本书的出版商的备忘录，尤其是给柯林斯出版公司的米尔顿·瓦尔德曼的备忘录，也是令人震撼的自我批评。这是一本值得珍藏并反复重读的书。在众多对托尔金作品的批评著作中，汤姆·希比的《中土之路》（伦敦，1982）是最雄心勃勃的一部。托尔金仍然是他自己最好的批评家。

**波威克** 莫里斯爵士的学生 R. W. 萨瑟恩撰写的长篇讣闻载《英国国家学术院院刊》，第 50 卷（1969），第 275-304 页。这篇讣闻对波威克为人的评价令人惊讶地自相矛盾，对其学术造诣的称赞也非常克制。萨瑟恩钦佩波威克的个人品质，并认为他在牛津大学期间是该校的重要人物，但是从这篇冗长的文章中很难确切地看出波威克对牛津大学历史学的影响以及这位了不起的矮个子对中世纪研究的长远意义。我描述的要比萨瑟恩积极得多，当然萨瑟恩是有一说一的。萨瑟恩最早在波威克对 13 世纪贵族的看法上应用了"普鲁斯特式的"一词，我的论述建立在这一特征之上。波威克中世纪研究遗产的一个问题在于，尽管他是一位多产的作家，但只有一本书（《亨利三世国王和爱德华殿下》）经得起时间考验，而且即使对于今天的大多数研究生来说，它的篇幅也太长了，而且也太散乱。需要做的是出版这部巨著的一个 250 页的精华版：《波威克论中世纪贵族》。这不难做到，而且对中世纪研究课程，对历史甚至是对社会学和人类学课程都将是非常有价值的。

**维维安·H. 加尔布雷思** 对加尔布雷思接替波威克任钦命教授这件事，牛津大学的其他历史学家比莫里斯爵士本人更没有热情。A. J. P. 泰勒（A. J. P. Taylor）在一封私信中（无疑也曾在公开场合）说加尔布雷思："就是一个废物，从来没有写过任何东西，甚至学术性的东西也没写过。"（《伦敦书评》[*London Review of Books*，1990 年 5 月 10 日]，第 12 页）（**p.431**）加尔布雷思的任命曾引起强烈抗议，因为仅仅为了保持钦命教授通常由中世纪学家担任的传统，多位优秀的现代史学家候选人（泰勒本人和 H. R. 特雷弗-罗珀 [H. R. Trevor-Roper]）都没被考虑；下一轮终于任命了特雷弗-罗珀（具有讽刺意味的是，这是以 R. W. 萨瑟恩为代价的，萨瑟恩是梅特兰以来英国最伟大的中世纪学家），此后牛津大学钦命教授的交椅就归了现代史学家。加尔布雷思被任命之时几乎没有发表过论文。此前，他曾在伦敦任教，并在国家档案局担任首席档案保管员，他在那里的工作是一流的，帮助过许多其他研究人员。最终，他发表了一部关于中世纪公共档案的尽管非常简明却极为出色的著作，以及一部让人刮目相看的出色著作《末日审判书的形成》（*The Making of Domesday*

*Book*，纽约，1961）。加尔布雷思曾在自己职业生涯的晚期花好多年判定一篇14世纪初的民粹主义论文《议会的组织方式》("The Way to Hold a Parliament")的真实性。加尔布雷思有点粗俗，他从不宣称自己是知识分子。他像码头工人一样说话，外表像一个贫穷的农民，而且一句德语都不懂。他的性情和管理档案经验使他有能力了解中世纪政府的日常，而不仅仅是将其视为一套概念而已。但是，在对待学生方面，他可能会满不在乎。我认为，加尔布雷思在所有可笑的外表背后是一个没有受过足够教育的非正统但却聪明过人的中世纪学家，他本应该更加严肃地对待他自己和他的职位。

## 第七章 美国派

**威尔逊主义者** 关于威尔逊进步主义文化的优秀著作有两部：罗伯特·M. 克鲁登（Robert M. Cruden）著《改革牧师：美国文明中进步主义的成就1889—1920》（*Ministers of Reform: The Progressive's Achievement in American Civilization 1889—1920*，伊利诺伊州，厄巴纳，1984）；詹姆斯·T. 克洛彭堡（James T. Kloppenberg）著《欧美思想中的社会民主主义与进步主义1870—1920》（*Social Democracy and Progressivism in European and American Thought 1870—1920*，纽约，1986）。克洛彭堡书的标题表明，他将威尔逊主义视为大西洋两岸左派自由主义思潮的一部分；而克鲁登的研究则侧重于美国的文化和政治环境。我倾向于后一种观点。威尔逊进步主义显然有美国特色，尽管也受到欧洲，尤其是英国温和左派的微弱影响。尽管威尔逊是弗吉尼亚人，但他的思想（除了他的反黑人种族主义）和他的门徒的思想源头有两个：一是新英格兰新教主义传统，这一传统被世俗化为实用主义（查尔斯·S. 皮尔士、威廉·詹姆斯、约翰·杜威）；二是哈佛法学院的司法行动主义（小奥列弗·温德尔·霍姆斯、路易斯·D. 布兰迪斯、罗斯科·庞德）。根据这种观点，进步主义代表着美利坚合众国转型目标的完成，新英格兰的新教思想家早在先验主义、废奴运动、南北战争和激进主义重建中已经开启这一目标。威尔逊进步主义作为新英格兰新教主义的下一阶段，是由19世纪后期两项社会革新引发的：企业资本主义的扩张以及来自地中海地区和东欧的大规模移民。移民潮流在进步主义思想中产生了一种末世狂热（从新英格兰扩散到中西部和加利福尼亚州），以控制巨型资本主义和种族多元化，（**p.432**）以免这些变化削弱和永久吞噬新教精英的权力。从背景上看，威尔逊既不是南方人，性情上也不是WASP进步主义的理想领袖；但作为普林斯顿长老会的杰出人物，作为政治科学家和教育家，他颇有资历。不管怎样，政治环境和他永不满足的野心使他成为公众生活的中心。进步主义者别无选择，只能追随他，甚至还美化和神化他。

**威尔逊** 就威尔逊本人而言，其相关的文献量极为庞大，且无定论。一些杰出历史学家也多次改变对他的看法。这本身就表明威尔逊行为的根源存在精神病理学问题。西格蒙德·弗洛伊德本人早就发现了这一点，他在20世纪20年代初与美国外交官威廉·布利特（William Bullitt）合作进行了一项直到1967年才发表的心理政治研究，其结果令人震惊。

一些最近的看法可参见爱德华·A. 温斯坦（Edward A. Weinstein）著《伍德罗·威尔逊：医学和心理学传记》（*Woodrow Wilson: A Medical and Psychological Biography*，普林斯顿，1981）。在过去的二十年中，普林斯顿大学的亚瑟·S. 林克（Arthur S. Link）一直致力于编辑威尔逊的论文并撰写一部多卷本传记。林克早期撰写的传记《伍德罗·威尔逊和进步时代》（*Woodrow Wilson and Progressive Era*，纽约，1954）中尽管有一些批评性的观点，但主要是赞美之词；最好的短篇传记仍然是由约翰·莫顿·布鲁姆（John Morton Blum）所著（波士顿，1956）。

**哈斯金斯**　一个享有如此崇高地位的学者和教育家，1937年去世后（1931年因中风几乎完全丧失行动能力），一直没有关于他的具体评价和详尽回忆，更不用说出版完整的传记，这让我一直感到困惑不解。似乎哈斯金斯能让任何有能力详细描述他的生活和工作的人都感到敬畏和恐惧，于是他们保持沉默。甚至他创立的中世纪杂志《反射镜》上刊登的他的讣闻也非常简短，并没有足够的信息。幸运的是，哈佛大学霍顿图书馆存有哈斯金斯的通信文件，主要是20世纪20年代的信件。这些信件只处理学术问题，没有任何私人性质，但却显示出他怎样具有了中世纪学家泰斗的杰出地位。他的衣钵传人约瑟夫·斯特雷耶平时甚至对天气都三缄其口，但在20世纪50年代却出人意料地与我分享了一些他对哈斯金斯作为中世纪学家的导师和训练员的美好回忆。霍顿图书馆允许我查阅有关哈斯金斯的文件，我引用了其中两封未发表的信函（1922年10月致梅里亚姆[Merriam]，1916年1月5日致温德尔[Wendell]）。一系列信函显示了哈斯金斯作为学术界领导者的高效运作状态。哈斯金斯决心推进美国的中世纪科学研究，他游说在哈佛大学建立教授席位，并亲自挑选法国人乔治·萨顿（George Sarton）做第一任教授。这是一个非常好的选择。这些往来信件显示，萨顿不仅是一位在发表学术著作方面非常高产的学者，尤其在中世纪阿拉伯科学及其对西方的影响这一关键主题上曾发表多卷著作，而且他在对哈斯金斯极度尊敬的同时，还表现出一定的学术热情和想象力。最终，萨顿对哈斯金斯对意大利文艺复兴的否定看法做出重要的补充。萨顿认为，从科学史的观点看，意大利文艺复兴时期的人文主义文化是倒退的，它用文学追求取代了14世纪经院哲学家已经获得的原始现代科学的量化优势。（**p.433**）有关哈斯金斯和诺曼封建主义，参见戴维·贝茨（David Bates）著《1066年以前的诺曼底》（*Normandy Before 1066*，纽约，1982），第168-169页。

**哈斯金斯在凡尔赛**　参见E. M. 豪斯（E. M. House）和查尔斯·西摩（Charles Seymour）著《巴黎合会真相》（*What Really Happens at Paris*，纽约，1921），第27-66页；C. H. 哈斯金斯和R. H. 洛德著《巴黎和会若干问题》（*Some Problems of the Peace Conference*，马萨诸塞州，剑桥，1920），尽管该书前四章西欧的安置问题由哈斯金斯执笔，后四章中东欧问题由洛德执笔，但可以肯定洛德关于波兰和巴尔干地区变化的讨论得到了哈斯金斯的认可。另见因加·弗洛托（Inga Floto）著《豪斯上校在巴黎》（*Colonel House in Paris*，普林斯顿，1980），第200-207、265页，亚瑟·沃尔沃斯（Arthur Walworth）著《威尔逊和他的调解者*，Wilson and His Peacemakers*，纽约，1986），第255、268-269、272、274-275、

283、322-323、439 页。

正文没有讨论哈斯金斯是否反对犹太人。哈斯金斯在哈佛大学接替了中世纪史犹太人教授查尔斯·格罗斯（Charles Gross）的席位。格罗斯是在欧洲接受的训练，对商会有着出色的研究。此后一直到 1940 年美国历史学家奥斯卡·汉德林（Oscar Handlin）任职之前，再也没有一个犹太人在哈佛大学历史系任职。因为直到 1931 年丧失行动能力为止，哈斯金斯都主导着哈佛大学历史系，他必须对排斥犹太人负有一定责任。更重要的是，哈斯金斯培养了整整一代美国中世纪学家，培养博士多达二三十名。据我所知其中没有犹太人。这绝非偶然，他一定是从根本上就拒绝接受犹太研究生。当然，这是一代人的问题。从 20 世纪 10 年代到 40 年代初期，美国的中世纪学家，与美国学术界一般的人文学者一样，不想要犹太学生，这在享有声望且有影响力的常春藤盟校中尤其明显。即使他们本人不反对犹太人，他们也痛苦地意识到，很难将犹太博士安置在纽约的市立学院或州立大学最底层之外的其他地方。我这里的依据包括弗雷德里克·C. 莱恩（Frederick C. Lane）和本杰明·纳尔逊（Benjamin Nelson）的回忆。莱恩是 20 世纪 50 年代著名的文艺复兴经济史学家和约翰斯·霍普金斯大学的历史系主任，他是在哈佛大学获得的博士学位；纳尔逊是研究中世纪高利贷问题的杰出学者。1953 年，纳尔逊告诉我，他在哥伦比亚大学获得博士学位时，所有的推荐人，包括他的论文导师、强烈拥护公民自由和批评宗教审查的奥斯汀·P. 埃文斯（Austin P. Evans）都在推荐信中明确警告说纳尔逊是犹太人。毫不奇怪，纳尔逊最终入职纽约市一所学院，而实际上他本应得到更好的职位。直到 1945 年，哥伦比亚大学历史系才聘请了一位有一半犹太血统的人（理查德·霍夫施塔特 [Richard Hofstadter]），直到 1947 年，才聘请了百分之百犹太血统的理查德·B. 莫里斯（Richard B. Morris）。到 1960 年，莫里斯担任历史系主任时，哥伦比亚历史系的教师三分之一以上，包括我本人，都是犹太人。

**斯特雷耶** 斯特雷耶于 1987 年 7 月 2 日去世，我对其生活和工作的描述是迄今唯一相对详细的记录。截至 1989 年 8 月，他的遗孀尚未将其论文存放在普林斯顿大学图书馆。斯特雷耶的第二任妻子兼遗孀西尔维亚·思拉普（Sylvia Thrupp）本人也是一位杰出的中世纪历史学家，她可能会在适当的时候给我们提供她丈夫的传记和文集。斯特雷耶追悼会上的讣闻由他哈佛大学的学生托马斯·N. 比森执笔，发表在《美国哲学学会 1988 年年鉴》（*American Philosophical Society 1988 Year Book*），第 253-256 页。这篇讣闻完全是套语。我想指出斯特雷耶一次偶尔的个人善意的例子。（**p.434**）1953 年，他从泰德·蒙森那儿听说我遇到了财政问题，他说服大学的燧石图书馆对中世纪的藏书进行检查，并让图书馆任命我从事这项工作。事实上，燧石图书馆极为出色的中世纪藏书并没有明显空缺，但为对得住这笔薪水，我最终订购了大约 200 篇没有影响力的欧洲论文。从来没有任何迹象表明斯特雷耶对任何人有种族或其他偏见。天主教徒、犹太人、非裔美国人、妇女——只要他（她）们符合他很高的学术标准，并对他有适当的礼貌，斯特雷耶都一视同仁。他尤其对残障学生约翰·F. 本顿（John F. Benton）非常友善，本顿后来果然是一位非常优秀的学者，可惜英年早逝了。

**盎格鲁-撒克逊反对威尔逊诺曼主义者一案** 总结性著作有彼得·亨特·布莱尔（Peter Hunter Blair）著《盎格鲁-撒克逊英格兰概论》（*Introduction to Anglo-Saxon England*，英格兰，剑桥，1966）；理查德·霍奇（Richard Hodge）著《盎格鲁-撒克逊人的成就》（*The Anglo-Saxon Achievements*，伊萨卡，1990）；詹姆斯·坎贝尔（James Campbell）编《盎格鲁-撒克逊人》（*The Anglo-Saxons*，英格兰，牛津，1982），该书附有很多有趣的图片。霍奇的著作大量利用了考古证据，在我看来，其解释与萨摩亚人种志一样可靠。苏珊·莫舍·斯图尔特对盎格鲁·撒克逊主义与女性主义联系的阐述见B. 罗森塔尔和P. E. 萨玛赫编《美国文化中的中世纪主义》（纽约州，宾汉姆顿，1989），第76页。

## 第八章 堕落之后

**罗马天主教对中世纪教会的看法** "中世纪绝对化"一词出自20世纪60年代末和70年代出版的由胡贝特·耶丁主编的多卷本《教会史》第十卷（《现代教会》[*The Church in the Modern Age*]，纽约，1981，第281页，德文原版，弗莱堡，1979）。该系列是后梵二会议时期权威的自由天主教的教会历史，意在挑战和取代由奥古斯丁·弗利什和F. X. 马丁（F. X. Martin）主编并于20世纪40年代出版的多卷本教会史。后者是保守的法国和比利时天主教学者的著作，他们顺从于教皇权威，是罗马教会集中制传统的狂热支持者。胡贝特·耶丁是瑞士德裔自由派天主教徒。20世纪50年代，他撰写了一部关于16世纪晚期特利腾大公会议（Council of Trent）历史的多卷本著作，文笔优美，博学深邃，使他在天主教会内外迅速获得巨大声誉。在这项优秀的研究中，耶丁的改革和兼容倾向已经很明显了。他对文艺复兴时期教皇统治及其严重缺点的看法几乎和宗教改革前非天主教徒对罗马教廷的看法一样缺少同情，而且耶丁表明，面对新教的剧变，天主教会在特利腾大公会议上所选择的道路并不是唯一可以想象的途径，它仍然有可能与新教徒达成妥协并重新统一教会。然而，耶丁对在特利腾大公会议中占上风的保守的教皇党的判断上非常微妙和富有同情心，同时又以一种有说服力的方式将这次会议置于教会的虔诚复兴和学术复兴的背景下，因此他没有与罗马陷入麻烦（尽管像诺尔斯和吉尔森一样，他在非天主教学术界迅速获得了极高的声誉，教廷如果对其责难会适得其反）。（**p.435**）梵二会议之后的十年左右的"和睦时期"里，耶丁大逢其时。然而，耶丁主编的《教会史》（有一个略生硬的英文译本）中专门讨论中世纪教会的三卷相当令人失望。部分原因在于作者们认为他们正在为高年级学生编写一本权威的教科书，所以书中充斥着大量的参考文献，很难阅读；另一部分原因是作者们犹豫不决，各自为政，使书中的观点支离破碎，缺乏统一性。即使作者们都是教会中的改革派，天主教学者在处理中世纪的问题上仍然遇到了麻烦，尽管耶丁的中世纪卷要比弗利什-马丁系列中相对党派化的"中世纪绝对化"卷好得多，但弗利什自己关于11世纪末和12世纪初格里高利改革的有力论述可能是个例外。当然，信徒很难写好自己宗教社区的历史，不是只有天主教徒有这个问题。然而，如果能做到将同情和审慎的开放性微妙地结合起来，这是可以做到的。剑桥学者欧文·查德威克（Owen Chadwick）以两卷本引人入胜的维多利亚时代英国国教史取得辉煌的成功，以色列人格肖姆·肖勒姆（Gershom Scholem）和拉斐尔·马勒（Rafael Mahler）也同样以1500—1800年的犹太宗教史取得成功。研究中世纪教会的天主教历史学家似乎有一个次要但真实的问题，那就是对书目和文献的过分沉迷。诺尔斯最伟大的地方之一是他坚定地致力于讲故事，而不是试图说服那些吹毛求疵的神职人员，这些神职人员管理着《教会史评论》（Revue d'Histoire Ecclésiastique，主要是一本书目杂志），而诺尔斯读过其中关于中世纪教会主题的所有三流文章。除诺尔斯和吉尔森之外，中世纪教会研究领域的著名天主教历史学家（依据他们的学术才能或在天主教读者中的知名度），从忏悔派和保守派（用耶丁的话来说是"绝对化"派）开始，到普世派和自由派结束，名单如下：亨利·丹尼尔-罗普斯著《大教堂与十字军东征》（Cathedral and Crusade，纽约，1953）；奥古斯丁·弗利什著《格里高利改革与基督教收复运动》（La Réforme Grégorienne et la Reconquête Chrétienne，巴黎，1940）；沃尔特·厄尔曼（Walter Ullman）著《中世纪教廷政府的发展》（The Growth of Papal Government in the Middle Ages，伦敦，1955）；克里斯托弗·道森著《欧洲的形成》（伦敦，1932）；加布里埃尔·勒·布拉斯（Gabriel Le Bras）著《中世纪基督教的教会机构》（Institutions Ecclésiastiques de la Chrétienté Médiévale，巴黎，1959）；格哈德·B.拉德纳（Gerhard B. Ladner）著《改革的理念》（The Idea of Reform，马萨诸塞州，剑桥，1957）；斯蒂芬·库特纳（Stephan Kuttner）著《不和谐中的和声》（Harmony from Dissonance，宾夕法尼亚州，拉特罗布[Latrobe]，1960）；J. A. 容曼（J. A. Jungmann）著《罗马仪式的弥撒》（The Mass of the Roman Rite，伦敦，1961）；让·勒克莱尔（Jean LeClercq）著《对学问的热爱和对上帝的渴望》（The Love of Learning and the Desire for God，纽约，1961）；布莱恩·蒂尔尼（Brian Tierney）著《教会会议理论的基础》（Foundations of the Conciliar Theory，英格兰，剑桥，1955）；M. D. 舍尼著《十二世纪的自然、人与社会》（Nature, Man, and Society in the Twelfth Century，芝加哥，1968）；伯纳德·麦金著《末日想象》（Visions of the End，纽约，1979）。关于克里斯托弗·道森，参见他女儿克里斯蒂娜·斯科特（Christina Scott）写的传记《一个历史学家和他的世界》（A Historian and His World，伦敦，1984）。

伯纳德·麦金是目前美国首屈一指的天主教中世纪历史学家。他在芝加哥大学任教，是第一个在芝加哥神学院（Chicago Divinity School）获得教职的天主教徒。他最初是一名牧师，在纽约市的一所教区高中教书，在关于性问题的保守的教皇公告引起的争议中辞去他的神职，但仍然是虔诚的天主教徒。他在罗马学习了几年神学，师从加拿大出生的著名自由神学家伯纳德·洛纳根（Bernard Lonergan），（**p.436**）在我指导下获得博士学位之后在德国从事博士后研究。他最重要的著作是关于菲奥雷的约阿希姆及中世纪晚期的启示录思想。

**诺尔斯和吉尔森传记** 阿德里安·莫里充满敌意但内容丰富且富有洞察力的"回忆录"——《戴维·诺尔斯》（David Knowles，伦敦，1979）——对诺尔斯的传记来说非常有价值。该书参考了唐赛德修道院档案中的材料,以及莫里和其他修士们的个人回忆。诺尔斯在剑桥彼得豪斯学院的同事、保守派历史学家和理论家莫里斯·考林的记述虽简洁但富有洞察力且真诚,见莫里斯·考林著《英国宗教与公共教义》(Religion and Public Doctrine in England,英格兰,剑桥,1980),第1卷,第129-155页。W. A. 潘廷的《履历表》("Curriculum Vitae"),载《历史学家和性格及其他文章》(The Historian and Character and Other Essays,英格兰,剑桥,1963),现已价值不大。阿尔贝里克·斯塔克普尔(Alberic Stacpoole)撰《修道院历史学家的形成》("The Making of a Monastic Historian"),载《安普尔福思杂志》(Ampleforth Journal),第80卷(1975),第一编第71-91页和第二编第19-38页,提供了对诺尔斯的宗教和文化背景的一些洞见。诺尔斯的学生和遗稿管理人、剑桥教授克里斯托弗·N. L. 布鲁克为诺尔斯写的讣告是令人失望的,这篇讣告载于《英国国家学术院院刊》,第61卷(1975),第439-477页。它几乎不涉及诺尔斯的私生活,对诺尔斯作品的批评也很肤浅。布鲁克对诺尔斯自传手稿的压制又加剧了这一缺陷。我不仅仅依赖我自己与诺尔斯的谈话,也依赖英国杰出中世纪学家杰弗里·巴勒克拉夫的回忆和观点,尽管要考虑到巴勒克拉夫个人对诺尔斯的敌意和对其丑闻的热衷。然而,巴勒克拉夫与外界联系极为密切(他在利物浦、伦敦和牛津大学都担任过教职),能够很好地了解戴维·诺尔斯神父的私生活,他认为诺尔斯神父是个伪君子。在我的叙述里,我并不认同诺尔斯是一个狡猾的欺骗者的观点,也不赞同莫里将其描述为一个自私、傲慢的人。

关于吉尔森的个人生活所有需要为外界所了解的方面,都由他在宗座研究院的门徒劳伦斯·K. 舒克(多伦多,1989)以某种虔诚的方式进行了详细叙述。舒克是一位哲学家,他的传记叙事技巧不是很高,但详尽而坦诚,读起来引人入胜,因此必须充分肯定。唯一被忽略的是一个可悲的事实:吉尔森在七十多岁生命即将结束时,公开后悔他在20世纪二三十年代与巴黎犹太学者的密切交往。让我们悄悄地把这归因于孤独的老年,而不是多伦多大学反犹氛围对他的影响。令人惊讶的是,舒克没有遵循思想传记的路数来写,没有对吉尔森的作品进行批判性评价。例如,追寻吉尔森最广为阅读的《中世纪哲学精神》(The Spirit of Medieval Philosophy)历次版本中的变化将是很有趣的。这本书初版于1936年。

## 第九章　曾经和未来之王

**萨瑟恩**　萨瑟恩的引文恰如其分地是本书中最长的一段引文,出自诺曼·F. 坎托编《欧洲历史面面观》(Perspectives on the European Past,纽约,1971),第194-195页。1968年,我用两天的时间,在理查德爵士在万灵学院的房间里对他进行一次录音采访,并将记录编辑成了100页的文稿,(**p.437**)然后他将其修改成更具论述性的散文。我在正文中唯一没有讨论的萨瑟恩的主要著作是《中世纪的西方社会和教会》(Western Society and the Church in the Middle Ages,伦敦,1970),它也是《企鹅教会史》(The Penguin History of the Church）的第二卷。剑桥学者亨利·查德威克（Henry Chadwick）撰写的前一卷关于早期教会的历史，是令人难忘、令人愉快、非常个人化的陈述。萨瑟恩试图达到这一系列丛书的编辑、亨利·查德威克的兄弟欧文的要求：为学生和普通读者提供一个共识性的概述。总的来说萨瑟恩成功了，但现在回想起来，我希望他能像亨利·查德威克那样随性地为我们提供一个更具个性化的表述。这在今天会是一部更有趣、更有价值的作品。该书的优点对于任何熟悉萨瑟恩著作的人来说都是显而易见的。其局限性在于重点放在了萨瑟恩的擅长领域——安瑟伦/圣贝尔纳/早期方济各传统。除了对传教事业的赞赏之外，它几乎没有涉及中世纪早期的教会，而且它明显低估了从12世纪晚期开始的异端运动和独立的精神团体的重要性。尽管标题很像社会学，但该书并没有解释在中世纪全盛时期教会作为一个机构实际上是如何运行的。它既缺乏韦伯式的视野，也缺乏法国教会法律师加布里埃尔·勒·布拉斯的那种厚重的结构分析。萨瑟恩在1990年出版了另一版本的安瑟伦传记（英格兰，剑桥）。这一版保留了早先版本的解释。

**亨特和加尔布雷思** 由于萨瑟恩不愿发挥团队领导作用或成立学派，导致在牛津中世纪历史领域，20世纪50年代不幸成为亨特和加尔布雷思的时代，而不是萨瑟恩的时代。我当时认为这是糟糕的，现在回想起来仍然这样认为。我在发表于1987年11月的《牛津杂志》（Oxford Magazine）上的一篇诙谐的文章中表达这一观点时，一些尖酸刻薄的回应真让我感到吃惊。我已经忘了有多少英国学者（以及美国和加拿大的学者）曾受过理查德·W. 亨特的恩惠，并铭记对他的崇敬。亨特是博德利图书馆西方手稿的保管员，作为中世纪手稿室的负责人，他有能力影响研究，但他所做的远远超出了这份工作的简单职责。他把自己设定为任何在汉弗雷莱公爵图书馆（手稿室）工作的人的研究主管，尤其是那些博士或博士后学生。许多人仍然认为这反映了亨特与生俱来的善良和慷慨。也许吧，但我也认为这源于亨特对自己无法发表作品的沮丧。这种迁移效应不仅体现在帮助他人方面，而且还体现在试图塑造他人的工作过程和结果方面。学识渊博的亨特博士对中世纪文化，特别是他自己高度擅长的12世纪的文化有坚定的观点。我会说他的方法论是20世纪20年代的现代主义——对文本进行细致的解读，极少涉及历史背景，并且对任何带有社会学和精神分析色彩的解读都充满敌意。因此，尽管亨特很有学问，外表彬彬有礼，但我发现他在思想上是倒退的，在文化上是反动的。我遇到的许多其他人包括萨瑟恩，他们对亨特评价很高，包括我的朋友玛格丽特·詹宁斯，她在亨特的指导下做了12世纪拉丁语修辞学的博士后研究。（**p.438**）在我看来，虽然亨特主张专业研究和精确表述，但他也阻碍了牛津乃至整个英国更具解释性的中世纪研究的有效发展。由于深层的心理原因，他是牛津剑桥那种特殊的、可怕的品种的典型代表，即学识渊博的反智老学究。看看我在这本书中讨论过的那些伟大思想家们。如果亨特能按他的方式行事，他会把戴维·诺尔斯和马克·布洛赫（他们不使用手稿，持有非常长远的视野）以及约翰·赫伊津哈（他几乎不看档案）排除在正典之外。亨特要是一个研究团体或任命委员会的成员，我敢肯定他会投票反对恩斯特·坎托洛维奇，甚至还可能反对潘诺夫斯基和库尔提乌斯。亨特关于中世纪学术研究中什么有价值、什么没有价值的看法对中世纪研究所造成的损害与他对理查德·萨瑟恩等人带来的益处一样大。为了真理，我承认（正如我在《牛津杂志》的文章中所做的那样，当然，这被我的歇斯底里的批评家们忽略了），亨特说（并没有说错）我拉丁语不好，不适合做中世纪研究，这伤害了我。我是不适合他那种中世纪研究，毫无疑问那种中世纪研究足够重要，但还有其他类型的中世纪研究。我认为，萨瑟恩为亨特写的发表在《英国国家学术院院刊》上的讣告中暗含的潜台词，与我对他的敌意评价并不完全矛盾。

关于加尔布雷思，这位统治 20 世纪 50 年代牛津大学的二人组中的另一位成员，在第六章注释的末尾已提到。萨瑟恩为加尔布雷思写的讣告载《英国国家学术院院刊》，第 64 卷（1978），第 397-426 页，亨特的讣告载《英国国家学术院院刊》，第 67 卷（1981），第 371-398 页。

**萨瑟恩的追随者**　罗伯特·汉宁的著作在第五章注释里已提到。汉宁之外，我称之为关于萨瑟恩圆桌骑士的主要著作还有：莫里斯·H. 基恩著《骑士精神》（Chivalry，纽黑文，1989）；约翰·莫里斯著《亚瑟时代》（纽约，1973）；科林·莫里斯著《个体的发现》（伦敦，1972）；彼得·德龙克著《中世纪抒情诗》（The Medieval Lyric，纽约，1968）和《中世纪的诗意个性》（英格兰，牛津，1970）；彼得·R. L. 布朗著《希波的奥古斯丁》（Augustine of Hippo，伦敦，1967）、《古代晚期的社会与神圣》（Society and the Holy in Late Antiquity，伯克利，1982）和《身体与社会》（The Body and Society，纽约，1982）；罗宾·莱恩·福克斯著《异教徒与基督徒》（纽约，1986）；马尔科姆·兰伯特著《中世纪异端》（伦敦，1977）；拜纳姆著《耶稣为母》（伯克利，1982）和《圣节和斋戒》（Holy Feast and Holy Fast，伯克利，1987）；还有弗兰克·巴洛著《托马斯·贝克特》（伯克利，1986）。在本章的末尾讨论到的其他历史学家参见：罗伯特·S. 洛佩斯著《欧洲的诞生》（The Birth of Europe，费城，1967），林恩·T. 怀特著《中世纪技术与社会变迁》（Medieval Technology and Social Change，纽约，1962）；杰弗里·巴勒克拉夫著《欧洲的熔炉》（The Crucible of Europe，伯克利，1976）。

## 第十章　外围者

**赫伊津哈**　除了《中世纪的衰落》外，其重要的英文著作有《游戏的人》（伦敦，1938）、《人与思想》（Men and Ideas，纽约，1959）和《鹿特丹的伊拉斯谟》（Erasmus of Rotterdam，纽约，1952）。有一本书对赫伊津哈进行了很好的分析研究：沃纳·凯吉（Werner Kaegi）著《约翰·赫伊津哈的历史著作》（Das Historische Werk Johannes Huizingas，莱顿 [Leyden]，1947）。

**鲍尔和波斯坦**　据伦敦政治经济学院的档案管理员说，鲍尔的文件，包括私人材料，已于 1946 年从伦敦政治经济学院被送到了剑桥大学图书馆。（**p.439**）这些论文从未被编入图书馆藏书目录（英国学术研究的另一项胜利），据剑桥大学的图书管理员说，这些个人资料在 1989 年夏天就已经消失了。关于鲍尔和波斯坦及他们在经济史上的地位，唐纳德·C. 科尔曼做了虽简明但坦率而富有洞察力的评价，参见唐纳德·C. 科尔曼著《英国经济史的兴衰》(*The Rise and Fall of British Economic History*，英格兰，剑桥，1987）。关于鲍尔的情况，参见与鲍尔合作策划《剑桥经济史》的著名现代英国经济史学家约翰·克拉彭爵士（Sir John Clapham）所写的回忆录，载《经济学刊》(*Economica*) 第 7 卷（1940），第 351-356 页。伦敦政治历史学家 C. W. 韦伯斯特（C. W. Webster）写了一篇关于鲍尔的简短传记，非常精彩，载《经济学杂志》(*Economic Journal*) 第 50 卷（1940），第 561-572 页。波斯坦在中世纪经济史领域的创造性工作在两部著作中得到最好的评价:《中世纪农业文集》(*Essays in Medieval Agriculture*，英格兰，剑桥，1973）和《中世纪的经济组织与经济政策》(*Economic Organization and Policies in the Middle Ages*，英格兰，剑桥，1963）。波斯坦的学生爱德华·米勒为他写的讣告内容平淡无奇，载《英国国家学术院院刊》第 69 卷（1981），第 544-556 页。我在正文列出了鲍尔的重要作品。希望她那本关于中世纪晚期女修道院的佳作不久将再版，并附有适当的女性主义介绍。

**女性主义中世纪历史学家**　鲍尔是 20 世纪 20 年代英国女性主义中世纪学家中的佼佼者。

海伦·莫德·卡姆于 20 世纪 50 年代在哈佛大学任教数年后，声名鹊起。卡姆将权力和决策能力归于地方社区的做法是有意复兴了斯塔布斯的维多利亚时期的民粹主义，而梅特兰对斯塔布斯持否定态度。从当代女性主义的角度来看，卡姆也可以被视为先锋派思想家，她以性为驱动力的社群主义代表了女性主义中世纪研究对传统以男性为中心的权威结构的拒绝。

牛津大学的莫德·V. 克拉克是 20 世纪 30 年代一位才华横溢的女学者，非常年轻就去世了。她关于理查二世统治时期政治的论文仍然值得一读。克拉克坚持 14 世纪初民粹主义论文《举行议会的方式》的真实性，而 V. H. 加尔布雷思的研究也支持克拉克的观点。

美国也有一批女权主义中世纪学家，她们主要在"七姐妹"（常春藤盟校女子学院）任教。她们的生活一定是孤独而艰难的。人们可以想象她们在中世纪学会的会议上不得不忍受的那种傲慢的嘲笑。但她们坚持了下来，其中一位学者艾米·凯利（Amy Kelly）最终出版了一本至今仍值得一读的一流著作:《阿基坦的埃莉诺和四王》(*Eleanor of Aquitaine and the Four Kings*，马萨诸塞州，剑桥，1950）。

多萝西·L. 塞耶斯应该得到特别的认可，她作为神秘故事作家（如彼得·温姆西勋爵 [Lord Peter Wimsey] 等）而成名且致富，但她是坚定的中世纪学家，却从未获得过正式职位（也许这就是为什么她在《欢乐之夜》[*Gaudy Night*]）等作品中对牛津剑桥的描绘如此浪漫化。企鹅出版社出版了塞耶斯翻译的《罗兰之歌》，该译本现已被弗雷德里克·C. 戈尔登（Frederick C. Golden）更易读的译本取代，尽管里面造作的中世纪语言有点浮夸，但它也是有价值的。塞耶斯还出版了《神曲》的译本，与这部难以翻译的经典作品的其他任何译本相比都不逊色。最近，公共广播电视公司（Public Broadcasting Service）播放了几部由塞耶斯的推理小说改编的英国电视剧，故事设定在 20 世纪 20 年代末和 30 年代初的英国。由于塞耶斯总是把自己想象成这些故事的女主角,所以我观看这些电视剧不是为了看故事情节(无聊),(**p.440**)而是为了捕捉一个女性中世纪学家在那个糟糕的时代的痛苦表情。我想这可能就是这些故事的潜台词。可怜的塞耶斯去世得太早了,早了25年。要是她现在还活着,那她将受到崇拜,从伯克利到普林斯顿的大学都会向她提供教职(对比一下小说家乔伊斯·卡罗尔·奥茨 [Joyce Carol Oates] 的职业生涯)。

当今美国首屈一指的女权主义中世纪历史学家是卡罗琳·沃克·拜纳姆。至少还有另外两位令人敬畏的女学者:苏珊·莫舍·斯图尔特和佩内洛普·德拉菲尔德·约翰逊(Penelope Delafield Johnson)。

**蒙森** 泰德·蒙森给朋友费利克斯·吉尔伯特的信是在1933年纳粹夺取政权后写的,引自吉尔伯特的自传《欧洲的过去》(*A European Past*,纽约,1988),并附有他的翻译。吉尔伯特花几页篇幅趣味盎然地讲述20世纪30年代蒙森的情况。然而,我对蒙森早期生活的叙述主要基于他亲自告诉我的回忆。

**亚历山大·涅夫斯基和电影** 谢尔盖·艾森斯坦1938年拍摄的关于俄国人击退条顿骑士团的电影,采用了20世纪20年代的德国表现主义模式,与当代品味格格不入。但它依然是对中世纪政治图景的一个高超的再现。依我看,《亚历山大·涅夫斯基》是关于中世纪的六部最佳的电影之一,其他几部是:《第七封印》(*The Seventh Seal*,英格玛·伯格曼 [Ingmar Bergman] 以黑死病肆虐的欧洲为背景的杰作);《乱》(*Ran*,黑泽明 [Akira Kurosawa] 版的《李尔王》[*King Lear*],以中世纪晚期的日本为背景,影片充分描绘了贵族暴力的世界,同样适用于欧洲);《玫瑰之名》(严格根据翁贝托·埃科的小说改编,在我看来甚至比小说更好);1944年劳伦斯·奥利弗导演的莎士比亚剧作《亨利五世》(我更喜欢这个版本,而不是肯尼思·布拉纳 [Kenneth Branagh]1989年的新布莱希特式风格的版本,尽管布拉纳还原了奥利弗因追求极端爱国主义的战时氛围而删掉的两个重要片段。另外,奥利弗让整个爱尔兰军队帮助他攻打阿金库尔(Agincourt),而布拉纳似乎只在当地一家酒吧里挑选了六个人)。还有一部不太出名的新西兰电影,1988年的《领航员》(*The Navigator*,故事主要发生在黑死病时期威尔士的一个煤矿村——这是一部关于中世纪农民的最有说服力的电影。布洛赫应该会欣喜若狂的)。在试图描绘中世纪精神的电影中也不乏彻底失败的例子:《太阳神父和月亮修女》(*Brother Sun and Sister Moon*);《兰斯洛特》(*Lancelot*);《卡米洛特》(*Camelot*)。娜塔莉·泽蒙·戴维斯的《马丁·盖尔归来》(*The Return of Martin Guerre*):一部以16世纪早期法国为背景的电影,值得中世纪专业的学生一看。这部影片中的农民似乎过于富裕和有表达能力,但它仍然是一部极其耐人寻味的历史影片。如果你愿意追溯到17世纪早期,由奥尔德斯·赫胥黎(Aldous Huxley)的小说改编的电影《魔鬼》(*The Devils*),将让你对中世纪巫术及人们对巫术的反应有更多了解。

**回归中世纪主义** 我是从《纽约客》影评人宝琳·凯尔(Pauline Kael)那里学到的。她在评论《巴西》(*Brazil*)时使用了这个术语。《巴西》是一部以恐怖的"回归中世纪"未来为背景的科幻片。我对这个词的使用比凯尔女士更积极。(**p.441**)

# 中世纪研究核心书目

❦

以下是中世纪欧洲研究的最新基本书目，所列仅为有英语版本者。引用格式已与美国国会图书馆的数据库保持一致，并根据普林斯顿大学燧石图书馆的图书管理目录复核。书目数据取自最新的美国版；如果该版本不是第一版，则在条目末尾的括号中列出初版日期，个别情况是英译本初版日期。这些书大多数仍在版，很容易直接从出版商处订购。这些书在任何主要的大学图书馆中都有收藏，任何学院图书馆也都应收藏。此书目旨在提供一个有效的核心馆藏，限于 125 本书。还有一些名著没有在此列出，因为它们已被后来的作品所取代。

Abulafia, David. *Frederick II: A Medieval Emperor*. London: Allen Lane, Penguin Press, 1988.

Barlow, Frank. *Thomas Becket*. London: Widenfeld and Nicolson, 1986.

Baron, Salo Wittmayer. *A Social and Religious History of the Jews*, 2nd ed. rev. Philadelphia: Jewish Publication Society, 1965 [vols. III - VIII 1957]. Vols. III-IX.

Barraclough, Geoffrey. *The Origins of Modern Germany*, 3rd ed. Oxford: B. Blackwell, 1988 [1947].

Bartlett, Robert. *Trial by Fire and Water: The Medieval Judicial Order*. Oxford: Clarendon, 1988.

Bischoff, Bernard. *Latin Palaeography: Antiquity and the Middle Ages*. Translated by Dalbhi O. Croinin and David Ganz. New York: Cambridge University Press, 1990.

Blair, Peter Hunter. *An Introduction to Anglo-Saxon England*. New York: Cambridge University Press, 1966 [1956].

Bloch, Howard, R. *Etymologies and Genealogies: A Literary Anthropology of the French Middle Ages*. Chicago: University of Chicago Press, 1983.

Bloch, Marc. *Feudal Society*. Translated by L. A. Manyon. Andover: Routledge, 1989 [1961. Paperback, 2 vols. University of Chicago Press, 1963].

Bolgar, Robert Ralph. *The Classical Heritage and Its Beneficiaries*. New York: Harper & Row, 1964 [1954].

Boswell, John. *Christianity, Social Tolerance, and Homosexuality: Gay People in Western Europe from the Beginning of the Christian Era to the Fourteenth Century*. Chicago: University of

Chicago Press, 1980.

Brown, Peter Robert Lamont. *Augustine of Hippo: A Biography*. New York: Dorset Press, 1986 [1967].

——. *Society and the Holy in Late Antiquity*. Berkeley: University of California Press, 1987.

Brucker, Gene A. *Renaissance Florence*. Berkeley: University of California Press, 1983 [1969].

Brundage, James A. *Law, Sex, and Society in Medieval Europe*. Chicago: University of Chicago Press, 1987.

Bury, John Bagnell. *The Invasion of Europe by the Barbarians*. New York: Norton, 1967 [1928].

Bynum, Caroline Walker. *Jesus as Mother: Studies in the Spirituality of the High Middle Ages*. Berkeley: University of California Press, 1982.

Caenegem, R. C. van. *The Birth of the English Common Law*, 2nd ed. New York: Cambridge University Press, 1988 [1st ed., 1973].

*Cambridge Economic History of Europe*. Edited by Michael M. Postan et al., vols. I-II. New York: Cambridge University Press, 1966 [1941, 1952].

*Cambridge History of Later Medieval Philosophy: From Aristotle to the Disintegration of Scholasticism, 1100–1600*. Edited by Norman Kretzmann, Anthony Kenny, Jan Pinbors. New York: Cambridge University Press, 1982.

Chenu, Marie Dominique. *Nature, Man, and Society in the Twelfth Century: Essays on the New Theological Perspectives in the Latin West*. Preface by Etienne Gilson. Selected, edited, and translated by Jerome Taylor and Lester K. Little. Chicago: University of Chicago Press, 1968.

Clanchy, Michael T. *From Memory to Written Record, England 1066–1307*. Cambridge, MA: Harvard University Press, 1979.

Cochrane, Charles Norris. *Christianity and Classical Culture: A Study of Thought and Action from Augustus to Augustine*. New York: Oxford University Press, 1966 [1940].

Cohn, Norman R. C. *The Pursuit of the Millennium*, rev. and expanded ed. New York: Oxford University Press, 1972 [1957].

Contamine, Philippe. *War in the Middle Ages*. Translated by Michael Jones. New York: B. Blackwell, 1984 [1980].

Curtius, Ernst Robert. *European Literature and the Latin Middle Ages*. Translated by William R. Trask. Princeton: Princeton University Press, 1973 [1953].

Dawson, Christopher. *The Making of Europe: An Introduction to the History of European Unity*. New York: Meridian Books, 1956 [1932].

Douglas, David Charles. *William the Conqueror: The Norman Impact upon England*. Berkeley: University of California Press, 1964.

Dronke, Peter. *Medieval Latin and the Rise of the European Love-Lyric*. 2 vols. Oxford, England:

Clarendon Press, 1968.

——. *Women Writers of the Middle Ages: A Critical Study of Texts from Perpetua (203) to Marguerite Porete (1310)*. New York: Cambridge University Press, 1984.

Du Boulay, F. R. H. *An Age of Ambition: English Society in the Late Middle Ages*. New York: Viking, 1970.

Duby, Georges. *The Early Growth of the European Economy: Warriors and Peasants from the Seventh to the Twelfth Century*. Translated by Howard B. Clark. Ithaca: Cornell University Press, 1974.

——. ed. *A History of Private Life, Vol. II, Revelations of the Medieval World*. Translated by Arnold Goldhammer. Cambridge, MA: Harvard University Press, 1988.

Easton, Stewart C. *Roger Bacon and Search for a Universal Science: A Reconsideration of the Life and Work of Roger Bacon in the Light of His Own Stated Purpose*. Oxford: B. Blackwell, 1952.

Erdmann, Carl. *The Origin of the Idea of the Crusade*. Translated by Marshall W. Baldwin and Walter Goffart. Foreword and additional notes by Marshall W. Baldwin. Princeton: Princeton University Press, 1977 [1936].

Fawtier, Robert. *The Capetian Kings of Trance: Monarch and Nation, 987–1328*. Translated by Lionel Butler and R. J. Adam. New York: St. Martin's Press, 1960.

Fichtenau, Heinrich. *The Carolingian Empire*. Translated by Peter Munz. Toronto: University of Toronto Press, 1978 [1st English ed. 1957].

Fletcher, Richard. *The Quest for El Cid*. New York: Knopf, 1989.

Fuhrmann, Horst. *Germany in the High Middle Ages c. 1050–1200*. Translated by Timothy Renter. New York: Cambridge University Press, 1986.

Ganshof, Francois Louis. *Feudalism*. 3rd English ed. New York: Harper & Row, 1964 [original French ed. 1947].

Gilson, Étienne Henry. *A History of Christian Philosophy in the Middle Ages*. New York: Random House, 1956.

Gimpel, Jean. *The Cathedral Builders*. Translated by Teresa Waugh. London: Cresset Library, 1988 [1963].

Gurevich, Aron. *Medieval Popular Culture: Problems of Belief and Perception*. Translated by James M. Bak and Paul A. Hollingsworth. New York: Cambridge University Press, 1990 [1988].

Halphen, Louis. *Charlemagne and the Carolingian Empire*. Translated by Giselle de Nie. New York: North Holland, 1977 [1949].

Hanning, Robert W. *The Individual in Twelfth Century Romance*. New Haven: Yale University Press, 1977.

——. *The Vision of History in Early Britain: From Gildas to Geoffrey of Monmouth*. New York:

Columbia University Press, 1966.

Haskins, Charles Homer. *The Normans in European History.* New York: F. Ungar, 1959 [1915].

——. *Norman Institutions.* Cambridge, MA: Harvard University Press, 1918.

Herrin, Judith. *The Formation of Christendom.* Princeton: Princeton University Press, 1987.

Hodges, Richard. *Dark Age Economics. The Origins of Towns and Trade A. D. 600–1000.* New York: St. Martin's Press, 1982.

Hodgkin, Robert Howard. *A History of the Anglo-Saxons*, 3rd ed. 2 vols. London: Oxford University Press, 1967 [1st ed., 1935].

Howard, Donald R. *Chaucer: His Life, His Works, His World.* New York: Dutton, 1987.

Huizinga, Johan. *The Waning of the Middle Ages: A Study of the Forms of Life, Thought, and Art in France and the Netherlands in the XIVth and XVth Centuries.* New York: St. Martin's Press, 1969 [1924].

Hyde, John Kenneth. *Society and Politics in Medieval Italy: The Evolution of the Civil Life, 1000–1350.* New York: St. Martin's Press, 1973.

James, Edward. *The Franks.* New York: B. Blackwell, 1988.

Jungman, Josef Andreas. *The Mass of the Roman Rite: Its Origins and Development.* Translated by Francis A. Brunner. New rev. and abridged ed. by Charles K. Riepe. New York: Benziger Bros., 1961.

Kantorowicz, Ernst H. *Frederick the Second, 1194–1250.* Translated by E. O. Lorimer. New York: F. Ungar, 1957 [1931].

——. *The King's Two Bodies: A Study in Medieval Political Theology.* Princeton: Princeton University Press, 1957.

Keen, Maurice Hugh. *Chivalry.* New Haven: Yale University Press, 1984.

Kelly, Amy Ruth. *Eleanor of Aquitaine and the Four Kings.* Cambridge, MA: Harvard University Press, 1978 [1950].

Kern, Fritz. *Kingship and Law in the Middle Ages.* Translated with an introduction by S. B. Chrimes. Oxford: B. Blackwell, 1968 [1939].

Knowles, David. *The Evolution of Medieval Thought*, 2nd ed. Edited by D. E. Luscombe and C. N. L. Brooke. New York: Longman, 1988 [1962].

——. *The Monastic Order in England; A History of Its Development from the Times of St. Dunstan to the Fourth Lateran Council, 940–1216*, 2nd ed. Cambridge: Cambridge University Press, 1963 [1940].

——. *The Religious Orders in England.* Cambridge: Cambridge University Press, 1948-1959. 3 vols.

Krautheimer, Richard. *Rome, Profile of a City, 312–1308.* Princeton: Princeton University Press, 1980.

Kuttner, Stephan Georg. *Harmony from Dissonance: An Interpretation of Medieval Canon Law.* Latrobe, PA: Archabbey Press, 1960.

Ladner, Gerhart B. *The Idea of Reform, Its Impact on Christian Thought and Action in the Age of the Fathers.* Cambridge, MA: Harvard University Press, 1959.

Laistner, Max Ludwig Wolfram. *Thought and Letters in Western Europe, A.D. 500 to 900*, rev. and reset ed., Ithaca: Cornell University Press, 1966 [1931].

Lambert, Malcolm. *Medieval Heresy: Popular Movements from Bogomil to* Hus. New York: Holmes & Meier, 1977 [1976].

Lane Fox, Robin. *Pagans and Christians.* New York: Knopf, 1986.

Leff, Gordon. *Heresy in the Later Middle Ages: The Relation of Heterodoxy to Dissent, 1250–1450.* 2 vols. New York: Barnes & Noble, 1967.

——. *Paris and Oxford Universities in the Thirteenth and Fourteenth Centuries: An Institutional and Intellectual History.* Huntington, NY: R. E. Krieger, 1975 [1968].

Le Goff, Jacques. *Time, Work, and Culture in the Middle Ages.* Translated by Arthur Goldhammer. Chicago: University of Chicago Press, 1980.

Le Roy Ladurie, Emmanuel. Montaillou: *The Promised Land of Error.* Translated by Barbara Bray. New York: G. Braziller, 1978.

Lewis, C. S. *The Discarded Image: An Introduction to Medieval and Renaissance Literature.* Cambridge: Cambridge University Press, 1967 [1964].

Lopez, Robert Sabatino. *The Birth of Europe.* Philadelphia: Evans, 1967.

MacFarlane, Alan. *The Origins of English Individualism: The Family, Property and Social Transition.* Oxford: Blackwell, 1978; reprinted with corrections, 1985.

Marenbon, John. *Early Medieval Philosophy (480–1150): An Introduction*, 2nd ed. London, New York: Routledge, 1988 [1983].

——. *Later Medieval Philosophy (1150–1350): An Introduction.* London, New York: Routledge, 1987.

McFarlane, Kenneth Bruce. *John Wycliffe and the Beginnings of the English Nonconformity.* New York: Collier Books, 1966 [1953].

McGinn, Bernard. *Visions of the End: Apocalyptic Traditions in the Middle Ages.* New York: Columbia University Press, 1979.

McKittrick, Rosamond. *The Frankish Church Under the* Carolingians. New York: Longman, 1983.

Miller, Edward, and John Hatcher. *Medieval England: Rural Society and Economic Change, 1086–1348.* New York: Longman, 1978.

Milsom, S. F. C. *Historical Foundations and the Common Law*, 2nd ed. London: Buttersworth, 1981 [1st. ed. 1969].

Mollat, Michel. *The Poor in the Middle Ages*. Translated by Arthur Goldhammer. New Haven: Yale University Press, 1986 [1978].

Mommsen, Theodor E. *Medieval and Renaissance Studies*. Edited by Eugene F. Rice, Jr. Ithaca: Cornell University Press, 1959.

Moore, Robert Ian. *The Formation of a Persecuting Society: Power and Deviance in Western Europe, 950–1250*. New York: B. Blackwell, 1987.

Morris, Colin. *The Discovery of the Individual, 1050–1200*. Toronto: University of Toronto Press in association with the Medieval Academy of America, 1987[1972].

Morris, John. *The Age of Arthur: A History of the British Isles from 350–650*. New York: Scribner, 1973.

Morrison, Karl Frederick. *Tradition and Authority in the Western Church 300–1140*. Princeton: Princeton University Press, 1969.

Muir, Lynette R. *Literature and Society in Medieval France: The Mirror and the Image, 1100–1500*. New York: St. Martin's Press, 1985.

Munz, Peter. *Frederick Barbarossa: A Study in Medieval Politics*. Ithaca: Cornell University Press, 1969.

Oberman, Heiko Augustinus. *The Harvest of Medieval Theology: Gabriel Biel and Late Medieval Nominalism*, 3rd ed. Durham, NC: Labyrinth Press, 1983 [1963].

Owst, G. R. *Literature and Pulpit in Medieval England: A Neglected Chapter in the History of English Letters and of the English People*, 2nd ed. rev. New York: Barnes & Noble, 1966 [1933].

Painter, Sidney. *The Reign of King John*. New York: Arno Press, 1966 [1949].

Panofsky, Erwin. *Gothic Architecture and Scholasticism*. Latrobe, PA: Archabbey Press, 1951.

——. *Renaissance and Renascences in Western Art*. New York: Harper & Row, 1972 [1960].

Patterson, Lee. *Negotiating the Past: The Historical Understanding of Medieval Literature*. Madison: University of Wisconsin Press, 1987.

Peters, Edward. *Inquisition*. New York: Free Press, 1988.

Piereinne, Henri. *Medieval Cities: Their Origins and the Revival of Trade*. Translated by Frank D. Halsey. Princeton: Princeton University Press, 1969 [1925].

Pollock, Frederick, and Frederick William Maitland. *The History of English Law Before the Time of Edward I*, 2nd ed. 2 vols. 1898. Reissued with an introduction and select bibliography by S. F. C. Milsom. London: Cambridge University Press, 1968.

Power, Eileen Edna. *Medieval People*, 10th printing. New York: Barnes & Noble, 1963 [1924. The text did not change after the 1924 edition. Paperback edition: Penguin, 1950].

Powicke, Frederick Maurice. *King Henry III and the Lord Edward: The Community of the Realm in the Thirteenth Century*. 2 vols. Oxford: Clarendon Press, 1947.

Prestwich, Michael. *The Three Edwards: War and State in England*, 1272–1377. London: Weidenfeld and Nicolson, 1980.

Riché, Pierre. *Daily Life in the World of Charlemagne.* With expanded footnotes and translated with an introduction by Jo Ann McNamara. Philadelphia: University of Pennsylvania Press, 1988 [1978].

Riley-Smith, Jonathan. *The Crusades: A Short History.* New Haven: Yale University Press, 1987.

Robertson, D. W. *A Preface to Chaucer: Studies in Medieval Perspectives.* Princeton: Princeton University Press, 1962.

Robinson, I. S. *The Papacy 1073–1198: Continuity and Innovation.* Cambridge: Cambridge University Press, 1990.

Runciman, Steven. *A History of the Crusades.* 3 vols. New York: Cambridge University Press, 1980 [1951-1954].

Russell, Jeffrey Burton. *Witchcraft in the Middle Ages.* Ithaca: Cornell University Press, 1984 [1972].

Sawyer, P. H. *The Age of the Vikings.* 2nd ed. New York: St. Martin's Press, 1972 [1st ed., 1962].

Southern, Richard William. *The Making of the Middle Ages.* New Haven: Yale University Press, 1953.

———. *Robert* Grosseteste: *The Growth of an English Mind in Medieval Europe.* Oxford: Clarendon, 1986.

———. *Western Society and the Church in the Middle Ages.* Harmondsworth, and New York: Penguin, 1970.

Stevens, John E. *Medieval Romance: Themes and Approaches.* London: Hutchinson, 1973.

Stock, Brian. *The Implications of Literacy: Written Language and Models of Interpretation in the Eleventh and Twelfth Centuries.* Princeton: Princeton University Press, 1983.

Strayer, Joseph Reese. *On the Medieval Origins of the Modem State.* Princeton: Princeton University Press, 1970.

———. *The Reign of Philip the Fair.* Princeton: Princeton University Press, 1980.

Stuard, Susan Mosher, ed. *Women in Medieval Society.* Philadelphia: University of Pennsylvania Press, 1976.

Tellenbach, Gerd. *Church, State and Christian Society at the Time of the Investiture Contest.* Translated by R. F. Bennett. Oxford: Blackwell, 1959 [1936].

Temko, Allan. *Notre-Dame of Paris.* New York: Viking Press, 1967 [1955].

Tuchman, Barbara W. *A Distant Mirror: The Calamitous Fourteenth Century.* New York: Knopf, 1978.

Ullmann, Walter. *The Growth of Papal Government in the Middle Ages: A Study in the Ideological*

*Relation of Clerical to Lay Power*, 3rd ed. London: Methuen, 1970 [1955].

Vinogradoff, Paul. *Roman Law in Medieval Europe*, 3rd ed. Oxford: Oxford University Press, 1961 [1909. The second edition of 1929 is the definitive text].

Weitzmann, Kurt. *Illustrations in Roll and Codex. A Study of the Origin and Case Method of Text Illumination.* Princeton: Princeton University Press, 1947.

White, Lynn Townsend. *Medieval Technology and Social Change*. New York: Oxford University Press, 1964 [1962].

Whitney, James Pounder. Hildebrandine *Essays*. Cambridge: Cambridge University Press, 1932.

Wilson, Christopher. *The Gothic Cathedral. The Architecture of the Great Church 1130–1530.* New York: Thames and Hudson, 1990.

Wolfson, Harry Austryn. *The Philosophy of the Church Fathers*, 3rd ed. rev. Cambridge, MA: Harvard University Press, 1970 [1st ed. 1956].

Young, Karl. *The Drama of the Medieval Church*. Oxford: Clarendon Press, 1967[1933].

# 索 引

以下页码均为英文版原书页码，即本书正文括号中的加粗页码，如正文第 2 页的（**p.17**）。

❦

Abelard, Peter 彼得·阿伯拉, 42, 312, 364
academic medievalists 学院派中世纪学家
  costs of intellectualization for 学术化的代价, 37-38
  debates among 争论, 19, 28
  humanistic traits of 人文主义特征, 36-37
  in literature departments 文学系, 38-39
  on relationship and interaction of medieval and modern cultures 论中世纪与现代文化之间的关系与互动, 36-37
  research support for 研究支持, 31-33
  self-criticism among 自我批评, 38
Académie Française 法兰西学术院, 334
Ackland, Joss 乔斯·阿克兰, 213
Acton, John Emerich Edward Dahlberg, Lord 约翰·埃默里克·爱德华·达尔伯格·阿克顿勋爵, 306
Adams, Henry 亨利·亚当斯, 44
Adams, Jeremy duQuesnay 杰里米·杜克斯奈·亚当斯, 154
Adler, Mortimer 莫提默·艾德勒, 215, 332
*Administration of Normandy Under Saint Louis, The* (Strayer) 《圣路易统治下的诺曼底的行政》（斯特雷耶）, 258
Adorno, Theodor W. 西奥多·W. 阿多诺, 143, 145, 412
Adrian IV, pope (Nicholas Breakspear) 教皇阿德里安四世（尼古拉斯·布雷克斯皮尔）, 344
*Aeneid* (Vergil) 《埃涅阿斯纪》（维吉尔）, 199
*Age of Arthur, The* (Morris) 《亚瑟时代》（莫里斯）, 361
Agriculture 农业
  in Europe 欧洲的, 21-22
  high farming and 高产农业与, 391-392
  leasehold farming and 租赁农业与, 392
  Malthusian pessimism and 马尔萨斯的悲观主义与, 391-394
  serfdom and 农奴制与, 391-392
Ailred of Rievaulx 里沃克斯的艾尔雷德, 312
Alaric, king of the Visigoths 西哥特人国王阿拉里克, 405
*Albigensian Crusade, The* (Strayer) 《阿尔比派十字军运动》（斯特雷耶）, 278
Alcuin 阿尔琴, 138
Alexander II, pope 教皇亚历山大二世, 365-366
Alexander VI, pope 教皇亚历山大六世, 289
*Alexander Nevsky* 《亚历山大·涅夫斯基》396
Alfoldi, Andreas 安德烈亚斯·奥尔弗尔迪, 363
Allegheny College 阿勒格尼学院, 250
*Allegory of Love, The* (Lewis) 《爱的寓言》（路易斯）, 206, 217, 337
Allen and Unwin 艾伦和昂温, 207, 224-225
All Souls College 万灵学院, 102, 123
American Civil Liberties Union 美国公民自由协会, 42
*American Civil War, The* (Knowles) 《美国内战》（诺尔斯）, 302-303
American Council of Learned Societies 美国学术团体协会, 32
American Historical Association 美国历史学会,

373

280, 283

American Revolution　美国革命, 73-74

Anglo-Norman architecture　盎格鲁-诺曼建筑, 38

*Annales d'Histoire Économique et Sociale*　《经济与社会史年鉴》, 133, 139-140, 142-144, 159

Annalist school　年鉴学派, 142-144, 148-154, 386, 391

  on feudalism　论封建主义, 280

  formalists' differences with　形式主义者与其区别, 202-203

  Huizinga and　赫伊津哈与, 381

  Marxist interpretive core of　马克思主义的阐释内核, 151-152, 155, 158-159, 246

  medieval women's history validated by　确立中世纪妇女史, 156

  Power and　鲍尔与, 383

  Powicke and　波威克与, 241

  Princeton and　普林斯顿与, 284

  transatlantic triumph of　在大西洋两岸的成功, 155-156

Anselm of Canterbury, Saint　坎特伯雷的圣安瑟伦, 343-344

  Southern's work on　萨瑟恩的著作, 352-356, 363, 367

Anthropogeography　人类地理学, 142-144

anti-Semitism　反犹主义, 188, 372

  in academia　学术界的, 54-55, 80, 82, 86-90, 97, 101, 112, 174-176, 385, 405

  in Germany　德国的, 80, 86-90, 93, 95-97, 101, 112

  of Maitland　梅特兰的, 49

  Mommsen on　蒙森论, 399

Architecture　建筑

  Anglo-Norman　盎格鲁-诺曼的, 38

  Ecclesiastical　教会的, 22-23, 143-144, 177-180

  in Europe　欧洲的, 22-23

  Romanesque　罗马式建筑, 22-23, 180, 270-271

  *see also* Gothic cathedrals　另见：哥特式教堂

Ariosto　阿里奥斯托, 208

Aristocracy　贵族, 22, 46, 269, 366, 415

  Bloch on　布洛赫论, 147

  British legal revolution and　英国的法律革命与, 60

  government and　政府与, 235, 237-244, 264-265, 268, 272-275

  Huizinga on　赫伊津哈论, 380-381

  kingship and　王权与, 107

  love poetry of　爱情诗, 214

  in Norman society　诺曼社会的, 272-274

  Power on　鲍尔论, 387-388

  and production of literature, art, and philosophy　文学、艺术和哲学生产, 164

Aristotle　亚里士多德, 41, 215, 328, 332, 352, 357

Armies, *see* Crusades; militarism　军队, 见：十字军东征；军事主义

art, medieval　艺术, 中世纪, 25, 30, 82-83, 185, 407, 413, 415

  connoisseurship in　艺术鉴赏, 169-170

  creativity in　创造力, 27

  cultural perpetuation as burden of　文化传承作为其负担, 188

  diversity of detail in　细节多样化, 215

  formalist study of　形式主义研究, 161-188

  French iconographical school of　法国图像学派, 169-171

  Hauser's study of　豪泽尔的研究, 187

  Huizinga's study of　赫伊津哈的研究, 378-381

  impact of personality on　性格的影响, 37

  Panofsky's study of　潘诺夫斯基的研究, 177-181, 183-186, 379

  popularity of courses in　课程的受欢迎程度, 410

  relationship between current world view and　当代世界观与其关系, 214-215

  Schapiro's study of　夏皮罗的研究, 187

  social deterministic interpretation of　社会决定论阐释, 164, 188

  Southern's study of　萨瑟恩的研究, 353

Virgin cult and 圣母崇拜与, 355
Arthurian literary tradition 亚瑟王文学传统, 17, 341-342, 366
 historical Arthur and 历史上的亚瑟与, 361
 Knights of the Round Table in 圆桌骑士, 359
 and religious sensibility rooted in Anselm and Bernard 与植根于圣安瑟伦和圣贝尔纳的宗教情感, 356
*Art of Memory, The* (Yates) 《记忆的艺术》（耶茨）, 172
assizes 法令, 60
Attlee, Clement 克莱门特·艾德礼, 233, 235
Auden, W. H. W. H. 奥登, 226
Auerbach, Erich 埃里希·奥尔巴赫, 189-190, 198-200, 360-361
Augustine, Saint 圣奥古斯丁, 40-41, 77, 135, 222, 230, 292
 Brown's study of 布朗的研究, 362-363
 as dominant intellectual force in medieval literature 主导中世纪文学的思想力量, 201-202
 Eusebian idea of progress negated by 欧瑟比的进步观念被其否定, 405-406
 Knowles and 诺尔斯与, 336, 358
 Manicheanism and 摩尼教教义与, 219-220
 Mommsen's study of 蒙森的研究, 405-407
 relation of Thomism and thought of 托马斯主义与其思想之关系, 331-332
Auschwitz 奥斯威辛, 119

Baethgen, Friedrich 弗里德里希·贝特根, 80-82, 84, 86, 95, 103, 263
Bakhtin, Mikhail 米哈伊尔·巴赫金, 283, 381
Baldwin, M. W. M. W. 鲍德温, 403
Baldwin, Stanley 斯坦利·鲍德温, 233-234, 240
Ballantine 巴兰坦, 225
*Barbarian West, The* (Wallace-Hadrill) 《野蛮的西方》（华莱士–哈德里尔）, 346
Barfield, Owen 欧文·巴菲尔德, 205
Barlow, Frank 弗兰克·巴洛, 364-368

Barnard College 巴纳德学院, 134, 350
Baron, Hans 汉斯·巴龙, 88
Barraclough, Geoffrey 杰弗里·巴勒克拉夫, 54, 263, 310-311, 369
Barthes, Roland, literary structuralism of 罗兰·巴特, 文学结构主义, 197-198
Basel, University of 巴塞尔大学, 171, 181
Baskerville, Geoffrey 杰弗里·巴斯克维尔, 319-320
Bateson, Mary 玛丽·贝特森, 50
Baynes, Norman H. 诺曼·H. 贝恩斯, 363
BBC 英国广播公司, 169, 206, 384
Beardsley, Aubrey 奥博利·比亚兹莱, 223
Beatles 披头士乐队, 223
Beauvoir, Simone de 西蒙娜·德·波伏娃, 120, 125
Becker, Carl 卡尔·贝克, 192
Becket, Thomas 托马斯·贝克特, 59, 199
 Barlow on 巴洛论, 364-367
Belgium, support for medieval record publication in 比利时, 对出版中世纪档案的支持, 33
Bell, Clive 克莱夫·贝尔, 56-57
Bell, Vanessa 凡妮莎·贝尔, 56-57
Bellows, H. A. H. A. 贝洛斯, 42
*Benedictine Centuries, The* (Knowles) 《本笃会世纪》（诺斯）, 303
Benedictines 本笃会, 20, 325
Benedict of Nursia, Saint 努西亚的圣本笃, 303, 310
Benjamin, Walter 瓦尔特·本雅明, 143
Bentham, Jeremy 杰里米·边沁, 53
*Beowulf* 《贝奥武甫》, 106, 206, 226
Berenson, Bernard 伯纳德·贝伦森, 169-170, 399
Bergson, Henri 亨利·柏格森, 334-335
Berkeley, University of California at 加利福尼亚大学伯克利分校, 200, 256, 351
 Kantorowicz's career at 坎托洛维奇的生涯, 98-101, 113
 loyalty oath controversy at 效忠宣誓争议, 100-101

Berlin, University of 柏林大学, 81
Bernard of Clairvaux, Saint 克莱尔沃的圣贝尔纳, 40-41, 179, 222, 230, 310, 312, 340
 Southern's study of 萨瑟恩的研究, 352-353, 355-356
Bernard of Morval 莫瓦尔的贝尔纳, 414
Berr, Henri 亨利·贝尔, 127, 131-132, 135
Beveridge, William 威廉·贝弗里奇, 392-393
Bibliotheque Nationale 国家图书馆（巴黎）, 121, 153
Bing, Gertrude 格特鲁德·宾, 172
Bismarck, Otto von 奥托·冯·俾斯麦, 87, 103
Bisson, Thomas N. 托马斯·N.比森, 246
Black Death 黑死病, 129, 152, 268, 369, 392
Blackstone, Sir William 威廉·布莱克斯通爵士, 53, 69
Bloch, Étienne 艾蒂安·布洛赫, 123-124
Bloch, Gustave 古斯塔夫·布洛赫, 121
Bloch, Marc 马克·布洛赫, 283, 338, 351, 375, 379, 382, 412
 ambitions of 抱负, 122-123, 134
 anthropogeographical approach of 人类地理学方法, 142-144
 awards and honors of 奖项和荣誉, 122
 background of 背景, 121-122, 157
 Braudel compared with 布罗代尔与其比较, 151
 communication skills of 交流技巧, 154-155
 Curtius compared with 库尔提乌斯与其比较, 191
 death and martyrdom of 死亡与成为烈士, 120-121, 123, 133-134, 148, 150, 158
 disciples of 门徒, 155, 158
 Durkheim's influence on 涂尔干对其影响, 127-128, 142
 education and training of 教育和训练, 139
 exploiting posthumous reputation of 对其死后名声的利用, 148-150
 Febvre and 费弗尔与, 133-134, 140, 148-149, 157-158
 on feudal society 论封建社会, 141-144, 146-147, 154, 158, 280
 formalists' differences with 形式主义者与其区别, 202-203
 French academic mandarins and 法国学术官僚与, 127, 130, 132-135
 during German occupation of France 在德国占领法国时期, 119-121, 123, 133, 141, 146-147, 157
 Gilson and 吉尔森与, 328
 heritage of 传统, 156
 historiographical principles of 历史编纂原则, 141-144, 155-156
 idealism of 理想主义, 368, 394, 407
 influence of 影响, 144-45
 interest in peasantry of 对农民的兴趣, 139-140; 145-146, 154-157, 232, 394-395
 legacy of 遗产, 158-160
 Marx as influence on 马克思对其的影响, 142-143, 145, 157-158, 280
 Mommsen and 蒙森与, 399
 personal life of 个人生活, 123-124
 Pirenne and 皮朗与, 130, 153
 Power and 鲍尔与, 383
 Powicke and 波威克与, 241
 self-image of 自我认识, 156-157
 Southern and 萨瑟恩与, 353
 structuralism of 结构主义, 144
 temperament of 个人气质, 122-124
 on thaumaturgical kingship 论国王神迹, 140
 Tolkien and 托尔金与, 232-233
Bloom, Allan 阿兰·布鲁姆, 197-198, 202
Bloom, Claire 克莱尔·布鲁姆, 213
Bloom, Harold 哈罗德·布鲁姆, 172
Bloomsbury group, Maitland and 布卢姆斯伯里团体, 梅特兰与, 56-57
Boas, Franz 弗兰兹·博厄斯, 29
Bober, Harry 哈里·博贝尔, 171
Bodo 博多, 382
Bollingen Foundation 博林根基金会, 189-190
Bonhöffer, Dietrich 迪特里希·朋谔斐尔, 92
Bonn, University of 波恩大学, 189, 191-192

Bordeaux, University of  波尔多大学, 53
Borroff, Marie  玛丽·博洛夫, 39, 206
Boswell, John  约翰·博斯韦尔, 160, 355
Bowra, Maurice  莫里斯·鲍勒, 97
Brackmann, Albert  阿尔伯特·布拉克曼, 81-82, 89, 95, 97, 99
    Mommsen and  蒙森与, 399, 401-402, 404
Bracton, Henry de  亨利·德·布雷克顿, 63
Brandeis, Louis D.  路易斯·D. 布兰迪斯, 70, 137, 248
Braudel, Fernand  费尔南·布罗代尔, 133-134, 153, 391
    as academic mandarin  作为学术官僚, 150
    heritage of  遗产, 156
    Marxist program of  马克思主义计划, 151-152
    Philip II study of  菲利普二世研究, 150-151
    Princeton and  普林斯顿与, 284
Breakspear, Nicholas (Pope Adrian IV)  尼古拉斯·布雷克斯皮尔（教皇阿德里安四世）, 344
*Brideshead Revisited* (Waugh)  《旧地重游》（沃）, 234, 299
*Brief Encounter*  《相见恨晚》, 222
British Museum  大英博物馆, 53-54, 304, 312
Brittain, Vera  薇拉·布里顿, 383
Brooke, Christopher  克里斯托弗·布鲁克, 298, 307
Brookner, Anita  安妮塔·布鲁克纳, 172-173
Brown, J. Douglas  J. 道格拉斯·布朗, 259
Brown, Norman O.  诺曼·O. 布朗, 42
Brown, Peter  彼得·布朗, 362-364
Bryn Mawr College  布林莫尔学院, 153, 170
bubonic plague  腺鼠疫, 20
*Buddenbrooks* (Mann)  《布登勃洛克一家》（曼）, 80
Burckhardt, Jacob  雅各布·布克哈特, 173
    Huizinga and  赫伊津哈与, 380
    Renaissance thesis of  文艺复兴主题, 181-183, 185, 217-218
Bush, Douglas  道格拉斯·布什, 183, 217
Butler, Cuthbert  卡思伯特·巴特勒, 303, 313-315
    Knowles's obituary essay on  诺尔斯为其撰的讣告, 313-314
Butterfield, Herbert  赫伯特·巴特菲尔德, 305-307
Bynum, Caroline Walker  卡罗琳·沃克·拜纳姆, 364
Byzantine Middle Ages  拜占庭中世纪, 375

Caesar, Julius  尤利乌斯·恺撒, 28
Cam, Helen Maud  海伦·莫德·卡姆, 67, 236, 242, 389
*Cambridge Economic History*  《剑桥经济史》, 147, 383-384, 394
*Cambridge Medieval History*  《剑桥中世纪史》, 384
Cambridge University  剑桥大学, 166-167, 183, 190, 208, 216-217, 236
    Benet House at  贝尼特之家, 308, 311-312, 315
    Christ College at  基督学院, 306
    Girton College at  格顿学院, 382-383
    intellectual conservatism of  思想保守主义, 349
    Knowles's career at  诺尔斯的生涯, 296-298, 301-302, 305-307, 311, 358
    Leavis's career at  利维斯的生涯, 347
    Library at  图书馆, 384
    Maitland's career at  梅特兰的生涯, 48-50, 56-57, 67, 75
    Peterhouse at  彼德豪斯, 298, 305-307
    Postan's career at  波斯坦的生涯, 384-387
Cambridge University Press (CUP)  剑桥大学出版社, 58, 159, 304, 321
canon law  教会法, 59
capital accumulation, Marx's concept of  资本积累，马克思的观念, 152
*Capitalism and Material Life* (Braudel)  《资本主义与物质生活》（布罗代尔）, 151-152
Carolingian Empire  加洛林帝国, 20-21, 34-35
    Renaissance in  文艺复兴, 138-139, 184-185

see also Charlemagne, Holy Roman Emperor 另见：查理大帝，神圣罗马皇帝

Carolingian minuscule 加洛林小写字母，34-35

Carpenter, Humphrey 汉弗莱·卡彭特，213, 224

Carthusians 加尔都西会教士，325

Caspar, Erich 埃里希·卡斯帕，81, 402

Cathedral of St. John the Divine 圣约翰大教堂，413

Catholic Institute, Parisian 天主教研究所，巴黎，332

Catholicism, see Roman Catholic Church 天主教，见：罗马天主教会

Catholic University of America 美国天主教大学，18

Catholic University of Innsbruck 因斯布鲁克天主教大学，288

Catullus 卡图卢斯，35

Central Intelligence Agency (CIA) 中央情报局，149

    Strayer's work for 斯特雷耶的服务，261-262, 279, 406-407

Chamberlain, Neville 内维尔·张伯伦，94, 243

Chambers, R. W. R. W. 钱伯斯，183

Chambers, Whittaker 惠特克·钱伯斯，219, 243

*Chariots of Fire* 《烈火战车》，50

Charlemagne, Holy Roman emperor 查理大帝，神圣罗马皇帝，20-21, 43, 106, 119, 135-139

    Halphen's study of 阿尔方的研究，136-139

    Hitler and 希特勒与，94

    prosperity of Jews under 犹太人的繁荣，136-138

    Renaissance under 文艺复兴，138-139

    Roman Catholic Church and 罗马天主教会与，138

*Charlemagne and the Carolingian Empire* (Halphen) 《查理大帝和加洛林帝国》（阿尔方），136

Chaucer, Geoffrey 杰弗里·乔叟，19, 43, 200-202, 206, 213, 318

Chenu, M. D. M. D. 舍尼，327, 335, 356

Chicago, University of 芝加哥大学，189, 197, 215, 252, 294

    Press of 出版社，134-135, 154

*Chicago Tribune* 《芝加哥论坛报》，19

chivalry 骑士精神，359

Chomsky, Noam 诺姆·乔姆斯基，225

Chrétien de Troyes 克雷蒂安·德·特罗亚，199, 354, 360

Christianity 基督教，415

    of Anselm 安瑟伦的，354-355

    British conservative 英国保守派，219

    fantasy writing and 奇幻写作与，209

    formalism and 形式主义与，163, 188

    in intellectual foundation of St.-Denis Church 圣丹尼大教堂的思想基础，179

    kings and tradition of 国王与基督教传统，105-107

    orthodox beliefs in 正统信仰，24-25

    paradigm shift in 范式转换，46

    and politics and society of aristocracy 与贵族政治和社会，239-241, 243

    sacrament of communion in 圣餐礼，24-25

    sources of official theology of 官方神学来源，23

    superstition and heathenism in 迷信与异教思想，23

    see also clergy; Roman Catholic Church; theology 另见：教士；罗马天主教会；神学

"Christian Life in the Middle Ages, The" (Powicke) "中世纪基督徒的生活"（波威克），233

*Chronicles of Narnia* (Lewis) 《纳尼亚传奇》（路易斯），219, 221

Churchill, Winston 温斯顿·丘吉尔，91, 240, 243, 350-351

    Knowles and 诺尔斯与，297, 300, 306

Cicero 西塞罗，34-35

circuit judges 巡回法官，60-63

Cistercians 西多会修士，325, 340, 355, 366

cities, medieval 中世纪的城市, 33
  Pirenne on origin of 皮朗论其起源, 128-129
*City of God, The* (Augustine)《上帝之城》(奥古斯丁), 40, 406
*Civilization and Its Discontents* (Freud)《文明及其不满》(弗洛伊德), 41
*Civilization of the Renaissance in Italy, The* (Burckhardt)《意大利文艺复兴时期的文化》(布克哈特), 181-182, 380
civil law 民法
  government and 政府与, 266
  *see also* land law 另见：土地法
civil society "公民社会", 74-75
  definition and theory of 定义与理论, 75
Civil War, Knowles's study of 美国内战，诺尔斯的研究, 302-303
Clanchy, Michael T. 迈克尔·T. 克兰奇, 285-286
Clark, Kenneth, Lord 肯尼斯·克拉克勋爵, 169-170
Clark, T. J. T. J. 克拉克, 187
Clarke, Maude V. 莫德·V. 克拉克, 389
clergy 教士, 415-416
  common law and 普通法与, 59, 61, 63, 65
  on conflict between spirit and matter, idea and force 论精神与物质，观念和力量之间的冲突, 40-41
  criminal law and 刑法与, 63
  Crusades and 十字军东征与, 26
  Frederick II and 腓特烈二世与, 109-111, 115
  government and 政府与, 263-264, 281, 292
  increase in 增长, 23
  Norman society and 诺曼社会与, 270-274
  Otto III and 奥托三世与, 108
  romanticism and 浪漫主义与, 341
  and Roman tradition of kingship 与王权的罗马传统, 106-107
  in sanctioning kings 批准国王, 106
  *see also* Christianity; Roman Catholic Church 另见：基督教；罗马天主教
Cloisters 修道院, 413

*Closing of the American Mind, The* (Bloom)《美国思想的封闭》(布鲁姆), 197
Cochrane, Charles Norris 查尔斯·诺里斯·科克伦, 363
Cohn, Norman 诺曼·科恩, 397
Coke, Sir Edward 爱德华·柯克爵士, 73
cold war liberalism 冷战自由主义, 282-283
Coleman, D. C D.C. 科尔曼, 385, 390
Collins Publishers 柯林斯出版社, 224, 229
Colorado, University of 科罗拉多大学, 32
Columban, Saint 圣高隆庞, 310
Columbia University 哥伦比亚大学, 153, 166-167, 187, 190, 200, 252, 257, 359-360
common law 普通法, 52-53, 232, 266, 269
  adversary system of 对抗制度, 62-63, 71-72
  American Revolution and 美国革命与, 73-74
  autonomous operation of 自主运作, 71-72
  criticisms of Maitland's history of 对梅特兰普通法历史的批评, 66-68
  culture of 文化, 71-74
  formal pleading in 形式抗辩, 61-63, 72
  founding of 创立, 54, 58-60, 67
  gentry and 绅士阶层与, 59-60, 63, 66-68, 71
  jury verdicts in 陪审团裁决, 64-65
  kingship and 王权与, 58-62, 66-68, 71, 114
  main qualities of 主要特质, 72
  new branches of 新的分支, 72
  origin of term 名称来源, 59
  post-Revolutionary War revival of 革命后的复兴, 74
  in property disputes, *see* land law 财产纠纷，见：土地法
  and quality of counsel 法律顾问的素质, 63
  as result of alliance between kings and gentry 作为国王和绅士阶层的联合的结果, 68
  as result of interaction of special interests and luck 作为特殊利益和幸运互动的结果, 70
  shaping of 形成, 59-64
  slowness of 迟缓, 62
  social and cultural contexts of 社会和文化背景, 55

structuralism 结构主义, 71
   see also criminal law 另见: 刑法
common man, aristocracy vs. 普通人, 贵族阶层与, 46
communion, sacrament of 圣餐仪式上的圣餐, 24-25
concept formation 概念形成, 37
Congress, U.S. 美国国会, 77
connoisseurship 艺术鉴赏, 169-170
Constance, Holy Roman empress （神圣罗马帝国皇后）康斯坦斯, 109
Constantine I, emperor of Rome （罗马帝国皇帝）君士坦丁一世, 105, 107, 405
Constitution, U.S. 美国宪法, 74
*Constitutional History* (Stubbs) 《宪法的历史》（斯塔布斯）, 98, 242
constitutionalism 宪政, 415
Cornell University 康奈尔大学, 116, 189
   Mommsen's career at 蒙森的生涯, 371, 373-374, 402, 406-407
Cortauld family 考陶尔德家族, 172
cosmic order, learned structure of 宇宙秩序, 认知结构, 214-216
courtly love 宫廷爱情, 214, 232, 337, 341, 356
Coward, Noel 诺埃尔·考沃德, 222
Cowling, Maurice 莫里斯·考林, 298-299, 306, 308-311, 317
Craig, Gordon 戈登·克雷格, 258, 261, 402
Crashaw, R. R. 克拉肖, 414
creativity 创造性, 46
   Curtius on 库尔提乌斯论, 195
   formalism and 形式主义与, 166
   in medieval art 中世纪艺术, 27
   in medieval literature 中世纪文学, 27, 195, 200-201
   Southern's positive view of 萨瑟恩的积极观点, 368
   typologies and 类型学与, 173
   see also individualism 另见: 个人主义
criminal law 刑法, 61-62
   defects in 缺陷, 66

government and 政府与, 266
   thirteenth-century changes in 在13世纪中的变化, 63-66
Crusades 十字军东征, 39
   Erdmann on 埃德曼论, 404
   First 第一次, 25-27, 396, 404
   political 政治的, 278
*C. S. Lewis: A Biography* (Wilson) 《C. S. 路易斯传》（威尔逊）, 213
cultural egalitarianism 文化的平均主义, 45
culture, medieval 中世纪文化
   of aristocracy 贵族阶层的, 235, 237-244, 269
   art and 艺术与, 185, 188
   common law and 普通法与, 55, 71-74
   fanaticism in 狂热, 396-398, 403-404, 408
   feudalism and 封建主义与, 280
   formalism and 形式主义与, 165-166
   fragility of 脆弱性, 196-197
   iconology and 图像学与, 173, 176
   imagination and 想象与, 213-214
   Lewis on 路易斯论, 213-222, 232
   medieval intelligentsia's perception of 中世纪知识分子的看法, 414
   non-Western 非西方的, 375
   over-centralization of 过度集中, 125
   Renaissance and 文艺复兴与, 181-185, 217-218
   romantic revolution in 浪漫主义革命, 337-339, 341, 356-358
   synthesis of religion and 宗教融合与, 362-363
   Tolkien and 托尔金与, 227
Curtius, Ernst Robert 恩斯特·罗伯特·库尔提乌斯, 161, 338, 412
   background of 背景, 191-193
   Dante study of 但丁研究, 194-196, 200
   disciples of 门徒, 201-202
   exceptions to formalist model of 形式主义模式的例外, 199-200
   fundamentalist humanism of 原教旨主义人文主义, 197
   Gilson compared with 吉尔森与其比较, 329

honorary degrees of 荣誉学位, 194

medieval literature contribution of 对中世纪文学的贡献, 189-191, 193-198, 201

methodological and typological focus of 方法论和类型学焦点, 190, 193-195, 197-200

positivism of 肯定论, 407

Southern and 萨瑟恩与, 354, 358

temperament of 个人气质, 189

Czechoslovakia, creation of 捷克斯洛伐克的创建, 252-253

Daniel-Rops, Henry 亨利·丹尼尔-罗普斯, 291

Dante Alighieri 阿利基耶里·但丁, 33, 39-41, 99, 102, 188, 214, 216, 222, 230, 232, 351

Curtius's study of 库尔提乌斯的研究, 194-196, 200

Darlington, R. R. R. R. 达林顿, 276

Davenport, Gary 加里·达文波特, 190

David, king of Israel （以色列国王）大卫, 26

Davidman, Joy 乔伊·戴维曼, 213

Davis, David Brion 戴维·布里翁·戴维斯, 373

Davis, Natalie Zemon 娜塔莉·泽蒙·戴维斯, 283-284, 381

Dawson, Christopher 克里斯托弗·道森, 330-331

death rituals, medieval 中世纪的死亡仪式, 380-381

*Decline of the West, The* (Spengler) 《西方的没落》（斯宾格勒）, 130-131, 378

de Gaulle, Charles 夏尔·戴高乐, 120

De Havilland, Olivia 奥利维亚·德·哈维兰, 17

de Man, Paul 保罗·德·曼, 41

demography of Europe 欧洲的人口统计学, 21-22, 27

Denis, Saint 圣丹尼, 178-179

Depression 大萧条, 32, 125, 140, 157

Derrida, Jacques 雅克·德里达, 126, 367

Detweiler, Donald S. 唐纳德·S. 德特韦勒, 93

Dewey, John 约翰·杜威, 127, 257

Dickens, Charles 查尔斯·狄更斯, 52-53, 69, 208

*Discarded Image, The* (Lewis) 《被弃的意象》（路易斯）, 216

*Discovery of the Individual, The* (Morris) 《个体的发现》（莫里斯）, 360-361

Disraeli, Benjamin 本杰明·迪斯累里, 76

*Distant Mirror, A* (Tuchman) 《遥远的镜鉴》（塔奇曼）, 17-19

*Divine Comedy* (Dante) 《神曲》（但丁）, 40-41, 214, 232

Dods, Marcus 马库斯·多兹, 40

Dominic, Saint 圣多明我, 310

Dominicans 多明我会修士, 325, 355

Donaldson, E. Talbot E. 塔尔博特·唐纳森, 200-201

Douglas, David C. 戴维·C. 道格拉斯, 276

Downside Abbey 唐赛德修道院, 297-305, 319

Knowles's break with 诺尔斯的决裂, 298, 300-301, 307-309, 311-312, 314, 326

Knowles's disappointment in 诺尔斯的失望, 313-315

Knowles's exile from 诺尔斯的驱逐, 303, 310

Knowles's objectives for 诺尔斯的目标, 314-315

peculiar status of 特殊身份, 300-301

proposed Australian community for 建议的澳大利亚群体, 309

*Downside Review* 《唐赛德评论》, 297, 302, 313, 315

Dronke, Peter 彼得·德龙克, 166-167, 190, 198, 361-362, 364

Duby, Georges 乔治·杜比, 126, 144, 152-154

Duchesne, Louis 路易·迪歇纳, 290

Duke University, Medieval Studies Center at 杜克大学, 中世纪研究中心, 158

Dulles, Allen 艾伦·杜勒斯, 261-262, 406-407

Duns Scotus, John 约翰·邓斯·司各脱, 34, 352, 395

Durant, Will 威尔·杜兰特, 95, 131

Dürer, Albrecht, Panofsky's study of 阿尔布雷希

特·丢勒，潘诺夫斯基的研究 177-178, 186
Durham, University of 达勒姆大学, 237
Durham Cathedral 达勒姆大教堂, 180, 325
Durkheim, Emile 埃米尔·涂尔干, 29, 132, 134, 149-150, 379
  as academic mandarin 学术官僚, 127
  Bloch influenced by 对布洛赫的影响, 127-128, 142
  fundamental ideas in sociology of 其基本的社会学观点, 127-128, 140
  Gilson and 吉尔森与, 334-335
  Maitland and 梅特兰与, 53, 57
Duveen, Joseph, Lord 约瑟夫·杜维恩勋爵, 170

Eales, S. J. S. J. 伊尔斯, 40
Ealing Priory 伊灵修道院, 303-304, 310
*Early Growth of the European Economy* (Duby) 《欧洲经济的早期增长》（杜比）, 144, 152
*Early Netherlandish Painting* (Panofsky) 《早期尼德兰绘画》（潘诺夫斯基）, 178, 186-187, 379
ecclesiastical architecture 教会建筑, 22-23, 143, 177-180
  see also Gothic cathedrals 另见：哥特式建筑
Eco, Umberto 翁贝托·埃科, 18-19, 36-37, 43, 45
Ecole des Chartes, L' 法国国立文献学院, 34, 122, 131, 251, 253-254
Ecole Normale Superieure 巴黎高等师范学院, 121
Ecole Pratique des Hautes Etudes, Sixth Section of 高等研究应用学院第六部, 148-150
economic history 经济史, 32, 36, 211-212
  British school of 英国学派, 390-394
  Postan on 波斯坦论, 390-395
  Power on 鲍尔论, 390-392, 408-410
*Economic History Review* 《经济史评论》, 383, 385
Edelstein, Ludwig 路德维希·埃德尔斯坦, 400
education 教育, 265
  Haskins on 哈斯金斯论, 256-257

Renaissance and 文艺复兴与, 185-186
Education Ministry, Parisian 教育部，巴黎, 148-150
Edward I, king of England （英格兰国王）爱德华一世, 71, 267
  Powicke's study of, 234 波威克的研究, 239-241
egalitarianism, cultural 文化平均主义, 45
Einhard 艾因哈德, 94
Einstein, Albert 阿尔伯特·爱因斯坦, 52, 57, 88, 98, 102, 174
Eisenhower, Dwight D. 德怀特·D. 艾森豪威尔, 262, 342
Eisenstein, Sergei 谢尔盖·艾森斯坦, 396, 410, 412
Eliade, Mircea 米尔恰·伊利亚德, 189
Eliot, T. S. T. S. 艾略特, 56, 190, 212
Elton, Sir Geoffrey 杰弗里·埃尔顿爵士, 49, 77
*Encounter* 《文汇》, 149, 346
*Encyclopedia of the Social Sciences* 《美国社会科学百科全书》, 129
*End of the Ancient World and the Beginnings of the Middle Ages, The* (Lot) 《古代世界的终结与中世纪的开始》（洛特）, 131
*English Government at Work, The* 《英国政府的运作》, 278
*English Literature in the Sixteenth Century Excluding Drama* (Lewis) 《16世纪英国文学史（戏剧除外）》（路易斯）, 217-218
English Revolution 英国革命, 73, 77-78
*English Social History* (Trevelyan) 《英国社会史》（特里维廉）, 384
Enlightenment 启蒙运动, 29, 73, 287, 414
environmentalism, Bloch's historiographical principles and 环境决定论，布洛赫的历史撰写原则与, 141-144, 155-156
*Episcopal Colleagues of Archbishop Thomas Becket, The* (Knowles) 《托马斯·贝克特的圣公会同僚》（诺尔斯）, 336
Erdmann, Carl 卡尔·埃德曼, 406
  on Crusades 论十字军东征, 403-404

early life and career of　早期生活和事业, 402-403

　　on fanticism　论狂热, 398, 403-404, 408

　　Mommsen's relationship with　蒙森与其关系, 404, 407

　　nazism and　纳粹主义与, 402-403, 408

　　negativism of　否定论, 407-410

eroticism, medieval　情欲, 中世纪, 42, 341

Eschenbach, Wolfram von　沃尔弗拉姆·冯·埃申巴赫, 199, 353, 362

Europe, Western　西欧

　　agriculture in　农业, 21-22

　　architecture in　建筑, 22-23

　　Carolingian civilization of　加洛林文化, 20-21

　　demography of　人口统计学, 21-22, 27

　　medieval manuscripts in　中世纪手稿, 31

　　physical memory of Middle Ages in　关于中世纪的实体记忆, 413

　　rise of　兴起, 4

　　support for medieval record publication in　对发表中世纪档案的支持, 33

　　technology in　技术, 22

*European Literature and the Latin Middle Ages* (Curtius)　《欧洲文学和拉丁中世纪》（库尔提乌斯）, 189-191, 193-196, 198, 201, 338

Eusebius of Caesarea, Mommsen's study of　凯撒利亚的欧瑟比, 蒙森的研究, 405-407

evil　恶

　　antidotes to　对抗, 220-222

　　in *Lord of the Rings*　《魔戒》中的, 228-230

　　reality of　现实中的, 219-220

evolutionary organicism　演进的机体论, 37

*Evolution of Humanity, The* (Berr)　《人性的演进》（贝尔）, 131-132

*Evolution of Medieval Thought, The* (Knowles)　《中世纪思想的演变》（诺尔斯）, 321-322

exceptionalism　例外论, 38

Exeter University　埃克塞特大学, 330

Eyck, Jan van　扬·凡·艾克, 186, 379

Fadiman, Clifton　克利夫顿·费迪曼, 131

Fanaticism　狂热, 410

　　Erdmann on　埃德曼论, 398, 403-404, 408

　　medieval culture and　中世纪文化与, 396-398, 403-404, 408

　　Mommsen on　蒙森论, 398, 408

Faulkner, William　威廉·福克纳, 116

Fawtier, Robert　罗伯特·福捷, 263-264, 283

Febvre, Lucien　吕西安·费弗尔, 127-128, 132-134, 150, 383

　　Bloch and　布洛赫与, 133-134, 140, 148-149, 157-158

feminism　女性主义, 364

　　and Anglo-Saxonist opposition to Haskins and Strayer　与盎格鲁-撒克逊主义者对哈斯金斯和斯特雷耶的反驳, 276-277

　　of Power　鲍尔的, 376, 382-383, 387-389, 391, 395, 407-409

　　*see also* women　另见：妇女

Ferguson, Wallace K.　华莱士·K. 弗格森, 183

feudalism　封建主义, 276

　　Bloch on　布洛赫论, 141-144, 146-147, 154, 158, 280

　　ecclesiastical ideological roots of　教会意识形态根源, 154

　　Normans and　诺曼人与, 270-273

　　Strayer's definition of　斯特雷耶的定义, 279-280

*Feudalism* (Strayer)　《封建主义》（斯特雷耶）, 278

*Feudal Society* (Bloch)　《封建社会》（布洛赫）, 135, 141, 143-144, 154, 158, 280, 338, 379

Fichtenau, Heinrich　海因里希·菲希特瑙, 135, 139

Fifoot, C. H.　C. H. 法富特, 49

film, iconography of　电影, 图像学, 176

Fink, Carole　卡罗尔·芬克, 123-124

First Crusade　第一次十字军东征, 25-27, 396, 404

Fisher, H. A. L.　H. A. L. 费舍尔, 49

Fitzgerald, F. Scott　F. 斯科特·菲茨杰拉德, 257

Flémalle Master　弗莱马尔大师, 186

Flemish art 佛兰芒艺术
  Huizinga's study of 赫伊津哈的研究, 278-381
  naturalism of 自然主义, 186
  Panofsky's study of 潘诺夫斯基的研究, 178, 186-187, 379
Fliche, Augustin 奥古斯丁·弗利什, 119
Florence, medieval manuscripts in 佛罗伦萨, 中世纪手稿, 31
Flynn, Errol 埃罗尔·弗林, 17
Focillon, Henri 亨利·福西永, 171
Fogel, Robert 罗伯特·福格尔, 390
Foliot, Gilbert 吉尔伯特·福利奥特, 336
Fonda, Jane 简·方达, 128
Ford Foundation 福特基金会, 126, 148-149
Fordham University 福特汉姆大学, 215
Ford Lectures 福特讲座, 336
formalism 形式主义, 161-204, 246, 342, 362, 407
  Annalist school vs. 年鉴学派与, 202-203
  art and 艺术与, 161-188
  Augustinian version of 奥古斯丁的版本, 201-202
  Bloch vs. 布洛赫与, 202-203
  capital centers of 核心重镇, 165
  Christianity and 基督教与, 163, 188
  as commonsense approach 作为一种常识性方法, 188
  critics of 批评家, 168
  definition of 定义, 162
  Huizinga on 赫伊津哈论, 379-380
  idealism and 理想主义, 368
  image-and-text 图像与文本, 173, 176, 180
  as interpretation and ideology 作为阐释和意识形态, 161-168
  literature and 文学与, 161-168, 189-204
  mass culture and popular innovations rejected and feared by 对大众文化与流行创新的拒斥和恐惧, 164, 196-197, 202
  opposition to 反对者, 166
  Powicke and 波威克与, 244
  romantic individualism and 浪漫个人主义与, 340, 360-361
  social determinism vs. 社会决定论与, 164, 188
  typological 类型学的, 190, 193-195, 197-200
  see also Curtius, Ernst Robert; iconology; Panofsky, Erwin 另见：恩斯特·罗伯特·库尔提乌斯；图像学；欧文·潘诺夫斯基
Foucault, Michel 米歇尔·福柯, 323, 367
*Fourth Ecologue* (Vergil) 《第四牧歌》(维吉尔), 111
France 法国, 17
  absence of legal and public administration systems in 法律和公共行政制度缺失, 40
  academic power brokers in 学术权力经纪人, 125-135, 150, 152, 158
  agriculture in 农业, 21
  architecture in 建筑, 23, 38
  Carolingian era in 加洛林时期, 135-139
  connoisseurship in 艺术鉴赏, 170
  crusaders from 十字军战士, 25-27
  cultural overcentralization of 文化过度集中, 125
  devastation of medieval war in 中世纪战争的摧毁, 228
  Enlightenment in 启蒙运动, 73
  iconographers in 图像学家, 169-171
  legal and fiscal records of 法律和财政档案, 36
  medieval geography of 中世纪的地理, 21-22
  medieval government of 中世纪的政府, 264-265, 268, 279, 284
  Muslim advance into 穆斯林的进军, 20
  Nazi occupation of, 91 纳粹占领, 118-123, 133, 141, 146-147, 150, 153, 157
  neo-Thomism in 新托马斯主义, 215
  peasantry of 农民, 139-140, 145-146, 154-157, 232, 394-395
  portrayal of infant Jesus in 婴儿耶稣的画像, 24
  support for medieval record publication in 对发表中世纪档案的支持, 33-34
  Vichy administration of 维希政府, 118-119, 150, 152

France, Collège de 法兰西学院, 102, 123, 127, 132, 134, 327-328
Franciscans 方济各会修道士, 18, 355
 Joachimite doctrine and 约阿希姆的信条与, 415
 at Oxford 在牛津, 352
 rise and fall in popularity of 受欢迎程度的兴衰, 324-325
Francis of Assisi, Saint 阿西西的圣方济各, 41, 43, 110, 310, 312, 348, 350-351
 Knowles's assessment of 诺尔斯的评价, 315-317
Franc-Tireur 法国游击队, 120
Frankfurt school of critical theory 法兰克福批判理论学派, 143
Frankfurt University 法兰克福大学, 95, 101
Franks, Crusades and 法兰克人, 十字军东征与, 26
Frederick I (Barbarossa), Holy Roman emperor （神圣罗马皇帝）腓特烈一世（巴巴罗萨）, 109, 264
Frederick II, Holy Roman emperor （神圣罗马皇帝）腓特烈二世, 278, 353
 death of 逝世, 109, 111
 domain inherited by 继承的领地, 109-110
 enemies of 敌人, 110
 Kantorowicz's study of 坎托洛维奇的研究, 80, 82, 84-86, 95-96, 99-100, 102-104, 110-112, 115, 373, 379
 messianic speculations attached to 与其联系在一起的救世主猜想, 110-111
 Otto III compared with 奥托三世与其比较, 111-112
*Frederick II* (Kantorowicz) 《腓特烈二世》（坎托洛维奇）, 95-96, 99-100, 102, 373, 379
Freidrich, Caspar David 卡斯帕·大卫·弗里德里希, 413-414
Fremantle, Anne 安妮·弗里曼特尔, 331
French Revolution 法国大革命, 77-78, 146, 243-244, 287
Freud, Sigmund 西格蒙德·弗洛伊德, 29, 41, 52, 54, 200, 203, 215, 248
Friend, Bert 伯特·弗兰德, 400
*From Memory to Written Record* (Clanchy) 《从记忆到书面记录》（克兰奇）, 285-286
functionalism 功能主义, 53
fundamentalist humanism 原教旨主义人文主义, 197
Furet, François 弗朗索瓦·傅勒, 152

Galbraith, Vivian H. 维维安·H. 加尔布雷思, 233, 235, 286, 389
 Southern and 萨瑟恩与, 348-350
Galen 盖伦, 357
Gardner, Isabella Stewart 伊莎贝拉·斯图尔特·加德纳, 169
Gasquet, Francis Cardinal 弗朗西斯·加斯凯枢机主教, 319-320
Geertz, Clifford 克利福德·吉尔茨, 283, 381
*Geistesgeschichte* "精神史", 203-204, 246, 342
 Curtius's denunciation of 库尔提乌斯的批判, 196-197
 diachronic tendency of 历时性倾向, 168
 formalism's affinity with 形式主义与其相近, 167-168
 of Kantorowicz 坎托洛维奇的, 82-84, 117, 196, 202-203
 of Morrison 莫里森的, 116-117
 of Schramm 施拉姆的, 82, 84, 117, 196, 202-203
gentry 绅士阶层
 common law and 普通法与, 59-60, 63, 66-68, 71
 as justices of the peace 作为治安法官, 66
 land law serving needs of 土地法满足其需要, 68
 as lawyers 作为律师, 63
 Postan on 波斯坦论, 392
Geoffrey of Monmouth 蒙茅斯的杰弗里, 361
George, Stefan 斯特凡·格奥尔格, 83-85, 96-97, 99-100
George III, king of England （英格兰国王）乔治

三世, 233

George VI, king of England （英格兰国王）乔治六世, 90-91

Geremek, Bronislaw 布罗尼斯拉夫·格雷梅克, 159

*German Catastrophe, The* (Meinecke) 《德国灾难》（梅尼科）, 89

German 德国, 17
 academia in 学术界, 86-90, 95-96, 101
 agriculture in 农业, 21
 anti-Semitism in 反犹主义, 80, 86-90, 93, 95-97, 101, 112
 British occupation of 英国的占领, 92
 conversion of heathen in 异教徒转化, 23
 Crusades and 十字军东征与, 26
 current status of medieval studies in 当前中世纪研究现状, 116
 and fall of Rome 与罗马的衰亡, 20
 First Empire of, 第一帝国, 104
 formalism in 形式主义, 165
 France occupied by 占领法国, 118-123, 133, 141, 146-147, 150, 153, 157
 heroic tradition of kingship in 王权的英雄传统, 106
 iconology in 图像学, 169-170, 173
 idealism and, *see* idealism, German 唯心主义与, 见: 唯心主义, 德国
 Maitland's travels in 梅特兰的旅程, 54
 medieval government of 中世纪政府, 263-264
 medieval history of 中世纪史, 80-81, 85, 98
 nazism in 纳粹主义, 87-97, 101, 109, 115-116, 191-193, 397, 399-400, 402-405, 407-408
 Norman society and 诺曼社会与, 270
 publication of medieval records in 中世纪档案的发表, 32
 Second Empire of 第二帝国, 103
 Southern on 萨瑟恩论, 353, 362

Geyl, Pieter 彼得·海尔, 378
Ghent, University of 根特大学, 66, 128
Gibbon, Edward 爱德华·吉本, 44, 131, 296
Giddings, Robert 罗伯特·吉丁斯, 222-223

Gide, André 安德烈·纪德, 192
Gilbert, Felix 费利克斯·吉尔伯特, 88, 371-373, 399
Gilson, Étienne 艾蒂安·吉尔森, 123, 215, 326-336, 351
 Bergson and 柏格森与, 334-335
 criticism of 批评, 333-334
 integrationist and synthesizing position of 融合主义和综合的立场, 329-33
 intellectual inclination of 思想倾向, 329
 Knowles and 诺尔斯与, 326, 335-336
 positivism of 肯定论, 407-408
 on relation of Augustinianism and Thomism 论奥古斯丁主义和托马斯主义, 331-332
 Southern and 萨瑟恩与, 354, 358
 Thomism of 托马斯主义, 326, 328, 330-334, 336
 utopianism of 乌托邦主义, 329-331

Gladstone, William 威廉·格拉斯通, 76
Glanvill, Ranulf de 拉内弗·德·格兰维尔, 53
*Gleichschaltung* "均质化", 397
God, medieval concept of 上帝, 中世纪的观念, 24-25
Goethe, Johann Wolfgang von 约翰·沃尔夫冈·冯·歌德, 87, 112-113, 188, 193, 198
Goetz, Walter 瓦尔特·格茨, 83-84
Goffart, W. W. 戈法特, 403
Gogh, Vincent van 文森特·凡·高, 377, 379, 381
Goldman, Eric 埃里克·戈德曼, 258, 261
Gombrich, Ernst 恩斯特·贡布里希, 172-174
Göring, Hermann 赫尔曼·戈林, 95, 97, 100
*Gothic Architecture and Scholasticism* (Panofsky) 《哥特式建筑和经院哲学》（潘诺夫斯基）, 178, 180-181
Gothic art and culture 哥特式艺术与文化
 as high point of medieval culture 中世纪文化顶峰, 185
 romantic image of 浪漫主义形象, 29
Gothic cathedrals 哥特式大教堂, 143-144, 341
 Panofsky's study of 潘诺夫斯基的研究, 177-181

Grail legend 圣杯传奇, 39, 199, 323, 359
*Grand Illusion, The* 《大幻影》, 329
grand juries 大陪审团
    in criminal law 刑法中的, 64-65
    criticism of Maitland's description of 对梅特兰描述的批判, 66-67
Great Britain 英国
    absence of legal and public administration systems in 法律和公共行政制度缺失, 40
    agriculture in 农业, 21
    aristocratic ambience in 贵族环境, 366
    Christian conservatism and 基督教保守主义与, 219
    common law in, *see* common law 普通法, 见: 普通法
    constitutional history of 宪法的历史, 98
    economic and imperial decline of 经济和帝国的衰落, 211-212
    economic history of 经济史, 390-394
    feminism in 女性主义, 389
    feudalization in 封建化, 276
    fiscal records of 财政档案, 32, 36
    Germany occupied by 对德国的占领, 92
    Jews and, 55 犹太人与, 137
    land law reform in 土地法改革, 52-53, 55
    legal education in 法律教育, 69, 72
    legal history of 法律史, 48, 50-51, 53-74
    male chauvinism in academia in 学术界的男性沙文主义, 317
    medieval government of 中世纪政府, 251-252, 260, 263-269, 275-276, 284
    medieval stenographic court records of 中世纪法庭速记记录, 31, 36
    Norman Conquest of, *see* Norman Conquest 诺曼征服, 见: 诺曼征服
    peasantry of 农民, 391-393, 395
    politics and culture of aristocracy of 贵族阶层的政治和文化, 235, 237-244
    pre-Conquest culture of 前征服时期的文化, 269
    Renaissance literature of 文艺复兴文学, 217-218
    rise of taxation in 税收的兴起, 32
    rural history of 农村史, 393-394
    social amalgamation of middle class in 中产阶级的社会融合, 389-390, 392
    support for medieval record publication in 对发表中世纪手稿的支持, 33
    and threat of nazism 纳粹主义的威胁, 91
    welfare state of 福利国家, 68-69
*Great Divorce, The* (Lewis) 《梦幻巴士》（路易斯）, 219
Great Society "伟大的社会", 246
Greco-Roman world, survival of written material from 古希腊-罗马世界, 文字资料的留存, 30
Greenberg, Irving 欧文·格林伯格, 295
Gregorian University 格里高利大学, 302
Gregory I (the Great), pope （大）教皇格里高利一世, 23, 81
Gregory VII, pope, Erdmann's study of 教皇格里高利七世, 埃德曼的研究, 403-404
Gross, Charles 查尔斯·格罗斯, 252
Grosseteste, Robert, Southern's study of 罗伯特·格罗斯泰特, 萨瑟恩的研究, 351-353
Groton School 格罗顿学校, 400, 406
Grundmann, Herbert 赫伯特·格伦德曼, 363
guild corporatism 行会社团主义, 72
Gurevich, Aron 阿隆·古列维奇, 159

*Hagar the Horrible* 《恐怖的夏甲》, 18
Haggard, H. Rider H. 赖德·哈葛德, 221
Halphen, Louis 路易·阿尔方, 155, 395
    background of 背景, 121-122, 157
    Charlemagne study of 查理大帝研究, 136-139
    French academic mandarins and 法国学术官僚与, 127, 130, 132
    during German occupation of France 德国占领法国期间, 119, 157
    influence of 影响, 144
    influence of European rationalist humanist culture on 欧洲理性主义人文主义文化对其影响, 157

Pirenne and 皮朗与, 130
positivism of 肯定论, 407
temperament of 个人气质, 122
Hamburg, University of 汉堡大学, 90, 174
Hampe, Karl 卡尔·汉佩, 80-82, 84, 86, 95, 103, 263
Hanning, Robert W. 罗伯特·W. 汉宁, 166-167, 198, 200-201, 359-362, 364
Harbison, E. Harris "Jinks" E. 哈里斯·"嬉闹者"哈比森,, 258, 261
Harnack, Adolf von 阿道夫·冯·哈纳克, 398
Harold II, king of England （英国国王）哈罗德二世, 276
Harvard University 哈佛大学, 30-31, 37-38, 44, 67, 70, 169-170, 217, 250, 259, 327, 330-331
  Graduate School of 研究生院, 252
  Haskins's career at 哈斯金斯的生涯, 98, 182-183, 245-246, 252-253, 255-256, 285
  Law School at 法学院, 48-49, 69-70, 248
Haskins, Charles Homer 查尔斯·霍默·哈斯金斯, 31-32, 98-99, 101, 182-183, 339, 368
  as academic power broker 作为学术经纪人, 254-255
  Anglo-Saxonist opposition to 盎格鲁-撒克逊主义者对其反驳, 276-277
  on history of science 论历史科学, 254-255
  on intellectual and educational history 论思想史和教育史, 256-257
  on medieval politics 论中世纪政治, 246, 250-252, 254, 263-264, 268-277, 284-285
  Normanist thesis of 诺曼主义主题, 251-252, 268-277
  at Paris Peace Conference 在巴黎和会, 252-253
  positivism of 肯定论, 407
  psychological profile of 心理侧面, 250-257
  similarities between Strayer and 斯特雷耶与其类似之处, 257-258, 260
  Wilsonian progressivism of 威尔逊进步主义, 245-247, 250-251, 254-255, 264, 276, 282
Hastings, Battle of 黑斯廷斯战役, 275-276

Hatcher, John 约翰·哈彻, 386
Hauser, Arnold 阿诺尔德·豪泽尔, 187
Hayden, Tom 汤姆·海登, 128
Heckscher, William 威廉·赫克斯赫, 177
Hegel, Georg Wilhelm Friedrich 格奥尔格·威廉·弗里德里希·黑格尔, 82, 112-113, 173
Heidegger, Martin 马丁·海德格尔, 89
Henry II, king of England （英国国王）亨利二世, 53, 67, 91, 262, 264, 365-366
  legal revolution during reign of 其统治期间的法律革命, 58-59
Henry III, king of England, Powicke's study of （英国国王）亨利三世, 波威克的研究, 234-235, 239-242
*Henry V* (Shakespeare) 《亨利五世》（莎士比亚）, 324
Henry VI, Holy Roman emperor （神圣罗马帝国皇帝）亨利六世, 109
Henry VIII, king of England （英国国王）亨利八世, 71, 312
  monasteries suppressed by 受其压制的修道院, 319, 325
Henty, G. A. G. A. 亨蒂, 221
heresy 异端
  Lambert on 兰伯特论, 363-364
  romanticism and 浪漫主义与, 341
  Southern on 萨瑟恩论, 354, 364
heroism 英雄主义
  kingship and 王权与, 106
  mythopoetic vision of 神话想象, 213
  social status and 社会地位与, 232
*Herrschaftszeichen und Staatssymbolik* (Schramm) 《统治符号和国家象征》（施拉姆）, 112-113
high farming 高产农业, 391-392
Hildegard of Bingen 宾根的希尔德加德, 198, 353, 362
Hill, Bennett 贝内特·希尔, 246
Hill, Christopher 克里斯托弗·希尔, 349
Hill Monastic Manuscript Library 希尔的修道院手稿图书馆, 31
Hindenburg, Paul von 保罗·冯·兴登堡, 87

Hiss, Alger 阿尔杰·希斯, 100, 219

*Historian and Character, The* (Knowles) 《历史学家和性格》(诺尔斯), 297-298

*Historian's Craft, The* (Bloch) 《历史学家的技艺》(布洛赫), 141-142, 145, 155

history, medieval 中世纪历史

    Bloch's principles and 布洛赫的原则与, 141-144, 155-156

    of Germany 德国的, 80-81, 85, 98

    published material on 已发表资料, 30

*History and the Economic Past: An Account of the Rise and Decline of Economic History in Britain* (Coleman) 《历史与经济史：英国经济史兴衰录》(科尔曼), 385

History Book Club 史书俱乐部, 344

*History of Christian Philosophy in the Middle Ages* (Gilson) 《中世纪基督教哲学史》(吉尔森), 330, 333-335

*History of English Law* (Pollock and Maitland) 《英国法律史》(波洛克与梅特兰), 98

*History of My Calamities* (Abelard) 《我的灾难史》(阿伯拉), 42

*History of the Church* (Jedin) 《教会史》(耶丁), 288, 291

*History of the English Coronation, The* (Schramm) 《英国加冕史》(施拉姆), 91

*History of the Kings of Britain* (Geoffrey of Monmouth) 《不列颠诸王史》(蒙茅斯的杰弗里), 361

Hitler, Adolf 阿道夫·希特勒, 79, 238, 243, 253, 351, 372, 396-397

    academia and 学术界与, 87-90

    Churchill and 丘吉尔与, 91

    Curtius on change and instability leading to 库尔提乌斯论变化和动荡, 196-197

    Erdmann's denunciation of 埃德曼的谴责, 404

    formalism and 形式主义与, 165

    German idealism and 德国唯心主义与, 115-116

    Kantorowicz and 坎托洛维奇与, 96-97

    occupation of France and 对法国的占领与, 118

    Otto III and 奥托三世与, 109

    Schramm and 施拉姆与, 92-94, 99, 109

*Hitler: The Man and the Military Leader* (Schramm) 《希特勒：其人、军事领袖》(施拉姆), 93-94

*Hobbit, The* (Tolkien) 《霍比特人》(托尔金), 206, 223-225

Hofmannsthal, Hugo von 胡戈·冯·霍夫曼斯塔尔, 194

Hoggart, Richard 理查德·霍加特, 223

Holborn, Hajo 豪约·霍博恩, 88

Hollister, Warren 沃伦·霍利斯特, 276

Holly, Michael Ann 迈克尔·安·霍利, 177

Holmes, George 乔治·霍姆斯, 39

Holmes, Oliver Wendell, Jr. 小奥列弗·温德尔·霍姆斯, 70, 203

Holocaust 大屠杀, 43, 89, 93

Holy Ghost 圣灵, 24-25

Homer 荷马, 199

*Homo Ludens* (Huizinga) 《游戏的人》(赫伊津哈), 378

Hook, Sidney 西德尼·胡克, 187

Hopman, F. F.霍普曼, 379

Horace 贺拉斯, 35

Horace Mann School 霍瑞斯曼学校, 257

Houghton, L. S. L. S. 霍顿, 41

House, Edward 爱德华·豪斯, 252

House of Commons, British 下议院，英国, 73, 76

Howard, Donald R. 唐纳德·R. 霍华德, 19

Hugo, Victor 维克多·雨果, 170-171

Huizinga, Johan 约翰·赫伊津哈, 186-187, 377-382

    on aristocracy 论贵族, 380-381

    autobiography of 自传, 377-378

    medieval art study of 中世纪艺术研究, 378-381

    negativism of 否定论, 377-381, 407-409

    postimpressionism of 后印象主义, 377, 379, 381, 408

    typologies of 类型学, 377-378

humanism 人文主义

of academic medievalists 中世纪学家的,
36-37
fundamentalist 原教旨主义的, 197
of Italian Renaissance 意大利文艺复兴的,
28-29
rationalist 理性主义的, 157
*Hunchback of Notre Dame, The* (Hugo) 《巴黎圣母院》（雨果）, 170
Hundred Years' War 百年战争, 72-73, 152, 228
hung juries 优柔寡断的陪审团, 62
Huns 匈奴人, 20
Hunt, Richard 理查德·亨特, 345-346, 348-349
Hurst, J. Willard J. 威拉德·赫斯特, 70-71
Hutchins, Robert Maynard 罗伯特·梅纳德·哈钦斯, 215, 332
Hutchinson 哈钦森, 338, 346

iconography 图像志
  of film 电影, 176
  French school of 法国学派, 169-171
  iconology vs. 图像学与, 176-177
iconology 图像学, 161-188
  culture and 文化与, 173, 176
  definition of 定义, 162
  iconography vs. 图像志与, 176-177
  rise of 兴起, 169-174, 187
  threefold focus of 三重焦点, 173
ideal and idealism 理想与理想主义, 29
  formalism and 形式主义与, 368
  Huizinga on 赫伊津哈论, 379-380
  of Kantorowicz 坎托洛维奇的, 113, 407
  of Lewis 路易斯的, 243, 407-408
  romanticism and 浪漫主义与, 337-339, 368
  of Southern 萨瑟恩的, 368-369
  of Strayer 斯特雷耶的, 368, 407-408
idealism, German 唯心主义, 德国, 37-38
  confluence of medieval and modern 中世纪与现代的汇合, 113
  in decline 衰落, 115
  Hegel and 黑格尔与, 82
  Hitler and 希特勒与, 115-116

medievalism and 中世纪主义与, 116
  in medieval studies 中世纪研究中的, 112-117
  on purpose of money 论金钱的作用, 115
  qualities of 性质, 114-115
  on radical change 论急剧变革, 115
  strengths and accomplishments of 优点与成就, 113
  as U.S. transplant 移植到美国, 116-117
ideology 意识形态
  formalism as interpretation and 形式主义作为阐释和意识形态, 161-168
  in intellectual foundation of St.-Denis Church 圣丹尼大教堂的思想基础, 179
  kingship and 王权与, 82-84, 90-91, 100, 103-112
Ignatius Loyola, Saint 圣依纳爵·罗耀拉, 310
image-and-text formalism 图像与文本形式主义, 173, 176, 180
imagination, medieval 想象, 中世纪的
  as interaction of cultural traditions 作为文化传统的互动, 213-214
  Lewis on 路易斯论, 213-222, 232
Incarnation "道成肉身", 414
*Individual in Twelfth Century Romance, The* (Hanning) 《十二世纪传奇中的个人》（汉宁）, 360
individualism 个人主义, 349-350, 364, 414
  in literature 文学中的, 167
  romanticism and 浪漫主义与, 340, 356, 360-361, 364
  *see also* creativity 另见：创造性
industrialism, Middle Ages as refuge against 工业主义, 中世纪作为抗拒它的避难所, 43
Industrial Revolution 工业革命, 22, 29, 414
Inklings 淡墨会, 205-207, 213
*Inklings, The* (Carpenter) 《淡墨会》（卡彭特）, 213
Innocent III, pope 教皇英诺森三世, 109
Inns of Court 律师学院, 56, 63, 71-72, 114
Inquisition 宗教法庭, 354, 396
inquisitor-judges 检察官-法官, 62

Institute for Advanced Study 高等研究院, 113, 123, 372
  background of 背景, 102
  formalism at 形式主义, 165
  history faculty at 历史系, 102
  Kantorowicz's appointment to 坎托洛维奇的任命, 100-102
  Panofsky's career at 潘诺夫斯基的生涯, 174
  School of Historical Studies at 历史研究学院, 174

Institute for Research on the German Middle Ages, see Monumenta 德国中世纪研究所, 见: 文献集成

Institute of Medieval Studies 中世纪研究所, 293-294, 327, 329, 336, 351

instrumentalism, pragmatic 工具主义, 实用主义的, 37-38

intellectuals and intellectualization 知识分子与学术化
  Augustine and 奥古斯丁与, 201-202
  costs of 代价, 37-38
  conservatism and 保守主义与, 349-351
  and founding of St.-Denis Church 与圣丹尼大教堂的建立, 179
  Haskins and 哈斯金斯与, 256-257
  nazism and 纳粹主义与, 84
  and perception of medieval culture 与中世纪文化的认知, 414
  relationship and tension between physical and 实体的与其关系和张力, 40-42
  self-criticism and 自我批评与, 38
  society and 社会与, 414-415

*Isis* 《伊希斯》, 254

Italy 意大利
  agriculture in 农业, 21
  Frederick II and 腓特烈二世与, 109-111, 115
  history of cities of 城市史, 33
  Lopez's study on 洛佩兹的研究, 285
  medieval manuscripts in 中世纪手稿, 31
  Renaissance in 文艺复兴, 17, 28-29, 46, 73, 170, 173, 181-186, 203-204, 217

*Ivanhoe* (film) 《艾凡赫》(电影), 44
*Ivanhoe* (Scott) 《艾凡赫》(司格特), 277

*Jack: C. S. Lewis and His Times* (Sayer) 《杰克: C. S. 路易斯和他的时代》(塞耶), 213
Jackson, W. H. W. H. 杰克逊, 359-360
jailbreaks 越狱, 64
James, Henry 亨利·詹姆斯, 31
James, William 威廉·詹姆斯, 70, 221
Jay, Antony 安东尼·杰伊, 75
Jazz Age 爵士乐时代, 257
Jedin, Hubert 胡贝特·耶丁, 288, 291
Jerusalem 耶路撒冷, 26
*Jesus as Mother* (Bynum) 《耶稣为母》(拜纳姆), 364
Jesus Christ 耶稣, 基督, 111
  medieval representations of 中世纪的表现, 24
  Second Coming of 二次来临, 25, 27
Jews and Judaism 犹太人与犹太教
  Anglophiles among 亲英派, 137
  First Crusade and 第一次十字军东征与, 25-26
  in France 法国的, 118-119, 121, 136-138, 140-141
  Frederick II and 腓特烈二世与, 111
  in French Middle Ages 法国中世纪时期, 136-138
  liberal rationality of 自由理性, 137
  medieval culture of 中世纪文化, 375
  rift between liberal center and radical left among 自由派中坚与激进左派之间的裂隙, 157
  see also anti-Semitism 另见: 反犹主义
Joachim of Fiore 菲奥雷的约阿希姆, 110, 198, 350-351, 353, 415
John XXIII, pope 教皇约翰二十三世, 287, 289
John of Salisbury 索尔兹伯里的约翰, 365-366
John of the Cross, Saint 圣十字约翰, 308
John Paul II, pope 教皇约翰·保罗二世, 290
Johns Hopkins University 约翰斯·霍普金斯大学, 73, 190, 247, 250, 252, 400
Johnson, Lyndon 林登·约翰逊, 246, 277
Jordan, William C. 威廉·C. 乔丹, 246

*Journal of Interdisciplinary History* 《跨学科历史杂志》, 144
Joyce, James 詹姆斯·乔伊斯, 35, 52, 192, 237
*J.R.R. Tolkien: This Far Land* (Giddings) 《J. R. R. 托尔金：远土》（吉丁斯）, 222-223
judges 法官
    circuit 巡回法庭, 60-63
    in common law 普通法, 60-66, 72
    in criminal law 刑法, 64-66
    government and 政府与, 266
    impartiality of 不公正, 62-63
    Roman 罗马的, 62-63
Jung, Carl Gustav 卡尔·古斯塔夫·荣格, 166, 173, 189-190, 194, 198, 200-201
juries and jury system 陪审团和陪审团制度
    in common law 普通法, 61-66
    in criminal law 刑法, 64-66
    expansion of 扩展, 59
    grand 大陪审团, 64-67
    of indictment and recognition 起诉和事实认定, 62
    nullification of laws by 否决法律, 65
justices of the peace 治安法官, 66, 72

*Kaiser, Rom, und Renovatio* (Schramm) 《皇帝、罗马和复兴》（施拉姆）, 103, 107-109, 330, 348
Kamp, Norbert 诺伯特·坎普, 93
Kandinsky, Wassily 瓦西里·康定斯基, 57
Kant, Immanuel 伊曼努尔·康德, 112-113, 193
Kantorowicz, Ernst Hartwig "Eka," 恩斯特·哈特维希·坎托洛维奇, "埃卡," 79-86, 94-97, 140, 351, 379, 395, 399
    academic background of 学术背景, 82, 104
    Berkeley appointment of 伯克利的任命, 98-101, 113
    on charismatic leadership 论领袖魅力, 115
    criticism of 批评, 95, 97, 99, 101-102
    Curtius compared with 库尔提乌斯与其比较, 195
    erudition of 博学, 86, 98
    in escape from Germany 逃离德国, 88, 90, 97
    formalists' differences with 形式主义者与其区别, 202-203
    Frederick II study of 腓特烈二世研究, 80, 82, 84-86, 95-96, 99-100, 102-104, 110-112, 115, 373, 379
    *Geistesgeschichte* of "精神史", 82-84, 117, 196, 202-203
    heritage of 遗产, 80, 95, 97, 112
    honors and awards of 荣誉和奖励, 100
    idealism of 唯心主义, 113, 407
    on implications of ideology of kingship 论王权意识形态的含义, 103-104
    Institute for Advanced Study appointment of 高等研究院的任命, 100-102
    intellectual influences on 所受的思想影响, 83-85 96-97
    last important works of 最后的重要著作, 112-114
    liberalism of 自由主义, 401-402
    military career of 军事生涯, 95-96, 100-101
    Mommsen and 蒙森与, 372-373
    nazism and 纳粹主义与, 88, 90, 95-97, 100-101, 116
    physical appearance of 长相特征, 79
    political associations of 政治联系, 95
    on political messianism 论政治救主信仰, 111-112
    Postan compared with 波斯坦与之比较, 385
    revival of imperial Middle Ages wanted by 复兴帝国中世纪的渴望, 112
    Southern and 萨瑟恩与, 97, 102, 343, 353, 358
    on threat of communism 论共产主义威胁, 104
Keaton, Buster 巴斯特·基顿, 176
Keats, John 约翰·济慈, 413-414
Keen, Maurice 莫里斯·基恩, 359
Kehr, Paul 保罗·克尔, 81, 399-400, 402-403
Kennedy, John F. 约翰·F. 肯尼迪, 277
Kern, Fritz 弗利茨·克恩, 103
Keynes, John Maynard 约翰·梅纳德·凯恩斯, 56-57, 390-391

King, Roger 罗杰·金, 223
*King Henry III and the Lord Edward* (Powicke) 《亨利三世国王和爱德华殿下》(波威克), 234-235, 237, 241-242
kings and kingships 国王和王权, 395
    ambitious ideas of 野心勃勃的观念, 107-108
    anointment of 受膏仪式, 106
    Bloch on 布洛赫论, 147
    Christian tradition of 基督教传统, 105-107
    common law and 普通法与, 58-62, 66-68, 71, 114
    divine right of 神圣权力, 114
    early Germanic heroic tradition of 早期德意志英雄主义传统, 106
    government and 政府与, 264-268, 281-282
    history of coronations of 加冕的历史, 90-91
    idealism and 唯心主义与, 368
    implications of ideology of 意识形态的含义, 103-112
    land law as creation of 创立土地法, 67-68
    leadership of 领导权, 46
    liturgy and court ideology of 仪式与宫廷意识形态, 82-84, 90-91, 100
    loyalty commanded by 要求效忠, 46
    natural and political bodies of 自然和政治身体, 113-114
    physical objects of 实体, 113
    rituals of 仪式, 140
    Roman ideology and institution of 罗马意识形态与制度, 104-107
    thaumaturgical 神迹, 140
    theology of 神学, 102, 114
    *see also* specific kings 另见：特定国王
King's Councils, Parliament and 御前会议, 议会与, 76
*Kingship and Law in the Middle Ages* (Kern) 《中世纪的王权和法律》(克恩), 103
*King's Two Bodies, The* (Kantorowicz) 《国王的两个身体》(坎托洛维奇), 112-114, 353
Knights of Columbus 哥伦布骑士会, 31
Knowles, Michael David 迈克尔·戴维·诺尔斯, 54, 242, 296-326, 372, 375
    Augustinianism of 奥古斯丁主义, 336, 358
    autobiography of 自传, 377
    biographical perspectives on 传记观点, 297-317
    Butler memoir by 给巴特勒写的回忆录, 313-314
    comparison of Gilson and 吉尔森与其比较, 326, 335-336
    Downside Abbey disappointing to 对唐赛德修道院失望, 313-315
    extra-cloistral status of 院外身份, 305, 307
    homoerotic feelings of 同性恋的感情, 312-315
    Kornerup's relation with 科内鲁普与其关系, 297-299, 304-309, 316-317
    Morey's denunciation of 莫里的谴责, 298, 300, 307-311, 313-314
    persistent theme in works of 作品中贯穿始终的主题, 322-324
    pessimism of 悲观主义, 323-324, 408
    physical appearance of 体貌, 296
    positivism of 肯定论, 407-408
    and Power's study of nuns 与鲍尔关于修女的研究, 388, 395
    psychological stress and religious trials of 心理压力与宗教考验, 299, 311-313, 324
    public image of 公共形象, 306-307
    self-image of 自我形象, 315-317
    on sixteenth-century dissolution of monasteries 论16世纪修道院的解散, 319-320, 325-326
    sociological perspective on 社会学观点, 317
    Southern and 萨瑟恩与, 340, 351-354, 356, 358
    textbook writing of 教科书写作, 320-321
    works of 著作, 318-322, 324-325
Kochan, Miriam 马里亚姆·科汉, 151
Koebner, Richard 里查德·克布纳, 394
Kornerup, Elizabeth, Knowles's relationship with 伊丽莎白·科内鲁普, 与诺尔斯的关系, 297-299, 304-309, 316-317

Kosminsky, E. A.　E. A. 考斯明斯基, 156
Krauss, Rosalind　罗莎琳德·克劳斯, 187
Kretzmann, Norman　诺曼·克雷茨曼, 334
Kristeller, Paul Oskar　保罗·奥斯卡·克里斯特勒, 190

Lacan, Jacques　拉康, 雅克, 215
Laing, R. D.　R. D. 莱恩, 226
Laistner, Max　马克斯·莱斯特纳, 189
Lambert, Malcolm　马尔科姆·兰伯特, 363-364
Lamprecht, Karl　卡尔·兰普雷希特, 83, 87
*Lancelot* (Chrétien de Troyes)　《兰斯洛特》（克雷蒂安·德·特罗亚）, 199
land law　土地法, 61-63, 67-68
　assizes in　法令, 60
　in common law　普通法, 61
　Maitland vs. Milsom on　梅特兰与米尔索姆论, 67-68
　modernization of　现代化, 52-53, 55
Lane Fox, Robin　罗宾·莱恩·福克斯, 363
Lanfranc　兰弗朗克, 272
Langland, William　威廉·朗格兰, 318
Langlois, Charles-Victor　夏尔-维克多·朗格诺瓦, 141, 382
*Last Battle, The* (Lewis)　《最后一战》（路易斯）, 221
Latin　拉丁语
　and editing medieval texts　与中世纪文本的编辑, 34
　postmedieval revival of　后中世纪复兴, 29
　and script in medieval texts　与中世纪文本中的字体, 34-35
Lausberg, Heinrich　海因里希·劳斯伯格, 191
law and legal systems　法律和法律制度, 36, 395
　advances in　进步, 27
　British history of　英国法律和法律制度史, 48, 50-51, 53-74
　civil　民事, 266
　common, *see* common law　普通, 见：普通法
　criminal, *see* criminal law　刑事, 见：刑法
　education in　教育, 69-72

expediency and profit in reforming of　其改革的方便和利益, 59
government and　政府与, 263-268
idealism and　唯心主义与, 368
implications in absences of　缺少法律和法律制度的含义, 40
jury nullification of　陪审团否决, 65
land, *see* land law　土地, 见：土地法
Liebermann's work on　利伯曼的著作, 54-55
Maitland's work on　梅特兰的著作, 48, 50-51, 53, 56-60, 64-75
rise of　兴起, 46
in Rome in Middle Ages　中世纪罗马的, 55, 62-65
social groups and political forces served by　服务的社会群体和政治力量, 53
society and　社会与, 53, 55, 57, 61, 66-67, 71, 73-75
stenographic records of　速记记录, 31, 36
*Law and the Conditions of Freedom in the Nineteenth-Century United States* (Hurst)　《十九世纪美国法律和自由状况》（赫斯特）, 71
Lawrence, D. H.　D. H. 劳伦斯, 381
*Laws of the Anglo-Saxons, The* (Liebermann)　《盎格鲁-撒克逊法律》（利伯曼）, 54
lawyers　律师
　emergence of profession of　行业的出现, 63
　government and　政府与, 263-266
　Maitland's impact on　梅特兰的影响, 68-69
Lea, Henry C.　亨利·C. 李, 32, 44, 396
leadership principle　领导原则, 84-85, 96
League of Nations　国际联盟, 248
Lean, David　戴维·里恩, 222
leasehold farming　租赁农业, 392
Leavis, Frank R.　弗兰克·R. 利维斯, 212
　Southern compared with　萨瑟恩与其比较, 347-348
Leeds, University of　利兹大学, 229
Leff, Gordon　戈登·莱夫, 322
*Legacy of the Middle Ages, The*　《中世纪的遗产》, 388

Le Goff, Jacques 雅克·勒高夫, 44, 126, 153-155, 159
Lehmann, Paul 保罗·莱曼, 198
Leninism 列宁主义, 397, 411
Leo XIII, pope 教皇利奥十三世, 287-291
Le Roy Ladurie, Emmanuel 埃玛尼埃尔·勒华拉杜里, 121, 126, 152-155
   charisma of 个人魅力, 153
   peasantry study of 农民研究, 154-155
Levison, Wilhelm 威廉·莱维松, 88, 136
Lévi-Strauss, Claude 克洛德·列维-斯特劳斯, 120, 126, 134, 150, 197
Levy-Bruhl, Lucien 吕西安·莱维-布吕尔, 335
Lewis, Clive Staples "Jack," 克莱夫·斯特普尔斯·路易斯,"杰克", 205-222, 337
   class background of 阶级背景, 211
   contribution of 贡献, 232-233
   fame of 名声, 207
   fantasy writing of 奇幻写作, 207-210, 212-213, 219-222
   fiction writing of 小说写作, 218-222
   Manicheanism of 摩尼教, 219-220, 233, 243
   on medieval art and literature 论中世纪艺术与文学, 214-215
   on medieval imagination 论中世纪想象, 213-222, 232
   neo-Thomist compatibility of 与新托马斯主义的兼容, 215-216
   personal tastes and life-style of 个人趣味与生活方式, 206-207, 209-211
   philosophy of history of 历史哲学, 210
   polemical Christian novels of 论辩性基督教小说, 219-220
   positivism of 肯定论, 407-408
   Powicke and 波威克与, 241-243
   reputation of 名声, 206-208
   similarities between Tolkien and 托尔金与其相似之处, 211-212, 230-233
   Southern and 萨瑟恩与, 358
   Tolkien's relationship with 托尔金与其关系, 207-208

utopianism of 乌托邦思想, 243
Leyden, University of 莱顿大学, 377
Leyser, Karl 卡尔·莱泽, 263
liberalism 自由主义
   cold war and 冷战与, 282-283
   of Kantorowicz 坎托洛维奇的, 401-402
   of Mommsen 蒙森的, 401
   rationalism and 理性主义与, 137
Library of Congress 国会图书馆, 153
Liebermann, Felix 费利克斯·利伯曼, 54-55, 175
Literacy 识字状态, 294, 341
literary structuralism 文学结构主义, 197-198
literature, medieval 中世纪文学, 30, 185, 407, 413, 415
   Augustine's influence on 奥古斯丁的影响, 201-202
   continuities and homogeneities of 连续性与同质性, 198
   courtly 宫廷的, 214, 232, 337, 341, 356
   creativity in 创造性, 27, 195, 200-201
   Curtius's contribution to history of 库尔提乌斯对其历史的贡献, 189-191, 193-198, 201
   formalist study of 形式主义研究, 161-168, 189-204
   impact of personality on 人格对其影响, 37
   individuation and individualism in 个人化与个人主义, 167
   popularity of courses in 课程受欢迎, 410
   published material on 发表的文献, 30
   relationship between contemporary world view and 现代世界观与其关系, 214-215
   of romanticism 浪漫主义, 217, 337-338, 341, 356-357, 360
   social deterministic interpretations of 社会决定论阐释, 164
   Southern on 萨瑟恩论, 353-354
   see also Arthurian literary tradition 另见：亚瑟王文学传统
*Literature and Society in Medieval France* (Muir) 《中世纪法国的文学与社会》(缪尔), 217,

338

Lloyd George, David 戴维·劳合·乔治, 240

London, Public Record Office of 伦敦, 公共档案馆, 30-32, 53, 233, 235

London, University of 伦敦大学, 183, 361
    Institute for Historical Research at 历史研究所, 296
    Warburg-Cortauld Institute at 瓦尔堡-考陶尔德学院, 172-173

London Conference (1946) 伦敦会议（1946）, 327

London School of Economics (LSE), Power's career at 伦敦政治经济学院, 鲍尔的生涯, 383-385

Longmans 朗曼, 321

Loomis, Roger 罗杰·卢米斯, 359-360

Lopez, Robert S. 罗伯特·S. 洛佩兹, 128, 285, 369

Lord, Robert H. 罗伯特·H. 洛德, 252

*Lord of the Rings, The* (Tolkien) 《魔戒》（托尔金）, 207-208, 210-211, 222-231, 243
    aspects of medieval civilization captured by 捕捉的中世纪文明的侧面, 231-232
    as counterromance 反传奇, 229
    criticism on 批评, 222-224
    explanations for popularity of 受欢迎的解释, 223, 227
    medieval environment of 中世纪环境, 227-228
    memories of war in 战争的记忆, 227-228, 231
    metaphysical interpretation of 形而上的解释, 230
    as monument to historical philology 历史语文学的丰碑, 226
    pessimistic conclusion of 悲观主义的结局, 228
    Tolkien's critiques of 托尔金的批评, 224, 226-227, 229-231

Lorimer, E. O. E. O. 洛里默, 96

Los Angeles, University of California at (UCLA) 加利福尼亚大学洛杉矶分校, 285

Lot, Ferdinand 费迪南·洛特, 34, 122, 127, 131-132, 155

Louis VI (the Fat), king of France （法国国王）路易五世（胖子）, 178

Louis IX (Saint Louis), king of France （法国国王）路易九世（圣路易）, 179, 260

Louis XIV, king of France （法国国王）路易十四, 206

Louvain, University of 鲁汶大学, 332

love 爱
    courtly 宫廷的, 214, 232, 337, 341, 356
    in medieval heritage 中世纪遗产中的, 416

Low Countries, Huizinga's study of 低地国家, 赫伊津哈的研究, 378-381

Luce, Clare Boothe 克莱尔·布思·卢斯, 219, 243

Luce, Henry 亨利·卢斯, 219

Luther, Martin 马丁·路德, 92

Lutheranism 路德教派, 132

Lycee Henri IV 亨利四世中学, 326

Macaulay, Thomas Babington 托马斯·巴宾顿·麦考利, 296

McCarthy, Joseph 约瑟夫·麦卡锡, 100

McGinn, Bernard 伯纳德·麦金, 294-295

McKeon, Richard 理查德·麦基翁, 215, 332

McLuhan, Marshall 马歇尔·麦克卢汉, 132

Macmillan, Harold 哈罗德·麦克米伦, 209-210

Madison, James 詹姆斯·麦迪逊, 74

Madison, University of Wisconsin at 威斯康星大学麦迪逊分校, 250-251, 256

Mafia 黑手党, 110

*Magician's Nephew, The* (Lewis) 《魔法师的外甥》（路易斯）, 221

Magna Carta 大宪章, 239

Maitland, Frederic William 弗雷德里克·威廉·梅特兰, 48-78, 234, 263, 278, 296, 374-375, 409
    Bloomsbury group and 布卢姆斯伯里团体与, 56-57
    criticisms of 批评, 66-68

death of 逝世, 48-50, 57
formalists' differences with 形式主义者与其区别, 202-203
functionalist thinking of 功能主义思考, 53
on functioning of Parliament in Middle Ages 论中世纪议会的作用, 75-78
heritage of 传统, 55-56
Kantorowicz and 坎托洛维奇与, 98, 113-114
on law 论法律, 48, 50-51, 53, 56-60, 64-75
legacy of 遗产, 50-51
legal background of 法律背景, 52
legal profession and judicial culture affected by 对法律职业与司法文化的影响, 68-71
Liebermann and 利伯曼与, 54-55
modernist temperament of 现代主义气质, 57-58
narrative art of 叙事艺术, 60
originality of 原创性, 51, 57, 66
photographic memory of 超高记忆能力, 49
physical appearance of 长相特征, 50
Pollock's collaboration with 波洛克与其合作, 50, 55-59, 72, 98
positivism of 肯定论, 407
on shaping of criminal law 论刑法的形成, 64-66
Southern compared with 萨瑟恩与其比较, 347-348
Stubbs compared with 斯塔布斯与其比较, 51-52, 75-78
studies on work of 对其著作的研究, 49
Tolkien and 托尔金与, 232-233
Vinogradoff and 维诺格拉多夫与, 55

*Making of Europe, The* (Dawson) 《欧洲的形成》（道森）, 330

*Making of the Middle Ages, The* (Southern) 《中世纪的形成》（萨瑟恩）, 158, 338-341, 343, 345-348, 351, 360, 364, 367, 379
*Speculum* review of 《反射镜》的评论, 339
value and quality of 价值和品质, 338-340, 346-348

Mâle, Émile 埃米尔·马勒, 170-171, 176

Malraux, Andre 安德烈·马尔罗, 120
Malthus, Thomas 托马斯·马尔萨斯, 391-394, 408-410
man, fall of 人的堕落, 292-293
Manchester, University of 曼彻斯特大学, 234
Manichean theology 摩尼教神学, 219-221, 233, 243
Manitoba, University of 曼尼托巴大学, 343
Mann, Thomas 托马斯·曼, 80, 192
manorial law 庄园法, 55
manuscripts, *see* texts, medieval 手稿, 见: 中世纪文本
Manyon, L. A. L. A. 马尼翁, 146
Marcuse, Herbert 赫伯特·马尔库塞, 42, 143, 145
Marenbon, John 约翰·马伦本, 322, 334
Maritain, Jacques 雅克·马利丹, 215, 328, 331
market economy, common law and 市场经济, 普通法与, 71, 74
Marshall, Alfred 阿尔弗雷德·马歇尔, 391
Martin, E. J. E. J. 马丁, 414
Marwitz, E. E. 马维茨, 85
Marx, Karl, and Marxism 卡尔·马克思, 与马克思主义, 70, 132, 279, 283, 404, 312
Annalist school influenced by 对年鉴学派的影响, 151-152, 155, 158-159, 246
Bloch influenced by 对布洛赫的影响, 142-143, 145, 157-158, 280
Braudel influenced by 对布罗代尔的影响, 151-152
capital accumulation concept of 资本积累观念, 152
Curtius and 库尔提乌斯与, 194
formalism and 形式主义与, 165-166
Panofsky's Flemish art study and 潘诺夫斯基的佛兰芒艺术研究与, 186-187
school of art history based on 以其为基础的艺术史学派, 187-188
Tawney influenced by 对托尼的影响, 383, 390-391

Marx, O. O. 马克思, 85

Maryland, University of  马里兰大学, 246

mass  大众, 25

material, relationship and tension between spiritual and  物质的，精神的与其关系和紧张, 40-42

Mauss, Marcel  马塞尔·莫斯, 134

Medieval Academy of America  美国中世纪学会, 100, 245, 253, 255, 258, 278, 280, 339

*Medieval and Renaissance Studies* (Mommsen)  《中世纪和文艺复兴研究》（蒙森）, 405-406

*Medieval English Nunneries* (Power)  《中世纪英国女修道院》（鲍尔）, 382, 387-388, 395

*Medieval Heresy* (Lambert)  《中世纪异端》（兰伯特）, 363

*Medieval History: The Life and Death of a Civilization* (Cantor)  《中世纪历史：一种文明的生与死》（坎托）, 344

Medieval Mannerism  中世纪风格, 195

*Medieval People* (Power)  《中世纪人》（鲍尔）, 382, 387-388

*Medieval Popular Culture* (Gurevich)  《中世纪大众文化》（古维维奇）, 159

*Medieval Romance* (Stevens)  《中世纪传奇》（史蒂文斯）, 217, 337-338

*Mediterranean World* (Braudel)  《地中海世界》（布罗代尔）, 152

Meinecke, Friedrich  弗雷德里希·梅尼科, 83, 87-89

Mellon family  梅隆家族, 189

memory  记忆
    collective  集体的, 166-167
    iconology and  图像学与, 173
    of Middle Ages  中世纪的, 413
    personal  个人的, 166-167
    typologies in  类型学, 173-174

Michelet, Jules  儒勒·米什莱, 44, 413-414

Middle Ages  中世纪
    accessibility of  可理解性, 154-155
    affirming heritage of  肯定的遗产, 412
    beginning of  开始, 130
    college courses on  大学课程, 44, 47
    complexity of  复杂性, 27

    as creation of interactive cultural processes  作为交互作用的文化过程的产物, 38
    didactic justification for study of  研究中世纪教育作用理由, 47
    disagreements about development and significance of  关于其发展和意义的争议, 45
    discovery of  发现, 42
    future of studies in  研究的未来, 411-412, 416
    as heritage  作为遗产, 30-36, 47, 415-416
    interaction of modern culture with  现代文化与其互动, 42
    interest in meaning and relevance of  对其意义和相关性的兴趣, 17-20, 40-42, 47
    *Lord of the Rings* as allegory of  《魔戒》作为其寓言, 230
    lucky numbers in  幸运数字, 64
    marginal interpretations of  边缘性的阐释, 375-376
    negative views of  消极观点, 28-29
    of non-Western cultures  非西方文化, 375
    number of recognitions and formulations of  认知和建构的数量, 45
    parallels and contrasts between present culture and society and  当今文化和社会与其相似与不同, 18-19, 28, 47
    personal views of  个人观点, 43-44
    popularity of courses in  课程的流行, 410-411
    prime questions about  主要问题, 46-47
    therapeutic value of imagining  想象的疗治价值, 43

*Middle Ages, The* (Strayer and Munro)  《中世纪》（斯特雷耶和芒罗）, 277-278

middle class  中产阶级
    amalgamation of  融合, 389-390, 392
    Postan on  波斯坦论, 392

Mifflin, Houghton  霍顿·米夫林, 225

militarism  军事主义, 214, 228, 265
    aristocracy and  贵族阶级与, 46
    fanaticism and  狂热与, 396-397, 403, 408, 410
    in *Lord of the Rings*  《魔戒》中的, 227-228,

231

Middle Ages as refuge against 中世纪作为避难所, 43

of Normans 诺曼人的, 272-275

Rome and 罗马与, 20

*see also* Crusades 另见：十字军东征

Miller, Edward 爱德华·米勒, 386

Milsom, S. F. C. S. F. C. 米尔索姆, 67-68

Milton, John 约翰·弥尔顿, 220

*Mimesis* (Auerbach) 《摹仿论》（奥尔巴赫）, 198, 360

Mitterrand, François 弗朗索瓦·密特朗, 153

modernism 现代主义, 187, 415

 Catholic 天主教的, 290

 essence of 本质, 57

 formalism's affinity with 形式主义与其相近, 167-168

 of Maitland 梅特兰的, 57-58

 medieval culture compared with 中世纪文化与其比较, 216

 of Proust 普鲁斯特的, 238

 synchronic attitude in 共时性态度, 168

*Modern Language Review* 《现代语言评论》, 189

"Mohammed and Charlemagne" thesis "穆罕默德与查理大帝"命题, 129-130

Mollat, Michel 米歇尔·莫拉, 159-160

Mommsen, Theodor, the Elder 老特奥多尔·蒙森, 398, 401

Mommsen, Theodor Ernst 特奥多尔·恩斯特·蒙森, 88, 102, 116, 397-403

 on Augustine 论奥古斯丁, 405-407

 at Cornell 在康奈尔, 371, 373-374, 402, 406-407

 Erdmann's relationship with 埃德曼与其关系, 404, 407

 heritage of 遗产, 398, 405

 liberalism of 自由主义, 401

 nazism and 纳粹主义与, 399-400, 404-405, 407-408

 negativism of 否定论, 373-374, 407-410

 at Princeton 在普林斯顿, 372-373, 400-402, 404, 406-407

 self-assertiveness lacked by 缺乏自我肯定, 401-402

 suicide of 自杀, 371-374

Mommsen, Willi 威利·蒙森, 404

*Monarchy* (Dante) 《君主论》（但丁）, 41, 99, 102

*Monastic Order in England, The* (Knowles) 《英格兰的修道会》（诺尔斯）, 297, 301, 304-305, 307, 309-311, 318-321, 340, 358

*Monde, Le* 《世界报》, 126

monks and monasteries 僧侣与寺院

 decline in veneration of 尊敬的衰减, 324-325

 sixteenth-century dissolution of 16世纪解散, 319-320, 325-326

 *see also* Downside Abbey 另见：唐赛德修道院

*Montaillou* (Le Roy Ladurie) 《蒙塔尤》（勒华拉杜里）, 154-155

*Mont-Saint Michel and Chartres* (Adams) 《圣米歇尔山和沙特尔大教堂》（亚当斯）, 44

Monumenta (Institute for Research on the German Middle Ages) 文献集成研究所（德国中世纪研究所）, 32-33, 81, 131, 254, 363

 Erdmann's work for 埃德曼为其工作, 402-403

 Mommsen's work for 蒙森为其工作, 398-400

Moore, R. I. R. I. 穆尔, 396

Morelli, Giovanni 乔瓦尼·莫雷利, 169

Morey, Adrian 阿德里安·莫里, 317

 Knowles denounced by 抨击诺尔斯, 298, 300, 307-311, 313-314

Morison, Samuel Eliot 塞缪尔·埃利奥特·莫里森, 302

Morris, Colin 科林·莫里斯, 198, 360-361

Morris, John 约翰·莫里斯, 360-361

Morrison, Karl F. 卡尔·F. 莫里森, 116-117

Moscow State University 莫斯科国立大学, 156

Mozart, Wolfgang Amadeus 沃尔夫冈·阿玛多伊斯·莫扎特, 45, 401

Muir, Lynette R. 琳内特·R. 缪尔, 217, 338

Munich University　慕尼黑大学, 30
Munro, D. C.　D. C. 芒罗, 277-278
Muscatine, Charles　查尔斯·马斯卡廷, 200-201
Museum of the Science of Man　人类科学博物馆, 148-149
Muslim Arabs　穆斯林阿拉伯
　expansion of　扩张, 20, 130
　First Crusade and　第一次十字军东征与, 25-26
　Frederick II and　腓特烈二世与, 111
　medieval culture of　中世纪文化, 375
Mussolini, Benito　贝尼托·墨索里尼, 285
mysticism　神秘主义
　Cistercians and　西多会修士与, 355
　romanticism and　浪漫主义与, 340

*Name of the Rose, The* (Eco)　《玫瑰之名》（埃科）, 18-19
Namier, Lewis　路易斯·纳米尔, 77, 238-239, 243
Napoleon I, emperor of the French　（法国皇帝）拿破仑一世, 287
National Endowment for the Humanities　国家人文基金会, 291
naturalism　自然主义, 380-381
　of Flemish art　佛兰芒艺术, 186
　romanticism and　浪漫主义与, 341, 356
nazism　纳粹主义, 140, 172
　academia and　学术界与, 87-90, 95-96, 115-116, 174-176
　Britain threatened by　威胁英国, 91
　Curtius's opposition to　库尔提乌斯的反对, 191-193
　Erdmann and　埃德曼与, 402-403, 408
　George and　格奥尔格与, 84-85
　German idealism and　德国唯心主义与, 115
　in Germany　德国的, 87-97, 101, 109, 115-116, 191-193, 397, 399-400, 402-405, 407-408
　Huizinga and　赫伊津哈与, 378
　intellectual foundations of　思想基础, 84
　Kantorowicz and　坎托洛维奇与, 88, 90, 95-97, 100-101, 116
　Mommsen and　蒙森与, 399-400, 404-405, 407-408
　in occupation of France　占领法国, 118, 121-122, 150, 157
　triumph of　胜利, 85
　university students and　大学生与, 89-90
Neale, Sir John　约翰爵士·尼尔, 238-239, 243, 386-387
negative dialectics　否定辩证法, 412
neo-Platonism　新柏拉图主义, 23
　St.-Denis Church as reflection of metaphysics of　圣丹尼大教堂反映其形而上学, 178-180
neoscholasticism, Church's legitimization of　新经院哲学，教会对其的合法化, 289
neo-Thomism　新托马斯主义, 332
　Gilson on　吉尔森论, 328
　Lewis's compatibility with　路易斯与其兼容, 215-216
New Criticism　新批评, 200
New Deal　"新政", 41-42, 69, 246, 262, 267, 282
New Left　新左派, 283
Newman, John Henry　约翰·亨利·纽曼, 299
New School for Social Research　新社会研究学院, 120, 134
New Testament　新约, 23-24, 105
*New Yorker, The*　《纽约客》, 346
*New York Review of Books, The*　《纽约书评》, 151, 153-154, 363
New York University (NYU)　纽约大学, 90, 153, 171, 183, 187, 295
　Institute of Fine Arts at　美术学院, 174
　School of Law at　法学院, 51
Nietzsche, Friedrich　弗里德里希·尼采, 84, 173, 181-182, 323, 367
nominalism, break between Thomism and　唯名论，与托马斯主义的分裂, 333
Norman Conquest　诺曼征服, 58, 67
　absence of sexual equality after　其后的性别平等缺失, 277
　events leading to　导致事件, 274-275

Haskins on 哈斯金斯论, 251-252, 268-269
*Norman Institutions* (Haskins) 《诺曼人的制度》（哈斯金斯）, 252, 258
Norman Perpendicular 诺曼垂直式, 180
Normans 诺曼人
　architecture of 农业, 38
　background of 背景, 270
　feudalization of 封建化, 270-273
　government skills of 政府技巧, 269
　Haskins's thesis on 哈斯金斯的主题, 251-252, 268-277
　politics and 政治与, 269-277
　rise of ducal power among 公爵权力的上升, 271-273
　William's rule over 威廉的统治, 269, 272-275, 277
　Wilsonian progressivism and 威尔逊进步主义与, 275
*Normans in European History* (Haskins) 《欧洲历史上的诺曼人》（哈斯金斯）, 254
North Atlantic Treaty Organization (NATO) 北大西洋公约组织, 327
North Carolina, University of 北卡罗来纳大学, 201
Notre Dame University, Medieval Institute at 圣母大学，中世纪研究院, 294-295
numismatics, medieval 货币学，中世纪, 139
nuns, medieval, Power's study of 中世纪修女，鲍尔的研究, 382, 387-388, 395, 407
Nuremberg laws 纽伦堡法, 80

*Odyssey* (Homer) 《奥德赛》（荷马）, 199
office, concept of 公职，观念, 105
Old Testament 旧约, 23-24, 105
Olson, Charles 查尔斯·奥尔森, 190
O'Meara, John 约翰·奥马拉, 363
Ong, Walter 沃尔特·翁, 132
*On the Medieval Origins of the Modem State* (Strayer) 《现代国家的中世纪起源》（斯特雷耶）, 278-281
Oppenheimer, Robert 罗伯特·奥本海默, 101, 351
ordeal of cold water 冷水神明裁判, 63
organicism, evolutionary 机体论，演进的, 37
*Original Character of French Rural History, The* (Bloch) 《法国农村历史的原始特征》（布洛赫）, 140-141, 145-146, 153
*Origins of the Crusading Ideal, The* (Erdmann) 《十字军理想的起源》（埃德曼）, 403
Orwell, George 乔治·奥威尔, 212
Otto I (the Great), Holy Roman emperor （神圣罗马帝国皇帝）奥托一世（大帝）, 108
Otto II, Holy Roman emperor （神圣罗马帝国皇帝）奥托二世, 108
Otto III, Holy Roman emperor （神圣罗马帝国皇帝）奥托三世, 184
　death of 逝世, 108
　Frederick II compared with 腓特烈二世与其比较, 111-112
　Hitler and 希特勒与, 109
　importance of reign of 统治的重要性, 107-108
　Schramm's study of 施拉姆的研究, 79-80, 82, 84, 103-104, 107-109, 112
Ottonian Renaissance 奥托文艺复兴, 184
Otto of Freising 弗里辛的奥托, 353
outriders, meaning of 外围者，意义, 376
Oxford Bach Choir 牛津巴赫合唱团, 345
*Oxford Dictionary of the English Language on Historical Principles* 《按历史原则编订的牛津英语词典》, 225, 229
Oxford University 牛津大学, 30-31, 33, 49, 51, 55, 58, 63, 169, 175, 314
　Balliol College at 贝利奥尔院, 97, 338-339, 342-343, 345, 347-348, 350, 359
　Cantor's career at 坎托的生涯, 343-345, 348
　Dominicans' dominance of 多明我会主导, 325
　fantasists of 幻想家, 205-244, 339-340
　Ford Lectures at 福特演讲, 336
　Franciscans teaching at 方济各会会士传教, 352
　intellectual conservatism of 思想保守主义,

349
  Kantorowicz's difficulties at 坎托洛维奇的困境, 97, 99, 102, 385
  Magdalen College at 莫德林学院, 205-206, 233, 241
  Merton College at 默顿学院, 241, 346
  Oriel College at 奥里尔学院, 233-235, 241
  Powicke's difficulties at 波威克的困境, 234-236, 242
  St. John's College at 圣约翰学院, 342, 350-351
  Southern's career at 萨瑟恩的生涯, 158, 338-339, 342-343, 345-348, 350-351
Oxford University Press (OUP) 牛津大学出版社, 205, 234-235, 302, 388

paganism 异教信仰, 23
*Pagans and Christians* (Lane Fox) 《异教徒与基督徒》(莱恩·福克斯), 363
paleography 古文字学, 34-35
Panofsky, Dora 朵拉·潘诺夫斯基, 175
Panofsky, Erwin 欧文·潘诺夫斯基, 90, 101-102, 161, 375, 379, 412
  contributions to medieval art history by 对中世纪艺术史的贡献, 177-181, 183-186, 379
  cultural neoconservatism of 文化新保守主义, 188-189
  disciples of 弟子, 202
  Flemish art study by 佛兰芒艺术研究, 178, 186-187, 379
  good fortune of 好运气, 175-176
  Gothic cathedral study of 哥特式大教堂研究, 177-181
  honors and awards of 荣誉和奖励, 175
  Huizinga and 赫伊津哈与, 381
  on iconography of film 论电影的图像志, 176
  Mommsen and 蒙森与, 400-401
  physical appearance of 长相特征, 175
  positivism of 肯定论, 407-408
  Renaissance study by 文艺复兴研究, 181, 183-186
  Southern and 萨瑟恩与, 350, 358
  Suger study of 叙热的研究, 177-180
  temperament of 个人气质, 189
  Warburg's influence on 瓦尔堡的影响, 174-176, 187
Pantin, William Abel 威廉·埃布尔·潘廷
  on Knowles's life 论诺尔斯的生平, 297-298, 314, 317
  Knowles's writing influenced by 对诺尔斯写作的影响, 318-319
*Paradise Lost* (Milton) 《失乐园》(弥尔顿), 220
Paris, Matthew 马修·帕里斯, 111
Paris, University of 巴黎大学, 53, 148, 326, 334
  Sorbonne faculty of 索邦大学, 119, 121-123, 131, 134, 149, 215
Paris Peace Conference (1919) 巴黎和会, 248, 252-253
Parliament, British 议会, 英国, 239
  as functional tool for national order and public efficiency 国家秩序和公共效率的功能性工具, 77
  Maitland's study of functioning of 梅特兰对其功能的研究, 75-78
particularism 特殊主义, 380
*Partisan Review* 《党派评论》, 187
*Partnership, The* (Simpson) 《伙伴》(辛普森), 170
*Parzifal* (Eschenbach) 《帕西法尔》(埃申巴赫), 199, 353, 362
*Passport to Pimlico* 《买路钱》, 236
*Past and Present* 《过去和现在》, 144
Pastor, Ludwig 路德维希·帕斯托尔, 288
Pater, Walter 沃尔特·佩特, 223
Patterson, Lee 李·帕特森, 158
Paul, Saint 圣保罗, 105, 178, 292
PBS TV 公共广播公司电视台, 169
Peace of God movement "上帝的和平"运动, 274
*Pearl* 《珍珠》, 39, 206, 208, 395
peasantry 农民阶级, 22, 46, 415

Bloch's study of 布洛赫的研究, 139-140, 145-146, 154-157, 232, 394-395
   government and 政府与, 265-266
   Le Roy Ladurie's study of 勒华拉杜里的研究, 154-155
   Postan's study of 波斯坦的研究, 391-392, 395
*Peasants of Languedoc* (Le Roy Ladurie)《朗格多克的农民》(勒华拉杜里), 152
peer review 同行评议, 125
*peine forte et dure* "重石压迫处罚", 65
Peirce, Charles Saunders 查尔斯·桑德斯·皮尔士, 70
Pennsylvania, University of 宾夕法尼亚大学, 32, 278
personality 性格
   and medieval art and literature 与中世纪艺术和文学, 37
   medieval world view of 中世纪的世界观, 41
Pétain, Henri 亨利·贝当, 118
Peter, Saint 圣彼得, 105
Petrarch 彼特拉克, 407
petty juries 小陪审团, 64-65
Philip II, king of France, Braudel's study of (法国国王)菲利普二世, 布罗代尔的研究, 150-151
Philip IV (the Fair), king of France (法国国王)菲利普五世(美男子), 259-260, 262, 264
Philip Augustus, king of France (法国国王)菲利普·奥古斯都, 264
philology, Tolkien's expertise in 语文学, 托尔金的专长, 225-226, 228-229
philosophy 哲学, 360-361
   advances in 进展, 27
   aristocracy and production of 贵族与其生产, 164
   Gilson on 吉尔森论, 327-334
   Knowles's exposition of 诺尔斯的阐述, 321-322, 324
piety, advances in 虔敬之进展, 27
Pirenne, Henri 亨利·皮朗, 33, 127-131, 368, 378, 394

Bloch and 布洛赫与, 130, 153
   medieval cities thesis of 中世纪城市主题, 128-129
   method and style of 方法和风格, 130-131
   "Mohammed and Charlemagne" thesis of "穆罕默德与查理大帝"主题 129-130
Pirenne, Jacques 雅克·皮朗, 131
Pius X, pope 教皇庇护十世, 290
plea bargaining 辩诉交易, 65
Pocock, John G. A. 约翰·G. A. 波考克, 73
Podro, Michael 迈克尔·波德罗, 177
*Poetic Individuality in the Middle Ages* (Dronke)《中世纪的诗意个体性》(德龙克), 362
Poland 波兰
   acceptance of Bloch's ideas in 接受布洛赫的观念, 159
   German invasion of 德国入侵, 89
politics, medieval 中世纪政治, 32, 263-268, 413
   advances in 进展, 27
   of aristocracy 贵族阶层的, 235, 237-244, 264-265, 268, 272-275
   clergy and 教士与, 263-264, 281, 292
   Crusades and 十字军东征与, 278
   and cultural revolution of twelfth century 与12世纪的文化革命, 356
   fanaticism and 狂热与, 396-398, 403, 408, 410
   feudalism and 封建主义与, 270-273, 279
   of France 法国的, 264-265, 268, 279, 284
   of Great Britain 英国的, 251-252, 260, 263-269, 275-276, 284
   Haskins on 哈斯金斯论, 246, 250-252, 254, 263-264, 268-277, 284-285
   kingship and 王权与, 113-114
   laicization of 世俗化, 267-268, 277
   law and 法律与, 53, 263-266
   messianism and 救主信仰与, 111-112
   Normans and 诺曼人与, 269-277
   rationality of 理性, 284-285
   Renaissance and 文艺复兴与, 181-182, 185, 217-218
   sociological and literary insights on 社会学与

文学见解, 285-286
statism resisted in 对国家主义的抵制, 282-283
statist vs. familial 国家主义的与家族的, 280-282
Strayer on 斯特雷耶论, 246, 250, 258, 260-264, 267-269, 276-277, 279-285
taxation and 税收与, 266-268, 278
Wilsonian progressivism and 威尔逊进步主义与, 245-246, 250-251, 254, 264, 275-276
Pollock, Sir Frederick 弗雷德里克·波洛克爵士, 234, 374
Maitland's collaboration with 梅特兰与其合作, 50, 55-59, 72, 98
poor, medieval 穷人, 中世纪, 159-160
*Poor in the Middle Ages, The* (Mollat)《中世纪穷人》（莫拉）, 159-160
"Position of Women, The" (Power) "妇女的地位"（鲍尔）, 388
Postan, Lady Cynthia 辛西娅·波斯坦女士, 386
Postan, Michael Moissey 迈克尔·穆瓦塞·波斯坦
academic reputation of 学术声誉, 384-385
on British rural history 论英国乡村史, 391-393, 395
early life of 早期生活, 385-386
economic analysis of 经济学分析, 390-395
extremism of 极端主义, 386
negativism of 否定论, 382, 393, 407-410
Power's relationship with 鲍尔与其关系, 382-383, 385-386, 390, 392-393
psychological makeup of 心理性格, 387
postimpressionism of Huizinga 赫伊津哈的后印象主义, 377, 379, 381, 408
Pound, Ezra 埃兹拉·庞德, 56, 155
Pound, Roscoe 罗斯科·庞德, 70
Power, Eileen Edna 艾琳·埃德娜·鲍尔, 375-376, 394
on aristocracy 论贵族, 387-388
background of 背景, 382-384
economic analysis of 经济学分析, 390-392,

408-410
feminism of 女权主义, 376, 382-383, 387-389, 391, 395, 407-409
negativism of 否定论, 382, 395, 407-409
Postan's relationship with 波斯坦与其关系, 382-383, 385-386, 390, 392-393
on social amalgamation of middle class 论中产阶级的社会融合, 389-390
Powicke, Frederick Maurice 弗雷德里克·莫里斯·波威克, 97, 233-244
academic career of 学术生涯, 233-234
fatalism of 宿命论, 237
Henry III study of 亨利三世研究, 234-235, 239-242
honors of 荣誉, 237
on Knowles 论诺尔斯, 304, 320
pessimism of 悲观主义, 238, 242
on politics and culture of aristocracy 论贵族的政治和文化, 235, 237-244
Riddell lectures of 里德尔演讲, 237-238
Southern and 萨瑟恩与, 235-237, 241-242, 339-340, 345, 348, 353, 358
pragmatic instrumentalism 实用主义工具主义, 37-38
Priestley, J. B. J. B. 普利斯特里, 212
Princeton University 普林斯顿大学, 37-38, 174, 201-202, 215, 247, 254, 342
anti-Semitism at 反犹主义, 405
Graduate College of 研究生院, 343-345
Index of Christian Art at 基督教艺术索引, 30
leftist transformation of history department of 历史系的左派转化, 283-284
Mommsen's career at 蒙森的生涯, 372-373, 400-402, 404, 406-407
Strayer's career at 斯特雷耶的生涯, 101-102, 155, 245-246, 257-262, 277, 283-285
Princeton University Press 普林斯顿大学出版社, 171
*Principles of Art History* (Wölfflin)《艺术史原理》（沃尔夫林）, 171
"Problem of Gold in the Middle Ages, The"

(Bloch) "中世纪黄金问题"（布洛赫），139

*Proceedings of the British Academy* 《英国国家学术院院刊》，237, 298, 346

Proust, Marcel 马塞尔·普鲁斯特，80
  modernism of 现代主义，238
  Powicke and 波威克与，235, 237-239, 241-242
  psychology, formalism and 心理学，形式主义与，166

Ptolemy 托勒密，357

Public Record Office, London 伦敦，公共档案馆，30-32, 53, 233, 235

*Purgatory* (Dante) 《炼狱》（但丁），39

Puritanism 清教主义，218

Pusey, Nathan 内森·普西，331

Rabelais, Francois 弗朗索瓦·拉伯雷，132

Radcliffe College 拉德克里夫学院，19

*Radical History Review* 《激进历史评论》，283

Radio Paris 巴黎广播，120

rationalism 理性主义，29, 74, 368-370
  government and 政府与，284-285
  Halphen influenced by 对阿尔方的影响，157
  Liberal 自由的，137
  materialist progressive school and 唯物主义进步学派与，368-369

Reagan, Ronald 罗纳德·里根，277, 282

realism 现实主义，341, 414

Reformation 宗教改革，132, 293, 325

Reich, Wilhelm 威廉·赖希，42

*Reign of Philip the Fair, The* (Strayer) 《美男子菲利普的统治》（斯特雷耶），278-279, 281, 283-284

Rein, Adolf 阿道夫·赖因，89

religion 宗教，22-23
  fanaticism and 狂热与，396-398, 403-404, 408, 410
  synthesis of culture and 文化与其综合，362-363
  *see also* theology; specific religions 另见：神学；具体宗教

*Religious Art in Thirteenth Century France* (Mâle) 《十三世纪法国的宗教艺术》（马勒），171

*Religious Orders, The* (Knowles) 《宗教团体》（诺尔斯），340, 358

*Religious Orders in England, The* (Knowles) 《英格兰的宗教团体》（诺尔斯），310-312, 315, 318-321, 340
  Southern's review of 萨瑟恩的评论，352-353, 358

*Remembrance of Things Past* (Proust) 《追忆似水年华》（普鲁斯特），241

Renaissance 文艺复兴，73-74
  Burckhardt's thesis on 布克哈特的主题，181-183, 185, 217-218
  Carolingian 加洛林，138-139, 184-185
  connoisseurs on art of 艺术鉴赏，169-170
  educational theory and curriculum reform emphases of 教育理论与课程改革重点，185-186
  in Italy 意大利，17, 28-29, 46, 73, 170, 173, 181-186, 203-204, 217
  literature of 文学，217-218, 232
  Ottonian 奥托，184
  Panofsky's study of 潘诺夫斯基的研究，181, 183-186
  sociological significance of 社会学意义，185-186
  of twelfth century 12世纪的，184-185, 256
  as unified expression of distinct historical period 作为独特历史时期的统一表现，181-182, 185, 217-218

*Renaissance and Renascences in Western Art* (Panofsky) 《西方艺术中的文艺复兴和历次复兴》（潘诺夫斯基），181, 183-186

*Renaissance in Historical Thought, The* (Ferguson) 《历史思想中的文艺复兴》（弗格森），183

*Renaissance of the Twelfth Century, The* (Haskins) 《十二世纪文艺复兴》（哈斯金斯），182-183, 255-256

Renoir, Jean 让·雷诺阿，329

retromedievalism 回归中世纪主义
  in future 在未来，411-412, 416-417

manifestations of 表现, 416-417
*Review of Synthesis* 《历史综合评论》, 131
Rhine 莱茵河, 21-22
Rhineland, ecclesiastical architect 莱茵兰，教会建筑, 23
Rhodes Scholarship Committee 罗德奖学金委员会, 343
Rhone 罗纳河, 22
Richard I, duke of Normandy 理查一世，诺曼底公爵, 270
*Richard II* (Shakespeare) 《理查二世》（莎士比亚）, 324
Richards, Earl Jeffrey 厄尔·杰弗里·理查兹, 191
Riché, Pierre 皮埃尔·里谢, 139
Riddell Lectures 里德尔演讲, 237-238
Riefenstahl, Leni 莱尼·里芬斯塔尔, 111
Riel, Louis 路易斯·瑞尔, 54
"Rise of Seigneurial Institutions, The" (Bloch) "领主制度的兴起"（布洛赫）, 147
*Road to Middle-Earth, The* (Shippey) 《中土之路》（希比）, 222-224
*Robert Grosseteste: The Growth of an English Mind in Medieval Europe* (Southern) 《罗伯特·格罗斯泰特：中世纪欧洲英国人思想的成长》（萨瑟恩）, 351-353
Robertson, Durant Waite, Jr. 小杜兰特·韦特·罗伯逊, 201-203
Robin Hood legend 罗宾汉传奇, 17, 359
Rockefeller Foundation 洛克菲勒基金会, 126, 148-149
Roger of York 约克的罗杰, 365
Rollo 罗洛, 270, 272
*Rolls Series* 《卷册系列》, 33
Roman Catholic Church 罗马天主教, 287-336
  absolutizing Middle Ages on behalf of 以其名绝对化中世纪, 291-292, 295, 412
  in accommodating brilliant thinkers and scholars 容纳杰出的思想家和学者, 317
  architecture and 建筑与, 22-23, 143-144, 177-180

  belief in instantaneous creation and perpetually unchanging character of 对瞬间创造与永久不变的信仰, 288
  Charlemagne and 查理大帝与, 138
  Cistercians and 西多会修士与, 355
  and conflict between Augustinians and Thomists 与奥古斯丁主义和托马斯主义间的冲突, 332
  cover story on Knowles by 关于诺尔斯的虚假故事, 297, 307
  Downside Abbey's status in 唐赛德修道院的地位, 300-301
  fall of 堕落, 292-293, 325
  and fall of Rome 与罗马的衰亡, 292-293
  feudalism and 封建主义与, 154
  on Gilson's work 论吉尔森的著作, 326-327
  historical image of 历史形象, 295
  Knowles as arch representative of transitional generation in 诺尔斯作为过渡一代的主要代表, 317
  Leo's liberalization of 利奥的解放, 287-291
  male chauvinism of 男性沙文主义, 317
  Middle Ages as contemporary issue for 中世纪作为当代议题, 295
  negativism and anti-intellectualism of 否定论和反智论, 287-288, 290-291
  neoscholastic movement in 新经院哲学运动, 289
  Protestant converts to 来自新教的皈依者, 299, 313
  Southern on 萨瑟恩论, 344
  unifying and integrating capacity of 统一和融合的能力, 330
  universality and centralism of 普遍性和中央集权, 329-330
  *see also* Christianity; clerg 另见：基督教；教士
*Romance of the Rose, The* 《玫瑰传奇》, 214
Roman Empire 罗马帝国, 21, 26, 46
  conversion of 皈依, 363
  fall of 衰落, 17-20, 46, 130-131, 233, 264, 292-293, 417

government of 政府, 275

ideology and institutions of kingship in 意识形态和王权制度, 104-107

laws of 法律, 265-266

population decline in 人口减少, 19-20

survival of written material from 文字材料的留存, 30

weakening of military capability of 军事能力削弱, 20

Romanesque architecture 罗马风格建筑, 22-23, 180

in Normandy 诺曼底, 270-271

Roman Republic 罗马共和国

law in 法律, 55, 62-65

survival of written material from 文字材料的留存, 30, 35-36

Roman script 罗马字体, 34-35

romanticism 浪漫主义, 39, 217, 337-341, 356-358

ideal expressed in 表现出的理想, 337-339, 368

image of Middle Ages in 中世纪形象, 28-29, 43

individualism and 个人主义与, 340, 356, 360-361, 364

and memory of Middle Ages 与中世纪记忆, 413-414

subtopics and complex facets of 子话题和复杂的方面, 340-342

Rome, medieval manuscripts in 罗马, 中世纪手稿, 31

Roosevelt, Franklin D. 富兰克林·D.罗斯福, 70, 246, 277

Rosenberg, Hans 汉斯·罗森贝格, 88

royal law 王室法律, 59

Rule of St. Benedict 圣本笃的统治, 303

rural society, see peasantry 农村社会，见：农民

Rushdie, Salman 萨尔曼·拉什迪, 295

Russell, Bertrand 伯兰特·罗素, 170, 285

Rutgers University 罗格斯大学, 116

Rutherford, Margaret 玛格丽特·卢瑟福, 236

Sabatier, Paul 保罗·萨巴蒂埃, 41

Sackur, Ernst 恩斯特·萨克尔, 320

St.-Denis Church 圣丹尼大教堂

Panofsky's study of 潘诺夫斯基的研究, 177-180

reflection of neo-Platonic metaphysics in 反映新柏拉图主义形而上学, 178-180

reflection of royal nationalism in 反映王室国家主义, 179

*Saints and Scholars: Twenty-five Medieval Portraits* (Knowles) 《圣人与学者：25幅中世纪肖像画》（诺尔斯）, 321

sanctity, nemesis of 神圣, 报应, 322-324

San Francisco Conference (1945) 旧金山会议（1945年）, 327

Sarton, George 乔治·萨顿, 254

Sartre, Jean-Paul 让-保罗·萨特, 125, 192

Saxl, Fritz 弗里茨·萨克斯尔, 172

Sayer, George 乔治·塞耶, 213

Sayers, Dorothy 多萝西·塞耶斯, 67

Scandinavians 斯堪的纳维亚人, 20-21

Schapiro, Meyer 迈耶·夏皮罗, 187

Schiller, Friedrich 弗里德里希·席勒, 112-113

Schmitt, Father 施密特神父, 344

school of British economic history 英国经济史学派, 390-394

School of Higher Study in the Social Sciences 社会科学高等研究院, 133, 149

Schramm, Percy Ernst 珀西·恩斯特·施拉姆, 79-86, 140, 184, 330, 344, 348, 351, 375, 395

academic background of 学术背景, 81-82, 104

on charismatic leadership 论领袖个人魅力, 115

erudition of 博学, 86

formalists' differences with 形式主义者与其区别, 202-203

*Geistesgeschichte* of "精神史", 82, 84, 117, 196, 202-203

heritage of 遗产, 80

Hitler and 希特勒与, 92-94, 99, 109

idealism of 唯心主义, 113

on implications of ideology of kingship 论王权意识形态的含义, 103-104

intellectual influences on 思想影响, 83-84, 108

last important works of 最后的重要著作, 112-113

medieval coronations study of 中世纪加冕研究, 90-91

military career of 军事生涯, 91-95, 109

nazism and 纳粹主义与, 90-94, 116

Otto III study of 奥托三世研究, 79-80, 82, 84, 103-104, 107-109, 112

physical appearance of 长相特征, 79

positivism of 肯定论, 407

revival of imperial Middle Ages wanted by 渴望中世纪复兴, 112

Southern and 萨瑟恩与, 358

on threat of communism 论共产主义威胁, 104

Schrödinger, Erwin 埃尔温·薛定谔, 88

science 科学

  history of 科学史, 254-255

  medieval 中世纪, 255

Scott, Sir Walter 沃尔特·司格特爵士, 277, 413-414

Scottish philosophy 苏格兰哲学, 73

*Screwtape Letters, The* (Lewis) 《地狱来鸿》（路易斯）, 219

script, medieval 中世纪字体, 34-35

Second Coming of Christ 基督第二次来临, 25, 27

Seignobos, Charles 夏尔·塞尼奥博斯, 141

Seine 塞纳河, 22

Selden Society 塞尔登学会, 48, 50

self-referentiality 自我指涉, 57

serfdom, Postan on 农奴制，波斯坦论, 391-392

*Sermons* (Bernard) 《布道》（贝尔纳）, 40

*Sewanee Review* 《塞沃尼评论》, 190

*Shadow Worlds* 《影子大地》, 213

Shakespeare, William 威廉·莎士比亚, 216, 324, 351

Shaw, George Bernard 萧伯纳, 50

Shippey, T. A. T. A. 希比, 222-224

shire courts 郡级法庭, 60, 62

Shook, Laurence K. 劳伦斯·K. 舒克, 329, 333

Sicily, Frederick II and 西西里，腓特烈二世与, 109-110

Sidgwick, Henry 亨利·西奇威克, 56

*Silver Chair, The* (Lewis) 《银椅》（路易斯）, 221

Simon de Montfort, earl of Leicester 西蒙·德·蒙特福特，莱斯特伯爵, 239-240, 244

Simpson, Colin 科林·辛普森, 170

sin 罪

  and fall of man 与人的堕落, 292-293

  Mommsen on 蒙森论, 407

*Sir Gawain and the Green Knight* 《高文爵士和绿衣骑士》, 205-206

Slavs 斯拉夫人, 21-22

Smalley, Beryl 贝丽尔·斯莫利, 235, 242, 345-346, 389

Smith, Mary Pearsall 玛丽·皮尔索尔·史密斯, 170

Smith College 史密斯学院, 175

Snow, C. P. C. P. 斯诺, 212, 348-349

social Darwinism 社会达尔文主义, 29

social determinism 社会决定论, 164, 188

*Social History of Art, The* (Hauser) 《艺术社会史》（豪泽尔）, 187

social services 社会服务, 265

society 社会

  aristocratic 贵族, 239-241, 243

  civil 公民, 74-75

  conflict between sanctity and 神圣性与其冲突, 322-324

  Durkheim on 涂尔干论, 127-128, 140

  feudal, *see* feudalism 封建，见：封建社会

  formalism and 形式主义与, 165-166

  heroism and status in 英雄主义与地位, 232

  law and 法律与, 53, 55, 57, 61, 66-67, 71, 73-75

  medieval intelligentsia's perception of 中世纪知识界的认识, 414-415

  patrimonial, nucleated 世袭的，集结型, 22

peasant, see peasantry 农民，见：农民阶级

warrior, see militarism 勇士，见：军事主义

Sondenheimer, Janet 珍妮特·桑德海姆, 145

Song of Roland 《罗兰之歌》, 135, 360

Southern, Richard William 理查德·威廉·萨瑟恩, 44, 140, 158, 198, 338-370, 372-373, 375, 377, 395, 412

 accomplishments of 成就, 354-356

 Anselm study of 对安瑟伦的研究, 352-356, 363, 367

 background of 背景, 345-346

 Barlow's response to 巴洛的回应, 364-368

 Bernard study of 对圣贝尔纳的研究, 352-353, 355-356

 Cantor's relationship with 坎托与其关系, 343-345, 347-348

 on contemporary medievalists 论当代中世纪学家, 352-353

 cult following of, 狂热追随, 347-348

 deconstructivist dimension of cultural paradigm of 文化范式的解构主义维度, 367

 disciples of 弟子, 359-367, 369

 Festschrift presented to 献给其的荣誉周年卷, 349

 Grosseteste study of 对格罗斯泰特的研究, 351-353

 as heir of Oxford fantasists 作为牛津幻想家的继承人, 339-340

 on heresy 论异端邪说, 354, 364

 idealism of 理想主义, 368-369

 individualism of 个人主义, 349-350

 intellectual conservatism of 思想保守主义, 349-351

 Kantorowicz and 坎托洛维奇与, 97, 102, 343, 353, 358

 Knowles and 诺尔斯与, 340, 351-354, 356, 358

 limitations of work of 作品的局限, 353-354

 optimism of 乐观主义, 364-365, 407-409

 physical appearance of 体貌, 343

 and Power's study of nuns 与鲍尔关于修女的研究, 388

 Powicke and 波威克与, 235-237, 241-242, 339-340, 345, 348, 353, 358

 reserve and modest ambitions of 矜持和谦虚的野心, 348

 style of 风格, 357-358

 U.S. visits of 访问美国, 349-350

 see also Making of the Middle Ages, The 另见：《中世纪的形成》

Southern Methodist University 南方卫理公会大学, 154

Soviet Union 苏联

 acceptance of Bloch's ideas in 接受布洛赫的观念, 159

 Annalist school and 年鉴学派与, 156, 159

 German invasion of 德国入侵, 89

 Schramm and Kantorowicz on threat of 施拉姆与坎托洛维奇论其威胁, 104

 Strayer on 斯特雷耶论, 262

 as totalitarian state 作为极权主义国家, 397

Spain 西班牙

 Muslim conquest of 穆斯林征服, 20

 portrayal of infant Jesus in 婴儿耶稣的刻画, 24

Speculum 《反射镜》, 253-254, 339

Speer, Albrecht 阿尔布雷希特·施培尔, 92

Spender, Stephen 斯蒂芬·斯彭德, 192

Spengler, Oswald 奥斯瓦尔德·斯宾格勒, 130-131, 377-378

Spenser, Edmund 埃德蒙·斯宾塞, 210, 217

Spinoza, Baruch 巴鲁赫·斯宾诺莎, 58

spiritual, relationship and tension between material and 精神的，与物质的关系与紧张, 40-42

Spitzer, Leo 利奥·斯皮策, 190, 197

Stalin, Joseph 约瑟夫·斯大林, 197, 238, 262, 283, 396-397, 404

Stanford University 斯坦福大学, 19, 70

Stauffenberg, Count von 冯·施陶芬伯格伯爵, 92

Stella, Frank 弗兰克·斯特拉, 258

Stephen, Sir Leslie 莱斯利·斯蒂芬爵士, 56-57

Stevens, John 约翰·史蒂文斯, 217, 337-338
Stone, Lawrence 劳伦斯·斯通, 283
Strasbourg, University of 斯特拉斯堡大学, 122-123
Strauss, Richard 理查德·施特劳斯, 194
Strayer, George 乔治·斯特雷耶, 257
Strayer, Joseph Reese 约瑟夫·里斯·斯特雷耶, 44-45, 101-102, 155, 344, 351, 372, 375, 405, 412
    Anglo-Saxonist opposition to 盎格鲁-撒克逊主义者的反驳, 276-277
    anticlericism of 反教会主义, 278
    approach to scholarship of 接近其学术造诣, 261
    CIA work of 为中情局服务, 261-262, 279, 406-407
    Davis compared with 戴维斯与其比较, 284
    feudalism defined by 定义封建主义, 279-280
    idealism of 理想主义, 368, 407-408
    legacy of 遗产, 278-281
    on medieval politics 论中世纪政治, 246, 250, 258, 260-264, 267-269, 276-277, 279-285
    Mommsen and, 森与 373, 400-401, 406-407
    psychological profile of 心理侧面, 257-263
    similarities between Haskins and 哈斯金斯与其相似之处, 257-258, 260
    Wilsonian progressivism of 威尔逊进步主义, 245-247, 250-251, 257-259, 261-264, 276, 282, 284-285
Structuralism 结构主义
    of Bloch 布洛赫, 144
    common law 普通法, 71
    literary 文学的, 197-198
*Structures of Everyday Life, The* (Braudel) 《日常生活的结构》（布罗代尔）, 152
Stuard, Susan Mosher 苏珊·莫舍·斯图尔特, 156, 277
Stubbs, William 威廉·斯塔布斯, 33, 67, 98, 242, 278
    on functioning of Parliament in Middle Ages 论中世纪议会的功能, 75-78

Maitland compared with 梅特兰与其比较, 51-52, 75-78
Students for a Democratic Society 争取民主社会的学生, 160
*Studies in the Public Records* (Galbraith) 《公共档案研究》（加尔布雷思）, 286
*Study of the Bible in the Middle Ages, The* (Smalley) 《中世纪的圣经研究》（斯莫利）, 346
Suger, Abbot 叙热, 修道院院长
    egotism of 个人主义, 179
    Panofsky's study of 潘诺夫斯基的研究, 177-180
*Summa Theologica* (Thomas Aquinas) 《神学大全》（托马斯·阿奎那）, 41, 356
Supreme Court, U.S. 最高法院, 美国, 70, 137, 248
Swift, Jonathan 乔纳森·斯威夫特, 208
Sylvester II, pope 教皇西尔维斯特二世, 107-109, 115
Syme, Ronald 罗纳德·塞姆, 238-239, 243
Symonds, John Addington 约翰·阿丁顿·西蒙兹, 182
synthetic history 综合性历史, 83

Tate Gallery 泰特美术馆, 169
Tawney, Richard Henry 理查德·亨利·托尼, 283, 391
    Power and 鲍尔与, 383-384, 390
taxation 税收, 32, 266-268, 278, 395
technology 技术, 258, 394
    in Europe 欧洲的, 22
    fanaticism and 狂热与, 397
Tertullian 德尔图良, 292
Teutonic Knights 条顿骑士团, 396, 410, 412
texts, medieval 中世纪文本, 32-36
    determining canonical versions of 确定经典版本, 35
    editing of 编辑, 34-35
    in Europe 欧洲的, 31
    illumination of 插画, 36
    paleographic problems with 古文字学问题,

34-35

   standard script in，标准字体，34-35

   support for publication of　出版支持，33-34

   in vernacular　通俗语的，35

Thames estuary　泰晤士河河口，22

Thatcher, Margaret　玛格丽特·撒切尔，209-210, 349

thaumaturgical kingship　国王神迹，140

Theodosius I (the Great), emperor of Rome　（罗马皇帝）狄奥多西一世（大帝），107

theology　神学，360-361, 388

   advances in　进展，27

   of Anselm　安瑟伦的，354-356

   Gilson on　吉尔森论，327-334

   of kingship　王权的，102, 11

   Knowles's exposition of　诺尔斯的阐述，321, 324

   Manichean　摩尼教的，219-221, 233, 243

   relationship between philosophy and　哲学与其关系，331-334

   sources of　来源，23-24

Theophano, Holy Roman empress　（神圣罗马帝国皇后）泰奥法诺，107-108

*This Side of Paradise* (Fitzgerald)　《人间天堂》（菲茨杰拉德），257

Thomas Aquinas, Saint　圣托马斯·阿奎那，41-42, 215-216, 222, 289, 325, 352, 356

   Gilson and　吉尔森与，326, 328, 330-334, 336

   Gothic cathedrals and logic of　哥特式教堂与阿奎那的逻辑，180-181

   Occamist nominalism and　奥卡姆的唯名论与，333

   relation of Augustianism and thought of　奥古斯丁主义与其思想的关系，331-332

   *see also* neo-Thomism　另见：新托马斯主义

*Thomas Becket* (Barlow)　《托马斯·贝克特》（巴洛），364-367

Thomas of Celano　切拉诺的托马斯，414

*Three Orders* (Duby)　《三种秩序》（杜比），154

Tiberius Caesar, emperor of Rome　（罗马帝国皇帝）提比略·恺撒，111

Tillyard, E. M. W.　E. M. W. 蒂利亚德，183, 217

time, medieval sense of　时间，中世纪观念，143-144

*Time*　《时代》，207, 219

Time-Life Inc.　时代生活图书公司，331

*Times* (London)　《泰晤士报》（伦敦），98

*Times Literary Supplement*　《泰晤士报文学副刊》，159, 189, 321, 344

*Time, Work, and Culture in the Middle Ages* (Le Goff)　《中世纪的时间、工作和文化》（勒高夫），153-154

Tisch, Laurence　劳伦斯·蒂什，295

Tolkien, Christopher　克里斯弗·托尔金，224

Tolkien, John Ronald Reuel (J. R. R.)　约翰·罗纳德·瑞尔·托尔金，205-213, 234

   academic career of　学术生涯，206, 208

   biographical studies of　传记研究，224

   class background of　阶级背景，211

   contribution of　贡献，232-233

   expertise of　专门知识，205-206, 225-226, 228-229

   fame of　名声，207-208

   fantasy writing of　奇幻写作，206-213, 222-233

   Lewis's relationship with　路易斯与其关系，207-208

   personal life of　个人生活，209-210

   philology work of　语文学著作，225-226, 228-229

   philosophy of history of　历史哲学，210

   Powicke and　波威克与，241-243

   self-critiques of　自我批评，224, 226-227, 229-231

   similarities between Lewis and　路易斯与其相似之处，211-212, 230-233

   utopianism of　乌托邦理想，243

   *see also Lord of the Rings, The*　另见：《魔戒》

Toronto, University of, Pontifical Institute of Medieval Studies at　多伦多大学，宗座中世纪研究院，293-294, 327, 329, 336, 351

torture in Roman law　罗马法中的酷刑，65

Tout, Thomas Frederick　托马斯·弗雷德里

克·陶特, 263, 278
Toynbee, Arnold. J. 阿诺德·J. 汤因比, 130, 190, 212, 219
trade 贸易
 and Jews in French Middle Ages 法国中世纪的犹太人与, 136
 Pirenne's medieval cities thesis and 皮朗的中世纪城市命题与, 129
Trask, Willard 威拉德·特拉斯克, 193
Travistock Clinic 特拉维斯托克诊所, 304
Trevelyan, George Macaulay 乔治·麦考利·特里维廉, 384
trial by jury 陪审团审判
 introduction of 引入审判, 64-66
 resistance to 对其抵抗, 65
trials 审判
 in common law 普通法, 61-63
 in criminal law 刑法, 64-65
 duration of 持续期, 61-62
Trilling, Lionel 莱昂内尔·特里林, 187
Trinity, medieval concept of 三位一体, 中世纪的观念, 24-25
*Tristes Tropiques* (Levi-Strauss)《忧郁的热带》（列维-斯特劳斯）, 134, 150
*Triumph of the Will*《意志的胜利》, 111
*Troilus and Criseyde* (Chaucer)《特洛伊罗斯与克瑞西达》（乔叟）, 213
Truman, Harry 哈里·杜鲁门, 277
Tuchman, Barbara 芭芭拉·塔奇曼, 17-19, 45, 95
Turner, Frederick Jackson 弗雷德里克·杰克逊·特纳, 251
Turner, Victor 维克多·特纳, 381
twentieth century 20世纪
 discovering meaning of Middle Ages as phenomenon of 发现中世纪的意义作为其现象, 375
 disparate visions of Middle Ages in 中世纪看法的差异, 42
 *Lord of the Rings* as allegory of 《魔戒》作为其讽喻, 230

 medieval studies in 中世纪研究, 19, 29-30
 Middle Ages as invention of 发明中世纪, 36-39, 43-46
 relationship between medieval art and way of seeing and thinking in 中世纪艺术与观察和思考方式的关系, 214-215
 retromedievalism in 回归中世纪主义, 416
 social and political upheavals of 社会和政治动荡, 43
typology and typologies 类型学与各种类型学, 162, 165-168, 360
 as activist and creative 积极的和创造性的, 173
 capacity to manipulate and transcend 对其操纵和超越的能力, 200
 of Curtius 库尔提乌斯的, 190, 193-195, 197-200
 of Huizinga 赫伊津哈的, 377-378
 in memory 记忆中的, 173-174
 Robertson's treatment of 罗伯逊的处理, 202

*Ulysses* (Joyce)《尤利西斯》（乔伊斯）, 35
Union Theological Seminary 纽约协和神学院, 92
United Nations 联合国, 327
United States 美国
 academia in 学术界, 98-102
 development of world-class universities in 世界级大学的发展, 256
 formalism in 形式主义, 165, 167-168
 German idealism transplanted in 移植德国唯心主义, 116-117
 legal education in 法律教育, 69-71
 Maitland's impact on legal profession and judicial culture of 梅特兰对其历史行业和司法文化的影响, 68-71
 neo-Thomism in 新托马斯主义, 215
 parallels between medieval history and history of 其历史与中世纪历史的相似之处, 251
 physical representation of Middle Ages in 中世纪的实体表征, 413

regulatory state of 规制国家, 69
Wilsonian vision of 威尔逊主义的视野, 277
Unwin, Rayner 雷纳·昂温, 208, 224-225
Unwin, Sir George 乔治·昂温爵士, 224-225
Urban II, pope 教皇乌尔班二世, 404
Ur-texts 原本, 35
usury, medieval 高利贷, 中世纪, 155

van Caenegem, R. C. R. C. 范·卡内冈, 66-67, 378
van Gogh, Vincent 文森特·凡·高, 377, 379, 381
Vatican 梵蒂冈
 Library of 图书馆, 154
 medieval manuscripts in Archives of 中世纪手稿档案, 31
Vatican II 梵二会议, 289, 293, 317, 327-328, 335
venereal disease 性病, 20
Verdi, Giuseppe 朱塞佩·威尔第, 45
Vergil 维吉尔, 35, 111, 199
Veysey, Laurence 劳伦斯·维齐, 256
Victorians 维多利亚时代人
 and editing medieval texts 与中世纪文本编辑, 34
 image of Middle Ages among 中世纪形象, 27-29, 44, 52
 Middle Ages as invention of 发明中世纪, 36-37
Vidal de la Blanche, Paul 保罗·维达尔·白兰士, 132
Vienna school of art history 维也纳艺术史学派, 187
Vietnam War 越南战争, 282, 404
Vikings 维京人, 21-22
Vinogradoff, Paul 保罗·维诺格拉多夫, 55
Virgin cult 圣母崇拜, 337, 341, 355, 388
*Vision of History in Early Britain, The* (Hanning) 《早期英国的历史视野》（汉宁）, 360

Wagner, Richard 理查德·瓦格纳, 45, 84, 227
Waldman, Milton 米尔顿·瓦尔德曼, 224, 229-230

Wallace-Hadrill, J. M. J. M. 华莱士-哈德里尔, 135, 139, 346
Walmsley, Nigel 奈吉尔·沃姆斯利, 223
*Waning of the Middle Ages, The* (Huizinga) 《中世纪的衰落》（赫伊津哈）, 186, 377-379
Warburg, Aby 阿比·瓦尔堡, 83-84, 90, 108, 101, 194
 Panofsky influenced by 对潘诺夫斯基的影响, 174-176, 187
 and rise of iconology 与图像学的兴起, 171-174, 187
Warburg-Cortauld Institute 瓦尔堡-考陶尔德学院, 172-173
warrior society, *see* militarism 勇士社会, 见：军事主义
Waugh, Evelyn 伊夫林·沃, 234, 299
Weber, Clara 克拉拉·韦伯, 398
Weber, Eugen 欧根·韦伯, 123
Weber, Marianne 玛丽安娜·韦伯, 398
Weber, Max 马克斯·韦伯, 88, 127, 132, 373, 398, 401, 405
welfare 福利, 265
*Western Society and the Church in the Middle Ages* (Southern) 《中世纪西方眼中的伊斯兰教》（萨瑟恩）, 353
*Western Views of Islam in the Middle Ages* (Southern) 《关于中世纪伊斯兰教的西方观点》（萨瑟恩）, 353
Weyden, Roger van der 罗吉尔·凡·德·威登, 186
Wheaton College 惠顿学院, 207
White, Andrew 安德鲁·怀特, 374
White, Lynn 林恩·怀特, 258, 285, 369
Whitehead, Alfred North 阿尔弗雷德·诺斯·怀特海, 285
Whitelock, Dorothy 多萝西·怀特洛克, 236, 389
White Rose student rebellion 白玫瑰学生反叛, 92
Wilde, Oscar 奥斯卡·王尔德, 223
Willard, James 詹姆斯·威拉德, 32
William I (the Conqueror), king of England （英

格兰国王）威廉一世（征服者）, 58, 136, 180, 251-252, 269-277
    Norman institutions under　其统治下的诺曼制度, 272-275, 277
William of Occam　奥卡姆的威廉, 333
William of St. Calais　圣加来的威廉, 180
Williams, Charles　查尔斯·威廉姆斯, 205
Williams, Raymond　雷蒙德·威廉姆斯, 223
*Will of St. Francis, The* (Francis)《圣方济各的遗嘱》（方济各）, 41
*Will to Believe, The* (James)《信仰的意志》（詹姆斯）, 221
Wilson, A. N.　A. N. 威尔逊, 213, 219
Wilson, Woodrow　伍德罗·威尔逊, 137, 246-248, 257
    background of　背景, 247-248
    on future of U.S.　论美国的未来, 277
    Haskins compared with　哈斯金斯与其比较, 251-252, 255
    loyalty and admiration for　对其忠诚和仰慕, 249
    Paris Peace Conference and　巴黎和会与, 248, 252-253
Wilsonian progressivism　威尔逊进步主义, 275-276
    defect of　缺陷, 284
    elitist statism of　精英国家主义, 282
    fundamental dogma of　基本信条, 249
    of Haskins　哈斯金斯的, 245-247, 250-251, 254-255, 264, 276, 282
    literature on　文献, 247
    of Strayer　斯特雷耶的, 245-247, 250-251, 257-259, 261-264, 276, 282, 284-285
    WASP flavor of　WASP 风格, 249-250
Wind, Edgar　埃德加·温德, 175
Wisconsin, University of　威斯康星大学, 70, 250-251, 256
Wittgenstein, Ludwig　路德维希·维特根斯坦, 34, 57, 332, 395
Wolfe, Philippe　菲利普·沃尔夫, 369
Wolfflin, Heinrich　海因里希·沃尔夫林, 171-172

women　妇女
    adoration of　崇拜, 29
    Annalist school's validation of medieval history of　年鉴学派对妇女史的确认, 156
    Crusades and　十字军东征与, 26
    Maitland's attitude toward　梅特兰的观念, 50
    plea bargaining by　辩诉交易, 65
    repression and marginalization of　压迫和边缘化, 382, 387-389, 391, 395-396, 407-409
    romantic cultural revolution and　浪漫主义文化革命, 338
    Virgin cult and　圣母崇拜与, 355
    *see also* feminism　另见：女性主义
*Women Writers of the Middle Ages* (Dronke)《中世纪女作家》（德龙克）, 362
Woolf, Leonard　伦纳德·伍尔夫, 56
Woolf, Virginia　弗吉尼亚·伍尔夫, 48, 56-57, 237, 384
Wordsworth, William　威廉·华兹华斯, 216
World War I　第一次世界大战, 43, 95-96, 122, 128, 157, 191, 212, 225, 301, 329
World War II　第二次世界大战, 99, 102, 135, 212
Wrigley, E. A.　E. A. 里格利, 391
Wyclif, John　约翰·威克里夫, 318, 348, 350-351

Yale University　耶鲁大学, 41, 128, 172, 189, 197, 200, 206, 247, 285
    Mommsen at　蒙森在, 400, 402
Yale University Press　耶鲁大学出版社, 160, 338
Yates, Frances　弗朗西斯·耶茨, 172
*Yes, Prime Minister*《是，首相》, 75
*Young Augustine, The* (O'Meara)《青年奥古斯丁》（奥马拉）, 363
*Your Money or Your Life* (Le Goff)《要钱还是要命》（勒高夫）, 155
Yugoslavia, creation of　南斯拉夫之创建, 252-253

*Zeitwende*　时代转捩点, 218

# 译后记

❦

诺曼·F. 坎托（Norman F. Cantor）是美国杰出的中世纪学家、著述宏富的历史学者。他的多种著作，包括非常经典的《中世纪史：一个文明的生与死》（*Medieval History: The Life and Death of a Civilization*）等在美国大学课堂内外广受欢迎。坎托，1929 年出生于加拿大的温尼伯（Winnipeg），1951 年毕业于曼尼托巴大学（University of Manitoba），同年前往美国。1953 年获普林斯顿大学硕士学位，以罗德学者（Rhodes scholar）身份在牛津大学访学一年。1957 年获普林斯顿大学博士学位并留校任教。1960 年至 1966 年在哥伦比亚大学任教。1966 年至 1970 年任布兰迪斯大学（Brandeis University）莱夫学者（Leff scholar）。1970 年任纽约州立大学宾汉姆顿分校（State University of New York at Binghamton）杰出教授，后出任该校学术事务副校长。1976 年转到芝加哥大学。1978 年加入纽约大学，并任文理学院院长直到 1981 年。1999 年坎托作为纽约大学历史学、社会学和比较文学荣休教授退休。2004 年在迈阿密家中逝世。

坎托的多部著作都很畅销。1963 年出版的《中世纪史：一个文明的生与死》第一版常印不衰，1994 年修订版增加了对诸如女性在社会和历史中的地位等当代热点的研究。1991 年出版的《发明中世纪：20 世纪中世纪名家评传》（以下简称《发明中世纪》）记述了当下的中世纪观念是如何确立的。2001 年出版的《瘟疫之后：黑死病及其创造的世界》（*In the Wake of the Plague: The Black Death and the World It Made*）关注 14 世纪发生的一种毁灭性不亚于核战争的瘟疫，这场疾病夺去了欧洲三分之一的人口，颠覆了整个欧洲文明。坎托利用案例阐明社会、政治和经济的动荡如何重塑了人们的哲学、宗教和艺术观念，促使欧洲走向文艺复兴。坎托还是一部中世纪百科全书及一卷适合年轻读者阅读的中世纪指南的编者。他的其他著作还有《20 世纪文化：从现代主义到解构》（*Twentieth Century Culture: Modernism to Deconstruction*）、《西方文明：起源和命运》（*Western Civilization: Its Genesis and Destiny*）、《发明诺曼·坎托：一个中世纪学家的回忆录》(*Inventing Norman Cantor: Memoirs of a Medievalist*)、《最后的骑士：中世纪的薄暮与现代世界的诞生》(*The Last Knight: The Twilight of the Middle Ages and the Birth of the Modern Era*)等。①

本书《发明中世纪》是坎托最重要的作品之一。标题中"发明"一词可能是借用时髦的后现代术语。英文中 invent 的意思是指发明和创造，也有捏造和虚构的意思。"发明"作为"创造"的同义词，是指制造出原本不存在的事物和方法。一般说来，以"发明 XX"作标题的著作和文章倾向于在行文中祛除该主题的神秘性，进而展示这些观念中的主题在现实中根本不是人们普遍认为的那样，它们的存在反而很大程度上依赖一种语言上的虚构，后世作家不可避免地在它们上面投射了自己的倒影。简言之，这样的著作是要展示历史书写为何呈现如此面貌。英国历史学家彼得·伯克（Peter Burke）的《制造路易十四》(*The Fabrication of Louis XIV*)则采用了另一个意义相近的词 fabrication。如题目所示，这本书主要论述 17 世纪的形象制造者如何推销路易十四，如何以意识形态、宣传广告、民意操纵来包装君主。历史真相可能已被掩埋在层累交叠的陈述之下无法辨识了。《发明中世纪》的题目则可能有些误导作用，因为坎托并非完全就是这个意思。中世纪是客观存在的；作者主要想展示 20 世纪存在无数种关于中世纪的阐释方法，而这些方法又有高度原创性和引人入胜的特点。汉语"发明"一词在书面语用法中恰好有"创造性阐发"的义项。

《发明中世纪》是一部历史编纂学著作。寻找真相和意义是任何历史研究都绕不开的课题。坎托在全书开篇就提出中世纪历史研究的核心问题：从古罗马到文艺复兴的一千年里到底发生了什么？欧洲中世纪的本质是什么？它与我们自己的世界又有什么联系？坎托认为，20 世纪以前的历史学误解了中世纪。20 世纪以前的史料发现和学问进展还不足以让当时的人们接近中世纪的历史真相，对中世纪世界的相对简单性过于自信又让他们做出了武断的评价。因此，中世纪研究是 20 世纪开创的伟业。部分因为历史文献学研究的深入展开，部分借助社会学、行为科学、心理分析学等学科的极大进展对人类行为进行的各种不同的智力假设，20 世纪的中世纪学家发现了中世纪世界的多义性和不确定性。中世纪世界更加接近他们自己的世界，他们在其中找到了自己的镜像或 20 世纪各种趋势和事件的平行表现。

---

① 有关本书作者生平和著述的介绍主要源自 2004 年 9 月 21 日《纽约时报》(*The New York Times*)刊发的讣闻，这则讣闻的作者是沃尔夫冈·萨克森（Wolfgang Saxon），题为《诺曼·F. 坎托，著名中世纪学家，终年 74 岁》(Norman F. Cantor, 74, a Noted Medievalist)。

历史是客观存在的事实，真相只有一个。然而记载历史、研究历史的学问却往往随着人类的主观意识而变化、发展、完善，甚至也有歪曲、捏造。历史是精神活动，而精神活动永远是当前的，绝不是死去了的过去。意大利历史哲学家克罗齐（Croce）提出过一个著名命题："一切历史都是当代史。"这里的"当代"并不仅仅是一个时间概念，更多的还是一个思想观念。"当代"是对历史做出叙述时所出现的一种思考状态。20世纪伟大的中世纪学家对中世纪的研究及阐释方法都有深刻的个人原因，他们在多灾多难的20世纪中的个人经历驱使他们研究12世纪。他们通过对中世纪世界进行系统发掘，并且依据现代社会学、行为科学、心理分析学等学科的概念对其进行系统创建，"发明"了中世纪。现代世界几乎所有的中世纪观念，包括战争、比武、瘟疫、圣人和国王、骑士和妇女的形象等，都是在20世纪中世纪学家的这种"当代化"思考中诞生的。

　　本书的写作有着强烈的个人风格。通过讲述二十位大师级中世纪学家的生平、著作和思想，作者勾勒出一幅幅中世纪学家生动的思想肖像。作者的讲述除依据大量的书面资料之外，还借助了他的个人经历。坎托与自己书中叙述的七位大师有过个人接触，可以说在很大程度上也参与了20世纪中世纪研究的开创历程。坎托在思想上属于右翼——他并不回避这一立场——但他的政治判断总是非常天真，读者可以轻松地放弃他的立场。他对20世纪的历史书写现状，尤其是意识形态及其纲领压倒一切的强调，正是他与自己声称鄙视的马克思主义者所共有的。他绘声绘色地解释，学术都是政治性的，研究中世纪是为了改变现代世界。诚如《华盛顿邮报图书世界》（*The Washington Post Book World*）的书评所指出的那样，《发明中世纪》是一部充满高度激情和强烈个人色彩的著作。高度激情和强烈个人色彩让本书更加发人深省和振奋人心。

　　坎托的作品有着引人入胜的叙述力量和高度的可读性。伟大的历史学家都是讲故事的能手。本书第二章讲到，中世纪法律史学家梅特兰为了让读者形象地看到13世纪巡回法庭的直观景象而穷尽所有的叙事艺术。坎托对梅特兰超群的叙事艺术的钦佩之情溢于言表，并努力再现出梅特兰的画面："大法官穿越县城主干道，由郡长和本郡诉讼管理员陪同，全副武装的保镖紧随其后，一路喇叭高奏，王室旗帜招展，街上挤满从该郡各地召集来的乡绅巨头和骑士……郡城人口激增到当地居民常住人口的数倍以上。"（原书第60页）再如第三章对两位纳粹中世纪史学家饱含激情的评述在极富画面感的文字中拉开序幕：

那是1925年海德堡一个温暖的夏天。海德堡是德国中部内卡河畔的一个梦幻般的大学城。紧靠17世纪城堡的围墙有一个咖啡馆，被遮蔽在与城堡一样古老的大树的浓荫下，高高地坐落在内卡河上游，其下方就是大学城。两位少年老成的中世纪史学家坐在这里喝着摩泽尔葡萄酒，一位是珀西·恩斯特·施拉姆（Percy Ernst Schramm，1894—1970），在学术界一直被称为珀西·恩斯特，另一位是恩斯特·哈特维希·坎托洛维奇（Ernst Hartwig Kantorowicz，1895—1963），总是被密友们称为埃卡（Eka，他的签名是 Ernst H.）。（原书第79页）

典雅优美的散文风格让坎托的著作备受赞扬，生动的叙事丝毫不妨碍深度的思辨，又能给读者平添不少阅读的兴致。个性化的写作风格也对本书的翻译提出了很大的挑战。

严复翻译《天演论》提出的"信、达、雅"一直被视为经典的翻译标准。尽管并非十全十美，而且由于历史、社会和文化等因素的制约，严复本人也没有严格奉行这个标准，但是意义准确（信）和语言流畅（达）仍不失为社科著作翻译的基本要求。意义、内容之外，语言形式也应该是翻译中要考虑的重要因素，因此本书主要采用"直译"法。当然，"直译"也有一定限度，依据原文句法亦步亦趋的"直译"尽管在语言形式存真方面有着积极意义，但也容易造成译文可读性不高的弊病，结果如严复所说"译犹未译也"。因此，在"直译"令人费解之处，译者适当采用或颠倒词序或拆分长句的"意译"法。仅以严译《天演论》原文中一个分句为例：

Except, it may be, by raising a few sepulchral mounds, such as those which still, here and there, break the flowing contours of the downs, man's hands had made no mark upon it.

**译文一**：其借征人境者，不过几处荒坟，散见坡陀起伏间。[①]
**译文二**：也许除了就像现在还在这里或那里破坏着连绵的丘陵的为数不多

---

① 赫胥黎，2009，《天演论》，严复译，北京：中国青年出版社。

的一些垒起的坟堆以外，人的双手还没在它上面打上烙印。①

严复出于当时知识界的接受习惯的考虑，用心良苦地采用文言文翻译。正如严复自己所说，他的翻译"取便发挥，实非正法"，对原作细节的处理往往过于自由。译文二是1971年科学出版社出版的《天演论》新译本，译者署名是《进化论与伦理学》翻译组。该译本相对严复的译文，意义更加准确，也非常贴近原文的表达形式，显示出科学著作翻译的严谨性。但过分冗长的修饰成分（在"坟堆"一词的限定成分中，"的"字出现四次！）让这个译本的可读性大为降低。因此，我们倾向于在准确性和可读性之间折中一些，这样来翻译这句话：

> 也许会有一些隆起的坟堆破坏了山坡连绵起伏的轮廓，这样的坟堆如今在这里或那里依然还有一些，除此之外人类的双手还没有在它上面留下任何印记。

也就是说，译文努力兼顾"信"和"达"两个方面。"信"和"达"难以兼顾之处，译者每有这样的考虑：若令原作者用中文表达他的原意，他又会怎样表达？正是这种考虑让译者将第四章第四节第一句话这个复杂的长句处理为与原文表达顺序不太一致的两句话：

> When famous medieval saints got ill and old, especially if they were males (the market value of women saints was greatly discounted), the bishops in whose dioceses they resided, the heads of the religious orders to which they often belonged, and even sometimes the kings or dukes in whose territories they lived began to make plans on how they might capitalize on the faithful's enthusiasm for the marvelous power of intercession with Christ or the Virgin Mary that the saint's posthumous spirits would possess.（原书第148页）

---

① 赫胥黎，1971，《进化论与伦理学》，《进化论与伦理学》翻译组译，北京：北京科学出版社。

有名望的中世纪圣徒，尤其是男圣徒（女圣徒的市场价值大打折扣）去世以后，信徒对其身后的灵魂具有的向基督或圣母玛利亚代祷的神奇力量有极大的热情。圣徒一旦生病或年老，教区的主教、圣徒平时所属的宗教组织负责人，有时甚至是他们居住地的国王或公爵就开始计划如何利用信徒的热情牟利。

本书原文没有采用可能妨碍正文阅读流畅性的脚注，而是在正文后按章节分主题做一些较长注释，主要用来补充说明材料来源或是指出一些有争议或者可以进一步延伸的话题。译文采用"译者注"形式对正文中出现的重要的人名、地名和历史事件等作了简要注释。本书由袁帅亚负责翻译第一章至第七章正文及相应的注释，曹君负责翻译第八章至第十章正文及相应的注释，袁帅亚负责统稿，张炼负责校译。本书的翻译得到了浙江大学外国语学院中世纪与文艺复兴研究中心主任郝田虎教授的悉心指导，在本书编校期间责任编辑仝林女士对译文的准确性和流畅性贡献良多，她的专业水准和敬业精神还让她发现原作的多处舛误，特此致谢。译者对浩瀚的中世纪学术缺乏深入研究、绠短汲深，理解不到位甚至错误之处在所难免，还请读者不吝指教。

袁帅亚
2024 年 2 月 15 日
于郑州